Spielregeln. 25 Aufstellungen

IIquIIIII

Herausgegeben von
Claus Pias und Joseph Vogl

Spielregeln. 25 Aufstellungen
Eine Festschrift für Wolfgang Pircher

Herausgegeben von
Peter Berz, Marianne Kubaczek, Eva Laquièze-Waniek und David Unterholzner

diaphanes

Drucklegung mit freundlicher Unterstützung des philosophischen Instituts der Universität Wien.

1. Auflage
ISBN 978-3-03734-194-0
© diaphanes, Zürich-Berlin 2012
www.diaphanes.net

Alle Rechte vorbehalten
Layout und Druckvorstufe: 2edit, Zürich
Druck: Pustet, Regensburg
Umschlagkonzept: Thomas Bechinger und Christoph Unger
Umschlagabbildung: *Quarré navale,* aus: Paul Hoste: *L'Art des armées navales ou Traité des évolutions navales,* Lyon 1697.

Inhalt

Vorwort   9

ZUR EINSTIMMUNG

Markus Arnold
Regeln der Forschung | Regeln der Kunst   13

BERECHENBAR: DATEN, NETZE, ERWARTUNGEN

Peter Berz
Binary Random Nets I   25

Claus Pias
Zur Epistemologie der Computersimulation   41

Joseph Vogl
Gezähmte Zeit   61

Éric Brian
Das Zittern der unsichtbaren Hand   73

Hermann Rauchenschwandtner
Das Spiel des Lebens   83

ERWARTUNGEN: GEWINNER, VERLIERER, MITSPIELER

Harald Katzmair und Wolfgang Neurath
Up or Out   97

Herbert Hrachovec
Homo ludens bolognensis   107

MITSPIELER: GESCHLECHTER IN IHRER ABFOLGE UND IHREN ERZÄHLUNGEN

Thomas Brandstetter
Außerirdische entwerfen   123

Klaus Hamberger
Potlatsch und Verwandtschaft — 131

Richard Heinrich
The Green-Eyed Monster Game — 141

Robert Pfaller
»Bohr nicht in der Nase! Schau dir die Frauen an!« — 151

Elisabeth von Samsonow
Zum Spielzeugstatus zeitgenössischer Apparate — 159

Katherina Zakravsky
Truth or Dare — 173

ERZÄHLUNGEN VON DER LIEBE ZUR SPRACHE UND ZUR FORM

Eva Laquièze-Waniek
Fort und Da. Zur Ankunft des Subjekts — 185

Stanley L. Paulson
Inspiration Form: Wassily Kandinsky und Hans Kelsen — 201

Daniel Gethmann
Sprechende Pferde — 217

Ulrike Kadi
Bücherwurmeierspiel — 233

FORM: ZU LAND, ZU WASSER UND ZU HAUS*

Gustav Deutsch und Hanna Schimek
Pflanzen der Wüste — 249

Bernhard Siegert
Schiffe Versenken — 259

Anton Tantner
Das Adressierungsspiel — 271

ZU HAUS IM RAUSCHEN UND IM SCHNITT

Bernhard J. Dotzler
Treatment der Diven   279

Marianne Kubaczek
Martingale von Cage bis Mozart   293

SCHNITT FÜR SCHNITT VON FLEISCH UND
BLUT ZUR DNA – BERECHENBAR

Elfriede Jelinek
Aber sicher! 2. Akt   307

Rudolf Heinz
In der Regel in der Regel   317

Erich Hörl
Die technische Verwandlung   327

Peter Berz
Binary Random Nets II   343

Abbildungsnachweise   361

Die Autorinnen und Autoren   363

* »Ich kann bei so gestalten Sachen mir bei dem Toback jederzeit erbauliche Gedanken machen, drum schmauch' ich voll Zufriedenheit zu Land, zu Wasser und zu Haus mein Pfeifchen stets in Andacht aus.« (J.S. Bach, BWV 515a)

Vorwort

Eine Regel, an die sich Spieler eines Spiels halten, ist nicht allgemein, wie Begriffe oder Kategorien. Sie ist aber auch nicht schon die Konkretion des Spiels selbst. Sie sagt nichts über die konkreten Spieler, die Umstände und den Ausgang einer Partie. Die Spielregel eröffnet einen Ereignisraum. Er wird von Kulturtechniken durchzogen, die in nichts anderem bestehen als der taktischen oder strategischen Anwendung der Regel. Von reinen Vorschriften unterscheiden sich Regeln, wenn sie das Verhalten von mindestens zwei Spielpartnern ritualisieren.

Gute Spielregeln sind sparsam und kurz im Vergleich zur Länge der aus ihr folgenden Spiele oder möglichen strategischen Verknüpfungen. Darum werden sie auch anders überliefert oder aufgezeichnet als bloße Texte. In ihrer Armut sind sie streng und erheben keinen Besitzanspruch. Aber sie können sich ändern, mit Gefahr für den Spielablauf selbst.

Kurzum: Spielregeln eröffnen ein Feld, in dem das Denken des Konkreten mit dem des Abstrakten immer schon konvergiert. Sie geben Urszenen einer kultur- und medienwissenschaftlich erweiterten Philosophie zu denken.

Das hier vorliegende Buch versammelt fünfundzwanzig derartige Urszenen um das Werk eines Wissenschaftlers, der wie kaum ein anderer dem Denken des Konkreten als Allgemeines verpflichtet ist: der Wiener Philosoph Wolfgang Pircher. Die Partien, die das Buch ihm zu Ehren durch- und aufspielt, stammen aus Forschungsfeldern, die er seit langen Jahren mit Hingabe und mitreißender Leidenschaft bewohnt: *Technik & Medien, Ökonomie, Kunst & Psychoanalyse*.

Die Beiträge, die sich allesamt aus einer Spielregel entfalten und über sie hinaus oder in sie hinein gehen, zeichnen in ihrer Verteilung auf diese verschiedenen Felder des Forschens auch die junge Geschichte einer Philosophie der Kulturtechniken nach, deren Entwicklung Wolfgang Pircher mit vorangetrieben hat. Sie spielt nicht nur zwischen Disziplinen, sondern auch zwischen Sprachen, in einem, nicht zuletzt, französisch-deutsch-österreichischen Dialog.

Der Band trägt den Charakter einer kaum geplanten Versammlung. Die Herkünfte der Autorinnen und Autoren sind nicht nur disziplinär sehr verschieden: sie stammen aus akademischen, nicht akademischen, außer- und nebenakademischen Arbeits- und Lebensweisen. Niemandem, auch nicht den Herausgeberinnen und Herausgebern war bekannt, »woran ich jetzt arbeite« (jandl 23.6.1973). Und doch schreiben alle, als ob sie es wüssten, in einem Wissenschafts- und Kunst-Paralog voller Resonanzen.

Wir danken Markus Arnold sehr herzlich für seinen freundlichen Eröffnungszug, wie auch Daniel Eckert, Gert Hasenhütl und Richard Miklin für ihre praktische Unterstützung beim Zustandekommen dieses Buches.

ZUR EINSTIMMUNG

Markus Arnold

Regeln der Forschung | Regeln der Kunst
Wer versucht, allen Regeln zu folgen, wird letztlich keiner Regel gerecht.

Spiele werden immer wieder als Modell für das soziale Zusammenleben, die Kommunikation oder auch das miteinander Arbeiten herangezogen. Nicht nur Wittgenstein widmete sich den Regeln und ihrer regelgerechten Befolgung, als er das miteinander Sprechen als ein Sprachspiel untersuchte,[1] etwa zur selben Zeit, in den 1920er und 1930er Jahren, waren Spiele mit ihren Regeln auch Ausgangspunkt für sozialwissenschaftliche Modellierungen des Sozialen, insbesondere dort, wo es darum geht, die Identität sozialer Akteure zu verstehen. George Herbert Mead, pragmatischer Philosoph und Psychologe, sah zum Beispiel im Spiel den Ort, an dem Kinder das erste Mal lernen, soziale Rollen zu übernehmen, um mithilfe von Regeln ihr Verhalten mit dem Verhalten anderer Akteure zu koordinieren. Noch wichtiger war Mead dabei jedoch jene Transformation, durch die ein einzelnes Individuum zu einem sozialen Mitspieler wird, wie sich der Blick eines Kindes auf sich selbst verändert, wenn es sich im Spiel als jemanden wahrnimmt, der in der Öffentlichkeit eine soziale Rolle übernimmt. Seine Beschreibung ist es wert, ausführlich zitiert zu werden:

> »[I]n a game where a number of individuals are involved, [...] the child taking one role must be ready to take the role of everyone else. [...] He must know what everyone else is going to do in order to carry out his own play. [...] They do not all have to be present in consciousness at the same time, but at some moments he has to have three or four individuals present in his own attitude, such as the one who is going to throw the ball, the one who is going to catch it, and so on. [...] This organization is put in the form of the rules of the game. Children take a great interest in rules. They make rules on the spot in order to help themselves out of difficulties. Part of the enjoyment of the game is to get these rules.«[2]

Mit der Hilfe der Mitspieler verändert sich der Blick auf das eigene Ich: Es sind ihre kritischen Kommentare, die einem helfen, seine Rolle »richtig« zu spielen. Man lernt, sich selbst aus der Perspektive der anderen wahrzunehmen und sein eigenes Ich (»I«) mit dem durch die Kommentare der anderen konstruierten sozialen Ich (»Me«) zu vergleichen. Man beginnt, ein Selbstbewusstsein zu entwickeln, indem man lernt, sich selbst so zu beurteilen, wie andere einen sehen.[3] Es sind die Regeln des Spiels und die von ihnen definierten sozialen Rollen,

---

1. Ludwig Wittgenstein: *Philosophische Untersuchungen*, Kritisch-genetische Edition, hg. v. Joachim Schulte u.a., Frankfurt am Main 2001.
2. Georg Herbert Mead: *Mind, Self, and Society* (1934), Chicago, London 1967, S. 151f.
3. Ebd., S. 173ff.

welche jene Öffentlichkeit schaffen, vor deren Tribunal wir uns zu rechtfertigen lernen. In ihr begegnen wir der Perspektive der Gesellschaft, jenem Meadschen »generalisierten Anderen (*generalized other*)«, das Erwartungen an uns richtet und nicht nur unser Verhalten, sondern auch unser Sein kritisch bewertet.[4]

Doch das ist noch nicht alles: Jene, mit denen man zusammen spielt, sind auch jene, mit denen man sich verbunden fühlt, deren Urteile man in der Beurteilung der eigenen Person berücksichtigt, sodass man so etwas wie eine Gemeinschaft bildet, mit der man sich als Person unwillkürlich identifiziert. Wer dieselben Spiele nach denselben Regeln spielt, empfindet dieselben Leidenschaften für dieselben Dinge. Man teilt eine gemeinsame »Kultur«, die unterschieden ist von den Kulturen jener, die nach anderen Regeln spielen. Mit jedem erfolgreichen »Spiel« steigt daher auch die Wahrscheinlichkeit, dass dieses Spiel eine Fortsetzung findet – dieselben Mitspieler erneut zu einem Spiel zusammenkommen werden, da nur sie den Wert des Spiels und seiner Trophäen würdigen können. Die Häufigkeit der sozialen Interaktionen und Kontakte zwischen den Mitspielern steigt, während die Kontakte zu jenen, die an dem Spiel nicht teilnehmen, seltener werden. Kurz: Soziale Spiele knüpfen zwischen einzelnen Personen das, was die Netzwerktheorie »enge Beziehungen (*close ties*)« nennt.[5]

Federico Fellinis Orchesterprobe

Auch Musiker in einem Orchester spielen eine Art Spiel. Federico Fellini konnte daher auch ein Jahr nach der Ermordung Aldo Moros durch die Roten Brigaden in seinem Film Orchesterprobe (Orig. Prova d'orchestra, 1979) die Spannungen innerhalb eines Orchesters satirisch für die sozialen Spannungen innerhalb der italienischen Gesellschaft als Modell verwenden: Ein Fernsehteam filmt eine Orchesterprobe und interviewt in den Pausen die Musiker und den Dirigenten. Die Fernsehkamera wird Zeuge, wie der Dirigent mit dem anarchischen Individualismus der Musiker kämpft, aber auch mit den Forderungen der gewerkschaftlichen Interessensvertretung. Ein Aufstand der Musiker gegen den autoritären Dirigenten, der in der Kunst etwas Heiliges sieht, das sich demokratischen Entscheidungen entzieht, endet jedoch im Chaos, da die Musiker und Musikerinnen sich nicht auf alternative Formen der Kooperation einigen können. Während die einen jede Art der Unterordnung unter eine Autorität ablehnen, versuchen andere, die persönliche Macht des Dirigenten durch einen »objektiven« Mechanismus der Koordination zu ersetzen: ein überdimensionales Metronom, das jubelnd an der Stelle, wo sonst das Dirigentenpult steht, aufgestellt wird. Doch der Widerstand jener, die sich dieser unpersönlichen Herrschaft nicht unterwerfen wollen, entlädt sich in Gewalt. Das Metronom wird zerstört,

---

4. Ebd., S. 154ff. Vgl. Markus Arnold: »Öffentlichkeitsregime. Über Macht, Wissen und narrative Diskurse«, in: Markus Arnold, Gert Dressel und Willy Viehöver (Hg.): *Erzählungen im Öffentlichen. Über die Wirkung narrativer Diskurse*, Wiesbaden 2012, S. 363–433.
5. Randall Collins: *Interaction Ritual Chains*, Princeton, Oxford 2004.

Kämpfe brechen aus, als plötzlich eine Abrissbirne eine Wand des Probensaals durchschlägt und die Harfenistin tot unter ihren Trümmern begräbt. Geschockt scharen sich die Musiker wieder um den Dirigenten, um das Musikstück weiter zu proben. Der Film endet, während der Dirigent, einem Diktator ähnlich, immer wieder in seine deutsche Muttersprache verfallend, brüllend Anweisungen gibt.

Der Kampf in der ORCHESTERPROBE ist ein Kampf um die Etablierung eines gemeinsamen, geordneten Spiels. Der Stolz jedes einzelnen auf sein Instrument, dessen Bedeutung meist auf Kosten der anderen hervorgehoben wird, ist dabei nur eines der Probleme. Mehrere Orchestermitglieder lassen sich ablenken, da ihre Aufmerksamkeit durch andere Spiele in Anspruch genommen wird: einer hört die Radioübertragung eines Fußballspiels, andere treiben ihre Scherze, der Gewerkschaftsvertreter verhandelt fortwährend am Telefon und ein Pärchen schäkert und widmet sich erotischen Spielen unter dem Orchesterflügel. Die Konkurrenz um die Aufmerksamkeit ist groß und es ist schwer, die Konzentration aller auf die Musik und ihre Aufführung aufrechtzuerhalten. Die Regeln des Musizierens, welche Musiker erst zu einem Orchester vereinigen, werden ständig von den Regeln anderer Spiele – seien es jene des Sports, der Liebe oder der Macht – außer Kraft gesetzt.

Obwohl Fellinis Film ein bitter-böses Gleichnis auf die zeitgenössische Politik Italiens ist, könnte man ohne große Mühe die beißende Satire seiner ORCHESTERPROBE auch auf andere Bereiche übertragen: etwa als Satire auf die – von ähnlichen Spannungen geprägten – Universitäten, mit ihrem unauflösbaren Konflikten zwischen den selbstbewussten Wissenschaftlern auf der einen und dem Rektorat auf der anderen Seite. Auch der Versuch, die Autorität in Form eines mechanischen Metronoms zu objektivieren, findet an den heutigen Universitäten seine Entsprechung: einerseits in den Diskussionen um »objektive« Leistungsindikatoren, welche die informellen Entscheidungen der Vergangenheit ersetzen sollen, andererseits in den Diskussionen um Regelstudienzeiten und eine stärkere Formalisierung der Curricula, welche dem Studienverlauf eine international vergleichbare Ordnung geben sollen. Aber nicht nur die Universitäten als ganze, sondern jede größere Forschungsgruppe ist mit ähnlichen Problemen bei der Entwicklung und Durchsetzung eigener Spielregeln konfrontiert, wenn sie – wie ein gutes Orchester – koordiniert zusammenarbeiten soll.

Das eigene Spiel spielen

Man sollte annehmen, es sei leicht, die jeweils geltenden Regeln der Forschung zu bestimmen. Doch dem ist nicht so. Die Grundlagenforschung verfügt über keine soziale »Rolle« im strengen Sinne, da sie keine funktionale Arbeitsteilung impliziert, in der einer etwas für einen anderen tut. Klar definierte soziale Rollen treten in der Regel paarweise auf, sodass die Funktion der einen Rolle durch die Funktion der anderen bestimmt werden kann. Oder anders gesagt: Soziale

Rollen sind nur *relational* zu anderen Rollen zu definieren,[6] wie etwa die Rolle des Arztes zu der des Patienten, die des Lehrenden zu der des Studierenden oder auch die Rollen des Auftragnehmers zu der des Auftraggebers, des Administrators zu der des Administrierten oder auch des Beraters zu der des Beratenen. Die Regeln der einen Rolle beziehen sich dabei immer auf die Regeln der anderen Rolle, sodass beide zusammen Verhaltensroutinen entwickeln können, bei der jede der beiden Seiten gewisse Erwartungen an das Verhalten der anderen Seite richten kann, Erwartungen, denen entsprochen werden kann, die aber auch enttäuscht werden können.

Die gesellschaftlichen Erwartungen an die Grundlagenforschung als zentraler Aufgabe der Wissenschaft werden (im Unterschied zur angewandten Forschung) jedoch ganz bewusst gesellschaftlich nicht eindeutig definiert. Gernot Böhme spricht daher – bezogen auf die Grundlagenforschung und ihre Autonomie – von der »mangelnden gesellschaftlichen Integration der Wissenschaft«.[7] Der »Forscher« bzw. die »Forscherin« ist zwar eine sozial anerkannte Rolle, doch lassen sich aus den gesellschaftlichen Erwartungen an diese Rolle nur wenige Verhaltensrichtlinien für die Forschungsarbeit selbst ableiten – am ehesten noch jene, methodisch abgesicherte Erkenntnisse zu produzieren, die auch der Kritik standhalten und weitere Forschungen anregen können.

Doch ihre Ziele und ihre gesellschaftlichen Aufgaben werden meist nur vage angegeben: Nicht nur, wie man zu seinem Ziel kommt, ist unklar, ja ob das ausgewählte Ziel überhaupt das richtige ist, d.h. ob es erreichbar ist bzw. am Ende auch das erfüllen kann, was man sich von ihm verspricht, wird bewusst offen gelassen. Oft weiß man nicht genau, was man sucht, und muss daher im Forschungsprozess seine Ziele immer wieder neu ordnen. Forschungsgruppen müssen lernen, immer wieder ihr eigenes Spiel zu eröffnen, mit eigenen Regeln und eigenen Forschungszielen. Denn letztlich ist es den Forschern und Forscherinnen selbst überantwortet zu entscheiden, welchem Thema sie sich in ihren Forschungen zuwenden.

Wissenschaftler sollen ein für die Wissenschaft *relevantes* neues Wissen produzieren, doch ob das Wissen relevant sein wird, lässt sich nicht im Vorhinein planen. Es bleibt immer der nachfolgenden Entwicklung überlassen, ob dieses Wissen zur Grundlage weiteren Wissens wird oder ob es keine Beachtung findet. Der einzelne Forscher verfügt damit über keine eindeutigen Richtlinien, wohin er seine Aufmerksamkeit richten soll, um nicht nur methodisch korrekte, sondern auch wissenschaftlich relevante Ergebnisse zu produzieren. Ist dies für die Wissenschaft als solche auch kein Problem, da ihr das Schicksal der einzelnen Forscher gleichgültig ist, für die persönliche Karriereplanung (und auch das Selbstwertgefühl) des einzelnen Forschers kann dies belastend sein.

---

6.   Gernot Böhme: »Beiläufigkeit – Probleme der Rollentheorie in der Wissenschaftssoziologie«, in: Ders.: *Am Ende des Baconschen Zeitalters. Studien zur Wissenschaftsentwicklung*, Frankfurt am Main 1993, S. 369–392, hier S. 378ff.; Peter L. Berger und Thomas Luckmann: *Die gesellschaftliche Konstruktion der Wirklichkeit. Eine Theorie der Wissenssoziologie*, Frankfurt am Main 1980, S. 80f.
7.   Böhme: »Beiläufigkeit«, in: *Am Ende des Baconschen Zeitalters*, a.a.O., S. 378.

Dies hat Konsequenzen für die Steuerung von Wissenschaft: Weil sich die Grundlagenforschung nicht dogmatisch an vorgegebenen Zielen orientieren kann, da sie sich dem Neuen und Unvorhersehbaren öffnen soll, können Forscher sich dauerhaft nur über gemeinsame Regeln koordinieren. Folglich müssen sie sich, um diese Regeln zu finden, drei Fragen stellen: (1.) Was für eine Art Situation ist dies? (2.) Was für eine Person bin ich bzw. will ich in dieser Situation sein? Und (3.) was soll eine Person wie ich in einer solchen Situation tun?[8] – Die erste Frage ist die Frage nach der *Art des Spiels*, das in dieser Situation gespielt werden sollte, die zweite Frage wäre die Frage nach der eigenen *Rolle* in diesem Spiel und die dritte entspricht der Frage nach den *Regeln* für diese Rolle.

Die Regel der Beiläufigkeit

Um die Grundlagenforschung zu legitimieren, obwohl sie sich durch keine eindeutig definierte soziale Rolle vereinnahmen lässt, beruft man sich aus gutem Grund meist auf das eine oder andere Argument der »Beiläufigkeit« (Böhme): Eine Vielzahl an Zielen soll gleichsam nebenbei erreicht werden, obwohl diese Ziele zu keinem Zeitpunkt von den Akteuren direkt angestrebt werden. Dann heißt es, Wissenschaft verfolge als Grundlagenforschung zwar ihre eigenen Ziele, längerfristig aber werden diese dennoch auch den Zielen der Gesellschaft zugutekommen. Interessanterweise beruft sich aber auch die Auftragsforschung auf ein Argument der »Beiläufigkeit«, wenn ihre Vertreter erklären, sie verfolge zwar in erster Linie die von ihren Auftraggebern vorgegebenen Ziele, doch könnte sie damit (beiläufig) auch den Zielen der Wissenschaft dienen, da die dabei gewonnenen Erkenntnisse in der Regel über den unmittelbaren Nutzen hinausweisen würden. Und wenn die Frage aufgeworfen wird, wie am besten der universitären Lehre gedient werden kann, heißt es an den Universitäten traditionell, Forschung sei der beste Weg, um (beiläufig) auch das Ziel einer guten Lehre zu erreichen. Denn – man denke nur an die berühmte »Einheit von Forschung und Lehre« – wer ein guter und erfolgreicher Forscher sei, könne dies auch am besten in seinen Lehrveranstaltungen an die Studierenden weitergeben. Eigene Didaktikseminare seien daher nicht notwendig.

Auf diese Weise ähneln die Rechtfertigungen der Autonomie der Wissenschaften den Argumenten von Adam Smith und seiner »unsichtbaren Hand (*invisible hand*)« des Marktes bzw. Mandevilles »öffentlichem Nutzen (*public benefits*)«, der – ohne dass man dies bewusst anstreben müsste – aus »privaten Lastern (*privat vices*)« wie der Gier und der Verschwendung entstehe. Obwohl nur ein Ziel

---

8. James G. March: *A Primer on Decision Making. How Decisions Happen*, New York 1994, S. 58. Der Organisationstheoretiker James G. March zeigt, dass es zwei Arten von Entscheidungen gibt, um die Zusammenarbeit von Personen zu organisieren: einerseits die Entscheidungen, welche versuchen, bewusst zwischen unterschiedlichen Zielen zu wählen (*rational choice*) und andererseits die Entscheidungen, welche Regeln aufzustellen sind, um sich dann an diesen zu orientieren (*rule following*). Beide Entscheidungsarten folgen einer eigenen Logik.

direkt angestrebt wird, sollen sich dennoch auch die anderen Ziele erreichen lassen – indirekt und ganz beiläufig.

Da die *gleichzeitige* Orientierung an mehreren miteinander konfligierenden Zielen leicht in einer Überforderung mündet oder aber in einer mittelmäßigen Erfolgsquote in jedem der Bereiche, ist es durchaus rational, den Wissenschaftlern zu ermöglichen, sich auf ein Ziel zu konzentrieren und anzunehmen, dass – unter gewissen Voraussetzungen – die anderen Ziele auch ohne bewusste Anstrengung erreicht werden können. Die Regel der Beiläufigkeit ermöglicht der Forschung, sich auf eine Sache zu spezialisieren, da man hoffen darf, nicht nur trotz, sondern mithilfe dieser Spezialisierung auch den allgemeineren Erwartungen und Ziele der Gesellschaft zu entsprechen – auch wenn man nicht genau sagen kann, warum.[9]

Die Regeln der Reputation

Es ist daher auch kein Zufall, wenn Niklas Luhmann diese indirekte und beiläufige Art der Steuerung als eines der zentralen Charakteristika des autonomen Wissenschaftssystems beschrieben hat. Hierbei greift er auf seine bekannte Unterscheidung zwischen einem Primär- und einem Sekundärcode zurück: Ist der Primärcode in der Wissenschaft auch die Unterscheidung wahr/falsch, so wird dieser notwendigerweise von Sekundärcodes begleitet. Denn der wahr/falsch-Code kann die Forscher nicht unmittelbar motivieren zu forschen. Hierfür brauchen sie ergänzend Anreize, vor allem durch die Vergabe von Reputation auf der einen und durch finanzielle Inzentive, wie sie durch formale Karriereverläufe institutionalisiert werden, auf der anderen Seite.[10] Eine allein an der Wahrheit orientierte Wissenschaft könnte eben nicht im Leben der Forscher relevant werden. Dabei sind beide, die Reputation innerhalb der *scientific community* wie auch der Rang innerhalb der universitären Organisation, selbst schon Sekundärcodes, die unmittelbar mit dem wahr/falsch-Code der Wissenschaft nichts zu tun haben, sondern – ähnlich wie die *Citation indices* und die *Rankings* von Instituten und Universitäten – nur ein indirektes Maß für die Qualität der Forschung bereitstellen.

Wenn aber die Reputation innerhalb der *scientific community* – und damit die sozialen Mechanismen der Anerkennung – im Wissenschaftssystem über die Vergabe von Ressourcen entscheidet, ist es letztlich so, dass paradoxerweise »die labileren, riskierteren, fragwürdigeren Prozesse im Sozialsystem der Wissenschaft berufen sind, die stabileren, funktionssichereren, eindeutig legitimierbaren Prozesse zu führen«.[11] Denn in der Praxis führt dies zu einer Ziel-Mittel-Umkehr:

---

9. Rudolf Stichweh: »Bildung, Individualität und die kulturelle Legitimation von Spezialisierung«, in: Ders.: *Wissenschaft, Universität, Professionen. Soziologische Analysen*, Frankfurt am Main 1994, S. 207–227.
10. Niklas Luhmann: *Die Wissenschaft der Gesellschaft*, Frankfurt am Main 1992, S. 352ff.
11. Niklas Luhmann: »Selbststeuerung der Wissenschaft« (1968), in: Ders.: *Soziologische Aufklärung 1*, Wiesbaden 2005, S. 291–316, hier S. 308.

Das, was bloß Mittel sein sollte, wird stillschweigend zu einem eigenen Ziel, während das, was das eigentliche Ziel sein sollte, zu einem bloßen Mittel wird: »Reputation wird [offiziell] als gerechte Folge der Wahrheitsforderung dargestellt, während praktisch die Wahrheit als Mittel zur Erlangung von Reputation gefordert wird.«[12] Da dies aber der einzige Weg ist, um bei der Steuerung der Wissenschaft wissenschafts*interne* Kriterien verwenden zu können, ist ein solcher indirekter Steuerungsmodus – trotz seiner Fragwürdigkeit – die Bedingung für eine »Selbststeuerung« der Wissenschaft, d.h. für ihre Autonomie.

Die Regeln delegitimieren

Doch nicht nur die Regeln, sondern auch der richtige Umgang mit den Regeln muss gelernt werden. Denn auch hier gilt das, was einst Aristoteles in seiner *Nikomachischen Ethik* in einem ähnlichen Zusammenhang (der richtigen Methode bei der Beurteilung tugendhaften Handelns) gesagt hat: Es gehe darum, »in den einzelnen Gebieten [nur] so viel Präzision zu verlangen, als es die Natur des Gegenstandes zulässt«.[13] Das heißt in diesem Fall: Um die Vorteile einer solchen Steuerung der Wissenschaften mithilfe eines Reputationssystems möglichst ohne die sie begleitenden Nachteile nutzen zu können, muss eine wichtige Regel eingehalten werden: Die auf Reputation aufbauenden Steuerungssysteme müssen – trotz ihrer großen Bedeutung – gezielt *delegitimiert* werden, da Reputation immer nur ein unsicherer Indikator für wissenschaftliche Qualität sein kann. Eine Wissenschaft, die sich ohne Wenn und Aber an diesem Kriterium orientiert, läuft Gefahr, ihr eigentliches Ziel, die Erforschung von methodisch geprüften Aussagen (»Wahrheit«) zu verfehlen. Denn wenn alle Forscher ihre Forschungsfragen danach ausrichten, was ihrer Meinung nach aktuell am prestigeträchtigsten ist, würden viele relevante Forschungsfragen unbearbeitet liegen bleiben. Diese Form der Delegitimierung eines unverzichtbaren Steuerungsverfahrens erfordert sogar einen eigenen Sprechstil, wenn über Reputation gesprochen wird. Niklas Luhmann, der immer wieder darauf hinwies, dass Wissenschaft über Reputation gesteuert wird, hat daher zugleich die öffentlich zur Schau gestellte Gleichgültigkeit gegenüber der Reputation für ein wesentliches Element dieser Steuerungsform gehalten:

> »Steuerungsprozesse dieser Art [werden ...] aus systeminternen Gründen unterlegitimiert, damit sie sich nicht als Herrschaft konsolidieren und so ihre offene Komplexität verlieren. Das zwingt unter anderem zu kommunikativer Vorsicht, zu weitgehendem Gebrauch indirekter, maskierter, anspielender, unbeantwortbarer Kommunikation, vor

---

12. Ebd., S. 300. Eine solche Ziel-Mittel-Umkehr findet aber auch auf der Ebene der Lehre statt, wenn in der Lehr- und Lernpraxis das Sammeln von Zeugnissen (»Scheinen«) die letztlich nicht formal erfassbare Bildung als Ziel ersetzt: vgl. Rudolf Stichweh: »Die Form der Universität«, in: Ders.: *Wissenschaft, Universität, Professionen*, a.a.O., S. 246–277.
13. Aristoteles: *Nikomachische Ethik*, 1094b 12–13 (übers. v. Ursula Wolf, Hamburg 2006).

allem Verzicht auf direktes Ansprechen von Personen auf ihre Reputation hin (außer in stark formalisierten Situationen wie Prüfungen oder Einstellungsverhandlungen oder in besonders freundschaftlichen Beziehungen). Eine hohe Unsicherheit über die eigene Reputation ist die Folge, die besonders jüngere Wissenschaftler bedrückt.«[14]

Die indirekte Steuerung der modernen Wissenschaft verdankt sich nicht zuletzt ihrer inhaltlichen Offenheit: In der Forschung gibt es nicht mehr eine »dogmatische« inhaltliche Definition der Wahrheit, wie bis heute in der katholischen Kirche, in der eine bestimmte Anzahl an Aussagen als Dogmen fixiert wurden, um die theologische Diskussion zu steuern und anhand dieser Gläubige von Ungläubigen zu unterscheiden. Eine ähnliche Autonomie und Offenheit hat sich im Bereich der Kunst etabliert.

Die Regeln der Kunst

Die Kunst und die grundlagenorientierte Forschung der Wissenschaft haben eines gemeinsam: ihre moderne Autonomie. Waren sowohl das Wissen als auch die Kunst früher eingebettet in soziale Kontexte mit vorgegebenen Zielen und Aufgaben, so befreiten sich beide seit dem 18. Jahrhundert von diesen äußeren Rollenzuschreibungen. Anstatt sich an vorgegebenen Regeln zu orientieren, hatten sie selbst neue Regeln zu erfinden. Gesteuert wurden beide dabei nur indirekt durch die Vergabe von Reputation und Anerkennung, einerseits durch die *scientific community* und andererseits durch die ästhetische Öffentlichkeit der Kunstkritik und der Kunstsammler.

War der Inhalt der Kunst früher bestimmt durch ihre Einbettung in religiöse Praktiken, wenn sie etwa mit ihren Bildern, Statuen und Gesängen die kirchliche Andacht unterstützen sollte, so befreite sie sich seit dem 18. Jahrhundert zunehmend von solchen gesellschaftlichen Rollenzuweisungen. Während sowohl Platon wie auch Aristoteles noch ganz selbstverständlich Dichtung, Gesang und auch Tanz als Instrumente der politisch-ethischen Erziehung der Bürger angesehen hatten, die gesellschaftlich kontrolliert und zensiert werden mussten,[15] hat sich ab dem 18. Jahrhundert die ästhetische Beurteilung der Kunst zunehmend von inhaltlichen Vorgaben gelöst, indem nun dem künstlerischen »Genie« die Aufgabe zufiel, Neues zu schaffen, das sich nicht aus bestehenden Regeln und künstlerischen Vorschriften ableiten ließ. Die Kunst sollte sich ihre eigenen Regeln geben oder wie es in Immanuel Kants klassischer Formulierung über das künstlerische Talent hieß: »Genie ist das Talent (Naturgabe), welches der Kunst die Regel gibt.«[16]

---

14. Niklas Luhmann: »Selbststeuerung der Wissenschaft«, in: *Soziologische Aufklärung 1*, a.a.O., S. 300f.
15. Platon: *Politeia* 376c-403c, Aristoteles: *Politik*, 1339a10–1342b35 (übers. v. Franz Susemihl, Hamburg 1994), vgl. Markus Arnold: »Die platonische Logik der Harmonie. Versuch der Rekonstruktion eines initiatorischen Handelns«, in: *Wiener Jahrbuch für Philosophie* XXVII (1995), S. 45–78.
16. Immanuel Kant: *Kritik der Urteilskraft*: B 181.

Die Regeln der Rezeption

Doch die autonome Suche nach neuen Erkenntnissen und neuen Kunstwerken entband weder die Kunst noch die Wissenschaft von der Aufgabe, sich in einer Form zu präsentieren, die es einem bestimmten Publikum ermöglichte, sie ohne Schwierigkeiten zu rezipieren.

Kunstwerke mussten sich von ihrer Präsentation her eignen, um in Konzertsälen aufgeführt und in Galerien ausgestellt zu werden. Trotz aller Neuheit hatten sie sich an allgemein anerkannten Regeln zu orientieren, um überhaupt als Kunstwerke wahrgenommen zu werden. Denn das entscheidende Kriterium für die Anerkennung als Kunstwerk war in den Zeiten künstlerischer Autonomie nun – mit den Worten Kants – dessen Fähigkeit, das »freie Spiel« der Einbildungskraft und des Verstandes im Rezipienten zu erwecken, sodass dieser eine ästhetische Lust erlebt.[17] In der Wissenschaft hingegen muss die Forschung sicherstellen, dass ihre Ergebnisse als Beitrag zu einer Diskussion rezipierbar sind, d.h. in dem vorgegebenen Format des wissenschaftlichen Artikels oder der Monographie der Öffentlichkeit präsentiert werden. In beiden Fällen gibt es formale Regeln, an die man sich als Autor halten muss.

Eine wichtige Regel betrifft etwa die Stimme des Autors: ob diese als Person mit einem eigenen Charakter auftritt oder im Gewand der unpersönlichen Stimme eines Experten. Ein wissenschaftlicher Text »spricht« in der Regel anders als ein künstlerischer, in diesem Band etwa die Schriftstellerin Elfriede Jelinek anders als der Kulturwissenschaftler Erich Hörl. Aber auch innerhalb der Wissenschaften gibt es unterschiedliche Modelle. Man siehe nur, wie einem im Text des Psychoanalytikers Rudolf Heinz eine individuelle Autorenstimme entgegentritt, die ganz anders klingt als etwa jene entpersonalisierte Autorenstimme im Text des Sozialwissenschaftlers Éric Brian. Jede Stimme fordert vom Rezipienten eine etwas andere Haltung, erschafft sich ein anderes Publikum und eröffnet ein anderes Spiel mit seinen Lesern.[18]

Ausblick

Jede soziale Kooperation, jede Kultur, aber auch jedes gemeinsame Unternehmen lässt sich am Modell des Spiels analysieren: Die Regeln und Rollenerwartungen, die Normen und die Sanktionen für Normübertretungen, ebenso wie die Formen der Anerkennung und der Belohnung für die »Sieger«, als auch die Formen der Degradierung der »Verlierer« in diesen Spielen lassen sich identifizieren. Insbesondere auch die »heiligen Objekte (*sacred objects*)« (Collins), welche

---

17. Immanuel Kant: *Kritik der Urteilskraft*: B 29, B 66; vgl. Markus Arnold: »Die harmonische Stimmung aufgeklärter Bürger. Zum Verhältnis von Politik und Ästhetik in Immanuel Kants ›Kritik der Urteilskraft‹«, in: *Kant-Studien* 94 (2003), S. 24–50.
18. Vgl. Markus Arnold: »Erzählen. Die ethisch-politische Funktion narrativer Diskurse«, in: M. Arnold, G. Dressel und W. Viehöver (Hg.): *Erzählungen im Öffentlichen. Über die Wirkung narrativer Diskurse*, Wiesbaden 2012, S. 17–69.

jedem Spiel eigen sind.[19] Im Fußballspiel sind es der Ball und der Platz in der Bundesligatabelle, in der Wissenschaft hingegen das spezifische Forschungsthema und die Anerkennung der *scientific community*, welche bei allen »Mitspielern« Leidenschaften wecken können, die von unbeteiligten Außenstehenden meist nur schwer nachzuvollziehen sind.

Aber es sind nicht nur die Leidenschaften, die unser Leben erhellen, aber auch verdunkeln können. Wie die Beiträge in diesem Buch zeigen, machen Spielregeln das soziale Leben *berechenbar*, sie wecken in uns *Erwartungen*, wie sich die *Mitspieler* verhalten werden und sie definieren, was innerhalb eines Spiels als Erfolg und was als Misserfolg zu gelten hat. Wobei die Erwartungen, welche die Zukunft einlösen soll, auch das Bedürfnis wecken, über diese zu *erzählen*: Jeder Sieg und jede Niederlage verlangt gleichsam nach einem modernen Homer, dessen Musen ihm helfen, die Taten und das Schicksal der Beteiligten zu besingen.[20] In der Forschung, in der Kunst und im Alltag.

---

19. Randall Collins: *Interaction Ritual Chains*, a.a.O., S. 58f.
20. Hannah Arendt: *Vita activa oder Vom tätigen Leben*, München 1981, S. 247ff.

**BERECHENBAR:
DATEN, NETZE, ERWARTUNGEN**

Peter Berz[*]

Binary Random Nets I. Ein Tiroler Gerücht

Agencement. Anordnung. Dispositiv.

Man nehme fünf Schaltelemente A B C D E mit zwei Zuständen ON (1) und OFF (0). Jedes Element ist mit zwei anderen verschaltet, also etwa:

A mit CD
B mit DE
C mit EA
D mit AB
E mit BC

Jedes Schaltelement dieses binären Netzes kann die Zustände der beiden mit ihm verschalteten Elemente als Input empfangen und verarbeiten, also vier mögliche Konstellationen von Inputs haben:

0 0
0 1
1 0
1 1

Regel. Spielregel. Transformation.

Das Netz schaltet schrittweise, in einem diskreten, synchronisierten Takt, von t_n zu t_{n+1}. Bei jedem Schritt wertet jedes Element seine zwei Inputs nach einer bestimmten Regel aus. Es kann genau 16 Regeln geben, den aktuellen Zustand eines Elements abhängig von den zwei Inputs in den nächsten Zustand zu überführen: aus 00 wird 0 oder 1, aus 01 wird 0 oder 1, aus 10 wird 0 oder 1, aus 11 wird 0 oder 1. Das ergibt 16 kombinatorisch mögliche Konstellationen:

1	2	3	4	5	6	7	8	9	10	11	12	13	14	15	16
0	0	0	0	0	0	0	0	1	1	1	1	1	1	1	1
0	0	0	0	1	1	1	1	0	0	0	0	1	1	1	1
0	0	1	1	0	0	1	1	0	0	1	1	0	0	1	1
0	1	0	1	0	1	0	1	0	1	0	1	0	1	0	1

[*] Die Beiträge *Binary Random Nets* I und II entstanden im Rahmen eines BMBF-Forschungsprojekts »Jacques Monod – Übertragungen zwischen Laborbiologie und Philosophiegeschichte« am Zentrum für Literatur- und Kulturforschung, Berlin. Für Diskussionen und Hinweise herzlichen Dank an Marianne Kubaczek (Wien), Vanessa Lux (Berlin) und Jan Müggenburg (Lüneburg)!

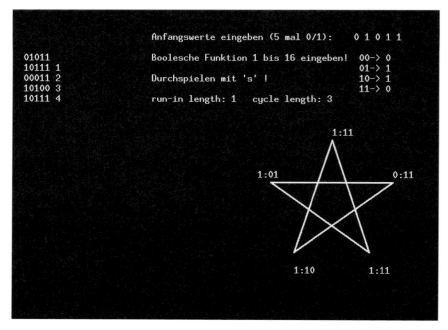

Abb.1: Pentagramm als Netzstruktur. Screenshot des C-Programms xnet5.

Diese Regeln sind boolesche Funktionen, von denen in den Wahrheitstafeln der Philosophie nur vier namentlich bekannt sind: Funktion 1 NOT, Funktion 2 AND, Funktion 7 XOR, Funktion 8 OR.[1] Eine der 16 Funktionen wird zufällig ausgewählt und gilt für alle 5 Schaltelemente.

Dann wähle einen zufälligen Anfangszustand, hole für jedes Element die beiden *Inputs*, werte die *Inputs* durch Ablesen des Werts für den nächsten Zeitpunkt in der gewählten Regel oder Funktion der obigen Tafel aus, setze die neuen aktuellen Zustände, hole wieder die *Inputs*, usw., usw.

Spiel. Spielen. Da capo.

Der zufällige Anfangszustand zur Zeit t_0 sei etwa:

0
1
1
0
1

---

1. XOR: ausschließendes Oder, OR: einschließendes Oder.

also der Input von

A : 10
B : 01
C : 10
D : 01
E : 11

Zufällig werde die 7. boolesche Funktion 0 1 1 0 gewählt, nach der

aus 00 → 0
aus 01 → 1
aus 10 → 1
aus 11 → 0

wird. Dann ist der Zustand des Netzes zur Zeit t_0 bis t_n

t_0 t_1 t_2 t_3 t_4 t_5
0 1 0 1 1 .
1 1 1 0 1 .
1 1 1 0 1 .
0 1 0 1 1 .
1 0 0 0 0 .

Irgendwann im Verlauf des Spiels[2] wird die Situation eintreten, dass sich ein Zustand herstellt, der schon einmal da war (t_1 und t_4). Ab da wird das Netz sich ständig wiederholen und in eine Schleife eintreten. Für jeden Ausgangszustand und für jede boolesche Funktion wird es eine andere Schleife sein. Sie wird verschieden lang sein, sich nach verschieden vielen Schritten herstellen, usw.

Das Ganze ist als Schreibspiel, *patience*, von zweidimensionalen Listen oder im Raum ausgebreiteter Graphismen eben noch durchführbar.

Tirol im Sommer 1968

Der Sommer des Jahres 1968 war nicht nur der Sommer eines Monat Mai, in dem das Deutsche Institut für Normung sämtliche noch heute gültigen Terme der Regelungstechnik festschrieb: *Regelabweichung, Führungsgröße, Stellsignal.*[3] In diesem Sommer lockte auch der ehemalige Internationalist und vom Spanienkämpfer zum weltweit gefragten Antikommunisten mutierte Schriftsteller

---

2. Das Programm xnet5, aus dem der *screenshot* von Abb. 1 stammt, wurde zur Erprobung des vorliegenden Artikels unter dem Betriebssystem Linux und X Window (Xlib) in der Programmiersprache C geschrieben und ist lauffähig unter Linux.
3. DIN-Norm 19226 vom Mai 1968.

Arthur Koestler, der 1955 verkündete, ab sofort und überhaupt nur noch über Naturwissenschaften zu schreiben, fünfzehn Wissenschaftler in die Bergwelt seines Geburtslands Österreich. Schon Ende der Fünfziger hatte sich Koestler in den Tiroler Alpen ein kleines Chalet gebaut, sein *Schreiberhäusl*. Doch nicht nur zum Schreiben und um seine Leidenschaft für die Wiener Malerin Eva Auer zu feiern, verbringt er, von London, Paris, Stanford kommend, dort immer wieder Monate.

Das Häusl befindet sich in dem kleinen Dorf Alpbach, fünf Täler von der Tiroler Landeshauptstadt Innsbruck entfernt. »Dieses friedliche Gebirgsdorf ist Sitz einer Sommeruniversität (›Österreichisches College‹) mit allen Einrichtungen für wissenschaftliche Konferenzen.« Koestler nimmt seit 1957 an diesen Konferenzen teil und, nachdem Anfang des Jahres sein Buch *The ghost in the machine* erschienen war, richtet er von 5. bis 9. Juni 1968 selbst dort eine Tagung aus. »Die Terrassen und Weinberge der Alpbacher Gasthöfe erwiesen sich als ausgezeichnete Katalysatoren für zwanglose Gespräche.«[4] Und abends wandert man zum Trinken vom Böglerhof ins Häusl hoch.

Zumindest der Titel von Koestlers Konferenz geistert bis heute durch die Debatten: »Beyond Reductionism«.[5] Die 60er Jahre, die allerorten[6] nicht nur andere Politiken, andere Klänge, andere Lebensformen entwickeln, suchen auch andere Wissenschaften. Deren Vision kommt direkt bei Koestler an und rückt ihn zeitweise in die Nähe eines, *avant la lettre*, New Age Autors.[7] Aber was heißt im Kreise der fünfzehn Wissenschaftler von Alpbach »andere« Wissenschaft? Woher kann eine andere Wissenschaft kommen?

Ein Drittel der 16 Teilnehmer sind Österreicher. Alle leben im Ausland und sind dort berühmt geworden. Einige von ihnen kennen sich gegenseitig und auch den Veranstalter schon aus Vorkriegszeiten: die Biologen Paul A. Weiss, Ludwig von Bertalanffy von der Biologischen Versuchsanstalt im Wiener Prater, genannt »Vivarium«;[8] der Psychiater Viktor Frankl und der Ökonom Friedrich

---

4. Arthur Koestler und J.R. Smythies (Hg.): *Das Neue Menschenbild. Die Revolutionierung der Wissenschaften vom Leben. Ein internationales Symposion*, (übersetzt von Franz Vesely), Symposion 5.–9. Juni 1968 in Alpbach, Wien – München – Zürich 1970, S. 10. Englisches Orginal: Dies., *Beyond Reductionism*, 1970.
5. Zu heutigen Spuren von *Beyond Reductionism* vgl. etwa Alex Rosenberg: »Reductionism in Biology«, in: *A Companion to the Philosophy of Biology*, ed. Sahotra Sarkar, Anya Plutynski, Blackwell Publishing 2008, S. 550–567, oder – sic – Stuart Kauffman: *Reinventing the Sacred. A New View of Science, Reason and Religion*, New York, S. 1–9: *Beyond Reductionism*.
6. Auch die arabischen Länder etwa kennen den Aufstand nicht erst seit der Rebellion des Jahres 2011. Helmut Hoege (Kairo-Virus, tazblog) weist auf die saudi-arabische Schriftstellerin Badreya El-Beshr hin, die in ihrem Roman *Der Duft von Kaffee und Kardamon* den Geliebten ihrer Icherzählerin Walid berichten lässt: »Mein Vater stand den Leuten sehr nahe, die Ende der Sechzigerjahre an einem gescheiterten Putsch teilgenommen hatten. Damals herrschte in der gesamten arabischen Welt der Geist der Revolution mit dem Ziel der Befreiung und der Arabischen Einheit.«
7. Die 2009 erschienene Biographie von Michael Scammell erzählt ausführlich etwa von Koestlers Kontakt mit dem Drogenexperimentalismus Timothy Learys (vgl. Michael Scammell: *Koestler. The Indispensable Intellectual*, London 2009, S. 479–484).
8. Von Weiss und Bertalanffy wurde Koestler vermutlich wieder auf den Fall des Vivariums-Biologen und »Krötenküssers« Paul Kammerer gestoßen, dessen Biographie er 1971 schreibt (Arthur Koestler: *Der Krötenküsser. Der Fall des Biologen Paul Kammerer*, Wien 2010 (mit einem Nachwort von Klaus Taschwer und Peter Berz).

A. Hayek.⁹ Stargast aber, wenn nicht Mentor der ganzen Veranstaltung ist ein Biologe: der Brite Conrad Hal Waddington. Der Entwicklungsbiologe, Genetiker, Evolutionstheoretiker, der während des Zweiten Weltkriegs für die *Operational Research* der Royal Air Force arbeitete, ist in den 60er Jahren eine Art *organizer* anderer Denkweisen in den biologischen Wissenschaften.¹⁰ Schon seit den 30er Jahren, als sich die Synthese von mendelscher Genetik und darwinscher Selektionstheorie, die sogenannte »*Modern Synthesis*«, gerade erst abzuzeichnen beginnt, ist Waddingtons Biologie mit ihrer Nähe zu Mathematik, Morphogenese, Lamarckismus, zu Ingenieurswissenschaft und Kunst eine Art Gegenentwurf. Seine Idee, 1935 zusammen mit dem Biochemiker und späteren Sinologen Joseph Needham in Cambridge ein »Institut für morphologische und physico-chemische Mathematik« aufzubauen (Alan Mattison Turing wird eben dieser Mathematik in seinen letzten Lebensjahren verfallen)¹¹ wird an der mangelnden Unterstützung durch die Morgan ergebene, von Warren Weaver geleitete Rockefeller Foundation scheitern: eine Weichenstellung für die Biologie des 20. Jahrhunderts – in Richtung Genetik.¹² Mitte der 60er Jahre scheint sich die Lage zu ändern. Wo sich auf der einen Seite die Modern Synthesis neo-darwinistisch und molekulargenetisch konsolidiert, werden auf der anderen Seite überall die Mängel der »neo-darwinian interpretation of evolution« sichtbar.¹³ Da der Diskurs darüber aber wenig institutionelle Macht gewinnen kann, organisiert er sich in Netzwerken und Familien, die irgendwo zu Gast sind. Waddington beginnt von Edinburgh aus sein familiäres Netz zu spinnen. Seit 1966 veranstaltet er in der pompösen Villa Serbellione am Comer See, dem Sitz der Rockefeller Foundation, vier große Konferenzen »Towards a Theoretical Biology«.¹⁴ Das Familienbild mit Damen: der Algenforscherin Ruth Sager¹⁵ und *The secretary* Doris Manning, platziert jedes Jahr unter dem Portrait der Spenderin der Villa Serbellione, Principessa della Torre e Tasso – mit bürgerlichem Namen Ella Walker aus Detroit – die wiederkehrenden Gäste auf dem gleichen

---

9. Dazu Holger Hydén, Bärbel Inhelder und Jean Piaget, Jerome und Blanche Bruner, J.R. Smythies, Paul D. MacLean, David McNeill, Seymour S. Kety, W.H. Thorpe.
10. Vgl. Waddingtons erstes Buch: Conrad Hal Waddington: *Organizers & Genes*, Cambridge 1940.
11. Unter den sechs Werken, auf die sich Turings epochemachender Aufsatz »The Chemical Basis of Morphogenesis« von 1952 bezieht, befindet sich neben d'Arcy Thompsons *Growth and Form* auch Waddingtons Buch *Organizers and Genes*.
12. So vor allem die Historikerin Abir-Am (vgl. Pnina G. Abir-Am: »The Assessment of Interdisciplinary Research in the 1930s: The Rockefeller Foundation and Physico-chemical Morphology«, in: *Minerva*, vol. XXVI, number 2, 1988, S. 153–176).
13. Das ehrwürdige WISTAR Institut of Anatomie and Biology organisiert im Frühjahr 1966 eine große Konferenz »Mathematical challenges to the neo-darwinian interpretation of evolution«, an der nicht nur Waddington, sondern auch Ernst Mayr, Richard Lewontin, Sewell Wright, u.a. teilnehmen (vgl. *Mathematical Challenges to Neo-darwinian Interpretation of Evolution, a symposium held at the WISTAR Institut of Anatomy and Biology*, 25. und 26. April 1966, ed. Paul S. Moorhead, Martin M. Kaplan, Philadelphia 1967).
14. Die Konferenzen finden statt als Symposien der 1919 gegründeten, bis heute existierenden »International Union of Biological Sciences«, IUBS.
15. Sie forschte an der nicht-mendelischen cytoplasmatischen Vererbung in der Alge *Chlamydomonas reinhardi* (vgl. etwa Jan Sapp: *Beyond the Gene. Cytoplasmatic Inheritance and the Struggle for Authority in Genetics*, New York, Oxford 1987, S. 204–208).

Platz in gleicher Pose. Veranstalter »Wad« sitzt also vier mal am gleichen Platz der Familienaufstellung.[16]

Koestlers Familie im Alpbacher Sommer 1968 ist da vergleichsweise bescheiden. Gerade die österreichischen Teilnehmer gehören nicht zur Wad-Family, dürften aber schon darum für den großen Herrn aus Edinburgh interessant gewesen sein. Waddington gibt einen kleinen Einblick in seine »biologische Art zu denken« und deren kultur- wie wissenshistorisch weiten Horizont.[17]

Im Phänotyp – seinem, für manche, *Roman*[18] – dämmere ein neues Wissen von den Lebewesen herauf. Denn vom Phänotyp habe die moderne Biologie nur sehr arme Begriffe: er ist »Erscheinung«, *external appearance*.[19] Basta. In der molekularen Genetik ist der Weg vom Genotyp zum Phänotyp eine »Übersetzung«, *Translation*: von DNA über m-RNA, r-RNA, t-RNA zu den Proteinen.[20] Er folgt also ganz dem Wissen vom Genotyp. Nicht von ungefähr sei für viele Biologen das allgemeinste Kennzeichen der Lebewesen, dass sie in der Lage sind, die Information ihres Genotyps zu übertragen: »hereditary transmission of mutable information«.[21] Aber, so Waddington, das tun auch die Kristalle, wenn sie Gitterdefekte übertragen.[22] Shannon/Weavers Informationstheorie sei, wie für alle *transmissions*, vielleicht auch für die »*hereditary transmission*« geeignet. Auf dem wirklichen Weg zum Phänotyp allerdings hilft sie wenig. Hier gelte vielmehr, zwischen Geno- und Phänotyp den Raum eines eigenen Wissens aufzuspannen. Denn in diesem Raum geht es nicht um Speichern und Übersetzen möglichst stabiler, »inaktiver Speichersubstanzen«, sondern um Aktivitäten, Interaktionen, Wechselwirkungen zwischen Organismus und Umgebung. Die Lebewesen bauen nicht nur algorithmisch aus Licht, Mineralien, Proteinen ihrer Umgebung sich selbst, als Phänotyp, sondern sie *verändern* auch in jedem Moment ihrer Entwicklung diese Umgebung. Sie wandern zum Beispiel

---

16. Das Familienphoto erscheint in jedem der vier Bände, sich über das vordere und hintere Vorsatzpapier des Buchs erstreckend.
17. Vgl. etwa Waddingtons grundsätzliche Statements: »The Basic Ideas of Biology« (in: *Towards a Theoretical Biology, 1. Prolegomena*, an IUBS symposium 28.8.–3.9. 1966 (ed. by Conrad H. Waddington), Edinburgh 1968, S. 1–32), oder: »The importance of biological ways of thought« (in: *The Place of Value in a World of Facts. Proceedings of the Fourteenth Nobel Symposium*, Stockholm, 15.–20. September 1969, ed. Arne Tiselius, Sam Nilsson, Uppsala 1970), oder Waddingtons Antworten auf Monods *Zufall und Notwendigkeit*: »Philosophers of the biosphere« (in: *Times Literary Supplement*, 28.5.1971, S. 671) und »How much is evolution affected by chance and necessity?« (in: *Beyond Chance and Necessity. A critical inquiry into Professor Jacques Monod's Chance and Necessity*, ed. John Lewis, e.a., London 1974, S. 89–102). In Alpbach folgt auf Waddingtons Referat die weitaus längste Diskussion der ganzen Tagung, in der sich sämtliche Anwesenden aus allen Wissenschaften zu Wort melden.
18. Gottfried Benn, Der Roman des Phänotyp (Landsberg an der Warthe, März bis Juni 1944).
19. Waddington: »The Basic Ideas of Biology«, in: *Towards a Theoretical Biology, 1*, a.a.O., S. 9. Ausgenommen wird Ernst Mayr, der vom »*total epigenotype*« spricht und damit Waddington zitiert.
20. Vgl. ebd., S. 7.
21. Ebd., S. 4. Zur Ausdifferenzierung von Vererbung und Übertragung bei Carl Correns 1911, vgl. Ohad Parnes, Ulrike Vedder, Stefan Willer: *Das Konzept der Generationen. Eine Wissenschafts- und Kulturgeschichte*, Frankfurt a. M. 2008, S. 216 f.
22. Conrad Hal Waddington: »Der gegenwärtige Stand der Evolutionstheorie«, in: *Das Neue Menschenbild*, a.a.O., S. 346.

aus, »wenn ihnen eine gegebene Situation nicht passt«.[23] »Eine in Entwicklung begriffene Population spielt gewissermaßen ein Spiel, in dem sie eine mehr oder weniger große Freiheit in der Wahl der Karten hat, die sie […] ausspielt.«[24] Etwa die Pferde. Irgendwann einmal »spielten die Pferde ein Spiel«, in dem sie auf die Taktik »fliehen statt kämpfen« setzten.[25] Der nächste Schritt war dann vorgezeichnet: möglichst schnell laufen, schneller als die Wölfe. Erst diese Wahl einer Taktik tendierte zur Selektion, nicht einzelner Gene, sondern ganzer Gen-Gruppen für komplexe Lauforgane. Kurzum: in der Evolution ist »ein Kalkül von der Art der Spieltheorie am Platz«, nicht statistische Untersuchungen über die Mutationsraten einzelner Gene.[26] Ein Held von Waddingtons Diskurs ist darum John von Neumann.

Nicht nur an dieser Stelle versucht Waddington, von der Mathematik der Populationsgenetik – von Mendel, Bateson, Pearson und Wheldon, Yule, Haldane und Fischer, von denen er als Evolutionstheoretiker herkommt[27] – zu anderen Mathematiken überzugehen, etwa der Spieltheorie oder der Topologie, wie René Thom und Christopher Zeeman sie entwickeln (die zum engsten Kreis der Wad-Family gehören). Wenn es darum geht, wie sich im »epigenetischen Raum« der Wechselwirkungen die Entwicklung bestimmter Phänotypen stabilisiert, entwirft Waddington selbst, mit dem künstlerischen Beistand des englischen Malers John Piper,[28] das topographisch-topologische Bild einer Alpenlandschaft mit Tälern: eine Kugel (oder Lawine), die das Tal herabkommt, kehrt, wenn sie in ihrem Lauf talabwärts gestört wird, immer wieder in die Talsohle zurück – nur ein Stück weiter unten. Die Evolution stabilisiert Prozesse, nicht Endprodukte.[29] Waddington nennt seine Täler auch »Chreoden«, von griechisch χρέω, Not, Notwendigkeit, und ὁδός, der Weg.

Die Frage nach der Entstehung der Chreoden aber bringt eine weitere neue Mathematik ins Spiel, eine Mathematik, die Wechselwirkungen im Gen, im Phän, vom Gen zum Phän und zurück überhaupt und als solche berechnet. Diese Mathematik ist der Ingenieurstechnik verschwistert, arbeitet mit spielbaren Modellen und stellt am Ende die evolutionstheoretische Kardinalfrage: Sind die chreodischen Alpenlandschaften Effekt jenes *war of nature*,[30] den man seit Darwin als natürliche Selektion anspricht? Spielt die Evolution mit den Lebewesen allein auf Leben und Tod? Oder spielt sie noch andere Spiele?

---

23. Ebd., S. 348. Vgl. auch die sogenannte »Migrationstheorie« des Augsburger Biologen Moritz Wagner, der Darwin propagierte und kritisierte.
24. Ebd., S. 349.
25. Vgl. ebd., S. 354.
26. Ebd., S. 348.
27. Vgl. ebd., S. 342–345.
28. Vgl. den aufschlussreichen Aufsatz von Ohad Parnes über »Die Topographie der Vererbung. Epigenetische Landschaften bei Waddington und Piper«, in: *Trajekte. Zeitschrift des Zentrums für Literatur- und Kulturforschung Berlin*, Nr. 14, April 2007, S. 26–31.
29. Waddington prägt das Wort *Homöo-rhese*, von griechisch ῥέω, ich fließe, statt *Homöo-stase*, von ἵστημι, ich stelle, stehe still.
30. Vgl. etwa Charles Darwin: *The Origin of Species by means of natural selection or preservation of favoured races in the struggle for life (1859)*, Reprint of the Sixth Edition: London, New York, Toronto 1956 (The Worlds Classics II), S. 79: *Chapter III. Schluß.*

»Es ist zwar nicht zu leugnen, dass die natürliche Auslese ihr Teil zur Ausbildung der Stabilität beigetragen hat, aber man kann die Möglichkeit nicht ausschließen, dass ein gewisses Maß an Stabilität eine wesentliche Konsequenz des Zusammenwirkens einer großen Zahl von Genen ist. Ich bin von jeher der Meinung gewesen – und ich habe einmal den Mut aufgebracht, die Idee zu Papier zu bringen (Waddington, 1968)[31] –, dass sich in jedem komplexen Wechselwirkungssystem spontan eine gewisse Stabilität einstellt, und zwar um so eher, je größer die Anzahl der Wechselwirkungspartner jedes einzelnen Gens ist.

Einige neuere Ergebnisse weisen darauf hin, dass meine Ansicht, die Stabilität erhöhe sich mit der Anzahl der Wechselwirkungen, richtig ist. Ein junger amerikanischer Student hat kürzlich mit einem Experiment, das er mit Hilfe eines Computers durchführte, die Fachwelt in Aufregung versetzt. Er koppelte eine größere Anzahl – einige hundert – einfacher binärer Ein-Aus-Schalter in zufälliger Weise so aneinander, dass jeder Schalter zwei Eingänge besaß, die mit zwei zufällig ausgewählten anderen Schaltern verbunden waren. Dann ordnete er jedem dieser Eingänge wahllos eine Boolesche Funktion zu, die festlegte, wie der Schalter auf diese Zuleitung anzusprechen hatte. Je nach dem augenblicklichen Zustand des Eingangs und des Schalters würde dieser mit ja, nein, und, oder, und so weiter antworten. Dann setzte er willkürlich einen Anfangszustand, indem er die einzelnen Schalter wahllos in die Ein- beziehungsweise Aus-Stellung brachte, und schaltete den Computer ein. Das recht überraschende Ergebnis war, dass sich in den meisten Fällen sehr bald ein geschlossener Zyklus ausbildet; das System durchläuft dann immer eine bestimmte Folge von Zustandsänderungen, ohne je davon abzuweichen. Es erreicht einen ›Grenzzyklus‹. Das ist ein Beispiel dafür, dass sich in einem System, das viele Zufallsfaktoren enthält, eine gewisse Stabilität ausbilden kann, unabhängig von jeglicher natürlichen Selektion …

Weiss:[32] Wissen Sie, wie der Mann heißt?

Waddington: Stuart Kauffman. Ich weiß nicht genau, wo er sich jetzt aufhält. Er studierte an der California Medical School, doch soviel mir bekannt ist, bemühen sich heute die besten Universitäten Amerikas um ihn. / Aber nun zurück zur Evolution. …«[33]

Gerüchte sind der Echtzeit verschworen. Parallel zur Konferenz in Tirol, am 8. Juli 1968,[34] hatte der geniale Student ohne Aufenthaltsort beim *Journal of Theoretical Biology* die letzte Fassung eines Artikels abgegeben, der erst 1969 erscheinen wird. Schon am prächtigen Titel dürfte Waddington nicht ganz unbeteiligt gewesen sein: »Metabolic Stability and Epigenesis in Randomly Constructed

---

31. Auch wenn im Text die Angabe zweideutig ist, spielt die Passage wohl an auf: »I should have guessed intuitively that, provided a large number of the components can interact not only pair wise but each with a number of other components, some degree of buffering would be bound to emerge.« (Waddington, »The Basic Ideas of Biology«, in: *Towards a Theoretical Biology, 1*, a.a.O., S. 13). Mit *buffering* ist hier das Gleiche gemeint wie *Chreode*.
32. Der Entwicklungs- und Vivariumsbiologe und Mitbegründer einer »Wiener Systembiologie« Paul Weiß.
33. Koestler, Smythies: *Das Neue Menschenbild*, a.a.O., S. 350 f.
34. Erste Einsendung 19. März, revidiert 8. Juli 1968.

Genetic Nets«.[35] Auch wenn in den Werken des späterhin berühmten Stuart Kauffman (*summum opus*: *Origins of Order* von 1993) der Name Waddington nicht mehr auftaucht: die dritte Konferenz[36] der Wad-Family am Comer See eröffnet dem amerikanischen Studenten nicht nur eine landschaftlich beeindruckende Bühne, um vor den Größen seines Fachs, vor Brian Goodwin, Richard Lewontin, Alex Fraser, René Thom, Christopher Zeeman seine Arbeiten vorzustellen.[37] Der Hintergrund des Studenten aber ist ortbarer als man es in Alpbach ahnt. Er war von September bis Dezember 1967 »*Visiting Scientist*« am Research Laboratory of Electronic des MIT gewesen, »The author wishing to thank [...] Marvin Minsky making available the use of project MAC computer time«.[38] Doch das Dispositiv seiner Programme kommt vom anderen Ort – institutionell, kulturell, wissenshistorisch.

Walker & Ashby

Mitte der 60er Jahre nämlich finden die ersten Computerforschungen über die »Zeitliche Charakteristik des Verhaltens in bestimmten komplexen Systemen« nicht am äußersten Ort des Geschehens amerikanischer Technik in Boston statt, sondern im Reich eines 1949 in die USA ausgewanderten Österreichers: in Heinz von Foersters *Biological Computer Laboratory BCL* an der Universität von Illinois. Man arbeitet mit IBM 7094 aus der Generation 7090, *seven 'o nine T*, T wie Transistor. »The programming of the computer used is straightforward«.[39] Der 63-jährige Kybernetiker der ersten Stunde, ein ehemaliger Psychiater aus England, Ross Ashby, und ein technikbegeisterter Psychologe aus Los Angeles, Crayton D. Walker (Department of Psychology der University of California), die am *BCL* komplexe Systeme erforschen, arbeiten, gut alteuropäisch, mit Blick fürs Prinzipielle.[40] Binäre, vom Zufall verschaltete Netze sind erforschbar, weil

---

35. Vgl. Stuart Kauffman: »Metabolic Stability and Epigenesis in randomly constructed genetic nets (received 19. März 1968, revised 8. Juli 1968)«, in: *Journal of Theoretical Biology*, 22, 1969, S. 437–467.
36. Deren Datum, auch wenn Angaben fehlen, 1969 sein dürfte.
37. Kauffman hält gleich *zwei* Referate. Im Vorwort schreibt Waddington 1970 neben den großen Namen vor allem dem jungen Kauffman die neuen Impulse zu: »A novel and very stimulating discussion is recorded in the papers grouped around Kauffman's remarkable demonstration that the behaviour of randomly constructed networks exhibits a surprising degree of simplicity.« (*Towards a Theoretical Biology, 3. Drafts, an IUBS symposium (o.D.)* (ed. Conrad H. Waddington), Edinburgh 1970, Preface by C. H. Waddington).
38. Kauffman: »Metabolic Stability and Epigenesis«, in: *Journal of Theoretical Biology*, 22, a.a.O., S. 466.
39. Crayton C. Walker und Walter Ross Ashby: »On temporal characteristics of behaviour in certain complex systems (received 17. Januar 1966)«, in: *Kybernetik*, Bd. III 1966/67, S. 100–108, 103. IBM führt den 7094 im September 1962 ein. Crayton C. Walker berichtet 2008, er hätte im November 1962 die ersten Diskussionen mit Ashby »about polystable systems« gehabt (vgl. Crayton C. Walker, *Young BCL: 1961–1965. Its Research Environment and Complexity Studies*. Herzlichen Dank an Jan Müggenburg, Lüneburg, für die Einsicht in seine Transkription dieses Vortrags!).
40. Über diese Forschungen im Kontext des BCL und seiner verzweigten Geschichte, über Ashbys Zeit im BCL und Ashby im Allgemeinen, siehe demnächst: Jan Müggenburg, *Lebhafte Artefakte. Die Maschinen des Biological Computer Laboratory*, Phil. Diss. Wien/Lüneburg (in Vorbereitung).

programmierbar. »The systems examined lend themselves readily to digital computer simulation: the method used is direct observation of behaviour by computer modelling.«[41] Das mathematisch konstruierte System also wird *durchgespielt*. Es ist damit auf seine ingenieurstechnische Konstruktion oder *Implementierung* angewiesen. Sie erst stellt die Spielbarkeit des Systems her.[42] Wie sich das System »verhalten« wird, ist nicht zu Beginn voraussagbar, sondern nur »beobachtbar«. Die zweite Natur aus Ingenieurshand wird beobachtet wie die erste der Tiere. Aber was heißt hier »Verhalten«?

Das Spiel beginnt, wie jedes Spiel, einfach. Die Teile des Netzes verhalten sich nach einer simplen Charakteristik.[43] Einzelteile sind als Hardware *konstruiert* und als Software universaler Maschinen *programmiert*. Ihr Verhalten liegt damit im ingenieurial schätzbaren Rahmen von Fehleranfälligkeit. Ihr Verhalten im System dagegen, die »Stile des Systemverhaltens«, sind, auch ohne Absturz der Maschine, schwerer vorhersehbar.[44] Denn sie liegen auf einer Ebene, die kein Ingenieur vorher wissen oder wollen kann. Die rätselhafte Beziehung von einfachen Elementen und komplizierten Systemen macht den ganzen Einsatz des Spiels.

Die Teile des Netzes hören bei Walker/Ashby auf das Medium alles Elementaren im abendländischen Wissen: sie sind lateinisch *elementa*, griechisch στοιχεῖα, das heißt: sie sind Buchstaben. »Alphabet, Mother of Invention«,[45] oder: »The parts composing the systems studied are simple electrical devices, here called *elements*, that can interact with one another.«[46] Nur sind geschaltete *elements* noch kein Alphabet. Erstens, weil sie alle gleich sind[47] und zweitens, weil sie im Realen neuzeitlicher Physik miteinander interagieren, also anders als die 26 Buchstaben des griechischen Vokalalphabets, wenn sie, wie Aristoteles es denkt, zu Silben und dann zu Worten zusammentreten.[48] »The basic parts of which the systems are built, i.e., the elements, are functionally elementary.«[49] Sie können zwei Zustände annehmen und transformieren zwei mit ihnen verschaltete Inputs, die auch zwei mögliche Zustände annehmen können, zu einem neuen Zustand. *Weil* aber Elemente, *elementa*, στοιχεῖα, hier im physikalisch-technisch Realen funktionieren, werden sie schnell so unschreibbar wie unsagbar.

---

41. Walker/Ashby: »On temporal characteristics«, in: *Kybernetik*, Bd. III, a.a.O., S. 103.
42. »Depuis toujours, l'homme a cherché à conjoindre le réel et le jeu de symboles.« (Jacques Lacan: *Le Moi dans la Théorie de Freud et dans la technique de la Psychanalyse, 1954–1955, Le Seminaire, Livre II*, Paris 1978, S. 346).
43. Walker/Ashby: »On temporal characteristics«, in: *Kybernetik*, Bd. III, a.a.O., S. 101.
44. Ebd.
45. Vgl. Marshall McLuhan und Robert K. Logan: »Alphabet, Mother of Invention«, in: *et cetera*, vol. 34, 4. December 1977, S. 373–383 (Herzlichen Dank an Carlo Barck, Berlin!). McLuhans Koautor Logan ist Professor für Physik in Toronto. Zum Alphabet als Quelle abendländischer Wissenschaft vgl. vor allem Friedrich Kittler: *Musik und Mathematik. Band I: Hellas. Teil 1: Aphrodite*, München 2006.
46. Walker/Ashby: »On temporal characteristics«, in: *Kybernetik*, Bd. III, a.a.O., S. 101. Hervorhebung von Walker und Ashby.
47. »The elements of any one system are identical« (ebd.).
48. Vgl. Friedrich Kittler: *Musik und Mathematik I.1*, a.a.O., S. 105–121, und Ders., *Musik und Mathematik. Band I: Hellas, Teil 2: Eros*, München S. 157–160.
49. Walker/Ashby: »On temporal characteristics«, in: *Kybernetik*, Bd. III, a.a.O., S. 101b.

Walker/Ashby operieren mit Netzen aus 100 Elementen. Jedes Element ist – anders als das eingangs entworfene Fünfer-Netz – *zufällig*, also per Urnenwahl,[50] mit zwei anderen verschaltet. (Sein aktueller Zustand kann also auch der Output von *weniger* oder *mehr* als zwei Inputs sein). Jedes Element ist außer mit den beiden Inputs auch noch mit sich selbst verschaltet, hat also – ebenfalls anders als das eingangs entworfene Netz – drei Inputs. Sie können als Dreiergruppe 8 mögliche Zustände annehmen. Die Anzahl der booleschen Funktionen, die sich diesen 8 Input-Zuständen zuordnen lassen, wird damit $2^8 = 256$. Ob irgendeine Philosophie der Welt auch nur diese 256 Funktionen wahren oder falschen, schreib- oder sagbaren Sätzen zuordnen kann, darf als zweifelhaft gelten.[51]

Walker/Ashby stellen nun für das Netz von 100 *elements* (*N*) 5 verschiedene Zufallsverschaltungen oder *structures* *K* her. Jedes *K* wird zufällig in 10 verschiedene Anfangszustände *S* versetzt. Dann wird es durchgespielt: mit sämtlichen möglichen 256 Funktionen oder *transformations* *T*. Macht 5 mal 10 mal 256 gleich 12 800 Durchläufe. Auf diesem »Corpus« finden alle Beobachtungen statt. Es ist kein Schreibspiel mehr, *ma main, ce papier, ce stylo*.[52]

Basis des Spiels ist die Struktur *K*, der zufällig generierte Schaltplan. Er bleibt *structurally rigid* und ändert sich nicht im Laufe des Spiels. Mit anderen Worten: er ist überhaupt eine Struktur. Sie wird auch nicht durch Einwirkung von außen verändert. Die Aktivitäten des Netzes sind also »wholly determined from within«.[53] Die Netze sind, allem Zufall zum Trotz, *finite state machines*, Maschinen mit sehr vielen, aber endlich vielen Zuständen. Und nur darum geben sie Strukturen zweiter Ordnung zu erkennen.

Sie entstehen, weil das Spiel, wie jedes spielbare, ein Ende hat oder von vorne anfängt, also sich wiederholt. »Basically, the program calculates a state and compares that state with all previous states. If a previous state is the same as that calculated, a cycle has been disclosed. The necessary data are then printed out.«[54] Aber es gibt keine Formel, die voraussagt, auf *welchem* Zustand der Kreis sich schließt, »sich zeigt«, von einem bestimmten Anfangszustand aus gerechnet, mit einer bestimmten booleschen Funktion. Trotzdem ist es für jede Kombination von *S-K-T* ein ganz bestimmter Zustand. In der Struktur *K* also bildet sich, je nach Anfangszustand *S* und Transformation *T*, eine zweite Struktur: das »Endverhalten«, *terminal* oder *permanent behaviour* des Systems,[55] in das es einschwingt, auf dem es ausharrt, das sich wiederholt und fortsetzt, solange die Maschine nicht ausgeschaltet, das Programm nicht abgebrochen wird oder abstürzt. Von einem gleichen Zustand aus durchläuft das geschlossene System immer wieder eine

---

50. Ebd., S. 102a.
51. Stuart Kauffman wird in vielen Durchläufen »Tautologie« und »Negation« explizit ausschließen (vgl. etwa Kauffman: »Metabolic Stability and Epigenesis«, in: *Journal of Theoretical Biology*, 22, a.a.O., S. 444 und 445, Fig. 3).
52. Unter dem Titel *Mon corps, ce papier, ce feu* antwortet Michel Foucault 1972 in einem Anhang zur zweiten Auflage von *Wahnsinn und Gesellschaft* auf Jacques Derridas Lektüre des Descartes-Kapitels in *Wahnsinn und Gesellschaft*.
53. Walker/Ashby: »On temporal characteristics«, in: *Kybernetik*, Bd. III, a.a.O., S. 101b.
54. Ebd., S. 103a.
55. Ebd., S. 102b.

Reihe gleicher Zustände der 2^{100} möglichen eines binären Netzes mit 100 Elementen. Walker/Ashby und Kauffman sprechen von *cycles*, also Schleifen, Kreisläufen, Zirkeln. Sie sind nicht konstruiert, sondern stellen sich her: 21800 mal. Schon darum sind Techniken, *cycles* aufzuzeichnen und graphisch darzustellen, ganz andere als die beim Entwurf von *circuits*.

Spiel. Nehme, um in schreibspielbaren Dimensionen zu bleiben, ein äußerst einfaches Netz: drei Elemente à zwei Inputs.[56] Schreibe alle acht möglichen Zustände in eine Liste; daneben die Zustände, in die sich unter einer bestimmten Verschaltung *K* der Elemente – mit drei Elementen à zwei Inputs ist nur ein einziger Schaltplan möglich: ein Dreieck – und bestimmtem *T* alle diese acht Zustände beim nächsten Schritt transformieren. Mit, zum Beispiel, T = 0101 ergibt das (links der Anfangszustand t_0, rechts der Zustand t_1 des Dreiernetzes):

```
000 000
001 100
010 001
011 101
100 010
101 110
110 011
111 111
```

Dann setze die beiden Listen nach der schlichten Spielregel in Gang: Gehe der Reihe nach zu jedem Eintrag der linken Spalte, gehe dann jedes Mal zum rechten, suche das gefundene Muster des rechten in der linken Spalte, gehe zum entsprechenden rechten – und so fort.[57] Dann löse den Textmodus der Zeilen- und-Spalten-Ordnung kombinatorischer Tafeln auf, wechsle in den Graphikmodus und schreibe die gefundenen Muster frei verteilt auf den zweidimensionalen Raum des Papiers: bezeichne jede Transformation, jeden Übergang mit einem Pfeil. Auf diese Weise entsteht eine graphische Darstellung: Walker/Ashby nennen sie *field*,[58] Kauffman nennt sie *kimatograph* (Abb. 2 und 3).[59] Er ist weniger von der Geschichte des Kinos inspiriert als von der Art, in der Kauffmans MIT-Kollege Claude Elwood Shannon etwa das Alphabet Samuel Morses anschrieb (und schließlich die Wahrscheinlichkeitsstruktur diskreter Quellen

---

56. Stuart Kauffman wird immer von diesem einfachsten möglichen Netz ausgehen (vgl. Kauffman: »Metabolic Stability and Epigenesis«, in: *Journal of Theoretical Biology*, 22, a.a.O., S. 442; Ders.: *The Origins of Order. Self-Organization and Selection in Evolution*, New York, Oxford 1993, S. 466; Ders.: *Reinventing the Sacred. A New View of Science, Reason and Religion*, New York 2008: S. 108).
57. Dabei entstehen vier *cycles*: 001-100-010-001 / 011-101-110-011 / 000–000 / 111–111.
58. Vielleicht folgen sie Kurt Lewins, Psychologen wohl bekannter Theorie der Feldorientierung, genannt »Hodologie«, von, siehe oben, griechisch ὁδός, der Weg.
59. Kauffmans Beispiel, Fig. 2, verwendet, anders als das oben aufgelistete Beispiel, für jedes der drei Elemente ein anderes T (vgl. Fig. 2 (a)). Die dabei entstehende Liste: vgl. Fig. 2 (b). Der Graph von Fig. 2 (c) hat allerdings einen Fehler: er übergeht 000, das auf der linken Seite des Graphen zwischen 100 und 001 eingefügt werden muss!

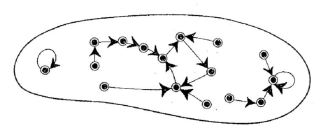

Fig. 1. An arbitrary field with sixteen states

Abb. 2: Ein Graph als Feld mit 16 Zuständen nach Walker/Ashby.

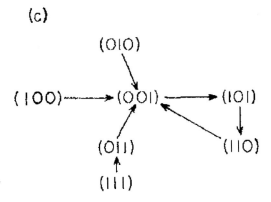

Abb. 3: »Kimatograph« nach Kauffman.

alias Buchstabenkorpora überhaupt): als Markov-Prozess.[60] *Field* und *kimatograph* zeigen die *cycles* eines Netzes auf einen Blick. Ihre Erstellung per Hand ist bei drei Elementen möglich (vgl. oben), bei fünf Elementen ein Geduldsspiel, bei 100 Elementen illusionär.

Sämtliche *direct observations of behaviour* werden im Weiteren auf diesen Feldern oder Bewegungsgraphen spielen. So verzeichnen, vergleichen, analysieren Walker/Ashby von allen 21800 Durchläufen: die Länge der *cycles*; die Zahl der

---

60. Vgl. Claude Elwood Shannon: »Eine Mathematische Theorie der Kommunikation (Bell Systems Technical Journal 27, Okt. 1948)«, in: Ders., *Ein Aus, Ausgewählte Schriften zur Kommunikations- und Nachrichtentheorie* (hg. F.A. Kittler, P. Berz, D. Hauptmann, A. Roch), Berlin 2000, S. 9–100, hier: 15 und 21ff., *4. Graphische Darstellung eines Markoff-Prozesses*; vgl. auch Jacques Lacan: »Das Seminar über E.A. Poes ›Der entwendete Brief‹ (1955/56, bearbeitet 1966)«, in: Ders., *Schriften I*, Frankfurt a. M. 1975, S. 7–60, hier: 47 und 56; vgl. auch hier weiter unten: Anmerkung 65.

Schritte, bis, je nach Anfangszustand und boolescher Funktion, ein *cycle* sich selbst gefunden hat, die sogenannte *run-in length*; dann die Höhe der »Aktivität« des Netzes, also die Zahl der ihren Zustand ändernden Elemente bei jedem Übergang; und schließlich die sogenannte *disclosure length*, das ist die Zeit oder Zahl der Schritte, bis ein *cycle* sich als solcher »offenbart« hat. Technisch gesprochen ergibt sich die *disclosure length* aus *run-in* plus *cycle length*. Philosophisch stellt sie die Frage nach der Beobachtung selbst, nach ihren Grenzen, ja ihrer Wahrheit. Nicht der Wahrheit des Modells, sondern möglicher Wahrheit *im* Modell. Und nicht nur, weil die *dis-closure*, ganz wie die frühgriechische ἀ-λήθεια, im privativen Modus auftritt.[61] »The significance of disclosures lies largely in the fact that disclosure lengths stand as a barrier to the understanding of a system by simple observation.«[62] Die Fähigkeit eines Beobachters, *cycles* zu identifizieren, wird nämlich von der Anzahl der vergangenen Schritte begrenzt, die er mit dem aktuellen Zustand überhaupt vergleichen *kann*. Denn dieser Beobachter hat technische, experimentalpraktische, lebensweltliche und kosmische Grenzen. Bei 2^{100}, also mehr als 10^{30} – einer 10 mit 30 Nullen – möglichen Zuständen, die zugleich die maximale *disclosure*-Länge eines *cycle* sind, wird diese Frage schnell dramatisch.[63] Aber der Beobachter ist kein Subjekt, sondern ein Computer und dessen Grenzen sind technischen Standards eingeschrieben. Walker/Ashby standardisieren auf eine maximale Länge von 500 Zuständen, die sie, wie in der Mikroskopie, die »Apertur«, *aperture*, des Modells nennen.[64]

Erstes, ernüchterndes Ergebnis der 21800 Durchläufe in 5 verschiedenen Netzen: der zufällige Schaltplan, also die Struktur des Netzes, hat auf die Länge und Zahl der *cycles*, *run ins* und *disclosures* kaum irgendeine Auswirkung. Auch der Startzustand ist relativ gleichgültig. Das Verhalten der Netze scheint »struktur-unempfindlich«, *pragmatically structure-insensitive*. Es folgt allein der *Spielregel*, also der für die Transformation des Netzes von t_n zu t_{n+1} gewählten booleschen Funktion.

Walker/Ashby versuchen nun, dem Korpus selbst dieser 256 booleschen Spielregeln alias achtstelligen Binärzahlen Strukturen abzugewinnen. Lacans Buchstabenspiele im Seminar über den Entwendeten Brief gruppierten 1955 und 1966 – also dem Jahr von Walker/Ashbys Untersuchung und Lacans *Écrits*[65] –

---

61. Auch wenn *disclosure* im Englischen eher eine rechtliche Offenbarung ist als, wie im Griechischen, ein Sich Zeigen des in Wolken, Nebel oder Vergessen sich Verbergenden (zum frühgriechischen Sprachgebrauch vgl. etwa Wolfgang Schadewald, *Die Anfänge der Philosophie bei den Griechen. Die Vorsokratiker und ihre Voraussetzungen (Tübinger Vorlesungen Band 1)*, Frankfurt a.M. 1978: 195–201).
62. Walker/Ashby: »On temporal characteristics«, in: *Kybernetik*, Bd. III, a.a.O., S. 104a.
63. Zu den Grenzen der Spiele, vgl. hier weiter unten: *Random Nets II*.
64. Die Zahl 500 ist wohl begründet, weil in der »Familie der 256 Ts« genau 196 Ts in mehr als der Hälfte der 50 Durchläufe pro T *disclosures* von weniger als 500 Schritten zeigen; genauere Analyse gibt das Rätsel auf, dass vor allem Ts mit symmetrischen Strukturen, etwa 0110 oder 1001, lange, die Apertur überschreitende Zyklen produzieren.
65. Der Artikel »Das Seminar über E.A. Poes ›Der entwendete Brief‹« trägt die drei Daten: 26. April 1955 für die »Vorlesung« im Seminar von 1954/55; Mitte Mai und Mitte August 1956 für eine Überarbeitung; und für eine Nachschrift »Parenthese der Parenthesen« das Jahr 1966, in dem Lacans *Écrits* erscheinen, deren erster Artikel das Seminar über Poe ist. Zum gesamten Zusammenhang vgl. Mai Wegener: *Neuronen und Neurosen. Der psychische Apparat bei Freud und Lacan. Ein historisch-theoretischer*

die acht möglichen binären Dreiergruppen 000, 001, ..., 111 nach einer »symétrie de la constance«: 000, 111 (bezeichnet mit 1), einer *»symétrie de l'alternance«*: 101, 010 (bezeichnet mit 2), und einer *»dissymétrie«*: 100, 011, 110, 001 (bezeichnet mit 3), um dann die möglichen Übergänge von 1, 2, 3 in einem markovschen Graphen anzuschreiben.[66] Walker/Ashby gruppieren die 256 möglichen binären 8er-Gruppen nach vier Kriterien oder *characteristics*. Sie erlauben eine quantifizierende Anordnung der 256 Muster und tragen so sprechende Namen wie: *homogeneity, fluency, memory, hesitancy*.[67] Die Homogenität etwa rechnet sich leicht von 0 bis 8 als die absolute Zahl der Nullen (oder der Einsen). Schreibt man die 8 möglichen Dreier-Inputs zeichenökonomisch optimiert in einer »Tafel« an (Abb. 4), lassen sich Achter-Muster mit dem Grundzustand 0000 1111 vergleichen und etwa das Ausmaß der Änderung, die *hesitancy*, usw. messen. Jedes Mal wird das Korpus der 256 *Ts* in einem Koordinatensystem anordnbar, das von 0 bis 4, 4 bis 8 oder 0 bis 8 läuft. Diese *characteristics* lassen sich schließlich als Maße, als *measures* verwenden, mit denen anderes zu beobachten ist als nach der bloß direkten Methode. So entsteht etwa der sehr häufige Fall von *cycles* der Länge 1 (fast die Hälfte aller *Ts* führt zu solchen) bei einer Homogeneität von 5 nur in 10% der Fälle, bei Homogenität von 6 schon in 30%, aber bei maximaler Homogenität von 8 (nur Einsen oder nur Nullen) in 100% aller Fälle. Mit der variablen *cycle*-Länge als drittem Parameter schreiben Walker/Ashby ihre Daten auch in dreidimensionalen Koordinatensystemen an, die schon Waddingtons Landschaften ahnen lassen.

Bleibt die erschütternde Frage: Wer außer den Spielern selbst interessiert sich für solche Beobachtungen? Oder hat sich – Lust und Laune aller Spiele – das Spiel verselbständigt?

Einmal hätten, so Walker/Ashby, *hardware-oriented readers* guten Grund, sich für Beobachtungen an Zufallsnetzen zu erwärmen. In einer Zeit, in der Kontrollmechanismen immer mehr *biological complexity* erreichen und neue *Monte-Carlo-Methoden* der Programmierung in Gebrauch kommen: »there may comme to exist a need for probabilistic machinery«.[68] Zweiter Adressat aber ist der *biological oriented reader*, dem Verhaltensforschungen ohnehin vertrauter seien. Möglichen biologischen Übertragungen des Modells[69] sind keine Grenzen gesetzt. Auch wenn Walker/Ashby selbst von neurologischen Netzwerken ausgehen, braucht man etwa nur *cycles* der Länge eins, in denen das Netz auf einem gleichen Zustand beharrt (sie heißen, Ashbys Homöostase-Denken folgend, *states*

Versuch zu Freuds Entwurf *von 1895*, München 2004; und im vorliegenden Band der Artikel von Eva Laquièze-Waniek.
66. Lacan: »Das Seminar über E. A. Poe«, in: *Schriften I*, a.a.O., S. 47.
67. Walker wird sich noch 2008 genau an die Namen aller dieser *characteristics* erinnern (vgl. oben Anmerkung 39).
68. Walker/Ashby: »On temporal characteristics«, in: *Kybernetik*, Bd. III, a.a.O.: S. 101a. Vor allem Walkers Originalarbeit sei, so Jan Müggenburg, dafür interessant (vgl. demnächst mehr in: Müggenburg: *Lebhafte Artefakte*, a.a.O.).
69. Vgl. Walker/Ashby: »On temporal characteristics«, a.a.O.: S. 103a.

Table 1. *The Standard Form for an Element Transformation Table, here a General Transformation*

	Next State of Element		Present State of Element	
			0	1
Present States of Inputs (L, R)	0	0	e_1	e_5
	0	1	e_2	e_6
	1	0	e_3	e_7
	1	1	e_4	e_8

Abb. 4: Kombinatorische Tafel für drei mögliche 0/1-Inputs (dritter Term: e_1 bis e_8).

of equilibrium),[70] ein wenig allgemeiner zu nehmen. »Such states are formally equivalent to what is common in the biologically important concepts: ›is at rest‹, ›has decided‹, ›is adapted‹, ›has learned the task‹, and so on.«[71] Könnte man nicht sogar, wenn ein gleiches *T* für ganz verschieden verschaltete Netze gleiche *cycle*-Längen erzeugt, spekulieren, ob das von *T* induzierte »rhythmische Verhalten« eine »biologische Uhr« ist? Wären die »natürlichen Rhythmen realer Dinge« am Ende ein schlichter Effekt »räumlich ausgedehnter System-Eigenschaften«, die *jedem* prozedierenden Netz inhärent sind, dessen Elemente in Nachbarschaften verteilt und verschaltet sind?[72]

---

70. Ebd.: 102b und 104b. Das folgt Ashbys Denken der Homöostase, mit dem sein Name in der Geschichte der Kybernetik vor allem verbunden ist.
71. Ebd.: 102b.
72. Ebd.: 107b.

Claus Pias[*]

Zur Epistemologie der Computersimulation

Sehr geehrte Damen und Herren!
Gestatten Sie mir eine kurze Vorbemerkung, um Ihnen[1] zu erklären, was ich eigentlich mache. Ich bin Medienwissenschaftler. Aber es ist nicht sehr klar, was eigentlich Medienwissenschaft ist. Tatsächlich handelt es sich wohl weniger um ein Fach als um eine Art Bewegung oder ein vielleicht ein Paradigma. Gesprächsweise versucht man als Medienwissenschaftler darum oft disziplinäre Anhaltspunkte zu geben, etwa: »Ja, es ist so etwas wie Philosophie, *aber...*«, »ja, es ist so etwas wie Wissenschaftsgeschichte, *aber...*«, »ja, es hat auch was mit Film oder Literatur, mit Bildern oder dem Internet zu tun, *aber...*«, ganz nach der akademischen Herkunft des Gesprächspartners. Sie mögen jetzt denken, dass sich das nach einer Wissenschaft für »Alle und Keinen« (Nietzsche) anhört und haben damit wahrscheinlich sogar recht. Ich möchte aber zwei gängige Vorurteile ausräumen. Das erste, dass es sich bei Medienwissenschaft um Publizistik bzw. empirische Sozialforschung handelt; das zweite, dass es um Film- und Fernsehwissenschaft geht. Beides sind wohl Erscheinungsformen von Medienwissenschaft. Die *Publizistik* entstand Anfang des 20. Jahrhunderts aus der Wirtschaftswissenschaft heraus und feierte große Erfolge während des Nationalsozialismus und in den Jahrzehnten danach. (Über die Gründe dafür möchte ich hier nicht sprechen.) Die Methoden dieser Wissenschaft sind quantitativ, mit einer Orientierung in Richtung Soziologie und Politikwissenschaften. Sie sind eher gegenwartsbezogen. Ihr Verständnis von Theorie ist, grob gesagt: Theorie ist Systematisierung von Forschungsabläufen. Die *Film- und Fernsehwissenschaft* entstand nach 1968 aus einer Krise des Wissenschaftsverständnisses heraus. Durch die Kopplung von Ästhetik, Technik und Ideologiekritik, aber auch im Hinblick auf medienpraktische und medienaktivistische Arbeit, entdeckte sie das Politische des Alltags und der Popkultur und erhob bislang nicht-reputierte Phänomene in den Rang ernst zu nehmender wissenschaftlicher Gegenstände. Ihre Methoden sind hermeneutisch-werkorientiert bzw. philologisch, psychoanalytisch, feministisch oder sozialgeschichtlich inspiriert.

Mit beiden Wissenschaften habe ich nichts zu tun. Was ich mache, ist eine Form von Medienwissenschaft, die in den 1980er Jahren entstanden ist und sich als *historische Epistemologie* versteht. Einfach gesagt, geht es um den Zusammenhang von Medien und Wissen. Etwas ausführlicher formuliert, um die Frage, wie Symboliken, Apparate, Institutionen und Praktiken an der Konstitution,

---

[*] Vortrag auf dem Kolloquium des Wissenschaftskollegs in Berlin am 13. April 2010. Gewidmet meinem Wiener Kollegen Wolfgang Pircher.
1. Unter den Fellows des Wissenschaftskollegs Berlin im Jahr 2009/2010 befanden sich Politikwissenschaftler, Altertumswissenschaftler, Mathematiker, Physiker, Quanteninformationstheoretiker, Musikwissenschaftler, Philosophen, Juristen, allgemeine Biologen, Neurobiologen, Evolutionsbiologen, Soziologen, Sprachwissenschaftler, Literaturwissenschaftler, Psychologen und Sanskritforscher.

Zirkulation, Verarbeitung und Speicherung von Wissen beteiligt sind. Die Sache wird dadurch freilich einigermaßen problematisch: denn einerseits kann der Gegenstandsbereich kaum eingeschränkt werden, weil ja *jedes* Wissen vermittelt ist und es wahrscheinlich nichts gibt, was nicht auch *als Medium* untersucht werden könnte. Andererseits ist doch sehr unklar, wie das methodisch zu bewerkstelligen sein soll. Wenn man nun davon ausgeht, dass jede akademische Disziplin darauf gründet, entweder ihre Gegenstände oder ihre Methoden einzuschränken, dann ist Medienwissenschaft *keine Disziplin*.[2] Sie ist eher so etwas wie eine Diskursstrategie. Sie rückt damit in die Nähe von Dekonstruktion und feministischer Theorie, weil auch diese einen bereits laufenden wissenschaftlichen Diskurs voraussetzen und nicht als autonome Disziplinen funktionieren. Sie sind *Parasiten* und nur als solche produktiv.

Positiv lässt sich das so wenden: Medienwissenschaft ist keine Disziplin, sondern eine Fragestellung. Sie fragt nach den medienhistorischen Bedingungen von Wissen und Erkennen. Diese Frage kann nicht nur in verschiedenen Wissensgebieten auftauchen, sondern sie *muss* es, weil sie ja ein gewisses Maß an disziplinärem Wissen voraussetzt, um überhaupt gestellt werden zu können. Mehr noch: Medien*theorie* findet bereits in allen möglichen Disziplinen und Wissensgebieten statt – und zwar ohne, vor und neben akademischer Medien*wissenschaft*. Es gäbe demnach z.B. eine literaturwissenschaftliche Frage nach Medien, aber auch eine kunstgeschichtliche, eine medizinische, eine informatische usw., die zunächst nur *aus* der Literaturwissenschaft, *aus* der Kunstgeschichte, *aus* der Medizin oder *aus* der Informatik *heraus* gestellt werden kann. Insofern ist Medienwissenschaft ein Unternehmen zur Infektion oder Anstiftung, die Dinge aus einem bestimmten, anderen Winkel zu betrachten. Damit ist sie nicht nur eine Chance, die Betriebsblindheiten von Wissenschaften in den Blick zu bekommen. Sie ist auch eine Option, miteinander reden zu können, weil man über die Disziplinen hinweg durch die gleiche Frage miteinander verbunden ist.

Ich will nicht verschweigen, dass dieser freischwebende Status zwischen den Stühlen oder im Orbit der klassischen Disziplinen problematisch ist. Mindestens so problematisch wie der umgekehrte Status von Medienwissenschaft *als* Disziplin, als die sie sich inzwischen etabliert hat und zu den begehrtesten Studienfächern an deutschsprachigen Universitäten gehört. Oder mit Helmut Schelsky gefragt: »Ist Dauerreflexion institutionalisierbar?« Das sind Überlegungen, mit denen ich mich gerade viel beschäftige, die aber hier nicht hergehören. Halten wir also einfach nur fest: Mein Interesse ist eine Mediengeschichte der Wissenschaften, die Veränderungen des Wissens durch wechselnde mediale Techniken und Technologien registriert.

Leider bin ich nicht so wohlsortiert wie meine Vorredner, sondern gebe heute nur den Blick auf einen unaufgeräumten Schreibtisch frei. Fühlen Sie sich daher bitte nicht mit Gewissheiten konfrontiert, sondern in Überlegungen einbezogen.

---

2. Eine Wissenschaft ist sie trotzdem, aber, mit Kant zu sprechen, eher eine »rhapsodische« als eine »systematische«.

Das Terrain, das ich seit einiger Zeit umkreise und in das ich an verschiedenen Stellen eingebrochen bin, um einige Beutestücke zu ergattern, heißt *Simulation*. Von den jungen Geisteswissenschaftlern erwarte ich nun ein stirnrunzelndes: »O je – das ist ja ein Rückfall in die späten 80er oder frühen 90er und mindestens so *out* wie Baudrillard oder Medienkunst mit Datenhandschuhen!« Ja, das stimmt, aber genau deshalb müssen wir neu darüber sprechen lernen. Denn das Thema Computersimulation (und ich meine hier ausschließlich wissenschaftliche Simulationen) scheint schon angesichts von mehreren Tausenden lieferbarer Bücher zu diesem Thema von kaum zu unterschätzender wissenschaftlicher und praktischer Bedeutung. Trotzdem ist es wissenschafts- und medienhistorisch nicht aufgearbeitet. Es gibt nicht mehr als ein gutes Dutzend Aufsätze über den epistemischen Status von Computersimulationen und es reicht eine einzelne Hand, um die medien- oder wissenschaftshistorischen Studien abzuzählen, die einmal exemplarisch aufgearbeitet haben, wie sich eine einzelne Wissenschaft durch Computersimulation im Lauf der letzten 50 Jahre verändert hat.

Um es kurz zu machen: Ich glaube, dass man in Computersimulationen eine epistemische Erschütterung von erheblichem Ausmaß beobachten kann – eine Erschütterung, angesichts derer Joseph Licklider sich in den 1960ern nicht scheute, sie mit der Bedeutung des Buchdrucks für die Wissenschaften zu vergleichen. Was ich heute mache, ist – wie gesagt – eher eine Zettelwirtschaft, in der drei Dinge zur Sprache kommen sollen: erstens ein Vorschlag, was an Computersimulationen interessant sein könnte; zweitens ein Beispiel, wie sich Simulationsansätze verändern und wie sie in den Wissenshaushalt einer Disziplin eingreifen, und drittens ein Kommentar zu bestimmten theoretischen und konzeptuellen Konjunkturen innerhalb der *Science Studies* – oder, präziser gesagt, dazu, warum bestimmte geisteswissenschaftliche Theorien wohl nur unter bestimmten technologischen Bedingungen entstehen.

Ende der 40er Jahre erklärte der Mathematiker und Computerkonstrukteur John von Neumann in kleinem Kreise die Epochen der »Ähnlichkeit« und der »Repräsentation« für beendet und diejenige der »Simulation« für angebrochen. Kaum ein Jahrzehnt später eröffnete der Ingenieur und Psychologe Abraham Moles eine zehnbändige Technik-Enzyklopädie mit der Feststellung, dass die Wissenschaft des 20. Jahrhunderts zu einer Wissenschaft der Modelle geworden sei.[3] Damit wäre der historische Horizont einer Archäologie unserer Gegenwart abgesteckt, in der sich zahlreiche Wissenschaften – implizit oder explizit – in Computerwissenschaften verwandelt haben. Ob in Physik, Chemie oder Biologie, ob in Elektrotechnik, Maschinenbau oder Raumfahrt, ob in Rüstungs-, Populations- oder Klimaforschung, ob in Politik, Ökonomie oder Soziologie: Man vermag kaum mehr einen Forschungsbereich zu nennen, der nicht essentiell von Verfahren der Simulation abhängig wäre.

Worum geht es? Ich gebe die hier die VDI-3633 Definition, die genauso gut ist wie die meisten geisteswissenschaftlichen Definitionen: »Nachbilden

---

3. Abraham A. Moles: »Die Kybernetik, eine Revolution in der Stille«, in: *Epoche Atom und Automation. Enzyklopädie des technischen Zeitalters*, Genf 1959, Vol. VII, S. 7.

eines Systems mit seinen dynamischen Prozessen in einem experimentierfähigen Modell, um zu Erkenntnissen zu gelangen […]. Insbesondere werden die Prozesse über die Zeit entwickelt.« Für meinen Zweck bezeichnet Simulation eine Summe von Praktiken und Wissensformen, die sich durch den Computer als Medium seit 1945 in verschiedenen Wissenschaften herausgebildet haben.

Zugestanden: am Rechner simulierte Crashtests sind etwas anderes als agentenbasierte Simulationen in der Epidemiologie, die etwas anderes sind als numerische Experimente in der Turbulenzforschung oder Teilchenphysik. Aber mein Interesse gilt generell – also vor der dringend notwendigen Hinwendung zu einzelnen Disziplinen und Anwendungsbereichen – erst einmal einem epistemologischen Umbruch, der weder von der Wissenschaftsgeschichte noch von der philosophischen Wissenschaftstheorie angemessen gewürdigt wird. Das Bewusstsein für die Veränderungen durch Simulation ist tatsächlich in den betroffenen Einzelwissenschaften deutlich höher entwickelt, was ganz gut zu meiner These passt, dass interessante Medientheorie jenseits der akademischen Medienwissenschaft stattfindet.

Ein paar Dinge möchte ich zunächst zur existierenden Forschung über den Gegenstand sagen, um daran meine eigenen Hypothesen anzuschließen.

Peter Galison hat angesichts der Entwicklung von Monte Carlo-Methoden eine Veränderung vom »computer-as-tool« zum »computer-as-nature« ausgemacht.[4] Seine These, die auch in meine Richtung führt, ist, dass nicht bloß virtuelle Umgebungen für Computer-Experimente entstanden sind, sondern zugleich so etwas wie eine gemeinsame medientechnische Infrastruktur verschiedenster Wissenschaften, die er »trading zone« nennt. Disziplinen sind, so Galison, weniger durch verschiedene »objects of inquiry« getrennt als durch gemeinsame »strategies of practice« verbunden. Ein dritter Punkt, der mich an Galisons Ansatz ebenfalls interessiert, ist, dass mit Computersimulationen eine neue Klasse von analytisch oder experimentell schwer (oder gar nicht) zugänglichen Problemen behandelbar wird, die ohne entsprechende Rechenleistung nicht behandelbar gewesen wären. Verschiedentlich ist daher von einer dritten Kategorie zwischen oder neben Theorie und Experiment die Rede, von »digital laboratory« (Martina Merz),[5] »simulability« (Thomas Lippert)[6] oder »Möbiusband« (Gabriele Gramelsberger).[7]

Michael Gibbons hat in seinem Buch *The New Production of Knowledge* den Unterschied zwischen »mode 1«- und »mode 2«-Wissenschaften gemacht.[8] Der

---

4. Peter Galison: »Computer simulations and the trading zone«, in: *The Disunity of Science. Boundaries, Contexts, and Power*, ed. P. Galison, D.J. Stump, Stanford 1996, S. 118–157; und Ders.: *Image and Logic: A Material Culture of Microphysics*, Chicago 1997, S. 689–780, Chapter 8.
5. Martina Merz: »Multiplex and unfolding: computer simulations in particle physics«, in: *Science in Context*, 12/2(1999), S. 293–316.
6. Thomas Lippert: »The Impact of Petacomputing on Theories and Models«, in: *The Societal and Cultural Influence of Computer Based Simulation*, Blankensee-Colloquium 20.–22.09.2007, Berlin 2007.
7. Gabriele Gramelsberger (Hg.): *From Science to Computational Sciences. Studies in the History of Computing and its Influence of Todays Sciences*, Zürich/Berlin, 2010.
8. Michael Gibbons: *The New Production of Knowledge: The Dynamics of Science and Research in Contemporary Societies*, London 1994.

für »mode 1« prototypische Begriff des Wissenschaftlichen als Abgrenzung zum Nicht-Wissenschaftlichen ist, so das Argument, einer spezifischen Form der Wissensproduktion vorbehalten, die sich an der experimentellen und mathematischen Mechanik Newtons orientiert und dann im weiteren an Physik und physikalischer Chemie. Newtons Mechanik schafft dabei nicht nur die Ablösung von der Substanzmetaphysik (d.h. die Abtrennung von Naturlehre und Philosophie), sondern führt die Identifikation der *mathematischen* mit der *wahren* Theorie ein. Kategorien wie Exaktheit und Beweisbarkeit lassen sich damit aus der Mathematik in die Wissenschaften übertragen und lenken die Aufmerksamkeit auf die objektiv-logischen Zusammenhänge des wissenschaftlichen Satzsystems und ihrer Nachprüfbarkeit, wie sie dann später von Popper rekonstruiert werden. Das Bild von der exakten Wissenschaft liegt mithin in der Mathematisierung von Wissenschaft begründet.

Diese Rede von der exakten Wissenschaft wurde nun in zweierlei Hinsicht problematisch. Zum einen, da die exakten, im Sinne von formalen, Beschreibungen an ihre Grenzen stoßen, zum anderen, weil mathematische Exaktheit nur einem Teil von formalisierten Modellen vorbehalten bleibt, nämlich denjenigen, die über eine analytische Lösung verfügen. Die numerischen Lösungsverfahren sind jedoch Approximationen an die exakten Lösungen und von daher ist die Methode der Simulation nicht nur durch hypothetische und heuristische Aspekte gekennzeichnet, sondern auch durch eine prinzipielle Nicht-Exaktheit, mit der sie zugleich den Horizont der behandelbaren Probleme erweitern.[9] Morgan und Morrison haben Simulationen daher als »mediating instruments between theory and experiment« bezeichnet, die einen teilweise autonomen Raum eröffnen mit »elements of theories and empirical evidence, as well as stories and objects which could form the basis for modelling decisions«.[10]

Aber ich will hier keinen Literaturbericht machen, sondern nur andeuten, dass Computersimulationen vielleicht so etwas wie das Attribut einer »postmodernen« Wissenschaft rechtfertigen.[11] Damit ist hier nur gesagt, dass ihre Wissensproduktion nicht von ihren medientechnischen Bedingungen zu lösen ist.[12] Oder noch einfacher ausgedrückt: es geht um die historische Entwicklung und systematische Bedeutung von Umständen, also von Rechnerarchitekturen, Rechenleistung, Algorithmen, Programmierumgebungen, *Image Processing*, Interaktivität

---

9. Vgl. Fritz Rohrlich: »Computer simulations in the physical sciences«, in: *Proceedings of the Biennial Meeting of the Philosophy of Science Association*, vol. 2, 1990, S. 507–518; Paul W. Humphreys: »Computer Simulations«, in: *Proceedings of the Biennial Meeting of the Philosophy of Science Association*, vol. 2, 1990, S. 497–506; Ders.: *Extending Ourselves: Computational Science, Empiricism, and Scientific Method*, Oxford 2004; Eric Winsberg: »Sanctioning models: the epistemology of simulation«, in: *Science in Context*, 12/2(1999), S. 275–292; Ders.: »Simulated experiments: methodology for a virtual world«, in: *Philosophy of Science*, 70(2003), S. 105–125.
10. Mary S. Morgan and Margaret Morrison: »Models as Mediating Instruments«, in: M. S. Morgan and M. Morrison (Hg.): *Models as Mediators: Perspectives on Natural and Social Science*, Cambridge 1999, S. 10–38.
11. Jean François Lyotard: *La condition postmoderne*, Paris 1979.
12. Man könnte sich statt der postmodernen Bedingung auch dem Epochenbegriff der *»Technoscience«* anschließen, also: Fusionierung von Wissenschaft und Technik als Technisierung der Wissenschaft; und performativer Charakter der Wissenschaft gegenüber ihrer vermeintlichen Objektivität.

usw. für die Genese und Geltung wissenschaftlichen Wissens. Ich glaube, dass man die Sache praktisch nur durch gezielte historische Studien zu einzelnen Wissenschaften in den Griff bekommt. Solche Studien brauchen wir!

Das schließt aber nicht aus, sondern ein, dass man zumindest einige Arbeitshypothesen aufstellen kann, mit denen man sich der Sache nähert – Hypothesen, die man ja auch revidieren oder wieder verwerfen kann. Ich möchte vier nennen, die vielleicht überspitzt sein mögen, aber den Blick auf interessante Regionen lenken.

Erstens trennt sich in Computersimulationen die Performanz des Modells von der Genauigkeit der Berechnung. Provokativ formuliert könnte man sagen, dass Computersimulationen durch die Einbringung unrealistischer Elemente realistischer werden können, d.h. ein Systemverhalten richtig vorhersagen, obwohl gegen gewisse theoretisch abgesicherte Annahmen verstoßen wird. Küppers und Lenhard haben dies an »Arakawa's computational trick«, einem Beispiel aus der Klimaforschung, verdeutlicht. Der Hintergrund: Norman Philips war es 1955 gelungen, ein umfassendes Modell der Atmosphärendynamik (*General Circulation Model* oder GCM) auf einem Rechner zu implementieren. Dabei zeigte sich, dass diese Dynamik nur wenige Wochen simulierter Zeit stabil blieb, bis sich die Strömungsmuster in Chaos auflösten. Da man gegen kein Naturgesetz verstoßen hatte, machte man Rundungsfehler verantwortlich. Anders Arakawa: »er [ging] von der Erhaltung der kinetischen Energie in der Atmosphäre aus, obwohl klar war, dass diese Energie durch Reibung in Wärme umgesetzt wird, also definitiv *nicht* erhalten wird. Mehr noch, die Dissipation war vermutlich gerade von Bedeutung dafür, dass die wirkliche Atmosphäre eine so stabile Dynamik aufweisen konnte. Physikalisch argumentiert kann man sagen, dass Arakawa mit der Erhaltung der kinetischen Energie künstlich das Anwachsen der Instabilitäten begrenzt hat. [...] Während die meisten [Forscher] glaubten, eine möglichst genaue Lösung der Grundgleichungen finden zu müssen, unternahm Arakawa einen zusätzlichen Modellierungsschritt, der sich *nicht aus der physikalischen Basis ableitete*, sondern nur im Nachhinein, *durch die Ergebnisse der Simulationsläufe*, als gelungene Imitation *gerechtfertigt* werden konnte.«[13] In diesem Sinne kann man vielleicht sagen, dass es eine Art partieller Autonomie der Simulation gibt, in der die Verbindung zwischen der gelingenden Imitation von Systemverhalten und dem physikalischen Wissen über dieses System brüchig wird.[14]

Zweitens kann man vielleicht sagen, dass es in Computersimulationen weniger um *Gesetze* als um *Regeln* geht. Darin drückt sich die Nähe der Simulation zum Spiel aus. Angesichts der Probleme komplexer nichtlinearer Phänomene erlauben Computersimulationen so etwas wie provisorische Erkenntnisstrategien. Um einen Eindruck vom Verhalten eines komplexen Systems zu bekommen, arbeitet man mit den Parametern der Simulation und lässt die Sache wie ein

---

13. Günter Küppers, Johannes Lenhard: »Computersimulationen: Modellierungen 2. Ordnung«, in: *Journal for General Philosophy of Science*, 36 (2005), S. 305–329 (Hervorhebungen C.P.).
14. Für Geisteswissenschaftler gesprochen: »unsinnliche Ähnlichkeit« (Benjamin) oder »Vorahmung« (Blumenberg).

Computerspiel – denn davon reden wir hier: von Computerspielen – mehrfach durchlaufen, oft erheblich mehr auf der Basis von *trial and error* als auf der von *first principles*. »A successful parameterization requires understanding of the phenomena being parameterized, but such understanding is often lacking. [...] How best to parameterize various processes is a contentious subject among modelers and model analysts.«[15] Darüber hinaus kann man bemerken, dass viele Simulationen stark in einen Anwendungskontext eingebunden sind, d.h. von einer Art Balance leben: Gegenüber dem System, dessen Verhalten sie imitieren, müssen sie reduzieren und abstrahieren, gegenüber Gesetzen und erhofften »first principles« jedoch müssen sie anreichern und konkretisieren, um operational zu bleiben. Simulationen operieren mit Regeln im Horizont konkreter Aufgaben und das heißt nicht nur bezüglich wechselnder historischer Anforderungen, sondern auch hinsichtlich eines operationalen Umgangs mit Nichtwissen. Die Regel erweist sich also als Form, in der etwas streng genommen Nichtverstandenes trotzdem behandelbar ist. Eine Vielfalt von Regeln ersetzt – oder übersteigt – dabei eine kleine Zahl von reduktionistischen Gesetzen und verwandelt Computersimulationen in Fallstudien. Man könnte auch mit Bernd Mahr sagen, dass sich zahlreiche Wissenschaften in (System-)Verhaltenswissenschaften transformiert haben.[16]

Drittens scheint mir, dass es in Simulationen nicht um *Beweise,* sondern um die *Demonstration von Adäquatheit* geht. Das betrifft zunächst die grundsätzliche Frage, was Simulationen eigentlich beweisen. Selbst wenn etwa die physikalischen Gesetze bekannt sind, sind ihre Implikationen in komplexen Systemen nicht vorhersagbar, und auch ein deterministisches Modell kann auf kleinste Störungen und winzige Veränderungen chaotisch und nichtlinear reagieren. Die Entfaltung in der Laufzeit ist daher für Simulationen essentiell. Lässt sich anhand von Durchläufen einer ausreichend validierten Simulation demonstrieren, dass sie das Verhalten eines Systems hinsichtlich bestimmter Aspekte adäquat imitiert, ist damit jedoch im klassischen Sinne noch nichts bewiesen. Konkurrierende Simulationsmodelle können, womöglich unter Zuhilfenahme ganz anderer Regeln, das Gleiche auf verschiedenen Wegen leisten. Dies hängt, beispielsweise in der Klimaforschung, damit zusammen, dass Phänomene simuliert werden, die sowohl analytisch wie experimentell nur schwer oder gar nicht zugänglich sind. Genauer und mehr noch: Simulationen eröffnen erst genau diese Problemklasse. Die Adäquatheit eines einzelnen Modells wiederum kann nicht bewiesen, sondern nur demonstriert werden. Darüber hinaus wiederholt sich die Frage nach Adäquatheit oder Beweisbarkeit auch innerhalb der Simulation: dass sich etwa eine approximierte Lösung, speziell durch die Verfeinerung der Auflösung, an die »Wirklichkeit« annähert, ist nicht beweisbar. Der Diskretisierungstest (also die probeweise Verdopplung der Auflösung) ist, wie der Name sagt, kein Beweis,

---

15. Myanna Lahsen: »Seductive Simulations? Uncertainty Distribution Around Climate Models«, in: *Social Studies of Science*, 35/6(2005), S. 895–922.
16. Bernd Mahr: »Das Mögliche im Modell und die Vermeidung der Fiktion«, in: Thomas Macho and Annette Wunschel (Hg.): *Science & Fiction*, Frankfurt a.M. 2004, S. 161–182.

sondern nur ein praktischer Test auf Stetigkeit und Konvergenz. Und schlimmer noch: Immer wieder treten bei der Erhöhung der Auflösung Phänomene auf, die nicht dagewesen wären, hätte man die Auflösung nicht erhöht, und die ziemlich lästige Fragen nach Skalierungsproblemen aufwerfen.[17]

Viertens ist die Erfolgsgeschichte der Computersimulation nicht vorstellbar ohne die Entwicklungen der Computergrafik (*Computer Generated Imagery* oder CGI). Deren Erforschung – zumindest in der frühen Phase in den 1960er Jahren – fand in einem Zwischenreich zwischen Kunst und Wissenschaft statt. Die Komplexität und Datenmengen, die durch Computersimulationen verwaltet werden, übersteigen die Fähigkeiten menschlicher Betrachter und sind durch die Medien Schrift und Zahl nicht mehr zu bändigen. So schrieb der bereits zitierte Joseph Licklider: »Patchcords in the one hand and potentiometer knob in the other, the modeler observes through the screen of an oscilloscope selected aspects of the model's behaviour and adjusts the model's parameters (or even varies the structure) until its behaviour satisfies his criteria. To anyone who has had the pleasure of close interaction with a good, fast, responsive analog simulation, a mathematical model consisting of mere pencil marks on paper is likely to seem a static, lifeless thing.«[18] Ausgehend von dieser leidenschaftlichen Schilderung kann man vielleicht sagen, dass die Wissenskultur der Simulation sich der Hegemonie des *dynamischen Bildes* unterstellt hat.

Dabei lassen sich drei Dinge auseinanderhalten: (a) *Computer Generated Imagery* im Rahmen wissenschaftlicher Forschung, das ist: Reduktion von Komplexität durch bestimmte Darstellungsmodi für kundige Forscheraugen, die sich aus pragmatischen, interessegeleiteten Gründen ergeben; (b) so etwas wie die effektivere Steuerung oder ein intuitives Fein*tuning* von Parametern bei *run-time*-Szenarien durch Visualisierung, das ist: graphische Benutzerschnittstellen, interaktive Parametrisierung, *graphic programming* usw.; (c) die Vermittlung oder »politische Ikonografie« von Computersimulationen, das ist: veröffentlichte Bilder, die sich erheblich von Bildern in forschungsinternen Kontexten unterscheiden können.

Das wären also die vier für mich interessanten Punkte. Hinsichtlich des Materials, zu dem wir jetzt kommen, muss ich eine Sache vorausschicken. Obwohl eine große Menge, wahrscheinlich die meisten, Simulationen so genannte *Discrete Event Simulations,* ereignisorientierte Computersimulationen sind,[19] scheint es mir im Hinblick auf meine vier Hypothesen sinnvoller, heute auf *Agent Based Computer Simulations* (ABCS) zu schauen. Jedenfalls habe ich meine Beispiele aus diesem Bereich gewählt, weil der mediale Eigensinn hier sehr viel deutlicher hervortritt und mein Versuch einer »Epistemologie der Computersimulation« anschaulicher wird.

---

17. Paul N. Edwards: *A Vast Machine. Computer Models, Climate Data, and the Politics of Global Warming*, Cambridge, Mass. 2010.
18. J.C.R. Licklider: »Interactive Dynamic Modelling«, in: G. Shapiro, M. Rogers (Hg.): *Prospects for Simulation and Simulators of Dynamic Modelling*, New York 1967, S. 281–289.
19. B. W. Hollocks: »40 years of discrete-event simulation«, in: *Journal of the Operational Research Society*, 57 (2006), S. 1383–1399; Richard E. Nance: *A History of Discrete Event Simulation Languages*, Systems Research Center report SRC 93–003, June 11, 1993.

Nach diesem anstrengenden Teil wechseln wir nun in den *chill out*-Modus und ich zeige Ihnen ein Beispiel. Ein Beispiel ist, wie ich gesagt habe, aus systematischen Gründen nötig. Denn man kann, glaube ich, nicht über »die« Simulation sprechen, sondern nur über bestimmte Arten von Simulationen. Viele Verwirrungen scheinen mir daher zu rühren, dass »Simulation« ein Sammelbegriff für sehr verschiedene Dinge ist, deren Familienähnlichkeit sich erst noch herausstellen müsste.

Lassen Sie mich dazu bei einem Thema anfangen, das historisch kaum erforscht ist, nämlich bei jenen Management-Simulationen und Business-Games, deren jüngste Filiationen überall in heutigen Unternehmen und in Wirtschafts-Studiengängen eingesetzt werden. Ich möchte dabei auf ein ganz bestimmtes Paradigma des Programmierens von Simulationen hinweisen, nämlich die sogenannte *Objektorientierung* als Ausgangspunkt für agentenbasierte Simulationen. Was mich interessiert, sind also weniger die inhaltlichen Probleme, als vielmehr die Weisen, Probleme informatisch und das heißt: medientechnisch zu konzeptualisieren und zu implementieren.

Entstanden sind die Management-Simulationen in den späten 1950er Jahren als Derivate militärischer Kriegsspiele. Genauer gesagt: sie entstanden, als die *American Management Association* (AMA) das *Naval War College* besichtigte und sich zum Aufbau eines eigenen »war college for business executives« entschloss.[20] Diesem Anfang werde ich hier ebenso wenig nachgehen wie der raschen Entwicklung und Verbreitung solcher Simulationen an den großen Wirtschaftsuniversitäten und Konzernen. Der entscheidende Punkt für mich sind die mittleren 60er Jahre, in denen der Computer begann, eine zentrale Stelle einzunehmen – die Jahre in denen theoretische Konzepte aus Soziologie, Psychologie oder Kulturanthropologie importiert wurden und in denen jene informatischen Denkweisen und Tools neu entwickelt wurden, die die Forschung bis heute bestimmen. Den Gegenstand solcher Simulationen bilden unscharfe Problemlagen wie Werbe-Budgets, Verkaufsstrategien oder Produkteinführungen. Studium dynamischen Systemverhaltens, Behandlung von Ungewissheit, Erforschung systemischer Sensitivitäten und heuristische Verfahren zur Findung annähernd optimaler Strategien – dies etwa kennzeichnet das damalige Verständnis und das Versprechen von Computersimulationen.

Mein Beispiel dafür, *wie* dies konkret gemacht wurde, welche Konzepte und welches Wissen diese Simulationen kennzeichnen, stammt von Arnold E. Amstutz, der seit den späten 50ern an mikroanalytischen Verhaltenssimulationen arbeitete. Deren Ziel war es, zu erforschen, wie man die »attitudes and beliefs« von Kunden für bestimmte Produkte und Firmen beeinflussen kann. Die grundlegende Annahme war, dass Verhaltenssteuerung nur durch Überredung oder Verführung, durch eine Art »indirekten Regierens«, beispielsweise der Wahlkampf- und Werbeindustrie, möglich sei. Am Anfang steht die Modellentwicklung. Ein erster Schritt setzt die Makro-Spezifikationen: einen einfachen, linearen

---

20. Wieder einmal gilt der Satz: »War is a terrible thing, but so is peace«.

Zusammenhang etwa von Hersteller, Vertrieb, Verkäufer und Kunde. Mehrere weitere Schritte machen die Sache dann komplexer. Hier werden Behörden und Mitbewerber eingeführt; dort Waren- und Informationsflüsse getrennt; an einer anderen Stelle ein Feedback installiert; kurzum: die Grundlagen für nichtlineares Systemverhalten werden gelegt. Und zuletzt, nach mehreren Schritten dieser Art, kommt ein Flussdiagramm heraus, das das Netzwerk der Dependenzen verzeichnet, die es nun in Programmcode zu übersetzen gilt.

Jede der Boxen des Flussdiagramms implementiert und codiert bestimmte theoretische Annahmen, beinhaltet also nicht nur eine Entscheidung darüber, was man zu wissen glaubt, sondern vor allem darüber, was man *nicht* wissen muss. Simulationen sind dadurch gekennzeichnet, dass sie operational mit Nichtwissen umgehen können und dessen reflektierte Abschätzung einfordern. Ich meine damit insbesondere, dass alles, was zum simulierten System gehört, irgendwie parametrisiert werden muss, eine erfolgreiche Parametrisierung aber wiederum ein Verständnis der Phänomene erfordern würde, das meist nicht gegeben ist. (Hier nicht, und erst recht nicht in den »härteren« numerischen Simulationen etwa der Klimaforschung.) Die Simulationspraxis arbeitet daher unendlich viel mehr mit *trial and error* als mit *first principles* – so groß die Hoffnung auf Letztere auch sein mag. Mit implementierten Annahmen meine ich dabei solche Konzepte wie das von Paul Lazarsfeld stammende »like-dislike«-Schema, oder auch heuristische Kurven zur »attitude«, also zur Produkteinstellung. Solche Kurven gehen beispielsweise von der Annahme aus, dass ab einer bestimmten positiven Stimmung der Kaufreiz exponentiell zu steigen beginnt. Liebhaber von Apple-Produkten oder italienischem Schuhwerk kennen das sicherlich.

Steht das Programm erst einmal, werden mehrere Simulationsdurchläufe gestartet, die Ergebnisse ausgedruckt und analysiert. Ein Protokollausdruck verzeichnet dann etwa einen Durchlauf der Version 3 vom 4. April 1965 über 1400 Stunden. Die Simulation ist (das ist der entscheidende Punkt, auf den ich noch zurückkomme) *proto-objektorientiert* oder auch *proto-agentenbasiert*.[21] Der Ausdruck beschreibt die Woche 117 im Leben des virtuellen Konsumenten Nr. 109. Er stammt aus New England, lebt in einem Vorort, ist 25–35 Jahre, hat ein Einkommen von 8–10.000 $ und eine College-Ausbildung. Er besitzt seit 6 Jahren ein Gerät der Marke 3 und kauft gerne bei Händler 5, 11 und 3. Er konsumiert die Massenmedien 1, 4, und 9, 10, 11, 12 und hat bestimmte Konsumpräferenzen. Weil es eben eine Simulation ist, erlaubt sie, seinen vollständigen Bewusstseinsinhalt auszulesen, wie ein Windows-System nach dem Absturz: »memory dump«. Er ist Werbung ausgesetzt, die unterschiedlichen Eindruck auf ihn macht, und er redet mit Freunden und Nachbarn (Agenten 93, 104 und 117). Irgendwann ist er zum Kauf entschlossen, hat ein virtuelles *shopping*-Erlebnis und

---

21. Ich sage das so vorsichtig, weil Objektorientierung und Agentenbasierung in der Frühzeit schwer zu trennen sind und die Sache überhaupt noch in der Schwebe ist, d.h. es gibt eigentlich noch keine programmiersprachliche Objektorientierung, aber den Versuch, so etwas Ähnliches in prozeduralen Sprachen zu implementieren. Und das heißt auch: es gibt noch keine Agenten mit autonomem eigenem Speicherplatz, aber eine Tendenz, das über Tabellen zu implementieren.

wird $ 38,50 los, obwohl der Verkäufer sich kaum um ihn bemüht! Er erzählt es seinen Freunden – und muss es bald wieder vergessen lernen, damit er erneut zum Käufer werden kann.

Was fängt man nun mit so etwas an? Was macht man mit solchen Clustern künstlicher Narrative, mit diesem wuchernden Datenmaterial eines synthetisch oder generativ gewordenen Strukturalismus? Natürlich zunächst nichts anderes als Statistiken. Sie sehen so aus, als handelten sie vom Verhalten realer Kundschaften, und sollen dieses seltsame, prekäre Wissens validieren, das Simulationsdurchläufe produzieren. Verhält sich das simulierte System so ähnlich wie ein vergleichbares realweltliches, für das belastbare Daten vorliegen? So wie beispielsweise im militärischen Bereich simuliertes Maschinengewehrfeuer die gleiche Verteilung aufweisen muss wie die Zielscheiben auf realen Schießständen? Oder so wie in der Teilchenphysik simulierte Detektoren die gleichen Teilchenspuren aufweisen müssen wie reale Detektoren in Beschleunigern? Oder wie simulierte Rote Riesen (*red giants*) so aussehen müssen wie die teleskopischen Bilder von Roten Riesen, die selbst schon aus theoretisch hoch aufgeladenen Daten simuliert werden?

Dieser Validierungsprozess jedenfalls besteht aus einem Wechselspiel von Sensitivitätsanalysen und Modellrevisionen. Das geht z.B. ganz einfach über »curve fitting«, d.h. man legt ein aus *Simulationsdurchläufen* gewonnenes und graphisch dargestelltes Systemverhalten über die Darstellung eines *empirisch* gewonnenen und dargestellten Systemverhaltens. Wenn sich die Kurven gleichen, gilt die Simulation als »richtig«, aber deswegen eben noch lange nicht im emphatischen Sinne als »wahr«. (Zumal ja auch schon die Vergleichskurve nur für erzogene Augen evident aussieht, aber selbstredend ein mathematisch aufgeladenes und graphisch hergerichtetes Konstrukt ist, eine historische Erfindung.) Sprich: wir haben es nicht mit einer dualistischen Erkenntnisweise zu tun, sondern mit einer differentiellen. Es geht nicht darum, zu einem »Grund« der Dinge vorzudringen, an dem vielleicht Gesetze warten, sondern es reicht im Rahmen einer erkenntnistheoretischen Entlastung schon, dass sich zwei systemische Zusammenhänge gleich verhalten – aus welchem Grund auch immer.

Das alles sieht für unsere heutigen, von *Second Life* gelangweilte Augen belanglos aus, war es 1965 aber keineswegs. Denn die wissenschaftlichen und informatischen Beschreibungssprachen für Systeme dieser Art wurden zu jener Zeit erst geprägt. Sie arbeiten seitdem, wie alle Sprachen und Aufschreibesysteme, am Denken mit.[22] Ich zitiere hier nur Dahl und Nygard, deren Programmiersprache »Simula« die vielleicht berühmteste ist:

> »Bei vielen [...] Aufgaben stellte sich heraus, dass es um die gleichen methodologischen Probleme geht: die Notwendigkeit, Simulationen zu benutzen, das Bedürfnis nach Konzepten und einer *Sprache zur Systembeschreibung*, das Fehlen von Werkzeugen zur Herstellung von Simulationsprogrammen. ›SIMUlation LAnguage‹ stellt einen Versuch

---

22. Benjamin Lee Whorf: *Sprache, Denken, Wirklichkeit. Beiträge zur Metalinguistik und Sprachphilosophie*, Reinbek 1963; Friedrich A. Kittler: *Aufschreibesysteme 1800–1900*, 1. Aufl., München 1985.

dar, dieser Herausforderung im Hinblick auf Netzwerke von diskreten Ereignissen zu begegnen«.[23]

Interessanterweise durchzieht die Metaphorik von »Kunden« und »Stationen« die Konzepte von Dahl und Nygaard, die fernab des Managements in ganz anderen Kontexten entstanden. Man ist fast verleitet zu sagen, dass im Inneren von *Simula* selbst eben ein »business« herrscht, das strukturell auf alle möglichen anderen Bereiche des Verkehrs verschiedener Agenten übertragbar ist.[24] Die Autoren nennen als Anwendungsbeispiele von Systembeschreibungssprachen etwa Produktionsabläufe, administrative Verfahren, Lagerhaltung, Transportwesen, Reaktorsteuerung, aber auch soziale Systeme, Epidemien oder Krisenmanagement. Und ihr Konzept, das auf diese Forderung rekursiver Datentypen und Wiederverwendbarkeit antwortete, war das der Klassen und Methoden, sprich: die *Objektorientierung*.

Klassen dienen der Verwaltung gleichartiger *Objekte*. Denken Sie an die vielen Kunden, die zwar unterschiedlich in Einkommen, Alter und Medienkonsum sind, aber irgendwo auch alle Kunden mit Shoppingbedürfnissen. Klassen sind einfach Vorlagen, aus denen in Laufzeit Objekte erzeugt werden können (sogenannte *Instanzen*), und es wird festgelegt, wie einzelne Objekte miteinander agieren können. *Methoden* sind dann einfach die Algorithmen, die Objekten zugeordnet werden und mit Hilfe derer man bestimmt, was die Objekte gegenseitig miteinander anstellen können (Objekt Kunde_1 ruft Methode m von Objekt Kunde_2 auf), und die man kapseln kann, so dass nicht alle alles zu allen Zeiten können.

Gewiss kann man diesem Programmieransatz einen unzeitgemäßen Platonismus vorhalten, da er mithilfe eines überzeitlichen Ensembles von »Ideen« alias Klassen eine Plausibilität des Erkenntnisvorgangs suggeriert, die in der Philosophie längst schon fundamental angezweifelt wurde. Ich bin mir hingegen nicht so sicher, ob nicht *gerade* die Informatik, die ja die Ontologie aus dem philosophischen Monopol entführt hat und seitdem aktives »ontology design« oder »ontological engineering« betreibt, ob diese nicht gerade den Blick auf eine praxisgeleitete, sprachliche Kategorisierung von Lebens- und Wissensbereichen gelenkt hat. Mir ist hier eher die medienhistorische Produktivität wichtig, mit der gleichzeitig zu wissenschaftssprachlichen Möglichkeiten der Systembeschreibung informatische und operationale Sprachmöglichkeiten der Systembeschreibung erprobt werden.[25] Und diese sind seit den 60er Jahren objektorientiert

---

23. Kristen Nygaard/Ole-Johan Dahl, »The Development of the Simula Languages«, in: *History of Programming Languages,* hg. R.L.Wexelblat, New York 1981, S. 440 (Übersetzung C.P.).
24. Bekanntlich wird jedes Problem zum Nagel, wenn man einen Hammer in der Hand hat. Dasselbe gilt für Warteschlangen (*queues*).
25. Die soziologische Systemtheorie wäre gewissermaßen das normalsprachliche Gegenstück zu formalsprachlichen, sozialwissenschaftlichen Simulationsmodellen, die zur gleichen Zeit entstehen. Ich möchte keine Kausalität behaupten (Wer war zuerst?), aber die Koinzidenz ist interessant und leitet sich wohl aus der Kybernetik her. Jedenfalls lehrt die Erfahrung, dass Informatikstudenten sehr gut mit Niklas Luhmanns Texten klarkommen.

gedacht. Sie bereiten das vor, was heute eben als »agent based«-Simulation verbreitet ist.

Um Ihnen zu zeigen, wie prägend dieses Konzept für die Gegenwart geworden ist und was es epistemologisch bedeutet, komme ich, über einen historischen Zeitraffer, zu meinem zweiten, 40 Jahre jüngeren Beispiel, das aus dem Bereich der *Epidemiologie* stammt, das ist wörtlich: der Lehre dessen, was *auf* oder *über* dem Volk liegt. Modern gesprochen ist Epidemiologie eine Wissenschaft, die sich mit der Distribution von Zuständen und Ereignissen in Populationen beschäftigt, die *auch* (aber nicht ausschließlich) gesundheitsbezogen sind. Als allgemeine soziale Medizin ist sie keine Wissenschaft des Einzelfalls, sondern widmet sich dem Zusammenhang von Bevölkerung und Gesundheit. Weil die Epidemiologie die Existenzweise des Menschen in einer multifaktoriellen Umwelt voller Einflüsse betrachtet, war ihr Wissen immer schon ein disparates und heterogenes und waren die Zusammenhänge von Korrelation und Kausalität stets problematisch. Bereits in den epidemischen Schriften des *Corpus Hippocraticum* spielen die Lüfte, Gewässer und Örtlichkeiten, die Lebens- und Arbeitsrhythmen, Ernährung und Ethos eine entscheidende Rolle und lokalisieren die Fragen von Gesundheit und Krankheit in einem räumlichen (endemischen) und zeitlichen (epidemischen) Netz von Umweltbezügen.[26] Und zugleich war sie aufs engste mit politischen Fragen verknüpft, weil Epidemien zu Ausnahmezuständen führen, während derer soziale Normen und Zeithorizonte aufgelöst sind, die für sinnvolles Handeln und Erwarten notwendig sind.

Noch das 19. Jahrhundert hatte für diese umweltlichen Zusammenhänge den aufklärerischen Begriff der »Communication« benutzt, der eben nicht nur die Weitergabe von Krankheiten meint, sondern die gesamte Infrastruktur des Verkehrs und Austauschs von Leuten und Dingen beinhaltet. (Eine Bedeutung, die für die Medienwissenschaft viel spannender ist, als etwa der Kommunikationsbegriff der Publizistik.) In diesem Rahmen wurde auch das Bündnis zwischen Epidemiologie und Statistik geschlossen. So hatte bereits William Farr (1801/1838) das von ihm geführte nationale System zur Verzeichnung von Todesursachen statistisch ausgewertet, was nicht zuletzt Marx und Engels zu seinen aufmerksamen Lesern machte, weil seine Studien nicht medizinische Befunde, sondern soziale Zustände entziffern ließen. Farrs Zeitgenosse John Snow sollte dann in seiner Schrift *On the Mode of Communication of Cholera* (1849 als Aufsatz, dann 1855 als eigene Schrift) jene berühmte Inkunabel der Epidemiologie veröffentlichen: Während der Londoner Cholera-Epidemie der frühen 1850er Jahre hatte Snow die Wohnorte von 500 Todesopfern in Soho auf eine Karte eingetragen und so eine Häufung in der Umgebung bestimmter Brunnen ablesen können. Jeder, der etwa vom Brunnen in der Broad Street getrunken hatte, war infiziert worden. Aufgrund der statistischen Visualisierung war es also möglich geworden, von Korrelation auf Kausalität, sprich: Übertragung durch Trinkwasser, zu schließen und die endgültige Todesziffer auf 616 zu begrenzen.

---

26. Gernot Böhme, Hartmut Böhme: *Feuer, Wasser, Erde, Luft. Eine Kulturgeschichte der Elemente*, München 1996.

Die Entdeckung der endogenen Agenten von Infektionen wie Tuberkulose, Cholera, Diphterie oder Typhus durch Pasteur oder Koch in Verbindung mit dem Entstehen einer sozialen Medizin (Virchow hatte natürlich Farr gelesen und selbst auf dem Statistikerkongress von 1855 in St. Petersburg vorgetragen) bedeutete daher einen tiefen Einschnitt in die lange Geschichte der Epidemiologie. Denn die Immunologie versprach gewissermaßen, die Probleme erfolgreicher auf anderem Terrain zu lösen, das heißt: nicht-sozial. Sie schickte sich an, das Problem der Seuche als bakteriologisches im Kontext des Labors behandeln zu können und damit nicht nur einen Ort außerhalb der Problemebene gefunden zu haben, sondern auch eine Möglichkeit der Immunisierung, die keine territoriale Kontrolle mehr nötig macht, sondern freien Raum für Zirkulation und Kommunikation lässt. Dass die Immunologie damit zur politischen Leittechnologie der Gegenwart geworden ist, haben Autoren wie Giorgio Agamben und Roberto Esposito, Jacques Derrida und Philipp Sarasin ausführlich diagnostiziert.

Eine Frage, die jedoch selten, genauer: gar nicht, gestellt wurde, ist, auf welche Weise eigentlich Wissen über die Verteilung und Kalkulation von Risiko produziert und verwaltet wird, welchen epistemologischen Status es besitzt, welche medientechnischen Grundlagen es hat und wie es operationalisiert wird? Was man in verschiedenen Kontexten als Aufkommen eines diffusen Operationsfeldes politischer Macht, als eine Zurückstellung klassischer Politik und »Herrschaft des Occasionellen« (Carl Schmitt), als »Mikrophysik der Macht« (Michel Foucault) oder als ein Regieren in »Milieus« und »Kräftefeldern« (Gilles Deleuze) diagnostiziert hat, basiert nicht zuletzt auf einer medientechnischen Infrastruktur des Wissens.

Für die Epidemiologie jedenfalls blieb – auch angesichts der Herausforderung zwischen einem individuell-klinischen Experimentieren und einer »ganzheitlichen« Beobachtung gesellschaftlicher Kommunikation – der medientechnische Königsweg vorerst noch die Statistik. Der Clou (und dorthin sollte diese historische Miniatur auch nur leiten) scheint mir, dass hinsichtlich der Komplexität von Umweltzusammenhängen, hinsichtlich der Modellierung von Populationen und hinsichtlich der Möglichkeit des Experimentierens mit der Computersimulation eine neue epistemische Qualität entstanden ist. Nicht umsonst hatte ich mein erstes Beispiel aus der Frühzeit agentenbasierter Simulationen gewählt, denn schon dort wurde deutlich, dass hier nicht mehr mit den aggregierten Daten der Statistik gearbeitet wird, sondern mit künstlichen Populationen individuierter Agenten, deren zeitlich entfaltetes Zusammenspiel anschließend künstliche Statistiken, Statistiken zweiter Ordnung gewissermaßen, erlaubt. Und angesichts der Epidemiologie wird vielleicht noch deutlicher, dass es bei der Simulation um ein Wissen geht, das weder experimentell auf dem Labortisch noch analytisch auf Papier gewonnen werden kann. Weder lassen sich nämlich die Kenntnisse um die Ansteckung von Versuchstieren einfach hochskalieren, um Wissen über die Kommunikation der Gesellschaft zu gewinnen, noch lässt sich ein Set allgemeiner Gesetze oder Formeln finden, aus denen dieses Wissen numerisch zu errechnen wäre. Es ist vielmehr eine »anekdotische Komplikation«,[27] die die spezifische Erkenntnisleistung der Simulation ausmacht – die Anreicherung einer künstlichen Welt mit Phänomenen, Begegnungen und Umständen, ihrer Bevölkerung mit verschiedensten Agenten und die Entfaltung dieser Komplikation in der Laufzeit des Programms. Das Ausmaß von »Welthaltigkeit« bemisst sich dabei schlichtweg an der Rechenleistung der Systeme, weshalb auch Epidemiologen immer schnellere Rechner fordern. Die agentenbasierte Simulation hebt damit gewissermaßen das Skalierungsproblem zwischen der experimentell-immunologischen Beobachtung im Kleinen und der statistisch-epidemiologischen Beobachtung im Großen auf, das sich im 19. Jahrhundert aufgetan hatte.

1995, also vor fünfzehn Jahren (was für Informatiker eine halbe Ewigkeit ist), entstand am NISAC, einer Kooperation zwischen Los Alamos und den *Sandia National Laboratories*, eine Simulation namens *TranSims, Transportation Analysis and Simulation System*, deren Verfasser stolz bekennen: »details matter«. Ziel war es, das Verkehrssystem von Portland, Oregon zu simulieren, und die Methode war natürlich agentenbasiert. Modelliert wurde – ausgehend von Volkszählungsdaten, Straßenkarten und Nahverkehrs-Fahrplänen – nicht nur das gesamte Verkehrsnetz von Portland mit allen Straßen, Bussen, Autos, U-Bahnen, Strom- und Wasserversorgung und insgesamt 180.000 Orten (Schulen, Büros, Kinos, Wohngebäuden etc.), sondern auch eine virtuelle Population von 1,6 Millionen Einwohnern. Alle virtuellen Einwohner gehen dort ihren individuellen täglichen Aktivitäten und Routinen nach, d.h. sie fahren morgens mit dem Auto ins Büro oder abends mit dem Bus zur Nachtschicht, holen mittags ihre Kinder von der Schule ab, verlassen nachmittags die Universität oder gehen abends ins Kino. Dies alles in der prozentualen Verteilung aufgrund statistischen Datenmaterials, im einzelnen Tagwerk jedoch individuell von Agent zu Agent, mit zufälligen und im Einzelfall nicht vorhersagbaren Verspätungen, Ausfällen oder Spontanentscheidungen.

In dieses unsichtbare und kaum überschaubare Gewimmel des Alltags lässt sich nun hineinzoomen. Etwa auf einen Straßenzug, auf eine Autobahnauffahrt oder auf eine einzelne Verkehrsampel, an der sich beobachten lässt, wie die Agenten z.B. versuchen, einen Stau zu umfahren (und dabei vielleicht einen neuen Stau produzieren). Etwa darauf, was die Errichtung einer Baustelle anrichten kann oder wie viele Unfälle ein Stromausfall produziert. Etwa darauf, was die Zusammenlegung zweier Schulen bedeutet oder ob eine geänderte Ampelschaltung den Kohlenmonoxyd-Ausstoß senkt. Und dies funktioniert bis hinab zu jedem einzelnen Agenten und seinem Mobilitätsprofil, dessen Daten im Sekundentakt disaggregiert sind. Von vitalem Interesse ist dabei nicht zuletzt die Sensitivität des Systems, d.h. die Frage, welche Intensität und Reichweite gewisse Ereignisse haben und wie die einzelnen Bestandteile des Systems miteinander agieren.

Es lag nahe, diese Simulation, in der es ja um die Effektivität und Verlässlichkeit eines infrastrukturellen Netzwerks geht, nach 9/11 und im Zuge der

---

27. Isabelle Stengers: *Die Erfindung der modernen Wissenschaften*, Frankfurt a.M. 1997.

Anthrax-Drohungen um Routinen für epidemiologische Krisenszenarien zu erweitern. Diese Simulation heißt nun *EpiSims* (*Epidemiological Simulation System*) und koppelt schlichtweg die Übertragung von Personen mit der Übertragung von Krankheiten. Und nun initiiert man eben einen bioterroristischen Anschlag auf die Universität und schaut, wie er sich – im Sinne eines John Snow und nicht im Sinne von massenmedialer Darstellung – »kommuniziert«.

Das gewählte Pockenvirus hat eine Inkubationszeit von 10 Tagen, während derer die Leute erst einmal unschuldig ihren Alltagsgeschäften nachgehen, die zu modellieren ja eben die Stärke dieser Simulation ist. Auch hier geht man von statistischen Daten aus, etwa davon, dass Teenager gerne unter sich sind; oder davon, wie viele Leute tags oder nachts arbeiten und an welchen Orten. Aber man individualisiert alle Wege wieder (wie in *TranSims*) durch das Agentensystem. Dabei entstehen in Wohnungen oder Kinos, Straßenbahnen oder Restaurants wunderschöne, individuelle *Kontaktgraphen* für alle 1,6 Millionen Agenten und gewähren »intriguing insights into human social networks«. Die Fragen, die an solche sogenannt »skalenfreien Netze«[28] gestellt werden, sind natürlich: Wo sind die Knotenpunkte (oder Hub's), die man lahmlegen muss, wenn die Sache sich nicht weiter verbreiten soll? Wo könnten »short paths« liegen, die die großen Knotenpunkte umgehen? Wie kritisch ist die Zeit, und ab wann ist die Sache nicht mehr einzudämmen? Und angesichts welcher ökonomischer Kollateralschäden lohnt es sich, schneller reagieren zu können? Setzt man auf Massenimpfungen oder Quarantäne oder gemischte Strategien? Und wo fängt man am besten damit an? Sie sehen an diesem Beispiel, über das man noch manches sagen könnte, wie die Frage der Epidemie und ihrer Simulation unvermeidlich in Fragen des Wissens und der Beschreibung von Gesellschaft und in Fragen von Regierung, Kontrolle und Macht einmündet.

Michel Foucault hat den unterschiedlichen Umgang mit infizierenden Krankheiten als eine Epochenbeschreibung von Gesellschaften entziffert und dabei drei klassische Infektionskrankheiten – Lepra, Pest und Pocken – als Modelle benutzt, um das Funktionieren von Macht zu beschreiben.[29] In diesem Sinne ist es wohl mehr als ein schöner Zufall, wenn die gerade gezeigten *EpiSims* ausgerechnet die Ausbreitung von Pockenviren simulieren. Charakterisierte nämlich nach Foucault das Lepra-Modell die Epoche der »großen Einsperrung« der Devianten und Wahnsinnigen in Asylen, die nach dem Vorbild der Leprosorien geformt waren; und charakterisierte das Pest-Modell den »politischen Traum« der Disziplin und eines überwachten Raums nach dem Vorbild der Pestreglements; so ist es zuletzt das Pocken-Modell, das die Problemlage charakterisiert, moderne Gesellschaften nicht mehr als vollständig überwachte und kontrollierte Pest-Städte beschreiben zu können.

---

28. Albert-László Barabási, Réka Albert: »Emergence of scaling in random networks«, in: *Science*, 286 (1999), S. 509–512.
29. Ich folge hier Philipp Sarasin: »Smallpox Liberalism. Michel Foucault und die Infektion«, in: Claus Pias (Hg.): *Abwehr. Modelle – Strategien – Medien*, Bielefeld 2008, S. 27–38.

»Das Problem stellt sich [hier] ganz anders, nicht so sehr dahingehend, eine Disziplin durchzusetzen, obgleich die Disziplin zu Hilfe gerufen wird; das grundlegende Problem ist vielmehr zu wissen, wie viele Leute von Pocken befallen sind, in welchem Alter, mit welchen Folgen, welcher Sterblichkeit, welchen Schädigungen und Nachwirkungen, welches Risiko man eingeht, wenn man sich impfen lässt, [und] wie hoch für ein Individuum die Wahrscheinlichkeit ist, zu sterben oder trotz Impfung an Pocken zu erkranken«.[30]

Die Reaktion der Behörden auf die Pocken ist, wie Foucault ausführt (und wir erinnern uns an Farr und Snow), statistisch beobachtend, indem man das Vorkommen von Fällen misst und kartographiert, und später auch empirisch, indem man die Bevölkerung durch Impfung vor Ansteckung schützt. Kurzum: Es geht um ein auf »Problemwahrnehmungen basierendes Risikomanagement« (Sarasin), das *nicht* in Disziplinierung umkippt, sondern um den Preis eines gewissen Infektionsrisikos die relative »Undurchdringlichkeit« der Gesellschaft respektiert. Noch einmal Foucault:

»[...] wir [haben] in diesem Horizont das Bild, die Idee oder das politische Thema einer Gesellschaft, in der es eine Optimierung der Systeme der Unterschiede gäbe, in der man Schwankungsprozessen freien Raum zugestehen würde, in der es eine Toleranz gäbe, die man den Individuen und den Praktiken von Minderheiten zugesteht, in der es keine Einflussnahme auf die Spieler des Spiels, sondern auf die Spielregeln geben würde und in der es schließlich eine Intervention gäbe, die die Individuen nicht innerlich unterwerfen würde, sondern sich auf die Umwelt bezöge.«[31]

Diese »Intervention auf die Umwelt«, dieses »Spiel mit Spielregeln«, diese »Optimierung der Systeme« und dieser »freie Raum« für Individuen und Praktiken sind es, mit denen nun in Simulationen wie *EpiSims* experimentiert wird, und zwar medientechnisch implementiert. Agentenbasierte Computersimulationen, die, wie angedeutet, eben nicht nur eine konkrete Infektionskrankheit zu studieren erlauben, sondern vielmehr Verkehr, Wirtschaft, Soziales und Gesundheit als einen einzigen komplexen, kommunikativen Zusammenhang verwalten, der alle möglichen Anfragen zu Lage und Austausch von Menschen und Dingen erlaubt, sind nicht nur eine Art Epochensignatur des Liberalismus, sondern auch mediales Erkenntnisinstrument von Gesellschaft und zuletzt ein wissenschaftliches Experimentierfeld dieser neuen Art des Regierens. Und wie ich versucht habe zu zeigen, gehen sie ganz anders vor als die Statistik, denn sie glätten und aggregieren die Details nicht, sondern disaggregieren und entfalten sie als »anekdotische Komplikation« erst im Hinblick darauf, ob und wie Details zählen.

30. Michel Foucault: *Geschichte der Gouvernementalität I: Sicherheit, Territorium, Bevölkerung, Vorlesung am Collège de France 1977/78*, Frankfurt a.M. 2004, Band I, S. 25f.
31. Michel Foucault: *Geschichte der Gouvernementalität II: Die Geburt der Biopolitik, Vorlesung am Collège de France 1978/79*, Frankfurt a.M. 2004, Band II, S. 359.

Ausblick

Damit komme ich zum Schluss. Lassen Sie mich nicht die Ausgangsthesen wiederholen, sondern sie forschungspraktisch problematisieren.

Erstens: Simulationen haben eine besondere epistemische Qualität, sie bringen ein ganz eigentümliches Wissen in die Welt. Nicht umsonst interessieren sich professionelle Epidemiologen inzwischen für virtuelle Spielgemeinschaften, etwa jene der weltweit 10 Millionen Teilnehmer von *World of Warcraft*. Denn die Epidemiologie selbst hat einen spielerischen Hintergrund.[32] Das Wissen der Simulation ist immer mit einem hypothetischen Index versehen und, indem etwa verschiedene Leute das gleiche Problem verschieden modellieren und simulieren, entsteht eher ein unhintergehbares Spektrum an Meinungen und Auffassungen als eine Gewissheit. Insofern haben Simulationen ein sophistisches Element und ergreifen Partei. Beschreibung, Erklärung und Fiktion gehen in ihnen eine experimentelle Verbindung ein.

Zweitens: Die Tradition der philosophischen Wissenschaftstheorie mit ihrer Orientierung an Physik und Mathematik, an Aussageansprüchen und Falsifizierbarkeit gestattet es ihr kaum, Simulationen ernst zu nehmen. Aber auch die jüngere Wissenschaftsgeschichte müsste, so glaube ich, angesichts der Computersimulation die Anwendbarkeit von Konzepten wie »Experimentalsystem« und »epistemisches Ding« überdenken. Zwar haben die *Laboratory Studies* ihren Blick auf jene historisch wechselnden Praktiken, Apparate und Symboliken gerichtet, die konstitutiv für wissenschaftliches Wissen sind, ohne dass dieses aus den jeweiligen Praktiken, Apparaten und Symboliken präjudizierbar wäre. Der interessante Punkt scheint mir aber, dass die »immaterial culture« der Simulations-Labors (wenn man sie so nennen will) unendlich viel schneller, anpassungsfähiger und gefügiger ist als die materielle und dass sich daraus auch eine neue Qualität ergibt. Oder mit den Worten des Physikers Herman Kahn aus den 50ern: »Wenn er [der Simulator, CP] zum Beispiel ein grünäugiges Schwein mit lockigem Haar und sechs Zehen benötigt [...], dann kann er – anders als der Landwirt – dieses Tier sofort herstellen.«[33] Man mag dies vielleicht eine Inflation epistemischer Dinge nennen. Die während der letzten Jahrzehnte entwickelte Sensibilität für die materielle Kultur der Wissenschaften bedarf jedenfalls einer entsprechenden und an historischen Beispielen auszuarbeitenden methodischen Aufmerksamkeit für die immaterielle Kultur der Computersimulation.

Dies gilt nicht zuletzt für die Ebene des Codes, in den wissenschaftliches Wissen so übersetzt wird wie die längste Zeit in Mathematik (auch wenn er sich von ihr schon wegen seiner Zeitlichkeit grundlegend unterscheidet). In der in meist unzureichend dokumentierten, schnell aussterbenden Sprachen geschriebenen Software haben sich archäologische Schichten wissenschaftlicher Wirklichkeits-

---

32. Eric T. Lofgren, Nina H. Fefferman: »The untapped potential of virtual game worlds to shed light on real world epidemics«, in: *Lancet Infect Dis*, 7 (2007), S. 625–29.
33. Herman Kahn: *Szenarien für den Kalten Krieg*, hg. von Claus Pias, Zürich, in Vorbereitung.

erzeugung abgelagert und die Methoden der Laboratory Studies werden für ihre Ausgrabung nicht einfach übertragbar sein.

Drittens wird man sich fragen müssen, wie eine aktuelle Wissenschaftskritik aussehen müsste, sobald und insofern wir es mit Wissenschaften zu tun haben, die nicht mehr im Namen der Wahrheit, sondern der Möglichkeit auftreten. Bruno Latour hat dieser aporetischen Situation gegenwärtiger Wissenschaftskritik einen leidenschaftlichen Essay mit dem Titel »Elend der Kritik« gewidmet, der nicht ohne Grund mit den Ergebnissen der Klimasimulation anhebt. Er benennt die sich aufdrängenden Fragen: »Warum fällt es mir so schwer auszusprechen, dass die globale Erwärmung ein Faktum ist, ob man will oder nicht? Warum kann ich nicht einfach sagen, dass die Debatte abgeschlossen ist? Oder mich damit beruhigen, dass bad guys nun einmal jede Waffe benutzen, deren sie habhaft werden können – ob nun die altbekannte Tatsache, wenn es ihnen so passt, oder die soziale Konstruktion?«[34] Wenn man sich mit der Geschichte der Computersimulation beschäftigt, gibt es darauf, so will mir scheinen, eine einfache Antwort. Sie könnte lauten, dass der aktuelle methodische Königsweg der Wissenschaftsforschung, also die *Actor-Network-Theory*, die Theorie menschlicher und nicht-menschlicher Agenten also, selbst einer Epoche der Simulation geschuldet ist. Oder anders gesagt: Es handelt sich um ein Theoriedesign, das selbst nur entstehen konnte, weil Simulationen seit den 60er Jahren schon genau auf diese Weise arbeiten. Gleiches gilt für den »radikalen Konstruktivismus«, der die Epistemologie der Simulation in die Philosophie transplantiert hat. Deswegen bieten *Actor-Network-Theory* und Konstruktivismus womöglich gar kein Erklärungs- oder Beschreibungsmodell der Simulation an, sondern sind selbst nur ein Symptom ihrer Hegemonie. Es ist daher vielleicht kein Zufall, dass sich ihr kritisches Potential so glänzend an der gerade vorübergegangenen Episteme des Labors und der »mode-1«-Wissenschaften bewährt hat. »Mode-1«-Wissenschaften eignen sich hervorragend für den Versuch, Wahrheitsansprüche radikal zu historisieren, Evidenzen zu dekonstruieren und die Fiktionalität des Faktischen aufzuweisen. Computersimulationen sind jedoch, um den Ausdruck noch einmal zu benutzen, postmoderne Wissenschaften und gehören einer anderen Episteme an, nämlich derjenigen von Konstruktivismus und *Actor-Network-Theory* selbst. Sie operieren selbstbewusst und selbstverständlich damit, dass ihr Wissen immer schon mit einem hypothetischen Index versehen ist, sie bekennen sich zu ihren fiktionalen Anteilen, sie positionieren sich in einem Bezugsrahmen, sie thematisieren ihre Performanz, sie wissen um ihre problematische Genese und sie spezifizieren ihre limitierte Geltung. Vielleicht rührt also das von Latour bemerkte Elend der Kritik weniger aus einer Enteignung kritischer Begriffe als vielmehr aus einem medienhistorischen und damit epistemischen Umbruch der Wissenschaften selbst. Oder, anders gesagt: Was heißt es, dass die Wissenschafts-

---

34. Bruno Latour: *Elend der Kritik. Vom Krieg um Fakten zu Dingen von Belang,* Zürich 2007, S. 11.

forschung ihre Begriffe und Konzepte aus den Wissenschaften entnimmt, die sie beschreiben will? Insofern sind die kritischen Optionen von gestern zu den Betriebsbedingungen von heute geworden.

Joseph Vogl

Gezähmte Zeit
Finanzialisierungsprozesse und ihre Medien

Es gibt keine Medien in einem substanziellen und historisch stabilen Sinn. Medien sind nicht auf Repräsentationen wie Theater oder Film, nicht auf Techniken wie Buchdruck oder Telegraphie, nicht auf Symboliken wie Schrift oder Zahl reduzierbar und doch in all dem virulent. Man kann sie nicht bloß als Verfahren zur Verarbeitung und Speicherung von Information, zur räumlichen und zeitlichen Übertragung von Daten begreifen. Allenfalls erreicht man ihre historische Existenzweise durch eine besondere Frageform, durch die Frage danach, wie sie das, was sie speichern, verarbeiten und vermitteln, jeweils unter Bedingungen stellen, die sie selbst schaffen und sind.

In dieser Hinsicht sind Medien unselbstverständliche, man könnte auch sagen: ungegenständliche Gegenstände, in historischer wie in systematischer Hinsicht. Medien machen lesbar, hörbar, sichtbar, wahrnehmbar, all das aber mit einer Tendenz, sich selbst in diesen Operationen auszulöschen, sich selbst unwahrnehmbar zu machen. Sie werden zu einem konzisen Objekt nicht durch bestimmte Greifbarkeiten, sondern durch eine Konstellation von Ereignissen, durch Medien-Ereignisse in einem doppelten Sinn: durch jene Ereignisse, die sich in Medien kommunizieren, indem sich Medien selbst dabei auf besondere Weise mit-kommunizieren. Dieses doppelte Medien-Werden von Maschinen oder Institutionen, von Techniken oder Symboliken, ist nicht präjudizierbar und vollzieht sich von Fall zu Fall aus einem Gefüge aus heterogenen Elementen und Bedingungen. Und dieses Medien-Werden stellt allgemeine Definitionen des Medialen zurück und rückt lokale Situationen in den Blick, in denen sich eine Verwandlung von Dingen und Praktiken zu Medien vollzieht.

Medien vergisst man, wenn sie funktionieren, und sie werden auffällig, wenn etwas nicht klappt. So hatte man in den letzten Jahrzehnten einige Gelegenheiten, auf die Wirksamkeit eines der wohl prominentesten Mediensysteme aufmerksam zu werden. Es handelte sich – etwas euphemistisch gesagt – um Störungen im Weltformat, die Sie alle kennen und die man mit Daten benennen kann: 1987, 1990, 1994, 1998, 2000 und schließlich der Kollaps der Jahre 2007 und 2008 – all diese Finanzkrisen, die nach den Berechnungen der Ökonomen nur alle paar Milliarden Jahre hätten passieren dürfen, haben nicht nur die fatale Effizienz der modernen Finanzökonomie vorgeführt. Sie lassen sich auch als epistemologische Glücksfälle begreifen und zeigen, wie sich in Krisen, d.h. im Rauschen des Systems seine Kanäle, seine Funktionselemente bemerkbar machten. Darum soll es im Folgenden gehen: Wie lässt sich moderne Finanzökonomie als ein Mediensystem begreifen? Wie lässt es sich datieren? Wie wirken hier heterogene Elemente zusammen? Wie also lässt sich eine Geschichte der Finanzen als Mediengeschichte erfassen?

Da wesentliche Praktiken der Finanzökonomie – wie der Kredit oder das Bankenwesen – eine lange Geschichte aufweisen, überrascht es, dass das gegenwärtige Finanzsystem sehr jungen Datums ist und sich erst seit den siebziger Jahren des letzten Jahrhunderts formierte. Sein Anfang ist wohl mit einem Datum verbunden, das man immer wieder als eine »Finanzrevolution«, als »historische Wasserscheide«, als ökonomischen Epochenwechsel beschrieben hat.[1] Denn mit dem Ende des Abkommens von Bretton Woods in den Jahren 1971 und 1973 wurde nicht nur eine ökonomische Nachkriegsordnung verabschiedet, die die Währungen der Industriestaaten an ein stabiles Verhältnis zum Dollar und den Dollar an einen fixen Umtauschkurs zum Gold gebunden hatte. Mit diesem Bruch in einer Geldgeschichte von 2500 Jahren wollte man vielmehr eine ökonomische »condition postmoderne« erkennen, eine Situation, die mit Turbulenzen und Instabilität auf ein System flexibler Devisenkurse zusteuert, auf ein Regime flottierender Signifikanten ohne Anker und Maß, ohne die Sicherung durch ein transzendentales Signifikat. Man hat es nun mit der Entstehung eines Systems zu tun, in dem sich Währungen nur auf Währungen beziehen, keinen klaren Wertreferenten besitzen und schließlich auf dem ungewissen Standard eines ungedeckten »fiat money« beruhen.

Wie immer man diese Verabschiedung eines internationalen Goldstandards interpretieren mag – mit ihr war ein theoretisches und praktisches Experimentierfeld eröffnet, und es war die Stunde der Systemprogramme eines neuen Liberalismus gekommen. So hat etwa Milton Friedman 1971 eines der wohl einflussreichsten, knappsten und einfachsten Papiere aus der Geschichte der ökonomischen Wissenschaft präsentiert, das sich durch klare Antworten auf die neue Problemlage auszeichnete. Im Auftrag der Chicago Mercantile Exchange formulierte Friedman das folgende Argument. Nach dem Ende von Bretton Woods sind kontinuierliche Devisenkursschwankungen und somit Währungsrisiken im internationalen Kapitalverkehr zu einer prekären Tatsache geworden. Sie erzeugen Ungewissheit und Volatilität und somit hohe Versicherungskosten für die entsprechenden Transaktionen. Daher scheint es angebracht, passende Finanzinstrumente bereitzustellen und die Prozeduren der Absicherung den Marktmechanismen selbst zu überlassen. Dies kann nur durch die Schaffung neuer Finanzmärkte und durch einen Terminhandel mit Devisen oder Währungsfutures geschehen. Schwankende Währungskurse werden mit Währungsterminkontrakten »gehedged«; mögliche Preisdifferenzen lassen sich mit Wetten auf mögliche Preisdifferenzen versichern. Und wenn sich damit ein spekulativer Markt eröffnet, der auf dem Unterschied zwischen gegenwärtigen und künftigen Preisen beruht, so wird dessen konsequente Expansion eine ausgleichende Wirksamkeit erzeugen. Hier verbindet sich das Bedürfnis nach Absicherung mit

---

1. S. Edward Chancellor: *Devil Take the Hindmost: A History of Financial Speculation*, New York 2000, S. 236; Filippo Cesarano: *Monetary Theory and Bretton Woods: The Construction of an International Monetary Order*, Cambridge 2006, X; Richard Tilly: *Geld und Kredit in der Wirtschaft*, Stuttgart 2003, S. 190; Milton Friedman: *The Essence of Milton Friedman*, hg. von Kurt R. Leube, Stanford, CA 1987, S. 359, 501.

der Suche nach Risiko und Gewinnchancen; und »the larger the volume of speculative activity«, wie Friedman sagt, »the better the market will work and hedge trade and investment at low costs«.[2] Für die Kosten der Währungsrisiken kommt nun das Marktsubjekt selbst auf; Geldpolitik wird der Dynamik des Marktes überlassen.

Friedmans kleine kapitalistische Programmschrift hat die Erwartung an die Einrichtung neuer Finanzmärkte klar definiert: Die Hoffnung auf ein System stabiler Wechselkurse wird durch die Hoffnung auf ein stabiles System von Wechselkursen ersetzt. Tatsächlich wurde 1972 dann an der Chicago Mercantile Exchange der *spotmarket* um einen internationalen Markt für Währungsfutures ergänzt. Und innerhalb dreier Jahrzehnte ist der Handel mit Finanzderivaten, die es vor 1970 nicht gab, zum weltweit größten Markt überhaupt angewachsen. Vom jährlichen Wert weniger Millionen Dollars Anfang der siebziger Jahre stieg sein Volumen auf 100 Milliarden im Jahr 1990, dann auf ca. 100 Billionen Dollars um die Jahrtausendwende an und erreichte das Dreifache des weltweiten Umsatzes an Verbrauchsgütern. Einerseits ist damit das Börsengeschäft zum Maß für die Finanzökonomie, der Finanzmarkt aber zum Markt aller Märkte und zum Modell für das Marktgeschehen überhaupt geworden. Andererseits folgt diese Apotheose dem Prinzip einer Risikoverlagerung und somit der Erwartung, Preisrisiken mit der Streuung von Preisrisiken, spekulative Geschäfte mit spekulativen Geschäften zu versichern. Die Stabilität, die früher einmal das funkelnde Gold versprach, wird von der »Magie« der Finanzmärkte eingelöst.

Innerhalb weniger Jahre wurden also Märkte, Produkte und Operationen verwirklicht und durchgesetzt, die bislang nicht existierten. Und das, was seit den 1980er Jahren zu funktionieren beginnt, setzt sich aus ganz unterschiedlichen Komponenten zusammen, die eine neue Geschäftsroutine begründen und den Charakter eines global operierenden Mediensystems gewinnen.

Diese Gründungsszene moderner Finanzwissenschaft verdankt sich zunächst einigen theoretischen Unterstellungen, die die Funktionsweise des Marktes betreffen. So gilt auch heute noch die alte ökonomische Annahme, dass freie Märkte von einer ›unsichtbaren Hand‹ regiert werden und zum Ausgleich tendieren. Seit den 1930er Jahren wurde dieses klassische Theorem als »hypothesis of efficient markets« reformuliert und auf die Dynamik der Finanzmärkte bezogen. In dieser Interpretation repräsentieren die Finanzmärkte die Märkte in ihrer reinsten Form. Unbelastet von den Problemen von Transport und Produktion bilden sie den idealen Ort, um Preise zu bestimmen, den Wettbewerb zu vervollkommnen und rationale, d.i. Profit-orientierte und zuverlässige Akteure interagieren zu lassen. Daher gibt die Preisbewegung dieser Märkte alle verfügbare Information unmittelbar wieder. Unter diesen optimalen Wettbewerbsbedingungen drücken Preise immer die Wahrheit über die zugrunde liegenden ökonomischen Ereignisse aus, sofern alle Akteure Zugang zu allen relevanten

---

2. Milton Friedman: »The Need for Future Markets in Currencies«, in: *The Future Market in Foreign Currencies*, Chicago: International Monetary Market of the Chicago Mercantile Exchange, 1972, S. 6–12.

Informationen haben; die entsprechenden Wertpapiere sind niemals über- oder unterbewertet. Die Oszillationen des Marktes, seine *ups and downs* sind entweder die Folge lästiger Behinderungen der Dynamik des freien Marktes oder neuer, unvorhergesehener Information. Krisen sind nur Schritte im Anpassungsprozess; sie dokumentieren den unaufhaltbaren Fortschritt der ökonomischen Vernunft. Der Markt ist das Reale, ist das Rationale.

Der Finanzmarkt wird als friktionsloses Universum vorgestellt, in dem Informationen Preise, Preise Kaufentscheidungen und diese wiederum Informationen, Preise und Kaufentscheidungen generieren. Darum ist mit diesem Prozess eine weitere Voraussetzung verbunden, die die Modelle der modernen Finanzökonomie bestimmt. Die Annahme der Effizienz bringt es mit sich, dass sich im Innern dieses Marktgeschehens eine gleichsam stochastische Zufallsbewegung installiert. In den 1960er Jahren wurde eine Dissertation aus dem Jahr 1900 wiederentdeckt, in der der Mathematiker Louis Bachelier unter der Betreuung von Henri Poincaré die Oszillation von Börsenkursen nach dem Vorbild eines molekularen Gestöbers (wie in der brownschen Bewegung) formalisierte. In seiner *Théorie de la spéculation* sind aufeinander folgende Preisänderungen linear unabhängig und von Zufallsvariablen bestimmt; und die Summe spekulativer Aktionen folgt einer Bewegung, die analog zur Diffusion von Partikeln in gasförmigen Gemischen funktioniert.[3] In der zweiten Hälfte des 20. Jahrhunderts erhielten diese Überlegungen einen plausiblen diskursiven Rahmen und fusionierten mit der Hypothese effizienter Finanzmärkte. Wenn nämlich die Preise dieser Märkte stets alle relevanten Informationen enthalten, so ist ihre Veränderung nur neuen Informationen geschuldet, die neue Entscheidungen verlangen. Und das bedeutet: Wo alle Unternehmer über alle zirkulierenden Informationen verfügen, wird jede punktuelle Gewinnchance sogleich genutzt; und sofern sich jede dieser Operationen sofort in Marktpreisen niederschlägt, können Preisvariationen nur unvorhersehbar und aleatorisch erscheinen. Die Marktvernunft bringt es mit sich, dass sich Informationen, d.h. Preisdifferenzen durch ihre Ausnutzung annullieren. Und der Segen des Wettbewerbs bewirkt, dass einzelne Spekulationen den spekulativen Charakter des Ganzen aufheben, dass Arbitrage die Effekte der Arbitrage abschafft.

Der Weg, den die Preisserien zwischen verschiedenen Zeitpunkten einschlagen, fällt nun in das Arbeitsgebiet von Wahrscheinlichkeitsrechnung und Stochastik. Er gleicht einem nicht-linearen »Random Walk«. Einerseits führt die Vernunft der Finanzmärkte dazu, dass das Wetten auf künftige Kursverläufe dem Spiel eines Schimpansen gleicht, der mit verbundenen Augen Dartpfeile auf den Börsenteil einer Zeitung wirft.[4] Je effizienter die Märkte, desto zufälliger die Oszillationen. Andererseits stellt sich eine Art Gleichgewicht her, in dem sich zufällige Schwankungen um einen Mittelwert herum anordnen und schließlich

---

3. Louis Bachelier : »Théorie de la speculation«, in: *Annales scientifiques de l'École Normale Supérieure*, ser. 3, vol. 17, 1900, S. 21–86.
4. Burton G. Malkiel: *A Random Walk Down Wall Street*, New York 2003.

der Streuung einer Normalverteilung, einer Glockenkurve folgen. Die »unsichtbare Hand« Adam Smiths bekommt eine neue theoretische Gestalt.

Dadurch, dass die Situation Anfang der siebziger Jahre von der Frage geprägt ist, wie sich Preisrisiken mit Wetten auf Preisrisiken absichern lassen, übernehmen Termingeschäfte oder Futures in der Geschichte der Finanzökonomie eine zentrale Funktion. Sie müssen als perfekte kapitalistische Erfindungen angesehen werden; sie sind so alt wie der Kapitalismus und die Zukunftsorientierung war ein wesentlicher Antrieb für die Entwicklung immer neuer Finanzinstrumente. Einerseits sind Termingeschäfte trivial und ein alter Bestandteil der Börse: es sind Verträge über Warentransaktionen in der Zukunft, aber zu einem bestimmten Preis; Verträge, die die beiden Parteien auf die Akzeptanz einer kontingenten Zukunft verpflichten. Andererseits zeigt die Geschichte des Terminhandels, dass er eine nicht-triviale Trennung von Termingeschäften und Warenhandel beinhaltet. Der *Futures-* und Optionshandel vermeidet die physikalischen Bedingungen der Produktion und löst die Identität von Ware und Preis auf. In anderen Worten: jemand, der eine Nicht-Ware besitzt und sie weder erwartet noch will, verkauft sie an jemanden, der sie nicht will und auch niemals bekommt.

Die Dynamik von Termingeschäften, dem Motor kapitalistischer Ökonomie, beruht auf zwei Hauptannahmen. Erstens einer selbstreferentiellen Kommunikation: Preise beziehen sich nicht auf Waren und Güter, sondern auf andere Preise, so dass die aktuellen Preise für abwesende Güter von der Erwartung zukünftiger Preise für abwesende Güter bestimmt werden. Diese Art von Handel ist von allen materiellen Behinderungen befreit. Er vollzieht einen Akt, der nicht in der Re-Präsentation, sondern der De-Präsentation der Welt kulminiert.[5] Als Teil der zirkulierenden Geldmenge garantieren sie höchste Liquidität und vollenden die Logik der modernen Kapital- und Kreditökonomie. Zweitens beruhen Transaktionen dieser Art auf dem, was in der Tradition des römischen Rechts Spielverträge genannt wird – Verträge, die Transaktionen mit unklarem Ausgang betreffen, ungewisse zukünftige Ereignisse. Das führt zur Ununterscheidbarkeit von Handel, Wette und Glücksspiel; die Bezeichnung dieses Phänomens ist »Spekulation«. Die riskante Wette, das Spiel mit der Zukunft, sie sind das Herzstück aller ökonomischer Aktivität. Spekulant ist, wer nicht spekuliert, Spekulation ist die Norm aller finanziellen Transaktionen.

Termingeschäfte stellen also ein logisches Pendant zur Kapital- und Kreditwirtschaft dar, Finanzderivate eine vom Bargeld unabhängige Form von Geld. Für die Finanzökonomie stellte sich damit ein grundlegendes Problem. Einerseits soll der Markt alte Ausgleichsideen verwirklichen und sich selbst über die Verrechnung von Preisrisiken mit Preisrisiken stabilisieren. Andererseits stehen im Zentrum dieses Markts nun Termingeschäfte mit Finanzgütern, die sich eben dadurch auszeichnen, dass sich aktuelle Preisrisiken in ungewisse Zukünfte verschieben. Kontingente Zukünfte, d.h. die Kräfte der Zeit sind zu einem kritischen Faktor in diesem System geworden, und tatsächlich haben diese Fragen

---

5. Samuel Weber: *Geld ist Zeit: Gedanken zu Kredit und Krise*, übersetzt von Marion Picker, Zürich-Berlin 2009.

die ökonomische Wissenschaft seit den siebziger Jahren wie keine anderen beschäftigt. Die Logik der modernen Finanzökonomie verlangt ein Verfahren, das ökonomische Entscheidungen mit der Erwartung künftiger Entscheidungen verknüpft, sie muss fähig sein, eine Beherrschung von Zeit, eine Beherrschung ungewisser Zukünfte zu versprechen. Nur wenn die Ungewissheit künftiger Preise (von Devisen, Wertpapieren etc.) mit den Preisen für die Ungewissheit dieser Preise verrechnet werden kann, lässt sich die ausgleichende Kraft von Termingeschäften, die Bändigung der Zeit und die Stabilität im System behaupten. Seit der Mitte des letzten Jahrhunderts ist daraus die Frage erwachsen, welcher Kalkül den Übergang von gegenwärtigen Zukünften zu künftigen Gegenwarten wahrscheinlich macht, wie sich die Unähnlichkeit des Zukünftigen in eine ähnliche Gegenwart transformieren lässt. Und es verwundert nicht, dass die prominentesten dieser Versuche mit dem Ende von Bretton Woods zusammenfallen. Dabei handelt es sich um Verfahren, die wahrscheinlichkeitstheoretische Figuren ins Innere der finanzökonomischen Geschäftspraktiken versetzen. Es handelt sich um eine berühmte Formel, die von den Mathematikern und Ökonomen Robert Merton, Fisher Black und Myron Scholes Anfang der siebziger Jahre entwickelt wurde.

Dieser Kalkül, der mit Nobelpreisen prämiert wurde und – wie man sagt – für die Finanzmärkte ebenso bedeutsam sein soll wie Newtons Mechanik für die Physik, folgt der genannten Problemstellung: wie man durch den Handel mit Risiken (also Finanzderivaten) die Risiken der Finanzmärkte eliminieren kann. Es geht um die Herstellung von Erwartungsprodukten, mit denen die Werte künftiger Erträge in Gegenwartswerte überführt werden können; es geht darum, das dynamische Ungleichgewicht von Kreditökonomie und flottierenden Devisen zu stabilisieren. Am Beispiel der Errechnung der Preise für eine bestimmte Art von Finanzderivaten lässt sich in den Anstrengungen von Black, Scholes und Merton die exemplarische Verfertigung eines theoretischen Objekts verzeichnen, das die mathematische Formalisierung mit bestimmten Steuerungsideen und mit einigen Hypothesen über den Mechanismus von Finanzmärkten kombiniert. Und das heißt: Man formuliert ein allgemeines Modell für die Strukturierung des Handels mit Finanzderivaten und für die Ausgleichstendenzen des gesamten Systems.

Dabei geht es darum, aus bestehenden Preisen (etwa für Aktien oder Kredite) einen Preishorizont zu errechnen, der von einer künftigen Gegenwart aus zum Motiv der Bewertung einer gegenwärtigen Zukunft werden kann. Der gegenwärtige Preis eines Derivats rechtfertigt sich dann, wenn in ihm eine mögliche Zukunft des zugrunde liegenden Werts wiederkehrt. Nur diese Replikation künftiger Verläufe kann die Erwartung begründen, dass sich die Risiken schwankender Preise durch den Handel mit diesen Risiken werden ausgleichen lassen. Und das prägt die Parameter jener berühmten Differentialgleichung, die stochastische Prozesse mit einer Funktion für logarithmische Normalverteilungen zu fassen versucht. In ihr wird – vereinfacht ausgedrückt – neben einigen bekannten Größen der problematische Posten, die unbekannte Volatilität (Sigma) nach den Zufallsbewegungen der zugrunde liegenden Werte in historischen Zeiträumen kalkuliert. Man muss nicht die Ereignisse möglicher Zukünfte erraten, sondern nur einen Schwingungsraum errechnen, innerhalb dessen sie stattfinden könnten. In diesem Kalkül ist also die Annahme eingebaut, dass sich das Unvorhersehbare der Zukunft nach der Streuung vergangener Unvorhersehbarkeiten verhalten wird. Es werden keine bestimmten Vorhersagen, aber die Vorhersagen von Verteilungsmustern reklamiert.

$$rD_T = \frac{\partial D_T}{\partial T} + rS\frac{\partial D_T}{\partial S} + \frac{1}{2}\sigma^2 S^2 \frac{\partial^2 D_T}{\partial S^2}$$

Black-Scholes Gleichung

An diesem Kalkül sind mehrere Dinge bemerkenswert, die das Finanzsystem als Mediensystem betreffen. So lässt sich darin zunächst eine mathematische Repräsentation gängiger Marktlogiken erkennen; sie werden physikalistisch, nach dem Vorbild von Differentialgleichungen für Diffusionsprozesse in der statistischen Mechanik kodiert. Die Annahmen effizienter Märkte und die Random-Walk-Hypothesis sind in diese Formel implantiert. Dadurch werden Zukunftserwartungen in erwartete Zukünfte übersetzt und die Kräfte der Zeit gebändigt. Ungewissheiten sind nicht einfach verschwunden; aber die Dynamik des Modells legt es nahe, dass mit der Ausweitung des Markts mit Derivaten eine risikoneutrale Welt hergestellt wird; *uncertainty can be eliminated if there are enough contingent claims* oder *derivative instruments*.

Zudem leistet die Übersetzung ökonomischer Daten in integrierbare Systeme die Darstellung einer Welt, die weder Einbrüche noch Sprünge kennt. Der Vorzug des mathematischen Formalismus korrespondiert mit der theoretischen Annahme, dass das System selbst regelhaft, homogen, stetig und mit ausgleichend funktioniert. In dieser Hinsicht ist der von Merton, Black und Scholes entwickelte Kalkül als Systemallegorie zu verstehen: Allein die Darstellung einer Systemlösung durch Differentialgleichungen muss, wie der Mathematiker James Yorke bemerkte, jeden chaotischen Gang ausschließen.[6] Darum kann man in der Black-Scholes-Formel eine Art »enacted theory« erkennen. Sie dokumentiert die performative Qualität eines Kalküls. Mit ihr erzeugen Finanzderivate die Bedingung ihrer Möglichkeit und appellieren an einen Markt, auf dem sich ihre ökonomische Rationalität wird bewahrheiten können. Man hat von der Anpassung ökonomischer Wirklichkeit an Wirtschaftstheorie, von der Entstehung einer »Black-Scholes-Welt« gesprochen, die in den siebziger Jahren noch nicht existierte. Als theoretisches Produkt bietet die Formel ein schlagendes Argument für den Handel mit Finanzderivaten, damit die Aussicht auf eine Stabilisierung des Systems und damit wiederum die Rechtfertigung ihrer theoretischen Implikationen.

---

6. Vgl. die Diskussion von Yorke in James Gleick: *Chaos: Making a New Science*, London: 1987, S. 67–68.

Das Ende des Abkommens von Bretton Woods hat eine Situation geschaffen, in der flottierende Devisenkurse an eine Absicherung von Währungskursen appellierten. Im Zeichen eines neuen Liberalismus wurden dabei Vorschläge privilegiert, Marktrisiken mit Marktrisiken zu versichern. Das bedeutet erstens, dass man Märkten überhaupt eine innere Ausgleichstendenz unterstellt; die These von der Effizienz der Finanzmärkte wird als Grundannahme gesetzt. Zweitens treten damit Derivate und Terminhandel ins Zentrum des neuen Finanzsystems. Spätestens seit den neunziger Jahren dominiert ihr Volumen den Wirtschaftsprozess; vor allem aber müssen sie als Kern finanzökonomischer Logik angesehen werden, als Basis einer Geschäftsroutine, die einen Handel mit Zeit und Risiken betrifft. Das ist drittens der Schauplatz, an dem Finanzmathematik zum Arkanum des ökonomischen Wissens geworden ist. Am Beispiel der Black-Scholes-Formel wollte ich zeigen, wie sich die alten Ausgleichsideen nur über eine Bändigung der Zeit, eine Beherrschung der Zeit aber nur durch die Einpflanzung wahrscheinlichkeitstheoretischer Modelle verwirklichen lässt.

Die Einrichtung technischer Infrastrukturen ist eine notwendige Bedingung für das neue System. Seit jeher wurden Finanzmärkte durch einen engen Zusammenhang zwischen der Preisbildung in Börsengeschäften und medientechnischen Innovationen strukturiert; ihr Takt wurde seit dem 19. Jahrhundert durch die Einführung von Telegraf und Telefon, durch transatlantische Kabel, durch den Börsenticker diktiert. Der Kreislauf von Preisbildung und Information machte die Finanzmärkte zum Motor für die Durchsetzung neuer Informationstechniken.

So wurde die Praxis der aktuellen Finanzökonomie vor allem durch elektronische und digitale Technologien definiert, durch die systematische Verschränkung von Informationsverarbeitung und Telekommunikation. In den fünfziger Jahren wurden erste Ideen zur Einrichtung elektronischer Finanzmärkte formuliert, und nach der Einführung elektronischer Handelssysteme und des *Online Brokerage* wurde 1993 das WorldWideWeb für Börsen und Finanzgeschäfte freigegeben. Lässt sich darin die Entstehung einer Finanzmaschine erkennen, in der sich ein Großteil menschlicher Wohlfahrt entscheidet, so wurde diese Maschine gerade für den Handel mit Finanzderivaten wesentlich und effektiv. Berechnungen wie die Black-Scholes-Formel appellieren an ihre informationstechnische Exekution. Zunächst hat man das *option prizing* mit dieser Formel auf Großrechnern kalkuliert, die entsprechenden Tabellen wurden dann in Papierform an interessierte Trader vertrieben. Bereits 1974 wurde von Texas Instruments ein Taschenrechner angeboten, der auf die Formel programmiert war und Black-Scholes-Resultate für das *day-trading* lieferte. Und spätestens seit der Entstehung des automatischen *Futures*-Handels hat sich eine wirkungsvolle Fusion zwischen Finanztheorie, Mathematik und Informationstechnologie ergeben. Die neuen Techniken müssen als Generatoren neuer Finanzinstrumente begriffen werden; und abgesehen davon, dass sich damit eine Delokalisierung des Börsengeschäfts und eine unbegrenzte Inklusion von Mitspielern vollzog, lassen sich hier zwei wesentliche Konsequenzen verzeichnen.

Einerseits bewirkte das Zusammenwirken der genannten Elemente – Terminhandel, Finanzmathematik und Informationstechnik – eine historische Transformation, in der Währungsstandards jeglicher Art durch einen Informationsstandard abgelöst wurden. Die Stabilisierung von Finanzökonomie und Währungssystemen wird nicht mehr durch eine Konvertierung in Gold oder Warengeld garantiert, sondern durch einen Austausch zwischen Geld und Information. Preise auf den Finanzmärkten liefern Informationen über die Zukunft von Preisen, und darum sind im Geschäftsverkehr Informationen über Geld wichtiger als Geld selbst geworden. Der Markt installiert einen Informations-Automatismus, Geld wird mit Information bezahlt. Effiziente Märkte sind Märkte zur effizienten Verteilung von Information; der Wettbewerb ist ein Aufruf zur informationellen Kompetition.

Andererseits lässt sich in dieser Maschine eine Imitation von Theorie durch die ökonomische Wirklichkeit verzeichnen. Robert Merton hatte das klar formuliert. »As real-world intermediation and markets become increasingly more efficient, the continuous time model's predictions about actual financial prices, products and institutions will become increasingly more accurate. In short, that reality will […] imitate theory.«[7] Erst unter neuen technologischen Bedingungen vollzieht sich die Institution des Markts. Finanztheorie, Formalisierung und Technik gehen eine produktive Verbindung ein, die Erfindung neuer Finanzinstrumente und die Installation neuer Märkte beglaubigen sich wechselseitig in ihrer *raison d'être*. Und das heißt: Der Komplex von Theorie und Technik verspricht, dass maximale Liquidität, optimale Preisfindung und effizienter Datenverkehr sich in der Stabilisierung der Finanzmärkte verwirklichen.

Begreift man die gegenwärtige Finanzökonomie als ein Mediensystem, das seit den achtziger Jahren zu funktionieren beginnt, so lassen sich auch einige methodische Perspektiven für die Frage entwickeln, wie sich verstreute Praktiken oder Technologien zu Medienfunktionen verwandeln; wie sich also historische Szenen des Medien-Werdens erfassen lassen. Eine erste, einfache Schlussfolgerung lautet, dass dieses System nur als ein Zusammenwirken völlig verschiedener Elemente zu begreifen ist. Wenn Marshall McLuhan einmal behauptet hat, dass die Untersuchung des Geldmediums identisch sei mit dem »Verfahren der gesamten Medienforschung«,[8] so wird damit unterstellt, dass dieses Geld eine historisch variable Sozialfunktion darstellt und nicht auf einen einfachen Sachverhalt – etwa auf ein Symbolsystem – reduzierbar ist. Das moderne *fiat money*, das den Wert unserer Währungen und die Dynamik von Volkswirtschaften bestimmt, wurde durch politische Entscheidungen (wie das Ende von Bretton Woods), bestimmte Geschäftspraktiken (wie den Terminhandel), theoretische Vorannahmen (wie effiziente Märkte), durch mathematische Modelle und technische Infrastrukturen gleichermaßen hervorgebracht. Und sicher müsste man weitere, etwa institutionelle Bedingungen (wie die Ausrichtung der Bankenstruktur auf Investmentbanking) hinzufügen. Medien sind stets heterogene Komplexe aus

---

7. Robert C. Merton: *Continous-Time Finance*, Malden 1990, S. 470.
8. Marshall McLuhan: *Understanding Media*, New York 1964, Kapitel 14.

institutionellen, technischen, theoretischen, symbolischen und praktischen Elementen.

Die wechselseitige Verschränkung dieser Elemente hat aber dazu geführt, dass das Finanzsystem nicht nur die alltäglichen Geschäftsroutinen organisiert; es ist zu einem dominanten Mediensystem gerade dadurch geworden, dass es in all seinen Operationen bestimmte Verpflichtungsstrukturen (wie die Bindung an ungewisse Zukünfte) installiert und als ein neuer Sozialvertrag funktioniert. Auch hier lässt sich von Medien-Ereignissen im Doppelsinn sprechen: von Ereignissen, die über die Produktion, die Darstellung und die Formierung von Ereignissen entscheiden. So teilt das Finanzsystem mit jeder Operation, mit jeder Zahlung stillschweigend die Bedingungen seiner Operationen (etwa die Voraussetzung ausgleichender Marktkräfte) mit. Dieses System manifestiert sich als technisch implementierte Wirtschaftstheorie, seine Effizienz beruht darauf, dass alle seine Aktionen und Ereignisse die Bedingungen schaffen, unter denen sie als Aktionen und Ereignisse eines neuen Marktes wirksam werden. Mediensysteme funktionieren unter der Bedingung der Redundanz. Sie kommunizieren sich selbst in all ihren Operationen; sie setzen oder übertragen mit ihren Übertragungen immer neu die Apriori, unter denen sie sich als Mediensysteme verwirklichen.

Das bedeutet, dass Medien in epistemologischer Hinsicht den Charakter einer möglichen Welt besitzen. Die ökonomische Welt oder der Markt, der sich seit den siebziger Jahren Zug um Zug realisiert, lag fern jeder Gegebenheit; er war schlicht nicht vorhanden oder eine reine Hypothese. Mediensysteme sind beziehungslos, ihrer Systemhaftigkeit steht keine irgendwie ähnlich organisierte Welt oder Natur gegenüber. Sie sind vielmehr Realisierungsprogramme: Ihre Axiome und Praktiken geben vor, wie Realität programmiert werden kann. Was sich in Mediensystemen realisiert, ist nicht notwendig, reproduziert keine vorgängige Konsistenz, sondern gewinnt den Charakter einer beliebigen Faktizität. Die historische Dimension von Medien lässt sich darum nur unter der Bedingung erfassen, dass man jedes mimetische Substrat im damit verbundenen Technikbegriff auflöst und eine Nicht-Identität von Sein und Welt, Sein und Natur unterstellt. Mit Hans Blumenberg muss man Medien als »Vorahmungen« begreifen: als technisches Konsistenzbegehren, dem nur eine wesenhafte Zufälligkeit gegenübersteht.[9]

Darum tritt das historische Datum, das historische Ereignis von Medien nicht mit ihrem Funktionieren, sondern mit ihrem Verhältnis zur Störung, zur Krise oder zum Rauschen hervor. Die Störung ist die *epoché* des Mediums. Und hier zeigt sich die Eigentümlichkeit des modernen Finanzsystems. Denn einerseits verfolgen seine Verfahren eine Zähmung der Zeit; seine Rationalität, seine Systemhaftigkeit beweist sich gerade darin, dass es die Wirksamkeit kontingenter Zukunft beherrscht. Rauschunterdrückung meint hier, dass sich Risiken mit

---

9. Hans Blumenberg: »›Nachahmung der Natur‹: Zur Vorgeschichte der Idee des schöpferischen Menschen«, in: *Grundlagentexte Kulturphilosophie: Benjamin, Blumenberg, Cassirer, Foucault, Lévi-Strauss, Simmel, Valéry u.a.*, hg. von Ralf Konersmann, Hamburg 2009, S. 201–232.

dem Handel von Risiken amortisieren, dass also die Kräfte temporaler Prozesse eliminiert werden können. Unter Medienbedingungen träumt der Markt den Traum seiner Endlosigkeit, die Neutralisierung des Risikos funktioniert nur, wenn sich jede ausstehende Zukunft um eine weitere Zukunft fortsetzen lässt. Andererseits wird diese Entzeitlichung nur durch den Einsatz zeitkritischer Verfahren garantiert. Die Beherrschung der Zeit wird durch die Investitionen zeitlicher Kräfte erhofft. Während das Finanzsystem seine Stabilität in der Herstellung von Zeitlosigkeit gewinnt, wird seine Operation durch die Wiederkehr historischer Zeiten beunruhigt: durch Fristen, Laufzeiten, Zahlungstermine, Fälligkeiten. Die Krisen der letzten Jahrzehnte lassen sich also nicht nur dadurch erklären, dass die Modelle der Finanzökonomie die Tatsachen der realen ökonomischen Welt verfehlen. Sie müssen vielmehr als endogene Krisen eines Mediensystems begriffen werden: Die Verarbeitung von Zeitproblemen schafft die Zeitprobleme, die das System zu verarbeiten versucht. Das System verstärkt Rauschen dadurch, dass es Rauschen unterdrückt. Man kann das – technisch – als die Wirkung positiver Rückkopplungen beschreiben. In historischer Hinsicht aber bedeutet das: Die *epoché* der Finanzökonomie ist die Krise, d.h. die Rückkehr konkreter historischer Zeiten im Innern des Systems. Man könnte das auch den Normalfall und die strukturelle Inkonsistenz der Finanzökonomie nennen – aber das wäre eine andere Geschichte.

Éric Brian*

Das Zittern der unsichtbaren Hand

Von den *Carrosses à cinq sol* zur berechenbaren Erwartung

Im Laufe der letzten Jahrzehnte waren es dutzende Spezialisten der Geschichte der Wahrscheinlichkeitsrechnung, die bewährte Wege im Labyrinth des kollektiven Gedächtnisses der Mathematiker rekonstruiert haben. Nun ist es wohl an der Zeit zu zeigen, welchen Beitrag diese Forschungen für probabilistische Überlegungen in den Wirtschafts- und Sozialwissenschaften leisten können.[1] Es hätte wenig Sinn, den Spezialisten dieser Disziplinen vorzuwerfen, sie wären zu lange davon ausgegangen, dass der *Wert* eines unsicheren Ereignisses ganz einfach das Produkt von jenem Wert sei, den das als sicher betrachtete Ereignis hat, mit der Wahrscheinlichkeit, die seine Ungewissheit misst, indem man, *bequemlichkeitshalber*, sich ein Spiel von Kopf oder Zahl *vorstellt* – obwohl sich schon seit D'Alembert und Condorcet vermuten hätte lassen, dass es so einfach nicht sein könne. Zwar verfuhren die Gelehrten lange Zeit so, und die Lehrenden verfügen damit auch heute noch über einen Schatz von mehr oder weniger intuitiven Beispielen, aber was die Grundlagen betrifft, reicht eine solche Analogie nicht aus. Darauf hat D'Alembert bereits 1754 hingewiesen. Zwanzig bzw. dreißig Jahre danach haben Condorcet und Laplace diese Zweifel vertieft (und weitere dreißig Jahre später Laplace noch einmal), und die Grundlagen einer analytischen Neuformulierung des Kalküls geschaffen.[2] Seither sind die Mathematiker immer wieder darauf zurückgekommen.

Pascal ist, wie man weiß, nicht beim arithmetischen Dreieck stehen geblieben. Er hat (abgesehen von seinen anderen mathematischen und experimentalphysikalischen Arbeiten) versucht, den Geist der Geometrie aus seiner ganz persönlichen sachkundigen Erfahrung zu erklären.[3] Ein anderes seiner Werke, die unvollendet gebliebenen *Pensées,* hat die Grenzen des menschlichen Verstandes auszuloten versucht. Condorcet, der zweifellos nicht die theologischen Optionen des Jansenisten teilte, hielt mehr als ein Jahrhundert später die *Pensées*

---

* Aus: *Comment tremble la main invisible. Incertitude et marchés,* Paris 2009, S. 10–17, übersetzt von Grete und Marianne Kubaczek, mit herzlichen Dank an Daniel Eckert.
1. Diese Forschungen stehen in Frankreich in der Tradition von Ernest Coumet (1933–2003), s. *Revue de synthèse* 2–4, 2001.
2. Jean-Baptiste D'Alembert: »Croix ou pile (analyse des hasards)«, in: *Encyclopédie ou dictionnaire raisonné,* Paris 1754, Bd. 5, S. 513f.; Condorcet: »Mémoire sur le calcul de probabilité«, in: *Mémoire de l'Académie royale des sciences,* Paris 1784–1787; Pierre Simon Laplace: *Théorie analytique des probabilités,* Paris 1812; und ders.: *Essai philosophique sur les probabilités,* Paris 1814. Vgl. dazu: Éric Brian: *Staatsvermessungen: Condorcet, Laplace, Turgot und das Denken der Verwaltung,* Wien 2001.
3. Blaise Pascal: *Oeuvres complètes,* Paris 1998–2000, Band II, S. 154–182. In dieser Linie und in der Perspektive der epistemologischen Schriften von Henri Poincaré steht Roger Daval und George T. Guilbaud: *Le raisonnement mathématique,* Paris 1945. Darauf beruhen auch die ersten Arbeiten von Ernest Coumet, etwa: Ernest Coumet: »La Théorie du hasard est-elle née par hasard?« in: *Annales E.S.C.* 25/3, S. 574–598.

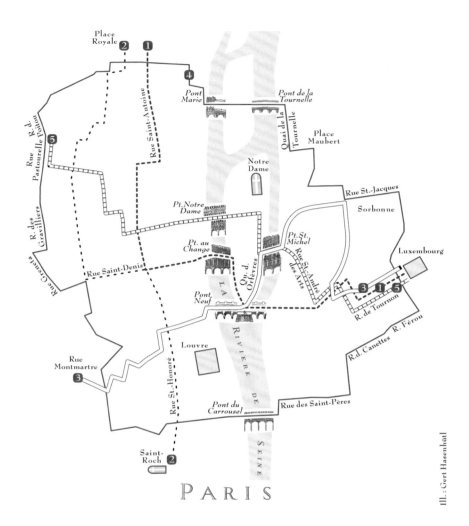

Abb.: Paris. Die Routen der *Carrosses à cinq sol*.

trotzdem für ein Monument jener Wissenschaft vom Menschen, die er selbst zu betreiben bestrebt war. Bekannt ist auch, dass Pascal 1642 für seinen Vater, der ein Finanzfachmann war, eine Rechenmaschine erfunden hat, die Additionen und Subtraktionen ausführen konnte. Sie hat heute ihren Platz in der Galerie der Geschichte der Rechentechnologien. Weniger bekannt ist aber, dass er auch der Planer eines der ersten öffentlichen Verkehrssysteme in Paris war, der *Carrosses à cinq sol*, die ab dem Frühjahr 1662 mehrere Jahre lang in Betrieb waren.[4]

---

4. Pascal: *Oeuvres complètes*, a.a.O., S. 527–540.

In Paris waren damals die Schöngeister in einer Stadt am Werk, deren Straßen oft eng waren und immer staubig, übel riechend und schmutzig; ohne jede Verkehrsregel kreuzten sich ihre Wege mit jenen der Einwohner aus allen Schichten, Männern, Frauen, Kindern, bunt gemischt, samt Pferden und Wagen. Auf die Gefahr der Verschmutzung seines Schuhwerks und seiner Kleidung konnte man hier alle möglichen Leute treffen, die selbst wiederum um ihre Geldbörse besorgt, ja wohl auch in Angst um ihr Leben waren.[5] Das ist in keiner Weise mit dem heutigen Paris zu vergleichen, wo nur einige wenige Unzivilisiertheiten, Unvorsichtigkeiten und Ungeschicklichkeiten den ununterbrochenen Fluss der 35 Millionen Verkehrsbewegungen stören.[6] Man geht heute nur ein vernünftigerweise vernachlässigbares Risiko ein, wenn man die Regeln und Konventionen beachtet. 2006 zählte man 9170 Unfälle mit Verletzungsfolgen, davon 714 mit schweren Verletzungen und 64 mit tödlichen Folgen.[7] Das sind also durchschnittlich 25 Unfälle und 2 Schwerverletzte täglich, und knapp 5 Tote pro Monat. Daher ist bei einer Verkehrsbewegung das Risiko eines Unfalls mit Verletzungsfolge geringer als 0,0001%, nämlich eine Wahrscheinlichkeit von 1 zu 1.400.000. Das Risiko einer schweren Verletzung ist 1 zu 18.000.000 und das eines tödlichen Unfalls 1 zu 200.000.000. Von einem epistemologischen Gesichtspunkt aus betrachtet, ist sowohl das Paris zur Zeit Pascals als auch das zu unserer Zeit unsicher. Aber vom technologischen und soziologischen Standpunkt aus ist das Risiko, das ein Passant eingeht, vernachlässigbar geworden, obwohl die Intensität des Verkehrs zugenommen hat und man monatlich 5 Tote zählt und damit ebenso viele Tragödien. Am verkehrstechnischen Beispiel zeigt sich: entscheidend sind die soziotechnischen Dispositive. Das soziale und technische Rahmenwerk, das den Verkehrsfluss regelt und die Berechnungen, die die jeweiligen Experten einsetzen, sind die grundlegenden Vorbedingungen für Einschätzungen des Risikos, das ein jeder eingeht und der Ungewissheit, der er sich aussetzt.

Im Paris von 1662 folgten sich die *Carrosses à cinq sol* im Prinzip achtel- bis viertelstündlich auf fünf verschiedenen Strecken. Die erste, im März eröffnete Linie führte vom Luxembourg über le Châtelet zum Place Royale (heute Place des Vosges). Die zweite, im April eröffnete, führte gleichfalls vom Place Royale über die Rue Saint-Denis zur Rue Saint-Honoré, auf Höhe der Kirche Saint-Roch. Im Mai wurde die dritte Strecke eröffnet, die vom Luxembourg über die Pont Saint-Michel und die Pont-Neuf zur Rue Montmartre führte. Im Juni entstand eine vierte Linie, die jetzt mit einer Umrundung von Paris (im Umfang von etwas weniger als den jetzigen ersten sechs Bezirken) das Netz schloss, indem sie die Endpunkte der anderen Linien verband. Die fünfte und letzte Linie vom Luxembourg über die Brücke Notre-Dame nach Norden bis zur Rue

---

5. Zur Rekonstruktion dieser Situation vgl. Daniel Roche: *La Culture équestre de l'occident XVI-XIX siècle. L'Ombre du cheval,* Paris 2008, Bd. 1, S. 57–120.
6. Die Zahl von 35 Millionen gilt gleichermaßen für alle Bewegungen, gleichgültig ob von Einwohnern oder Besuchern, Fußgängern oder anderen Verkehrsteilnehmern. Quelle: Mairie de Paris: *Le Bilan des déplacements en 2006 à Paris,* auf: www.paris.fr (August 2008).
7. Vgl. ebd.

de Poitou wurde im Juli eröffnet, – ein Monat vor Pascals Tod. Anzeigetafeln legten die Regeln und Verhaltensweisen fest. So war es notwendig geworden, gewisse Stellen ausreichend deutlich zu kennzeichnen, wo man bequem die Wagen erwarten sowie ein- und aussteigen konnte. Heute ist man mit Autobushaltestellen vertraut, aber in Ermangelung solcher Gewohnheiten sah man diese Stellen einfach als Orientierungspunkte für eine neue Nutzung, was man auf Englisch *benchmarks* nennt und was heute im Finanzwesen als Entscheidungskriterium verwendet wird. Schon um sechs oder sechs Uhr dreißig morgens fuhren die Wagen los »ohne umzukehren oder anzuhalten, außer um jene aufzunehmen oder aussteigen zu lassen, die ein- oder aussteigen wollten«. Eine Fahrt kostete fünf Sous, und für den Rundkurs um Paris herum hatte man Büros eingerichtet, wo man zusätzlich zahlen musste. Diese Dienstleistung war für die Bürger und Bewohner der Stadt Paris und ihrer Vororte bestimmt. Alles beruhte auf dem kontinuierlichen Strom der Wagen entlang dem Netz der fünf Strecken. Hinweistafeln unterstrichen die Pünktlichkeit und Regelmäßigkeit dieses Dienstes, die davon überzeugen sollten, den eigenen Wagen erst gar nicht anspannen zu lassen: »Niemand wird nun mehr warten müssen, auf welchem Punkt der Strecke auch immer.« Sicherlich hat nicht alles der Perfektion des Regelwerks entsprechend funktioniert. Die Kutscher waren nicht so pünktlich. Man gab Goldstücke, um fünf *Sous* zu bezahlen, und das Wechseln hielt alle auf. Das Warten war nicht so bequem: die Straßen hatten sich kaum geändert. Man streifte überall an, aber das Unternehmen hatte die Qualität der Wagen verbessert, um das Publikum zu gewinnen. Soldaten, Pagen, Lakaien und alle livrierten Personen, Handwerker und Hilfsarbeiter waren von der Beförderung ausgeschlossen. Dieses Verbot, sowie auch verschiedene Veränderungen der ursprünglichen Planungen führten zu Verärgerungen, die den Misserfolg des Unternehmens besiegelten.

Pascal hatte sich mit dem beständigen Strom der Wagen, der Wahl der Strecken und der für das Publikum bestimmten Annehmlichkeiten beschäftigt und dies in einer Gesamtsicht, die dem Geist der Geometrie alle Ehre macht. Das Unternehmen wurde von mächtigen Förderern unterhalten, die fähig waren, die Ausgaben zu decken und die Lizenzen für den Ausbau zu erwerben. Wenn man nun für das Verständnis der ökonomischen Unsicherheit eine Analogie mit dem Jahrhundert von Pascal sucht, dann scheinen die *Carrosses à cinq sol* im Grund passender als das zu simple Spiel von Kopf oder Zahl.

Gehen wir in einem Gedankenexperiment zum heutigen Pariser Verkehr über. Stellen wir uns einen Augenblick die Gesamtheit der technischen und wissenschaftlichen Expertisen vor, die von den Unternehmen und Gebietskörperschaften eingesetzt werden.[8] Denken wir an ihre Umsetzung, an die konkrete Organisation der Arbeit dieser Spezialisten und an die Spannungen unter ihnen: was sagen die Juristen, die Marketingfachleute, die Kommunikationsexperten … die Mechaniker, die Spezialisten der Instandhaltung, die Schaffner,

---

8. Das ist Aufgabe der Soziologie, Philosophie bzw. der Geschichte der Technik. Zur Aktualität der Technikforschung vgl. *Revue de synthèse*, Nr. 1, 2009.

die Sicherheitsleute ... die Ergonomiker, die die Waggons und Busse entwerfen, die Dekorateure ... die Wirtschaftsfachleute, die die Tarife festlegen, die Controller, die die Investitionen und Kontostände verfolgen, die Soziologen, von denen man erwartet, dass sie sich um Fehlverhalten kümmern, die Mathematiker, die den Verkehrsstrom optimieren, die Informatiker, die die Automaten programmieren ...

Bei den folgenden Überlegungen über die Unsicherheit in der Finanzwirtschaft wird es nützlich sein, die Möglichkeit im Auge zu behalten, Pascals Einzelpraxis mit den heutigen sozialen Kompetenzverteilungen zu vergleichen.[9] Wir benützen also dieses Gedankenexperiment als Mittel, um vom Standpunkt Pascals zur heutigen Situation (und umgekehrt) überzugehen, wo dieser eine Standpunkt in so viele verschiedene Kompetenzen aufgeteilt ist, dass er im wahrsten Sinn des Wortes keinen Platz mehr hat.

Wenn man solcherart vermag, einen Zugang auf den anderen zu beziehen, so taucht eine neue Frage auf: unsere alltägliche Beziehung zu unserer Umgebung führt dazu, dass wir von der Finanzwelt – und ganz allgemein von der sozialen Welt – eine Vorhersehbarkeit, eine Regelmäßigkeit erwarten, mit einem Wort eine Annehmlichkeit, deren Größenordnung der Größe des Risikos z.B. einer Körperverletzung in den Straßen von Paris entsprechen mag: das heißt 1 zu 1.400.000. Ohne besondere Traumatisierung ist unser Gefühl für alltägliche Risiken je nach Routine unserer Gewohnheiten verschieden hoch. Aber wenn es um die ökonomische Unsicherheit im Vergleich mit der Fortbewegung in Paris geht, sind wir dann im Straßenverkehr der Jahre 2000–2010 zuhause oder in der Zeit von Pascal? Vor einigen Jahren wäre dieser Vergleich zweifellos unangebracht erschienen. Seit den verschiedenen Wellen von Finanzkrisen von 2007 und 2008 bis zur unmittelbaren Gegenwart legt so ein Vergleich nun nahe, dass wir bei der subjektiven Betrachtung ökonomischer und finanzieller Unsicherheit eine Art Epochenwandel erlebt haben.

Wir haben also zwei Perspektiven – den Gesichtspunkt Pascals und unseren – und zwei Zustände der Welt – nämlich von Paris im Abstand von ungefähr dreihundertfünfzig Jahren, woraus sich vier Kombinationen ergeben. Die eine zeigt uns Pascal, der in seiner Zeit das Projekt der *Carrosses à cinq sol* entwirft und setzt uns der Kritik der Historiker aus. Eine zweite ist uns vertraut: nämlich unsere zeitgenössische Lage, in der die Kompetenzen verschiedenartig festgelegt sind, so dass eine Synthese fast unmöglich ist. Und nun eine dritte: Man kann ausgehend vom historisch früheren Standpunkt darüber spekulieren, was man von der aktuellen Finanzwelt erkennen könnte, und sich damit praktisch auf ein philosophisches Terrain begeben.

Zu guter Letzt, und darum geht es hier vor allem, macht die vierte Kombination die ganze Fremdheit der Zufälligkeiten des Pariser Verkehrs von ehedem fühlbar und legt daher die Vermutung nahe, dass es keinen Grund dafür gibt, dass die Unsicherheit, die die Finanzwelt mit sich bringt, mit der des heuti-

---

9. Zu den Fragestellungen und den Antworten einer Geschichte der Arbeitsteilung in einer Perspektive der »longue durée« vgl. Brian: *Staatsvermessungen*, a.a.O., S. IX-XV.

gen Straßenverkehrs Maß hält. Damit befreit man sich von der Routine der laienhaften oder professionellen Risikobewertungen. Ich werde die städtische Analogie hier nicht weiter verfolgen, sondern bloß Pascal mit seinem Projekt der *Carrosses à cinq sol* und seiner Geometrie des Zufalls im Auge behalten. Es geht darum zu präzisieren, wie die ökonomische und finanzwirtschaftliche Unsicherheit zu erfassen ist, indem man zwischen der Form unterscheidet, die das Phänomen selbst annehmen kann, und jener der Vermutungen des Akteurs oder des Gelehrten.

Unsicherheit, Erwartung und Handlung

Mit dem Beispiel der *Carrosses à cinq sol* habe ich versucht, den Gegenstand dieses Textes anschaulich zu machen, ohne dabei der Schimäre einer absoluten Perspektive zu verfallen. Wenn man sich auf einen historisch begründeten Vergleich einlässt und ein Gedankenexperiment durchführt, das sich auf einen kontrollierten Anachronismus stützt, dann folgt man einem Prinzip, das in den Sozialwissenschaften völlig gebräuchlich ist: es ähnelt der kritischen Komparatistik in der Anthropologie. So behandelt die Soziologie, wie man sie seit Émile Durkheim (1858–1917) versteht, mit vollem Recht ökonomische Fragen, wie die Arbeiten von Marcel Mauss (1872–1950) und François Simiand (1873–1935) bezeugen.[10] Seit einiger Zeit erleben wir sogar ein Wiederaufleben der ökonomischen Soziologie im englischen und französischen Sprachraum, das sich aus dem Dialog mit den entsprechenden Texten der Zwischenkriegszeit entfaltet.[11] Folgende Bemerkung von Mauss kann hier als tonangebend angesehen werden:

> »[…] bei den Ho (das sind die Ewhé im Territorium, das unter französischem Mandat ist) ist der große Gott ein gewisser Mawu; eine seiner Inkarnationen ist wirklich ein sehr drolliger Gott: Er ist der Gott des Münzgeldes, und ihn ruft man an, wenn man auf den Markt geht und unsicher ist wegen dem Kurs der Lebensmittel und des Cauris-Geldes; man ruft Mawu Sowlui an und je nachdem ob man die passende Anrufung gemacht hat, ist der Kurs besser oder schlechter.«[12]

Da das Wort »sozial« ziemlich vieldeutig ist, muss man die Leser, an die sich diese Arbeit richtet, auf ein Charakteristikum jener soziologischen Richtung, die in Frankreich von Émile Durkheim bis Pierre Bourdieu (1930–2002) reicht,

---

10. Marcel Mauss: »Essais sur le don. Forme et raison de l'échange dans les sociétés archaïques«, in: *L'Année sociologique,* 1923–1924, Bd. 1, S. 30–186, Paris 2007; François Simiand: *Le Salaire. L'évolution sociale et la monnaie,* Paris 1932; und Ders.: *Critique sociologique de l'économie,* Paris 2006.
11. Vgl. insbesondere: Johan Heilbron und Bernard Convert: »Genèse de la ›nouvelle sociologie économique‹ aux États-Unis«, in: *Pour une histoire sociale des sciences sociales,* Paris 2004, S. 223–241; Philippe Steiner: *La Sociologie économique,* Paris 2005; Caroline Dufy und Florence Weber: *L'Ethnographie économique,* Paris 2007.
12. Marcel Mauss: »Débat sur les fonctions sociales de la monnaie«, in: *Oeuvres,* Paris 1934/1974, Band 2, S. 11–120, hier S. 116. Mauss beruft sich auf ethnologische Arbeiten, die in der westafrikanischen Subsahara durchgeführt wurden.

aufmerksam machen. Um es auf deutsche Art zu sagen, die Gegenstände der Soziologie fallen zugleich unter die *Sozialwissenschaften* (man denke an die Untersuchungen der Gesellschaft und der Massenphänomene, deren wesentliche Auswirkungen oft in politischen Termini ausgedrückt werden) und unter die *Geisteswissenschaften* (man könnte auch sagen, sie behandeln die kognitiven Aspekte dieser Phänomene).

Um es ganz einfach auszudrücken: man erfasst ein und dasselbe soziale Faktum als »im Kopf« der Akteure und als »außerhalb«. Durkheim charakterisierte die soziale Tatsache, indem er die Beschränkung des Akteurs durch die Zwänge der Außenwelt aufzeigt (Durkheim 1895). Dieses Postulat nimmt in der Soziologie einen vergleichbaren Platz wie die Undurchdringlichkeit in der metaphysischen Begründung der Festkörpermechanik ein. Die Modalitäten der Beziehung dessen, was uns von Anfang an als Innerlichkeit und Äußerlichkeit der Akteure erscheinen kann, bilden den Schlüssel der soziologischen Theorie, und viele Autoren haben sie diskutiert seit Durkheim und seiner Unterscheidung der morphologischen Analyse der Gesellschaft (die Untersuchung ihrer materiellen Formen und der Formen, die ihre gesellschaftlichen Gruppen bilden) und der Erforschung ihrer Repräsentationssysteme (die direkter auf die Formen des Denkens zielt). Seit den Arbeiten von Mauss, Simiand und vor allem jenen von Maurice Halbwachs (1877–1945) wurden diese Unterscheidungen tief greifend überarbeitet und ihre Termini neu definiert.[13] Bourdieu selbst hat seine Begriffe von Habitus und Feld begründet, indem er dieselbe Beziehung auf eine neue Art spezifiziert hat. Einen solchen Denkweg verlangen alle diese Soziologen für die Analyse der Beziehungen zwischen der Regelmäßigkeit der Phänomene und den Erwartungen der Akteure. So wandte Mauss sich 1934 an Simiand:

> »Worauf es Ihnen und mir im Grunde ankommt, ist die Wichtigkeit des Begriffes der Erwartung, ein Diskont auf die Zukunft, der eben genau eine der Formen des kollektiven Denkens ist. Wir sind unter uns, in Gesellschaft, um gemeinsam dieses oder jenes Ergebnis zu erwarten; das ist die wesentliche Form der Gemeinschaft. Die Ausdrücke Zwang, Kraft und Autorität haben wir früher verwenden können, und sie haben ihren Wert, aber dieser Begriff der kollektiven Erwartung ist meiner Meinung nach einer der grundlegenden Begriffe, an denen wir arbeiten müssen.[14] Ich kenne keinen anderen so fruchtbaren Begriff des Rechts und der Ökonomie: ›Ich erwarte mir‹, das ist die Definition schlechthin für jede Handlung kollektiver Art. [...] Die Verstöße gegen diese kollektiven Erwartungen lassen sich z.B. an den Krachs im ökonomischen Bereich ermessen, an den Paniken, den sozialen Unruhen und so fort. [...] [Sie] hatten eine Idee, die auch ich habe – ich muss Ihnen sagen, dass es sich dabei eher um ein Zusammentreffen

---

13. Für eine neuere Zusammenfassung der Entwicklung von Halbwachs, die ihn dazu geführt hat, sowohl die Demographie neu zu bewerten, wie auch die Soziologie auf das kollektive Gedächtnis zu stützen vgl. Maurice Halbwachs: *La Topographie légendaire des évangiles en terre sainte. Étude de mémoire collective*, Paris 1941/2008.
14. Dieses Vokabular ist streng Durkheim, was Mauss nicht zu verschweigen sucht. (Er ist in dieser Hinsicht sehr deutlich und geht sogar so weit, als Beispiel die Schuld gegenüber der Schwiegermutter im belgischen Kongo anzuführen.) Er erweitert das Vokabular so, dass seine Eigenart gewahrt bleibt.

handelt als um einen gemeinsamen Zugang – dass nämlich die Erwartungen, die Gefühle und die Wünsche quantifizierbar sind. Eine Panik quantifiziert man an der Börse, und der Preisunterschied ist der Beweis. Und es sei noch angemerkt, das funktioniert so ähnlich wie bei einem Stamm im belgischen Kongo, in dem ich mit so und so vielen Speerspitzen, die als so und so viele Rinder gelten, eine Frau kaufen kann, um so und so viele Kinder zu haben; der Begriff der Quantifizierung ist jenes Einverständnis, das mich durch die absonderlichsten Verfahren an meine Schwiegermutter bindet; denn sie ist wirklich eine schreckliche Gläubigerin. Selbst in diesem Fall sind die Erwartungen quantifiziert. […] Wie kommt es, dass der Zustand der Panik, den wir erleben (und der vielleicht von einem ökonomischen Phänomen oder – ich habe keine Ahnung – von etwas Anderem ausgeht), dann dazu führt, dass die Erwartungen wegfallen? Man kann es an der Geldhortung ermessen, aber auch an allen möglichen anderen Sachen: daran, dass man nicht mehr reist; es bemisst sich daran, dass man nichts mehr unternimmt, nicht einmal soziologische Arbeiten.«[15]

Es sind die Spuren eines Dialogs zwischen Simiand und Halbwachs (ein Parallelweg zur internen Revision des Durkheimismus), von denen der junge Bourdieu in der Zeit seiner Forschungen über Algerien ausgegangen ist,[16] sowie von der Frage nach der Differenz zwischen den Erwartungshaltungen der Akteure je nach ihren sozialen Bedingungen.[17] Ausgebildet in der Soziologie Durkheims und der ethnologischen Forschung, achtet Bourdieu mehr noch als jeder andere auf die Triftigkeit der statistischen Arbeit und bleibt selbst auf dem algerischen Terrain auch seiner ursprünglichen philosophischen Ausbildung treu. In der Tat hat er sich ja mit seiner auf Martial Guéroult (1891–1976) gestützten Leibnizexegese eingeübt und sich dann an der Seite von Maurice Merleau-Ponty (1908–1961) in die Fragen der Phänomenologie eingearbeitet.[18] Im Lauf seiner algerischen Untersuchung entwickelte er ein Schlüsselmotiv seines Denkens: die Spannung zwischen der subjektiven Erwartung der Akteure und den objektiven Chancen, die ihnen die soziale Welt bietet, eine Angriffslinie, die Bourdieu in seinem ganzen Werk beibehalten sollte.[19]

---

15. Marcel Mauss: »Débat sur les fonctions sociales de la monnaie« in: Œuvres, a.a.O., S. 117f. Die Debatte, in die sich diese Stellungnahme einfügt, ist zeitgleich mit dem von der 1929er Krise geschaffenen Kontext. Man wird feststellen, dass das, was er von den 1930er Jahren sagt, auch für 2009 gilt: in der Krise reist man weniger, man hält am Erbe fest, und … die Forscher sind desorientiert, verunsichert und verzichten auf die Wissenschaft. Auch hier, das ist keine Frage!
16. Pierre Bourdieu: *Travail et travailleurs en Algérie,* Paris 1963, erwähnt ausdrücklich Maurice Halbwachs: *Les Causes du suicide,* Paris 1930; und Ders.: *Esquisse d'une psychologie des classes sociales,* Paris 1938.
17. François Simiand: *Critique sociologique de l'économie,* Paris 2006; und Halbwachs: *Esquisse* , a.a.O.; und Ders.: *Morphologie sociale,* Paris, 1938. Der ursprüngliche Titel dieses Werks ist besonders sprechend: *Analyse des mobiles dominants qui orientent l'activité des individus dans la vie sociale.*
18. Diese Zeit des Leibnizstudiums und des phänomenologischen Einflusses hatte Bourdieu mit Halbwachs gemein, obwohl ihre Wege verschieden und um fünfzig Jahre verschoben waren; s. den ersten Teil von Halbwachs: *La Topographie légendaire,* a.a.O.
19. Bourdieu: *Travail,* a.a.O.; und Ders.: *Esquisse d'une théorie de la pratique,* Genf 1972; Ders.: *Le Sens pratique,* Paris 1980; Ders.: *Méditations pascaliennes,* Paris 1997.

Wir haben bei Mauss gesehen, dass die Frage nach den Erwartungen der Akteure und nach den kollektiven sozialen Erfahrungen die Grundlage der Erweiterung der Durkheimschen Definition der sozialen Tatsache ist. Von Bourdieu schon in seinen ersten Arbeiten neu formuliert, ist sie kennzeichnend für seine Auffassung von Soziologie. Schlussendlich ist diese Frage, wie Mauss betont, von zentraler Bedeutung, wenn man sich mit dem ökonomischen Kalkül, der Spekulation sowie den Wirtschafts- und Finanzkrisen beschäftigt.

Auch wenn die soziologische Mode verachtenswert ist, die seit den 1990er Jahren en vogue ist und darin besteht, die Denkmäler der großen französischen Soziologen – Durkheim oder Bourdieu[20] – mit Steinen zu bewerfen, muss man trotzdem nochmals dieses Bourdieusche Schlüsselmotiv der Spannung zwischen den subjektiven Erwartungen und den objektiven Wahrscheinlichkeiten überprüfen. Nicht um es sinnloserweise zu verwerfen, sondern um es auf eine Art und Weise zu überarbeiten, dass es für die Frage nach der stochastischen Grundlage ökonomischer Überlegungen effektiv einsetzbar wird.

Folgen wir nun den Entwicklungsschritten von Bourdieus Formulierung. In seinem 1963 veröffentlichten Buch geht es um die Frage der »individuellen Erwartung und der objektiven Wahrscheinlichkeit«.[21] Hier möchte er die Differenz der ökonomischen Bedingungen der Möglichkeit der Erwartungen von Akteuren mit unterschiedlichem sozialen Schicksal hervorheben, welche die Akteure durch ihre verschiedenen sozialen Schicksale voneinander trennt, und möchte zeigen, dass sogar die Struktur ihrer Erwartungen verschieden ist (oder ihre Form, wenn man so will), und nicht nur ihr Gegenstand.

»Man kann auch als gesichert annehmen, dass verschiedenen Typen materieller Lebensbedingungen auch verschiedene Typen ökonomischer Einstellung entsprechen.[22] [...] Die individuelle Existenz vollzieht sich innerhalb einer wirtschaftlichen Ordnung, die sich als System objektiver Beziehungen dem Bewusstsein und dem Wünschen der Individuen mit unterschiedlicher Dringlichkeit aufzwingt.[23] [Beispiel] Über das Einkommen befragt das sie brauchen würden, um gut zu leben, neigen die Individuen mit den geringsten Ressourcen in der Mehrzahl dazu, unmäßige Ansprüche zu stellen. [...] [Die] Ansprüche werden tendenziell in dem Maße realistischer (gemessen an den effektiven Optionen), als diese sich verbessern. Die rationale Berechnung, die sich zuerst auf imaginäre und abstrakte Art vollzieht, wird in dem Maß verhaltenswirksam, in dem es die Verbesserung der materiellen Lebensbedingungen zulässt. [...] Alles geschieht so, als ob die Lebensbedingungen die Einstellungen beeinflussten, insbesondere die Einstel-

---

20. Zu den notwendigen Verirrungen der zeitgenössischen Scholastik vgl. Bourdieu: *Méditations*, a.a.O., S. 21–109.
21. Bourdieu: *Travail*, a.a.O., S. 338–352, gestützt auf Feldbeobachtungen und Resultate statistischer Erhebungen.
22. Diesen Punkt könnte man tatsächlich Maurice Halbwachs zuschreiben; s. Halbwachs: *Morphologie sociale*, a.a.O., und Ders.: *Esquisse d'une psychologie des classes sociales*, a.a.O.
23. Diesmal ist es das Argument von Marcel Mauss, aber anders entwickelt, vgl. Mauss: »Essais sur le don«, in: *L'Année sociologique*, a.a.O.; und Ders.: »Débat sur les fonctions sociales de la monnaie«, in: *Oeuvres*, a.a.O.

lung zur Zeit, d.h. die ökonomische Einstellung; und zwar vermittelt dadurch, wie die Lebensbedingungen von den Akteuren wahrgenommen werden. […] Die ökonomische Einstellung jedes Akteurs hängt von seinen materiellen Lebensbedingungen ab, und zwar vermittelt durch die objektive Zukunft der Gruppe, deren Teil er ist.«[24]

Zehn Jahre später, in seiner *Esquisse d'une théorie de la pratique* kommt Bourdieu auf eben diese Spannung zurück, diesmal aber um die Modalitäten und Wirkungen der Verinnerlichung dieser objektiven Zukunft zu analysieren. Hier finden sich die Grundlagen seiner Theorie des Habitus. Diese schreibt die »sehr enge Korrelation zwischen wissenschaftlich konstruierten *objektiven* Wahrscheinlichkeiten (z.B. die Wahrscheinlichkeit des Zugangs zu höherer Bildung) und den *subjektiven Erwartungen* (die ›Motivationen‹)« der *praktischen* und *impliziten* Einimpfung der objektiven Wahrscheinlichkeiten zu.[25] In der Folge gerät die Logik der Praxis in einen radikalen Gegensatz zu jeder Form rationalen Kalküls.

---

24. Bourdieu: *Travail*, a.a.O., S. 346; hervorgehoben im Original.
25. Einer der meist diskutierten Aspekte der Bourdieuschen Theorie betrifft die Frage der Verinnerlichung der objektiven Chance, in der man oft einen Determinismus zu erkennen glaubt. Das ist der Auswuchs einer alten Kritiklinie, welcher nacheinander schon Quetelet und Durkheim entgegentreten mussten … Grundsätzlich berührt der Punkt den Status der Unsicherheit in den »sciences morales et sociales« seit dem 19. Jahrhundert. Bourdieu hat sich diesbezüglich immer wieder gerechtfertigt, aber, wie es scheint, seine Kritiker nicht überzeugen können. Man kann aus einem solchen Streit nur herauskommen, wenn man die komplexen Zusammenhänge einer sorgfältigen Überprüfung unterzieht, die seit der Mitte des 18. Jahrhunderts die Mathematik der Wahrscheinlichkeiten und die (später zu den Sozialwissenschaften gewordenen) »sciences morales« verbinden. Vgl. Éric Brian und Marie Jaisson: *Le Sexisme de la première heure. Hasard et sociologie*, Paris 2007.

Hermann Rauchenschwandtner

Das Spiel des Lebens
Annahmen: Regeln, Subjekte und die Rationalität der Spielzüge

Alles ist ein Spiel, sofern es eine Menge Spieler, Strategiemöglichkeiten und -konfigurationen, eine Auszahlungsmatrix sowie spezifische Rationalitätskriterien gibt, mit denen die Züge der Spieler beschrieben werden können. Die spieltheoretischen Variablen sind zudem nicht tot, sondern Ausdruck einer Belebung, indem strategische Interaktionen belebt werden.[1] Die belebende Relation der Subjekte ist mithin das die Vielfalt an Spielen übergreifende Charakteristikum. Dieses den Ökonomen bis zur Formalisierung der Ökonomik wohlbekannte Kennzeichen verflüchtigte sich angesichts der Analyse ökonomischer Gleichgewichtssysteme im letzten Drittel des 19. Jahrhunderts. In einem Modell des vollständigen Wettbewerbsmarktes sind die Subjekte bei gegebenen Preisen Preisnehmer. Das von von Neumann und Morgenstern hervorgehobene Problem der Belebung strategischer Variablen ist mithin ein altes, klassisches Problem in der neuen Form mathematischer Notationen, welche den Unterschied ausmachen. Angesichts dieser allgemeinen Problematik ist nun eine Vielzahl von Spielen zu klassifizieren, so dass jeder Ökonom ein Spiel zu entwickeln sucht, das nach ihm benannt wird. Eine erste Differenz im Strom belebender Elemente ist nun die zwischen einem Spiel mit vollständiger (nicht zu verwechseln mit perfekter Information)[2] und unvollständiger Information: Ein Spiel mit

---

1. Oskar Morgenstern: »The Collaboration between Oskar Morgenstern and John von Neumann on the Theory of Games«, in: John von Neumann und Oskar Morgenstern: *Theory of Games and Economic Behaviour. Sixtieth Anniversary Edition*, Princeton, Oxford 2004, S. 713: »In my book I showed among other things that one is confronted in economics with two kinds of variables, which I called ›dead‹ and ›live‹, the former being those that do *not* reflect decisions by other economic subjects, the second, those that do.« Das angesprochene Buch »Wirtschaftsprognose« wurde 1928, also im gleichen Jahr wie von Neumanns »Zur Theorie der Gesellschaftsspiele« publiziert. Dem eigenen Anspruch nach wurde Morgenstern von Russell, Weyl und Wittgenstein beeinflusst. Im Zentrum seiner epistemologischen Analyse im Hinblick auf die Möglichkeiten der Wirtschaftsprognose stand demnach die Frage nach dem *core* in der *Edgeworth-Box*: Gegeben sind zwei Personen und zwei Güter sowie eine Anfangsverteilung der Güter; so ist zu analysieren, auf welche Art und Weise die Güter realloziert werden, um ein Pareto-Optimum zu ermöglichen. Die Frage nach dem Kern, jenem Bereich möglicher Pareto-Verbesserungen der am Tausch beteiligten Personen, dargestellt anhand der Indifferenz-Kurven, stand damit am Beginn einer spieltheoretischen Modellierung der ökonomischen Transaktionen, gleichermaßen aber auch am Beginn einer ersten breiten ökonomischen Rezeption der Spieltheorie in der Zusammenführung allgemein gleichgewichtstheoretischer Analysen mit strategischen Interdependenzen.
2. Das Beispiel für ein perfektes Spiel ist Schach, wohingegen in Princeton das Kriegsspiel gespielt wurde, ein Indiz, warum dort die Spieltheorie – klammert man die mathematischen Kolloquien in Wien vorderhand ein – ihren Anfang nahm. So entwickelte Nash 1949 eine Form des Kriegsspiels unter dem Namen »Nash« oder »John«, auf die von Neumann durch Alan W. Tucker aufmerksam gemacht wurde. In England, also im King's wurde indes Schach gespielt, besonders die Partien zwischen Turing und Pigou waren die Grundlage einer »englischen Mathematik«, welche nach Pigou erst von den Amerikanern eingeübt werden müsste, vgl. den launigen Bericht von Paul A. Samuelson: »A Revisionist View of von Neumann's Growth Model«, in: Mohammed Dore, Sukhamoy Chakravarty und Richard Goodwin: *John von Neumann and Modern Economics*, Oxford 1989, S. 117. Zur

vollständiger Information hat Regeln und Spieler, die wohlgeordnete Präferenzen (welche in einer Auszahlungsmatrix dargestellt werden) sowie bestimmte *beliefs* über die Welt besitzen.

Die Regeln, Präferenzen und *beliefs* definieren den Bereich des *common knowledge*, das ist ein Wissen, das allen Individuen gemein ist, die Regeln werden zudem in einem Nash-Programm gesetzt und gehen in einem ersten Schritt nicht aus den Unterhandlungen der Einzelnen vor einem Spiel hervor (es gibt vorerst keine *pre-play communication*: Verhandlungen über die Regeln sollen in einem »größeren« Spiel erst modelliert werden – das Ziel des Nash-Programms ist demnach eine Ausweitung des Spiels: alles, was der Fall ist, soll ein Spiel sein). Also, sofern Subjekte und deren Agenten – in der Extensiv-Form der Spiele werden die Züge der Einzelnen gelegentlich auf Züge distinkter Agenten aufgeteilt – sich entscheiden können, mithin nicht ein Bartleby-Syndrom erleiden, das aus der Sicht der Spieltheorie als eine eklatante, nahezu akratische Entscheidungsschwäche erscheint und undenkbar ist, lassen sich die Matrix und die Entscheidungsbäume der strategischen Konfigurationen anführen und auf mögliche Lösungen (Gleichgewichte) hin untersuchen. Ökonomische Rationalität ist demnach nicht nur die Notwendigkeit, nach Maßgabe transitiver, vollständiger und reflexiver Präferenzen (ein *feasible set* von Alternativen, wobei eine reflexive Präferenz so gut wie sie selbst ist, und die ordinale Relation transitiv ist) Entscheidungen treffen zu können, sondern auch ein Wissen, das die möglichen Strategiekonfigurationen anderer kennt. Jeder Spieler kann die Spielzüge der anderen bei vollständiger Information duplizieren,[3] so dass ein »If-I-think-that-he-thinks-that-I-think-that-he-thinks…«[4] erst zustande kommt. Insgesamt formieren sich die Subjekte der Spieltheorie demnach nach Regeln und Rationalitätskriterien, die alle kennen, so als würden sie alle ein verbindliches, autoritäres spieltheoretisches Buch gelesen haben, woran sie sich je erinnern können.[5] Unvollständige Information lässt sich mithilfe der Harsanyi-Transformation in unvollkommene Information verwandeln: Die Spieler bilden eine Typologie

---

Herkunft des Kriegsspiels aus dem Geist des preußischen Militärs, besonders zum jungen Reißwitz vgl. Claus Pias: *Computer Spiel Welten*, Berlin 2002, S. 174ff., und Philipp von Hilgers: *Kriegsspiele. Eine Geschichte der Ausnahmezustände und Unberechenbarkeiten*, München 2008. Zu den Spielen im *common room* in Princeton vgl. Sylvia Nasar: *A Beautiful Mind*, London 1998, S. 75ff.; zur »revisionistischen« Darstellung der Geschichte der Spieltheorie im Buch von Nasar vgl. Philip Mirowski: *Machine Dreams. Economics Becomes a Cyborg Science*, Cambridge (Mass.) 2002, S. 332ff.: Mirowski scheint angesichts der »*public relation campaign*«, Nash als Diskursstifter der Spieltheorie zu installieren, die Nerven zu verlieren, um auffällig dem ökonomischen, formalen Rationalitätsanspruch zu widersprechen.
3. »A rational player can duplicate the reasoning process of another rational player provided he is supplied with the same information.« (Ken Binmore und Partha Dasgupta: »Introduction. Game Theory: A Survey«, in: Dies. (Hg.): *Economic Organization as Games*, Oxford 1986, S. 4).
4. Ebd.
5. *Common knowledge* meint somit, dass »all of the individuals consult the same, entirely authoritative, game theory book« (ebd., S. 4). Spiele setzen demnach eine allen bekannte Rationalität voraus und suchen diese auch zu erzeugen: »Kann man für alle Spieler die Kette der Kenntnis von *(Ra)* beliebig lange fortsetzen, d.h. $(abRa) = (K_i(K_j(...(K_i(Ra))...)$ für $i=1,...,n$, so spricht man von *allgemein bekannter Rationalität (abRA)*. Im Allgemeinen wird einfach *(abRa)* vorausgesetzt.« (Siegfried K.Berninghaus, Karl-Martin Ehrhart und Werner Güth: *Strategische Spiele*, Heidelberg, Dordrecht, London, New York 2010, S. 114).

der Spieler und substituieren in einem ersten Zug die unvollkommene Information durch eine rationale Erwartungshaltung.[6] Abschattungen von Erinnerungen oder eine Rationalität, die sich nicht bewusst oder schlicht beschränkt ist (inert, myopisch, mutativ), werden in der evolutorischen Spieltheorie modelliert.

Bei einem Spiel mit unvollständiger Information werden *outcomes* in der Auszahlungsmatrix über wahrscheinliche Erwartungsnutzenfunktionen und die Unkenntnis der *beliefs* anderer vermöge einer Typologie abgebildet, so dass sie als *optimizer* erscheinen können. Klassifiziert werden also nicht nur die Spiele an sich, sondern auch die Subjekte typisieren einander unaufhörlich, bevor sie den ersten Zug machen. Die Subjekte sind zugleich Rechenmaschinen, da sie alle Wahrscheinlichkeitswerte kennen. Zumeist sind diese Spiele zugleich Spielanleitungen, wie sich die Subjekte verhalten sollten, sofern sie ihre *pay offs* optimieren wollen. Nebst den normativen Vorgaben werden Spiele experimentell durchgeführt: Die gegenwärtige Rückkehr der Psychologie in das Spiel der ökonomischen Relationen nach deren fulminanten Verabschiedung um 1900, wo das utilitaristische Substrat der Ökonomik – Lust- und Unlustquanta – durch die Formalisierung aufgesogen wurde, verdankt sich nicht zuletzt der Spieltheorie. Die Rückseite formaler ökonomischer Relationen ist demnach eine Psychologie nicht zuletzt des Glücks.

Die Welt der spieltheoretischen Belebung ist das unbestimmte Korrelat der *beliefs*, so dass die Bildung der Subjekte einzig in den Bahnen des ökonomischen spieltheoretischen Modells stattfindet. Der epistemologische Horizont der Spieltheorie splittert sich in eine Form der zu bildenden ökonomischen Rationalität und den psychologischen Supplementen auf. So ist die Spieltheorie nicht nur eine formale Darstellung ökonomischer Relationen, sondern zugleich ein Design der Lebenswelt. Zudem drängt sich eine Anthropologie den formalen Relationen auf, die nur mit dem größten Aufwand eingeklammert werden kann. Die Substitution des *Homo sapiens* durch einen »*Homo economicus*«[7] ist nur ein Instrument, um eine mutmaßliche ökonomische Komplexität erklären zu können. Die formale Entleerung der Ökonomik geht demnach mit x-beliebigen Gegenständen einher. Psychologie und Biologie sind die möglichen Substrate einer Belebung der Beziehungen. Die rezenten Bemühungen, formale Spiele empirisch zu testen, indem Probanden Spiele unter Aufsicht spielen, führt gelegentlich zu dramatischen Ergebnissen: So wurde festgestellt, dass bei evolutionären tit for

---

6. Das bekannteste Beispiel einer Harsanyi-Transformation ist das Beer-Quiche-Spiel: »Stellen wir uns eine Situation in einem Wild-West-Saloon vor, in dem Spieler 2 auf einen geeigneten Kontrahenten wartet, um sich mit ihm zu duellieren. Spieler 1 betritt den Saloon, er kann ein starker (S) oder schwacher (W) Kontrahent sein. Spieler 2 hat eine Apriori-Verteilung darüber, zu welchem Typ Spieler 1 gehört. [...] Spieler 2 hat nun die Möglichkeit, Spieler 1 beim Frühstück zu beobachten. Spieler 1 kann entweder Bier (b) oder Quiche (q) zum Frühstück bestellen. Darauf entscheidet sich Spieler 2, ob er den Kontrahenten zum Duell fordert (d) oder nicht (n).« (Berninghaus: *Strategische Spiele*, a.a.O., S. 152). Dieses Spiel ist eine extensive Darstellung sequentieller Gleichgewichte, wobei die maßgeblichen Orientierungen ein Zufallsspieler, der den ersten Zug festlegt, Kanten (die möglichen Strategien), Knoten (als Informationsmenge) und die jeweiligen Auszahlungen sind.
7. K.G. Binmore: »Introduction. Game Theory: A Survey«, in: Binmore, K.G. and Dasgupta, P. (Eds): *Economic organizations as games*, Chichester 1989, S. 23.

tat-Spielen die Spieler nicht eigennützig handeln, sondern altruistisch, weil sie reziprok vorgehen. Die evolutionär hervorgetretene Reziprozität ist somit ein Kennzeichen des Altruismus und macht den homo economicus fragwürdig, ferner schreibt sich den evolutionären Spielen ein biologisch gedachtes Leben ein[8] und erlaubt auch die sicherere neurowissenschaftliche Lokalisierung, nämlich dass das Lustprinzip im Kopf ist. Ausgehend von empirischen Spielen werden mithin biologische, psychologische und neurowissenschaftliche Themen herangezogen, was eine genuin ökonomische Analyse (Tausch, Produktion, Verteilung und Wachstum) erweitert, zumindest dem Anspruch nach.

Genealogisch entwickelte sich die Spieltheorie von den Nullsummenspielen über die kooperativen Spiele (Schiedsrichterlösungen bei kooperativen Verhandlungen oder Verhandlungen, ausgehend von nicht-kooperativen Spielzügen), wo es zur Überkreuzung zwischen den strategischen Kalkülen mit den Modellierungen der allgemeinen Gleichgewichtstheorie im Hinblick auf die Analyse der Kern-Spielräume – also die Ausdeutung des *core* – kam, den Extensionen der Spiele und die Formulierung teilspielperfekter Gleichgewichte bis zu den gegenwärtigen psychologisch, biologisch und neurowissenschaftlich fundierten Spielen. Die von Jevons im letzten Drittel des 19. Jahrhunderts erhobene Forderung, dass die Ökonomik eine Mathematik der Lust- und Unlustgefühle sein solle, scheint sich somit gegenwärtig zu verwirklichen. Der Enthusiasmus einer Mathematik der Ökonomik scheint ungebrochen.

Hervorzuheben ist die Vielfalt der spieltheoretisch modellierten Relationen, so dass schwerlich von einem Kanon der Spieltheorie gesprochen werden kann. Der gemeinsame Nenner ist einzig eine mathematische Darstellung, wobei dies nahezu nichtssagend ist, denn es lässt sich auch schwerlich von einem Kanon der Mathematik sprechen, zudem macht die Reduktion der Mathematik auf eine Darstellung x-beliebiger Gegenstände, sofern die Konstitution x-beliebiger Gegenstände nicht erkenntnistheoretisch geleistet wird, keinen Sinn. Aber festzustellen ist, dass mit von Neumanns und Morgensterns Eingabe erstens die Mathematik die Form der Ökonomik zu sein hat, zweitens die Mathematik selbst durch die Spieltheorie belebt werden muss und zuletzt Ökonomik vermöge des strategischen Kalküls zu denken ist. Zudem beginnen Spiele bei einem Selbst, also bevor die Menge der Spieler definiert wird, muss die Menge eines multiplen Selbst bestimmt werden. Denn nicht nur in der Dichtkunst und im Bewegungsgesetz des Kapitals sind zwei Seelen in der Brust der Subjekte, auch der innere Raum und Sinn der Spieler besitzt zwei Seelen, deren strategische Relation vor einem Spiel erst zu modellieren ist. Also, bevor eine Menge von Spielern alle möglichen Spielkonfigurationen denkt, ist mit sich selbst so zu

---

8. Die wie immer mit größtem Elan von von Neumann eingemahnte Gleichstellung der Biologie mit den Automaten steht momentan auf der Agenda der evolutionären Spieltheorie, obgleich auf denkbar schwankendem epistemologischen Boden; zu von Neumanns Begegnung mit dem Leben vgl. selbstredend Lily E. Kay: *Das Buch des Lebens*, Frankfurt am Main 2005, S.146ff.

spielen, dass *self-command* möglich ist.⁹ Und dies ist gegenwärtig beunruhigend genug.¹⁰

Spielräume

Ein Bericht über die Spieltheorie führt notgedrungen zu einer beschwerlichen »Exhaustion«, er stellt eine »erschöpfende Arbeit, nicht belebendes Spiel der Gedanken« dar.¹¹ Zudem führt ein Verstehen und auch ein Mitspielen der Spieltheorie zu keiner Welt,¹² entweder weil eine sich selbst transparente, allgemein bekannte Rationalität je vorausgesetzt oder eine beschränkte Vernunft den Regeln der Evolution unterworfen wird. In beiden Fällen bilden sich die Subjekte nicht zu Weltbürgern, keine empirische Erweiterung der Vernunft oder eine geistvolle Belebung des Gemüts vermöge von Ideen ist erkenntlich. Zudem absorbiert die Spieltheorie nahezu gänzlich kulturgeschichtliche Bahnungen eines Spiels, das nicht restlos in den Kalkülen aufgeht. Formen kultureller Entlastungen von Arbeit oder Ernst, die unter dem Namen des Spiels eine populäre Anthropologie bewegten, sind spieltheoretisch nichtssagend und kein Gegenstand von Erzählungen, Räsonnements oder Scherzen.

Wollte man vorweg der Spieltheorie in phänomenologischer Einstellung eine Krisis vorwerfen, im Namen des Empirischen, des unscharf Doxischen, also im Namen des Lebens oder – noch verwegener – im Namen des Menschen, dann wiederholte sich der Andrang von Mehrdeutigkeiten und Missverständnissen. Denn die Spieltheorie befindet sich *dem Anspruch nach* nicht in der Krise,

---

9. Thomas C. Schellings Analyse besitzt, schematisch formuliert, zwei Ausrichtungen: Zum einen ein Null-Summen-Spiele und Kooperationsspiele vermittelndes drittes Moment in Form des Konflikts, zum anderen die Theorie des *self-commands*. Der Imperativ, dass die Subjekte sich selbst nach Maßgabe der ökonomischen Kalküle formieren sollen, erhält hier eine neue Qualität: Keine *tables* mehr, die in der Tradition Franklins oder Benthams einen *calculus* der *passions, feelings* und *sentiments* möglich machen sollten, um die unsteten und trägen Subjekte ökonomisch zu bilden, stehen auf dem Plan der gegenwärtigen Bildungsinstitutionen, sondern eine spieltheoretische Vorschrift strukturiert nun den sozialen Raum. Zum *self-command* vgl. Thomas C. Schelling: »The Intimate Contest for Self-Command«, in: Ders.: *Choice and Consequence*, Cambridge (Mass.) 1984.
10. Vgl. Wolfgang Pirchers Feststellung, dass nicht Kybernetik und *Operational Research* (OR) den gegenwärtigen Kriegsspiel-Schauplatz definieren, sondern die Spieltheorie: »Die technische Rationalität, die das OR repräsentiert, ist durch die anders geartete Rationalität des Marktes von der Bühne verdrängt worden. Sehr viel friedlicher geht es allerdings im momentan aufgeführten Stück deswegen nicht zu.« (Wolfgang Pircher: »Im Schatten der Kybernetik. Rückkoppelung im operativen Einsatz: operational research«, in: Michael Hagner und Erich Hörl (Hg.): *Die Transformation des Humanen. Beiträge zur Kulturgeschichte der Kybernetik*, Frankfurt am Main 2008, S. 376).
11. Vgl. Immanuel Kant: *Anthropologie in pragmatischer Hinsicht*, in: ders.: *Werkausgabe*, hg. von Wilhelm Weischedel, Frankfurt am Main 1977, Bd. XII, S. 619ff, A 249ff.
12. Ebd., S. 400, A VIII: »Noch sind die Ausdrücke: die Welt *kennen* und Welt *haben* in ihrer Bedeutung ziemlich weit auseinander; indem der eine nur das Spiel *versteht*, dem er zugesehen hat, der andere aber *mitgespielt* hat.« Zum eminenten Spiel eines Weltbürgers vgl. Foucault, Michel: *Einführung in Kants Anthropologie*, Berlin 2010, S. 47: »Dieser Begriff des *Spielens* ist von besonderer Wichtigkeit: Der Mensch ist das Spiel der Natur; aber dieses Spiel spielt er, und es spielt sich um ihn ab; und wenn ihm darin mitgespielt wird, wie in den Illusionen der Sinne, so hat er selbst gespielt, das Opfer dieses Spiels zu sein; während ihm gebührt, Herr des Spiels zu sein und es im Kunstgriff einer Absicht auf seine Rechnung zu nehmen.«

vielmehr sei die Spieltheorie eine universelle Sprache zur Vereinheitlichung der Sozial- und Verhaltenswissenschaften, sie löse das »finale Problem« sozialen Verhaltens. Trat demnach dereinst die Spieltheorie mit dem Anspruch auf, eine nicht-psychologische und -soziologische Handlungstheorie zu formieren, so lassen sich gegenwärtig alle Disziplinen über das menschliche Verhalten spieltheoretisch modellieren: »Game theory is an indispensable tool in modeling human behaviour. Behavioural disciplines that reject or peripheralize game theory are theoretically handicapped.«[13]

Die von von Neumann und Morgenstern eingeführte Analyse von Entscheidungsproblemen anhand des letzen Zusammentreffens eines analytischen Kopfes wie Sherlock Holmes mit seinem Widersacher Moriarty,[14] der »von Natur aus eine phänomenale mathematische Begabung«[15] hat, ist zwar angesichts der finalen Auszahlung, es sterben *scheinbar* beide – denn Holmes wurde von Conan Doyle später wiederbelebt, denn diese belletristische Figur *zahlte* sich buchstäblich aus –, zweifelhaft, der Aufstieg einer mathematischen Modellierung sozialer Interdependenzen in den Rang eines Königs- und Herrenwissens, mithin eines finalen *Erkenntniswissens* scheint aber unbestritten. Andererseits ist die Anwendung von spieltheoretischen Rationalitätskriterien nicht eben immer günstig, führt sie doch auch zu Veröldung und Wahnsinn mit einer beschränkten finalen Form der Freiheit, wie aus Lushins redlichem Bemühen, die Züge des Lebens bzw. die Wiederholung *der Spielzüge des Lebens* in einem *perfect recall*[16] zu erkennen, hervorgeht.[17] Erst der zum Tod führende Sprung aus dem Fenster erlaubt einen letzten autonomen Spielzug des Lebens: »Das Spiel ist verloren«.[18] Aber welches Spiel? »Das Spiel? Wollen wir spielen?«,[19] ruft die Gemahlin Lushins zu spät, wohl in Unkenntnis der universalen Sprache der Spieltheorie. Aber beginnen wir nicht rückwärts induzierend mit den letzten Zügen eines Spiels, sondern mit dem formalen Aufbau der Spieltheorie.

Die Mathematik ist das die Spieltheorie umfassende System der Zeichen und deren Struktur, und sie liefert die Regeln der Beweisführung. Sie wird demnach auf ökonomische Relationen besinnungslos angewendet. Die Frage der Anwendung von Mathematik, als instrumentalistisch-prognostische oder allgemein als

---

13. Herbert Gintis: *The Bounds of Reason. Game Theory and the Unification of the Behavioural Sciences*, Princeton, Oxford 2009, S. 248.
14. Neumann: *Theory of Games and Economic Behaviour*, a.a.O., S. 177.
15. Arthur Conan Doyle: *Die Memoiren des Sherlock Holmes*. Frankfurt am Main, Leipzig 2007, S. 323.
16. Die allgemein anerkannte Rationalität setzt auch eine einwandfreie Erinnerung an vergangene Spielzüge voraus, zum *perfect recall* vgl. Berninghaus: *Strategische Spiele*, a.a.O., S. 98.
17. »Angestrengt verbrachte er die Nächte mit Grübeleien wie Sherlock, der über Zigarrenasche meditierte. Langsam wurde ihm klar, daß die Kombinationen viel komplizierter waren, als er anfangs geglaubt hatte […]. Man mußte sie nur näher untersuchen, sie weiter zurückverfolgen und die Züge, die ihm das Leben […] vorgesetzt hatte, noch einmal nachspielen.« (Vladimir Nabokov: *Lushins Verteidigung*. Reinbek bei Hamburg 1989, S. 199). In der Sprache der Spieltheorie scheitert Lushin an den grundlegenden Annahmen: Er besitzt kein *common knowledge* über die Regeln des Lebens-Spiels und vor allem keine Typologie anderer Spieler.
18. Ebd., S. 250.
19. Ebd.

technische Applikation auf lebensweltliche Situationen, ist daher zumeist kein Gegenstand einer epistemologischen Besinnung, sondern bleibt im Dunklen eines mehrfach verkürzten fachwissenschaftlichen Gemeinsinns. Welche logischen und erkenntnistheoretischen Voraussetzungen mit einer Anwendung der Mathematik, vorzüglich einer Mathematik im Bereich der Spieltheorie, verbunden sind, werden nicht exponiert und sind demnach auch kein Gegenstand einer Kritik. Zwar ist die Grundlagenkrise der Mathematik um 1900 historisch zu bedenken,[20] eine epistemologische Analyse der Relation von Mathematik und Lebenswelt liegt aber nicht vor und ist gelegentlich auch schlicht unerwünscht: »Oh No, Not Epistemology.«[21]

Andererseits bewegt sich eine technische oder diskursanalytische Verkürzung des erkenntniskritischen Status der Mathematik für die Lebenswelt ebenso auf das offene Wasser des bloßen nebeligen Scheins, ohne die insularen Bedingungen einer Vernunft und eines *Sinns* der Mathematik zu ergründen. Dass Mathematik insgesamt eine bloße Vorstufe technischer Gerätschaften oder ein blasser Abkömmling eines Rechners sei, umgeht die genuine erkenntniskritische Umgrenzung des mathematischen Gegenstandsbezirks und die Funktion der Lebenswelt, wenn diese als Funktion gedacht werden kann. Die allgemeine *mathesis* wird demnach folgendermaßen gedacht: im Bereich der Mathematik selbst als Platonismus, konstruktiver Intuitionismus oder Logizismus, als bisweilen enthusiastisch begrüßter Effekt der Technik, als Ontologie und Ereignis (Badiou),[22] als defiziente Formeln (*mathemata*) des Lebens (Foucault)[23] oder ökonomisch als ein diffuser Instrumentalismus, als bloße mehrfach unterbestimmte Methode (Friedman).

Aber wird nicht der soziale Raum durch die spieltheoretischen Applikationen, durch eine normative Spieltheorie tatsächlich formiert, führen die spieltheoretischen Gleichgewichte nicht zu einem unerhörten Druck auf die Entscheidungen der Subjekte, so dass auch das Druck-Ablassen, mithin die Depressionen selbst modelliert werden müssen? Ist denn mit der Spieltheorie nicht ein Programm vorgegeben, das den sozialen Spielraum *eindeutig* zu bestimmen sucht,[24] so dass die

---

20. Gemeint ist hier nicht der sogenannte »Mathematikerstreit«, in dem der Nutzen der Mathematik für den technischen Gebrauch verhandelt wurde, sondern der Grundlagenstreit in der Mathematik um 1900; zum »Mathematikerstreit« über den Nutzen der Mathematik für die Technik vgl. Pircher: »Im Schatten der Kybernetik«, in: *Die Transformation des Humanen*, a.a.O., S. 373, Anm. 68.
21. E. Roy Weintraub: »Controversy: Axiomatisches Mißverständnis«, in: *The Economic Journal* 108 (November) 1998, S. 1844.
22. Vgl. Alain Badiou: *Das Sein und das Ereignis*. Berlin 2005. Gewiss ist Badious Ersetzung eines ontologischen oder seinsgeschichtlichen *poems* durch ein *mathem* noch genauer zu prüfen.
23. Inwiefern Foucaults Kritik an der (auch platonischen) Mathematik als Voraussetzung einer immanenten Relation von Subjektivität zu einer anderen Welt gegenwärtig sein kann, bleibt noch genau zu prüfen: Wie kann denn ein Subjekt nicht mehr aus dem Blickwinkel der *mathesis*, sondern aus dem der *askesis*, die keinem Gesetz – auch nicht der ökonomischen Rationalität – unterworfen ist, betrachtet werden? Welche Möglichkeiten, eine Münze umzuprägen, liegen heute vor? Zu *mathesis* und *askesis* vgl. Michel Foucault: *Hermeneutik des Subjekts*, Frankfurt am Main 2009, S. 387ff.; zu den *mathemata* im Gegensatz zur Aneignung der Philosophie durch *synousia peri to pragma* vgl. Ders.: *Die Regierung des Selbst und der anderen*, Frankfurt am Main 2009, S. 314ff.
24. Die eindeutige Bestimmung des sozialen Raums ist demnach bestrebt, jede situative Exzentrik des Menschen auszublenden; zu einer exzentrischen Anthropologie vgl. Helmuth Plessner: »Die Stufen

Subjekte sich in ökonomische Subjekte erst verwandeln müssen, und zwar über einen bloß subjektiven *calculus* hinaus? Dass ein ökonomisches Subjekt, welches sein Leben *from the womb to the grave* zu verbessern sucht, indem es einen *calculus* der *feelings*, *sentiments* und *passions* ausbildet, ist panoptisches *common knowledge* seit den nachdrücklichen Bemühungen der Utilitaristen. Auch die ordinale Entscheidungslogik eines *More or Less* von Präferenzen, welche – von Jevons und Edgeworth jubilatorisch begrüßt – die Subjekte der Wirtschaft endlich zu Lustmaschinen macht, bleibt noch im stillen Vorhof des spieltheoretischen Dispositivs. Erst mit der Verallgemeinerung des in Princeton von Nash konzipierten *Nash-Spiels*, indem *jede* Relation zwischen einem Nullsummenspiel und einer Kooperation als Strategie modelliert werden kann, wird aus der unsichtbaren Hand des Marktes ein Glacis eindeutig – auch unter Risiko *und* Unsicherheit – bestimmbarer Spielzüge, in deren Namen die Subjekte ihre Entscheidungen treffen sollen. Dass die RAND Corporation nun ökonomische Alphabetisierungsprogramme für die noch allzu träg erscheinenden Subjekte anbietet, und internationale Vereinigungen wie die OECD die Subjekte finanzialisieren,[25] ist gewiss ein maßgebliches Zeichen, dass die Ökonomik als Dispositiv waltet. Zu bilden sind demnach nicht nur rationale Subjekte, die wissen, was sie ordinal begehren, sondern auch Subjekte, die strategisch antizipieren können, was die anderen begehren.

Der Traum ökonomischer Geisterseher scheint sich demnach in der Spieltheorie zu vollenden: Subjekte als Lustmaschinen, die im Konsum und der Produktion[26] den Ansprüchen der beiden Hauptsätze der Wohlfahrtsökonomik genügen – also passiv rational und deshalb kompetitiv ein Pareto-Optimum herbeiführen, und je nach Ausgangslage jedes Pareto-Optimum als Wettbewerbsgleichgewicht gebildet werden kann – *und* selbst jede Relation zu anderen Subjekten strategisch denken sollen. In diesem Spiel ist kein Weltbürger mehr anzutreffen. Dass es dereinst noch Bedenken gab, Nash den so genannten Nobelpreis zu verleihen, vielmehr die Arbeiten von Robert Lucas ausgezeichnet werden sollten, erscheint sonderbar, kann doch im Namen von Lucas' Theorie der rationalen Erwartungen nun auch die Wirtschaftspolitik spieltheoretisch modelliert werden. Im Gegensatz zu Kybernetik und *Operational Research* gefährdet demnach die Mathematisierung ökonomischer Relationen die Ökonomie nicht. So werden gegenwärtig keine Unterhandlungen zur Makrobiotik als Verlängerung des Lebens geführt, sondern zur Mikrofundierung desselben.

---

des Organischen und der Mensch. Einleitung in die philosophische Anthropologie«, in: ders.: *Gesammelte Schriften*, Bd. IV, Frankfurt am Main 1981, S. 363.
25. Zum Finanzbildungsbürgertum vgl. Beat Weber: »Wege zum Finanzbildungsbürgertum. Theorie der Popularisierung des Finanzwesens im Vergleich«, in: Peter Mooslechner u.a. (Hg.): *Auf der Suche nach dem Selbst. Finanzmärkte, Individuum und Gesellschaft*, Marburg 2009; Martin Schürz und Beat Weber: *Das Wissen vom Gelde. Auf dem Weg zum Finanzbildungsbürgertum*, Graz 2008.
26. Genauer ist die Reflexion über die Produktion nahezu nichtssagend, entweder ist sie ohnehin je als Produktionsfunktion *ceteris paribus* gegeben oder erscheint spieltheoretisch in der Oligopoltheorie einzig als Reaktionsfunktion.

Die gegenwärtige Mikrofundierung der Ökonomik ist demnach eine strategische *Mikrobiotik*, die das Leben der Einzelnen nach Maßgabe spieltheoretischer Konfigurationen durchgängig ökonomisiert. Leben ist einzig die Arbeit an sich selbst, um ein Selbst zu bilden, welches entscheidungslogisch konsistent ist und zugleich ein *Kriegsspiel* zu führen begehrt oder sich dem Schiedsspruch jener, die Bücher über die Spieltheorie schreiben, bei der Festlegung von kooperativen effizienten Verhandlungslösungen auszuliefern gedenkt. Musste sich ehedem die pragmatische Anthropologie Kants noch in Abgrenzung zu einer Makrobiotik Hufelands etablieren, so ist der Aufwand einer Restitution der pragmatischen Anthropologie angesichts einer rezenten ökonomischen Mikrobiotik allemal größer. Selbst eine doch beachtliche Krise der Wirtschaft sucht die Ursachen überwiegend nicht bei makroökonomischen, systemischen Fehlleistungen, sondern bei den Subjekten, die noch nicht genug, mithin rational ihren Lebensplan zu erstellen wussten und pareto-ineffizient vor allem auf dem Immobilienmarkt agierten. Das Leben der ökonomischen Subjekte erscheint nur in der strategischen Belebung des Sozialen: Die Subjekte sollen demnach nicht nur selbst ein ökonomisch effizientes Leben führen, indem sie ihre Humankapitalbestände pareto-effizient produzieren und allozieren, sondern sie sollen zudem allemal jede Relation zu anderen strategisch denken können. Mit der Spieltheorie ist demnach eine neue Stufe im Bildungsprogramm für die Subjekte erreicht. Nicht nur die ökonomische Formierung des eigenen *calculus of pleasure and pain* quantitativ *und* qualitativ im Namen des *self-command*, denn eine einzig quantitative Formierung würde die Subjekte kaum von einem Schwein unterscheiden – das Schwein ist die utilitaristische Erblast der Ökonomik –, und die Einübung des Begehrens nach Wettbewerb, sondern die Verwandlung des Sozialen in einen strategischen Raum sind das Gebot der Stunde.

Nur, möchte man daraus ein Seinsgeschick machen, womöglich im Namen jener, denen ein Krug den Blick auf eine ökonomische Relation zwischen Zirkulation und Produktion verstellt?[27] Wie ist aber den Verengungen der *pragmatischen* Spielräume durch die Spieltheorie entgegenzutreten, wie ist das spieltheoretische Ansinnen, dass die Subjekte in bestimmten Situationen benommen sind, weil sie die normative Vorschrift rationaler Spielzüge hinnehmen und somit in einer anderen Weltarmut befangen sind, besonnen zu entkräften? Und die Spieler sind wesentlich den Regeln, Schiedssprüchen und Choreographien jener, welche die Rationalitätskriterien verwalten, unterworfen, sie sind demnach nur als Benommene zu denken. Mit Ausnahme der evolutionären Strategieanpassungen erhalten diejenigen, die dem Imperativ des *self-command* entsprechen, den *command* von anderen, um ihre Auszahlungen und Verhandlungslösungen zu optimieren. Evolutionär fallen die Subjekte ohnehin auf die Stufe der Tiere herab, um im Sinn einer Ausweitung der je eigenen Populationen ihre *fitness* zu stärken. Weltarmut ist buchstäbliche Benommenheit, da Welt weder zu kennen noch zu haben ist.

---

27. Martin Heidegger: »Einblick in das was ist. Bremer Vorträge 1949«, in: ders.: *Bremer und Freiburger Vorträge*. Gesamtausgabe, Bd. 79, Frankfurt am Main 1994, S. 35.

Vorweg durchkreuzen drei Fluchtlinien den spieltheoretisch verengten Raum: erstens eine erkenntniskritische Situierung der Mathematik, zweitens eine pragmatische Anthropologie, die genügend Raum und Zeit gibt, den Horizont einer transzendentalen Anthropologie in den Blick zu bringen, welche das Verhältnis der Kritik zur pragmatischen Anthropologie nicht destrukturiert, sondern strukturiert, sowie drittens eine *immanente* Relation von Subjektivität zur Welt.

Gewiss sind Bemühungen, Mathematik als Verlängerung eines Wesens der Technik zu interpretieren oder diese einzig in den Bahnen naturwissenschaftlicher Theoriebildung zu denken, auch fruchtbar, nur ist hier insgesamt das Wesen der Mathematik unzureichend gedacht. Nachgerade die Abstufung der Mathematik zwischen einer formalen und einer materialen Ontologie und den sinnstiftenden, logischen Schichten einer fungierenden transzendentalen Subjektivität kommt nicht zur Sprache oder wird eingeklammert. Diese Einklammerung bringt indes nichts in den Blick und konstituiert keine Welt, auch keine andere Welt. Im Namen einer Kybernetik und einer rechnenden Mathematik, und Mathematik wird einzig als rechnend angesetzt,[28] schließen sich demnach die Regelkreise und die Komputationen restlos. Zuletzt bleibt angesichts einer »kybernetischen Hypothese«[29] nur die Flucht, also eine eigentümliche Form des Verschwindens aus dem Informationsraum, und zwar nicht magisch.[30] Aber das Verschwinden in der Ökonomie ist nicht der Fluchtpunkt, sondern vielmehr die Voraussetzung eines ökonomischen Gleichgewichts selbst. Erst indem die Einzelnen so unbedeutend wie möglich werden, lässt sich ökonomisch über Pareto-Effizienz befinden: »For competitive behaviour (passive behaviour might be a better description) to make sense, individuals must believe themselves to be insignificant«.[31] Die Subjekte werden vom Dispositiv der Ökonomik auf zweifache Weise angesprochen: einerseits als nahezu verschwindende, unbedeutende kleine Akteure sind sie die Referenz idealer, vollkommener Wettbewerbsmärkte und andererseits sind sie zugleich die Aufzeichnungsfläche strategischer Kalküle. Nur im schmalen Spalt des Kern-Spielraums erscheinen die Subjekte als unbedeutend und strategisch zugleich, was zu nicht unerheblichen Belastungen der Subjekte führt. Das ökonomische Programm unendlich kleiner, deshalb differenzierbarer subjektiver Grenznutzen, des Glaubens an die eigene Unbedeutendheit und zugleich die Inaugurierung als Spieler qua überkommenen Rationalitätskriterien konfrontiert die Subjekte deshalb nicht nur mit zwei Seelen, sondern diese Seelen sollen zugleich unbedeutend und strategisch bedeutsam sein. Dass

---

28. Lloyd Shapley unterscheidet demgegenüber in der Modellierung von Spielen zwei Möglichkeiten, Gleichgewichte zu bestimmen und deshalb Lösungen abzuleiten: *Axiome* und/oder vermöge eines *Rechenverfahrens*, vgl. Lloyd Shapley: »A value for n-person games«, in: Harold W. Kuhn (Hg.): *Classics in Game Theory*, Princeton 1997.
29. Vgl. Tiqqun: *Kybernetik und Revolte*. Berlin 2007.
30. Zu einem magischen Verschwinden, eingeleitet von Thomas Pynchon, vgl. Jim Dodge: *Die Kunst des Verschwindens*, Reinbek bei Hamburg 2000.
31. W. Hildenbrand und A.P. Kirman: *Introduction to Equilibrium Analysis. Variations on themes by Edgeworth and Walras*, Oxford 1976, S. 25.

hier die Subjekte für die unterstützenden Maßnahmen der RAND Corporation oder der OECD empfänglich sind, ist einsichtig.

Gegen diese Verkümmerungen und Verengungen der *pragmatischen* Spielräume, gegen ein leeres mathematisches Spiel mit Symbolen ist nun eine andere Form der Belebung der Mathematik notwendig. Gewiss besitzt das Leben kein Eigenrecht gegenüber den Formen des Wissens und Erkennens, das Leben ist demnach kein Widerspruch zur der Mathematik. So ist jeder lebensphilosophische Rückfall verbaut, das Leben ist schlicht das Korrelat eines nicht technischen Wissens: als ein der Vernunft und den Wissenschaften entsprechendes Relat ob einer transzendentalen leistenden Subjektivität, die einen *Sinn* der Mathematik mit höchstem Aufwand in der Tradition Husserls reklamiert, indem sie auf lebensweltliche doxische Aktivitäten bezogen bleibt. Dass die Gestaltung zu einem »wahrhaft lebenswerten Leben in ›Glück‹, Zufriedenheit, Wohlfahrt [...] in weiten Kreisen seine Kraft verloren«[32] hat, spricht die Ökonomie gewiss auf besondere Weise an. Der sinnhafte Aufbau einer ökonomischen Welt kann aber nicht auf dem Fundament einer ontologisch gedachten Lebenswelt gelingen, sondern nur im Durchgang durch eine sinnlose mathematische Form ökonomischer Relationen.

Eine mehrfache Pragmatik (in Form einer pragmatischen Anthropologie, eines platonischen *syzen* oder einer doxischen Lebensform) stellt sich zu den Mathemen der Ökonomik quer, sie ist der vorläufige Boden, auf dem in einem ersten Schritt auch die Verstellungen und Täuschungen der Ökonomik dechiffriert werden können. Gewiss mag etwas vermöge der mathematischen Formeln gelernt werden, nur eben nicht alles. Weder Philosophie noch Ökonomie bewegen sich einzig auf dem Weg der Matheme: »Die Vorgehensweise der *mathemata*, diese Formulierung der Erkenntnis in gelehrten, gelernten und bekannten Formeln, ist nicht der Weg [...] auf dem sich die Philosophie wirklich bewegt. So gehen die Dinge nicht vor sich. Die Philosophie wird nicht am Leitfaden der *mathemata* weitergegeben. Wie wird sie dann weitergegeben? Nun, sagt Platon, man eignet sich die Philosophie durch ›*synousia peri to pragma*‹ an.«[33]

Die Sache der Ökonomie und Philosophie ist demnach weiter *zusammen* zu bedenken, nach den Regeln Kants in Form »einer vollen Tafel, wo die Vielheit der Gerichte nur auf das lange Zusammenhalten der Gäste (coenam ducere) abgezweckt ist«.[34]

---

32. Edmund Husserl: *Formale und transzendentale Logik*, in: Ders.: *Gesammelte Werke (Husserliana)*, hg. von Paul Jansen, Band XVII, Dordrecht 1974, S. 9.
33. Foucault: *Die Regierung*, a.a.O., S. 314.
34. Kant: *Anthropologie*, a.a.O., S. 620, A 250.

**ERWARTUNGEN:
GEWINNER, VERLIERER, MITSPIELER**

Harald Katzmair und Wolfgang Neurath

Up or Out

»Jeder Consultant wird zum Ende eines Projekts (oder alle drei Monate) von erfahrenen Kolleginnen und Kollegen beurteilt. Diese Beurteilung folgt einem fairen und weltweit einheitlichen Prozess. Ein positives Ergebnis innerhalb des vorgegebenen Zeitrahmens qualifiziert für die nächste Entwicklungsstufe und damit für die Übernahme zusätzlicher Verantwortung.
Wem der Sprung auf die nächste Entwicklungsstufe nicht gelingt, dem wird nahegelegt, das Unternehmen zu verlassen. Auf mögliche Defizite wird allerdings frühzeitig hingewiesen, so dass jeder Berater die Chance – und auch die Unterstützung – bekommt, den Sprung doch noch zu schaffen.«[1]

Der global integrierte Semio-Kapitalismus speist im Wochentakt das System der Entwertung mit neuen *Releases* von *Smartphones*, *Tablets*, *Cloud Stores*, *App-Updates*. Die Aufmerksamkeitssphäre der »User« ist direkt *embedded* in einem globalen Netzwerk von kybernetischen Zeichen- und Aufzeichnungsmaschinen, deren Existenz es ermöglicht, dass immer mehr Heterogenes dieser Welt in immer größerer Geschwindigkeit miteinander in geregelte, normierte Austausch- und Benchmarkingprozesse integriert werden kann. Der Furor der Releases entwertet jedes Stück Soft-und Hardware in Echtzeit und erneuert mit jedem neuen *iPhone* die Erfahrung des Fortschritts, der – so er gesellschaftlich und kulturell schon längst aus den Augen verloren gegangen ist – im neuen *iPhone* noch einmal die Totalität unserer westlichen Überlegenheit und Hybris symbolisiert. Das Moorsche Gesetz, es funktioniert noch immer, und treibt als nächsten Schritt den Konsumenten hinaus in immer höhere stratosphärische Gefilde der »Cloud Services«, dem eigentlichen eschatologischen Endzweck der Reise der »User« im Zeitalter des Semio-Kapitalismus. Es wartet ein Himmelreich einer in Echtzeit synchronisierten Menge von *devices*, ein glatter, reiner Raum ohne Kerbungen, Hürden und Schwellen, instantane Transaktion ohne Speichermedium. Eine Erlösung von all der materiellen Immobilität des Desktop-PCs, der den »User« in den Fängen der Gesetze der tellurischen Schwerkraft festhält, ja ihn dort niederhält und niederdrückt, ihm seine Freiheit raubt.
Es ist unschwer, die theologischen Motive und stellaren Phantasien hinter dieser Rede zu sehen. Was in dieser Welt nicht möglich ist, es ist möglich in der Welt der virtuellen Identität. Unser Körper mag sterblich sein, aber als »User« leben wir für immer im Gedächtnis der *iCloud*. Die entscheidende Frage, die hier aber aufgeworfen werden muss, ist exakt jene nach den Produktionsbedingungen, die dieses Imaginäre hervorbringt. Was ist es, das an der realen Welt so unerträglich ist, dass wir unsere Existenz in die Syntax eines »User-

---

1. McKinsey & Company, in: http://www.mckinsey.de (aufgerufen: 19.12.2010).

Profils« verwandeln wollen und davon Heilung von den Verwundungen dieser Welt erhoffen? Die Welt der Konsumenten ist eine Wunderwelt voller stratosphärischer Versprechen und voller schimmernder Glas-Designs mobiler *devices*. Und die Welt der Produktion? Was ist damit? Welche Subjektivität generiert das Reale der Wertschöpfung im Unterschied zum Imaginären der Wertverdichtung und Wertvernichtung?

Eine besondere Unruhe erfasst uns heute vor allem dann, wenn wir über Individualitäten, über Persönlichkeiten, über die Einmaligkeit von Subjektivierungsprozessen, über die Eigentümlichkeiten von Gesichtern, über die Reliefs von Landschaften, über Uferverläufe sprechen. Es geht um konkrete Räume, die nicht und nicht abstrakt werden, es geht dann um Fragen der Ökologie und nicht der Ökonomie oder *usability* von Nutzeroberflächen, es geht um Fragen der Existenz und nicht der Regelhaftigkeit/Gesetzmäßigkeit von Schnittstellen. Es geht um Bewertungsmaßstäbe, die sich erst aufgrund der Komplexität des je spezifischen Ortes erschließen lassen und es geht darum, Regeln und Verfahrensweisen situationsbezogen zu entwickeln/erfinden, und nicht um das »Downloaden« abstrakter Regeln, deren Anspruch immer und überall durchgesetzt werden kann.

Eine solche abstrakte, überall implementierbare Regel ist auch das »Up-or-Out«. Kehrt man von den phantasievollen Ausflügen durch die Wunderwelt der »Cloud« zurück auf den Boden der Produktions- und Arbeitsorganisation, so beobachtet man in den fortgeschrittensten und globalisiertesten Bereichen wie Werbe- und Consultingagenturen, Forschung und Wissenschaft sowie dem internationalen Fußball die Wirkweise dieses Prinzips. Außerhalb des Militärs im Zivilbereich erstmals systematisch in den angelsächsischen Anwalts- und Consultingagenturen der 1970er Jahre angewendet, bedeutet dieses Prinzip so viel wie: Entweder du steigst weiter auf und kommst nach oben oder du musst das Unternehmen verlassen. Wir lassen hier bei uns keine Verlierer, es gibt keine festen Plätze, jeder Ort ist das Produkt einer Auseinandersetzung mit anderen, der Vergleich, das Ranking, der Benchmark wird entscheiden, wer hier weiterkommt. Dieses Prinzip ist seiner Essenz nach nichts anderes als ein universelles Konzept zur Ausmusterung und »Selektion der Tüchtigsten«, das nur Sieger überlässt, alle Verlierer müssen den Platz räumen. Entweder der junge Wissenschaftler schafft es zur Professur, oder er muss sich einen Job außerhalb des Universitätssystems suchen. Alle Welt funktioniert nach dem Modell von »American Idol« oder »Deutschland sucht den Superstar«: entweder du kommst in die nächste Runde, oder du verlässt die Show. Und einer muss immer gehen. Das ist die Grundregel von »Up-or-Out«: Es gibt immer einen Verlierer, der den Platz verlassen muss, nur die Gewinner bleiben weiter im Spiel.

An die Stelle der Örtlichkeit in einer sozialen Organisation (der Betrieb, die Mannschaft, das Team etc.) ist die Platzierung gerückt, die alle sozialen Besonderheiten in der einheitlichen Klassifikation und Bewertungsskala des Akteurs und seiner Beziehungen auflöst. Die Platzierung ist das Ergebnis der Ordinalzahl, das »Up-or-Out« wäre ohne diese Platzierung nicht umsetzbar. Aus dem Netzwerk der Verbindungen eines Akteurs werden solcherart die Besten herausgefiltert, wobei die Welt von Google, Facebook, Twitter und Co. bei der Erstellung all jener Rankings hilft, deren Existenz in Form von Bestenlisten, *Like-Lists*, *Wish-Lists* oder Followerzahlen zu DEM Orientierungsmodell in der Navigation durch das Netz wurden. Der Aufbau der sozialen Welt besteht dann aus wenigen zentralen Akteuren (den »Exzellenten«, den »Siegern«, den »Besten«) und Myriaden von Peripheren, die den »Long Tail« besiedeln und sich über die Verbindungen mit dem Zentrum definieren. Obwohl der Raum nicht gänzlich säkularisiert ist, wurde er simplifiziert und als Problemzone technischer Optimierung lesbar gemacht: »Beim Problem der Menschenunterbringung geht es nicht bloß um die Frage, ob es in der Welt genug Platz für den Menschen gibt – eine immerhin recht wichtige Frage, es geht auch darum zu wissen, welche Nachbarschaftsbeziehungen, welche Stapelungen, welche Umläufe, welche Markierungen und Klassierungen für die Menschenelemente in bestimmten Lagen und zu bestimmten Zwecken gewahrt werden sollen. Wir sind in einer Epoche, in der sich uns der Raum in der Form von Lagerungsbeziehungen darbietet.«[2]

Die Lagerungsbeziehungen, von denen Foucault hier spricht, sind nicht nur Beziehungen der Rangabfolge. Denn schon bevor aus der Masse der »User« die Besten qua Ranking herausgefiltert werden, sind sie bereits nach Ähnlichkeit und Nähe angeordnet. Jene, die dasselbe hören, mögen, kaufen, lieben werden qua Algorithmen miteinander verbunden, also in Nachbarschaft gesetzt. Einmal als Nachbar und *friend* gesetzt, kann das kompetitive, selektive und schismogenetische Spiel der Konkurrenz beginnen: Wer hat mehr »friends«, wer hat mehr »replies«, wer von uns ist beliebter?

Hier zeigt sich ein unmittelbarer Zusammenhang zwischen dem Modell des Netzwerks als Medium der Herstellung einer Selektionsmasse und der Regel der kompetitiven Selektion durch das »Up-or-Out«: Öffnung und Verbreitung durch Netzwerkbildung, Schließung und Hierarchisierung durch Rangreihung.

Herstellung von Transparenz und Vergleichbarkeit durch den Anordnungsalgorithmus der Ähnlichkeit, Isolierung und Herausnahme aus dem Netzwerk durch Bewertung nach dem Wertgesetz. Wesentlich ist, dass die Skala der Bewertung der Netzwerkmasse homogen ist. Diejenigen, die oben sind, sind jene, die die Regel der Institution am reinsten reproduzieren und es ist die Regel des Tauschwertes, die hier ganz oben steht. Wie es Félix Guattari in den »Drei Ökologien« auf den Punkt brachte, bedarf es enormer Anstrengungen, dem integrierten Semiokapitalismus jenseits des abstrakten Tauschwerts alternative Bewertungsformen und -skalen abzuringen. Heute, dreißig Jahre nachdem dieser Text entstanden ist, muss man nüchtern festhalten, dass die Gesetze des Tauschwertes, die Herauslösung und Auflösung jedes gesellschaftlichen Verhältnisses unter dem Diktum des Vermögens, jede Mikropore des Sozialen erfasst und durchdrungen hat. Mit der massiven, allgemeinen neoliberalen Eingliederung der sozialen Beziehungen in das Dispositiv des Ökonomischen ging auch der Aufstieg des Modells und der Metapher des Netzwerks einher. Jeder Knoten

---

2. Michel Foucault: »Andere Räume«, in: Karlheinz Barck u.a. (Hg.): *Aisthesis. Wahrnehmung heute oder Perspektiven einer anderen Ästhetik*, Leipzig 1992, S. 34–46, hier S. 36f.

im Netzwerk entspricht einem individuierten Agenten im Produktionssystem, jede Beziehung entspricht einer Transaktion. Als »Node« ist die Singularisierung des Subjekts technisch normalisiert. Subjekt ist heute nur, wer als »Knoten« erscheint und fähig ist, entsprechend den Gesetzen der Transaktion von Tauschwert zu handeln. Der Knoten muss seinen Peers »value« bieten, Wert in Form von Informationen, Unterhaltung, Chancen, Reputation oder geschäftlichen Möglichkeiten als Ich-AG. Doch die Knoten sind als »User«, »Agenten«, »profiles« in ihren Beziehungen nicht gleichgeltend. Die Messungen der mathematischen Netzwerkanalyse, nach denen manche Knoten eine höhere »Transaktionsdichte« und einen höheren Durchfluss haben als andere, setzt das Ensemble der Knoten in eine transitive, asymmetrische und irreflexive Ordnung der Ordinalzahl, die in den Myriaden von Rankings, Benchmarks und Best-of-Listen repräsentiert ist, die das Netz strukturieren. Es sind immer wenige, die eine sehr hohe Transaktionsdichte aufweisen, es ist die Wiederentdeckung des »Gesetzes der Kleinen Zahl«, das die Netzwerkanalyse nun unter dem Titel des »Power Laws« zum Universalgesetz der Netzwerkökonomie erhebt. Wenige sind zentral, viele sind peripher.

Wie bereits an mehreren Stellen gezeigt, ist die universelle Regel, ist das »Up-or-Out« sowohl auf den realen Raum der Produktion als auch auf die Konsumtionssphäre applizierbar. In beiden Fällen ist es eine Regel, die sich – wie jede universelle Regel – um die Besonderheit nicht kümmert. Der Destrukturierung des Raumes bzw. der Ausweitung entspricht die Kolonisierung des Arbeitslebens durch die »Cyber-Time« des modernen Informationsarbeiters, der in Erwartung eines Kaufimpulses, immer online, seinen Rhythmus an das Pulsen der Infosphäre anpasst. In einem Raum unüberblickbarer Konkurrenz – und mithin in der schlechten Unendlichkeit teilbarer Zeit – darf er dann auf Befehl in den semiotischen Fluss der Infosphäre eingreifen. Wir erleben eine kontinuierliche Erhöhung der Energiequanten und der Transformationsintensitäten, eine beständige Umwälzung des Produktionsprozesses, um Abläufe und Outputmengen zu optimieren. Rationalisierung ist mit dem Abstraktwerden aller Relationen und mit der Erhöhung der Wertquanten verbunden, die immer schneller auf ihre soziale Entwertung warten. Es ist ein ganz neues Gebiet der Semiotisierung und der Kommunikation dieser Entwertungsrituale entstanden, die gemeinsam mit neuen Apparaten zur Anreizung des Massenkonsums einen der Nervenstränge des heutigen Kapitalismus bilden. Globalisierung impliziert nicht nur ein Schnellerwerden der Integrationsbewegung der Märkte, eine Erhöhung der Austauschgeschwindigkeit und eine Verlängerung der Zyklen, sondern der Prozess der Globalisierung involviert zunehmend eine komplette Deterritorialisierung des Produktionsprozesses. Der Produktionsprozess selbst wird durch eine Semiotisierung erneuert und disponibel, wodurch er jederzeit neu verteilt werden kann; es zirkuliert nicht nur die Ware, sondern der Produktionsprozess selbst.

Die Selektionsmaschine des »Up-or-Out« hat in den letzten dreißig bis vierzig Jahren beinahe alle wichtigen sozialen Institutionen erfasst und neu geordnet.

Nicht mehr nur die juridische Beratung oder Beratungsunternehmen generell stellen das soziale Milieu für den Anwendungsbereich der Operatoren dar, sondern sie diffundieren, von diesem historisch-spezifischen Milieu ausgehend, in alle Bereiche des Arbeitslebens und zunehmend auch der Lebenswelt im ganz allgemeinsten Sinne. Sie stellen eine einfache und sehr allgemeine Antwort auf die Transformationen des Kapitalismus dar: des Abstraktwerdens aller Relationen, der Rationalisierung vieler Bereiche der Lebenswelt, der Semiotisierung der Arbeitswelt, der kapitalistischen Kolonisierung des Zeitregimes und einer generellen Überproduktion von Waren und Zeichenketten und der Destrukturierung des Raumes: »Jedes Gesetz, so sagten wir, ist geschrieben. Somit stellt sich erneut die schon erwähnte dreifache Verbindung her: Körper, Schrift, Gesetz. Die Narben auf dem Körper sind der eingeschriebene Text des primitiven Gesetzes, und in diesem Sinne sind sie eine Schrift auf dem Körper. Die primitiven Gesellschaften, so sagen die Autoren des *Anti-Ödipus* nachdrücklich, sind Gesellschaften der Kennzeichnung. Und in diesem Sinne sind die primitiven Gesellschaften in der Tat Gesellschaften ohne Schrift, aber nur insofern die Schrift zunächst das losgelöste, ferne, despotische Gesetz anzeigt, das Gesetz des Staates, das die Mitgefangenen von Martschenko auf ihre Körper schreiben. Und wir können nie stark genug betonen, dass das primitive Gesetz, um jenes Gesetz zu bannen – das die Ungleichheit begründende und garantierende Gesetz –, sich gegen das Gesetz des Staates setzt. Die archaischen Gesellschaften, Gesellschaften des Zeichens, sind Gesellschaften ohne Staat, Gesellschaften gegen den Staat.

Das Zeichen auf dem Körper, auf allen Körpern das gleiche, verkündet: Du sollst nicht den Wunsch nach Macht haben, du sollst nicht den Wunsch nach Unterwerfung haben. Und dieses nicht losgelöste Gesetz kann, um sich einzuschreiben, nur einen nicht losgelösten Raum finden: den Körper selbst.«[3]

Bringt man diese Entwicklungen in gewisser Weise auf den Punkt, so markiert die Verallgemeinerung der »Up-or-Out-Regel« seit den achtziger Jahren des letzten Jahrhunderts die Ablösung der Gesetze des Staates durch die »Regelungstechnik der Maschine«; die Heteronomie der Kultur durch die simplen Notwendigkeiten der Algorithmen. Wir leben seither im Reich einer maschinell induzierten Evolution, die als gleichsam zum Code gewordene »Polizey« immer weitere Anwendungen erfindet und ihr Ideal in der Arbeit an der eigenen Vervollkommnung findet.

Die primitiven Gesellschaften, so sagen die Autoren des *Anti-Ödipus*, sind Gesellschaften der Inskription; die Zeichnungen auf den Körpern sprechen von der Negation des Wunsches nach Macht zur Unterwerfung des Anderen. Das Gesetz verkündet den Beginn des Staates, den Beginn der Illusion eines zentralen Ortes von Befehl und Grenzziehung einer Nation. Damit beginnt die Geschichte der Kontingenz des ersten verfassungsgebenden Aktes und der Frage der Demokratisierung politischer Willensbildung, die fragmentarisch an den despotischen Wunsch erinnern wird müssen. Heute scheint sich das Politische auf

---

3. Pierre Clastres: *Staatsfeinde: Studien zur politischen Anthropologie*, Frankfurt/Main 2006, 2. Aufl., S. 70.

die Frage der Auswahl maschineller Operationen zurückgezogen zu haben, die im Prinzip jeder ausführen kann.

Widerspruchsfreiheit und Effizienz sind die einzigen Grenzen für eine Politik, die sich als Fortsetzung des Wunsches der Natur mit den Mitteln maschineller Operatoren versteht. Politik reduziert sich auf die Auswahl der besten Benchmark- und Evolutionsalgorithmen zur Auswahl des »Besten« und »Exzellentesten«.

Die Destrukturierung des Raumes geht einher mit einer grundlegenden Phantasie der Aufhebung des Ökonomischen an sich: Im Herzen des Netzwerkkapitalismus schlummert die Vorstellung eines Lebens jenseits von Opportunitäts- und Transaktionskosten. Jeder Knoten des Netzwerks, jeder Blog und jede *page* könnte doch zur selben Zeit angesteuert werden. Die Restrukturierung des Ortes generiert mithilfe der geeigneten Filter und Suchmaschinen-Algorithmen die Vorstellung der Universalität des Zugangs.

Wenn ich dank der richtigen Technologien überall zur selben Zeit anwesend sein kann, jeder Knoten im Netz zugänglich ist, muss ich auch nicht mehr wählen. Im Netz kann ich alles sofort, immer und überall abfragen, ansteuern, in meinen Warenkorb legen, bestellen und downloaden. Das Phantasma der Aufhebung der Qual der Opportunitätskosten fällt in eins mit der Aufhebung der Transaktionskosten: Ich-Alles-Überall-Immer. Der Zusammenbruch der Zeit in der reinen Präsenz der Synchronie des vom Rausch ergriffenen Konsumenten im Online-Portal. Alle Orte, alle Knoten des Netzwerks können abgefragt und entwertet werden. Wenn es uns dennoch nicht gelingt, überall alles zu entwerten, dann nur deshalb, weil uns ein technologischer Mangel davon abhält. Mit dem neuen *iPhone*, der neuesten Digitalkamera, dem neuesten Release nähern wir uns dem Ziel an. Mehr Bandbreite, schnellerer Download, bessere Übersicht für das Multi-Tasking. Mit den richtigen *tools* ist man immer und überall dabei.

Das Begehren nach der universellen Aufhebung der Ökonomie und damit jeglicher Diachronie fällt in eins mit dem Entstehen einer unendlichen Unruhe, die uns erfasst. Noch nie in unserem Leben war das Warten auf die Lieferung der Ware unerträglicher. Die Aufhebung der Ökonomie der Transaktionskosten korreliert mit einer Implosion des Genießens am Aufschub der Lust. Keine Verführung, kein Vorspiel der Entwertung. Es muss schnell gehen. In Echtzeit. Die Ungeduld, die uns erfasst, weil wir fünfzehn Sekunden warten müssen bis unser Betriebssystem hochgefahren wird, ist angesichts des instantanen Zugangs zum »Knoten« via *iPhone* unerträglich. Ein Warten, das sich nicht lohnt, eine verlorene Zeit und damit eine Lücke, die uns daran erinnert, dass der Short-Cut der Entwertung noch nicht vollständig ist, die Poren der Zeit noch nicht vollständig geschlossen sind. Wann wird es uns gelingen anzukommen, zur selben Zeit alle Knoten des Netzwerks zu bewohnen, uns in der *Cloud* endlich zu entmaterialisieren, dem Realen von Energie und Ökonomie zu entrinnen? Ist nicht das Eschatologische des Kapitalismus seine Auflehnung gegenüber dem Ökonomischen an sich, ist nicht das Heilsversprechen des Kapitalismus seine Vorstellung, der Materialität des Buchstabens (Derrida) zu entrinnen, aus

G – G' zu machen, ohne den Weg durch das Reale der Warenproduktion mit all ihrer Entropie beschreiten zu müssen? Ist nicht die Vorstellung der reinen Konsumtion des »downloads«, der immer und überall und sofort möglich ist, exakt derselben Natur wie der Wunsch, das Reale der Produktion zu verdrängen? Haftet – wie Marx in den *Grundrissen* zeigte – der Konsumtion sowohl in ihrer Form als konsumtiver Produktion als auch in der Form produktiver Konsumtion nicht immer die Unreinheit einer synthetischen Dauer an? Ist es nicht genau diese Dauer, diese »Zeit des Realen«, die der Kapitalismus in Form der Börse oder des Semio-Konsumerismus aus der Welt zu schaffen verspricht? Der Kapitalismus ist insofern als große Fluchtlinie zu sehen. Dabei handelt es sich aber um eine Flucht, die eine Ankunft verspricht. Eine Ankunft im reinen Hier und Jetzt der aufschublosen Vermehrung der eigenen Macht, sei es der Macht als Kapitaleigentümer oder der Macht der Entwertung und der Vernichtung von Vermögen als Konsument. Und hier äußert sich ein Paradox der Macht, das in der Geschichte der Menschheit schon so viel Leid und Zerstörung mit sich brachte: Das Begehren der reinen Macht, die reine aufschublose Verdichtung von Energie richtet sich gegen das Leben, gegen die Arbeit der Differenz, gegen die Gradienten des Lebens. Die Arbeit der Differenz, das Ungleichgewicht und Asymmetrische, das die Produktion in das Leben bringt – sie müssen annihiliert werden. Als würde die finale Ankunft des Lebens existieren, verdichtet der Semiokapitalismus das Leben in der Echtzeit der Entwertung von Waren- und Informationsströmen, deren soziale, ökonomische und ökologische Realität negiert wird. Der Semiokapitalismus vernetzt nicht, sondern er zersetzt. Er spaltet die Verbindungen, moduliert die Subjekte, transformiert ihre Existenzräume zum »Knoten«, jeder *Link* wird nur zum Vehikel zur Beschleunigung der Transaktion mit dem Endziel, die Zeit der Verbindung zwischen den »Knoten« auf null zu drücken. Wir benötigen einander nur, damit wir einander nützlich sein können, im Netzwerk der Transaktionen. Sind wir einander nicht mehr nützlich, dann bricht die Verbindung.

Damit ist der Semiokapitalismus die Antithese zum Zyklus des Lebens, er annihiliert die Lebenszeit des Werdens, indem er das Subjekt als »User« und »Profil« in digitale Asche verwandelt und der reinen Präsenz des Cyber-Space überantwortet. Der Cyber-Space ist unendlich, sein Feind die Cyber-Time, die Zeit der Transaktion, die Zeit des Werdens, die Zeit des Zyklus, die Zeit zwischen Investition und Rendite, die Zeit zwischen der Informationsaufnahme und dem Lernen.

Die Welt als Netzwerk von besonderen Welten lässt sich am besten als komplexes Netzwerk beschreiben, dessen Erzeugungs- und Bestandsgesetz folgendem Mechanismus folgt: Netzwerke erhalten sich durch ein Wachstum, das als Addition neuer Knoten beschreibbar ist (i). Diese neuen Vertexe oder Netzwerkknoten verbinden sich präferentiell mit bereits gut oder bestverbundenen (ii). Dies produziert ein dynamisches Organisationsmodell, das Wachstum und Selektion verbindet und in schlichten Worten das Prinzip, dass die Reichen immer reicher werden, als natürliche Systemeigenschaft ansieht. Der »Up-or-

Out«-Algorithmus produziert ausschließlich Modelle, Pläne, Ideale, die dieser Erzeugungs- und Bestandsregel folgen.

Die Evaluierung oder das *assessment* kann sich auf ein sehr konkretes und enges Gebiet beziehen und wenige Variablen beinhalten, wobei sich dann das Potential der Person auf einen geringen Wirkungsgradienten bezogen findet: Umsatzzahlen, Publikationsmengen, Impactwerte oder auch die Torgefährlichkeit eines Stürmers gehen damit in den Evaluierungskatalog ein. Meist sind die Erkundungen und Bewertungen breiter angelegt und werden zunehmend nicht nur in ihrer Frequenz, sondern auch in ihrer Merkmalsbreite variiert bzw. ausgeweitet. Die Evaluierungen gehen meist von einzelnen Akteuren, Knoten, Personen und deren Leistungsspektrum aus, die in ihren Wirkungen auf die Organisation bzw. auf ein gesamtes soziales Feld hin bewertet werden müssen.

Alles, was in Zukunft für die Entwicklung des Feldes bzw. der Organisation relevant sein könnte, sollte damit in das Bewertungskalkül eingehen, und da die Potentialität einer Person in den Blick genommen wird, werden die Evaluierungen sowohl durch spezielle Expertengutachten instrumenteller als auch durch die dabei angewandten Praktiken archaischer. Einerseits erleben wir eine sukzessive Ausdehnung der Evaluierungspraxis und der Anwendung der »Up-or-Out«-Regel, gleichzeitig funktionieren diese Evaluierungen aber gerade nur dann, wenn sie scheinbar klare und invariante Gesetze für die Handlungserfolge von Personen ausweisen können. Darüber hinaus müssen präzise Zuordnungsregeln für Leistungen und Handlungen existieren, die kollektiv erbracht wurden. Je stärker kollektive oder soziale Potentiale für den Erfolg bzw. für die Leistung einer Person in Betracht kommen, je mehr die Beurteilung situations- oder feldabhängig ist oder je unvorhersehbarer die Kräfteentwicklung wird, desto mythologischer oder archaischer wird die Evaluierungspraxis selbst. Sie bezieht sich dann auf einen Typus von Person, der historisch gewünscht wurde, oder auf Modelle, die in der Vergangenheit erfolgversprechend waren. Dabei ist offensichtlich, dass die Evaluierung sich auf die Dimension des Befehlens und Gehorchens bezieht und auf die Befähigung, das soziale Band immer wieder zu weben. Es geht mithin darum – ökonomisch gewendet – soziales Kapital zu akkumulieren und gleichsam zum Krieger zu werden, Kriegsmaschinen freizusetzen.

Mark Fisher diagnostiziert in diesem Zusammenhang eine Intensivierung und Ausweitung bürokratischer Abläufe und Prozesse in Bildungsinstitutionen, die gerade neue Formen der Gouvernementalität und des »New Public Management« praktizieren sollen oder wollen. Prozesse, Programme und Leistungen werden in eine standardisierte Beschreibungs- und Bewertungssprache gebracht, die jeden Schüler, jeden Lektor und jeden Forscher in einen abstrakten und virtuellen Raum synchroner Konkurrenz bringt, der auch jederzeit ein Ranking der Schüler, der Programme sowie der Forschungs-, Lehr- und Lernergebnisse ermöglicht. Als Konsequenz einer immanenten Unmöglichkeit, alle sozialen Prozesse in Marktmechanismen aufzulösen, erhöht sich die Bürokratisierung jener Prozessen, die in kommunalen oder staatlichen Arenen/Feldern stattfinden und die in eine bürokratische Repräsentation von Marktsimulationen übersetzt werden müssen.

»Yet the drive to assess the performance of workers and to measure forms of labor which, by their nature, are resistant to quantification, has inevitably required additional layers of management and bureaucracy. What we have is not a direct comparison of workers' performance or output, but a comparison between the audited representation of that performance and output. Inevitably, a short-circuiting occurs, and work becomes geared towards the generation and massaging of representations rather than to the official goals of the work itself. Indeed, an anthropological study of local government in Britain argues that ›More effort goes into ensuring that a local authority's services are represented correctly than goes into actually improving those services‹.«[4]

Somit sind wir Beobachter dramatischer Begriffsverschiebungen: von der Struktur über deren Dekonstruktion zur Exzellenz. Es geht nicht mehr darum, Wege und Methoden der Erschütterungen von komplexen Systemen oder organisierten Einheiten zu entwickeln oder Praktiken zu erfinden, die sich im Widerstreit zum Mainstream bzw. zum Normalisierten befinden. Das Neue verlangt nach Exzellenz, also die Ausnahme bzw. das absolute Beste. Das Prinzip ist universell und wird methodisch auf faktisch alle Dinge und Lebenslagen und vor allem auf alle Relationen zwischen Orten und Personen/Menschen angewandt.

Exzellenz ist ein Produkt konsequenter Anwendung des von uns untersuchten Prinzips und setzt die Durchsetzung dieser Anwendung voraus. Das heißt, Exzellenz ist ein Produkt systemischer Veränderung und kann sich nur allgemein und unter der Bedingung der Produktion von Laborbedingungen durchsetzen, d.h. standardisierten Situationen, die keine Variationen oder Veränderungen durch konkrete Orte (»*Places*«, Existenzterritorien etc.) oder lokale epistemische Provinzen erfahren, und es setzt eine allgemeine Sprache oder Methode voraus, die immer und überall in Praxis transformiert wird. Parallel zur abstrakten Sprache des Geldes gilt mithin ein überall gültiger, abstrakter und artifizieller Code, der auch die gezielte Produktion von Akteuren erlaubt.

Vordem herrschte die Macht der Norm, die mittels spezifischer Disziplinen, die einerseits durch die Binarisierung von Tauglichem und Untauglichem operierte und andererseits eine möglichst große Anzahl von Personen an ein Modell oder an ein geplantes Ideal anzupassen und auszurichten versuchte. In den Worten von Michel Foucault: »Primär und fundamental an der disziplinären Normalisierung ist nicht das Normale oder das Anormale, sondern die Norm«.[5]

Die Norm operiert sehr häufig mittels Durchschnittsgrößen und deren Varianz. Die Exzellenz idealisiert die Ausnahme; die Voraussetzung für diese strategische Operation ist eine epistemologische Verschiebung, die den Gegenstandsbereich der Normierung bzw. der Produktion von Modellen, Plänen und Vorbildern

---

4. Mark Fisher: *Capitalist Realism: Is There No Alternative?*, Winchester 2009, S. 49.
5. Michel Foucault: »La population« (Transkript der Vorlesung vom 25.1.78 erstellt von Stéphane Olivesi), in: *Mémoire de DEA de philosophie sous la direction de Monsieur P. Macherey*, Université de Paris I, Année 1991–1992, Paris 1992a (Archiv Foucault: A 271), zitiert nach Thomas Lemke: »Gouvernementalität«, in: Marcus S. Kleiner (Hg.): *Michel Foucault. Eine Einführung in sein Denken*, Frankfurt am Main 2001, S. 108–122, hier S. 112.

neu ordnet und die Anwendung des Algorithmus grundlegend und umfassend erweitert: Die Ökonomie der Ausnahme gilt nicht mehr als ein gesellschaftlicher Bereich mit spezifischer und eingegrenzter Rationalität, Gesetzen und Instrumenten, sie unterwirft derzeit die Gesamtheit menschlichen Handelns, das sich immer wieder in eine Ökonomie der Konkurrenz gerückt und nur durch die Produktion von Eliten die Resilienz von Organisationen oder von sozialen Feldern gesichert sieht. Im Mittelpunkt der Prozesse steht eine Analyse menschlichen Handelns, die sich durch eine bestimmte, ihm eigene (ökonomische) Rationalität auszeichnet. Das Ökonomische ist in dieser Perspektive nicht ein fest umrissener und eingegrenzter Bereich menschlicher Existenz, sondern umfasst prinzipiell alle Formen menschlichen Verhaltens immer und überall.

Diese schiere Grenzenlosigkeit und Ortlosigkeit der Exzellenz-Regel ist nicht nur von Fall zu Fall gehässig oder selbst aggressiv, sondern ruht auf einem grundsätzlichen Unrecht auf, wie Hegel über die »polizeyliche« Politik bemerkt hat. Die Grenzenlosigkeit und Ortlosigkeit entsteht durch die Unmöglichkeit, sich an anderen Ordnungen zu objektivieren, sich also mit anderen politischen Ordnungen symbolisch auszutauschen. Diese Regel ist absolut und kann die Ordnungen, die sie herstellt, selbst nicht relativieren, sie kann also die Codes und Identitäten, die sie konstruiert, nie einem anderen Gesetz des Austausches und der Entwicklung überlassen. Kurz: In gewisser Weise ist sie blind und gehörlos: Diese Politik kann ihr eigenes Sprechen nicht vernehmen, da die Sprache einer anderen Ordnung angehört.

Eine Politik des Ortes kann nur durch die gemeinsamen Aktivitäten von Subjekten existieren, die ganz konkrete Situationen und Bedingungen verändern wollen, indem sie ihre Fähigkeiten dazu benutzen, um in dieser Welt Orte zu errichten und zu behaupten, die sich einerseits zyklisch erneuern und andererseits durch eine Vielzahl von Regeln und Sprachen lebendig verbleiben können.

Krisen kann man einerseits als Momente der Entscheidung, der Bifurkation, der Zuspitzung deuten oder eben als Zeiten, wo die Verwerfungen das verdrängte Reale ankündigen. Keine der Wunschwelten kann sich vollständig abschotten, kann krisenfest errichtet werden, keine Regel und kein Code kann global durchgesetzt werden, ohne immer häufiger »in die Krise« zu kommen, da eben die Vernichtung der Örtlichkeit, die unendliche Ausdehnung des Cyber-Space, die Wertsteigerung ohne Produktionsprozess und die politische Ordnung ohne Alternative nur an Orten wie den *Trading Rooms* der Buchmacher herrschen kann. Soziale Sphären, in denen die Räumlichkeit ausgelöscht wurde. Buchmacher sind nur durch Echtzeitmaschinen, durch synchrone elektronische Netze und durch verschiedene Visualisierungen pulsierender Charts verbunden. Die sozialen Orientierungen finden sich vollständig in diesen Zeitwelten aufgelöst, die durch das Pulsieren des Datenstroms synchronisiert und verbunden werden. Gewinnversprechen und eine produktionsfreie Ökonomie erzeugen eine vollständig ortlose Bindung der Akteure an ein System, das selbst die Erinnerung an die Notwendigkeit einer körperlichen Verortung vergessen lässt.

Herbert Hrachovec

Homo ludens bolognensis

Österreichs Bildungspolitik hat im ersten Jahrzehnt dieses Jahrhunderts das Bolognaspiel verordnet. Die Spielidee bestand darin, die universitäre Lehre von der Bundesgesetzgebung unabhängig zu machen und – nach Maßgabe der sogenannten »europäischen Studienarchitektur« – durch die Universitäten in Eigenregie bestimmen zu lassen. Eine Vorbedingung dazu war die Hochschulautonomie, welche Universitäten aus Dienststellen des Ministeriums zu selbständigen öffentlich-rechtlichen Institutionen machte. Das Vorhaben sollte einen traditionsreichen Ist-Zustand in eine neue, weitgehend unerprobte, Stellung übertragen. Der Spielverlauf ist enttäuschend ausgefallen, das gibt Anlass, einen zweiten Blick auf die Regeln zu werfen.

Die Autonomie der österreichischen Universitäten ist im »Bundesgesetz über die Organisation der Universitäten und ihrer Studien (Universitätsgesetz 2002 – UG)« dekretiert.[1] Darin findet sich dieser Auftrag: Reorganisieren Sie Ihre Universität nach dem Muster des vorliegenden Gesetzes. Ersetzen Sie anschließend alle bestehenden Studienpläne durch Bologna-konforme Curricula. Die dazu nötigen Organisationsformen können Sie frei wählen.

Damit waren die einzelnen Universitäten unter Spielaufsicht ihrer akademischen Senate am Zug. An der Universität Wien agierten eine vom Senat eingesetzte zentrale »Curricularkommission«, die den Spielverlauf lenkte, sowie einzelne »curriculare Arbeitsgruppen« mit Mitgliedern aus den jeweiligen Studienrichtungen. Spieleinsatz war ein bestehendes Diplomstudium (in Ausnahmefällen mehrere). Die Spielaufgabe lautete: Ersetzen Sie den Studienplan Ihres Diplomstudiums durch eine Kombination aus Bachelor- und Mastercurriculum. Folgen Sie dabei den Vorgaben des vom Senat approbierten »Arbeitspapiers« und des »Kompendiums«[2] und halten Sie sich an den geltenden Kostenrahmen. Beachten Sie den Zeitplan und die Kontrollvorschriften des Rektorats und der Curricularkommission.[3]

---

1. http://www.bmwf.gv.at/startseite/hochschulen/universitaeten/gesetze/organisationsrecht/ug_2002/ (aufgerufen: 10.1.2011).
2. http://senat.univie.ac.at/fileadmin/user_upload/bologna/Dokumente/Kompendium_23.10.2006.pdf (aufgerufen: 10.1.2011).
3. Die Spielanleitungen stammen aus den Jahren 2005 und 2006. Im »Arbeitspapier« wurden die allgemeinen Prinzipien der Bolognareform dokumentiert, das »Kompendium« spezifizierte die allgemeinen Erfordernisse der Studieneingangsphase, die Modultypen und die Stellung von Lehrveranstaltungen zu Modulen.

Die Rollenverteilung

Zwei Rollen waren festgelegt, jene der Curricularkommission (CK) und der curricularen Arbeitsgruppen (C-AG). Aber sie müssen von jemandem ausgefüllt werden. Die CK gibt es per Gesetz, wer rekrutiert die C-AGs? Die Mitglieder müssen Expertinnen aus den betroffenen Studienprogrammen sein, aber wer bestimmt sie? Die Universität Wien bediente sich eines verwirrenden Spielzugs. Ihr Senat verfügt nur über minimale administrative Mittel, flächendeckend Arbeitsgruppen zu initiieren, war unpraktikabel. Das Rektorat hingegen setzt zur Administration der Studienprogramme sogenannte »Studienprogrammleiterinnen« (SPLs) ein. Mit diesen Rektoratsbeauftragten will der Senat, sofern es seine Domäne der Curricularkompetenz betrifft, nichts zu tun haben. Er hat sie daher als stimmberechtigte Mitglieder der C-AGs ausgeschlossen. Andererseits bilden sie die einzige Instanz, die über die erforderlichen organisatorischen Ressourcen verfügt. Also wurden sie vom Senat, der dazu keine Kompetenz besitzt, beauftragt, die Organisation der C-AGs zu übernehmen. Speziell: sie zu beantragen, die Mitglieder aus den drei Kurien zu ermitteln, die konstituierende Sitzung einzuberufen – und dann den Vorsitz abzugeben und (optional) ohne Stimmrecht weiter an den Sitzungen teilzunehmen.

Das war der Trick, um das Spiel in Gang zu setzen. Das Vorgehen überdeckte eine Unzulänglichkeit der Regeln. Im generellen Spielplan ist vorgeschrieben, dass die Finanzierung und Durchführung der Studien Sache des Rektorates ist. Der Senat hingegen ist damit beauftragt, den Inhalt der Curricula festzulegen. Zur Curriculargestaltung müssen sie zusammenarbeiten. Gleichzeitig ist das Spiel jedoch so angelegt, dass sie einander häufig antagonistisch gegenüberstehen. Der eine Faktor ist die klar umrissene Führungskompetenz, der andere die politische Polarität zwischen einem Vorstandsvorsitzenden und der gewählten Vertretung der Fachgruppen. Es ist normal, dass es in Demokratien zu Reibungen zwischen diesen beiden Lagern kommt. Für das Bolognaspiel hat das allerdings problematische Auswirkungen, die an der Figur der SPL gut zu beobachten sind. Sie ist für die Durchführung eines Curriculums verantwortlich und von der inhaltlichen Gestaltung ausgeschlossen. Ihre Amtsperiode läuft (mindestens) zwei Jahre, während die C-AGs sich auflösen, nachdem sie ein Curriculum beschlossen haben. Die eine Instanz sammelt Erfahrungen in der Umsetzung der Studienprogramme, die andere bestimmt ihren Inhalt und ist verschwunden, wenn sie nachzubessern wären. Das Spiel ist so organisiert, dass Legislative und Exekutive auseinanderfallen und die Legislative nur *ad hoc*, unter Mithilfe der Exekutive, in Aktion treten kann.

Das sind Details, die auf den ersten Blick mit dem Spielverlauf im Ganzen wenig zu tun haben. Sie ergeben sich aus einem tendenziell konfrontativen Verhältnis zwischen Rektorat und Senat an der Universität Wien. Für die Bologna-Transformation haben sie dennoch einige Bedeutung. Das Spiel, insofern ist der Ausdruck ein Euphemismus, wurde den Universitäten aufgezwungen. (Es war sozusagen ein Pflichtspiel.) Und dieser Zwangscharakter wurde über die »Exekutive« an die »Legislative« weitergegeben. Das Parlament beschloss das Bolognaspiel, das Ministerium gab den Auftrag an die Unternehmensführungen weiter und diese machten Druck auf die Organe der »innerbetrieblichen Demokratie«. Am Beginn stand eine Legislative im klassischen Sinn: die Volksvertretung. Die »Legislative« an den Universitäten war dagegen eher ein (erpressbares) Vollzugsorgan. Die juridischen und finanziellen Vorgaben ließen ihr geringen Bewegungsspielraum. Die Regeln wurden anderswo erdacht, von Spielbegeisterung konnte keine Rede sein. Das hatte direkte Auswirkungen auf den Verlauf. Die Aufgabenstellung wurde als ein dreifach abgestuftes Diktat wahrgenommen: durch das UG 2002, das Rektorat und den Senat als unwilligen Erfüllungsgehilfen. Entsprechend lustlos und oberflächlich fiel die Umsetzung in vielen Fällen aus.

Das Spielgeld

Der Bolognaprozess kann als ein Spiel aufgefasst werden, in dem ein Zustand der universitären Lehre nach bestimmten Grundsätzen in einen anderen umgewandelt werden sollte. Die Umstände, unter denen das an den Hochschulen ablief, waren fremdbestimmt. Das sagt noch nichts über die Prinzipien selber. Zwei zentrale Vorgaben sollen näher kommentiert werden. Die erste krempelt das ganze Spielfeld um. Seit ihrer Entstehung im europäischen Mittelalter sind Universitäten Lehranstalten gewesen. Qualifizierte Wissenschaftlerinnen (m/w) vermittelten die Ergebnisse ihrer Forschung und teilten den Studierenden ihre Kompetenzen mit. Dagegen verlangen die neuen Spielregeln Lernzentriertheit. Die Tragweite dieser Forderung ist bei Weitem noch nicht entsprechend wahrgenommen worden. Sie legt fest, dass es im Hochschulunterricht nicht primär um das Wissen und die Fähigkeit der Professorinnen (m/w), sondern um die Situation der Studierenden geht. Der Zweck der Veranstaltung ist nicht die Demonstration der Kompetenz des Personals, sondern der Erwerb von Fähigkeiten, welche den Lernenden angeboten werden (»Qualifikationsprofil«). Das alte Muster verband sich mit der »akademischen Freiheit« der Lehrpersonen. Sie konnten anbieten, was ihnen sinnvoll schien. Studierende wurden dementsprechend flexibel beansprucht. So konnten sie häufig ihren eigenen Studienweg festlegen. Die Neuregelung ist am Konsumverhalten (und am Konsumentenschutz) orientiert. Vorgegeben ist das Angebot eines Curriculums, damit kann abgeschätzt werden, was die Studierenden erwartet. Und die Zähleinheit, nach welcher das Studium organisiert wird, ist der Arbeitsaufwand für die Aneignung dieses Pensums.

So hängt der einschneidende Perspektivenwechsel mit den »ECTS-Punkten« zusammen. Auf der einen Seite steht ein massiver Eingriff in eine buchstäblich jahrhundertealte Praxis, auf der anderen ein Auftrag an C-AGs. Von ihnen war verlangt, ohne Präzedenzerfahrung großräumige Schätzungen über den Arbeitsaufwand von Studierenden über den Zeitraum von 3+2 Jahren vorzunehmen. Die Spielidee war besser als die Durchführung. Der Wechsel zur Lernzentriertheit hat einiges für sich. Ein Studium ist Arbeit, für welche Absehbarkeit und

Schutz vor Willkür verlangt werden kann. Produktbezeichnung und Gewährleistungsanspruch für Lehrveranstaltungen sind zwar bisher keine akademischen Kategorien gewesen, aber man darf nicht vergessen, dass die überkommenen akademischen Sitten aus der Zeit vor den Massenuniversitäten und der Informationsgesellschaft stammen. Warum soll man die institutionalisierten Staralüren der Professorenschaft nicht überdenken? Dieser Teil der Spielanleitung klingt interessant. Nur: Überdenken benötigt Zeit und einen Argumentationsprozess. Wenn es sich um Traditionen handelt, ist mit Widerstand zu rechnen. Veränderungen werden mitunter kontrovers durchgesetzt. Davon kann in diesem Punkt nicht die Rede sein. Die Lernzentriertheit wurde nicht einmal im Ansatz diskutiert. Stattdessen produzierte man (im besten Fall) grobe Schätzwerte für Arbeitsstunden mit dem Ziel, insgesamt für drei Jahre 180 ECTS-Punkte zu erreichen.

Das *European Credit Transfer System* verfolgte auch einen pragmatischen Zweck. Die Zeit, welche für ein Thema aufgewendet wird, scheint einfacher erfassbar und wechselseitig anrechenbar zu sein, als verschiedene Variationen des Themas, die sich international finden und die »in Handarbeit« verglichen werden müssen. Darum wurde das ECT-System als Instrument der Mobilitätsförderung propagiert. Diese Überlegung hat indes einen schweren Fehler. Sie setzt eine europaweite Konformität curricularer Inhalte voraus. Wenn es keine standardisierten Fachbereiche gibt, hilft die in einem von ihnen aufgewandte Arbeitszeit bei der Anrechnung an einer anderen Universität nicht weiter. Die Sache ist für den österreichischen Fall noch unausgegorener. Dasselbe Gesetz, das den europäischen Standard der ECTS-Punkte zur Vergleichbarkeit des Studienaufwands einführt, sieht vor, dass jede einzelne hiesige Universität ihr Kursangebot und seine detaillierte Ausprägung selbst festlegen kann. Das dient der Profilbildung und soll die Konkurrenz unter marktähnlichen Bedingungen fördern. Naturgemäß erschwert das den Vergleich, denn es führt dazu, dass sich die Angebote stärker differenzieren. Die Curricularautonomie der Universitäten steht quer zur Mobilität im Rahmen des alten Fächerkanons. So wie die Konsumentin trotz zentraler Vorschriften zur Produktkennzeichnung nicht besser orientiert ist, weil sich die Produkttypen vermehren, verbessern die Qualifikationsprofile die administrativen Zuordnungen nicht. Die Leistungen müssen nach wie vor – in einer unübersichtlicheren Zusammenstellung – individuell verglichen werden. Aus der guten Idee der Lernzentriertheit ist eine weitgehend willkürliche Auflistung von Gutpunkten geworden.

Die einzelnen Runden

Zusammen mit dem genannten Positionswechsel war eine zweite Hauptregel eingeführt worden, welche die interne Gliederung der Studienpläne betraf. Parallel zur Lehrzentriertheit war das Zeitregime des Angebotes organisiert, nämlich in Vortragsstunden. Die zweistündige Vorlesung ist seit Menschengedenken ein Grundbaustein des Universitätsunterrichtes. Das hat mit dem Arbeitsaufwand der Studierenden wenig zu tun. Die Idee war darum, von deren in drei (plus 2) Jahren verfügbaren Arbeitskapazitäten auszugehen und die Erfordernisse des Studienfaches bezogen auf dieses »Spielkapital« zu definieren. Die Teildisziplinen des Faches würden Anteile am Zeitbudget erhalten, eben die ECTS-Punkte. Das gäbe eine *ab initio* geplante, an einer konsensuellen Untergliederung des Faches ausgerichtete Studienarchitektur. Jenseits der üblichen Kategorien (»Vorlesung«, »Proseminar«, »Kolloquium«) könnte man sich Gedanken darüber machen, in welche integralen Gesichtspunkte ein Studium zerlegt werden kann, und ob sie alle unter dem Vorzeichen von »Lehrveranstaltungen« stehen müssen. Warum sollen nicht Selbststudium, extern erworbene Kenntnisse, kooperative Projekte der Studierenden und frei zusammengestellte Interessensschwerpunkte einen Teil der vorgesehenen Arbeitsleistung bilden? Die Regel lautete: die Curricula sind zu modularisieren.

Als Spielaufgabe in SIM University ist das eine reizvolle Vorlage. Unter den gegebenen Umständen 2005–2008 war die Verwirklichung weniger sinnvoll. Die Personal- und Finanzstruktur der Universitäten sowie der interne Wettkampf um das Prestige der jeweils eigenen Forschungsrichtung passten mit dem Ansinnen einer durchgreifenden modularen Umgestaltung nicht zusammen. Solange ein Großteil der Lehre nach Lehrveranstaltungsstunden abgegolten (und durch Prüfungstaxen honoriert) wird, ist es illusorisch, eine Modulstruktur zu erwarten, die nicht von den pekuniären Interessen der Hochschullehrerinnen (m/w) geprägt ist. Ein »Modul« als flexible Einheit von Unterricht und Eigenleistung der Studierenden wurde überwiegend skeptisch betrachtet. Stattdessen wollten viele Lehrende im Curriculum die Verpflichtung zu allen jenen Lehrveranstaltungen festgeschrieben sehen, die schon bisher angeboten wurden. Diese Beharrungstendenz kann man angesichts des externen Diktats und der engen Fristsetzung verstehen.

Die alte Ordnung operierte mit zwei stark formalisierten Parametern: der Dauer und dem Typus der Lehrveranstaltung. Damit waren Zeit und Geld sowie der Übungszweck in einem kleinteiligen Schema erfasst. Die einzelnen Disziplinen hatten einen Kanon ihnen zugehöriger Fächer entwickelt, in den sich Vorlesungen, Proseminare und Seminare einer bestimmten Dauer gut einpassen ließen. (4 Stunden Vorlesung aus Theorie der Politik, 3 Seminare aus neuerer Literaturgeschichte.) Diese Maßeinheiten waren flexibel und leicht administrierbar. Allerdings stammten sie aus einer Zeit, in welcher die Professorinnen (m/w) ihre Lehrangebote innerhalb der konventionellen Matrix ihres Faches ziemlich frei bestimmen konnten. Die gute Idee der Modularisierung besteht darin, den Studienverlauf nicht nach kleinen Segmenten der Informationsvermittlung, sondern nach mittelgroßen, sachlich und pädagogisch angezeigten Gruppierungen zu gliedern, als deren Ziel die Beherrschung eines Teilbereiches des Faches angegeben werden kann. Die bisherigen Lehrveranstaltungstitel sollten durch Modulbeschreibungen ersetzt werden, die »Lernziele« festlegen, statt Überschriften mitteilen. Für viele Kolleginnen war das eine nutzlose Übung. Sie sahen keinen Unterschied zwischen »Statistik für Psychologinnen« und »In dieser Lehrveranstaltung werden einführende Kenntnisse der Statistik für den

Gebrauch in der psychologischen Praxis und Forschung vermittelt«. Die Pointe der Transformationsregel ist nicht einsichtig geworden. Das hatte – wiederum – mit organisatorischen Bedingungen zu tun.

Sinnvoll ist eine modulare Gliederung, wenn sich die Lehrenden eines Studienprogramms darauf verständigen, kooperativ, nach einer gemeinsamen Schwerpunktbildung und auf der Grundlage eines überindividuellen Lehrplans vorzugehen. In der Rechtswissenschaft oder in Physik, Chemie und Mathematik ist dieses Vorgehen, der Natur des Faches entsprechend, gängige Praxis. In den meisten Human- und Sozialwissenschaften ist es nicht verankert und bedürfte eines dramatischen Gesinnungswandels. Dort ist die Methode der kleinen Bausteine für Lehrende bequem und für Studierende übersichtlich. Es handelt sich darum, einer Liste von Anforderungen zu genügen. Die Bologna-Spielregeln wurden daher oft so erfüllt, dass man die vorhandenen Lehrveranstaltungen unter neuen Überschriften zusammenfasste. Die Einteilung nach Personaleinsatz und Veranstaltungstyp war flexibel und Inhalten gegenüber »agnostisch«. Sie konnte problemlos auf alle Lehraktivitäten angewandt werden. Die anspruchsvollere Konstruktion des Moduls erfordert (der Idee nach) fachspezifische, koordinative Gestaltungsarbeit und dementsprechend einen hohen Grad an Überzeugung und reichlich Planungsaufwand. Außerdem verträgt sich die Umstellung auf die Basiseinheit Modul nicht gut mit der nach wie vor gültigen dienstrechtlichen Situation des Lehrpersonals.

Welche Größe sollen Module haben? Die Ordnungseinheit sind ECTS-Punkte. Danach bemessen sind Module so groß, wie es der jeweilige Fachverstand verlangt. Damit werden sie aber weitgehend inkompatibel mit benachbarten Studienprogrammen, die auch auf die betreffenden Angebote zurückgreifen. Also muss die Modulgröße in irgendeiner Weise normiert werden, was umgekehrt der oben ausgeführten Grundidee des Moduls zuwiderläuft. Den Ordnungsphantasien von Funktionären, die bei Gelegenheit *top down* festzulegen suchen, dass sämtliche Module an der Universität Wien 10 ECTS-Punkte zählen sollen, begegnen zahlreiche Ausweichmanöver, um sich der Zwangsjacke zu entwinden. Im Nachhinein lernt man zu schätzen, wie nervensparend zweistündige Lehrveranstaltungen waren. Die Unstimmigkeiten im Bereich der Module haben jedoch noch weitere negative Auswirkungen auf die traditionellen Freiheiten der Studierenden.

Freispiel

Für die geistes- und kulturwissenschaftlichen Studien enthielt das Bologna-Spiel eine besondere Herausforderung. Das bis 2002 geltende Universitäts-Studiengesetz[4] hatte in allen Fächern einen Anteil von 10–15% freien Wahlfächern vorgeschrieben. Für die geistes- und kulturwissenschaftlichen Disziplinen machte

---

4. https://www.ris.bka.gv.at/Dokumente/BgblPdf/1997_48_1/1997_48_1.pdf (aufgerufen: 10.1.2011).

es eine Ausnahme. Sie mussten 40–50% freie Wahlfächer enthalten (BGBl I. Ausgegeben am 25. April 1997 – Nr. 48). Diese Regelung bedeutete faktisch, dass nach Aufhebung der obligatorischen Fächerkombination die Hälfte eines vierjährigen Diplomstudiums zur Disposition stand. Die Studienkommissionen wurden beauftragt, Empfehlungen für ergänzende und vertiefende Lehrveranstaltungen auszuarbeiten (Anhang 1.41.1). In einem weiteren Absatz wurde das Verfahren für jene Fälle festgelegt, in denen Studentinnen sich nicht an diese Empfehlungen halten wollten. Sie mussten ihre Absichten der Vorsitzenden der Studienkommission mitteilen, welche die Anrechnung innerhalb eines Monats ablehnen konnte (Anhang 1.41.2). Das Gesetz definierte 38 geistes- und kulturwissenschaftliche Studienrichtungen. Darunter fällt die Publizistik- und Kommunikationswissenschaft, die im Studienjahr 2006/07 an der Universität Wien etwa 5.000 aktive Studierende aufwies. Die Bildungswissenschaft brachte es auf ca. 3.500. Für diese Nachfrage war nach Gesetz jeweils die Vorsitzende einer einzigen Studienkommission zuständig. Es ist leicht zu erraten, wozu die dargestellte Freiheit in der Wahl der Fächer führte. *De facto* gab es, wenn jemand sich ein wenig darum kümmerte, keine Einschränkungen der Wahl von Lehrveranstaltungen für das halbe Studium.

Die Fachvertreterinnen standen dieser Gesetzeslage oft skeptisch gegenüber, betrachteten sie aber andererseits auch als einen Ausdruck der traditionellen akademischen Freiheit, welche jungen Erwachsenen die Einsicht zutraut, für den eigenen Studienverlauf die richtigen Entscheidungen zu treffen. Zwar waren eklatante Beispiele von »billigen« Leistungsnachweisen und willkürlich zusammengestellten Wahlfächern bekannt, aber die besagte Freiheit hatte, wie oben bereits angedeutet, eine zweite Seite. Korrespondierend zur Selbststeuerung der Studierenden konnten die Lehrenden das Recht in Anspruch nehmen, nach eigenem Ermessen Angebote zu machen. Eine Hand wusch die andere: Die einen durften sich das für sie Interessante suchen, die anderen ihre Steckenpferde pflegen. Unter diesen Bedingungen pendelte sich in den betroffenen Wissenschaftsbereichen, die an der Universität Wien mehr als 40.000 Studierende umfassen, ein Gleichgewicht zwischen studentischer und professoraler Bewegungsfreiheit ein. Ein Zustand, der mit planerischen Mitteln nicht zu bewältigen war, sondern sich – recht und schlecht – selbst regulierte. *Ad hoc* versuchten Studienrichtungen, die von anderen Disziplinen überbeansprucht wurden, dem Zuzug einen Riegel vorzuschieben. Abgesehen jeweils vom Semesterbeginn, erwies sich das (Nicht-)System jedoch als überraschend flexibel.

Das Umschreiben der Curricula war an diesem Punkt eine schwierige Aufgabe. Die Modularisierung forderte kompakte und konsistente Lernpakete. Mit der unabsehbaren Individualgestaltung eines Curriculums war das schlecht vereinbar. Aber es war auch unmöglich, die vormals freien Anteile in einen neu ausgebauten Lehrplan zu integrieren: dazu fehlten die finanziellen Mittel. Die Regelungen des UniStG hatten bewirkt, dass etwa die Hälfte jedes geistes- und kulturwissenschaftlichen Studiums kompensatorisch von anderen Studienrichtungen getragen wurde. Die Balance bestand darin, dass sie sich gegenseitig auf informelle Weise stützten. Dieser Effekt war nicht in ein Curriculum zu fassen, dessen Module mehrere Lehrveranstaltungen zu einem geschlossenen Komplex zusammenfasste und daran anknüpfend die Organisation des Studienverlaufes implementierte. Mit einem freien Kontingent von dutzenden Lehrveranstaltungen konnte man einzelne verpflichtende Stunden nach eigenem Ermessen in eine Art Individualmodul umwandeln. Doch dieser Grad von Gestaltungsfreiheit lag nicht im Rahmen des Modulgedankens und war, nach der politischen Einschätzung der Administration, auch nicht erstrebenswert. Wie sollte die Transformation verlaufen?

Schon im Vorfeld der Curricularentwicklung kam es im Senat zu Unstimmigkeiten über diese Frage. Der Vorsitzende der CK trat zurück, weil das von ihm präferierte Modell einer 50:50 Fächerkombination für die kulturwissenschaftlichen Fakultäten keine Mehrheit fand.[5] Je nach Budget waren bis zu einem Drittel der im Bachelor vorzusehenden ECTS-Punkte nicht finanzierbar. Die Punkte hätten erreicht werden können, wenn in die Curricula ein entsprechend hoher Anteil von Selbststudium eingebaut worden wäre. Dagegen wehrten sich aber Studierende wie Lehrende, die einen wegen der Abkehr vom Präsenzunterricht, die anderen wegen der Kürzung der Vergütungen. Als Ausweg wurden an der Universität Wien sogenannte »Erweiterungscurricula« eingerichtet. Sie nehmen die Idee der Module auf und stellen ein Paket aufeinander abgestimmter Lehrveranstaltungen zu 15 oder 30 ECTS-Punkten dar. Sie knüpften an die »Wahlfachkörbe« an, welche die Studienkommissionen nach dem UStG empfohlen hatten. Angesichts der Tatsache, dass in der alten Ordnung ein interdisziplinärer Abtausch zwischen den betroffenen Fachangeboten herrschte, wurde verlangt, dass diese Curricula aus den zur Verfügung stehenden Mitteln jener anbietenden SPL bestritten werden, die ihrerseits externe Erweiterungen in Anspruch nehmen.

Durch Erweiterungscurricula wurde ein 1997 erzeugtes Problem der geistes- und kulturwissenschaftlichen Studien behoben, ein prinzipieller Schwachpunkt der Bologna-Reform jedoch eigens hervorgehoben. Es war ein unwürdiger Zustand, jedes Semester tausende Kommilitonen auf die Suche nach begehrten und/oder wohlfeilen Studienplätzen zu schicken. Der Umstand, dass die Schwierigkeit in weniger frequentierten Fächern nicht auftrat, konnte nicht darüber hinwegtäuschen, dass für erhebliche Teile der Studentenschaft, ebenso wie für die beglaubigenden Hochschullehrerinnen (m/w), lotterieartige Zustände herrschten. Andererseits war es möglich, sich in dieser Unübersichtlichkeit einigermaßen autonom ein eigenes Lernprofil zurechtzulegen. Die Reglementierung der freien Wahlfächer reduzierte diese Spielräume beträchtlich. Nicht nur, dass die Erweiterungscurricula weitgehend den konventionellen Fächerkanon widerspiegeln, sie bieten in der Regel nur Einführungskurse in die betreffende Disziplin. Eine Studentin der Theater-, Film- und Medienwissenschaft kann in diesem Rahmen kein Seminar zu Grillparzer in der Germanistik belegen.

---

5. Ab diesem Zeitpunkt übernahm Herbert Hrachovec den Vorsitz dieser Kommission.

Verschärfend kommt dazu, dass ab 2007 die Administration der Registrierung und Prüfungsverwaltung für Lehrveranstaltungen zunehmend in die »Studien Service Centers« verlagert wurde, die eine zentralisierende und verstärkt normierende Tendenz verfolgten.

Die Umstellung auf die Bologna-Struktur, die hier beschrieben worden ist, erfolgte, rückblickend beurteilt, in einem institutionellen Handstreich, der den größtenteils zurückhaltenden, teilweise feindlichen Fakultäten von ebenfalls neu verordneten Leitungsstrukturen zugemutet wurde. Die Akzeptanz durch das Lehrpersonal war gering, die Studierenden, die zu einem Drittel in den curricularen Arbeitsgruppen beteiligt gewesen waren, reagierten zunächst nicht auf die veränderten Bedingungen.

Spielverderber

Die Teilnahme am Bologna-Spiel seitens der österreichischen Hochschulen war zeitlich gestaffelt. Während die Universität Wien das Spiel bereits 2008 beendet hatte, schoben die Akademien den Spielbeginn soweit wie möglich hinaus. Im Anschluss an eine Demonstration gegen die »Reform« im Oktober 2009 kam es zu einer verspäteten massenhaften Protestreaktion. Als deren Zentrum kristallisierte sich das Auditorium Maximum der Universität Wien heraus, ungeachtet der Tatsache, dass hier schon die neuen Bachelors ausgebildet wurden. Diese entschiedene und drei Monate tonangebende Protestbewegung steht vor dem Hintergrund der chronischen Konzeptlosigkeit der österreichischen Bildungspolitik. Es kommt in regelmäßigen Abständen zu landesweiten Aktionen gegen Sparpakete, Studiengebühren und Zugangsbeschränkungen. In diesem Fall handelte es sich speziell um einen verspäteten Zug in jener Spielfolge, die mit dem UG 2002 und dem Auftrag zur Einführung der Europäischen Studienarchitektur begonnen hatte. Schlagartig wurden die Spielregeln, nach denen die Beteiligten seit fünf Jahren vorgingen, in Frage gestellt. Die Intervention ist mittlerweile abgeflaut,[6] aber sie hat ein scharfes Licht auf die ganze Spielerei geworfen. Allerorten finden sich Forderungen nach Evaluierung und Qualitätssicherung *top down* initiierter Prozesse.[7]

Man kann die Ereignisse als eine Rache des »alten Brauchs« verstehen, der von den Spielregeln des UG 2002 abgelöst worden ist. Terminologisch ist der Konflikt in den Gegensatz zwischen Bildung und Ausbildung gefasst worden. Ausbildung konnotiert Training zu einem bestimmten Zweck, Bildung eine organische, individuell verlaufende Entwicklung der Persönlichkeit. Die Vorgaben des Bologna-Spiels bedeuten einen vergleichsweise strikten Kanon für die universitäre Lehre. Der Zustand davor erschien nach der erfolgten Reorganisation in mildem Licht. Er war weniger verschult und bot mehr Gelegenheit

---

6. S. aber http://unibrennt.at/ (aufgerufen: 10.1.2011).
7. Wie die mittlerweile vorliegende Novelle des UG 2002 (aus dem Jahr 2009) zeigt, unterliegt der Gesetzgebungsprozess einer solchen Forderung nicht.

zur Entfaltung der eigenen Talente. Unter dem Slogan »Freie Bildung« lehnten sich die Studierenden gegen die Vorschriften auf, welche die Universität – in Erfüllung des gesetzlichen Auftrags – für das Studium erlassen hatten.

Die öffentliche Zustimmung für die Spielverderber war überraschend groß. Studentenstreiks werden in der Regel in den Medien als ungehöriges Verhalten einer privilegierten Minderheit dargestellt. Diesmal jedoch wurde ihnen viel Verständnis entgegengebracht. Ein Grund war vermutlich die steigende Skepsis gegenüber den Vorschriften der Europäischen Union. Die Audimax-Besetzung entwickelte schnell eine weitere Besonderheit. Es war die erste nationale studentische Protestaktion, die von Anfang an die ganze Breite der multimedialen, interaktiven Ressourcen des Web 2.0 nutzte. *Live Streaming*, *Webforen*, *Blogging*, *Twitter-Channels* und *Wikis* wurden umgehend eingerichtet. Zum Audimax als Ort der lokalen Gegenkultur, wie das von früheren Besetzungen bekannt war, kam die Außenwirkung durch rund um die Uhr im Internet verfügbare Videoangebote und virtuelle, geographisch verteilte Kooperationsformen. Der Regelverstoß in Erinnerung an das Bildungsideal rief die aktuellsten Technologien der sozialen Mobilisierung auf den Plan. »Bildung für alle – aber umsonst« war eine Parole, in der sich unter anderem die praktisch kostenfreie Informationsverbreitung über das Netz spiegelte.

Die Forderungskataloge, die im Oktober/November 2009 aufgestellt wurden, betrafen alle Bereiche der Universitätspolitik. Die Redemokratisierung (zurück vor 2002), die Aufhebung der Bologna-Reform und die Abschaffung der Erweiterungscurricula (zugunsten freier Wahlfächer) waren zentrale Bestandteile. Kurz gesagt: die Annullierung des Bologna-Spiels. Die resolute Opposition setzte Kräfte frei, welche im Normalbetrieb verborgen bleiben. Basisgruppen diskutierten nicht nur die Studienbedingungen, sondern die Entwicklung des Bildungswesens generell. Das Auditorium Maximum wurde Bezugspunkt nationaler und internationaler Anti-Bologna-Aktivitäten. Ein Gegenspiel entwickelte sich. Seine Grundstellung war eine entschiedene Realitätsverweigerung. Die Rücknahme der Entwicklungen seit 2005 war irreal, dennoch bildete diese Forderung die Grundlage für die »Audimaxisten«. Auf diese Weise entstand eine hochartifizielle Konstellation. Die Universitätsleitung unternahm es, alle Trümpfe von Gesetz und Ordnung in der Hand, eine Lösung des Konflikts auf dem Verhandlungsweg vorzuspielen. Für die Besetzerinnen war da nichts zu verhandeln, dennoch erhoben sie Ansprüche; sie traten für einen hochschulpolitischen Umsturz ein. Das war mit ihren Mitteln nicht zu erreichen, doch diese Einschätzung erschien in der Begeisterung des Augenblicks als Defaitismus. Gestützt auf die vielstimmigen, durch *online*-Publikation multiplizierten, Beschwerden, traten sie dem Establishment gegenüber, das sie in ihrem besetzten Ort gewähren ließ und – zumindest im ersten Monat – versuchte, das von der »Basis« erzeugte Aufsehen für die eigenen Zwecke zu instrumentalisieren.

Die multi-medialen, vernetzten Kommunikationsformen, die den Kontrahenten zur Verfügung standen, bestimmten schließlich den Ausgang des Konflikts. Seitens der Besetzerinnen war eine politische Position vorgegeben, die keine Verhandlungsspielräume enthielt und dementsprechend nicht durch ein

Team von Delegierten gegenüber der Gegenseite vertreten werden konnte. Die pauschale Ablehnung des *status quo* und die mittels des Internet konstituierte Gemeinschaftlichkeit der Akteure (m/w) passten zusammen. Anders als in vergleichbaren früheren Bewegungen wurde kein Exekutivkomitee gebildet und kein Verhandlungsmandat formuliert. Das neue Medium macht es möglich, ausgesprochen disparate Impulse in einem technisch-organisatorischen Rahmen unter einfachen Formeln zu subsumieren. Das gibt Impakt, aber keinen politischen Willen. Der *live stream* einer Plenumssitzung im Audimax hat mehr von einer Sportübertragung, als von einem Parteitag. Es gab keine gemeinsame Linie, stattdessen die Techno-Agglomeration von Standpunkten. Ein kurzer Auftritt im Auditorium, in dem der Autor das Phantom der »freien Bildung« kritisierte, wurde mit ebensoviel Applaus aufgenommen, wie gegensätzliche Stellungnahmen.[8] Die Aggregationsform dieses Widerstandes und seine – als Verbalrevolution getarnte – Ziellosigkeit waren zwei Seiten einer Medaille.

Das Rektorat erkannte die Bedeutung des medialen Wettkampfes. Als Ort der Konfrontation wählte es weder das Büro des Rektors, noch eine Aussprache im besetzten Hörsaal, sondern eine alternative Inszenierung. Mit einem bis dahin unerhörten institutionellen und maschinellen Aufwand organisierte es drei Treffen zur »nachhaltigen Hochschulentwicklung«. Die gesamte universitäre Prominenz (Rektor, Vizerektoren, Senatsvorsitz, Vorsitzende des Betriebsrates, Dekane etc.) saßen Vertreterinnen der Österreichischen Hochschülerinnenschaft und Teilnehmerinnen aus dem »Plenum« der Besetzerinnen gegenüber. Die Veranstaltung wurde professionell mit audio-visuellem Equipment gestreamt und für den späteren Zugriff aufgezeichnet.[9] Im Mittelpunkt stand – wenig überraschend – der Rektor, der einerseits als Respektsperson, andererseits als Fokus der Kritik die Aufmerksamkeit bündelte. Diese Parade der Honoratioren im Rahmen eines offiziellen medialen Veranstaltungsmanagements demonstrierte den Kontrast zur Basisbewegung. Innerhalb dieser Plattform erschien die Herausforderung durch die »Audimaxisten« dann als ein Bluff.

Die Spielstellung dieses Szenarios konnte nur zu einem Sieg der Funktionäre führen. Eine Mannschaft tritt in voller Besetzung an, die andere schickt ein paar Freiwillige auf das Feld. Die Spiele glichen einander nicht: das eine folgt Schritt für Schritt gesetzlichen Vorschriften, das andere hat einen einzigen Durchgang und flexible Regeln. Am Nachmittag der Besetzung des Audimax marschierten Polizeieinheiten auf, um die Räumlichkeiten abzusperren; Studierende spielten mit Plastikknäueln Volleyball über ihre Köpfe. Dieses Detail kann insgesamt für das Verhältnis des Bologna-Spiels zu den »Spielverderbern« stehen. Sie folgten einer doppelten Logik. Störung und Okkupation auf der einen Seite, Spielfreude auf der anderen.

---

8. http://hrachovec.philo.at/node/19 (aufgerufen: 10.1.2011).
9. http://public.univie.ac.at/index.php?id=6576&no_cache=1&tx_ttnews[tt_news]=13301&tx_ttnews[backPid]=6088&cHash=58c7d3239b (aufgerufen: 10.1.2011).

Das dritte »staatsmännische« Treffen, das auch der letzte Versuch einer öffentlichen Vermittlung bleiben sollte, war eine bemerkenswerte Melange der Unvereinbarkeiten. Die »ernsthaft besorgte« Universitätsleitung, die ärgerliche Betriebsvertretung, die moderat kritische Delegation der Hochschülerinnen und die Mitglieder des »Plenums«, die ausrichteten, dass sie zu nichts befugt und dazu anwesend seien, Eindrücke zu sammeln und zurückzumelden. In einem Merkzettel, den sie verteilten, bezeichneten sie sich als ein *Consulting*-Team, das dazu da sei, den Anwesenden das Verständnis des fremdartigen Phänomens »Audimaxismus« zu erleichtern.[10] Danach nahmen die Dinge ihren vorhersehbaren Lauf. Das Intermezzo wurde in den Weihnachtsferien ohne großes Aufsehen beendet. Es bleiben, wie für spontane Massenbewegungen üblich, die Erinnerung an die Inspiration des Augenblicks und die Einsichten, welche diese Verdichtung des Widerstands hinsichtlich der herrschenden Gepflogenheiten gebracht haben. Und es ist charakteristisch, dass der pragmatische Gewinn der Störung des Spielverlaufes in einer kleinen, doch symbolisch wichtigen Anpassung der Regeln des Bologna-Spiels bestand. Lehrveranstaltungen im Ausmaß von 15 ECTS-Punkten können ab dem Studienjahr 2010/11 (mit einigen Beschränkungen) frei aus dem gesamten Angebot der Universität gewählt werden.[11]

Nachspiel

Zwei Spiele sind vorgestellt worden. Mit dem Bolognaspiel verbinden sich eine Menge bildungspolitischer und volkswirtschaftlicher Implikationen; die Okkupation des Audimax setzte einen kämpferischen Akzent mit schlagartiger, begrenzter Wirkung. Die Akteure waren größtenteils verschieden, die Spielzüge überschnitten sich allerdings an markanten Punkten. Dem ersten Eindruck nach wurde ein Konflikt ausgetragen. Es handelt sich um eine Kollision der Absichten und Strategien, nicht um ein Freundschaftsspiel. Die beiden Parteien reklamieren Erfolg – aus unterschiedlichen Perspektiven. Im Detail betrachtet, verliefen die Fronten freilich nicht so scharf. Zahlreiche Universitätslehrerinnen solidarisierten sich mit den Besetzerinnen, selbst im Rektorat wurde die Berechtigung vieler Beschwerden anerkannt. Die Polizei war nicht von der Universitätsleitung eingeschaltet worden, im Gegenteil: sie wurde auf ihre Intervention hin wieder abgezogen. Der akademische Senat billigte einstimmig die Ersetzung eines Erweiterungscurriculums durch freie Wahlfächer. Aus einem etwas verschobenen Blickwinkel können beide Spiele aber als ein Ensemble gesehen werden.

Das Projekt einer präzedenzlosen, unvorbereiteten und kurzfristig abzuwickelnden Studienumstellung war waghalsig und richtete sich aggressiv gegen die bestehenden Verhältnisse; eine Revolution von oben im Stil des Josephinismus. Es ist nicht verwunderlich, dass in der Verwirklichung viele Mängel auftraten. Sorgfältige Politikerinnen hätten so eine Gewaltaktion kaum verant-

---

10. http://philo.at/wiki/index.php/Benutzer:Anna/MuD09 (aufgerufen: 10.1.2011).
11. http://www.univie.ac.at/mtbl02/2009_2010/2009_2010_173.pdf (aufgerufen: 10.1.2011).

worten können. Es hat schon lange keine derart ambitionierten Gedanken zur Revision des Ausbildungssystems gegeben. So gesehen sind die Spielverderber Fürsprecher der herkömmlichen Verhältnisse, die Bolognaspielerinnen hingegen innovativ. Und beide Opfer eines unausgegorenen Spieltriebs.

**MITSPIELER:
GESCHLECHTER IN IHRER ABFOLGE
UND IHREN ERZÄHLUNGEN**

Thomas Brandstetter

Außerirdische entwerfen
Das Spiel der möglichen Details

Die Akteure. Ein Himmelskörper, dessen Beschaffenheit entweder bekannt ist (hierzu bediene man sich astronomischer Erkenntnisse) oder dessen Beschaffenheit man extrapoliere. Ein (möglichst einfacher) Organismus nach Wahl.

Die Grundregeln. Hierzu bediene man sich einer Theorie, die die Veränderung von Lebewesen in der Zeit erklärt. Achtung: Bislang konnte man sich auf kein verbindliches Regelwerke einigen! (Am gebräuchlichsten sind jedoch jene von Charles Darwin und Jean-Baptiste de Lamarck).

Der Spielablauf. Man wende die aus dem betreffenden Regelwerk gewonnenen Prinzipien auf die aufeinander folgenden Generationen des gewählten Organismus an. Die Generationenabfolge ergibt nun die Entwicklungsgeschichte eines möglichen Lebewesens. Diese Geschichte veröffentliche man entweder in einer wissenschaftlichen Zeitschrift (unter Angabe der Spielregeln) oder als *Science fiction* (unter Beifügung einer Handlung).

Die kopernikanische Revolution hat die Erde vom Mittelpunkt des Kosmos zu einem Trabanten der Sonne gemacht. Damit hat sie auch den Status der anderen Planeten verändert: diese wurden nun nicht mehr als vollkommene, aus einem »fünften Element« bestehende Körper vorgestellt, sondern als erdähnlich. Infolgedessen stand auch die Frage nach ihrer Bewohnbarkeit im Raum. Bereits Johannes Kepler stellte Spekulationen über die Bewohner des Mondes an, und seit dem Ende des 17. Jahrhunderts waren Außerirdische ein fester Bestandteil kosmologischer Überlegungen. Zwar finden sich bereits in der Literatur der Antike Mondbewohner, etwa in Lukians *Wahrer Geschichte*. Doch dienten solche Mondreisen der satirischen Betrachtung der menschlichen Gesellschaft, der in Gestalt fremder Wesen ein Spiegelbild vorgehalten werden sollte. Das Besondere an den Außerirdischen der Neuzeit war, dass sie ein Produkt der Wissenschaft, nicht der Literatur darstellten (auch wenn man die Bedeutung der satirischen Tradition nicht unterschätzen sollte). Das heißt, dass die Phantasie den Regeln der Plausibilität unterworfen wurde: während bei Lukian die spielerische Lust an der Kombination von Merkmalen vorherrschte und sein Mond unter anderem dreiköpfige Geier beherbergte, entwarf Kepler seine Mondbewohner nach den Maßgaben dessen, was er über den Mond wusste (bzw. zu wissen glaubte). Da der Mond seiner Meinung nach von großen Temperaturunterschieden beherrscht wurde, mussten die Körper und das Verhalten seiner Bewohner darauf abgestimmt sein: ihre Gestalt war deshalb schlangenförmig, ihre Haut dick, und bei extremer Hitze und Kälte zogen sie sich in Höhlen zurück.[1]

---

1. Johannes Kepler: *Der Traum, oder: Mond-Astronomie*, Berlin 2011.

Bis zur Mitte des 19. Jahrhunderts waren solche Plausibilitätsregeln jedoch eher lose, und die Astronomen hielten sich mit allzu detaillierten Spekulationen über die konkrete Gestalt von Außerirdischen zurück. Sie beschränken sich meist darauf, die Möglichkeit, ja sogar die Wahrscheinlichkeit von extraterrestrischem Leben aufgrund der Erdähnlichkeit der anderen Planeten zu konstatieren; selten gingen sie jedoch wie Kepler bei der Beschreibung von dessen Gestalt ins Detail.

Mitte des 19. Jahrhunderts jedoch erschienen mit der Darwin'schen Evolutionstheorie neue Plausibilitätsregeln, die es erlaubten, kontrollierte Gedankenexperimente über die Gestalt außerirdischer Lebewesen anzustellen. Darwin ging von der These aus, dass sich die Arten im Laufe der Zeit verändern können und dass diese Veränderungen bestimmten Gesetzen folgen: nämlich der Variation (die Nachkommen eines Lebewesens sind nicht alle gleich, sondern weisen geringfügige Differenzen auf), dem Konkurrenzdruck (die verschiedenen Exemplare einer Art wetteifern um Lebensraum und Ressourcen, die sie zum Überleben benötigen) und der Selektion (auf Dauer werden sich nur jene Exemplare fortpflanzen können, welche die für eine bestimmte Situation am besten geeigneten Eigenschaften aufweisen). Mittels dieser Gesetze konnte man versuchen, die Art und Weise der Entstehung rezenter Arten aus Ausgestorbenen zu ermitteln, also genealogische Stammbäume zu entwerfen. Neben einer solchen historischen Rekonstruktion bot sich jedoch auch die Anwendung dieser Gesetze auf Gedankenexperimente über die mögliche zukünftige Entwicklung von rezenten Arten an. Bereits bei Darwin findet man gelegentlich solche Spekulation, etwa über die Möglichkeit, dass sich die durch Membrane verbundenen Finger des Galeopithecus, eines fliegenden Lemurs, durch natürliche Selektion verlängern und ihn damit in eine Art Fledermaus verwandeln könnten oder dass sich fliegende Fische eines Tages in geflügelte Tiere transformieren könnten. Das meiste Aufsehen erregte aber seine Extrapolation über eine mögliche zukünftige Entwicklung des nordamerikanischen Schwarzbären: da dieser dabei beobachtet wurde, beim Schwimmen mit dem Maul Insekten zu fangen, könne man sich, so Darwin, vorstellen, dass sich sein Körperbau durch natürliche Selektion immer mehr an das Leben im Wasser und, durch Vergrößerung des Mauls, an das Fressen von Insekten anpassen werde, bis schließlich eine Kreatur entstünde, die »so monströs wie ein Wal« wäre.[2]

Es ist kein Wunder, dass diese Spekulation vielen Zeitgenossen zu weit ging. Die Evolutionstheorie war ja selbst noch höchst umstritten, und die Vorstellung, dass sich ein Bär in einen Wal verwandeln könnte, war für die Kritiker ein Beweis für die Lächerlichkeit der ganzen Theorie. Zahlreiche Rezensenten machten sich darüber lustig, was Darwin dazu brachte, diese Passage in der zweiten Auflage seines Buches zu streichen.

---

2. Charles Darwin: *The Origin of Species*, London 1985, S. 215.

Was an dieser Stelle aber deutlich sichtbar wird, ist das imaginative Potential der Evolutionstheorie. Als Theorie, die Parameter für gesetzmäßige Veränderungen von Lebewesen vorgab, erlaubte sie eine »Biologie des Möglichen«: die Durchführung kontrollierter Gedankenexperimente über die Entstehung und Veränderung möglicher Formen von Lebewesen unter bestimmten angenommenen Bedingungen. Wichtig ist, dass solche Gedankenexperimente narrativ strukturiert waren. Sie erzählten eine Geschichte, eine zeitliche Abfolge von Ereignissen, in der konkrete Ursachen mit konkreten Wirkungen verbunden waren. Ein gewisser Grad an Detailreichtum war unabkömmlich: es reichte nicht aus, einfach zu sagen, dass sich Lebewesen nach diesen und jenen Gesetzen ineinander verwandeln würden. Vielmehr musste man beschreiben, welche Mechanismen unter welchen Umständen auf welche Teile wirkten, um die Konsequenzen dieser allgemeinen Gesetze für spezifische natürliche Phänomene aufzuzeigen. Wie der Fall des Bären zeigt, konnte dieser Detailreichtum jedoch zu weit gehen. Dann bestand die Gefahr, dass die Verwandlungsszene nicht mehr als wissenschaftliches Gedankenexperiment, sondern alleine als literarische Fiktion wahrgenommen wurde.

Um den prekären Status der Evolutionstheorie als seriöser wissenschaftlicher Theorie nicht zu gefährden, hielten sich die Biologen des 19. Jahrhunderts mit Spekulationen über mögliche zukünftige Entwicklungen von Lebewesen zurück und konzentrierten sich vor allem auf die Rekonstruktion historischer Stammbäume. Die Aufgabe, das imaginative Potential der neuen Theorie auszuschöpfen, blieb damit den Künstlern und Literaten überlassen. Zahlreiche Karikaturen spielten bereits kurz nach Erscheinen von Darwins Hauptwerk mit dem Motiv des sukzessiven Formwandels, und der britische Autor Charles Kingsley veröffentlichte 1863 das Kinderbuch *The Water-Babies*, das eine Reihe phantastischer Gestalten und Transformationen vorstellte.[3] Mit dem Ende des 19. Jahrhunderts war die Evolutionstheorie ein fester Bestandteil des künstlerischen Repertoires.

Mit der Entstehung der *scientific romance*, der romanhaften Bearbeitung wissenschaftlicher Themen und Theorien, traten an der Wende vom 19. zum 20. Jahrhundert auch nach evolutionstheoretischen Regeln geschaffene Außerirdische in die Literatur. Am einflussreichsten war wohl der Brite H. G. Wells, der in seiner Jugend stark vom Darwin-Anhänger Thomas H. Huxley beeinflusst war und der sich seit den 1890er Jahren in Kurzgeschichten mit dem Ausdenken fremdartiger Lebensformen beschäftigt hatte. Die Außerirdischen, die schließlich in seinem 1897 erschienen Roman *War of the Worlds* vom Mars aus die Erde angriffen, können als paradigmatische Anwendungen der Methode des evolutionstheoretischen Gedankenexperiments im Bereich der phantastischen Literatur gelten. Bereits der Grund der Marsbewohner, ihren Planeten zu verlassen, gehört in den Rahmen dieser Theorie: Denn ausgehend von der kosmologischen Anwendung der Evolutionstheorie, wie sie im 19. Jahrhundert vorgebracht wurde, ging Wells davon aus, dass der Mars älter als die Erde und damit bereits erkaltet wäre, was

---

3. S. dazu Julia Voss: *Darwins Jim Knopf*, Frankfurt/Main: Fischer 2009, S. 33–57.

seine Bewohner zwang, neue Ressourcen am nächstgelegenen jüngeren Planeten zu suchen. Die Außerirdischen selbst wurden vom Autor ebenfalls nach den Plausibilitätsregeln der Evolutionstheorie entworfen: ihre reduzierte Anatomie, die von einem übergroßen Gehirn und Tentakeln bestimmt war, war der Ausdruck einer grausamen Effizienz im Kampf ums Dasein. Und die Schlusspointe, nach der die Invasoren durch gewöhnliche, für den Menschen harmlose irdische Krankheiten hinweggerafft werden, verdankt sich ebenfalls der Anwendung des Prinzips der Anpassung an die Umwelt und des Überlebens des Stärkeren.

Nicht alle Autoren, die sich eines evolutionstheoretischen Rahmens bedienten, vertraten eine so düstere Sicht der Entwicklung. Der Deutsche Kurd Laßwitz, ein weiterer Begründer der *Science fiction*, beschrieb in seinem ebenfalls 1897 erschienen Roman *Auf zwei Planeten* freundliche und weise Marsbewohner, deren delikate Gliedmaßen und feinzisilierte Gesichtszüge das Ergebnis einer natürlichen wie zivilisatorischen Höherentwicklung darstellten.

Bemerkenswert ist, dass die frühe *Science fiction*, die sich mit Außerirdischen beschäftigte, nicht nur Themen und Erkenntnisse aus den zeitgenössischen Naturwissenschaften übernahm. Vielmehr übernahm sie ein Verfahren, nämlich jenes des evolutionsbiologischen Gedankenexperiments, das selbst bereits eine starke narrative Dimension besaß. Dieses Verfahren erlaubte es, Außerirdische zu entwerfen, um die herum man dann eine Geschichte gestalten konnte. Freilich bedienten sich viele Autoren, für die eine abenteuerliche Geschichte wichtiger war als biologische Plausibilität, eher lose bei den Vorgaben der Evolutionstheorie. Aber selbst der kalte, unwirtliche Mars und die junge, von üppiger Vegetation bedeckte Venus der *planetary romances* von Edgar Rice Burroughs zeigen den Einfluss dieser Theorie. Es gab aber auch Autoren, die den Aspekt des Gedankenexperiments mehr in den Vordergrund rückten. Dazu zählen neben Wells und Laßwitz etwa der Astronom Camille Flammarion. Stark von Darwin beeinflusst, betonte er bereits in seiner 1862 erschienenen Abhandlung *La Pluralité des mondes habités* die Gültigkeit der Evolutionstheorie auch für andere Himmelskörper als die Erde. Leben konnte für ihn überall durch Zufall entstehen und sich dann nach den Gesetzen der natürlichen Auslese und der Anpassung an die Umwelt entwickeln. Folgten diese Überlegungen auch stilistisch noch den Gepflogenheiten der wissenschaftlichen Auseinandersetzung über die Möglichkeiten außerirdischen Lebens, so gab er sich in seinen späteren Publikationen zunehmend der Fabulierlust hin. In *Recits de l'infini* (1872) versammelte er drei Erzählungen, die von den kosmischen Reisen eines Geistes handelten, der sich auf verschiedenen Planeten in den dort durch Evolution entstandenen Lebewesen inkarnierte.

Das Beispiel von Flammarion und die Tatsache, dass Wissenschaftler noch in der zweiten Hälfte des 20. Jahrhunderts, wie etwa die Astronomen Fred Hoyle und Carl Sagan, gelegentlich *Science fiction*-Romane verfassten, weisen bereits darauf hin, dass die Übergänge zwischen Literatur und Wissenschaft in diesem Bereich fließend sein konnten. Ob eine Spekulation als wissenschaftlich oder als literarisch wahrgenommen wurde, hing auch davon ab, wie weit man die Spekulationen trieb, wie detailliert man die Eigenschaften der Außerirdischen ausmalte und welches Gewicht man der erzählerischen Dimension verlieh. Gleichzeitig ist es wichtig zu betonen, dass der Transfer nicht einseitig von der Wissenschaft zur Literatur verlief. Mit der Herausbildung der Astrobiologie, der Wissenschaft vom außerirdischen Leben, als wissenschaftlicher Disziplin im Gefolge der US-amerikanischen Raumfahrtmissionen der 1960er und 1970er Jahre erlangte das evolutionstheoretische Gedankenexperiment einen neuen Stellenwert innerhalb der wissenschaftlichen Praxis selbst.[4] 1976 etwa veröffentlichen Carl Sagan und der Physiker Edwin Salpeter eine Beschreibung von Lebewesen, die auf dem Planeten Jupiter existieren könnten. Dieser Text erschien aber nicht in einem *Sciencefiction*-Heftchen, sondern in einer astrophysikalischen Fachzeitschrift. Aus Daten über die Atmosphäre des Jupiters, Formeln zur Berechnung der Aerodynamik und Annahmen über das Verhalten von Molekülen konstruierten sie quallenartige Organismen, die in den dichten Wolken des Planeten entstehen und existieren könnten.[5] Sagan beauftragte schließlich einen Künstler damit, Bilder dieser Lebewesen zu malen, die er dann in seiner Fernsehserie *Cosmos* präsentierte.

Durch eine detaillierte Untersuchung dieses Falles ließe sich zeigen, auf welche Weise bei der Durchführung des Gedankenexperiments verschiedene heterogene Daten und Verfahren zusammengeführt wurden. Gedankenexperimente sind nämlich weder Algorithmen noch logische Folgerungen, die einem Ideal deduktiver Ableitung gehorchen würden. Ihre Anwendung erfordert die Verknüpfung von Theorien, empirischen Daten, mathematischen Formalismen und anderen Elementen zu einem Narrativ, das Implikationen der Aussagen plausibel erscheinen lässt – wobei das, was zu einem bestimmten Zeitpunkt plausibel erscheint, von den geteilten Überzeugungen der Rezipienten dieses Narrativs abhängt.

Gedankenexperimente wie das von Sagan und Salpeter dienen dem Ausloten von Möglichkeitsräumen. Damit können sie zunächst einmal helfen, die empirische Forschung anzuleiten. Sagan etwa schlug vor, die Voyager-Sonden bei ihrem Vorbeiflug am Jupiter nach den von ihm erdachten Wesen Ausschau halten zu lassen. Auch die Marsmissionen der NASA wurden durch Gedankenexperimente vorbereitet: schließlich konnte man nur eine begrenzte Anzahl von Instrumenten und Experimenten mitführen, und es schien sinnvoll, solche zu haben, die nach den wahrscheinlichsten Lebensformen suchen würden.

Gedankenexperimente über außerirdisches Leben können aber auch dazu dienen, die Prämissen und Konsequenzen der biologischen Theorien selbst zu erproben. In der Auseinandersetzung zwischen den Evolutionsbiologen Steven Jay Gould und Simon Conway Morris etwa war die Figur des Außerirdischen zentral, als es um die Rolle der Konvergenz in der Evolution ging: sollte man annehmen, dass die Evolution völlig kontingent verlief, d.h. dass kleinste Ent-

---

4. S. dazu Steven J. Dick und James E. Strick: *The Living Universe. NASA and the Development of Astrobiology*, New Brunswick, New Jersey, London 2005.
5. Carl Sagan und Edwin Salpeter: »Particles, Environments and Possible Ecologies in the Jovian Atmosphere«, in: *Astrophysical Journal*, Supplement Series 32 (1976), S. 737–755.

scheidungen riesige und irreduzible Auswirkungen haben, oder gibt es limitierende Faktoren, die dazu beitragen, dass sich auch unter sehr verschiedenen Umständen nur eine endliche Anzahl möglicher Lösungen durchsetzen würden? Nimmt man Ersteres an, gelangt man dazu, die Fremdartigkeit möglichen außerirdischen Lebens zu betonen, während die zweite Position von ihrer prinzipiellen Ähnlichkeit zu irdischen Lebensformen überzeugt ist.[6] Auch hier zeigt sich wieder die enge Verschränkung zwischen wissenschaftlicher Praxis und fiktionalen Verfahren: nicht nur haben beide Autoren konkrete Beispiele für mögliche außerirdische Lebensformen angeführt (Gould etwa »klumpenartige, bänderartige oder kugelige Gebilde voll pulsierender Energie«[7]), einer von ihnen, Conway Morris, war auch wissenschaftlicher Berater der BBC-Produktionen Aurelia und Blue moon. Diese beiden Filme, die 2005 erstmals ausgestrahlt wurden, können als beispielhafte Inszenierungen des imaginativen Potentials der Astrobiologie gelten, insofern hier kontrollierte, auf bekannte Tatsachen und Theorien beruhende Gedankenexperimente mit den illusionistischen Verfahren moderner Computergrafik zu einem phantastischen Porträt der Ökologie zweier fremder Welten vereint wurden.

Mit diesen skizzenhaften Ausführungen sollte gezeigt werden, dass sich das Verhältnis von Kunst und Wissenschaft nicht auf die Übernahme bestimmter wissenschaftlicher Themen oder Motive in den Bereich künstlerischer Darstellung, sei es Literatur, Malerei oder Film, beschränkt. Vielmehr sind es oft die wissenschaftlichen Verfahren selbst, die Eingang in die künstlerische Praxis finden. Ein solches Verfahren ist das evolutionsbiologische Gedankenexperiment, das seit der zweiten Hälfte des 19. Jahrhunderts dazu beitrug, die Regeln einer literarischen Gattung namens *Science fiction* zu etablieren.

Die Betrachtung von Spekulationen über Außerirdische hat außerdem gezeigt, dass die Beziehungen zwischen den Bereichen Wissenschaft und Kunst reziprok sind. Zu behaupten, dass die Wissenschaft ihr imaginatives Potential an die Literatur auslagere, hieße zu verkennen, wie sehr etwa die Astrobiologie selbst imaginative Verfahren benötigt, um ihren Gegenstand allererst zu konstituieren. Denn die Astrobiologie ist eine zweifach paradoxe Wissenschaft. Erstens existiert ihr Gegenstand (zumindest bislang) nur im Modus des Möglichen. Ihre gesamte Existenzberechtigung beruht auf – mehr oder weniger plausiblen – Fiktionen. Zweitens muss sie ihren Möglichkeitsraum stets offen halten und einer Revision unterziehen: denn jede voreilige Definition von außerirdischem Leben produziert blinde Flecken und läuft Gefahr, ein solches Leben gar nicht wahrzunehmen, wenn es aus dem paradigmatischen Rahmen der Wissenschaft fällt. Die Wissenschaft vom Außerirdischen kann, als Wissenschaft vom irreduzibel Fremden, damit nur eine Wissenschaft der Gedankenexperimente sein. Das

---

6. S. dazu Thomas Brandstetter: »Alien Life: Remarks on the Exobiological Perspective in Recent Terrestrial Biology«, in: Kai-Uwe Schrogl u.a. (Hg.): *Humans in Outer Space – Interdisciplinary Perspectives*, Wien, New York 2011, S. 146–155.
7. Stephen Jay Gould: »SETI und die Weisheit von Casey Stengel«, in: Ders.: *Das Lächeln des Flamingos. Betrachtungen zur Naturgeschichte*, Basel 1989, S. 322–331, hier S. 325.

Konstruieren von Gedankenexperimenten aber impliziert stets literarische und künstlerische Verfahren und erfordert damit eine Fertigkeit des Imaginierens und Erzählens.

Klaus Hamberger

Potlatsch und Verwandtschaft

Als Lévi-Strauss 1949 vorschlägt, in den Heiratssystemen das »kunstvolle Spiel des Tauschs« zu erblicken, in dem die Spielsteine – Güter oder Frauen – nur gegeben oder genommen werden, um einen Gegenzug zu provozieren,[1] stützt seine Argumentation sich massiv auf den Potlatsch, jenes berühmte System ostentativer Geschenkverteilung, das Boas und Swanton um die Jahrhundertwende an der Nordwestküste Amerikas vorfanden.[2] Fast könnte man die *Elementaren Strukturen der Verwandtschaft* als eine gewaltige Verallgemeinerung der Feststellung Boas' auffassen, dass die Heirat bei den Kwakiutl nach demselben Prinzip funktioniere wie der Potlatsch.[3] Für Lévi-Strauss, der den Potlatsch, Mauss folgend, als eine radikale Form des Gabentauschs ansieht, ist dieses Prinzip die Gegenseitigkeit: wenn eine Gruppe sich verbietet, die eigenen Frauen zu heiraten und die eigenen Güter zu konsumieren, so verpflichtet sie deren Empfänger dadurch, sich im Gegenzug von ihren Frauen und Gütern zu trennen, sodass am Ende keine der beiden Gruppen verloren, jede aber einen Verbündeten gewonnen hat.

Die Anthropologen sind sich heute weitgehend darin einig, dass diese Interpretation weder dem Potlatsch noch den Heiratssystemen gerecht wird. Boas' Deutung des Potlatsch, der Mauss die Idee der »Pflicht des Erwiderns« entnahm, beruht teils auf Missverständnissen, teils auf der historischen Ausnahmesituation der Kwakiutl von Fort Rupert,[4] und Lévi-Strauss' Theorie des »Frauentauschs« ist auf viele empirische Heiratssysteme nicht anwendbar, zu denen gerade auch das der Kwakiutl gehört. Tatsächlich wird deren soziale Organisation in den gesamten *Elementaren Strukturen* nicht behandelt. Erst dreißig Jahre später kommt Lévi-Strauss in einem vielbeachteten Aufsatz[5] auf sie zurück, um zu zeigen, dass alle klassischen Dichotomien der Verwandtschaftstheorie – väterliche vs. mütterliche Verwandtschaft, Filiation vs. Heiratsallianz, Exogamie vs. Endogamie,

---

1. Claude Lévi-Strauss: *Les Structures élémentaires de la parenté*, 2e éd., Paris 1967, S. 63.
2. Ich stütze mich im Folgenden vor allem auf die Arbeiten von Franz Boas (*The Social Organization and the Secret Societies of the Kwakiutl Indians*, Washington 1897; »The Social Organization of the Kwakiutl«, in: *American Anthropologist* 22, 1920; *Ethnology of the Kwakiutl*, Washington 1921; *Kwakiutl ethnography*, Chicago 1966) und Ronald Olson (*Social life of the Owikeno Kwakiutl*, Berkeley 1954; *Notes on the Bella Bella Kwakiutl*, Berkeley 1955) für die Kwakiutl; auf John R. Swanton (*Social Organization of the Haida*, New York 1902; *Contributions to the Ethnology of the Haida*, New York 1905) und George P. Murdoch (»The Haidas of British Columbia«, in: *Our Primitive Contemporaries*, New York 1934, *Rank and Potlatch among the Haida*, New Haven 1936) für die Haida; auf George T. Emmons (*The Tlingit Indians*, Seattle 1991), Ronald Olson (*Social structure and social life of the Tlingit in Alaska*, Berkeley 1967), Frederica De Laguna (*Under Mount Saint Elias*, Washington 1972) und Kalvero Oberg (*The Social Economy of the Tlingit Indians*, Seattle 1973) für die Tlingit.
3. Boas: *The Social Organization*, a.a.O., S. 358.
4. Vgl. Homer G. Barnett: »The Nature of the Potlatch«, in: *American Anthropologist* 40 (1938), S. 349–57; Marie Mauzé: »Boas, les kwagul et le potlatch : éléments pour une réévaluation«, in: *L'Homme* 100 (1986), S. 21–53.
5. Claude Lévi-Strauss: »L'organisation sociale des Kwakiutl«, in: Ders., *La voie des masques*, Paris 1979.

etc. – in ihrem Fall fragwürdig oder zweideutig werden. Folgerichtig ist in diesem Aufsatz nicht mehr vom Tausch, ja nicht einmal mehr vom Potlatsch die Rede, und man könnte ihn mit einigem Recht als Kapitulationsurkunde der Theorie des Frauentauschs auffassen. Dieses Scheitern der klassischen Interpretationen von Potlatsch und Heirat bedeutet aber nicht, dass Boas sie zu Unrecht als Ausdruck desselben Prinzips beschrieben hätte. Im Gegenteil: gerade vor dem Hintergrund dieses Scheiterns wird die Frage interessant, ob dem Potlatsch nicht nach wie vor eine Modellfunktion für die Theorie der Verwandtschaft zukommt.

Um diese Frage in Angriff zu nehmen, müssen wir kurz auf die Spielregeln zurückkommen. Der Potlatsch ist eine festliche Verteilung von Geschenken an Gäste, die stets zu einer anderen Gruppe gehören als die Gastgeber. Diese Geschenke werden als Entgelt für eine Leistung der Gäste aufgefasst, die einen materiellen Aspekt haben kann (Hausbau, Bestattung, Tätowierung, etc.), vor allem aber eine rechtliche Funktion erfüllt: sie besteht darin, die Übertragung von Titeln, Namen oder Privilegien innerhalb der Gruppe der Gastgeber zu bezeugen und symbolisch zu vermitteln. Diese Funktion ist von entscheidender Bedeutung für die Reproduktion der Gruppe als solcher. Nach der Auffassung der Bewohner der Nordwestküste besteht eine soziale Gruppe weniger aus Individuen als aus Positionen, zu denen Namen, Ränge, Insignien und Vorrechte gehören; und jedes Mal, wenn eine Position von einem neuen Individuum eingenommen wird, bedarf dieser Wechsel zu seiner Gültigkeit der Bekräftigung durch einen Potlatsch.

Der Potlatsch begründet aber nicht allein Rang und Titel der Gastgeber – er bringt auch die Rangordnung der Gäste zum Ausdruck, sei es in der Reihenfolge der Einladungen, der Sitzordnung im Festhaus oder der Höhe der Geschenke. Hier kommt das Prinzip der Gegenseitigkeit ins Spiel: je höher der Rang einer Position, desto mehr muss die Person, die sie beansprucht, bei ihrem Potlatsch verausgaben, desto mehr wird sie aber auch bei allen folgenden Potlatschen erhalten, zu denen sie als Gast geladen ist. Der Potlatsch lässt sich also zu Recht als eine Akkumulation immateriellen Kapitals auffassen, das durchaus materielle Zinsen trägt. Aber diese Kapitalisierung erschöpft sich nicht in der Sphäre des Tauschs oder Kredits. Der Potlatsch kann keinen Rang oder Titel begründen, der nicht bereits innerhalb der Gruppe besteht. Es ist seine Übertragung, die der Vermittlung einer anderen Gruppe bedarf und durch den Potlatsch abgegolten werden muss.

Nun sind die beim Potlatsch beteiligten Gruppen oft Verwandtschaftsgruppen, die miteinander durch Heiratsbeziehungen verknüpft sind. Den beiden Grundrelationen des Potlatsch – Übertragung und Vermittlung – entsprechen in diesem Fall die Grundrelationen der Verwandtschaft – Filiation und Allianz. Man kann also erwarten, dass die Form des Potlatsch mit der Struktur der Verwandtschaft variiert. Tatsächlich hat man seit langem bemerkt,[6] dass gerade

---

6. Vgl. Abraham Rosman und Paula G. Rubel: *Feasting With Mine Enemy. Rank and Exchange among Northwest Coast Societies*, New York 1971, Kap. 7.

jene Gesellschaften der Nordwestküste, die die Heirat zwischen Kreuzcousins empfehlen und somit den »elementaren Strukturen« Lévi-Strauss' entsprechen (Haida, Tlingit, Tsimshian), die Heirat *nicht* zum Anlass eines Potlatsch nehmen. Umgekehrt haben die Kwakiutl, bei denen die Heirat einen Potlatsch nach sich zieht, keinerlei fixe Heiratsregeln und kein unilineares Filiationssystem. Ein Vergleich dieser beiden Varianten – der »elementaren« der Haida und Tlingit und der »komplexen« der Kwakiutl – erlaubt es, den Zusammenhang zwischen Potlatsch und Verwandtschaft zu präzisieren.

Gast im eigenen Haus

Die Gesellschaften der Haida und Tlingit sind in matrilineare Lineages gegliedert, die sich in exogame Hälften gruppieren. Vater und Sohn, Ehemann und Ehefrau gehören also stets unterschiedlichen Hälften an. Frauen wohnen beim Ehemann, Männer beim mütterlichen Onkel, den sie auch beerben. Namen und Titel werden aber nicht nur vom mütterlichen Onkel, sondern auch vom väterlichen Großvater geerbt, der idealerweise derselben Lineage angehört wie der Erbe, da ein Mann eine Frau aus der Lineage seines Vaters heiraten sollte. Diese Heiratsregel erzeugt eine klassische »elementare« Verwandtschaftsstruktur, die sich als Tausch zwischen Lineages interpretieren lässt: die »Nehmer« der Mutter sind zugleich »Geber« der Ehefrau. Das eigentliche Tauschverhältnis zwischen den beiden Gruppen zeigt sich aber im Todesfall: es ist die Lineage des Vaters des Toten (im Idealfall auch Lineage der Witwe), die den Leichnam beisetzt und dafür von der Lineage des Toten in einem Potlatsch entschädigt wird, der den Erben in seinem neuen Rang bestätigt. Wer einen hochrangigen Titel erben will, muss über das beträchtliche ökonomische und soziale Kapital verfügen, das für die Veranstaltung dieses Potlatschs erforderlich ist.

Genauer gesagt handelt es sich dabei um eine ganze Reihe von aufeinanderfolgenden Festen: der Bestattung folgt die Errichtung des Totempfahls, dieser der Neubau des Hauses. Diese Leistungen bilden eine begriffliche Einheit: die berühmten Totempfähle mit ihren kunstvollen Schnitzereien und Clanwappen sind Grabmale und zugleich integrale Bestandteile des Hauses, Transformationen seiner geschnitzten Stützpfeiler. Jede Bestattung ist ein Hausbau und umgekehrt: auch wenn ein Haus zu Lebzeiten seines Besitzers bis zu acht Mal neu errichtet werden kann, um das in ihm verkörperte Potlatschkapital zu erhöhen, erfordert jeder derartige Neubau den Bezug auf einen Verstorbenen, dessen Namen und Titel der Veranstalter sich aneignet.

Namen und Titel werden beim Begräbnispotlatsch aber nicht nur an den Hauserben, sondern auch an die Enkelkinder (Kinder der Söhne) des Toten übertragen, wobei die damit einhergehenden symbolischen Akte – Tätowierung und Piercing der Ohren oder Lippen – von den Angehörigen ihrer Väter, also wieder von der Lineage der Witwe, vorgenommen werden. Diese zeremoniellen Leistungen gehören zum selben Register wie die Errichtung des Hauses und Totempfahls: das »Haus« als soziale Einheit ruht auf seinen hölzernen

Pfeilern ebenso wie auf seinen menschlichen Gliedern, und wenn es auch ideell einen zeitlosen Bestand unveräußerlicher Namen, Titel und Privilegien darstellt, so kann es sich materiell nur reproduzieren, indem seine Rangabzeichen und Familienwappen sich wieder und wieder in tätowierte Körper und geschnitzte Pfähle einschreiben. Diese Einschreibung kann aber nicht von den Angehörigen des Hauses selbst vorgenommen werden – sie ist stets eine Leistung der »anderen Seite«, der Gäste, der Heiratsverwandten. Die Heiratsallianz reguliert also nicht nur die Reproduktion der Individuen, sondern auch die Reproduktion der Gruppe, des »Hauses« als solchem, und die Form dieser Reproduktion ist der Potlatsch.

Dieses einfache Grundschema findet seine deutlichste Ausprägung bei den Tlingit und Haida, wo die Beziehung zwischen Heiratsverwandten in einer globalen Organisation matrilinearer Hälften verankert ist. Trotzdem enthält der Potlatsch selbst bei ihnen ein Element, das nicht in dieses Schema passt und ihm sogar diametral zuwiderläuft. Die Gastgeber lassen nämlich nicht allein die Enkelkinder des Toten (d.h. ihre Nichten und Neffen), sondern auch ihre eigenen Kinder tätowieren, die *per definitionem* zur anderen Hälfte gehören. Ihre Tätowierung muss daher von den Verwandten des Gastgebers vorgenommen werden, die sich dafür von den mütterlichen Verwandten der Kinder (d.h. der Frau des Gastgebers) mit Geschenken entschädigen lassen. Innerhalb des Begräbnispotlatsch spielt sich gleichsam ein zweiter Potlatsch mit umgekehrten Vorzeichen ab: während der Gastgeber Geschenke an die Verwandten der Frau seines Vorgängers verteilt, erhält er gleichzeitig Geschenke von den Verwandten seiner eigenen Frau, als wäre er Gast im eigenen Haus. Die Haida sind in dieser Richtung am weitesten gegangen, indem sie diesen »umgekehrten« Potlatsch weitgehend aus dem Zusammenhang der Bestattung herausgelöst und ganz auf den Bau des Hauses konzentriert haben. Tatsächlich wird das Haus bei ihnen nicht von den Gästen, sondern von den Gastgebern errichtet, während die Finanzierung den Verwandten der Frau, d.h. den Gästen obliegt. Hier scheinen alle Gesetze des Potlatsch auf den Kopf gestellt – es sei denn, man nimmt an, dass der eigentliche Gastgeber nicht der Herr, sondern die Frau des Hauses sei.[7] Dies würde jedoch bedeuten, das Haus – zumindest symbolisch und für die Dauer des Potlatsch – als Eigentum der Lineage der Frau zu betrachten, in Umkehrung der bestehenden Wohnsitzregel, die verlangt, dass die Frau bei der Heirat ins Haus des Mannes zieht.

Sollte man also den Hausbaupotlatsch der Haida – und allgemeiner die anscheinend »anormalen« Formen des Potlatsch, die bei den nördlichen Gesellschaften mit der Tätowierung der Kinder des Gastgebers einhergehen – nicht so sehr als eine Umkehrung des Potlatsch, sondern als eine Umkehrung der Heirat ansehen? Diese Hypothese wäre pure Spekulation, gäbe es nicht bei den Kwakiutl eine Form des Potlatsch, die ausdrücklich als Rückgängigmachung der Heirat aufgefasst wird.

---

7. Vgl. George P. Murdock: *Rank and Potlatch among the Haida*, New Haven 1936, S. 12, und Philip Drucker: *Indians of the Northwest Coast*, New York 1955, S. 135.

Die zurückgekaufte Braut

Die Kwakiutl von Vancouver Island unterscheiden sich von ihren nördlichen Nachbarn zunächst durch das Prinzip ihrer sozialen Organisation. Namen und Titel werden hier nicht in weiblicher Linie, sondern ohne Unterschied des Geschlechts auf das älteste Kind übertragen, allerdings mit einem gewissen patrilinearen Einschlag: eine Erbtochter wird als sozialer Mann behandelt, und die anderen Töchter verlassen bei der Heirat das elterliche Haus. Die Übertragung von Namen und Titeln erfolgt in der Regel durch einen Potlatsch zu Lebzeiten des Vorgängers, der zugunsten seines Sohns in den Rang der Gemeinen zurücktritt. Tod und Bestattung stellen daher im Unterschied zu den Tlingit und Haida keinen Anlass für einen Potlatsch dar. Hingegen ist die Heirat ein solcher Anlass – wiederum im Unterschied zu den nördlichen Nachbarn.

Das soll nicht heißen, dass die Haida und Tlingit keine Heiratsgeschenke und keine Mitgift kennen. Überall an der Nordwestküste ist die Heirat mit einem beträchtlichen Gabentausch verbunden, der mit einem Geschenk der Verwandten des Bräutigams eröffnet und seitens der Familie der Braut mit einem Gegengeschenk besiegelt wird, dessen Höhe die des Brautgeschenks meist um ein Vielfaches übersteigt. Der erste augenfällige Unterschied besteht darin, dass die Kwakiutl diese »Rückzahlung« des Brautgeschenks als eine »Auslösung« der Braut begreifen, die formell die Ehe beendet, auch wenn die neuerliche Zahlung eines symbolischen Brautpreises sie wiederherstellen kann. Diese »Auslösung« zielt nicht allein auf die Frau, sondern auch auf deren Kinder, die formell vom Ehemann zurückgekauft werden: je mehr Kinder ein Paar hat, desto höher die Leistung der Schwiegerverwandten. Die Rückzahlung stellt also symbolisch eine Situation her, in der die Kinder zum Haus der mütterlichen Großeltern gehören – dieselbe Fiktion, wie sie der Hausbaupotlatsch der Haida hervorruft, wenn er den Mann als Gast im ehelichen Haus auftreten lässt. Tatsächlich weist der Potlatsch, in den die Kwakiutl die Rückzahlung des Brautgeschenks einbetten, dieselbe Anomalie auf wie der Hausbaupotlatsch der Haida: der Gastgeber verteilt an seine eigene Verwandtschaftsgruppe die Güter, die er von den Gästen – der Familie der Frau – erhalten hat. Dies ist aber nicht die einzige Analogie zwischen den beiden Institutionen. Die Gaben der Schwiegerverwandten enthalten nämlich nicht allein die üblichen Potlatschgüter (Kupferplatten, Wolldecken etc.), sondern auch eine Reihe von Namen, Titeln und Privilegien, die der Gastgeber treuhänderisch für seinen Sohn entgegennimmt. Der Potlatsch der »Rückzahlung« präsentiert sich somit durchgängig in derselben »umgekehrten« Form wie der Hausbaupotlatsch der Haida: es sind die Kinder des Gastgebers, nicht des Gastes, denen die mütterlichen Verwandten über Vermittlung des Vaters ihre Namen und Titel übertragen.

Nun erhalten die Kwakiutl-Kinder ihre Titel und Namen für gewöhnlich vom Vater, und die mütterlichen Verwandten bilden keine matrilineare Gruppe wie bei den Haida. Man muss aber beachten, dass die Titel und Namen, die während des »Rückzahlungs«-Potlatsch übertragen werden, zu einer besonderen Kategorie gehören und streng von den eigentlichen Familiennamen getrennt sind. Diese sind den Erstgeborenen vorbehalten und können niemals durch Heirat veräußert werden. Die einzigen durch Heirat übertragbaren Titel sind die durch Heirat erworbenen. Eine kontinuierliche Weitergabe vom Schwiegervater auf den Schwiegersohn, die beide jeweils als Treuhänder ihrer Söhne fungieren, entspricht aber, wie bereits Boas bemerkt hat,[8] einer Übertragung in weiblicher Linie, wie sie bei den Haida die allgemeine Regel ist. Tatsächlich handelt es sich bei den Titeln, die die Kwakiutl über die Frauen weitergeben, um dieselben, die die Haida mit der Tätowierung der Kinder übertragen: es sind jene, an die das Recht zur Aufführung bestimmter Tänze während der Winterfeste geknüpft ist.

Der wesentliche Unterschied zwischen beiden Gesellschaften besteht darin, dass diese Tänze bei den Haida einen unveräußerlichen Besitz des Hauses darstellen, während die Kwakiutl sie zwischen den Häusern zirkulieren lassen, womit der Heirat zentrale strategische Bedeutung zukommt – umso mehr, als sie nicht mehr, wie im Norden, ins Korsett vorgeschriebener Verwandtschaftsbeziehungen gezwängt ist. Die Tänze, nicht die Frauen, stellen den eigentlichen Zweck der adeligen Kwakiutl-Heirat dar, was bereits daraus hervorgeht, dass sie oft nicht einmal einer Frau bedarf, die auch durch einen Hauspfosten ersetzt werden kann. Die Besonderheit der Kwakiutl-Gesellschaft besteht in der Entkopplung zweier Systeme von Namen und Titeln, die bei ihren nördlichen Nachbarn zu ein und demselben Familienfonds gehören und nach denselben Prinzipien übertragen werden. Familientitel und Tanzprivilegien stellen bei ihnen zwei komplementäre Systeme dar, zu denen zwei Filiationsregeln, zwei Typen des Potlatsch, ja zwei Modelle sozialer Organisation gehören, die alternierend im Sommer oder im Winter zur Anwendung kommen.

Trotzdem lassen sich, wie wir gesehen haben, auch bei den Haida Elemente einer analogen Spaltung feststellen: auch bei ihnen finden wir zwei Potlatsch-Systeme, Bestattungs- und Hausbaupotlatsch, die zwar derselben Filiationsregel gehorchen, aber bezüglich der Rollen von Gast und Gastgeber im gleichen Gegensatz zueinander stehen wie Nachfolge- und Heiratspotlatsch bei den Kwakiutl. In beiden Fällen agieren die mütterlichen Verwandten bei der Übertragung der Tänze wie Gastgeber der väterlichen, obwohl sie in Wahrheit deren Gäste sind. Um diese Umkehrung zu erklären, müssen wir uns den Tänzen selbst zuwenden.

Transformationen des Hauses

Die Geistertänze der Kwakiutl und ihrer nördlichen Nachbarn haben dieselbe Struktur[9] (vermutlich auch denselben Ursprung). In beiden Fällen wird ihr

---

8. Boas: *The Social Organization*, a.a.O., S. 334; Ders.: »The Social Organization of the Kwakiutl«, in: *American Anthropologist* 22, a.a.O., S. 120.
9. Vgl. Swanton: *The Social Organization of the Haida*, a.a.O., S. 160 ff., Boas: *The Social Organization*, a.a.O., S. 502 ff., sowie Philip Drucker: »Kwakiutl Dancing Societies«, in: *Anthropological Records* 2 (6),

Erwerb auf die mythische Begegnung mit einem übernatürlichen Wesen zurückgeführt, das seither in den Tänzen verkörpert wird. Das Privileg dieser Darstellung wird über die Frauen übertragen und während des jährlichen Winterfests in einem Initiationsritual realisiert, das in gewisser Weise die erste Begegnung wiederholt. Die Novizen werden dabei von den Geistern besessen, in die Wälder entführt, wieder eingefangen und während einer mehrtägigen Serie von Tänzen, in denen sie die jeweiligen Geister darstellen, rituell »gezähmt«. Die Geister sind Menschenfresser: sie beißen die Anwesenden, schreien nach Menschenfleisch, zerfleischen Leichen oder Hundekadaver, wobei sie immer wieder ausbrechen und unerwartet von neuem ins Haus eindringen. Hauptfigur dieser spektakulären Aufführung ist der mächtigste der Geister, der »große Menschenfresser des Nordens«, dargestellt vom höchstrangigen Novizen, dem Sohn des Gastgebers, in dessen Haus das Ritual stattfindet.

Das Haus wird zu diesem Zweck geringfügig umgebaut: der hintere Teil wird durch eine Trennwand oder einen Vorhang abgeteilt und bildet eine Geheimkammer, zu der nur die initiierten Tänzer Zugang haben. Bei den Tlingit wird diese Funktion von der bemalten Trennwand erfüllt, die das Totemtier des Hauses zeigt und in profanen Zeiten zum Schlafzimmer des Hausherrn führt; bei den Kwakiutl wird die Wand speziell für das Winterritual errichtet und mit dem Gesicht des Menschenfressers bemalt, dessen Rachen den Eingang zur Geheimkammer bildet. Vor oder in dieser Kammer wird ein großer Zedernpfahl aufgestellt, der durch das Rauchabzugsloch aus dem Dach ragt und an seiner Spitze eine Darstellung des großen Menschenfressers in Form eines mit Zedernbast umflochtenen Tannenkranzes trägt. Kammer und Dach repräsentieren für die Dauer des Rituals das Reich der Geister, die polternd über die Planken laufen, durch die Rauchluke ins Haus einbrechen oder am Kannibalenpfahl hinausklettern, über den Rand der Trennwand springen oder durchs Maul des Menschenfressers verschwinden.

Trennwand und Zedernpfahl bilden die beiden Achsen der Verbindung zur Geisterwelt: horizontal, nach Norden, zur Mündung des als Fluss aufgefassten Ozeans, der Quelle der übernatürlichen Kräfte; und vertikal, nach oben, zu den Bäumen und Bergen, den bewaldeten Gebirgen des Nordens, der Heimat der Toten, die früher in Bäumen bestattet wurden, heute in Totempfählen, Himmelsleitern der Geister. Der Kannibalenpfahl erfüllt dieselbe Funktion auf kosmischer Ebene: er repräsentiert die Weltensäule, den Pfahl aus Kupfer, an dem der große Menschenfresser vom Himmel auf die Erde klettert.[10] In einem anderen Kwakiutl-Mythos gelangt der Held während einer Kanufahrt in nördlicher Richtung zu dieser Weltensäule, die gleichzeitig den Pfosten des Hauses darstellt, dessen Fassade das Gesicht eines Seeungeheuers zeigt. Der Hausherr,

---

1940, S. 201–230 und Bill Holm: »Traditional and Contemporary Kwakiutl Winter Dance«, in: *Arctic anthropology* 14:1, 1977, S. 5–24. Zum Kwakiutl-Winterritual vgl. auch Werner Müller: *Weltbild und Kult der Kwakiutl-Indianer*, Wiesbaden 1955; und Irving Goldman: *The mouth of heaven*, New York 1975.

10. Franz Boas und George Hunt: *Kwakiutl Texts*, New York und Leiden 1905, S. 401.

ein übernatürliches Wesen namens Kupfermacher, beherbergt ihn vier Winter lang, um ihm danach sein gesamtes Haus und all seine Privilegien zu übertragen – er schickt sie ihm durch einen Wal, vielmehr ein lebendiges Boot, dessen Mast nichts anderes ist als der Kannibalenpfahl.[11]

Diese Mythen helfen die Frage zu klären, warum beim Heiratspotlatsch der Kwakiutl, ebenso wie beim Hausbaupotlatsch der Haida, in offenkundigem Widerspruch zur Regel des Potlatsch der Gastgeber vom Gast beschenkt wird, als wäre er Gast in seinem eigenen Haus. Denn wenn das Gastgeschenk, wie der Mythos betont, *das Haus selbst* ist, so zieht der Potlatsch als solcher eine Transformation des Bezugssystems nach sich, in der die Rollen von Gast und Gastgeber sich verkehren. Das Winterritual der Kwakiutl bringt diese Transformation auf doppelte Weise zum Ausdruck. Zum einen wird innerhalb des Hauses des Gastgebers das Haus des (übernatürlichen) Gastes errichtet, wie der Mythos es beschreibt: der Kannibalenpfahl ist sein Pfosten, die Trennwand seine Fassade. Die Gastgeber finden sich also symbolisch vor dem Haus ihrer Gäste wieder, als wären sie gerade mit dem Boot gekommen. Zum anderen aber wird vor dem Haus der Gastgeber tatsächlich ein symbolisches »Boot« aufgebaut: ein Gehege aus Kistendeckeln, in dem die Verwandten der Frau ihre Geschenke aufstapeln. Seile aus Zedernbast, die zum Ufer gespannt sind, stellen seine »Ankertaue« dar; sein »Mast« ist die Kupferplatte, Inbegriff der wertvollsten Potlatsch-Geschenke. In diesem »Boot« befindet sich auch die Schachtel mit den Insignien der Geistertänze. Wie der Mythos deutlich macht, ist dieses zur Gänze aus Geschenken gebaute Boot nichts weniger als das »Haus« der Gäste, das die Gastgeber buchstäblich in ihr Haus tragen, ehe in dessen Inneren das Haus jener übernatürlichen Gäste errichtet wird, die den Sohn des Gastgebers entführen werden. Von Gästen des Vaters zu Gastgebern des Sohnes geworden, machen sie den Sohn selbst zum Gastgeber des Vaters, indem sie ihn nicht allein in ihr Haus aufnehmen, sondern ihm, als neuer Verkörperung des großen Menschenfressers, das Haus als solches zum Geschenk machen.

Bei den Haida, für die die »Entführung« des Sohnes ins Haus seiner mütterlichen Verwandten keine rituelle Fiktion, sondern eine soziale Realität ist, fällt das Ritual des Boots weg; seine Spuren bleiben aber sichtbar. Auch sie spannen beim Hausbaupotlatsch Zedernbastseile vom Haus zum Ufer, wenn auch nicht, um ein symbolisches Boot zu verankern, sondern um einen Teil der Straße vor dem Haus abzusperren – wer immer die Sperre durchbricht, wird gefangen und initiiert. Die Sperrseile außerhalb des Hauses erfüllen also dieselbe Funktion wie bei den Kwakiutl die Trennwand im Inneren, und diese Analogie wird dadurch bekräftigt, dass die Haida die Orientierung des Hauses für die Dauer des Potlatsch umkehren: während die Vorderseite abgesperrt bleibt, wird in der Rückwand eine neue Eingangstür eröffnet. Die Transformation des Bezugssystems, die die Umkehrung der Rollen von Gast und Gastgeber mit sich bringt, drückt sich bei den Haida also durch eine Spiegelung aus, während sich bei den Kwakiutl das

---

11. Franz Boas: *Kwakiutl Tales. New Series*, New York 1969, Vol. 2, S. 215–219.

Verhältnis von Innen und Außen umkehrt. Diese Unterschiede in der rituellen Umsetzung der Transformation entsprechen ihren unterschiedlichen sozialen Implikationen: bei den Haida stehen »väterliche« und »mütterliche« Verwandtschaft einander als zwei Verwandtschafts*gruppen* gegenüber, bei den Kwakiutl als zwei Verwandtschafts*systeme*. Während im ersten Fall nur das Verhältnis der Ehepartner in Frage steht (der Vater initiiert seine Kinder in seinem eigenen Haus, als gehörte es den Verwandten der Mutter), geht es im zweiten Fall auch um das Verhältnis zu den Kindern (die durch die Initiation symbolisch dem Hausverband des Vaters entzogen werden).

Damit wird auch verständlich, warum die Initiation der Kinder bei den Haida Teil eines Potlatsch ist, der sich letztlich in die Serie der Trauerriten einschreibt, während der entsprechende Potlatsch der Kwakiutl als Fortsetzung eines Heiratsritus erscheint. Die Verschiebung des Kontexts gibt den konstanten Elementen des Rituals eine unterschiedliche Färbung: wenn die Geistertänzer am Kannibalenpfahl aufs Dach klettern, so erinnert dies, aus der Haida-Perspektive, an das Begräbnis des Schamanen, der von seinen Neffen durchs Rauchabzugsloch aufs Dach gehievt und von dort ins Boot gebracht wird, das ihn zur Grabstätte trägt, das Gesicht nach Norden gewandt. Aus der Kwakiutl-Perspektive hingegen lässt es an den Hochzeitsritus denken, bei dem die Verwandten des Bräutigams, nach einer realen oder symbolischen Bootsfahrt, über eine steile Planke aufs Dach des Schwiegervaters klettern, wo die Braut sie erwartet. In beiden Fällen wird die Verbindung zur Geisterwelt durch das Erklettern des Dachs und die Bootsfahrt nach Norden symbolisiert, in beiden Fällen wird sie in weiblicher Linie hergestellt, und in beiden Fällen ist es die Gruppe des Vaters, die diese Verbindung vermittelt und dafür im Potlatsch entschädigt wird. Aber während diese Gruppe sich bei den Haida selbst in weiblicher Linie reproduziert, sodass die Filiationsregel unproblematisch ist und die Initiation sich ohne weiteres als eine Variante matrilinearer Filiation darstellen kann, deren typischer Ausdruck der Totenritus ist, hat die Reproduktion der väterlichen Gruppe bei den Kwakiutl eine patrilineare Richtung genommen, und die Filiationsregel wird potentiell zum Spieleinsatz eines Konflikts zwischen Heiratsverwandten, die mit Geschenken und Gegengeschenken um die Kinder kämpfen.

Diese Beobachtung lässt sich verallgemeinern. In einer idealen »elementaren« Struktur sind Filiation und Allianz zwei voneinander unabhängige Koordinatenachsen. Übertragungen innerhalb der Gruppe sind klar unterschieden von Leistungen zwischen Gruppen, die Heiratsverwandten haben die Filiation nur zu bestätigen, der Potlatsch wird nur im Todesfall aktuell. In einer »komplexen« Struktur hingegen ist die Filiationsregel nur die vorläufige Resultante des Kräfteverhältnisses zwischen Heiratsverwandten. Die Gruppen konstituieren sich als ephemere Netzwerke im Spannungsfeld mütterlicher und väterlicher Kraftlinien, stets in Gefahr, absorbiert oder atomisiert zu werden. Hier erfordert jede Geburt einen neuen Potlatsch, dessen Ausgang die Zugehörigkeit der Kinder nicht etwa nur bestätigt, sondern entscheidet; die Gegenseitigkeit nimmt die kritische Form der Rivalität an. Die Haida sind näher am »elementaren«, die Kwakiutl näher am »komplexen« Pol dieses Spektrums. Aber es wäre falsch, sie an den Extremen zu situieren. Auch Haida und Tlingit fassen Filiation und Allianz klar als eine Einheit auf – die Knaben, die zum mütterlichen Onkel ziehen, stellen ein Geschenk an die Frauengeber dar[12] – und stabilisieren ihre unilineare Gruppenstruktur dank einer Heiratsregel, die väterliche und mütterliche Filiation so weit als möglich zur Deckung bringt. Umgekehrt halten die Kwakiutl die Auswirkungen ihrer deregulierten Heiratsstrategien auf die Einheit der Gruppen in Grenzen, indem sie deren symbolisches Substrat in weltliche und geistliche Anteile spalten und die Ansprüche väterlicher und mütterlicher Verwandter in unterschiedliche Bahnen lenken, die sich im Heiratspotlatsch rituell überkreuzen.

In beiden Fällen liefert der Potlatsch das Erzeugungsschema der Verwandtschaftsstruktur – nicht nur als theoretisches Modell, sondern als rituelle Praxis: als regelmäßig erneuerte, feierliche Aufstellung des kunstvollen (und teuren) Spiels von Allianz und Filiation. Aber dieses Spiel reduziert sich nicht auf den Tausch. Weit entfernt davon, lediglich bestehende soziale Gruppen miteinander in Beziehung zu setzen, geht es in ihm um die Reproduktion der Gruppe selbst; und diese Reproduktion bedarf notwendig der Perspektive der Anderen. Dieses verallgemeinerte und radikalisierte Prinzip der Gegenseitigkeit ist die zentrale Lektion des Potlatsch. Der Austausch der Leistungen ist nur ein Aspekt einer grundlegenden Umkehrung der Perspektiven, und die spezifische Form, die diese Umkehrung in einer gegebenen Gesellschaft annimmt, charakterisiert ihre Verwandtschaftsstruktur im allgemeinsten Sinn: als Geometrie des sozialen Raums, die in der Architektur des Hauses, der Ökonomie der Geschenke und der Choreographie der Tänze ebenso zum Ausdruck kommt wie in den Heiratsregeln und Anredeterminologien. Als »totales« soziales Phänomen, das sich in all diesen Dimensionen gleichzeitig manifestiert, stellt der Potlatsch einen Schlüssel zum Verständnis dieser Geometrie dar. So ist es kein Zufall, wenn die Nordwestküste für die Verwandtschaftstheorie wiederholt zu einer kritischen Passage geworden ist, aus der sie jedes Mal verwandelt hervorgeht.[13]

---

12. Louis Shortridge, zitiert in Aldona Jonaitis: *Art of the Modern Tlingit*, Seattle 1986.
13. Solche Effekte zeigen sich auch im Kleinen – Wolfgang Pircher wird in diesem Geschenk die Spätfolgen der Verwandlung erkennen, die sein Seminar über den Potlatsch 1987/88 bei einem damals knapp neunzehnjährigen Philosophiestudenten in Gang setzte.

Richard Heinrich*

The Green-Eyed Monster Game

Der biblische Gott (*Deuteronomium* XXXII, 16 und 21) ließ sich von dem Spiel ebenso gefangen nehmen wie die Olympier. Sie spielten es untereinander – man lese etwa bei Lukian das Gespräch zwischen Apoll und Merkur über Vulkans Erfolge in Liebessachen; gern spielten sie aber auch unter Teilnahme Sterblicher – dazu können zahllose Berichte über die Partien der Göttin Hera (eine der eifrigsten Spielerinnen aller Zeiten) eingesehen werden; eine neuere (inzwischen freilich schon klassische) Reportage über die Konkurrenz Jupiters und Plutos um die sterbliche Eurydike findet sich 1858 bei Hector Crémieux und Ludovic Halévy in ihrem *Orphée aux enfers*. Seit dem Rückzug der Götter spielen die Sterblichen allein weiter (Horaz: *Carmen* I,13).

Die Regeln des Spiels sind flexibel. Die Aufdeckung lokaler und historischer Traditionen gestaltet sich oft schwierig. Aus der Rekonstruktion einzelner gespielter Partien kommen seit jeher (und wohl auch in Zukunft) die bedeutendsten Anregungen zur Theoriebildung, aber auch zur weiteren Entwicklung des Spieles selbst.

Die nachstehenden Skizzen zu Spielern, Regeln und Strategien sollen – ohne systematischen Anspruch – einen Eindruck von der Komplexität des Spieles vermitteln, das aus unserer Kultur nie ganz verschwunden ist. Der Wiener Arzt Dr. Sigmund Freud hielt es offenbar für »kulturell obligat«, wenn er meinte, dass Individuen, die sich nicht als Teilnehmer zu erkennen geben, gleichwohl – vielleicht unbewusst – in seine Strukturen und Verläufe verwickelt seien. Das Spiel hat hohe Anziehungskraft und kann für den Einzelnen zur Leidenschaft werden.

Anzahl der Spieler

Die populäre Standard-Variante sieht drei Spieler (das Substantiv »Spieler« ist in diesem Text durchgängig geschlechtsneutral zu verstehen) vor; die Beschreibung ihrer Rollen beginnt meist damit, dass zwei von ihnen in irgendeiner Hinsicht um den dritten, spezieller um den Besitz oder die Gunst des dritten, konkurrieren. Für alle diese Fälle ist zu unterstreichen, dass die Gunst oder der Besitz des Dritten (oder in sonst einer Weise eben der Dritte selbst) nicht in erster Linie die Prämie für die erfolgreiche Beendigung einer Partie darstellt, sondern eine strukturell relevante Position (Mitspieler oder Mitspielerin) im Spiel selbst (unabhängig davon übrigens, ob an der Position tatsächlich eine handlungsfähige Agentur oder eine »Sache« steht). Auch diese Qualifikation lässt aber das Spiel

---

* Ich danke Peter Berz für wichtige Hinweise.

noch weit unterbestimmt. Um es von anderen Typen des Konkurrenzverhaltens zu unterscheiden, bieten sich mehrere Perspektiven an. Tieferes Verständnis ist nur über ihre gemeinsame Berücksichtigung zu erreichen.

Das Spiel kann auch in Varianten von mehr oder weniger als drei Spielern gespielt werden. Bei zwei Spielern etwa verliert das Paradigma der Konkurrenz an Aufschlusskraft: Die »Konkurrenz um etwas« kann dann zum »Kampf gegen jemand« oder – alternativ – zur »ängstlichen Sorge um etwas« werden. Vergleicht man jedoch Spiele dieser Typen, so zeigt sich, dass ihre jeweils charakteristischen Merkmale (wie im zweiten Falle die Ängstlichkeit) nicht notwendig mit der Reduktion der Spielerzahl zusammenhängen, sondern auch in der Standard-Variante deutlich genug hervortreten. Mit der Spieler-Anzahl werden also nicht so sehr grundverschiedene Varianten (oder die Grenzen) des Spieles definiert; es handelt sich eher darum, dass mit einer gegebenen Anzahl von Spielern eine bestimmte generelle Dimension mehr oder weniger scharf akzentuiert werden kann.

Ähnlich verhält es sich mit formalen Variationen, die bei konstant gehaltener Anzahl von drei Spielern möglich sind. Wenn wir – für alles Folgende – die drei Positionen mit den Buchstaben J, R und O bezeichnen (J und R für die beiden um O konkurrierenden Spieler), so können unterschiedliche Figurationen und Abläufe durch die Reihenfolge des Eintritts in das Spiel bedingt sein. In einer ersten Variante werden in der Anfangsphase alle drei Positionen J, R und O zugleich besetzt; die beiden Varianten, wo entweder J oder R erst nachträglich eintreten, sind zunächst nicht real, sondern nur nominell unterscheidbar. Wurden die Zeichen aber einmal auf nicht symmetrische Weise gedeutet, ergeben sich signifikant verschiedene Verläufe, je nachdem welche Position verspätet besetzt wird. Angenommen, Rivalität sei (im Unterschied zu der symmetrischen Konkurrenz) so definiert, dass daraus, dass R für J Rivale ist, nicht folgt, dass auch J für R Rivale ist. Dann gibt es einerseits den Fall, wo R nachträglich eintritt: darauf richtete der Theoretiker Jacques Lacan seine Aufmerksamkeit und sprach von einem Vorgang der »intrusion« – der Rivale R ist Eindringling. In Fällen des verzögerten Eintretens von J hingegen ist R oft als »ausgewiesener Besitzer« erkennbar. Mit der letzten Variante, wo die Stellen J und R von Anfang an besetzt sind und O erst später hinzutritt, rückt ein wichtiger Begriff in den Vordergrund: nämlich der »exakte Spielbeginn«. Seine Bestimmung ist auf einer nominalen Ebene trivial, wenn schon feststeht, dass es sich um eine Partie mit drei Spielern handelt: Sie beginnt eben (im präziseren Sinn) mit der Besetzung der letzten freien Position in der Anfangsphase. (Man wird das Auftreten eines Rivalen R in diesem Kontext nicht als Störung eines wie immer gearteten Gleichgewichtszustandes oder einer erfolgversprechenden Bestrebung verstehen, sondern positiv als Eröffnungszug des Spieles.) Doch macht die Variante mit dem späteren Eintreten von O darauf aufmerksam, dass ein schon zuvor bestehendes Verhältnis zwischen J und R für die Entwicklung des Spieles von Bedeutung sein kann: In vielen Fällen wird es plausibel sein, zwischen J und R eine Ausgangsbeziehung anzunehmen, die bereits Konkurrenz-Charakter hat – und sie als potentielle »player« qualifiziert; die Eröffnung des Spieles selbst wird gleichwohl erst mit dem Auftauchen von O vollzogen. Es gilt einen theoretischen Unterschied zu beachten zwischen solchen »Schwellen-Szenarien« einerseits, wo von einer spiel-externen Zweierbeziehung zu einem regulären Spiel in der Standard-Variante übergegangen wird; und anderseits möglichen selbständigen Spielformen mit nur zwei Positionen, wie sie oben skizziert wurden. (Das bedeutet freilich nicht, dass nicht auch mehr oder weniger organische Übergänge zwischen selbständigen Varianten des Spieles möglich wären.)

Der hier hervorgehobene Umstand, dass inhaltliche Interpretationen der Gesamtsituation (und einzelner in ihr möglicher Relationen) für die Bewertung formaler Muster entscheidend sind, wird noch einmal deutlicher, wenn es sich um erweiterte Konstellationen mit vier oder mehr Spielern handelt. Fast immer lassen sich derartige zusätzliche Positionen als Verselbständigungen von gewissen Aspekten in den Beziehungen dreier Spieler auffassen. Beispiele sind die Figuren des Verleumders vom Typ Jago (der J ein falsches Bild der Beziehung von R und O suggeriert) oder des Zeugen vom Typ Yniold (der J eine Tatsache, betreffend die Beziehung von R und O, zur Bewertung vorlegt). Sie können als Ausgliederungen von J's Verdächtigungs-Tendenz beziehungsweise Wahrheitssuche in eigene Agenturen verstanden werden. Ein Sonderfall ist die Erweiterung bloß durch (eventuell wiederholten) Besetzungswechsel an der Position O. Was man vielleicht zunächst als »unechte Erweiterung« klassifizieren möchte (weil die Positionen selbst weder vermehrt noch vermindert werden), weist doch auf reale Differenzen hin. Denn wenn es sich bei diesem Wechsel nicht bloß um eine Serie aufeinander folgender Partien handelt, dann macht er eine Dominanz der Beziehung zwischen J und R wahrscheinlich, wie sie bei anderen Varianten entweder nicht gegeben oder zumindest nicht ohne tiefer gehende Analyse erkennbar ist (dies wäre einer jener Fälle, wo Übergänge zwischen einem »Spiel zu dritt« und einem »Spiel zu zweit« diskutiert werden können).

Weitere Klärung wird also darauf zielen, den Beziehungen in der Standard-Variante eine Semantik zuzuordnen – Grundbegriffe anzugeben, mit denen sie und ihre strukturellen Abhängigkeiten inhaltlich zu beschreiben sind. Im Zentrum sollte dabei die Auszeichnung der Position J unter mehreren koordinierten Gesichtspunkten stehen. Man kann sich diese Aufgabenstellung aus den bisher dargestellten formalen Möglichkeiten heraus konkret vergegenwärtigen: Geht man etwa von einer Situation aus, in der das Spiel mit dem nachträglichen Eintritt eines Rivalen R beginnt, so ist das – wie oben bemerkt – nicht als Störung, sondern als Eröffnungszug zu verstehen. Durch externe Beobachtung eines Verlaufes, in dem – beispielsweise – J den Rivalen R kurzerhand beseitigt, kann aber nicht systematisch zwischen diesen Fällen unterschieden werden. Der Einbezug einer detaillierten Vorgeschichte oder einer weiteren Entwicklung ist hier nur dann ein legitimes Mittel, wenn unabhängige Kriterien angeboten werden, wo die Grenze des Spieles genau verläuft, das heißt, wo die zusätzlich gewonnenen Indizien zwar einen spezifischen Handlungsverlauf nachvollziehbar machen könnten, aber um den Preis der Auflösung des Spieles in umfassendere soziale Zusammenhänge. Die meisten Theoretiker haben diesem Problem dadurch zu begegnen (oder auszuweichen?) versucht, dass sie einen inneren (mentalen)

Zustand von J als definierend für das Spiel angenommen haben. So wird auf einen Schlag eine scharfe Differenzierung aller drei Rollen in der Standard-Variante erzielt. Die Maßnahme entspricht außerdem der vulgären Auffassung des Spiels von der Affektlage des Spielers J her. Sie ist insofern begründet, als in der Tat erstens das Spiel nur von den Besonderheiten der Position J her verstanden werden kann, und zweitens die Affektlage an der Position J stets hohe Aussagekraft für Charakter und augenblicklichen Stand einer konkreten Partie hat. Was aber keineswegs rechtfertigt, sie zum Definiens des Spieles im Allgemeinen zu erheben.

Für diese Zurückhaltung könnten prinzipielle philosophische Argumente über das (explikative) Verhältnis von mentalen Zuständen und regelgeleitetem Handeln geltend gemacht werden. Hier sei stattdessen nur ein methodologisches Problem angedeutet: Der fragliche Affekt weist (auch wenn er noch so schematisch definiert wird) beträchtliche Komplexität auf. Zu seiner Präzisierung ist man jedenfalls auf eine Theorie von Grundaffekten (oder des affektiven Lebens in seiner kontinuierlichen Entwicklung) angewiesen; und dann wird in diesem Bereich die Frage der Abgrenzung gegenüber anderen Affekten oder emotionalen Konstellationen mit denselben Schwierigkeiten und in derselben Dringlichkeit wieder aufkommen, die sich in der Perspektive einer strukturellen Beschreibung angekündigt – und das Ausweichen auf die mentale Ebene motiviert – hatten. Ein einschlägiges Beispiel ist der Neid. Er spielt immer wieder eine Hauptrolle, wenn der fragliche mentale Zustand von (oder an) J im Rahmen einer Affektenlehre definiert werden soll; und es ist plausibel, im Neid eine mentale Entsprechung zu einer Situation sozialer Konkurrenz zu suchen. Die innere Struktur der komplexen Emotion Neid liegt aber keineswegs auf der Hand, und es kann auch nicht die Rede davon sein, dass Neid die notwendige oder obligate oder bevorzugte mentale Reaktion auf (oder Repräsentation von) Konkurrenz wäre. Ganz im Gegenteil ist zu vermuten, dass ein differenzierteres Bild des Affektes Neid am leichtesten dadurch zu zeichnen sein wird, dass man auf der sozial-strukturellen Ebene erweiterte Szenarien von Konkurrenz (und verwandten Beziehungen) entwirft und danach den Affekt modelliert. So lehrt es jedenfalls die Entwicklung der abendländischen Komödien- und Tragödiendichtung. Wenn man nun bedenkt, dass diese Struktur des Neides ihrerseits noch einmal in eine vielschichtige und vage emotionale Situation eingepasst werden müsste, um ihren Beitrag zu einer Definition des Affektes J zu leisten, dann kann man eigentlich der mentalistischen oder psychologistischen Lehre kaum noch theoriestrategische Vorteile zubilligen – abgesehen von dem Effekt einer wechselseitigen Bestätigung mit der vulgären Auffassung.

Beziehungen, Bewegungen und Strategien

In Zusammenhang mit eventuellen Vor-Qualifikationen der Spieler wurde bereits die Frage nach der exakten Erfassung des Spielbeginns aufgeworfen. Dies ist ein Teilaspekt der Frage nach Kriterien zur Identifikation eines Spieles (einer

Partie) als abgrenzbare soziale Episode. Im gegebenen Rahmen können dazu bestenfalls Vorklärungen – und Hypothesen über notwendige Bedingungen – angeboten werden. Allerdings bleibt eine Annahme, die sich durch vieltausendjährige Erfahrung empfiehlt, unproblematisiert im Zentrum stehen: Dass nämlich nur dann von einer tatsächlich gespielten Partie die Rede sein sollte, wenn einer der Teilnehmer als der Spieler der Partie bestimmbar ist (was mit dem Begriff »Subjekt-Spiel« zum Ausdruck gebracht werden könnte) – eben diese Bedingung soll traditionell die Zuschreibung eines besonderen Affektes an den Spieler J erfüllen. Nun muss man den Verfechtern dieser Theorie natürlich keineswegs unterstellen, dass sie das Spiel überhaupt als Solitär-Spiel, als Spiel eines Individuums mit sich selbst, verstünden; vernünftigerweise wird der fragliche Affekt immer in Wechselwirkung mit unabhängigen Einflüssen und Faktoren gesehen. Die folgenden Skizzen sind allerdings von der weitergehenden Auffassung motiviert, dass ein solcher Affekt (dessen Aussagekraft keineswegs geleugnet wird), gerade nicht (oder jedenfalls nicht allein) konstitutiv für die Auszeichnung der Position J ist. Es soll plausibel gemacht werden, dass die Bestimmung des »Subjekts des Spieles« durch eine spezifische epistemologische Situation grundlegender ist, und auch tiefere Einsicht in die Abhängigkeiten zwischen psychologischen und sozialen Aspekten des Spieles eröffnet. Eine solche epistemologische Charakterisierung ermöglicht eine flexible Zuordnung affektiver Zustände, die dem dynamischen Aspekt des Spieles Rechnung trägt. Der Zugang zu der epistemologischen Dimension des Spieles wird nicht von einer allgemeinen philosophischen Theorie her genommen, sondern von kognitiven Aspekten derjenigen sozialen Beziehungen, die in die Definition des Spieles von Anfang an (oder nach allgemeiner Auffassung) einfließen.

Besitz

Besitz kann auf zwei verschiedene, gleichermaßen klassisch-einfache Weisen die Grund-Relation des Spieles bilden. Beide Formen verwirklichen sich vor allem in der Standard-Situation.

In der ersten Form (P1) spielt R die Rolle des Eindringlings, während J auf O einen Besitzanspruch geltend machen kann. Dieser Anspruch muss in der Mehrzahl der Fälle mit einer gewissen Flexibilität präzisiert werden. Wenn etwa an der Stelle O ein menschliches Individuum steht, dem J sich in Liebe verbunden fühlt, wird es kaum jemals genügen, einfach den »Besitz an O« als relevante Beziehung anzugeben. Man wird vielmehr den Anspruch auf bestimmte Einstellungen, Loyalitäten und Handlungen (die mit dem Besitz verbunden sind) konkretisieren müssen. Dies vor allem deshalb, weil im Verlauf des Spieles Schwerpunktverlagerungen zwischen ihnen eine entscheidende Rolle spielen: Wenn zum Beispiel die Aufrechterhaltung des Besitzes durch Preisgabe spezifischer derartiger Ansprüche erkauft (oder erhofft) wird.

Das wichtigste Charakteristikum von P1 jedoch besteht zweifellos darin, dass die initiale Bewegung nicht von J ausgeht. Im einfachsten Fall geht sie von R aus;

in Versionen mit vier oder mehr Spielern (wie Shakespeares Othello) gibt nicht selten ein Verleumder den Anstoß. J's erster Zug ist also Reaktion – Reaktion auf eine Bewegung R's auf O zu. Natürlich sind bereits an diesem Punkt verschiedenste Figurationen möglich, die im Weiteren voneinander abweichende Spielverläufe bedingen: Die Bewegung R's kann real und unmissverständlich sein; sie kann – im Falle der Verleumdung – bloß eingebildet sein; und sie kann vor allem multipel interpretiert sein. Bezeichnend für alle Varianten von P1 ist, dass J mit jenem ersten reaktiven Zug nach Wahrnehmung verlangt. Im *Othello* wird das in der ursprünglichen Reaktion auf die vergifteten Worte des Verleumders unübertrefflich klar: »No, Iago, I'll see before I doubt; when I doubt, prove.« Mit diesem Verlangen, etwas zu sehen, etwas zu wissen (schließlich: alles zu wissen) öffnet sich die für J's Rolle entscheidende Dimension von Subjektivität. In der Folge wird J sein Verhältnis zu O mehr und mehr abhängig machen von seiner Einschätzung des Verhältnisses zwischen R und O, wie sie sich aus seinen Wahrnehmungen ergeben hat; J wird sich als Beobachter definieren. Bewegung aus seiner Perspektive ist zunächst Bewegung oder Erweiterung der Erkenntnis, Suche nach Wahrheit. Erst in zweiter Linie resultieren daraus die für diese Spielvariante charakteristischen manifesten Bewegungen J's: Das heimliche Nachstellen und die Manipulation zum Zwecke der Wahrheitsfindung einerseits, andererseits die Interventionen zur Kontrolle oder Unterbindung der Kontakte zwischen R und O.

Die manifesten Bewegungen J's stellen für O oder R (oder beide) interpretierbare Daten dar: Sie können daraus auf seine Einschätzung der Spielsituation rückschließen und ihr Verhalten entsprechend einrichten. Die Anerkennung dieser Erkenntnisperspektive bei O und R ist wiederum für J ein entscheidendes höherstufiges Faktum in zweifacher Hinsicht: Erstens lässt sie ihm notwendigerweise jede eigene konkrete Handlung in einem gewissen Sinn als riskant erscheinen. Jede Intervention gibt den Mitspielern auch etwas über die Absichten zu wissen, mit denen sie gesetzt wird, und eröffnet ihnen die Chance zu schwer vorhersehbaren Gegenzügen. Zweitens – und nicht völlig unabhängig von dem ersten Punkt – gewinnen spätestens in diesem Stadium die Begriffe Verdacht und Täuschung prägenden Einfluss auf die Erkenntnissituation J's. Seine Erkenntnislage wird nicht so sehr durch das Verhältnis von Wissen und Unwissenheit in Bezug auf die Tatsachen determiniert, als durch das problematische Verhältnis von Einbildung, Wahrnehmung und Schlussfolgerung überhaupt. Verdacht ist hier nicht einfach Vermutung eines Nichtwissens oder das Ungenügende einer Begründung, sondern Misstrauen in die Art, wie die Daten der Erkenntnis präsent werden beziehungsweise in die Verlässlichkeit ihrer Verarbeitung: eine fundamentale Kontamination der Erkenntnis durch mögliche Täuschung.

Der Philosoph René Descartes hat sehr richtig erkannt, dass der Grundaffekt, den man dem Spieler J zuschreiben muss, die Furcht ist – eine Furcht, die mit dem Begehren einhergeht, einen Besitz zu erhalten. Obwohl er diese Feststellung im Rahmen einer allgemeinen Theorie der Leidenschaften traf, entging ihm ihre kognitive Dimension nicht, und er registrierte die gesteigerte Aufmerksamkeit auf immer geringfügigere Details, ebenso wie die Neigung zum Verdacht (als epistemischer Grundhaltung) als wesentliche Aspekte.

Mit Bezug auf das Wissen J's um das Risiko der eigenen Interventionen ist anzumerken, dass hier einer der möglichen Ursprünge einer Solitär-Variante des Spieles vorliegt: Die Wahrheitssuche transformiert sich gelegentlich zu einer Suche nach Strategien, wie J sich selbst beeinflussen, seine eigenen Sicherheiten und Unsicherheiten steuern könnte auf einer rein imaginativen Ebene, wo alle möglichen Reaktionen antizipiert sind und das Risiko der unabsehbaren Folgen einer realen Intervention minimiert wird.

Die Konzentration auf die Erkenntnislage J's ist für diese Form des Spieles definierend. Natürlich bestehen ganz allgemein gegenüber einem Eindringling, der einen spezifischen Besitz gefährdet (oder zu gefährden scheint) unzählige Handlungsalternativen: Verteidigung, Kompromissbildung, Elimination... Ohne weitere Qualifikation ist aber keine dieser Strategien als Zug im gegenständlichen Spiel aufzufassen.

In einer zweiten Form (P2) spielt R die Rolle des Besitzers und die Initiative geht von J aus. Mit seinem Eröffnungszug besetzt er hier noch unmittelbarer als in P1 die Ebene der Imagination. Während dort am Beginn ein Wunsch nach Wahrnehmung steht, dem gegenüber erst sukzessive die imaginativen Elemente die Oberhand gewinnen, so ist für P2 die imaginäre Vorwegnahme des Besitzes von O ausschlaggebend. Auch in diesem Fall ist es wichtig zu sehen, dass aus der gegebenen sozialen Konstellation (der Konkurrenz) heraus natürlich die verschiedenartigsten Entwicklungen möglich (und auch naheliegend) sind, die nicht zum Beginn des Spieles führen. J's Verlangen nach O oder nach dem Besitz von O kann zu einer (eventuell nur versuchten) Eroberung von O führen, ohne dass das Spiel auch nur ansatzweise in Gang käme; und kann – das ist wichtig – natürlich auch zum Start einer Partie vom Typ P1 führen. Für P2 ist es aber nicht wesentlich, dass J aus dem künstlichen Gesichtspunkt einer bloß möglichen P1-Partie als Eindringling betrachtet werden kann, sondern allein, dass sich J's Einstellung von der Einbildung eines Besitzes von (oder an) O her formt. Der charakteristische Affekt ist hier nicht Furcht, sondern Neid.

Partien dieser Art entfalten sich sehr unterschiedlich. Es gibt »stille Verläufe«, deren Entwicklung fast zur Gänze aus der subjektiven Perspektive J's dargestellt werden muss; oder solche, in denen der Zusammenhang manifester Handlungen mit dem Spiel nur aus intimer Kenntnis von J's Innenleben erschließbar ist (Selbstmorde und andere sogenannte »unverständliche Wahnsinnstaten« sind typisch). Besonderes Interesse verdienen jene (bereits erwähnten) Verläufe, in denen offensichtlich das Spiel über einen Wechsel an der Position O hinweg fortgesetzt wird. Der theoretische Hintergrund dieser Variante besteht darin, dass J's ursprüngliche Imagination eines Besitzes an O in dem Sinn keine völlig freie Imagination ist, als er O in einer bereits existierenden Besitzrelation zu R wahrnimmt. J kann gar nicht anders, als sich den Besitz an O als etwas einzubilden, worüber R bereits verfügt. Daher ist sein Verhältnis zu R von Anfang an nicht bloß, wie in P1, Rivalität, sondern immer ambivalent zwischen Rivalität und partieller Identifikation. Ob – und wenn, wie – sich diese Ambivalenz im Spiel auflöst, ist im Prinzip offen; es geht darum zu sehen, dass die Möglichkeit einer Auflösung zugunsten der Identifikation mit R besteht. Und genau dann kann es geschehen, dass der Spielzusammenhang gewahrt bleibt, auch wenn O (aus welchen Gründen immer) nicht mehr teilnimmt und diese Position »umbesetzt« wird. Wenn Berichte zu solchen Partien die Rollen im Spiel geschlechtsspezifisch deuten, enthalten sie meist den Hinweis auf eine homosexuelle Komponente in der Beziehung von J und R. Spiele dieses letzten Typs (oder bestimmte Phasen solcher Spiele) nehmen oft eine schwer präzisierbare Zwischenstellung zwischen Sonderfällen der Standard-Variante, Schwellen-Phasen der Standard-Variante (wie weiter oben angedeutet) und reduzierten Varianten mit zwei Spielern ein.

Liebe

Berühmte überlieferte Partien und faszinierende theoretische Ansätze zum Verständnis des Spiels sind geprägt von dem Begriff, von dem Affekt der Liebe. Dies ist in der engen, wenn auch immer problematischen Beziehung zwischen Liebe, Begehren und Besitz begründet, und in dem Gewicht, das der Begriff des Begehrens für die klassisch-antike Philosophie der Liebe hat.

Wenn Liebe als Begehren nach einem Ermangelnden verstanden wird, muss das Problem der Abgrenzung gegenüber anderen Phänomenen des Begehrens gelöst werden; der erste Schritt dazu ist stets die Spezifikation des begehrten Objekts. Dabei tritt freilich die Folge-Schwierigkeit der rechten Auswahl von (oder Prioritätensetzung unter) verschiedenen Allgemeinbegriffen auf, mit denen jene Spezifikation erzielt werden soll. Zur Rekonstruktion auch nur der allergewöhnlichsten Vorstellungen von Liebe wird es nicht ausreichen, als Objekt die menschliche Person zu fixieren; zu viele Begierden, die auf je eigene Aspekte von Personalität gerichtet sind, können unterschieden werden. Platons Gedanke, dem liebenden Begehren die Schönheit als letztes Ziel vorzusetzen, ist mit seiner extremen Allgemeinheit ein drastischer Ausdruck dieser Schwierigkeit. Er antwortet zugleich aber auch schon auf ein weiteres Dilemma, das die Konzeption der Liebe vom Begehren her aufwirft: die Vollendung der Liebe. Das Begehren erlischt, ist das Objekt erst einmal in Besitz gebracht; dazu in Spannung steht die Vorstellung von Liebe als dauernder erfüllter Beziehung. Genau darauf hin erweist sich Platons Konzept der »Zeugung im Schönen« als funktional: Die Verknüpfung der Liebe mit einem abstrakten Referenten (Schönheit) einerseits, einem auf die Gattung hin generalisierten Handeln anderseits (Fortzeugung, Erziehung oder dergleichen) erlaubt es, das Stillen der Begierde mit dem Weiterbestehen ihrer Dynamik zusammen zu denken: In der Erfüllung eines individuellen liebenden Verlangens kann das ewige Fortbestehen des Begehrens nach dem Schönen gefeiert werden.

Kann: Denn hier handelt es sich um eine Verkündigung, die all ihre Glaubhaftigkeit aus der Institutionalisierung entsprechender Rituale und Zeremonien bezieht. In der Realität eines modernen individuellen Gefühlslebens verschafft sich die platonische Doppelung viel eher als Inkongruenz zwischen einem unerreichbaren idealen und einem substitutiv-realen Objekt des Begehrens Geltung. Liebe wird so als Ambivalenz, und zwar wesentlich auf der Ebene der Erkenntnis, erfahren: Mit dem Zweifel an der Authentizität des Anderen, der geliebten Person (man vergleiche dazu die überzeugenden Analysen des Philosophen Stanley Cavell in dem Essay *Othello and the Stake of the Other*). Kein Kriterium scheint entscheiden zu können, ob im gestillten Verlangen auch tatsächlich die Liebe vollendet ist, ob der Besitz des Anderen auch der Besitz des wirklich Begehrten ist. An diesem Punkt ist die Affinität mit dem Modell P1 schwer zu übersehen: Die gleiche Art von epistemischer Einstellung – mit dem charakteristischen Widerspiel von Verdacht und Imagination – dominiert hier eine Beziehung zwischen zwei Personen, den Liebenden. Aus dieser Lage kann sich unter geeigneten Umständen ein Spiel entwickeln, in dem der (die) Liebende die Rolle J und der (die) Geliebte die Rolle O übernimmt, und die »stimuli« für Verdacht und Einbildung an einen Mitspieler R delegiert werden.

Solche Varianten des Spiels (die L-Varianten) sind nicht völlig unabhängig von den P-Varianten, weil in die charakteristische epistemische Situation von J Elemente der Besitz-Relation eingehen. Aber sie sind auch nicht auf die P-Varianten reduzierbar und stellen insofern einen eigenen Typ dar. Eines ihrer interessanten Kennzeichen liegt darin, dass sie einen Wechsel an der Position R tolerieren. So ergeben sich Verläufe, in denen sich eine Ausgangssituation mit zwei Spielern in eine Partie zu dritt weiter entfaltet und dann in letzter Konsequenz wieder auf eine Variante für zwei degeneriert (wenn etwa J zu einer Einsicht in die Austauschbarkeit der Besetzung der Position R gelangt).

Marcel Proust hat in seinem großen Roman eine brillante Darstellung von Verlaufsmöglichkeiten dieses Spiel-Typs gegeben, die in der Schärfe ihrer Analyse geradezu als kritische Travestie der platonischen Philosophie der Liebe gelten kann. Sie beruht auf einer Parallelverschiebung der Differenz zwischen den zwei Eroten (beziehungsweise Aphroditen) Platons auf die Differenz zwischen der als reales Surrogat anwesenden und der in ihr (oder »durch sie hindurch«) wahrhaft begehrten Geliebten. Diese Verschiebung wird nicht bloß behauptet, sondern als mentaler Mechanismus exakt vollzogen: Sie, die jetzt anwesende und in allen ihren Regungen und Bewegungen beobachtbare Geliebte, ist gar nicht jene echte Person, die der Liebhaber zu besitzen begehrt, sondern deren Maske; und zwar deshalb, weil der Liebhaber sie mit seinen Verdächtigungen und Unterstellungen schon so lange und intensiv gequält hat, dass sie sich überhaupt nur mehr in der Erscheinung und mit dem Verhalten zu präsentieren vermag, die er ihr durch seine perfiden Interventionen, Vorschriften und Verbote aufgezwungen hat. J wird gerade durch den Erfolg seiner Zwangsmaßnahmen bestraft, weil er von einem gewissen Punkt an nicht mehr unterscheiden kann zwischen der Einstellung, die die Geliebte ihm gegenüber »von sich aus« hätte – und der Selbstdarstellung, die sie ihm entweder im Vorgriff auf seine Reaktion entgegenbringt oder gar im Sinne einer Persönlichkeitsveränderung habitualisiert hat. Diese in der »Gefangenen« errichteten Architekturen von Vorwegnahmen sind unentrinnbar. Es handelt sich um eine präzise Umsetzung der platonischen

Phantasie einer uneinholbaren Jenseitigkeit in die Immanenz eines sich selbst auf ewig frustrierenden Begehrens nach dem wahrhaft Anderen.

Zum Abschluss

Die Erinnerung an Prousts Bilder der Ausweglosigkeit, der Selbstfesselung in immer noch schmerzhafter verschlungenen Spielzügen, macht die Frage nach den Möglichkeiten und Formen des Spiel-Abschlusses unaufschiebbar. Freilich, wurde sie nur einmal gestellt, liegt die Antwort auch schon auf der Hand: Für dieses Spiel ist ein reguläres Finale, mit Verteilung von Prämien auf der Grundlage akzeptierter Bewertungsstandards, nicht vorgesehen. Das muss keineswegs bedeuten, dass einmal begonnene Partien nie enden, und nicht selten lässt sich auch – etwa mit dem Vollzug eines Gewaltaktes – ein definitiver Schlusspunkt angeben. Solche »Endspiele« haben aber keinen normativen Sinn, der sie etwa gegenüber Formen auszeichnen würde, die eher den Eindruck eines delta-artigen Sich-Verlaufens in den Ozean sozialer Beziehungen erwecken.

Signifikante Hypothesen könnten allerdings aufgestellt werden, wenn man sich – hinsichtlich des Spiel-Abschlusses – auf die Sonderrolle des Spielers (im Sinne des Subjekts J) des Spieles konzentriert. In dieser verengten Perspektive nämlich erklärt sich die Unabgeschlossenheit sehr oft gleichsam von selbst daraus, dass das Spiel für das Subjekt nicht bloß zur Leidenschaft, sondern geradezu zur Lebensform wird. In entsprechenden Spieler-Biographien zeichnen sich dann manchmal große, partie-übergreifende Bögen ab, bei denen schwer zu entscheiden ist, ob sie überhaupt noch Züge in gegebenen Spiel-Konstellationen darstellen, oder nicht vielmehr in einem Schwebezustand rein mentaler, innerpsychischer Konstruktion existieren. Gerade wegen ihrer Abweichung von diesem geläufigen Muster verdienen zwei komplementäre Formen der Beendigung des Spieles durch J Aufmerksamkeit; auch sie können zwar nur aus seiner Innenperspektive beschrieben werden, führen aber regelmäßig zu einem definitiven Ende des Spiels. Der eine dieser Fälle ist ein Verstummen und Versiegen des affektiven Lebens überhaupt in Folge unerträglicher Belastungen – Reduktion auf ein derart niedriges Niveau emotionaler Reaktionsbereitschaft, dass das Spiel automatisch zum Erliegen kommt; das Eintreten dieses Zustandes ist unübersehbar und wird von den Mitspielern immer sofort registriert.

In dem anderen Fall entscheidet sich J aktiv und bewusst zu einer erneuten radikalen Änderung seiner Lebensform aus der epistemologischen Situation heraus, die ihm das Spiel bietet; das Subjekt akzeptiert in dieser Entscheidung alle Ambiguitäten zwischen Wahrnehmung und Einbildung, alle Täuschungsmöglichkeiten und paranoiden Strukturen, in denen es verfangen ist, und beschließt, ihnen den Status ultimativer Realität zu verleihen. Das setzt ein hohes Niveau an Selbstreflexion voraus und kann auch nicht durch ein innerpsychisches Dekret (einen solipsistischen Erlass) geschehen, sondern nur durch den kreativen Akt der tatsächlichen Erfindung einer Welt.

Robert Pfaller[*]

»Bohr nicht in der Nase! Schau dir die Frauen an!«
Über Freude, Alterität und öffentlichen Raum

Dass Spiele immer Regeln haben, ist eine einfache und in ihrer Notwendigkeit kaum erklärungsbedürftige Tatsache. Die Regeln betreffen aber nicht nur die Organisation des Spiels. Sie legen also nicht nur fest, *wie gespielt werden kann*; sie schreiben vielmehr auch vor, *dass in bestimmten Momenten gespielt werden muss*. Die Regeln organisieren also nicht nur die Einschließungen und Ausschließungen dessen, was innerhalb des Spiels möglich ist etwa so, wie Verkehrspolizisten einen schon vorhandenen Straßenverkehr regeln, sondern sie sorgen, anders als solche Polizisten, auch dafür, dass es einen solchen Verkehr überhaupt gibt. Die Spiele als gesellschaftliche Institutionen produzieren die Unterbrechungen des nichtspielerischen Alltagslebens. Sie legen fest, ob und wann das übrige Leben Pause machen muss, um einer spielerischen Betätigung Platz zu machen. Gerade in Österreich, einem Land, in dem Arbeiter fast nie die Arbeit niederlegen, um zu streiken, kommt es doch zu massenhaften Arbeitsniederlegungen im Zusammenhang von Spielen: Viele Arbeitgeber würden sich hüten, ihren Mitarbeitern das Verfolgen von Skiweltmeisterschaftsrennen im Fernsehen und das damit verbundene Daumenhalten (denn nicht nur die Rennläufer, sondern auch die Zuschauer spielen etwas) zu untersagen. Die Spiele erweisen sich in solchen Momenten sozusagen (aber eher mit Georges Bataille als mit Carl Schmitt gesprochen) als der Souverän, der den Ausnahmezustand vom normalen Erwerbsleben ausruft.

Das bedeutet, dass wir die Realität »Spiel« genau genommen immer in einer doppelten Bedeutung antreffen: als spezifischen, vom Nichtspiel unterschiedenen Teil des Alltagslebens, und als allgemeine, abstrakte Vorgabe, die über die Grenze zwischen den Teilen Spiel und Nichtspiel sowie über den Rhythmus ihrer Abfolge entscheidet. Das Spiel ist somit (wie die Hegelsche »konkrete Allgemeinheit«) zugleich etwas Besonderes und etwas Allgemeines, das das Verhältnis dieser Besonderheit zu der ihr entgegengesetzten Besonderheit organisiert. In demselben Sinn hatte der Philosoph Louis Althusser diese allgemeine, die Besonderheiten trennende Funktion vom Staat festgestellt: »Der Staat [...] ist weder öffentlich noch privat, er ist vielmehr die Bedingung jeder Unterscheidung zwischen öffentlich und privat.«[1] Dasselbe gilt für das Spiel. Es ist nicht nur das andere der übrigen Wirklichkeit, sondern auch die Bedingung jeder Unterscheidung des Spiels von ihr. Auch das Spiel also »greift über«, wie Marx eine

---

[*] Dieser Text ist im Rahmen des vom Wiener Wissenschafts-, Forschungs- und Technologiefonds geförderten Projektes *Übertragungen: Psychoanalyse – Kunst – Gesellschaft* an der Universität für Angewandte Kunst in Wien entstanden.
1. Louis Althusser: *Ideologie und ideologische Staatsapparate*, Hamburg, Westberlin 1977, S. 120.

solche Verdoppelung benannt hätte:[2] Als Besonderes beinhaltet es die Regeln, wie gespielt werden muss. Als Allgemeines beinhaltet es die Vorschrift, wann gespielt werden muss.

Das Andere des Spiels: beherrscht und benötigt

Das Spiel mag seinem Anderen, der übrigen Wirklichkeit, gegenüber dominant sein und seine strukturierende, unterbrechende Funktion auf bestimmte Weise ausüben. Das bedeutet jedoch nicht, dass es jemals vollständig dominieren und die übrige Wirklichkeit auf immer zum Verschwinden bringen oder suspendieren könnte. Das Spiel kann gleichsam nicht, wie ein Schurke im Western, sagen: »Hier bestimme ich, und du verziehst dich hinter den Horizont.« Die Vorstellung, dass alles, die ganze Welt, Spiel sein könnte, ist – wie Johan Huizinga mit Recht betonte – eine Idee finsterer Metaphysiker, die das Spiel zum Verschwinden bringt und lediglich, ähnlich wie die Idee vom Leben als Traum, darauf abzielt, die Wirklichkeit gegenüber einer vermuteten zweiten Welt, die sich hinter der Welt befindet, platonisch abzuwerten.[3] Wenn alles Spiel ist, dann gibt es kein Spiel mehr.

Eben weil das Spiel übergreift, ist es darauf angewiesen, dass es auch sein Anderes gibt. Aus eigener Notwendigkeit, und nicht etwa, weil es an der begrenzten Macht des partikularen Anderen an eine Grenze stieße, braucht das Spiel die Wirklichkeit. Es herrscht über sein Anderes, und es kann doch zugleich – wie alle Herren – nicht ohne dieses von ihm Beherrschte existieren. Es mag ihm dort oder da, dann und wann, etwas wegnehmen – vielleicht sogar sehr viel –, aber es muss es leben lassen, sonst ist der Souverän Spiel zugleich mit seiner Herrschaft dahin. So, wie das Spiel befiehlt, dass gespielt werden muss, setzt es sich selbst auch einen Schlusspfiff bzw. eine Ziellinie und ordnet an, dass jetzt nicht mehr gespielt werden, sondern den Geboten der Wirklichkeit Folge geleistet werden muss.

Das Spiel und seine Illusion

Johan Huizinga, der Kulturhistoriker des Spiels, und Octave Mannoni, der Psychoanalytiker der Illusion, haben in fast gleichlautenden Worten darauf hingewiesen, dass das Wort »Illusion« vom lateinischen »ludus« (Spiel) abstammt und also wörtlich »Einspielung« bedeutet.[4] Nicht nur jeder Illusion aber wohnt etwas Spielerisches, sondern auch umgekehrt jeglichem Spiel eine Illusion, ein

---

2. Vgl. Karl Marx [1857]: *Einleitung* [zur Kritik der politischen Ökonomie], in: Ders. und Friedrich Engels: *Werke*, Band 13, 7. Auflage, Berlin/DDR 1971, S. 630.
3. Vgl. Johan Huizinga: *Homo Ludens. Vom Ursprung der Kultur im Spiel*, Reinbek 1956, S. 13.
4. Vgl. ebd., S. 19 ; sowie Octave Mannoni: *Clefs pour l'Imaginaire ou l'Autre Scène*, Mayenne 1985, S. 162.

bestimmtes »*als ob*«, inne. Das bedeutet, dass innerhalb der von Roger Caillois[5] vorgeschlagenen Unterteilung der Spiele in Mimikry (darstellendes Spiel wie z.B. Theater), Agon (Wettkampfspiel), Ilynx (Rausch, Schwindel, wie z.B. beim Schaukeln) und Alea (Zufallsspiel, wie z.B. Roulette) die Gattung der Mimikry nicht nur eine Gattung neben anderen ist. Vielmehr muss man von der Mimikry sagen, dass sie über die anderen Gattungen »übergreift«: Nicht nur im theatralischen Spiel, sondern auch in jeder der anderen Kategorien des Spiels steckt ein mimetisches Moment, ein »als ob«: Im Wettkampf muss man so tun, als ob es von unüberbietbarer Wichtigkeit wäre, den anderen zu schlagen oder den angestrebten Erfolg zu erzielen (»Ein Stürmer muss für einen solchen Ball *leben*«, sagte ein bekannter österreichischer Fußballtrainer einmal); im Ilynx muss man den Kontrollverlust simulieren; im Zufallsspiel muss man so tun, als könnte man den Zufall erahnen und kontrollieren.

Gemäß Mannonis grundlegender Unterscheidung der Einbildungen in »foi« und »croyance«; d.h. zwischen selbstgeglaubten und nicht selbstgeglaubten Illusionen; zwischen Bekenntnissen, zu denen es leicht auffindbare, bekennende Träger gibt, und »Illusionen der anderen«, von denen (wie z.B. bei der Höflichkeit oder beim Horoskop) oft schwer zu sagen ist, wer sie jemals geglaubt haben könnte, bildet die Illusion des Spiels einen klaren Fall der zweiteren – der Einbildung der anderen.[6] Selbst das Kind, das einsam mit einem Schläger einen Ball gegen eine Hauswand schlägt,[7] und das Kätzchen, das sich mit Eifer an einer Zwirnrolle betätigt,[8] handeln mimetisch in diesem Sinn. Sie tun – nach Huizingas Erkenntnis – so, *als ob* etwas um jeden Preis gelingen müsste. Sie müssen das nicht wissen. Es muss ihnen nicht bewusst sein, dass sie eine Illusion zur Darstellung bringen (denn es ist eben eine Illusion der anderen). Aber sie tun es.

Der Zwang, zu spielen, und der Zwang, gut zu spielen

Mit diesem *Als-Ob*, dieser nicht selbstgeglaubten Illusion, geht ein Zwang einher. Sigmund Freud hatte dies, von der anderen Seite des Problems kommend, bemerkt: Zwangshandlungen beinhalten immer ein »Als-Ob«; sie sind mimetisch, »durchwegs sinnvoll«, sie stellen etwas dar.[9] Der Zwang besagt nun einerseits, dass gespielt werden muss. Aber er besagt auch zugleich, dass das *Als-ob* des Spiels um jeden Preis aufrechtzuerhalten ist. Man muss nicht nur jetzt sofort spielen, sondern man muss auch so gut spielen, wie nur möglich. Das Spiel

---

5. Vgl. Roger Caillois [1958]: *Die Spiele und die Menschen. Maske und Rausch*, München, Wien o. J.
6. Vgl. Robert Pfaller: *Die Illusionen der anderen. Über das Lustprinzip in der Kultur*, Frankfurt/M. 2002.
7. Vgl. Ludwig Wittgenstein: *Philosophische Untersuchungen*, 2. Aufl., Frankfurt/M. 1980, S. 57.
8. Vgl. Huizinga: *Homo Ludens*, a.a.O., S. 18.
9. Vgl. Sigmund Freud [1907]: »Zwangshandlungen und Religionsübungen«, in: Ders., *Studienausgabe*, Bd. VII, Frankfurt/M. 1989, S. 15.

beinhaltet nicht nur den Spielbefehl, sondern es fordert auch ein *spielerisches Ideal* ein.

Beide Zwänge gehen auffällig zusammen. Wer abends lange am Bildschirm arbeitet und, um sich zu regenerieren, zwischendurch ein Spiel am Computer spielt, kann leicht die Erfahrung machen, dass es ihm bzw. ihr nicht leicht fällt, mit dem Spielen wieder aufzuhören. Obwohl man durchaus weiß, dass man danach gar nicht mehr arbeiten wird und dass es darum klüger wäre, gleich schlafen zu gehen, muss man dann versuchen, noch eine Rekordrunde auf dem Rallyeparcours zu drehen oder eine Rekordzahl an Moorhühnern zu erlegen. Der Zwang, dass gespielt werden muss, versteckt sich hinter der ehrgeizigen Sehnsucht nach dem neuen Rekord. Wie auch bei den von Freud analysierten Zwangshandlungen muss der Inhalt der Illusion den zwanghaft Agierenden nicht bewusst sein, und wenn er es ist, dann müssen sie ihn nicht glauben. Die Spieler brauchen nicht zu glauben, dass es wichtig wäre, Moorhühner zu erwischen oder einmal noch schneller zu fahren als sie selbst. Der Zwang herrscht immer ohne solche Identifizierung mit der Illusion; er herrscht als Einbildung der anderen.

Dies übersieht der Spielverderber: er bildet sich ein, etwas Überraschendes zu sagen, wenn er einwendet: »Es ist ja nur ein Spiel«. Er tut dann so, als ob nur er über diese Erkenntnis verfügte, und nicht die anderen. Diese wären demnach ohne dieses Wissen und darum in der Illusion des Spiels gefangen, weil sie an diese glaubten; Letztere wäre ihre eigene Einbildung. Dies ist das eigentlich Ärgerliche am Spielverderber – seine philosophische Kurzsichtigkeit. Denn er ruft den anderen doch nur lautstark jenes Wissen in Erinnerung, das die Spielenden (als ihr solidarisch gehütetes Geheimnis) stillschweigend teilen und das sie selbst gerade brauchen, um von der Illusion des Spiels, die nicht ihre ist, gebannt zu sein. Eben weil sie wissen, dass es »nur« ein »dummes« Spiel ist, können sie nicht davon lassen.[10] Von der Arbeit, die sie – ob zu Recht oder Unrecht – nicht »nur« für »dummen« Zeitvertreib halten, können sie viel leichter lassen. Freilich lassen sich aus ein und demselben Wissen zwei entgegengesetzte Konsequenzen ziehen. Entweder man lässt sich von der durchschauten Illusion bannen und verfällt in den freudigen, »heiligen Ernst« des Spiels; oder man verachtet die anderen, zerstört freudlos die Illusion des Spiels und wiegt sich selbstgefällig in der – nun selbst geglaubten – Einbildung eines Erkenntnisprivilegs.

Der unsichtbare Dritte

Wenn man spielen muss, dann muss man auch gut spielen – weil man sonst zu erkennen gäbe, dass die Illusion, die nicht die eigene ist, eine Illusion ist. Damit würde man sie für jenen anonymen, unsichtbaren Dritten zerstören, den wir bei allem symbolischen Handeln, ob wir es wissen oder nicht, vorausset-

---

10. Vgl. Huizinga: *Homo Ludens*, a.a.O., S. 20f.

zen.[11] Denn nicht die Spielenden glauben an die Illusion, die sie gemeinsam aufrechterhalten (die gegnerischen Fußballmannschaften überbieten einander darin, den Ball zu einem begehrenswerten, kostbaren Gut zu erheben), sondern ein unsichtbarer Dritter, dem gegenüber die Spieler und ihr Publikum, wie Mannoni schreibt, »unter einer Decke stecken«,[12] indem sie das Geheimnis ihres besseren Wissens nicht preisgeben und so tun, *als ob* – indem sie pünktlich spielen und gut spielen.

Spielverderberkulturen

Seltsamerweise kann das Wissen, dass der Adressat unserer spielerischen »als ob's« ein unsichtbarer Dritter ist, und nicht irgendwelche wirklichen Anderen, einer Kultur verloren gehen. Eine ganze Kultur kann dann – wie zum Beispiel die unsere seit den 70er Jahren – spielverderberisch werden. Dies hat nicht nur zur Folge, dass jeder den anderen, sofern dieser noch spielt, für dumm hält. Sondern, schlimmer noch, es bedingt, dass der öffentliche Raum, der ein Raum des unsichtbaren Dritten und mithin ein Spielraum ist, in dem alle gefordert sind, Rollen zu spielen,[13] fälschlich für den Raum der Anderen gehalten wird. Wenn das passiert, dann meinen wir, wir benähmen wir uns nicht deshalb gut oder elegant, weil wir vor dem unsichtbaren Dritten das Gesicht wahren müssen, sondern nur noch deshalb, weil die Anderen, wie wir glauben, es von uns fordern. Die Unterscheidung zwischen lustvoller Alterität und schmählicher Heteronomie kann nicht mehr getroffen werden (der vulgärmarxistische Begriff der »Entfremdung« repräsentiert diese Unfähigkeit in exemplarischer Weise). Alle, die sich irgendwie von Heteronomie befreien wollen, beginnen dann, jegliche Alterität abzulehnen[14] und alles, was sie vom öffentlichen Raum erhalten könnten, zu verweigern. Frei sein heißt dann, nicht mehr großartig, glamourös, höflich, generös und heiter etc. sein, sondern lediglich selbst gestrickt und ungehobelt finster. Emanzipation gerät damit zum Verzicht auf die Beute, deren Überlassung die Eliten gerne, freudig überrascht und Hände reibend zur Kenntnis nehmen.

---

11. Vgl. Slavoj Žižek: »Ein Plädoyer für die ehrliche Lüge. Bill Clintons Affäre und das Freudsche Gespenst des Urvaters«, in: *Die Zeit*, Nr. 42, 8. 10. 1998, S. 72.
12. Vgl. Octave Mannoni: «Das Spiel der Illusionen oder das Theater aus der Sicht des Imaginären«, in: *Maske und Kothurn. Internat. Beiträge zur Theater-, Film- und Medienwissenschaft*, 52. Jg., Heft 1: Mit Freud, Wien 2006, S. 19.
13. Vgl. Richard Sennett: *The Fall of Public Man*, London 1974.
14. Dem entsprechen die typischen Verwechslungen: Man kritisiert z.B. nicht den kapitalistischen Wertbildungs-, sondern nur den »fordistischen« Arbeitsprozess; man bekämpft nicht die Klassenspaltung, sondern nur die Arbeitsteilung; man trägt nicht die politische Differenz gegenüber der anderen Generation aus, sondern nur die des Habitus – und bleibt ein Leben lang »berufsjugendlich«.

Sei ganz du selbst – ohne Kleider, Masken, Waffen

Alle Ressourcen der Kultur, die den Individuen nicht zuletzt zur Verfügung stehen, um Deklassierung zu überwinden (»Er spricht zu gut für einen Diener« heißt es einmal bei Diderot), werden von den spielverderberischen Individuen abgelehnt: Kultur wird, insofern sie spielerische Ideale, Muster für den öffentlichen Raum, bereitstellt, als »einschränkend« und »normierend« betrachtet. Es wird damit so getan, als ob ein befreiter Zustand ein solcher ohne jegliche spielerische Ideale wäre – und nicht etwa nur ein Zustand mit (vielleicht) anderen Mustern. Wenn es uns aber zum Beispiel jemals gelingen sollte, die überlieferten Geschlechterrollen zu überwinden, dann werden die neuen Rollen ebenfalls wieder Rollen sein; und das bedeutet, dass man auch sie nicht einfach von Natur aus beherrschen wird, sondern nur durch Kenntnis und Übung. Wenn mit den traditionellen Rollen Heteronomie verbunden war (was nicht ganz sicher ist, weil unsere Wut sich oft viel mehr auf die Rollen gerichtet hat als auf die Heteronomie, und wir also noch kaum ausprobiert haben, ob sich die Heteronomie nicht sogar unter Beibehaltung der Rollen hätte weitgehend abschaffen lassen),[15] dann werden die neuen Rollen jedenfalls nicht ohne Alterität sein. Und wenn zum Beispiel Subkulturen und Minderheitenkulturen jemals vollständige Anerkennung erhalten, dann wird sich zeigen, dass auch sie Kulturen sind: dass auch sie Muster bereithalten, die man nicht von Natur aus, sondern nur durch Kenntnis und Übung beherrscht. Nur solange einer Kultur eine andere vor der Nase sitzt, kann sie sich in der freudigen Illusion wiegen, die eigene Kultur wäre gar keine, sondern lediglich sozusagen der freiwillige Naturzustand ihrer Angehörigen. Kaum dass sie sich aus der Unterdrückung befreit hat, zeigt sie jedoch ihre vermeintlich kränkende Seite, die darin besteht, den Individuen spielerische Ideale vor Augen zu halten. Das mögen diese dann wieder – ähnlich den heutigen Schülern, die gähnend den begeisterten Ausführungen ihrer Lehrer zur Undergroundmusik der 70er bis 90er Jahre folgen – als »normierend« empfinden. Doch viel schlimmer als diese Alterität, die den Individuen einen Abstand zeigt zwischen dem, was sie sind, und dem, was sie sein könnten, ist ihr Ausbleiben. Wenn alle nur noch das sein können, was sie sind (z.B. irgendeine Schneeflocke), und sonst nichts, dann haben sie nicht einmal mehr die Chance, jemals irgendeine relevante Bewegung zu vollziehen. So kränkend es sein mag, einem spielerischen Ideal fern zu sein, und so schwer es fallen mag, ihm näher zu kommen, umso schlimmer ist es doch andererseits, mit keinem solchen Ideal mehr konfrontiert zu werden. Denn nirgends lebt es sich trostloser als dort, wo nichts von einem erwartet wird.

---

15. Um nur eine Auffälligkeit in diesem Zusammenhang zu nennen: anorektische Schlankheitsideale für Frauen werden meist auf das Diktat des männlichen Geschmacks zurückgeführt. Aber rundere Frauen werden bezeichnenderweise in jenen Kulturen bewundert, in denen die (angeblich patriarchale) Polarisierung der Geschlechterrollen noch stark ausgeprägt ist. Nur dort, wo kein Unterschied zwischen den Geschlechtern mehr sichtbar sein soll, müssen Frauen hungern.

Schauspielen und Schauen

In einer Fernsehdokumentation über die Kultur Italiens hat der Schriftsteller Dario Fo einmal erklärt, dass italienische Frauen den öffentlichen Raum gern als eine Art Bühne benützen und eine entsprechende Form des glanzvollen Auftretens dafür entwickelt haben. Somit ist es dort nicht – wie es in manchen puritanischeren Kulturen empfunden wird – unhöflich, die Frauen zu betrachten, sondern im Gegenteil: es wird von den Frauen selbst als äußerst unhöflich empfunden, wenn man ihre Bemühungen keines Blickes würdigt. Fo hat dies mit einer kleinen Anekdote illustriert: Wenn er als kleiner Junge, so Fo, an der Hand seiner Mutter auf der Straße ging, dann kam es vor, dass die Mutter zu ihm sagte: »Bohr nicht in der Nase! Schau dir die Frauen an!«

Die Aufforderung der Signora Fo an ihren kleinen Sohn kann als beispielhafte Spielregel begriffen werden, die alle zuvor genannten Momente umfasst. Sie begreift den öffentlichen Raum als einen Raum des Spiels, das sofort zu spielen ist. Weiters muss das Spiel gut gespielt werden. Dem vielleicht ahnungslosen Kleinen wurde von seiner Mutter ein spielerisches Ideal vor die Augen gezaubert; er konnte sich vielleicht erstmals in einer Rolle erfahren, die gegenüber seiner nasenbohrenden, autoerotischen Kinderwirklichkeit große Ferne und Alterität aufwies; der Rolle eines schon einigermaßen erwachsenen Mannes. Auf einer Metaebene schließlich zeigt die Formulierung, dass Männer nicht einfach Männer, und Frauen nicht einfach Frauen sind, sondern nur insofern und deshalb, weil sie diese Rollen spielen. Geschlechtliches Verhalten und Sexualität wird damit nicht als individuelle und naturhafte, quasi tierische Praxis, sondern als kulturbedingtes Spiel charakterisiert. Und dem kleinen Dario, so fremd ihm das alles vorgekommen sein mag, wurde damit die Ehre zuteil, sich von nun an in einem Raum zu wissen, in dem er relevante Bewegungen machen konnte.

Elisabeth von Samsonow

Zum Spielzeugstatus zeitgenössischer Apparate

Der Status von Werkzeugen und Instrumenten hat sich im Laufe der Zeit ganz grundlegend verändert, was man mit dem Begriffe einer zweiten Natur, einer zweiten Evolution, und nicht zuletzt mit Ideen wie der des technischen Fortschrittes, der offenbar als unausgesetzte Bewegung vorgestellt wird, zu erfassen versucht. Meine These ist nun die, dass zeitgenössische Apparateklassen, deren Gebrauch massenhaft und häufig ist, weniger als Instrumente im post-aristotelischen, kulturphilosophischen Sinne zu sehen sind als vielmehr als Spielzeuge. Gegen die Annahme, dass es sich in der Herstellung von Instrumenten, Apparaten usf. um einen sich fortwährend aufstufenden Prozess handelt, der metaphorisch als ein Beweis des stets fortschreitenden Erwachsenwerdens der Menschheit gelten darf, werde ich auf mehreren Ebenen arbeiten, indem ich dem Progress den Regress und der Evolution die Involution entgegenstelle. Ich bin in meinen Annahmen übrigens prominent unterstützt, wie ich anmerken darf. Einige Denker, die man leicht als Zeugen der technologischen Evolutionsidee anführen würde, sind bei genauerer Lektüre nämlich eher Propagandisten einer unheilbaren menschlichen Infantilität, was meinen Absichten durchaus entgegenkommt. Die Techno-Theoretiker lassen sich leicht in zwei Lager einteilen, nämlich einerseits in dasjenige, das ein Motiv des technologischen inventiven *Drives* in der menschlichen Überlegenheit und in seiner unheimlichen Schlauheit sieht, und in das andere, in welchem von menschlichen Defekten in vielerlei Hinsicht die Rede ist, welche letztere Defekttheorie dann logisch in eine Technophilosophie des selbstverschuldeten Unheils mündet. Die Vorstellung, dass Menschen auf Grund ihrer geistigen Ausstattung – die natürlich eine Form der Überlegenheit, nicht nur der Kompensation ist – Technologen sind, führt eher zu gnostischen Einstellungen der Art, dass die Spaltung zwischen Natur und Kultur tief und irreversibel wird. Einige Denker – vor allem solche, die unter dem Eindruck des Biologismus des späten neunzehnten Jahrhunderts stehen – kombinieren im Übrigen die beiden Motive, wie etwa auch Arnold Gehlen das zusammenfassend in seiner großen Untersuchung *Der Mensch* tut.

In den letzten Jahrzehnten ist vor allem durch den Druck einer zwingenden ökologischen Revision die Natur/Kultur-Schranke aus verschiedensten Perspektiven ins Visier genommen worden, wobei die leitende Frage sich auf die Mittel ihrer Einebnung richtet. Das Problem in diesem Projekt war in jedem Fall die Konzeption der Natur, die man sich als endgültig durch die Kultur überschrieben und zugleich verloren vorgestellt hat. Die Ausrichtung der Kulturwissenschaften in ihren vielerlei Spielarten der letzten dreißig Jahre hat den Naturbegriff als primitiv und »biologistisch« (!) abgewehrt, was eine differenzierte Natur-Debatte nachgerade behindert hat. In gewisser Weise lässt sich zusammenfassend sagen, dass die Kulturwissenschaften sich ihr Grab in Hinblick auf die Unfähigkeit, über die Natur zu reden, selbst geschaufelt haben. Sie erscheinen selbst als Nachzügler in einer Debatte, die sie nicht müde werden, zu fordern. Dabei hätte die extreme Zuschreibung von Fähigkeiten poietischer und autopoietischer Art an die Natur seitens der Naturwissenschaften des zwanzigsten Jahrhunderts die Verbindung zur stolzen Philosophie mehr als nahegelegt, die sich nicht von ihrer Meinung abbringen ließ, sie sei aus der Natur hinauskomplimentiert und nur in der Kultur »zu Hause«. Von den negativen Konsequenzen dieser allzu langen und eigentlich kontraproduktiven Haltung ist die heutige Diskussion gezeichnet, die sich als durch die Ereignisse klar überfordert präsentiert.

Not tut also ein Weiterdenken an denjenigen Ansätzen, die seit der Renaissance eine geradezu monströse Natur-Idee kolportiert haben – also am Pantheismus Giordano Brunos, am Spinozismus oder an den Erd-Ideen von Athanasius Kircher. Wenigstens hatten diese Ansätze den Vorteil, sich nicht durch die Idee eines pseudo-egoistischen Sich-Einrichtens in einer Menschenwelt verführen zu lassen – dies eine Version der Subjekt/Objekt-Opposition –, auch wenn, das soll ja nun nicht verschwiegen werden, sich unlösbare Probleme im Durchdenken dieser holistischen Thesen eingestellt haben. Merkwürdigerweise ist die philosophische Logik träge, Rückfälle sind an der Tagesordnung. Nun hätte aber ein Ansatz wie derjenige Brunos beispielsweise den Vorteil besessen, ein Konzept eingeführt zu haben, in welchem »Welt« das Menschliche so einschließt, dass er trotz Intellekt und Reflexion nicht aus ihr herausfallen kann. Genau an diesem Punkt möchte ich dann meine These anschließen, die zunächst einmal das Thema der Existenz – welche das Wort für dieses gewisse Herausragen oder sogar Herausfallen aus der Natur wäre – durch das der Insistenz oder eines gewissen In-Seins ersetzt. Daraus folgt dann alles Weitere, das von der immerhin äußerst produktiven feministischen Theorie der siebziger Jahre ansatzweise eingeführt, aber nicht zu Ende gedacht worden war.

Nach einem kursorischen Durchgang durch wenige wichtige Positionen der Technikphilosophie möchte ich daher in pointierten Thesen meinen Ansatz zu einer zeitgenössischen Technikdefinition vorstellen, der daraufhin angelegt ist, das Natur/Kultur-Binom in sich zusammenfallen zu lassen. Vorausgesetzt wird allerdings, dass man der Idee, die zeitgenössischen Apparate und Geräte seien vielmehr Spielzeuge als Werkzeuge, etwas abgewinnen kann. Und ferner der Vorstellung, dass die Produktion von funktionierenden Körpern (Apparaten) in ihrer poetischen Bedeutung Allegorie von Leben ist.

Die Werkzeuge des Aristoteles / der Begriff des *organon* – und seine ungebrochene Karriere

Die aristotelische Auffassung des menschlichen Werkzeuggebrauches ist aus zweierlei Gründen interessant: erstens ist sie vollständig eingebettet in eine allgemeine naturphilosophische Vorstellung der leiblichen Ergänzung, so dass menschlicher Werkzeuggebrauch und selbst Einsatz bestimmter hervorragender

Ausstattungen organischer Natur bei den Tieren ähnlich gedacht werden.[1] Das geht sogar so weit, dass Aristoteles sich alle Mühe gibt, sich Menschen als fremdartige, ihm zunächst auch vollkommen neue Tiere zu imaginieren, die er aus demselben künstlich fremd gemachten Blickwinkel betrachtet wie alle anderen auch. Nachdem das hervorstechende Merkmal der Natur in allgemeiner Hinsicht, d.h. als ontologische Bestimmung, der Zweck oder das Ziel ist, also eine universale Teleologie am Werke ist, fallen menschlicher Werkzeuggebrauch und Einsatz oder selbst Züchtung gewisser Organe logisch unter dieselbe Kategorie. Im Rahmen einer solchen Lehre kann selbst der Umstand, dass Menschen Vernunft haben, noch so erscheinen, als wäre die Vernunft eines der zweckdienlichen Instrumente dieses seltsamen Tiers. Diese Auffassung ist insofern brauchbar, als sie die Opposition zwischen Menschen und Tieren bzw. dem Rest der natürlichen Welt nicht so hoch ansetzt, ja in Wirklichkeit nicht einmal zu einer Differenz zwischen Naturgeschichte und menschlicher Historie gelangt.

Zweitens ist die aristotelische Lehre für uns von Belang, insofern das gewisse Übersetzungsproblem von *organon* produktiv ist. Aristoteles handelt nicht nur seine Lehre vom Werkzeuggebrauch mit Hilfe dieses Begriffes ab, sondern bezeichnet auch das Korpus seiner logischen Schriften als *Organon*. Das Echo, das dieser Begriff mit unserer Vorstellung von »Organfunktion« auslöst, ist mehrfach gewinnbringend verwertet worden, zuletzt um 1960 von Raymond Ruyer in seiner Schrift *Néofinalisme* (Paris 1952), die von nicht zu unterschätzender Bedeutung für Gilles Deleuze gewesen ist und deren Kapital erst allmählich erkannt und ausgewertet wird. Wie im Titel anklingt, ist Ruyer Teleologe im aristotelischen Stil, interpretiert allerdings das Thema *organon* diesmal exklusiv physiologisch und zellbiologisch, wobei er auf der Grundlage einer Art von finalistischem Emergentismus zu interessanten Schlüssen kommt. Auch ein weiterer aristotelischer Begriff erfährt hier eine Aufwertung, nämlich der der *Entelechie*. Während nämlich die aristotelischen Werkzeuge nach dem Typ ihres jeweiligen *telos* nicht nur erzeugt, sondern auch analysiert werden können, gibt es eine besondere Organ-Klasse, und das ist die, die sich nach einem inneren Plan, nach einem in die Organisation dieser Organe zuinnerst eingeschriebenen Modell strukturiert.

Hans Driesch formuliert beispielsweise in seinem »Knüller« *Der Begriff der organischen Form* von 1919,[2] dass die Entelechie »in die Materialität des Systems bestimmend eingreifende, selbst dem Begriffe der Eindeutigkeit unterstehende, umraumhafte und daher auch unörtliche Naturfaktor, in Bezug auf die Materie wirkt.«[3] Was ihn beschäftige, sei dieser besondere, die bisherig bekannten Kausalitätstypen überschreitende Kausalitätstyp, der mit »Entelechie« gemeint ist. »Die Frage nach der Wirkungsweise der Entelechie auf Materie hat natürlich

---

1. S. Elisabeth von Samsonow: »Leben und Tod der Natur. Überlegungen zur Mechanik Leonardo da Vincis«, in: Florian Rötzer (Hg.): *Digitaler Schein. Ästhetik der elektronischen Medien*, Frankfurt/Main 1990.
2. Hans Driesch: *Der Begriff der organischen Form,* Berlin 1919 (= *Abhandlungen zur theoretischen Biologie,* hg. von Julius Schaxel, Heft 3).
3. Ebd., S. 57.

ihr Gegenstück in der Frage: Wie wirkt Materie auf Entelechie, wie ›affiziert‹ Materie den umraumhaften Naturbestimmer?«[4]

In den Schriften von Deleuze/Guattari ist deutlich zu erkennen, wie stark die beiden Diskurse, der Instrumente/Apparate-Diskurs und der physiologische bzw. Organdiskurs seit dem Ende des neunzehnten Jahrhunderts ineinandergreifen. Das hat zur Folge, dass die Überlegungen zum Thema Medien und Apparategebrauch unter dem Gebot einer Logik stehen, die komplexe, nichtquantitative, nicht-mechanische Formen der Rückkopplung zu denken weiß. Das gilt auch für zeitgenössische Auseinandersetzungen, die – das meine These – in weiten Teilen diesen Anforderungen nicht gerecht geworden sind.

Ein Loop: Zurück zu den Organen / Werkzeugen der Renaissance

Die Renaissance-Theoretiker und -Praktiker schließen ihre Überlegungen an verschiedenen Momenten des aristotelischen Diskurses an. Dieser bleibt in jedem Fall privilegiert, und zwar deshalb, weil einerseits Aristoteles der kanonisierte Philosoph des Mittelalters war, nun aber weder Platonismus noch Neuplatonismus eine einigermaßen befriedigende These zum Thema des Werkzeuggebrauches anzubieten gehabt hätten. Die Fixierung des Platonismus und des Neuplatonismus auf die Angelegenheiten des Geistes lassen die spärlichen Ausführungen zum Thema Leib oder gar zum Verhältnis Leib/Gerät, die sich in seinem Rahmen finden, als *Aperçus* erscheinen, deren philosophischer Wert sich in Grenzen hält. Die mittelalterliche Geräte-Theorie entwickelt eine aristotelische Version der Organizität insofern, als die Geräte sich als mechanische Modelle von Arbeitsstereotypen des menschlichen Körpers verstehen lassen. Besonders Handerweiterungen bis ins Monströse folgen diesem Schema. Leonardo da Vinci wäre nun dieser Linie unbedingt zuzuordnen. Seine Zeichnungen von Gerätschaften aller Art, die moderne Interpretationen leicht als spontanen Ausfluss einer genialen Einzelerscheinung apostrophieren, gehören logisch und folgerichtig zum Feld des aristotelischen Technikverständnisses, was dann auch wieder verständlich macht, wie figürliche Malerei und Maschinenphantasien zusammenhängen.

Etwas komplizierter sieht es bei denjenigen Theoretikern aus, die sich auf die Organon-Lehre des Aristoteles in Hinblick auf dessen Einstufungen des »zoon logon echon« gründen. Über die Vermittlung der Sprache als Organ ergeben sich möglicherweise andere Geräte- und Apparateklassen als die, die Niere oder Hand als Referenz einer Funktion denken. Hier setzt dann jenes Argument an, das man aus späteren anthropologischen Diskussionen kennt, nämlich jenes, dass die Gabe des Geistes das Universaltalent schlechthin darstelle, welches ermögliche, dass man alles das, was Tiere als nicht veränderliche Ausstattung mit sich

---

4. Ebd., S. 61.

tragen, als frei bewegliche, zu erfindende und zu verbessernde Zweit-Natur ingenieurhaft ausarbeiten könne oder dürfe.

Giovanni Paolo Lomazzo etwa, ein Mailänder Maler des 16. Jahrhunderts, Zeitgenosse Giordano Brunos, beschäftigt sich in der Einleitung zu seinem *Trattato della Pittura* grundsätzlich mit der Frage, welchen Ort denn die Malerei beanspruchen dürfe.[5] Lomazzo hat – was mit Blick auf den Charakter der modernen Theoriebildung eine sprechende Tatsache ist – sich erst nach seiner Erblindung, die in seinem 33. Lebensjahr eintrat, der Kunsttheorie gewidmet. Lomazzo verfolgt einen höchst unbescheidenen Anspruch, der der Absicht unserer Untersuchung entgegenkommt. Er entwirft zunächst ein Tableau, in dem er ausmalt, wie Gott mit gütiger Hand die Gaben über das Menschengeschlecht ausstreut. Diese Gaben bestehen just darin, dass die Menschen in die Lage versetzt werden, sich für die verschiedenen Bedingungen und Umstände ihrer Existenz Rüst- und Heilmittel zu erfinden. Gegen die Unberechenbarkeit des Jäger- und Sammlerlebens haben sie, infolge der göttlichen Milde, als erstes die Agrikultur, gegen die Unbeständigkeit der Temperatur die Bekleidung, gegen die Zerbrechlichkeit der menschlichen Natur die Medizin und Pharmakologie, gegen weitere Anfälligkeit die Kunst, sich zusammenzutun und infolgedessen die Ökonomie und Politik erfinden können. Ursache aller dieser Erfindungen und Künste ist aber immer die eine und höchste Gabe, die *alles* bewirkt, nämlich der Intellekt bzw. »questa potenza intellettuale«.[6] Dass der Intellekt sich aufs Erfinden verlegt, liegt aber in seiner Natur: denn er hat ein »bisogno di ministre e serve que l'aiutono«,[7] d.h. er ist auf eigentümliche Weise dazu disponiert, sich *Hilfsmittel* zu projizieren. Das ihn darin unterstützende Vermögen sei das *Gedächtnis*, wie Lomazzo in Berufung auf die Philosophen behauptet. Das Denken baue sich nämlich durch die *phantasmata* auf, die im Gedächtnis als »tesoriera de suoi tesori« (Schatzhaus seiner Schätze) enthalten seien. Ohne Gedächtnis also und ohne dessen Schatzhausfunktion sei der Intellekt als solcher wiederum nichts, weshalb es zulässig sei, die »memoria intellettuale« mit dem Intellekt selbst gleichzusetzen. Was Lomazzos Argumentation interessant macht, ist nun der nächste Schritt seiner Erörterung: wenn also das »intellektuelle *Gedächtnis*« mit dem Intellekt gleichzusetzen sei, wird ein Hilfsmittel in Ansatz gebracht werden müssen, das die Funktion des Intellekts *sicherstellt*. Dieses Hilfsmittel bestehe in der *memoria corporale*.[8] Mit Hilfe des *körperlichen Gedächtnisses* führt der Intellekt »l'operazione sua d'intendere« aus, setzt seine Absichten in Werk und Wirklichkeit. Doch sei auch die *memoria corporale* ihrerseits wieder nicht ausreichend, da sie, wenn sie »voll« ist, der Eigenschaft aller Gedächtnisse folgend, ihren Überfluss einfach abwirft und sich entleert oder entledigt wie ein überfülltes Gefäß. Sie bedarf

---

5. S. dazu Elisabeth von Samsonow: »Giovanni Paolo Lomazzo«, Lexikonartikel in: Julian Nida-Rümelin und Monika Betzler (Hg.): *Ästhetik und Kunstphilosophie. Von der Antike bis zur Gegenwart in Einzeldarstellungen*, Stuttgart 1998, S. 502–507.
6. Giovanni Paolo Lomazzo: *Scritti sulle arti*, Nachdruck, a cura di P. Ciardi, Firenze 1973–74, Bd. 2, S. 12.
7. Ebd.
8. Ebd.

daher einer »Sicherung« – »si dimostra più chiaro che'l sole«, klarerweise. Sie bedarf – hier nun verblüfft der Autor – der *Malerei*.

Für Lomazzo stellt die Malerei eine *sacra scriptura* von der Art der *Hieroglyphen* dar. Er ebnet die in der Renaissancephilosophie (oder: Medientheorie) als prekär diskutierte Kluft zwischen Bild und Schrift ein, indem er die Malerei zur Schrift »all' chiar'oscuro« erklärt.[9] Die Malerei als Haupthilfsmittel der *memoria corporale* sei zu Gunsten aller Künste und Wissenschaften erfunden worden; ohne sie gäbe es überhaupt nicht jene Anreicherung, jenes Virulentwerden der Erfahrung in der Genesis der Kultur und des Bewusstseins; es gäbe nur dieses erwähnte Über- und Abfließen im Falle des »Vollwerdens« des Gedächtnisses und damit nur die – stets gefährdete – Homöostase, keine Entwicklung, nirgendwohin. In dem Augenblick aber, in dem sich das Gedächtnis an die Malerei bindet, kann sie materiell, konkret und technisch über die Idole und Bilder aller Dinge verfügen, die potentiell *unendliche* sind.

Lomazzo stellt uns mit seinen Überlegungen ein Modell zur Verfügung, in welchem die Malerei als *Stabilisierung* des Intellekts über die Vermittlung der *memoria corporale* auftritt. Um den Intellekt legen sich wie Ringe, in denen sich seine Wirkungsgrade manifestieren, die Architekturen seiner *Instrumentation* an. Jeder dieser Ringe steht für eine bestimmte Modifikation des Intellekts. Der *innerste Ring* wird von der Malerei gebildet. Der Intellekt investiert also in ein herausragendes Medium, das seinen Stabilisierungsbedarf erfüllt.

Interessant ist nun in jedem Fall, dass und wie Lomazzo sich als sensibel für den Umstand zeigt, dass es eine Form der organizistischen Herabstimmung des Intellekts bedarf, um zu einer wirklichen Organologie zu kommen. Um zu vermeiden, dass Intellekt und Körper – dieser als stellvertretend für die Natur – sich einander unvermittelt gegenüberstellten, sucht er ein Mittleres und findet dieses in der *memoria corporale*, welches mit anderen Worten die Ebene des »Organautomatismus« darstellt. Das die Frühmoderne und die Moderne durchziehende Problem, wie das Denken jener Automatismen, die unmittelbar Organizität des Leibes und Organizität technologischer Natur miteinander fusionieren, zu entwerfen sei, ist mit diesen Überlegungen Lomazzos bereits auf höchstem Niveau fixiert. Was allerdings den gewissen Vorteil von Lomazzos Reflexion bildet, ist der Umstand, dass er zu einem optimistischen, ja geradezu euphorischen Technologiekonzept kommt, indem er die Kunst an dem Ort einsetzt, an welchem die Moderne in einem – zumindest tendenziellen – Techno-Pessimismus die neue Opposition zwischen Natur und Technologie affirmiert. Dass die Renaissance über einen solchen Pessimismus nicht verfügt hat, sondern gerade in der breit geführten *Memoria*-Diskussion eine anthropologisch und philosophisch relevante Automatismus-Debatte geführt hatte, das ist bislang weder ausreichend erkannt noch gewürdigt worden. Aus diesem Grund kann es so wirken, als würde erst die Moderne so etwas wie eine Technologie-Debatte überhaupt führen, und als könne man erst in der Moderne berechtigterweise von Technologie sprechen.

---

9. Schrift als »pittura di chiaro e d'oscuro«, »la pittura è instromento sotto quale è rinchiuso il tesoro de la memoria«, ebd., S. 13.

Zu diesem Zeitpunkt aber hatte sich der Techno-Pessimismus – einmal abgesehen von den eher idiotischen, technikberauschten Manifesten der Futuristen – bereits durchgesetzt.

Anthropologie des Mangels: negative Technosophie des 20. Jahrhunderts

Bis in die siebziger Jahre des zwanzigsten Jahrhunderts wirkt die negative Anthropologie der Technik nach. Während sich die Technologien in höchster Geschwindigkeit entwickeln und anspruchsvollste Differenzierungen erfahren, fällt das Diskursniveau bis auf wenige Ausnahmen wie etwa Gilbert Simondon und den exaltierten Kroker auf einen theoretischen Primitivismus zurück, der eine tiefe Spaltung von natürlicher und technischer Welt unausweichlich macht. Zugrundeliegende Annahme ist die von der Defizienz des Menschen, die, wie wir gesehen haben, auch dem Renaissance-Ästheten Lomazzo nicht fremd war. Allerdings führt die Defizienz-These jetzt zu einer Vorstellung von höchster Allgemeinheit, nämlich zur Idee, dass es just diese Defizienz sei, die den Menschen dazu zwinge, auf seinem Sonderweg aus der Natur auszuscheren. Vor allem Arnold Gehlen spielt für diesen Gedanken eine Rolle, indem er in einer technischen Variante des Aristotelismus aus den bestimmungsmäßigen Defekten des Menschen, die insgesamt eine aus der neotenischen Position resultierenden Arretierung auf einem hohen Entwicklungspotenzial (zu Ungunsten der Ausdifferenzierung) darstellt, die Konsequenzen zieht: Kultur und mit ihr alle Apparaturen, Institutionen, Strukturen sind kompensatorisch (ähnlich: André Leroi-Gourhan, dessen Einfluss auf die Theoriebildung der siebziger und achtziger Jahre nicht unbeträchtlich war). Die Depression des kompensierenden Tieres ist auf dieser gedanklichen Linie vorprogrammiert. Lomazzos Euphorie über den sich durch die Nicht-Bestimmtheit des Menschen sich öffnenden Raum der Kunst ist an dieser Stelle nicht mehr nachvollziehbar.

Es wird also darüber nachgedacht, wie Menschen in diese Position, die nachgerade eine Opposition zur Natur ist, geraten sein könnten, und es wird nun nicht ausgeschlossen, dass es so etwas wie eine nicht-technologische menschliche Existenz geben könne, ein paradiesisches In-der-Welt-Sein ohne die Einführung jener Trennung, die durch die Technik ebenso bestätigt wie unwiderruflich wird. Genau diese Idee trägt die grüne Bewegung der Siebziger, von der sich erweisen sollte, dass es gerade ihr schwacher Naturbegriff sein sollte, der sie in theoretische und politische Aporien und Ambivalenzen steuerte. Heideggers Seinsmetaphysik führt durchaus diesen gewissen pessimistischen Ton mit, auch wenn die gesamte Lehre des Zeuges und der Welteinrichtung diesen in einer Unzahl phänomenologischer Makro- und Mikroanalysen bis zur Unkenntlichkeit überlagert.

Im Übrigen sind diese Wege der modernen und postmodernen Technikphilosophie unfähig, die Opposition zwischen Natur und Kultur zu unterlaufen, da diese ihrerseits nach dem Bilde des »Organismus«, der sich gegen eine Umwelt behaupten muss, gefertigt sind. Das heißt, mit anderen Worten, dass die Interpretation des Lebens bzw. des Lebendigen bereits die Matrize für die Interpretation der Beziehung zwischen Menschen und den anderen Lebewesen bildet, nach dem Grundsatz von Walter B. Cannon: »*The Body as a Guide to Politics*«.

Diesen Grundsatz des Physiologen beherzigend, beginne ich also mit einer neuen Linie von Technikverständnis, die ihrerseits eine alte ist, wenn nicht älteste – notgedrungen, nämlich mit einer, die die Menschenmacherei als erstklassige Technologie begreift. In einer radikalen Konsequenz müsste jede Form der Technik als eine Variante, Metapher oder Herleitung aus diesem Prinzip verstanden werden. Es ist klar, dass eine solche Konsequenz die Parameter sowohl von Technikverständnis als auch von Technologien als produktive Felder verschieben werden müssen. Zunächst mein Vorschlag.

Der Techniker ist ein Mädchen[10]

Eine gute Gepflogenheit aufnehmend, bediene ich mich bei der Einführung meiner Thesen eines Ritornells, einer mythischen Erzählung. Die Geschichte des Dädalus führt uns nämlich die hauptsächlichen Gegenstände vor, um die es geht, wenn die *Menschenmacherei*, also die erste *design anthropology*, ins Zentrum einer technosophischen Analyse rückt. Die Dädalus-Erzählung als Mythe des ersten Technikers müsste also eigentlich über einen Schlüssel verfügen, der das Technik-Problem »knackt«. An Stelle des *schizoanalytischen Vierecks*, das Deleuze und Guattari mit dem maschinischen Phylum, dem Flux der Libido und des Kapitals, den immateriellen Konstellationen und dem Territorium konstruieren, gibt es unter dem Horizont der dädalischen Erzählungen ein stärker plastisch akzentuiertes Viereck, das in dieser Verfassung darauf hinweist, dass die Technologie, um die es geht, zuerst die Produktion des Körpers ist, genauer: die *Reproduktion*. In der Mythe von Dädalus ist von vier Gegenständen die Rede, und zwar sind dies die Folgenden: das Labyrinth, die lebendigen Statuen,[11] der Kopulationsapparat der Pasiphae und der Satellit.[12] Der »Satellit« ist im Übrigen meine moderne Paraphrase über die Flugfähigkeit des Dädalus, die er benutzt, um Überblick über den Plan des Labyrinths zu bekommen.

Zuerst also tritt das Labyrinth als eine Welt repräsentierende Architektur auf. In unfehlbarer logischer Folge stellt sich Dädalus sogleich als Ingenieur der Automaten vor, als Erfinder der lebendigen Plastiken, die der Ingenieur, wie es heißt, vor dem Labyrinth hin- und hermarschieren lässt. Diese beiden Gegenstände,

---

10. S. dazu ausführlich: Elisabeth von Samsonow: *Anti-Elektra. Totemismus und Schizogamie*, Berlin, Zürich 2007.
11. S. Françoise Frontisi-Ducroux: *Dédale. Mythologie de l'artisan en Grèce ancienne*, Paris 1975, Chap. 2, »Statues vivantes«, S. 96–117.
12. Dies.: »Die technische Intelligenz des griechischen Handwerkers«, aus dem Französischen übersetzt von Werner Rappl, in: *HEPHAISTOS, Kritische Zeitschrift zu Theorie und Praxis der Archäologie und angrenzender Gebiete* 1/12 (1992/3), S. 98–100 (zum Fug über das Labyrinth); »Daedalus, der sein Werk von oben beherrscht«, ebd., S. 98.

das Labyrinth und die Automata, bilden ein Set, das *mütterliche Produktivität im Spielzeugmodus* präsentiert: zur im Labyrinth verkörperten vormenschlichen Mutter (generierender Innenraum) gehören die beweglichen und orakelnden Plastiken, die aus ihr entspringen und »vor dem Eingang« herumgehen. Im dritten Hauptgegenstand, im Kopulationsapparat der Pasiphae, wird die in gewisser Weise totemistische Logik des dädalischen Imaginariums *gegenständlich*. In diesem Apparat erscheint nämlich der zentrale Operator (Ding mit genitaler Funktion), der die parallelen Reihen herstellt und Mensch und Tier verbindet (Kopulation als Funktor »Kopula«). Es handelt sich um einen Apparat, der, wie alle Gegenstände, die in die Geschichte der technischen Entwicklungen eingehen, noch entschieden verbessert werden wird. Er wird, wie wir noch sehen werden, für die *Elektrisierung* die Hauptrolle spielen. Zunächst ist er buchstäblich Kopulationsapparat, also jene hochinteressante Maschine, die die Kopula herstellt (also das »ist« erzeugt), der privilegierte Apparat, der *Sein* produziert. Der vierte Gegenstand expliziert eine wesentliche systemische Qualität des Labyrinths. Er ist, wie gesagt, *Dädalus selbst*, der, wie die Geschichte berichtet, sich aus dem Zentrum des Labyrinths in die Lüfte erhebt und davonfliegt.[13] Er verkörpert den »externen Beobachter« als *Deus ex machina*, der sich orientiert, der Orientierung der labyrinthischen Desorientierung entgegensetzt. Dädalus sichert, als sein Ingenieur, die Komplexität des Labyrinths, in welchem er zugleich ist und nicht ist. Diesen vierten präödipalen Gegenstand hat erst die jüngere dädalische Phantasie in einen Apparat verwandelt, eben in den erwähnten Satellit, der die antiken »Unterweltdienste«, der unterirdischen Orakelstätte durch ein technisches Gegenstück, den Flugapparat bzw. die fliegende Auskunftsstation, ablöst. Dädalus als Interpret des präödipalen Horizontes verfertigt aus Zuständlichkeiten Gegenständlichkeiten und archiviert in diesen Gegenständen wesentliche Szenen der »interkorporealen« Kommunikation, auf die der (Kind-)Körper spezialisiert ist. Insofern wird also Dädalus mit Recht als erster Ingenieur gefeiert, weil in seiner Mythe die originäre Beziehung zur Phantasie des Mädchens ganz offensichtlich ist. Dädalus ist gewissermaßen Komplize der Ariadne, die über die primitive Version genau seiner Fähigkeiten verfügt. Insofern nämlich sich das Mädchen zwischen zwei Geburten befindet, zwischen seinem Geborensein und dem Gebärendwerden, imaginiert es sich als dasjenige, das über einen Körper produzierenden Körper verfügt, also »sprechende Automaten« erzeugen kann. »Technologie« hat unter diesem Horizont die Aufgabe, die Funktion dieser Produktion offenzulegen (nicht zu entwenden, wohlgemerkt).

---

13. Nora und Gerhard Fischer haben in ihrem Dädalus-Projekt das dädalische Flugexperiment des MIT dokumentiert, s. Nora und Gerhard Fischer: *Museum vom Menschen oder wo sich Kunst und Wissenschaft wieder finden*, Wien 1996.

Schluss:
Devenir fille (Deleuze/Guattari) / Electro- oder Elektradesign

»Wenn man annehmen müsse, dass ein Magnet unter Umständen auf einen Menschen einwirkt, so dürfe es nicht als absonderlich erscheinen, wenn dieser Mensch wieder einen zweiten beeinflusst, so wie ein weiches magnetisiertes Eisenstück die Eigenschaft erhält, ein zweites anzuziehen. Diese Analogie verringert nämlich nicht die Wunderbarkeit der Tatsache, dass ein Nervensystem durch andere Mittel als durch die uns bekannten sinnlichen Wahrnehmungen ein anderes Nervensystem beeinflussen kann. Man muss vielmehr zugeben, dass eine Bestätigung dieser Versuche unserer Weltanschauung etwas Neues, bisher nicht Anerkanntes hinzufügen und gleichsam die Grenzen der Persönlichkeit hinausrücken würde.«[14]

Die Synchronizität der Hysteriedebatte und der ethnologischen und psychoanalytischen »Totemismuswut«, die von Lévi-Strauss konstatiert worden war, ist mit Sicherheit kein Zufall. Die tiefgreifenden Veränderungen, die sich um die Jahrhundertwende durch die technischen, vor allem die elektrischen Inventionen in der Darstellung und in der Selbstwahrnehmung der Psyche zutrugen, sind ausführlich thematisiert und rekonstruiert worden. Sollte es vielleicht doch so sein, dass »Elektra« und »Elektrizität« etwas miteinander zu tun haben? In den Hysterikerinnen, die sich als Objekte des männlichen diagnostischen Blicks oder als Maschinen von Techno-Heroen wie eine *Eve future* begriffen, bahnte sich ein Symptom den Weg, das als Explikation des Mädchens in Zeiten der Elektrisierung verstanden werden kann. Der Kurzschluss zwischen dem Gefühl der Natur und der schizosomatischen Kompetenz des Mädchens brachte eine alte Identifikation wieder ans Licht. Joseph Breuer über die Hysterikerin: »Es wird wohl kaum den Verdacht erregen, ich identifiziere die Nervenregung mit der Elektrizität, wenn ich noch einmal auf den Vergleich mit einer elektrischen Anlage zurückkomme. Wenn in einer solchen die Spannung übergroß wird, so besteht die Gefahr, dass schwächere Stellen der Isolation durchbrochen werden.«[15] Das Mädchen, das mit der »Mutter« mitfühlte, erlitt mit ihr die elektrischen Konvulsionen, was derart Bewegung in die erstarrten Verhältnisse brachte, dass man glaubte, ein Stromschlag wäre geradezu die ideale therapeutische Maßnahme. Elektra ist die »Überspannte«. Die »Mutter«, mit der sie fühlt, ist für die Hysterikerin die *Gebärmutter*, deren eigenmächtige Bewegungen sie in Krämpfe und Ohnmachten fallen lässt.[16] Diese sich selbst bewegende Mutter ist das Tier, *la bête*

---

14. Sigmund Freud: »Referat über Obersteiner. Der Hypnotismus mit besonderer Berücksichtigung seiner klinischen und forensischen Bedeutung« (1887), in: Ders.: *Gesammelte Werke*, a.a.O., Nachtragsband, S. 105.
15. Josef Breuer: »Theoretisches«, in: Freud: *Gesammelte Werke*, a.a.O., Nachtragsband, S. 261.
16. »... das bedeutet, dass der Uterus fähig ist, sich zu bewegen. Was wiederum bedeutet, dass diese Art ›Glied‹ der Frau ein *Tier* ist.« Georges Didi-Huberman: *Die Erfindung der Hysterie. Die photographische Klinik von Jean-Martin Charcot*, aus dem Französischen übersetzt und mit einem Nachwort von Silvia Henke, Martin Stingelin und Hubert Thüring, München 1997, S. 80.

noire.[17] An den sich zu hysterischen Bögen windenden Frauen ließ sich sehen, was es heißt, zwischen mächtigen Polen als elektrischer Leiter gespannt zu werden. Die Frau, der ein Intimverhältnis mit der Natur unterstellt wurde, wurde aufs Neue für ihre Empfindlichkeit, für ihr überdurchschnittliches Fühlen und für ihre Magnetisierbarkeit berühmt. Die Elektro-Energie schien sie sofort auf ihre affektive Basis-Frequenz zu stimmen, wodurch wiederum ihre Unterlegenheit dem aktiven, unempfindlichen männlichen Zugriff gegenüber deutlich zum Vorschein kam. Die Hysterie führte in jedem Fall eine neue, spannungsreiche Komponente in das Geschlechterverhältnis ein, die seit ihrer Entdeckung nicht aufgehört hat, das Imaginarium in seinen Bann zu schlagen.[18] Georges Didi-Huberman beschreibt unter dem Titel »Da kommt die Wahnsinnige« eine Hysterikerin, die »vorübertänzelt«; eigentlich ist es *Elektra*, die da geht. »Die Kinder verfolgen sie mit Steinwürfen, als wäre sie eine Amsel. Die Männer verfolgen sie mit Blicken.«[19]

1877 macht Thomas Alva Edison die elektrische Glühlampe anwendungstauglich, was zu einer Revolution der Straßenbeleuchtung und zur Erstellung größerer Stromnetze führt. Diese »Demokratisierung« der Verwendung von Elektrizität, die an eine lange Reihe ihr vorausgehender Erfindungen (von Gottfried Wilhelm Leibniz, Pieter van Musschenbroek, Benjamin Franklin, Luigi Galvani, André Marie Ampère, Georg Simon Ohm, Michael Faraday, James Prescott Joule, James Clerk Maxwell, Werner von Siemens) anschließt, macht sie zu einem grundlegenden Faktor der alltäglichen Lebens.

»Ô feu subtil, âme du monde,
Bienfaisante électricité
Tu remplis l'air, la terre, l'onde
Le ciel et son immensité.«[20]

Die Geschichte geht natürlich noch viel weiter zurück. Die Griechen kannten die elektrostatische Aufladung des Bernsteins, der Elektra den Namen gab. Ein parthisches Tongefäß aus dem 1. Jahrhundert v. Chr., das 1936 von Wilhelm König in der Nähe von Bagdad gefunden wurde, enthielt einen Eisenstab und einen Kupferzylinder, der mit Asphalt abgedichtet war. In Versuchen des Römer- und Pelizäus-Museums in Hildesheim konnte gezeigt werden, dass in dieser Vorrichtung mit Hilfe von Traubensaft als Elektrolyt eine Spannung von 0,5 V erreicht werden konnte, die offenbar zum galvanischen Vergolden

---

17. Freuds Bezeichnung für die Hysterie, zitiert nach Didi-Huberman: *Die Erfindung der Hysterie*, a.a.O., S. 79.
18. S. dazu die umfangreiche Auseinandersetzung von Elisabeth Bronfen: *Das verknotete Subjekt*, Berlin 1998.
19. Didi-Huberman: *Die Erfindung der Hysterie*, a.a.O., S. 79.
20. Aus einer französischen Zeitung von 1784, zitiert nach: Paola Bertulucci: »Promethean Sparks. Electricity and the Order of Nature in the Eighteenth Century«, in: Siegfried Zielinski und Silvia M. Wagnermaier: *Variantology I. On Deep Time Relations of Arts, Sciences and Technologies*, Köln 2005, S. 41–56; »Oh subtiles Feuer, Seele der Welt, Wohltäterin Elektrizität / Du erfüllst die Luft, die Erde, die Welle / Den Himmel und seine Unermesslichkeit.«

benutzt wurde. Auch das präödipale Spielzeug, welchem Dädalus in Gestalt der Kopulationsmaschine der Pasiphae einen ersten Bauplan gegeben hatte, machte »Strom«[21], nämlich durch koitale Reibung. Die Leistung des Dädalus hatte darin bestanden, die Dominanz der symbolischen Mutter in diesem Apparat (*machenschaftlich*) zu suspendieren, ohne dass die »Funktion« (der genitalen Friktion) verloren ging. Da die Kollision zwischen der symbolischen Ordnung der Mutter und der symbolischen Ordnung des Vaters als Streit um die genitale Macht, um die Zeugungskraft, ausgetragen wurde, musste diese erst einmal auf neutralem Terrain in Sicherheit gebracht werden. Man wird Dädalus mit gewissem Recht dafür preisen, die ersten Schritte in eine Maschinisierung dieser Kraft, der Aussetzung des Streites zuliebe, getan zu haben. In den Elektrizität erzeugenden Dispositiven hat man fortgeschrittene Zeugungsmaschinen, mit deren Hilfe, wie man an den Metropolis- und Frankensteinphantasien ablesen kann, *sich Leben in die Statuen hineinblasen lässt*. Das Verhalten der elektrischen Ladungen von Leitern wird folgerichtig in der *Festkörperphysik* untersucht, die zum Horizont des Plastischen, also zur Konstellation der präödipalen Phantasie, gehört. Die Affinität, die *Körper* zueinander haben, äußert sich »elektrisch« als Energie der schizosomatischen Affektion.

Die Lektion kann eigentlich erst dann aus der Elektrisierung gezogen werden, wenn die (hysterischen) Symptome des Mädchens abebben. Ihre »Überspanntheit« lässt nach, wenn der »Strom« wieder frei fließt und die Privilegien der Energieproduktion, die bisher entweder von einem mütterlichen oder einem väterlichen Monopol verwaltet wurden, diesen entkommen. Der Schluss, den wir daraus zu ziehen haben werden, läuft auf eine *Umwertung der Erde* selbst hinaus: sie kann nicht *Mutter* sein. Sie (oder soll man jetzt schon SIE im Plural sagen?) muss/müssen als riesiger Elektromagnet, zweipolig organisiert, zu ihrer Zwitterhaftigkeit zurückfinden, die sie erst instandgesetzt hat, Transformator und Generator von Energie zu werden. Eine Erde, die mittels ihrer Bipolarität Magnetfelder aufbaut, die ihre Ionosphäre elektrisiert, ist selbst *ein Friktion erzeugender Doppelkörper, eine exquisite Transformationsmaschine, ein Proliferationsparadies, ein zweipoliges Energiewunder, ein rundes Paar oder zweigeschlechtlicher platonischer Urkörper ohne Arme und Beine*. Die Erde selbst hat sich auf die Produktion dieser *geschlechtlichen* Körper spezialisiert, die infolge der Verwertung der zweipolig organisierten Erd-Energie, welche so deutlich im Vorgang der Zellteilung, in Maiose und Mitose zu sehen ist, sich als *unterschiedlich ausgestattete* vorfinden. Aus diesem Grund muss der Erde selbst als primordialer Horizont des Kreatürlichen *auch* das Väterliche und Männliche zugestanden werden. Es ist nicht die »Schuld« der Menschen, dass sich das Erd-Weibliche und das Erd-Männliche in ihren Körpern ausdrückt, und ebenso wenig ist es ihre Aufgabe, sich

---

21. Durch die koitale »Reibung«: »Every ›electrician‹ was aware, that the human body is a conductor of electricity, and experiments that exploited this property proliferated. With the aid of a mechanical device that acted as a source of friction (the electrical machine), many amusing experiments could be easily performed. Electricity could turn bewigged ladies into electrifying Venuses whose sparkling would not be forgotten […]«, ebd., S. 41f.

um den Vorrang des Einen über das Andere zu streiten. Die Inszenierung der menschlichen Geschlechter kann und soll auf dem Hintergrund der *erdlogischen parenté* wieder zu einem Spiel, zu einem *Kinderspiel* werden. Es ist die durch die menschlichen Körper »durchgehende« Erde, die das Patent und das Privileg auf die Erfindung der geschlechtlichen Differenz besitzt und der deshalb auch die Verantwortungslast für diese Idee und dieses Werk wieder zurückgegeben werden darf. Im Rückspiegel sieht der Kampf der Geschlechter wie eine zwiefache falsche Anmaßung aus. Die Zeit ist jetzt reif für das Kinderspiel, was überdeutlich wird in den *gadgets*, die heute Verwendung im großen Stil finden. Die neuen Populationen sind Komplizen desselben Spiels mit denselben Spielzeugen. Meistens sind es »Verbindungsspielzeuge«, also in der Tat die *gadgets* des Mädchens, nämlich des *symbolischen* Mädchens, das Nymphe ist und Baum, Narzisse und Transplant, Hündchen, blühendes Tal und Kraut in den Pflasterfugen.

Katherina Zakravsky

Truth or Dare
Das große Universalgeschichts-Orakel

Axiom I

»Truth or Dare« ist ein adoleszentes Initiations-Ritual der gegenseitigen Herausforderung zur gegenseitigen Selbstenthüllung, bei dem Spieler A Spieler B auffordert, sich zwischen Aussage und Handlung zu entscheiden. Entscheidet sich A für »Handlung«, muss er auf Aufforderung von B eine mutige oder beschämende Handlung vollziehen, wie zum Beispiel aus dem Fenster springen oder nackt ums Haus laufen. Entscheidet er sich für »Wahrheit«, muss er wahrheitsgemäß eine zumeist sehr intime Frage beantworten; Einsatz des Spiels ist einerseits die Erwartung des Befragten, dass die geforderte Handlung ihn/sie, da er/sie noch jung ist, weniger kosten wird als eine Auskunft über sein/ihr noch in Entwicklung begriffenes Wesen, und die Erwartung des Fragenden, dass der Andere sich, wenn nicht durch ein erzwungenes Geständnis so durch die Art, wie er die gestellte Aufgabe bewältigt, zu erkennen geben wird. Nach einer Runde wechseln die Rollen.

Demonstratio

Angewandt auf das Spielfeld der Universalgeschichte als der Menge aller bezeugten und gemachten Begebenheiten besagt »Truth or Dare«, dass jedes historische Subjekt sich entscheiden muss, ob es Geschichte aussagen oder machen will; und nur in der wechselseitigen Befragung kann die Geschichte dazu gebracht werden, ihre »Wahrheit zu sagen«. Diese Regel verhindert die Errichtung einer prophetisch-aktivistischen Position eines »Subjekts der Geschichte«, das beansprucht, die von ihm ausgesagte Geschichte selbst zu vollziehen, und garantiert so die Offenheit der Zukunft.

Axiom II

Ein Orakel ist eine »Aussage-Maschine«, die ein Subjekt über eine unmittelbar bevorstehende, zumeist disjunktive Entscheidung – z.B. »Soll ich reisen oder zuhause bleiben?« – befragt, wobei das Medium der Aussage – Person oder dingliche Anordnung – nicht Subjekt des Aussagens ist. Der Orakelspruch enthält in der Regel eine Leerstelle oder unbestimmte Größe, in die sich der Fragende als Subjekt des Aussagens einfügen muss, um ihn als Anweisung richtig zu verstehen. Das Orakel ist daher nicht, wie landläufig gesagt wird, die irrationale Delegation einer Entscheidung an eine höhere, verborgene Macht, sondern genau umgekehrt eine Anweisung, auf welche Weise ein Subjekt sich in ein Geschehen einfügen muss, um eine zukunftsrelevante Entscheidung zu treffen. Und eben dies ist nur möglich, wenn der Fragende nicht der Antwortende, das Subjekt der Aussage nicht das Subjekt des Aussagens und die Aussage des Orakels nicht die Wiedergabe einer in der Zukunft schon feststehenden Gegenwart ist. Insofern ist das Orakel ein extrem rationales Verfahren der Erschließung einer unbestimmten, aber der empirischen Bestimmung zugänglichen Zukunft, hingegen die Prognostik auf statistischer Grundlage, die Ereignisse aufgrund ihrer Wahrscheinlichkeit ankündigt und so oft auch herbeiführt, eine sehr irrationale Methode, neue Ereignisse zu verhindern.

Exemplum

Kroisos, König der Lydier, befragte das Orakel von Delphi, ob er die Perser angreifen solle. Die Antwort war: »Wenn du den Halys überschreitest, wirst du ein großes Reich zerstören.« Kroisos versäumte es, sich selbst in den Satz einzufügen, überschritt den Halys und verlor durch die Niederlage sein eigenes Reich.

Scholium

Geschichte ohne Gesetz
Wir sind immer noch Erben eines gewaltigen Chiasmus: in dem Maße, in dem die Natur ihre statischen Gesetze überschritt und in die Bewegung geriet, die sie zur Evolution machen würde, hielt man es andererseits für nötig, der Geschichte ein Gesetz abzulesen. So formierte sich von Kant über Hegel bis Marx das, was man das große Projekt der Geschichtsphilosophie genannt hat, und das heute, obwohl niemand leugnen kann, dass es Geschichte gemacht hat, als obsolet gilt. In einer Epoche, die man sich nicht einmal traut, posthistorisch zu nennen – denn auch das ist schon wieder aus der Mode –, sitzen wir wieder mit Heraklit im selben Boot: man steigt nicht zweimal in den überdeterminierten Fluss der historischen Ereignisse. In Theorie und Erfahrung herrscht Stagnation; unversehens wendet sich die Einmaligkeit des gesetzlosen Geschehens in das eine Gesetz der ewigen Wiederkehr.

Mit dem methodischen Triumph der strukturalistischen und post-strukturalistischen Erforschung diskontinuierlicher epistemischer Formationen kehrte aber eine Art singuläres Gesetz der Geschichte als Gesetz der Epoche wieder, das sich nur aufstellen lässt, nachdem eine Epoche schon abgeschlossen ist – ein Gesetz ohne prognostische Kraft.

Und das gibt zu denken, stehen wir doch vor zwei radikalen Optionen einer multi-kausalen Ereignisgeschichte, die kein monokausales Gesetz im Sinne der Naturwissenschaften zulässt und also auch keine Wiederkehr kennt, und einem Denken von durch ein je singuläres epistemisches Gesetz regierten Epochen, deren Übergänge aber wiederum durch kein Entwicklungsgesetz höherer Ordnung bestimmt werden.

Kausalität ohne Gesetz – Gesetz ohne Kausalität; so konträr diese zwei Modelle sein mögen, gemeinsam ist ihnen die Abwesenheit jeder Vorhersage. Also gibt es auch keine Brücke mehr zwischen der gelehrten Tätigkeit der Geschichtsschreibung und der praktischen Notwendigkeit – aber auch dem kollektiven Begehren – , Geschichte zu machen.

Weil derzeit ein wissenschaftlich betreuter Mythos – von der christlichen Tradition über französische Revolution und Marxismus bis zum klassischen Fordismus – fehlt, fällt die überdeterminierte Zone zwischen sich anstauender Vergangenheit und ausstehender Zukunft der massenmedial gefütterten Imagination des kleinsten gemeinsamen Nenners anheim, der sich gern auf Sündenböcke und reaktionäre Wiedergänger stützt.

So sexy in Zeiten der Krise klassischer Lohnarbeit Georges Sorels Mythos des Generalstreiks[1] gerade jetzt wieder anmutet, wir wollen uns nicht um einen neuen politischen Instant-Mythos bemühen. Vielmehr treten wir lieber einen Schritt zurück und fragen nochmals nach Geschichte und Gesetz.

Das Gespenst der Geschichte

> »Während also die entlaufenden Leibeignen nur ihre bereits vorhandenen Existenzbedingungen frei entwickeln und zur Geltung bringen wollten und daher in letzter Instanz nur bis zur freien Arbeit kamen, müssen die Proletarier, um persönlich zur Geltung zu kommen, ihre eigne bisherige Existenzbedingung, die zugleich die der ganzen bisherigen Gesellschaft ist, die Arbeit, aufheben. Sie befinden sich daher auch im direkten Gegensatz zu der Form, in der die Individuen der Gesellschaft sich bisher einen Gesamtausdruck gaben, zum Staat, und müssen den Staat stürzen, um ihre Persönlichkeit durchzusetzen.«[2]

Geschichte nicht als vermeintlich gegebener, positiver Bestand von Ereignissen in der Zeit, sondern als Gefüge von Tätigkeiten, Forschungen, Fiktionen, Dokumenten, Monumenten, Deutungen konstituiert sich durch mehrere Rahmen, von den Archiven der ältesten Artefakte – die in ihrer Dinglichkeit dem quasi-geologischen Sinn von Ge-Schichte am nächsten stehen – und dem schriftlichen und medialen Gedächtnis bis hin zu jenen kollektiven Gerüchten, die den spontanen Erinnerungsmythos einer kulturellen Gruppe bilden; Gerüchte, aus denen sich erst durch den bewussten Rückgang auf die objektivierten Spuren im

---

1. Georges Sorel: *Über die Gewalt*. Übersetzt von Ludwig Oppenheimer (1928). Mit einem Nachwort von George Lichtheim, Frankfurt am Main 1981; darauf Bezug nehmend vgl. Walter Benjamin: »Zur Kritik der Gewalt«, in: Ders.: *Gesammelte Schriften*, Bd. II.1, hg. Rolf Tiedemann und Hermann Schweppenhäuser, Frankfurt am Main 1999, S. 179–204.
2. Karl Marx und Friedrich Engels: »Deutsche Ideologie« (1846), in: *Marx-Engels-Werke*, Band 3, Berlin/DDR 1969, S. 5–530, hier S. 78.

Archiv und den Austausch mit Zeitzeugen ein historisch gebildetes Gedächtnis formt.

Es scheint aber, dass all diese heterogenen medialen, kognitiven und sozialen Praktiken durch eine objektive Referenz synthetisiert werden: sie sind auf eine lineare Zeitlinie bezogen. Sie beziehen sich auf Daten, die als diese Zahlen einen eindeutigen Ort besetzen, einen zugleich faktischen und symbolischen Ort, der als diese Ordinalzahl niemals mehr wiederkehrt. Es wird nur einmal ein Jahr 2011 gegeben haben.

Durch dieses Gesetz der singulären historischen Zahl haben wir gelernt, die historische von der mythischen Zeit zu unterscheiden, wobei aber der Übergang, je schärfer er vorgestellt wird, desto mehr einem künstlichen Mythos von der Geburt der Vernunft gleicht.

Die Übersetzung einer Architektur der Ge-Schichte, die auf eine Tiefenschichtung des irdischen Lebensraums verweist, in eine lineare, abstrakte, nach vorne offene Zeitlinie sollte uns aber doch zu denken geben: denn dies Kippen der Achse ist nur möglich durch eben die Instanz, die innerhalb der Positivität der Daten das Unbestimmteste und Verdächtigste bleibt: die Dynamik der Akteure, die auf Erden Geschichte machen.

Während also die einen Geschichte schreiben, warten sie auf die anderen, die sie machen sollen. Diese Arbeitsteilung, diese Leerstelle zwischen geschriebener und gemachter Geschichte, ist Folge des fehlenden Gesetzes. Und als solche ein Gewinn; allerdings muss diese Differenz auch richtig gedacht und eingerichtet werden.

Nehmen wir als Beispiel jenen großen Wurf, der Geschichte ein Subjekt zu unterstellen, das in seiner befreienden Funktion wie ein Messias vorhergesagt wurde, dies aber nicht durch Prophetie, sondern durch ein »dialektisches Gesetz«, das in seiner zwingenden Logik das Gesetz einer zweiten Natur stiftet. In diesem kollektiven Geschichtssubjekt, das gerade durch seine Partikularität universell ist – dem Proletariat –, kommen zwei heterogene Bedeutungen der Vorhersage, theologisch-politische Prophetie und wissenschaftliche Prognostik, zur Deckung. Doch hat diese eine Wendung, diese eine »Versale« der Universalgeschichte ihren Preis. Das Proletariat, das mit gesetzmäßiger Notwendigkeit am Ende der Selbstüberwindung des Kapitalismus stehen wird, das die Entfremdung seiner selbst, und in ihm aller Menschen, durch die Realisierung des Gattungswesens beenden wird, kann dies nur erreichen durch die restlose Auflösung all der Bedingungen, die es in der Epoche des Kapitalismus zur ausgebeuteten Klasse machte. Anders als etwa der Leibeigene rückt der Proletarier nicht einfach in die vorhandenen Rechte und Besitzstände ein; er muss, um universal zu befreien, sich und all seine Eigenschaften radikal vernichten. Geschichte zu machen, im Sinne einer radikalen Universal-Geschichte, verlangt die Selbstvernichtung des historischen Subjekts.

Und mehr noch: der genaue Moment, in dem dies Kollektiv handeln kann, mag zwar dialektisch formalisierbar sein, fällt aber doch in ein transzendentales Loch: Handelt das Proletariat noch im Rahmen seiner partikularen Lebensbedingungen, ist es noch ausgebeutete Klasse und nicht revolutionäres Subjekt.

Ist es aber bereits die neue universale Klasse jenseits der Klassen, also das befreite Gattungswesen, ist es aus der Sicht der Realgeschichte, die nur Klassen, Gruppen, Ethnien und ihre Kämpfe kennt, nur ein Gespenst. Es ist nicht dem Zusammenbruch eines Regimes, das diese Figur nur usurpiert hatte, sondern dem inneren Paradox des dialektischen Gesetzes geschuldet, dass der Platz des Proletariers vakant ist, dass seine Existenz zwischen Partikularität und Universalität gespenstisch bleibt, dass aber auch, als eine paradoxe historische Konstante – wie Derrida gezeigt hat – das Gespenst nicht aufhört, in einem auf den Globus sich ausdehnenden Europa umzugehen.[3]

Auch wenn unterdessen viele Minderheiten den Platz des Proletariers kurzfristig besetzt – also sozusagen »gesquattet« – haben; auch wenn gerade die Tatsache der Weltgesellschaft dazu tendiert, sich positivistisch zu verschließen und jene Universal-Geschichte von sich zu weisen. Was aber bleibt, ist jene Logik des Teils, der ein offenes, kommendes Universales vertritt. Und selbst wenn dieser Teil fehlt, selbst wenn jede seiner Vertretungen implodiert, das hierdurch mitgesetzte Verbot für jede real existierende Mehrheit, das Universale hegemonial zu besetzen, gilt. Das vergisst sich nicht.

Ist das realhistorisch vorläufig nur ein schwacher Trost, stattet dieses Tabu – und Tabus sind machtvolle Gesetze – die Universalgeschichte in ihrer bescheideneren Maskierung als Historie, als wissenschaftliche Tätigkeit doch mit einer ungeahnten politischen Sprengkraft aus.

Die Mächtigen und die Toten

»Das Recht, das nicht mehr praktiziert und nur studiert wird, das ist die Pforte der Gerechtigkeit. Die Pforte der Gerechtigkeit ist das Studium.«[4] Es liegt ein erstaunlicher Sprengstoff darin, dass alle Ereignisse, Institutionen, Aussagen, Formationen, die doch alle gleichermaßen auf der Zeitachse situiert sind, dennoch ihren Charakter, ja ihre historische »Essenz« völlig verändern, je nachdem, ob sie »in Geltung sind« oder nicht. Dieser Wechsel vom geltenden zum toten »Recht« betrifft nicht nur den begrenzten Perspektivismus des Erkenntnissubjekts, das Geschichte als Kontinuum konstituiert, während es selbst auf einer kontingenten Stelle der Zeitlinie situiert ist. Denn falls Geschichte auch eine Frage des Perspektivismus ist, stellt dieser Sprung vom machthabenden zum historisch versunkenen System die Frage nach dem Erkenntnissubjekt noch einmal neu und radikaler.

Die Differenz zwischen einem machthabenden und einem vergangenen, »toten« System, die Benjamin in ihrer rettenden Kraft so deutlich war, hat in Foucaults Epistemologie anscheinend keine Rolle gespielt, was doppelt verwundert. Denn nicht nur war sein Gegenstand ab der mittleren Periode[5] die Forma-

---

3. Jacques Derrida: *Marx' Gespenster. Der verschuldete Staat, die Trauerarbeit und die neue Internationale*, aus dem Französischen von Susanne Lüdemann, Frankfurt a.M. 1996.
4. Walter Benjamin: »Franz Kafka« in: Ders.: *Gesammelte Schriften*, Bd. II.2, a.a.O., S. 409–438, hier S. 437.
5. Die Periode, die man gewöhnlich mit »Überwachen und Strafen« anheben lässt; vgl. Michel Foucault: *Überwachen und Strafen. Die Geburt des Gefängnisses*, übersetzt von Walter Seitter, Frankfurt am Main 1977.

tion von Wissen und Macht, impliziert doch auch die Methode der *Archäologie* den expliziten Umgang mit dem Toten.[6] Foucault zeigt aber bei der Konstitution der diskontinuierlichen Episteme ein merkwürdiges Desinteresse am Perspektivismus seiner eigenen Position. Durch die Abschaffung eines Gesetzes, das die Geschichte zwingt, auf ein schon gesetztes Ziel zuzulaufen, explodieren die Ereignisse und Epochen der Geschichte in einen synchronen Himmel möglicher Welten. Doch wirken die Horizonte der machthabenden Systeme und ihre Beziehungen zum Historiker wie Kraftlinien, die die Fluchtlinien dieser möglichen Welten der Diskontinuität krümmen.

Benjamin übersetzte diese Verwandlung der Geschichte in die Virtualität möglicher Welten in ein Denken der Konstellation. Doch gibt es dennoch ein Gesetz der Gravitation, das manchmal die eine, manchmal die andere Epoche der Jetztzeit näher rücken lässt. Dieser Perspektivismus der Epochen dient als Orakel für die Auslegung der eigenen, stets in ihrem eigenen Schatten unmittelbar unerkennbaren Epoche. Die Einsicht in den historischen Perspektivismus, in die strukturelle Kurzsichtigkeit und Gegenwartsblindheit der historischen Wahrnehmung verwandelt sich in eine Verantwortung, die als Studium der toten Systeme Gestalt gewinnt. Die Benjamin so widerwärtige, falsche Zeitlosigkeit des bürgerlichen Historismus, die ihren eigenen »Geist« noch in die entferntesten Epochen glaubt transportieren zu können, auf dass ihm das ewig gleiche, allzu Menschliche von dort entgegenblickt, ignoriert notorisch die Differenz zwischen den Lebenden und den Toten. Es scheint, als hätte der historisch gebildete Bürger keine Ahnen, nur weit verstreute Zeitgenossen.

Es ist aber nicht die scheinlebendige, sondern die tote Geschichte dem Studium aufgegeben. Was nämlich Benjamin durch die Heranziehung des »Rechts« im Zusammenhang seiner Kafka-Lektüre im Blick hatte, ist die Geschichte als Schuldzusammenhang. Durch den Machtverlust erhält der historische Stoff eine seltsame zweite Unschuld, die ihn dem Studium zugänglich macht. Was einst knechtete und unterdrückte, als es noch Macht hatte, wird als Totes zum guten Ahnen, der die Waffen gegen die herrschende Macht liefern kann. Es ist eine langsame und schwerfällige Waffe, aber sie ist epistemisch zuverlässiger als die Berufung auf jüngst Vergangenes und noch Geltendes, das allzu leicht als das Natürliche erscheint.

Es ist ein Wunder, ein empirisches Wunder, dass die Aufschichtung der Ereignisse, wie sie in der Zeit geschehen und Spuren hinterlassen, ein intelligibles Gefüge bilden, in dem eine tote Schicht zu einem Erkenntnismittel wird, durch das die oft erdrückend opake Faktizität gegenwärtiger Macht transparent wird. Wenn wir schon nichts anderes aus der Geschichte lernen, so dann doch, dass es »schon einmal anders war« und folglich auch wieder »anders werden kann«.

---

6. Ob Foucaults komplexe und umstrittene Methodologie der Aussage in der *Archäologie des Wissens* (Frankfurt a.M. 1986) eine implizite Reflexion der Position des Historikers enthält oder nicht, ist eine Frage, die den Rahmen dieses Essays bei weitem sprengt und grundsätzlich noch einer Klärung harrt.

Was wir aber weder lernen können noch lernen dürfen, ist, die Geschichte vorherzusagen.

Denn es ist gerade der radikal offene und unbestimmte, transzendentale Horizont reiner Zukünftigkeit, der erst ermöglicht und garantiert, dass das Studium des Toten für das Zeitliche relevant ist, dass das, was uns eine frühere Schicht lehrt, für eine Gegenwart befreiend werden kann.

Wäre aber die Zukunft schon geschrieben und wir müssten nur das Medium finden, das sie zu entziffern erlaubt, bräche das feine Gefüge der Mächtigen und der Toten, das zugleich befreiend und erkennbar ist, zusammen.

Conclusio: Die Mantik der Universalgeschichte

Die Geschichte des Orakels, die uns die Griechen als eminent »gute Ahnen« hinterließen, ist so weise, dass sie auch noch die höchste Gefahr der Prognostik umfasst. Sie ist überliefert als die tragische Zeitschleife der »self-fulfilling prophecy«. Nehmen wir den Fall Ödipus: aufgrund einer Prognose bezüglich des zukünftigen Verhaltens seines Sohnes trifft ein Vater bestimmte Entscheidungen – etwa seiner Aussetzung –, die dann erst jene Geschehnisse herbeiführen, die zum Eintreffen der Prognose – dem Tod des Vaters durch den Sohn – führen. Hätte dieser Vater sich nicht bemüht, den prophezeiten Mord durch den Sohn zu verhindern, wäre er nie eingetreten. Diese Tragik fädelt sich nicht zuletzt deshalb ein, weil da ein Subjekt nicht erfährt, was es tun, wohin es gehen, wie es sich entscheiden solle, es empfängt einen Spruch, der eine hyperbolische »Sorge um sich«, Sorge um sein Sein in der Zukunft auslöst.[7] Da Laios dann die Zukunft so behandelt, als ob die Zukunft eine zukünftige Gegenwart wäre, wird diese ihrer Zukünftigkeit und Offenheit beraubte Zukunft zur retroaktiven Ursache seiner Vernichtung. Eine Gegenwart, die sich ihr zukünftiges Bestehen garantieren lassen will, vernichtet sich selbst.

Nun hat aber Kant in *Idee zu einer allgemeinen Geschichte in weltbürgerlicher Absicht* auch eine Zeitschleife gebaut.[8] Hier ist der Natur die in ihr schon eingewickelte Absicht, die Menschheit durch ihre Natur-Geschichte hindurch zu einem weltbürgerlichen Zustand zu führen, zu unterstellen, wobei dieser Zweck aber als moralischer Zweck durch uns selbst hervorzubringen ist. Um also die Zuversicht zu haben, diesen allgemeinen Zweck zu verwirklichen, wird er zugleich prognostisch als Zukunft der Naturgeschichte überhaupt angenommen.

Nun hatten wir aber zuvor anhand der Prophetie der dialektischen Geschichte gezeigt, dass das Proletariat gerade wegen seiner vorhergesagten Rolle innerhalb der Geschichte außerstande ist, eben diese Rolle auch zu spielen. Es ist gerade

---

7. Das Orakel hatte Laios wegen seiner Untaten die Fortpflanzung untersagt; und für den Fall der Übertretung des Verbots den Mord angekündigt. Dies folgt der Logik des Familienfluchs, den das Orakel anscheinend durch das Ende der Familie beenden wollte, so aber gerade eine Windung weiterdrehte.
8. Immanuel Kant: »Idee zu einer allgemeinen Geschichte in weltbürgerlicher Absicht« (1784), in: Ders.: *Gesammelte Werke, Akademieausgabe VIII, Abhandlungen nach 1781*, Berlin 1912, S. 15–33.

im Spiegel seiner Zukunft genötigt, sich in der Gegenwart selbst zu vernichten. Wie also verhindern, dass durch den Fluch der Zeitschleife die Tragödie sich bestenfalls als Farce wiederholt?

Blicken wir einmal noch zurück auf einen der ältesten Kalauer der Philosophiegeschichte, der just im Gefolge des Marxschen Knotens noch einmal enorme Karriere machte: Theorie und Praxis, ein Pärchen wie Laurel und Hardy. Und doch stiftet dieser alte Hut einmal mehr die entscheidende Differenz, die das Orakel der Universalgeschichte tragikresistent macht. Schließlich ist das Tragische im Falle Ödipus Folge einer hybriden Selbstanwendung, einer übermäßigen Absicherungsgeste, die im Wahn, die Zukunft zu garantieren, die Gegenwart preisgibt.

Die Antwort darauf, gleichsam die Antwort, die das Meta-Orakel durch seine Trennung von Subjekt der Aussage und Subjekt des Aussagens schon gibt, ist schlicht Arbeitsteilung. Und als zeitliche Arbeitsteilung von Geschichte als Theorie und Geschichte als Praxis ist eben diese Differenz der historische Operator per se. Wie das?

Wir sind als Summe all unserer gegenwärtigen Praktiken immer schon zukünftiger als die Theorie, die wir in der Gegenwart zur Verfügung haben. Wir sind als historische Existenz – individuell und kollektiv – qua Praxis immer mehr als wir über uns wissen. Wir können also im Gleichnis der versetzten Ziegel immer nur mit der einen Hälfte unserer Existenz die Theorie einer eben vergehenden epochalen Praxis schreiben, während wir mit der andern, praktischen Hälfte unserer selbst schon in eine uns noch unbekannte Zukunft ragen, deren Theorie erst zukünftige Generationen werden schreiben können. Wir können im Sinne der größeren Natur-Geschichte, die uns transportiert, niemals genau vorhersagen, welche Art von Überträger welcher Flüche und Segnungen, welcher geistigen und sonstigen »Viren« wir gewesen sein werden.

Das Nicht-Wissen um das, was wir in Zukunft sein werden, ist Bedingung der gegenwärtigen Entscheidungsfreiheit. Wer zugleich die Theorie und die Praxis seiner Epoche sein will, ist am Ende nichts und schließt sich selbst aus der Kette der relevanten Begebenheiten aus.

Somit verbietet das Orakel genau die hyperbolische Prognostik, die sein Funktionieren als praktische Mantik des Unentscheidbaren verhindern würde. Das Orakel als »Aussagemaschine« hält die Zukunft offen und unentscheidbar, so dass eben nur das Orakel als »Wurf« – als zufällige Wahl oder intuitive Einsicht in die Gesamtbedingungen einer Gegenwart – entscheidet.

Das Universalgeschichts-Orakel ist der Anti-Implosionsschutz des historischen Subjekts.

Zwischen jeder Theorie und jeder Praxis, jedem Schreiben und jedem Machen von Geschichte, liegt mindestens ein anderes, mindestens ein Totes, mindestens eine Schicht von Ahnen und Erde und Faktizität. So ist es in einer humoristischen Paradoxie gerade die reine historische Positivität, die zum Hebel einer universalen Befreiungsgeschichte werden kann – deren Mütter und Väter am Ende viele und deren Nutznießer gewissermaßen niemand sein wird.

Epilog: Ein Allegorien-Supplement

Erinnern wir uns an Benjamins Engel der Geschichte, der bekanntlich der Zukunft den Rücken zukehrt,[9] und entwerfen nach seinem Bilde eine Art Themenpark der Weltgeschichte. Eine Art Grottenbahn fährt rückwärts durch dieses Gelände, doch haben wir keine Kontrolle über Richtung und Tempo dieser Fahrt. Zudem dürfen oder können wir uns nicht umdrehen, während wir gleichsam rückwärts in die Zukunft fahren. Vielleicht war der sinistre Wicht, der die Leute in Platons Höhle fesselte, auch hier am Werk und schnallte uns wie Kinder-Astronauten fest in unsere Schalensitze. Wir erkennen demnach nur an den allmählichen Verschiebungen und Veränderungen der Landschaft vor unseren Augen – der Vergangenheit –, dass wir ein Stück weit gefahren und unterdessen woanders angekommen sind. Und vielleicht eröffnet sich unversehens eine Schneise, ein Durchblick in ferne Vorzeit, deren bislang noch Unerkanntes nur diese Gegenwart offenbart und in die Zukunft trägt. So wird manchmal das Allertoteste Geburtshelfer des Allerneuesten. Das wäre *auch* rückwärts gewandte Prophetie.[10]

---

9. Walter Benjamin: »Über den Begriff der Geschichte« (1940), in: Ders.: *Gesammelte Schriften* I.2, Frankfurt am Main 1980, S. 691–704, These IV.
10. Vgl. Friedrich Schlegel: »Athenäum-Fragment 80« (1798), in: Ders.: *Kritische Schriften*, hg. von Wolfdietrich Rasch, München 1964, S. 34. Eine der schönsten Versionen dieses immer noch nicht genug gewürdigten Prinzips der retroaktiven Umdeutung von Geschichte findet sich als Aphorismus 34 im ersten Buch von Nietzsches »Fröhlicher Wissenschaft«: »*Historia abscondita.* – Jeder große Mensch hat eine rückwirkende Kraft: alle Geschichte wird um seinetwillen wieder auf die Wage gestellt, und tausend Geheimnisse der Vergangenheit kriechen aus ihren Schlupfwinkeln – hinein in *seine* Sonne. Es ist gar nicht abzusehen, was Alles einmal noch Geschichte sein wird. Die Vergangenheit ist vielleicht immer noch wesentlich unentdeckt. Es bedarf noch so vieler rückwirkender Kräfte!« (KSA 3, S. 343–653, hier S. 404) Man ersetze die anachronistische Vorstellung vom »großen Mann« durch eine neue Gesellschaft, Zivilisation oder Seinsweise und erhält das Programm einer zukünftigen Geschichtsphilosophie, die weder diskontinuierlich/epochal noch linear/finalistisch, sondern retroaktiv/strategisch verfahren würde.

**ERZÄHLUNGEN VON DER LIEBE
ZUR SPRACHE UND ZUR FORM**

Eva Laquièze-Waniek

Fort und Da
Zur Ankunft des Subjekts*

Ein Großvater passt auf seinen Enkelsohn auf, damit dessen Mutter fortgehen und Dinge erledigen kann. Das Kind ist noch sehr klein und beginnt gerade, die ersten Worte zu sprechen, aber es ist dennoch schon erstaunlich erfinderisch, wie der Großvater bemerken wird. Denn es erfindet vor seinen Augen ein eigenes Spiel, dessen Bedeutung sich ihm jedoch nur langsam erschließt. Offensichtlich handelt es sich dabei aber nicht nur um ein erfinderisches Kind – wobei man sagt, dass Not erfinderisch macht –, sondern auch um einen Großvater mit besonderer Aufmerksamkeit. Und da die Szene sich im Wien der letzten Jahrhundertwende ereignet und der Großvater niemand anderer als Sigmund Freud ist, soll die Kunde von diesem Spiel unter dem Aspekt des Lustgewinns aufgezeichnet und an die Nachwelt weitergegeben werden. So schreibt Freud seine Beobachtungen 1920 wie folgt nieder:

»Ich habe […] eine Gelegenheit ausgenützt, die sich mir bot, um das erste selbstgeschaffene Spiel eines Knaben im Alter von 1 ½ Jahren aufzuklären. Es war mehr als eine flüchtige Beobachtung, denn ich lebte durch einige Wochen mit dem Kinde und dessen Eltern unter einem Dach, und es dauerte ziemlich lange, bis das rätselhafte und andauernd wiederholte Tun mir seinen Sinn verriet. Das Kind war in seiner intellektuellen Entwicklung keineswegs voreilig, es sprach mit 1 ½ Jahren erst wenige verständliche Worte und verfügte außerdem über mehrere bedeutungsvolle Laute, die von der Umgebung verstanden wurden. Aber es war in gutem Rapport mit den Eltern […] und wurde wegen seines ›anständigen‹ Charakters gelobt. Es störte die Eltern nicht zur Nachtzeit, befolgte gewissenhaft die Verbote, manche Gegenstände zu berühren und in gewisse Räume zu gehen, und vor allem andren, es weinte nie, wenn die Mutter es für Stunden verließ, obwohl es dieser Mutter zärtlich anhing, die das Kind nicht nur selbst genährt, sondern auch ohne jede fremde Beihilfe gepflegt und betreut hatte. Dieses brave Kind zeigte nun die gelegentlich störende Gewohnheit, alle kleinen Gegenstände, deren es habhaft wurde, weit weg von sich in eine Zimmerecke, unter ein Bett usw. zu schleudern, so daß das Zusammensuchen seines Spielzeuges oft keine leichte Arbeit war. Dabei brachte es mit dem Ausdruck von Interesse und Befriedigung ein lautes langgezogenes o-o-o-o hervor, das nach dem übereinstimmenden Urteil der Mutter und des Beobachters keine Interjektion war, sondern ›Fort‹ bedeutete. Ich merkte endlich, daß das ein Spiel sei, und daß das Kind alle seine Spielsachen nur dazu benützte, mit ihnen ›fortsein‹ zu spielen. Das Kind hatte eine Holzspule, die mit einem Bindfaden umwickelt war. Es fiel ihm nie ein, sie zum Beispiel am Boden hinter sich her zu ziehen, also Wagen mit

---

* Dieser Text ist im Rahmen des vom Wiener Wissenschafts-, Technologie- und Forschungsfonds geförderten Projekts *Übertragungen: Psychoanalyse – Kunst – Gesellschaft* am Institut für Philosophie der Universität Wien entstanden.

ihr zu spielen, sondern es warf die am Faden gehaltene Spule mit großem Geschick über den Rand seines verhängten Bettchens, so daß sie darin verschwand, sagte dazu sein bedeutungsvolles o-o-o-o und zog dann die Spule am Faden wieder aus dem Bett heraus, begrüßte aber deren Erscheinen jetzt mit einem freudigen ›Da‹. Das war also das komplette Spiel, Verschwinden und Wiederkommen, wovon man zumeist nur den ersten Akt zu sehen bekam, und dieser wurde für sich allein unermüdlich als Spiel wiederholt, obwohl die größte Lust unzweifelhaft dem zweiten Akt anhing.«[1]

Freud deutet dieses Spiel als »große kulturelle Leistung« des kleinen Kindes, da der Konflikt, den das Fortgehen der Mutter bewirkt haben müsse, von ihm sublimatorisch gelöst wurde und es so bereits im frühesten Alter Verzicht auf direkte Triebbefriedigung leisten konnte – denn das Fortgehen der Mutter könne dem Kind unmöglich angenehm oder auch nur gleichgültig gewesen sein.[2] Die Frage, warum das Kind diese somit sicherlich sehr angsterregende Situation durch das Spiel wiederhole, schien Freud aus libido-ökonomischer Perspektive allerdings klärungsbedürftig. Denn das Bedürfnis, die unlustvolle Erfahrung zu wiederholen, steht im Widerspruch zu seiner bislang vertretenen These der Vorherrschaft des Lustprinzips, wie er sie prototypisch in den Träumen als halluzinatorische Wunscherfüllung des Unbewussten bestätigt sieht.

Freud erklärt sich den rätselhaften Umstand nun dahingehend, dass das Kind das Spiel dazu nutze, um aus der vorherigen passiv und unlustvoll erlebten Situation, von der Mutter verlassen worden zu sein, in eine aktive, lustvollere wechseln zu können. Durch das Spiel kann das Kind folglich zum Regisseur der Szene werden und selbst bestimmen, ob und wann die durch die Holzspule symbolisch ersetzte Mutter verschwinden und wiederkehren darf. Dabei gewinnt es eine Form für den Ausdruck der eigenen Angst, der sie vermindern dürfte. Demzufolge muss der Druck, die Unlust in einer konkreten szenischen Form auszudrücken, dringlicher wirken als etwa eine Konfliktlösung, die einer direkten Umsetzung des Lustprinzips folgen würde.[3] Denn letztere müsste auf die Verleugnung der angstvollen Situation hinauslaufen und beispielsweise zu Tagträumen oder Halluzinationen wie »die Mutter ist nie weggegangen« führen. Doch dies würde eine Verleugnung der Realität bedeuten und somit eine für das Subjekt um vieles gefährlichere Variante der Konfliktlösung darstellen als jene des mit dem Realitätsprinzip vereinbaren Fort-Da-Spiels.[4]

---

1. Sigmund Freud: »Jenseits des Lustprinzips« (1920), in: Ders., *Gesammelte Werke*, Bd. XIII, Frankfurt/M 1999, S. 11–13.
2. Vgl. ebd., S. 13.
3. Freud verweist hierbei auf ähnliche Phänomene aus dem Bereich der Unfalls- und Kriegsneurosen, wo Verwundete immer wieder von den Schrecken des Ereignisses ihrer Verletzung träumen (vgl. ebd., S. 9f. und 32ff.). Bezüglich des Kinderspiels weist er jedoch darauf hin, dass die Wiederholung nicht immer im Gegensatz zum Lustprinzip stehen müsse, da der Wunsch, bestimmte Spiele zu spielen oder Geschichten immer wieder zu hören, oft zur Einübung für Identifikationen genützt werde, die durchaus im Einklang mit dem Lustprinzip stünden (vgl. ebd., S. 36f.)
4. Dies bestätigend, wird Lacan im Bezug auf das Fort-Da-Spiel später darauf hinweisen, dass der Prozess der Symbolisierung auch misslingen kann, wenn es zu einer Verwerfung derselben kommt, die somit einer bejahenden Haltung gegenüberzustellen sei: Beide werden unterschiedliche Schicksale

In einer Fußnote ergänzt Freud, dass sich seine Deutung durch eine weitere Beobachtung des Spielverhaltens seines Enkelkindes bestätigt habe. Denn als eines Tages die Mutter wieder über viele Stunden abwesend war, wurde sie beim Wiederkommen mit der Mitteilung: »*Bebi o-o-o-o!*« begrüßt, die ihm zunächst unverständlich blieb. Freud konnte aber bald herausfinden, dass das Kind während dieses langen Alleinseins ein Mittel gefunden hatte, um sich nun selbst verschwinden zu lassen: So hatte es sein Bild in dem fast bis zum Boden reichenden Standspiegel entdeckt und sich dann niedergekauert, so dass nunmehr auch sein eigenes Spiegelbild vorübergehend »fort« war.[5]

Welche spezielle Angst das Kind hier spielerisch erneut bezwingen konnte und welchen besonderen Gewinn es daraus bezog, dass es sich nun selbst zum Symbol des Verschwindens machte, erläutert Freud jedoch nicht mehr. So hinterlässt er uns mit dem Fort-Da-Spiel eine Szenerie mit einem durchaus dunklen, ungelösten Moment, wonach die menschliche Fähigkeit zur Symbolbildung mit der Auslöschung des Subjekts verbunden zu sein scheint.

Von Türen und Passagen des Symbolischen

Mehr als dreißig Jahre nach Freuds Niederschrift beginnt Jacques Lacan, das Spiel auf einer strukturalen Ebene zu deuten, und macht hierbei dieselbe Szene als Eintritt des Kindes in die symbolische Ordnung sichtbar,[6] was er folgendermaßen auf den Punkt bringen wird[7]:

> »Jenes Spiel, welches das Kind betreibt, wenn es Gegenstände – deren Eigenart übrigens gleichgültig ist – aus seiner Sicht verbannt, um sie wieder hervorzuholen und anschließend erneut zum Verschwinden zu bringen, währenddessen es jene distinktive Silbenfolge moduliert – dieses Spiel [...] manifestiert in seinen radikalen Zügen die Determinierung, die das Menschentier von der symbolischen Ordnung empfängt.«[8]

Lacans These ist es, dass das Fort-Da-Spiel den »Nullpunkt des Begehrens« markiere, als jenen Punkt, von dem aus das menschliche Subjekt sein Objekt begehrend in Beschlag nehmen wird können, insofern es sich den Bedingungen des Symbols unterwirft. Denn der Mensch widme seine Zeit buchstäblich der

---

für das Kind bereithalten (vgl. Jacques Lacan: *Seminar III (1955–1956): Die Psychosen*, übersetzt von Michael Turnheim, Weinheim, Berlin 1981, S. 98–99.)
5. Vgl. Freud: *Jenseits des Lustprinzips*, a.a.O., S. 13, Fußnote 1.
6. Vgl. Jacques Lacan: *Das Seminar II (1954–1955): Das Ich in der Theorie Freuds und in der Technik der Psychoanalyse*, Weinheim, Berlin 1991.
7. Eine der ersten ausführlicheren Auseinandersetzungen Lacans mit Freuds »Fort-Da-Spiel« fanden im Seminar von 1954–1955 statt. Er verdichtet sie 1956 in dem Aufsatz »Das Seminar über E. A. Poes ›Der entwendete Brief‹« und ergänzt sie 1966 durch den Abschnitt »Parenthese der Parenthese«. Seine unterschiedlichen Deutungen des Spiels lassen sich von 1938 bis 1967 verfolgen.
8. Jacques Lacan: »Einführung zu Das Seminar über E. A. Poes ›Der entwendete Brief‹« (1956/1966), in: ders.: *Schriften I.* (1966), hg. in deutscher Sprache von Norbert Hass, Weinheim, Berlin 1986, S. 46.

»Entfaltung der strukturellen Alternation«, in der sich An- und Abwesenheit gegenseitig aufrufen.[9]

Geht es hier also um den Eintritt des Individuums in die signifikative Ordnung des Symbolischem – und damit auch um den Zugang zur Sprache –, so gestaltet sich dieser über die Fähigkeit, den anderen durch die An- und Abwesenheit eines Zeichens repräsentieren zu können. Über das damit verbundene Inszenieren einer entsprechenden Passage des Hin und Her von Ab- und Anwesenheit wird somit sowohl das Objekt des Begehrens konstituiert als auch die Ankunft des menschlichen Subjekts als symbolisches Wesen möglich.

Lacan weist jedoch darauf hin, dass die dem Fort-Da-Spiel zugrundeliegende binäre Struktur von Ab- und Anwesenheit desselben Elements durch den Akt der Wiederholung über ein drittes, trianguläres Moment konstituiert ist, das unwillkürlich eine Serie von synchronen und diachronen Zeichenverläufen entstehen lässt, deren Abbruch er *Skansion* nennt.[10]

Um die Binarität dieser Struktur mitsamt ihren möglichen syntagmatischen Zeichenverläufe präziser fassen zu können, ersetzt Lacan in einem nächsten Schritt die Begriffe der An- und Abwesenheit durch die Zeichen *plus* und *minus* und überträgt damit die Deutung des Spiels in einen logischen bzw. kalkulatorischen Kontext der Wahrscheinlichkeit. Denn die einfache Konnotation einer Reihe mit (+) und (–), die auf der einzigen und grundsätzlichen Alternative von An- und Abwesenheit beruht, erlaube es zu zeigen – so Lacan –, wie die strengsten symbolischen Determinationen sich einer Folge von Würfen angleichen lassen, deren Realität im strengen Sinn »rein zufällig« verteilt sei.[11] Als Beispiel dafür verweist Lacan auf das bekannte Kopf-oder-Zahl-Spiel mit einer Münze, wobei er, zum Spiel anregend, den Kopf durch *Plus* und die Zahl durch *Minus* ersetzt sehen will.[12] Daneben versucht Lacan, anhand kalkulatorischer Darstellungen die Struktur einer solchen Reihe und ihres möglichen Spielverlauf beispielhaft zu verdeutlichen[13], wobei die Plus und die Minus, die im Verlauf vorkommen können, von ihm nun zu dritt gruppiert und die Sequenz je nach ihrem Typ 1, 2 oder 3 benannt werden[14]:

Bereits diese Transformation macht nach Lacan präzise Gesetzmäßigkeiten sichtbar: So würde die 1, die 2 und die 3 nicht in jedweder Ordnung aufeinander folgen können, denn niemals könnte eine 1 auf eine 3 folgen, niemals würde eine 1 nach irgendeiner ungeraden Anzahl von 2 vorkommen, aber nach einer geraden Anzahl von 2 könnte eine 1 kommen; zwischen 1 und 3 wäre jederzeit eine unendliche Anzahl von 2 möglich.

---

9. Vgl. ebd.
10. Vgl. ebd.; sowie Lacan, *Das Seminar II*, a.a.O., S. 401.
11. Vgl. Lacan, *Einführung*, a.a.O., S. 46 f.
12. Vgl. Lacan, *Das Seminar II*, a.a.O., S. 245 und S. 374. Fink hat Lacans Kopf-oder-Zahl-Beispiel aufgegriffen und als zufällige Folge von exemplarischen Wurfergebnissen anschaulich gemacht (vgl. Bruce Fink: *Das Lacansche Subjekt. Zwischen Sprache und Jouissance* (1995) (aus dem Amerikanischen von Caspar Boehme), Wien 2006, S. 37–39.
13. Zur Darstellung zweier Beispiele sowie zur Diskussion derselben siehe Lacan, *Das Seminar II*, a.a.O., S. 246; sowie Lacan, *Einführung*, a.a.O., S. 46 f.
14. Lacan, *Das Seminar II*, a.a.O., S. 246.

(1)	(2)	(3)
+ + +	+ + −	+ − +
− − −	− − +	− + −
	− + +	
	+ − −	

Übergang von 1 nach 2 → β
Übergang von 2 nach 2 → γ
Übergang von 1 nach 1 ⎫
Übergang von 1 nach 3 ⎭ → α

Rückkehr von 2 nach 1 ⎫
Rückkehr von 2 nach 3 ⎭ → δ

Abb. 1: Beispiel einer symbolischen Kette nach Jacques Lacan, mit Plus und Minus-Elementen, hier in Dreiergruppen angeordnet als verschiedene Sequenzen nach Typ 1, 2 oder 3.

Abb. 2: Jacques Lacan, Beispiel möglicher Intervalle zwischen jeweils zwei verschiedenen Sequenzen nach Typ 1, 2 oder 3.

Davon ausgehend, könne man andere bedeutsame Einheiten komponieren, die die Intervalle zwischen zweien von diesen Gruppen repräsentieren würden: Die Demonstration, die sich aus dem einfachen Gebrauch dieser symbolischen Reihen ergibt, und die dennoch auch schon syntagmatische Verläufe erkennen lässt, zeigt für Lacan, dass das Symbol von Anfang an als Indiz für das Anthropologische fungiert – und zwar nicht, weil es in Abhängigkeit zu einer dem Realen verknüpften Kausalität gebracht werden kann, und auch nicht, weil es mit einer konkreten Vorstellung des Einzelnen verbunden, d.h.: imaginär aufgeladen werden kann –, sondern weil seine Struktur von allgemeiner Organisation zeugt.[15]

Hierbei bezieht sich Lacan auf Ferdinand de Saussures Begriff der Sprache (*langue*) als einem binär angelegten Zeichensystem, das auf distinktiven Zeichen mit bedeutungsermöglichenden und bedeutungstragenden Funktionen beruht.[16] Entsprechend dieser zwei Funktionen nannte Saussure[17] bekanntlich die bezeichnende Seite des sprachlichen Zeichens *Signifikant* und die bezeichnete *Signifikat*, wobei er ihre Verbindung als ein arbiträres Wertverhältnis auffasste, das durch Ähnlichkeiten und Gegensätze der ganzen Zeichen und ihrer Teile im Sprachsystem (*langue*) sowie in der Rede (*langage*) bestimmt wäre. Saussure unterschied dabei die »syntagmatischen Zeichenketten« der Rede (*langage*), die dem Sprechenden *in praesentia* zugänglich sind, von den »assoziativen Zeichenverbindungen« der Sprache als virtuellem System (*langue*) *in absentia*, die dem Sprechenden nur latent gegenwärtig sind und die man in der späteren Rezeption »paradigmatische Zeichenketten« nennen sollte. Spricht jemand, so wählt sie oder er im Akt des Sprechens (*parole*) aus dem ihr/ihm über das Gedächtnis also latent zur Verfügung stehenden Zeichendepot einer bestimmten Sprache (*langue*) aus und produziert nach den Regeln der Syntax dieser Sprache bestimmte syntagmatische Zeichenketten, die als Sinnfolgen bzw. Sätze zeitlich ausgedehnt und akustisch wahrnehmbar sind.[18]

---

15. Ebd.
16. Vgl. z.B. ebd., S. 391ff.
17. Vgl. Ferdinand de Saussure: *Grundfragen der allgemeinen Sprachwissenschaft* (1916), hg. von Charles Bally und Albert Sechehaye, übersetzt von Herman Lommel, 2. Auflage, Berlin 1967.
18. Zum Sprach-, Zeichen- und Bedeutungsbegriff bei Saussure vgl. meine Dissertation: Bedeutung. Sprachphilosophische und zeichentheoretische Variationen über ein Thema bei Gottlob Frege und

Des weiteren zeigte Saussure auf, dass die gesamte Organisation des Sprachlichen letztlich auf der Regelung von binären Oppositionspaaren beruht, da die An- oder Abwesenheit von Zeicheneinheiten wert- oder bedeutungsgenerierend wirkt wie im Falle der von einer Sprachgemeinschaft festgelegten An- oder Abwesenheit von Präfixen, Suffixen oder auch entsprechenden Nullzeichen, die etwa Genus, Kasus oder Numerus in den indoeuropäischen Sprachen anzeigen.

Diese grundlegende Strukturierung der Zeichen, die auf der puren An- oder Abwesenheit ihrer Bestandteile beruht, ist schließlich auch das gemeinsame Moment, das die kalkulatorischen Zeichen (wie z.B. die Zahlen) mit den sprachlichen Zeichen verbindet, auch wenn sich die jeweiligen syntagmatischen Verknüpfungen dann in Bezug auf einen eindeutigen Gebrauch hier (Codes) und eine polyvalente Verwendungsweise dort (Ambiguität der natürlichen Sprache) wesentlich unterscheiden.[19]

Saussures Entdeckung, wonach das Phonem der Funktion von Oppositionspaaren folgt, die durch die kleinsten unterscheidbaren und unterscheidenden Elemente einer Sprache gebildet werden, wird von Lacan nun auf das Freudsche Fort-Da-Spiel bezogen, um die vokalische Konnotation von Anwesenheit und Abwesenheit dort als jene Grundlage sichtbar zu machen, auf der, so Lacan, bereits Freud die subjektiven Ursprünge der Funktion des Symbols erkannt hätte.[20] Denn Freud habe auf der Suche nach einem Modell für den Wiederholungszwang genau an dem Schnittpunkt innegehalten, an dem er das kindliche Versteckspiel zusammen mit der wechselseitigen Skandierung zweier Phoneme (o/da) bei seinem Enkelsohn beobachtet habe:

> »Mit einem Schlag zeigt sich hier sowohl die Bedeutung des Objekts, welches als insignifikantes erscheint (was das Kind auftreten und verschwinden läßt), als auch der akzidentelle Charakter der phonetisch vollendeten Form im Vergleich zur phonematischen Unterscheidung, und niemand kann Freud bestreiten, daß er diese mit Recht durch jenes »Fort! Da!« aus seiner Erwachsenensprache übersetzt.«[21]

Diesen Umschlagpunkt ins Objektale, der zugleich Schnittpunkt des Signifikativen ist, gilt es folglich als den »Inseminationspunkt einer symbolischen Ordnung« zu begreifen, wobei hervorzuheben ist, dass diese Ordnung bereits vor dem infantilen Subjekt existiert, und dieses sich nach ihr strukturieren wird müssen.

Ferdinand de Saussure, 1998, Institut für Philosophie der Universität Wien; sowie den die Ergebnisse zusammenfassenden Aufsatz: »Zur Unterscheidung einer referentiellen und differentiellen Bedeutungsauffassung am Beispiel Gottlob Freges und Ferdinand de Saussures«, in: Eva Waniek (Hg.): *Bedeutung? Für eine transdisziplinäre Semiotik*, Wien 2000.
19. Vgl. Lacan, *Seminar II*, a.a.O., S. 354.
20. Vgl. Jacques Lacan: »Funktion und Feld des Sprechens und der Sprache in der Psychoanalyse« (1953), in: Ders.: *Schriften I*, a.a.O., S. 126.
21. Jacques Lacan: »Die Ausrichtung der Kur und die Prinzipien ihrer Macht« (1958), in: ders.: *Schriften I*, a.a.O., S. 183.

Dementsprechend gehört es nach Lacan zu einer der wichtigsten Aufgaben der Psychoanalyse, den Niederschlag der Sprachstruktur im Subjekt herauszuarbeiten, wobei er parallel auf die gewinnbringende methodische Übernahme der strukturalen Linguistik in der Ethnographie von Claude Lévi-Strauss verweist, der ab Mitte der 50er Jahre sowohl die duale Organisation von Verwandtschaftssystemen sichtbar machte als auch Mythen nach einer Synchronie von Mythemen zu dechiffrieren begann.[22] Mit dem Verweis auf das Implikationsverhältnis von Sprachstrukturen und jenem Teil der sozialen Gesetze, der Verwandtschaft und Verschwägerung regelt, also dem Inzestverbot, konnte Lévi-Strauss exakt jenes Terrain erobern, auf dem Freud das Unbewusste angesiedelt hatte.[23] Lacans Bezugnahme auf Lévi-Strauss' strukturale Ethnologie ist also alles andere als historischer Zufall.

Strukturale Linguistik und Anthropologie dienten Lacan somit als methodische Orientierungen[24] für sein eigenes Unternehmen, das auf die Entwicklung einer allgemeinen Theorie des Symbols gerichtet war. Diese Theorie sollte als neue Achse dazu dienen, die Humanwissenschaften stringenter aufeinander zu beziehen, wobei der Psychoanalyse als Wissenschaft von der Subjektivität eine zentrale Stellung zugedacht war.[25] Der Wunsch Lacans, die allgemeine Verfasstheit des Symbols präziser zu erfassen, bindet sich an dessen Relevanz für die Psychoanalyse von Beginn an. Die Psychoanalyse müsse die Tragweite der symbolischen Ordnung in der Welt des menschlichen Subjekts sondieren und erkennen.[26]

Diese Aufgabenstellung ist nicht nur dem wissenschaftlichen Anspruch, sondern auch dem Ziel der psychoanalytischen Behandlung verbunden. Sie richtet sich nach Lacan darauf, die unbewussten, imaginären Identifikationen des Subjekts und seine Phantasmen durch die Mittel des Symbolischen bewusst zu machen – und nicht etwa die imaginären Identifikationen des Analysanden mit dem Überich der Analytikerin oder des Analytikers vermeintlich zu »stärken« oder diese bloß den Normen der Gesellschaft gefällig anzupassen. Letzteres war eine zu Lacans Zeit in den USA gängige Anwendung der Freudschen Psychoanalyse, die er unter dem Stichwort »Ego-Psychology« heftig kritisierte.[27] Deshalb muss, wer immer psychoanalysiert, auch um die zeichengemäße Beschaffenheit seines/ihres Mediums wissen, das heißt, die symbolischen und sprachlichen Mittel der psychoanalytischen Interventionen kennen, um sie bestmöglich heilend zur Anwendung bringen zu können.

---

22. Lacan erwähnt ausdrücklich den Aufsatz von Claude Lévi-Strauss: »Gibt es dualistische Organisationen?« (1958), in: Ders.: *Strukturale Anthropologie, Bd. I*, übersetzt von Hans Naumann, Frankfurt/M. 1967. Zur strukturalen Analyse von Mythen vgl. Claude Lévi-Strauss : *Mythologica I (1964) und II (1966)*, übersetzt von Eva Moldenhauer, Frankfurt/M. 1971–1972.
23. Vgl. Lacan (1966) *Schriften I*, a.a.O., S. 47, Fußnote 34 sowie S. 127.
24. Vgl. ebd., S. 126.
25. Vgl. ebd., S. 127.
26. Vgl. Lacan, *Seminar II*, a.a.O., S. 246.
27. Vgl. z.B. Lacans Kritik an der Ego-Psychologie in: Jacques Lacan, »Funktion und Feld des Sprechens und der Sprache in der Psychoanalyse« (1953), in: Ders., *Schriften I*, a.a.O., S. 139.

Das stellt uns allerdings vor die Schwierigkeit, die symbolische Ordnung zu denken, angesichts dessen, dass das menschliche Wesen in diese Ordnung immer schon eingefasst ist. Und Lacan warnt davor, zu glauben, wir hätten die symbolische Ordnung durch unser Bewusstsein gebildet, da dies eine Täuschung wäre, die auf unser libidinöses bzw. imaginäres Verhältnis zu unserem Nächsten zurückgehe, ohne den wir allerdings – wie er mit dem *Spiegelstadium*[28] bereits zuvor aufzeigt hatte – auch nicht zu Subjekten werden könnten. Für den Eintritt in die symbolische Ordnung bedarf es aber darüber hinaus einer radikalen Engführung des Sprechens, die Lacan kulminierend eben im Fort-und-Da-Spiel des kleinen Enkelkindes Freuds am Werk sieht. Diese Engführung zu passieren und das Feld der Intersubjektivität zu betreten, bedeutet, dass sich der andere hinkünftig nicht mehr darin erschöpft, ein imaginärer anderer zu sein (und das heißt nur eine Projektion oder ein Spiegelbild von mir selbst, weshalb Lacan den imaginären anderen später den kleinen anderen nennt), sondern dass dieser andere nun über den Rahmen einer absolut gesetzten »Entweder-oder-Entscheidung« von Ab- oder Anwesenheit – und damit von einem allgemeinen Punkt aus – neu entworfen werden muss.[29]

Dieser Entwurf betrifft somit unsere Stellung zum anderen als einem nun auch allgemein Symbolisierbaren (was, wie bereits dargelegt, nur über die Perspektive eines dritten Momentes möglich wird, das Lacan mit dem symbolischen Anderen gleichsetzt, den er später den *Großen Anderen* nennt), wobei dies die Symbolisierung des anderen letztlich aber auch übersteigt, da damit ebenso unsere Ankunft als symbolische Subjekte verbunden ist – gerade so, wie es Freud von seinem Enkelsohn schlussendlich szenisch vor Augen geführt bekam, und das Spiel, das seinen Ausgang zuerst bei der Manipulation der Holzspule, die der Mutter verbunden war, genommen hatte, nun in einem neuen Spiel mündete, wo es um das Verschwinden und Auftauchen des Kindes selbst jenseits des Spiegels ging, verdichtet in den der Sozietät abgerungenen Lauten: »Bebi ooh!«. Diese Laute sind hier somit nicht nur als Ausdruck des Entzückens zu verstehen, sondern heißen, minimalisiert auf die Sprache der Erwachsen bezogen, vor allem auch: »Bebi fort!« Und ein Bebi, das sich von einem bestimmten Platz selbst fortnehmen, fortbewegen und auch entscheiden kann, wann es wieder »da« ist, hat sich als eigenes Wesen von der Abhängigkeit von seiner Mutter gelöst und jubiliert nun mit gutem Grund über seine Ankunft als Subjekt!

»Alles läuft auf das ›to be or not to be‹ hinaus, auf die Wahl zwischen dem, was herauskommen wird oder nicht, auf das primordiale Paar des *Plus* und *Minus*. Doch Präsenz wie Absenz konnotieren *mögliche* Präsenz oder Absenz. Sowie das Subjekt selbst zum Sein kommt, verdankt es das einem bestimmten Nicht-Sein, über dem es sein Sein errichtet.«[30] Demnach »organisiert das Spiel des Symbols unabhängig von den Besonderheiten seines menschlichen Trägers dieses Etwas,

---

28. Jacques Lacan: »Das Spiegelstadium als Bildner der Ichfunktion« (1936/1949), in: Ders.: *Schriften I*, a.a.O., S. 61 – 70.
29. Vgl. Lacan, *Einführung*, a.a.O., S. 52.
30. Lacan, *Seminar II*, a.a.O., S. 244.

das sich ein Subjekt nennt. Das menschliche Subjekt zettelt dieses Spiel nicht an, es nimmt in ihm seinen Platz ein und spielt in ihm die Rolle der kleinen *Plus* und *Minus*. Es ist selbst ein Element in dieser Kette, die sich, sobald sie entrollt wird, gesetzmäßig organisiert.«[31]

Mit dieser Deutung beantwortet Lacan nicht nur stichhaltig die bei Freud offen gebliebene Frage, warum die Befähigung zum symbolischen Denken und Handeln mit dem vorübergehenden Verschwinden des Subjekts verbunden ist, sondern legt auch ein radikales Konzept der symbolischen Ordnung vor. Dieses imponiert angesichts einer pur gedachten An- und Abwesenheit, wobei eine mögliche inhaltliche Besetzung dieser Struktur – wie beispielsweise durch den geschlechtsspezifischen Gegensatz von »männlich/weiblich« oder durch die klassenspezifische Differenz »Herr/Knecht« – ihrer allgemeinen Symbolizität schon nicht mehr entsprechen würde. Welche gesellschaftlichen Ordnungen Lacan im Laufe seines Lebens selbst auch immer präferiert haben mag, das Modell, das er hier für die symbolische Ordnung entwickelt hat, enthält nichts davon, was auf eine konkrete inhaltliche bzw. ideologische Aufladung hinweisen würde. Demnach können auch die Vorwürfe, die ihm gelegentlich gemacht werden, er arbeite mit seiner Theorie des Symbolischen einer patriarchalen, katholischen, androzentrischen, heterosexistischen oder kapitalistischen Gesellschaftsordnung zu, als ungerechtfertigt zurückgewiesen werden. Denn bei all diesen zwar möglichen, aber keineswegs notwendigen Besetzungen des Symbolischen handelt es sich – wie eine genaue Betrachtung nun zeigt – schon wieder um eine imaginäre Ausdeutung der symbolischen Ordnungsstruktur, über die sich – je nach den konkreten gesellschaftlichen Machtverhältnissen – nicht nur beispielsweise ein feudaler oder bürgerlicher »Herrensignifikant« (*signifiant maître*), sondern durchaus auch ein proletarischer oder ökologischer »Meister«– oder auch feministisch bewegter »Damensiginfikant« installieren ließe. Demnach muss jede konkrete soziale, politische oder ideologische Aufladung der symbolischen Struktur als imaginäres Moment begriffen werden und kann aus eben diesem Grund auch wieder verändert werden. Denn von da aus gesehen, besteht der Angelpunkt des Symbolischen – gleichsam also das Symbolische des Symbolischen – in nichts anderem als in der allgemeinen Struktur von binärer An- und Abwesenheit, die es den Signifikanten prinzipiell erlaubt, sich mit bestimmten semantischen und sozialen Differenzen zu verbinden, wodurch schließlich ein Wertsystem entstehen kann. In diesem System kann dann beispielsweise wie in einer patriarchal bürgerlichen Gesellschaftsordnung das anwesende Pluselement mit dem Männlichen und der Bourgeoisie verbunden werden, wobei allerdings durch nichts garantiert ist, dass die entsprechende Hierarchie – in der das Weibliche dann den Minuswert zu repräsentieren hat – nicht irgendwann auch wieder in ein anderes oder sogar gegenteiliges Wertverhältnis umkippen könnte. Nicht einmal

---

31. Ebd., S. 245.

Lacans »Herrensignifikant«[32] selbst kann vor solch einem Umschlag der Werte für immer sicher sein.

Angesichts dessen wird es nun auch verständlich, warum Lacan die Bedeutung (*signification*) nicht als ein symbolisches Phänomen versteht, sondern auf der Ebene des Imaginären ansiedelt[33], auch wenn sie – wie z.B. in den Sprachen und Idiolekten – durchaus eine allgemein verbindliche Gültigkeit der Welterschließung für eine bestimmte Sprachgemeinschaft oder ein ideologisches Kollektiv besitzt.

Diesen von Freud im Spiel seines Enkelkindes beobachteten symbolträchtigen Einsatz von purer An- und Abwesenheit, den Saussure fast zeitgleich anhand sprachlicher Elemente strukturell zu analysieren vermochte, gelingt es Lacan nun seinerseits, auf theoretischer Ebene immer wieder neu aufzuspüren. So scheint er in argumentativer Hinsicht das Fort-Da-Spiel selbst weiterzuspielen, wenn er im nächsten Schritt *minus* und *plus* noch durch die Zahlen *Null* und *Eins* ersetzt, um das menschliche Symbol in seinem allgemeinen Anspruch im Kontext von Kybernetik und der Programmierbarkeit von Maschinen noch besser erfassen zu können.[34] Doch auch hier geht Lacan noch weiter, um die an- und abwesende Struktur des Symbols letztlich anhand der Begriffe eines »besetzen« oder »leeren Platzes« im elektronischem Kontext von *geschlossenen* oder *offenen Türen* des digitalen Codes zu bestimmen – als jene Türen des Symbolischen, über die der Mensch den Code mit dem Realen direkt zu verbinden vermochte, indem die Maschinen seinen Zeichenanordnungen folgen und deren Befehlsketten ausführen müssen.[35] Dabei räumt Lacan allerdings der menschlichen Fähigkeit zur Intervention (im Sinne der Skansion der syntagmatischen Zeichenverläufe) stets die wesentliche Bedeutung ein, die – über die Zeichenanordnung des Codes hinausgehend – vom Begehren des Subjekts motiviert ist.

Zum Begehren und Mord am Ding

Je weiter Lacan in seiner Reflexion des Fort-Da-Spiels zur binären Struktur des Symbolischen vordrang, desto mehr lief er jedoch Gefahr, den Konflikt des kleinen Kindes in seiner libidinösen Dynamik aus den Augen zu verlieren. So begann er im Seminar IV, den Fokus auf die imaginäre Konstellation des Fort-

---

32. Beim Begriff des »Herrensignifikanten« – dessen Übersetzung von französisch *signifiant maître* sich im Deutschen an Hegels »feudalen Herrn« orientiert, –, handelt es sich um einen Signifikanten, der die Identifikation mit Herrschaft bezeichnet und der von Lacan im Kontext vier verschiedener diskursiver Formationen eingeführt wurde; vgl. Jacques Lacan: *Seminar XVII (1969–1970): Die Kehrseite der Psychoanalyse* (übersetzt von Gerhard Schmitz), 3. Fassung, hg. vom Lacan Archiv zu vereinsinternen Zwecken, Bregenz 2007, S. 78, 81, 90, 108.
33. So unterscheidet Lacan drei Ordnungen des Sprechens, wonach das *Symbolische* durch den Signifikanten, das *Imaginäre* durch die Bedeutung und das *Reale* durch den zu realisierenden Akt des Sprechens repräsentiert werden können, wobei sich Letzterer mit dem synchronischen Verlauf der Zeichen und der Skansion in Verbindung bringen lässt (vgl. Lacan, *Seminar III*, a.a.O., S. 78).
34. Vgl. Lacan, *Seminar II*, a.a.O., S. 360ff.
35. Vgl. ebd., S. 382ff.

Da-Spiels zu lenken,[36] wodurch er eine noch feinere und auch komplexere Sichtweise auf die Szene gewinnen sollte. Als Ausgangspunkt dient ihm hierbei die *Frustration,* die das Kind als wesentlichen Konflikt in den ersten beiden Lebensjahren im Bezug auf seine Wahrnehmung und Interaktion mit der Mutter zu bewältigen hat.

Hierbei ist zu beachten, dass ein Kind von eineinhalb Jahren noch nicht über die Kategorien einer Subjekt-Objektunterscheidung im Sinne von Ich und Nicht-Ich oder von Ich und anderem verfügt. Denn ein Kind dieses Alters richtet seine Beziehung zur Mutter noch weitgehend über die Introjektion ihrer Brust (oder Surrogate[37] derselben) aus und erlebt sich somit symbiotisch mit ihr verbunden, wodurch seine »subjektale Einheit« die Mutter bzw. Teile ihres Körpers miteinschließt. Damit enthält die Beziehung des kleinen Kindes zur Mutter einerseits einen *realen Bezug,* der sich über die Bedürfnisbefriedigung durch die Mutterbrust – bzw. durch das Einverleiben ihrer Milch in den Körper des Kindes – herstellt und der durch (gelegentliche) Verweigerung zu besagter Frustration auf Seiten des Kindes führt; andererseits ist seine Beziehung von einer *imaginären Bezugnahme* geprägt, die von dem Wunsch des Kindes nach der Nähe zur mütterlichen Brust und zum mütterlichen Körper sowie von der Angst vor Versagung geprägt ist. Wie Melanie Klein in den 40er Jahren darlegen konnte, führt die Versagungsangst bei Säuglingen, diesem Alter entsprechend, sowohl zu halluzinatorischen Reaktionsbildungen im Sinne von ›die Brust ist da‹ bzw. ›sie kann beliebig herbeigeholt werden‹ als auch zu einer spaltenden Abwehr, wonach das Kind seine Wahrnehmung von der Mutter in eine »gute Brust« und eine »verweigernde böse Brust« aufteilt.[38]

Dieser Ambivalenzkonflikt, der nicht nur für unsere Beziehungen im oralen Stadium bestimmend ist, offenbart nach Lacan die *imaginäre Konstitution* des Subjekts, wonach wir dem anderen in grundlegender Weise verbunden sind:

> »(Dies) bewirkt, daß die eigentliche Position des Subjekts Anteil hat an der Position des anderen, *daß das Subjekt zwei ist,* daß es stets an einer Zweiersituation teilhat, ohne die ein generelles Aufsichnehmen seiner Position nicht möglich ist. Kurz, wir haben hier die imaginäre Anatomie der Entwicklung des Subjekts.«[39]

An dieser Stelle führt Lacan nun zwei neue Analysekategorien ein, um die konfliktuöse Situation des Kindes besser fassen zu können. So nennt er einerseits die Brust der Mutter hier das *reale Objekt,* das, weil versagbar, vom Kind nun mit

---

36. Jacques Lacan: *Seminar IV (1956–57): Die Objektbeziehung* (aus dem Französischen von Hans-Dieter Gondek), Wien 2003.
37. Die Bedeutung, die die Brust der Mutter für das Kind inne hat, erstreckt sich auch auf ihre Surrogate wie z.B. das Milchfläschchen, da hier das Tun erotisch ist und nicht die Materialität der Objekte, die dafür benütz werden (vgl. ebd., S. 218).
38. Vgl. Melanie Klein: »Beitrag zur Psychogenese der manisch-depressiven Zustände« (1935), sowie: »Die Trauer und ihre Beziehung zu manisch-depressiven Zuständen« (1940), beide in: Dies.: *Gesammelte Schriften,* Bd. I.2 (übersetzt von E. Vorspohl), Stuttgart 1996.
39. Lacan, *Seminar IV,* a.a.O., S. 71 (kursive Hervorhebung E.L.W.).

der Funktion des Mangels ausgestattet wird, und andererseits die Mutter (bzw. die Bezugsperson) den *Agenten*. Die Mutter im Sinne des Agenten erscheint hier jedoch nicht von Anfang an, sondern kann erst über den Rahmen von Fort-Da-Spielen in Erscheinung treten: »Diese vom Kind äußerst frühzeitig artikulierte Verkoppelung von Anwesenheit und Abwesenheit konnotiert die erste Konstitution des Agenten der Frustration, und das ist der Ursprung der Mutter.«[40]

Lacan bezieht sich hierzu im weiteren auf die These Kleins,[41] wonach das Kind erst dann einen ganzen Objektbezug zur Mutter als Agent herstellen kann, wenn es um den Verlust des verlorenen realen Teilobjektes (»ihre/seine« bzw. die gemeinsame Brust) bereits trauern kann, was bedeutet, dass das Kind sowohl Liebe als auch Hass auf ein- und dasselbe reale Objekt zu projizieren vermag, wodurch es dieses nicht länger mehr aufspalten muss. Lacan ergänzt hier Klein dahingehend, dass es exakt das Herstellen des symbolischen Rahmens, über den die Ab- und Anwesenheit desselben Elementes vorstellbar wird, sei, über den der für die weitere Bindungsfähigkeit und Intelligibilität des Subjekts so wichtige Schritt vom gespaltenen anderen hin zu einem schon ganzen, betrauerbaren und auch ersetzbaren Liebesobjekt vollzogen werden kann.[42] Denn die neue Qualität des imaginären ganzen Objektsbezugs wird nach Lacan nur möglich, indem die An- und Abwesenheit seines partiellen Teilobjekts (hier die Brust also) als *Ruf* im symbolischen Register artikuliert wird:

»Das mütterliche Objekt wird eigentlich gerufen, wenn es abwesend ist – und, wenn es anwesend ist, im selben Register wie der Ruf, nämlich durch eine Singübung zurückgewiesen. […] Das bietet dem Subjekt die Möglichkeit, die reale Beziehung mit einer symbolischen Beziehung zu verbinden.«[43]

So situiert Lacan das spielende Kind hier also zwischen der Annahme eines Agenten, der an der Ordnung der Symbolizität teilhat, und dem Gegensatzpaar Anwesenheit-Abwesenheit als grundlegendes und erstes Element der symbolischen Ordnung. Sobald die Mutter als symbolischer Agent jedoch nicht mehr auf den Ruf des Kindes antwortet, fällt sie aus dem symbolischen Bezug von Plus und Minus heraus und wird im Sinne einer Macht real.[44] Damit besteht das Resultat des Spiels in der Verkehrung der ursprünglichen Positionen: die Mutter (als ursprünglicher Agent des Symbolischen) ist nun real geworden, und das Objekt (die Brust als ursprünglich reales Objekt des Genusses) hat im Sinne einer Gabe, die verweigert werden kann, einen symbolischen Wert bekommen; denn die Brust befriedigt nun nicht mehr nur wie zuvor ein Bedürfnis, sondern symbolisiert außerdem eine freundlich gesonnene Macht.[45] Damit ist das Fort-

---

40. Ebd., S. 76.
41. Vgl. Klein, *Beitrag*, a.a.O.; sowie dies.: *Die Trauer*, a.a.O..
42. Vgl. Lacan, *Seminar IV*, a.a.O., S. 76.
43. Ebd., S. 76–77.
44. Vgl. ebd., S. 77f.
45. Vgl. ebd., S. 78. Frustration muss für Lacan deshalb vor allem als Verweigerung der Gabe gedacht werden, insofern die Gabe Symbol der Liebe ist und bereits den Zyklus des Tausches inkludiert, der

Da-Spiel bei Lacan zu einem *Umschlagplatz* geworden, auf dem das ursprünglich reale Objekt der Bedürfnisbefriedigung sich in die symbolische Gabe eines nun mehr real gewordenen anderen verwandelt hat.

Um diesen Paradigmenwechsel präziser reflektieren zu können, wird Lacan zwei weitere Begriffe einführen, die beide auf ein besseres Verständnis von der realen und genießenden Verbindung des Kindes mit der Mutter abzielen: So nennt er das *mütterliche Präobjekt* im Bezug auf die Symbiose des Kindes (mitsamt ihren Spaltungen) »das Ding«;[46] und das ursprüngliche reale Objekt des Genießens bezeichnet er nach dem Muster der Brust »*Objekt klein a*«,[47] das er in diesem Kontext als *Ursache des Begehrens* für das Subjekt begreift.

Das Fort-Da-Spiel fungiert somit für Lacan als Schlüsselszene, in der das reale Genießen des Kindes im Sinne einer Bedürfnisbefriedigung zusammen mit dem Anspruch auf Liebe in *Begehren* verwandelt werden muss, damit das Subjekt in der Welt des Symbolischen ankommen kann. Hierfür – wie Lacan zu verstehen gibt – ist der »*Mord am Ding*«,[48] also die symbolische Loslösung von der symbiotischen Mutter durch die Zeichen der Sozietät notwendig – in dem Sinne, dass nur über das grenzziehende Spiel mit Zeichen und Symbolen die Wut und die Trauer um den frustrativen Verlust des paradiesischen und höllischen Genusses[49] an der ungetrennten (und damit, nachträglich gesehen, inzestuösen) Mutter überwunden werden kann, wobei als Lohn dafür der Eintritt in eine symbolische Ordnung winkt, wo Begehren und (exogamer) Genuss mit anderen nun möglich werden.

Umschlagen, Übersetzen, Ankommen

Wirft man den Blick auf die Rezeption von Lacans Deutung des von Freud beschriebenen Fort-Da-Spiels, so fällt auf, dass sich die meisten Bezugnahmen mit den symbolischen, kalkulatorischen oder kybernetischen Aspekten der An- und Abwesenheit der Holzspule auseinandersetzen, dabei allerdings das *Umschlagen* bzw. die Dynamik des Wandlungsprozesses unterbestimmt, wenn nicht gar unberücksichtigt lassen. Hierdurch verabsäumen diese Bezugnahmen wahrzu-

---

sich über An- und Abwesenheit auf der symbolischen Ebene konstituiert (vgl. ebd., S. 214).
46. Vgl. Zur Einführung des *Dings* siehe: Jacques Lacan: *Seminar VII (1959–1960): Die Ethik der Psychoanalyse*, übersetzt von Norbert Haas, Weinheim, Berlin 1996; zum Fort-Da-Spiel: ebd., S. 82.
47. Vgl. Jacques Lacan: *Seminar XI (1964): Die vier Grundbegriffe der Psychoanalyse*, übersetzt von Norbert Haas, Weinheim, Berlin 1987, S. 68.
48. »Ainsi le symbole se manifeste d'abord comme meurtre de la chose, et cette mort constitue dans le sujet l'éternisation de son désir.« (Jacques Lacan: *Écrits*, Paris 1966, S. 319.) In der deutschen Übersetzung wurde Lacans Begriff »Chose« fälschlicherweise mit »Sache« übersetzt (vgl. dazu Jacques Lacan: »Die Ausrichtung der Kur und die Prinzipien ihrer Macht« (1958), in: ders.: *Schriften I*, a.a.O., S. 166.), wogegen Lacan sich im *Seminar VII, Die Ethik der Psychoanalyse* (a.a.O.) ausdrücklich ausspricht und statt dessen den deutschen Begriff »das Ding« wählte (vgl. ebd., S. 56–80).
49. In einer Zeit, wo das Kind vom anderen noch völlig abhängig ist und dieser als Separierter (Objekt) noch nicht begreifbar ist, und auch das Gesetz willkürlich wirkt, muss allerdings sowohl das Gute als erst recht das Böse, was vom anderen kommt, letztlich überfordernd wirken (vgl. dazu Lacans Ausführungen zum *Ding* in: ebd., S. 91).

nehmen, dass erst das kindliche Genießen der mütterlichen Brust als Partialobjekt (*Objekt klein a*) im Konflikt des Entzugs durch die Mutter die Suche nach einer Bewältigungsform auslöst, die durch das Spiel gelöst wird und schlussendlich zu einem ganzen symbolisierbaren Objekt hinführt. Damit gehen diese Interpretationen irrigerweise von einem zu Beginn des Spiels schon vorhandenen ganzen Objekt »Mutter« aus, das von ihnen in Hinblick auf die Möglichkeiten einer zweiwertigen Symbolisierung diskutiert wird. Umgekehrt gibt es aber auch vereinzelt Bezüge in der Literatur – wie beispielsweise von Slavoj Žižek dargelegt –, die bei der Brust als *Objekt klein a* als Ursache des Begehrens des Subjekts ansetzen, dabei jedoch wiederum Lacans Darstellung der über das Spiel gewonnenen symbolischen Anordnung unberücksichtigt lassen und so vorschnell zu dem Ergebnis kommen, es würde hier gar nicht um die Symbolisierung der Mutter gehen.[50]

Weder die eine noch die andere Lesart wird dadurch dem von Lacan aufgezeigten mehrfach gewinnbringenden *Umschlagen* der Ebenen des Realen, Imaginären und Symbolischen gerecht, wonach im Spiel: (1.) die Spule anfangs das einverleibte Reale sowie dessen Genuss im Sinne des *Dings* repräsentiert, aus dem das Kind sein *Objekt klein a* als (schon imaginär) gespaltenes gutes und böses Partialobjekt des symbiotischen andere (als Ursache des Begehrens) gewinnt und nun durch die Fort-Da-Inszenierung schließlich in ein- und dieselbe symbolische Gabe transformiert; (2.) kann dabei über die Gewahrwerdung der Macht dessen, der diese Gabe gibt oder entzieht, der symbolische Agent des Spiels in ein ganzes und reales Objekt (Mutter) verwandelt werden; und nicht zuletzt wird hierbei (3.) vom Kind ein virtuelles System der signifikativen An- und Abwesenheit geschaffen, mittels dessen es hinkünftig weitere Objekte, Teile oder Eigenschaften davon symbolisch verorten kann, was ihm Eintritt in die symbolische Welt eröffnet und von dort aus einen neuen Zugriff auf das Reale verschafft.

Hält man sich diese drei verschiedenen Dimensionen des für die Subjektkonstitution wesentlichen Wandlungsprozesses des Spiels vor Augen, so fällt weiters auf, dass Lacan die Freudsche Szene über zwei unterschiedliche *identifikatorische Logiken* des Unbewussten beschrieben hat: Chronologisch aus der Perspektive des Kindes gesehen, ist das zum ersten eine *mehrwertige Logik* des anderen im einen, die dem *Ding,* dem einverleibenden Genießen bzw. dem Realen, dem

---

50. Žižek deutet hierbei die Spule als *Objekt klein a* der Mutter, deren verhängnisvoller Wunsch es wäre, dass das Kind diesen Platz identifikatorisch einnimmt und ein Leben lang beibehält. Von dieser Identifikation könne sich das Kind jedoch durch das Fort-Da-Spiel losreißen, wobei Žižek gegenwärtige Phänomene der Gewalttätigkeit und des Fremdenhasses als entsprechendes Unvermögen interpretiert. Žižeks Deutung erinnert damit einerseits an jenen Konflikt, den Lacan unter dem *Mord am Ding* beschrieben hatte, wobei Lacan allerdings hier nicht vom *Mord* am *Objekt klein a* spricht, sondern dieses, im Gegensatz zu Žižeks Deutung, im Fort-Da-Spiel mit der Ursache des *eigenen Begehrens* des Kindes in Verbindung bringt; andererseits beschreibt Lacan den von Žižek konstatierten Konflikt des Kindes sehr wohl als wichtige und autonomieermöglichende Desidentifikation unter dem Begriff der *symbolischen Kastration,* wobei mir hier nun insgesamt wesentlich erscheint, dass diese sich eben nicht mit dem frustrativen Konflikt deckt und diesem vielmehr erst später in der Subjektgenese nachfolgen kann (vgl. Slavoj Žižek: »Jenseits des Fort-Da-Prinzips. Der traumatische Andere«, in: *Der Freitag* (im Netz veröffentlicht am 24. 5. 2002, zuletzt besucht am 29. 08. 2011).

symbiotischen anderen und einem spaltenden Imaginären zugeordnet sowie mit der Brust (der Gruppe der Mammae) verbunden wird; zum anderen die *zweitwertige Logik* von An- und Abwesenheit, über die Lacan die Struktur des Symbolischen entwickelt sieht, die er mit der realen Macht des symbolischen anderen verknüpft und die er anderen Orts auch mit dem Phallischen assoziiert.[51] Zweifelsohne lässt Lacan dabei erkennen, dass die erste in die zweite umschlagen bzw. übersetzt werden muss, damit das Menschenkind seinem Schicksal gerecht werden und als symbolisches Wesen ankommen kann, wobei *Ankommen* hier aber einen Prozess meint, der – dialektisch gesehen – niemals restlos vollzogen und somit auch nicht ein für alle Male abgeschlossen werden kann.[52]

Wer immer sich auf das Freudsche Fort-Da-Spiel in der Deutung Lacans bezieht, wird der *Übersetzung* dieser zwei identifikatorischen Logiken gerecht werden müssen. Für die Psychoanalyse zu Lacans Zeiten hieß das, den wichtigen Stellenwert des Symbolischen bei der Installierung der imaginären Beziehungen des Subjekts zu seinen realen Objekten zu erkennen; für die Philosophie und Kulturwissenschaften seit Lacan bedeutet das umgekehrt, zu erkennen, dass die Vernunft bzw. der Logos der unumgehbaren Bindung an den symbiotischen anderen sowie dem sie separierenden Sozialen geschuldet ist, und zu fragen, was wir diesbezüglich unter einer symbolischen An/Ordnung verstehen dürfen.

Die zwei *identifikatorischen Logiken* könnten heute aber auch dazu genutzt werden, um den philosophischen Ort der Psychoanalyse mit dem psychoanalytischen Ort der Philosophie besser zu verbinden, da beide Logiken – für sich und interferierend betrachtet – erkennen lassen, wie sich die Subjektbildung in einem (freilich nie restlosen und somit negativen) dialektischen Sinne von Umwandeln, Übersetzen und Ankommen vollzieht.

Nicht zuletzt könnten sich diese beiden Logiken auch als wegweisend für ein komplexes Verständnis des Lacanschen Werkes selbst erweisen, gerade heute, wo es – dem Fort-Da-Spiel nicht unähnlich – darum geht, die rezeptiven Spaltungen eines frühen »symbolischen« Lacan *dort* und eines späten »realen Lacan« *da* zu überwinden.[53]

---

51. Lacan misst dem Phallus in der intrasubjektiven Ökonomie des Unbewussten wichtige symbolische Bedeutung bei, da er, mit der Urverdrängung verbunden, das Begehren strukturiere und die Dinge mit Bedeutung schlage (vgl. Lacan: »Die Bedeutung des Phallus« (1958), in: Ders.: *Schriften II*, hg. und übersetzt von Norbert Haas, Weinheim, Berlin 1986). – Mein Beitrag stellt, methodisch gesehen, den Versuch dar, die unterschiedlichen Dimensionen des transformativen Prozesses sowie die ihm unterliegenden verschiedenen identifikatorischen Logiken anhand einer Rekonstruktion von Lacans Auseinandersetzung mit dem Fort-Da-Spiel in den Schriften von 1953 bis 1964 zu verdeutlichen.
52. Lacan wählte den Ausdruck *Ankommen*, um das Nichtabschließbare im Prozess der Subjektkonstitution hervorzuheben. In eben diesem Sinne bezieht er sich auch auf Freuds Maxime, wo Es war, soll Ich werden, und wandelt diese entsprechend um in: »là où c'était, là comme sujet dois-je advenir« – Da wo's war, da soll ich, als Subjekt ankommen (vgl. Lacan, *Schriften II*, a.a.O., S. 50, 175, 243). Wenn Derrida Lacan als jemanden bezeichnet, der – im Gegensatz zu Freud – in der Psychoanalyse (nur) auf Seiten der Vernunft stünde, so übersieht er damit genau dieses nicht restlose und folglich auch nie ganz in den Logos von Sprache und Denken zu übersetzende Moment, das Lacan bei der Konstitution des Subjekts wichtig war (vgl. Jacques Derrida (1991): »Aus Liebe zu Lacan«, in: Ders.: *Vergessen wir nicht – die Psychoanalyse* (hg. und übersetzt von Hans-Dieter Gondek), Frankfurt/M. 1998, S. 49).
53. Vgl. dazu Michael Turnheim: *Mit der Vernunft schlafen. Das Verhältnis Lacan – Derrida*, Zürich, Berlin 2009, S. 54, 74, 102. Turnheim wies auf die Problematik hin, wonach das Lacansche Werk in

Für welche Wissensansprüche und Kontexte man aber das Fort-Da-Spiel künftig noch konkret nutzen wird, die Szene selbst hat sich längst schon unauslöschlich in unser Gedächtnis eingeschrieben – was ursprünglich ja auch der Sinn des Spiels für das kleine Kind war: Sich das Verschwinden und die Rückkehr der Mutter vor den Augen des Großvaters so lange immer wieder einzuprägen, bis das mütterliche Gut im Kind selbst unverlierbar gewonnen ist – komme, was da wolle – denn nicht einmal das endgültige Fortgehen der Mutter durch den Tod, der (immer) allzu früh kommt[54], wird dem Kind diese Gabe mehr entreißen können. Und wer an dieser Stelle möchte das Spiel verlieren?

einen frühen symbolischen und einen späten realen Lacan unterteilt wird, wobei zweiter der »wirkliche« wäre und aus Fehldeutungen des ersten hervorgegangen wäre. Dem entgegen spricht nicht nur die Tatsache, dass Lacan niemals seine frühen Werke widerrief, sondern auch – wie hier mit seiner Deutung des Freudschen Fort-Da-Spiels dargelegt – dass es bei ihm bereits in den frühen Schriften stets um ein Zusammenspiel, Interferieren und Umschlagen der drei Ordnungen geht, auch wenn er diesen im Rahmen seiner umfangreichen Lehre und Schriften unterschiedliche Schwerpunkte setzte.
54. Wie Freud seine Leser wissen lässt, starb die Mutter, als das Kind fünfdreiviertel Jahre alt war (vgl. Freud, *Jenseits des Lustprinzips*, a.a.O., S. 14, Fußnote 1).

Stanley L. Paulson[*]

Inspiration Form: Wassily Kandinsky und Hans Kelsen

Wassily Kandinsky (1866–1944) war ein Maler und Graphiker, der aufgrund seiner künstlerischen Entwicklung, begleitet von tiefgreifenden theoretischen Reflexionen,[1] zum Begründer der abstrakten Malerei geworden ist. Hans Kelsen (1881–1973) war ein Rechtswissenschaftler und Philosoph, dessen umfassendes Nachdenken über die Grundlagen des Rechts zum Aufbau einer weltweit rezipierten »Reinen Rechtslehre« geführt hat. Neben verschiedenen oberflächlichen Gemeinsamkeiten, beispielsweise waren beide Jurastudenten,[2] ist es besonders *eine* Gemeinsamkeit, die mich zu einer Beschäftigung mit den beiden epochalen, aber eigentlich grundverschiedenen Personen antreibt: Beide haben sich intensiv mit dem Begriff der Form befasst. In der Tat wäre es nur wenig übertrieben, zu behaupten, beide seien von diesem Begriff nahezu besessen gewesen.

Es ist mehr als ein bloßer Zufall, dass diese Gemeinsamkeit der Versessenheit auf die Form in zwei sehr voneinander zu unterscheidenden Gebieten, der Kunst und der Rechtsphilosophie, aufgetaucht ist. Denn dieser Begriff spielte die Hauptrolle bei zentralen Entwicklungen auf beiden Gebieten – bei Kandinskys Aufbruch zur Abstraktion und bei Kelsens Entwicklung einer neuen Modalität als Grundform der Rechtsnorm. Im Falle Kandinskys ist die Rolle des Formbegriffs im Aufbruch zur Abstraktion, ab ca. 1910, gut bekannt, und meine Darlegung beschränkt sich auf diese sogenannte Murnauer Zeit.[3] Im Gegensatz dazu ist der Sachverhalt bei Kelsen, was seine Entwicklung der Ermächtigung als Grundform der Rechtsnorm anbelangt, so gut wie völlig unbekannt. Sein Ende der dreißiger Jahre geschriebener Haupttext dazu, »Recht und Kompetenz«,[4] ist erst spät in den achtziger Jahren veröffentlicht worden. Erst dieser Text ermöglicht es, andere Textstellen in den Schriften Kelsens als Beiträge zu dieser Entwicklung zu erkennen. Kelsens am Formbegriff orientierte Arbeit an

---

[*] Meine Kollegen Carsten Bäcker (Kiel) und Martin Borowski (Birmingham) waren mir wertvolle Gesprächspartner hinsichtlich der Sprache und der Sache. Auch Bonnie Litschewski Paulson (Kiel und St. Louis) verhalf mir zu einem besseren Verständnis der Sache, nicht zuletzt was Kandinsky anbelangt. Bei allen dreien möchte ich mich herzlich bedanken.
1. Allgemein zur Theorie Kandinskys: Reinhard Zimmermann: *Die Kunsttheorie von Wassily Kandinsky*, 2 Bde., Berlin 2002.
2. Ab 1885 studierte Kandinsky Rechtswissenschaften in Moskau, 1892 bestand er das juristische Examen. Doch im Gegensatz zu Kelsen spielte die Rechtswissenschaft keine weitere Rolle bei Kandinsky; eine angebotene juristische Dozentur lehnte er 1896 ab. Kelsen war ab 1901 Jurastudent in Wien, promoviert wurde er 1906, fünf Jahre später erfolgte die Habilitation.
3. Eine vollständige Darstellung der Wende Kandinskys zur Abstraktion bedürfte auch einer Beschäftigung mit seiner Bauhausschrift *Punkt und Linie zu Fläche*, München 1926; dort findet sich seine Harmonielehre der abstrakten Malerei.
4. Hans Kelsen, »Recht und Kompetenz. Kritische Bemerkungen zur Völkerrechtstheorie Georges Scelles«, in: ders.: *Auseinandersetzungen zur Reinen Rechtslehre*, Kurt Ringhofer und Robert Walter (Hg.), Wien 1987, S. 1–108 (diese Studie Kelsens lässt sich auf ein spät in den dreißiger Jahren geschriebenes Manuskript zurückführen).

der Grundform der Rechtsnorm bedarf deswegen einer im Vergleich ausführlicheren Darlegung.

Die Form in Kandinskys »Über das Geistige in der Kunst«

Über Kandinskys zuerst im Dezember 1911 veröffentlichte Monographie »Über das Geistige in der Kunst«[5] schreibt Michel Seuphor, kein anderes Buch habe »so viel zum Verständnis und zur Verbreitung der neuen künstlerischen Ideen beigetragen; in keiner Literatur über moderne Kunst sind diese Ideen in tieferer geistiger Durchdringung dargelegt«.[6] Über dasselbe Buch schreibt Peter Anselm Riedl, diese »wichtigste literarische Äußerung Kandinskys« informiere den Leser »so fesselnd und eindringlich wie wohl keine andere Künstlerschrift des 20. Jahrhunderts«.[7]

Vor allem wurde in der Monographie der Begriff der Form dargelegt – »runde Formen«, die Formenharmonie«, »das äußere der Form«, »die Form als Abgrenzung«, »die große kompositionelle Form«, »abstrahierte oder abstrakte Formen«, »die beiden Formelemente«, »die Zusammenstellung der einzelnen Formen mit den Formengruppen«[8] und so weiter, um nur eine Handvoll der zahlreichen »Form«-Hinweise in der Monographie Kandinskys aufzuzählen.

Aufgrund der Tatsache, dass sich so gut wie alles in der Monographie Kandinskys um den Begriff der Form dreht, ist es nicht verwunderlich, dass das Leitmotiv, mit dem Kandinsky auf das Streben nach Abstraktion in der Kunst hinweist, auch in einer Form besteht, und zwar der geometrischen Figur des Dreiecks.[9]

»Ein großes spitzes Dreieck in ungleiche Teile geteilt, mit der spitzesten, kleinsten Abteilung nach oben gewendet – ist das geistige Leben schematisch richtig dargestellt. Je mehr nach unten, desto größer, breiter, umfangreicher und höher werden die Abteilungen des Dreiecks. – Das ganze Dreieck bewegt sich langsam, kaum sichtbar nach vor- und aufwärts, und wo ›heute‹ die höchste Spitze war, ist ›morgen‹ die nächste Abteilung, d.h. was heute nur der obersten Spitze verständlich ist, was dem ganzen übrigen Dreieck eine unverständliche Faselei ist, wird morgen zum sinn- und gefühlvollen Inhalt des Lebens der zweiten Abteilung. – An der Spitze der obersten Spitze steht manchmal allein nur ein Mensch. Sein freudiges Sehen ist der inneren unermesslichen Trauer gleich. Und die, die ihm am nächsten stehen, verstehen ihn nicht. Entrüstet nennen sie ihn: Schwindler oder Irrenhauskandidaten. So stand beschimpft zu seinen Lebzeiten auf der Höhe Beethoven allein.«[10]

---

5. Wassily Kandinsky: *Über das Geistige in der Kunst*, zuerst veröffentlicht: München 1911, 4. Aufl. Bern 1952, auf die sich alle unten angegebenen Hinweise beziehen.
6. Michel Seuphor: *Ein halbes Jahrhundert abstrakte Malerei*, München 1964, S. 44.
7. Peter Anselm Riedl: *Kandinsky*, Reinbek bei Hamburg 1983, S. 38.
8. Kandinsky: *Über das Geistige in der Kunst*, a.a.O., S. 68–79, vgl. auch Wassily Kandinsky, »Über die Formfrage«, in Wassily Kandinsky und Franz Marc: *Der Blaue Reiter*, München 1912.
9. Vgl. Kandinsky: *Über das Geistige in der Kunst*, a.a.O., S. 29, 30, 36, 68 et passim.
10. Ebd., S. 29 (Fußnoten ausgelassen).

Inspiration Form

Kandinsky antwortet hier *sub silentio* auf den in seiner Anmerkung zu diesem Text zitierten Carl Maria von Weber, der zur 7. Symphonie Beethovens habe verlauten lassen, er, Beethoven, sei »nun ganz reif fürs Irrenhaus«.[11] Denn nicht zuletzt in der Rezeption der Symphonien Beethovens hat die Form erst im Laufe der Zeit auf eine überwältigende Art und Weise die Oberhand gewonnen.

Mit diesem Hinweis auf Beethoven unterstreicht Kandinsky dessen Hauptthese, dass die auf die Abstraktion, auf die Auflösung des Gegenständlichen, abzielende Richtung, in die das geistige Dreieck sich bewegt, eindeutig »mit unüberwindlicher Kraft [...] vor- und aufwärts« einschlage.[12]

> »So tritt in der Kunst allmählich immer näher in den Vordergrund das Element des Abstrakten, welches noch gestern schüchtern und kaum sichtbar sich hinter die rein materialistischen Bestrebungen versteckte. Und dieses Wachsen und schließlich Überwiegen des Abstrakten ist natürlich. Es ist natürlich, da, je mehr die organische Form zurückgetrieben wird, desto mehr dieses Abstrakte von selbst in den Vordergrund tritt und an Klang gewinnt.«[13]

Diese Polemik Kandinskys ist Teil seines größeren Kampfes um die Emanzipation des Künstlers von der – wie er sich im Zitat dazu äußert – »organische[n] Form« bzw. der Materie.

Kandinsky konzipiert Form und Materie in ihren jeweiligen Grenzfällen als die beiden Enden eines breit angelegten Spektrums. Dabei handelt es sich an einem Ende um die rein abstrakte Form, das heißt eine Form mit keinem materiellen Bestandteil überhaupt. Am anderen Ende stellt der Grenzfall bloß Stoff, Materie, die erst durch eine Form eine Gestalt annimmt, dar. Ohne Form ist Materie nicht zugänglich.[14] Diesen Grenzfall bezeichnet Kandinsky als »vollkommen materielle Form«.[15] Die Bezeichnung gerät ihm – vielleicht gewünscht – missverständlich bis paradox, als hätte gestaltlose Materie doch eine Form, und seine Bezeichnung wäre aus meiner Sicht treffender als »vollkommen ungeformte Materie« umschrieben.

In der ersten Auflage der Monographie geht Kandinsky noch davon aus, dass »die unendliche Zahl der Formen«,[16] die der Künstler entfalten kann, *zwischen* den beiden Grenzfällen läge. Doch der erste Grenzfall, die rein abstrakte Form, stellt gleichsam das Ziel seines Programms dar, weswegen er in späteren Ausgaben seine ursprüngliche Formulierung einschränkt.[17] Entweder formulierte er

---

11. Ebd., S. 29, Fn. 2.
12. Ebd., S. 33.
13. Ebd., S. 73.
14. Diese »philosophische Binsenweisheit« ist ja alt, vgl. Aristoteles, *Physik* I, 9; *Metaphysik* VII, 3.b.
15. Kandinsky: *Über das Geistige in der Kunst*, a.a.O., S. 73.
16. Ebd., S. 70.
17. Auf diese Änderung lenken sowohl Rose-Carol Washton Long: *Kandinsky. The Development of an Abstract Style*, Oxford 1980, S. 7, als auch Ulrike Becks-Malorny: *Wassily Kandinsky 1866–1944. Aufbruch zur Abstraktion*, Köln 1993, S. 66, hilfreich die Aufmerksamkeit.

an dieser Stelle unvorsichtig, oder aber Kandinsky hatte im Jahre 1910, als er die Monographie schrieb, sein eigenes Programm noch nicht vollkommen erfasst.

Mit dieser Skizze ist ohnehin erst der äußere Rahmen der Lehre Kandinskys abgesteckt. Welche Argumente führt Kandinsky dafür ins Feld, das Streben nach Abstraktion in der Kunst zu fördern, die Rolle der Form in der Kunst zu vertiefen? Die Antwort auf diese Frage liefert Kandinskys kühner Versuch der Begründung eines objektiven Elements in der Kunst.

Kandinsky spricht expressis verbis von einem objektiven Element in der Kunst,[18] welches er vom Komponieren »als bodenlose[r] Willkür«[19] zu unterscheiden sucht. Zum Zweck des Unterscheidens wird ein dreiteiliger Maßstab, ein dreiteiliges Prinzip, eingeführt: erstens das »*Element der Persönlichkeit*, denn »jeder Künstler, als Schöpfer,« habe »das ihm Eigene zum Ausdruck zu bringen«, zweitens das »*Element des Stiles* im inneren Werte, zusammengesetzt aus der Sprache der Epoche und der Sprache der Nation«, denn »jeder Künstler, als Kind seiner Epoche,« habe »das dieser Epoche Eigene zum Ausdruck zu bringen«, und drittens das »*Element des Rein- und Ewig-Künstlerischen*, welches durch alle Menschen, Völker und Zeiten geht, im Kunstwerke jedes Künstlers, jeder Nation und jeder Epoche zu sehen ist und als Hauptelement der Kunst keinen Raum und keine Zeit kennt«, denn »jeder Künstler, als Diener der Kunst,« habe »das der Kunst im allgemeinen Eigene zu bringen«.[20]

Die ersten beiden Elemente sind subjektiv, sie spiegeln sich in der gegenwärtigen Lage des Künstlers wider. So ist es, mit Kandinsky, zu erklären, dass sogar ein Carl Maria von Weber (1786–1826) nicht in der Lage war, die Brisanz der 7. Symphonie Beethovens als etwas Großartiges zu erkennen. Gefangen vom Zeitgeist wird man blind.

Kandinsky bewertet die ersten beiden Elemente wie folgt:

> »Es wurde und wird noch heute viel vom Persönlichen in der Kunst gesprochen, hier und da fällt ein Wort und wird jetzt immer öfter fallen über den kommenden Stil. Wenn diese Fragen auch von großer Wichtigkeit sind, so verlieren sie durch Jahrhunderte und später Jahrtausende gesehen allmählich an Schärfe und Wichtigkeit, werden schließlich gleichgültig und tot.«[21]

Allein das dritte Element ist objektiv. Es bleibe »ewig lebendig« und verliere »mit der Zeit seine Kraft nicht, sondern gewinnt an ihr ständig«.[22] Es liegt auf der Hand, dass Kandinsky dazu auffordert, die ersten beiden Elemente zu überwinden, um das dritte zu ergreifen. Aber wie?

Eine Antwort darauf, die Kandinsky vielleicht zu geben bereit gewesen wäre, findet sich bei den Neukantianern der Badener Schule und ihrem Streben nach

---

18. Vgl. Kandinsky: *Über das Geistige in der Kunst*, a.a.O., S. 68, 82.
19. Ebd., S. 78.
20. Ebd., S. 80 (Hervorhebungen von mir).
21. Ebd.
22. Ebd., S. 80 f.

objektiven Werten. Wilhelm Windelband, das Haupt der Badener Schule, schrieb die ganze Erkenntnistheorie Kants in der Sprache von objektiven Werten – dem Guten, dem Schönen und dem Wahren – um und behauptete, diese Werte hätten die Bedeutung von Normen. Damit meinte Windelband: Wenn die Bedingungen der Anwendung eines objektiven Wertes erfüllt sind, dann sei dieser Wert zu verstehen als das *Verlangen*, dass der Erkennende diesen Wert in sein Urteil aufnehmen solle:

> »Gewiss, ein Jeder denkt notwendig so, wie er eben denkt, und er hält seine oder fremde Vorstellungen eben für wahr, weil er sie notwendig dafür halten muss: dennoch sind wir überzeugt, dass gegenüber diesen Notwendigkeiten des naturgesetzlich sich vollziehenden Fürwahrhaltens es eine absolute Werthbestimmung gibt, wonach über wahr und falsch entschieden werden *soll*, gleichgültig, ob das geschieht oder nicht. Diese Überzeugung haben wir alle: denn indem wir irgend eine Vorstellung auf Grund unseres notwendigen Vorstellungsverlaufs für wahr erklären, so hat diese Erklärung gar keinen anderen Sinn, als den Anspruch, dass sie nicht nur für uns, sondern auch für alle anderen als wahr gelten solle.«[23]

Doch dieses Konzept der Badener Neukantianer sollte scheitern. Sie haben keinen unabhängigen Maßstab dafür angeben können, wann die in Betracht kommende Aussage wahr ist. Eben dieses Problem des fehlenden Maßstabs hat Kandinsky erkannt. Die ersten beiden Elemente, das der Persönlichkeit und das des Stiles, sind für Kandinsky subjektiv, aber gleichwohl unumgehbar. Das dritte Element, das des Rein- und Ewig-Künstlerischen, ist objektiv,[24] es erweist sich als ein Ideal.

Das Objektive ist auch Hans Kelsen ein zentrales Anliegen. Er stellt sich der Frage, wie das Objektive im Recht zu erkennen und zu begründen ist. Dabei sind das Erkennen und das Begründen des Rechts für Kelsen zwei Seiten einer Medaille, da seine auf das Recht bezogene Erkenntnistheorie gleichzeitig als Begründung der objektiven Geltung von Rechtsnormen fungieren soll.[25] Doch auf diese breit angelegte These ist an dieser Stelle nicht einzugehen. Denn hier geht es um Kelsens Formbegriff, dessen beste – und radikalste – Veranschaulichung sich im Projekt der Norm-Individuierung zeigt.

---

23. Wilhelm Windelband: *Präludien*, 1. Aufl., Freiburg i.B./Tübingen 1884, S. 36 (Hervorhebung im Original), 9. Aufl., 2 Bde., Tübingen 1924, 1. Bd., S. 37 f. Vgl. auch Jonas Cohn: *Allgemeine Ästhetik*, Leipzig 1901, S. 37–46.
24. Vgl. Kandinsky: *Über das Geistige in der Kunst*, a.a.O., S. 82.
25. Vgl. allgemein dazu Stanley L. Paulson: »Der Normativismus Hans Kelsens«, in: *Juristen-Zeitung* 61 (2006), S. 529–536.

Kelsens Verständnis der Form und sein Projekt der Norm-Individuierung

Kelsens Vorliebe für den Begriff der Form mag nicht ganz so auffällig wie die Kandinskys sein, sie ist aber doch unverkennbar. Dies zeigt etwa sein in den 1911 erschienenen »Hauptproblemen der Staatsrechtslehre« zum Ausdruck gebrachtes Plädoyer zugunsten der Form klar und deutlich:

> »Erkennt man [...], dass die Jurisprudenz die *Form* und nur die Form zu erfassen hat, dann darf man konsequenterweise in die Rechtsbegriffe keine anderen als formale Elemente aufnehmen. Damit ist jene Richtung innerhalb der konstruktiven Jurisprudenz abgelehnt, die durch eine Verbindung von formalen und materiellen Elementen in den Rechtsbegriffen den scholastischen Formalismus der Jurisprudenz vermeiden zu können glaubt. Der einer rein formalen Methode immer wieder gemachte Vorwurf, dass sie unbefriedigende Resultate liefere, weil sie nicht das wirkliche Leben erfasse, das tatsächliche Rechtsleben unerklärt lasse, beruht auf einer völligen Verkennung des Wesens der Jurisprudenz, die eben die Wirklichkeit der Seinswelt nicht zu erfassen, das Leben nicht zu ›erklären‹ hat. Die rein formalen Rechtsbegriffe als inhaltslose Formeln für wertlos erklären, hieße ebensoviel, wie die Begriffe der Geometrie verwerfen, weil sie lediglich die Formen der Körper erfassen, ohne über deren Inhalt etwas auszusagen. Und der Versuch, den hohlen Formeln der Rechtsbegriffe dadurch Leben und praktischen Wert einzuflößen, dass man neben den formalen auch substantielle Elemente in dieselben aufnimmt, sie auch etwas über den Inhalt der Rechtserscheinung aussagen lässt, m.a.W. das Zweckmoment in den Begriff einführt, bedeutete den analogen methodischen Fehler, der in einer Definition der Kugel gelegen wäre, die das Material berücksichtigt, das im konkreten Falle die Kugelform birgt. Mit Rücksicht auf ihren formalen Charakter aber kann die Jurisprudenz mit einem freilich nicht in allen Punkten zutreffenden Gleichnis als eine Geometrie der totalen Rechtserscheinung bezeichnet werden.«[26]

Die Hauptaufgabe der Rechtswissenschaft besteht für Kelsen also im Erfassen der *Form* des Rechts. Den Inhalt des Rechts in den Mittelpunkt der rechtswissenschaftlichen Forschung zu stellen, wäre demnach schon im Ansatz verfehlt. Mit seiner abschließenden Zeile, die Rechtswissenschaft lasse sich als »eine Geometrie der totalen Rechtserscheinung« bezeichnen, unterstreicht Kelsen die Rolle, die er der Form als dem Gegenstande der Rechtswissenschaft zuweist – selbst wenn er zugeben muss, dass dieser Vergleich natürlich nicht in jeder Hinsicht zutreffen kann.

Im gleichen Werk spricht Kelsen noch die Bedeutung der Form für die Struktur der Rechtsnorm an. Dabei geht es ihm um ein Programm der Norm-Individuierung, der Bestimmung der »*idealen* Sprechform des Rechtssatzes«:

---

26. Hans Kelsen: *Hauptprobleme der Staatsrechtslehre*, Tübingen 1911 [im Folgenden abgekürzt als: *HP*], S. 92 f. (Hervorhebung und Anführungszeichen im Original), wieder abgedruckt in: Matthias Jestaedt (Hg.): *Hans Kelsen Werke*, Bd. 2, Tübingen 2009 [im Folgenden abgekürzt als: *HKW 2*], S. 186 f.

»Die Frage, ob der Rechtssatz als Imperativ oder als hypothetisches Urteil aufzufassen sei, ist die Frage nach der *idealen* Sprachform des Rechtssatzes oder auch nach dem Wesen des objektiven Rechtes. Der praktische Wortlaut, dessen sich die konkreten Rechtsordnungen bedienen, ist für die Entscheidung des Problems irrelevant. Der Rechtssatz muß aus dem Inhalt des Gesetzes herauskonstruiert werden und die Bestandteile, die zu seiner Konstruktion nötig sind, finden sich häufig nicht einmal in demselben Gesetze, sondern müssen aus mehreren zusammengestellt werden.«[27]

Normen zu individuieren, gleicht in Kelsens Lehre der Bestimmung ihrer Struktur, ihrer idealen Sprachform. Wie sich im Laufe der nächsten Jahrzehnte erweisen sollte, liegt hierin ein zentraler Baustein der Rechtslehre Kelsens. Die Suche nach der idealen Sprachform der Rechtsnorm ist der Schlüssel zu seiner normentheoretischen Auffassung, welche wie von selbst zum Begriff der Ermächtigung als grundlegender Kategorie in der Rekonstruktion der »*idealen* Sprachform« der Rechtsnorm führt.

Mit seinem Programm der Norm-Individuierung nimmt Kelsen ein Motiv auf, das uns bereits aus den rechtstheoretischen Arbeiten Jeremy Benthams bekannt ist:

»Was ist ein Gesetz? Was sind die Bestandteile eines Gesetzes? Gegenstand dieser Fragen, so gilt es zu beachten, ist das *logische*, das *ideale*, das *intellektuelle* Ganze, nicht das *physische*: das *Recht* und nicht das *Gesetz*. Eine Untersuchung des letztgenannten Gegenstandes bereitete weder besondere Schwierigkeiten noch führte sie weiter.«[28]

Benthams Untersuchung ist weder gerichtet auf die Einzelheiten der Formulierung von Gesetzesbestimmungen, um die der Gesetzgeber oft ringt, noch auf die technische Gliederung des Rechts in Gesetze, Paragraphen, Absätze, Vorschriften, Satzungen usw.[29] Vielmehr ist Benthams Fragestellung logischer bzw. begrifflicher Art und damit auf das Erfassen des »ideale[n], [des] intellektuelle[n] Ganze[n]« gerichtet. Kelsens Programm ist hiermit vergleichbar. Er lenkt die Aufmerksamkeit darauf, dass die »Bestandteile«, die zur Konstruktion individuierter Normen notwendig sind, »sich häufig nicht einmal in demselben Gesetz« fänden, sondern »aus mehreren zusammengestellt werden« müssten.[30]

Trotz der verschiedentlichen Umwälzungen in Kelsens normentheoretischen Überlegungen über den gesamten Zeitraum seines Schaffens von sechzig Jahren ist kaum zu verkennen, dass sein Hauptgrund dafür, sich mit der Normen-Individuierung zu befassen, darin besteht, das Recht so scharf wie möglich von der Moral zu unterscheiden. Es liegt nahe, diese Unterscheidung mit Hilfe einer

---

27. Kelsen: *HP*, S. 237 (Hervorhebung im Original), in: *HKW 2*, S. 353.
28. Jeremy Bentham: *An Introduction to the Principles of Morals and Legislation* (erstmals veröffentlicht 1789), J.H. Burns und H.L.A. Hart (Hg.), London 1970, S. 301 (Hervorhebung im Original) (aus dem nummerierten Absatz 2 in Benthams »Concluding Note«, die als Anmerkung in früheren Ausgaben des Werkes veröffentlicht wurde).
29. Joseph Raz: *The Concept of a Legal System*, 2. Aufl., Oxford 1980, S. 71.
30. Kelsen: *HP*, S. 237, in: *HKW 2*, S. 353.

Unterscheidung verschiedener Arten der Formen von Normen zu rekonstruieren, nämlich rechtlicher Normen auf der einen und moralischer Normen auf der anderen Seite. Deswegen ist Kelsen auch von Anfang an nicht bereit gewesen, der Rekonstruktion von Rechtsnormen die Theorie der Normen als Imperative – nach der jede Norm im Kern einen Imperativ darstellt – zugrunde zu legen.

Spät in den dreißiger Jahren verzeichnet Kelsen einen Durchbruch: Es gelingt ihm, eine wahrhaft radikale Lehre von der Rechtsnorm aufzustellen. Im Zentrum steht die Ermächtigung als die Grundform der Rechtsnorm, als deren »ideale Sprachform«. In den vierziger und fünfziger Jahren geht Kelsen noch weiter, wenn er zeigt, dass sich der Begriff der Pflicht aus einer Verknüpfung von Ermächtigungsnormen verschiedener Stufen konstruieren lasse. Das Endergebnis innerhalb der klassischen bzw. neukantianisch inspirierten Rechtslehre Kelsens besteht damit in einem einheitlichen normentheoretischen Programm, das in der zweiten Auflage der »Reinen Rechtslehre« seine vollständigste Darlegung finden sollte.

Kelsens normentheoretisches Programm stellt sich als Widerspiegelung der Forderungen seines Reinheitspostulats dar. Nach diesem kann sich die Rechtswissenschaft weder auf Fakten noch auf die Moral berufen, womit ihre Argumentation weder naturalistisch noch moralisch sein darf. Der Versuch Kelsens, eine charakteristisch juridische Form der Rechtsnorm begrifflich zu bilden, stellt einen wesentlichen Teil dieses allgemeinen, sich im Reinheitspostulat widerspiegelnden Programms dar. Denn eine der zentralen dem Reinheitspostulat zu entnehmenden Einschränkungen, dass man sich beim Aufbau einer Rechtslehre nicht auf die Moral berufen dürfe, ist mit der charakteristisch juridischen Form der Rechtsnorm unmittelbar gewährleistet. Als »charakteristisch juridisch« lässt sie sich der Form nach nicht mit Moralnormen verwechseln.

Um Kelsens weitere Verfolgung dieses Programms zu skizzieren, lohnt es sich, auf sein begriffliches Instrumentarium in den »Hauptproblemen« einzugehen. Dabei geht es um das Leitmotiv der »doppelten Wirkungsmöglichkeit« der »Doppelnorm«.

»Doppelte Wirkungsmöglichkeit« und die »Doppelnorm«

Kelsen umschreibt mit der »doppelten Wirkungsmöglichkeit« des Rechtssatzes dessen Eigenschaft, nicht nur »befolgt«, sondern auch »angewendet« werden zu können.[31] Dabei geht es um die Unterscheidung der Befolgung durch den Rechtsunterworfenen von der Anwendung durch einen Richter oder sonst zur Anwendung Berufenen. Als Imperativ richtet sich die Rechtsnorm an das Rechtssubjekt, und dieses befolgt die Rechtsnorm entweder oder es befolgt sie nicht. Im letztgenannten Fall wird die Rechtsnorm als hypothetisch formulierte,

---

31. Vgl. Kelsen: *HP*, S. 36, 40, 42, 49 f., 53, 210–212, 236, *et passim*, in: *HKW 2*, 121, 125, 127, 136 f., 140, 322–325, 353, *et passim*.

an das Rechtsorgan gerichtete Sanktionsnorm verstanden, die wegen der fehlenden Befolgung durch das Rechtssubjekt angewendet wird. Kelsen führt aus:

»Ein Rechtssatz, der niemals ›befolgt‹ wird, würde darum nicht aufhören, Rechtssatz zu sein. Die Rechtsnorm führt materiell noch ein anderes Leben als im Befolgtwerden. Sie wird ›angewendet‹, und zwar gerade in jenen Fällen, in denen sie *nicht* befolgt wird.«[32]

Dieses Leitmotiv der »doppelten Wirkungsmöglichkeit« der Rechtsnorm – in den Worten des Rechtsanthropologen Paul Bohannan die »doppelte Institutionalisierung«[33] – lenkt die Aufmerksamkeit auf das allgemeine Problem, welches Kelsen zu untersuchen sich vorgenommen hat: In welcher Beziehung stehen diese beiden Wirkungen zueinander, in welcher Weise verhalten sich die beiden Seiten dieser »Doppelkonstruktion« zueinander?

Worauf Kelsen hinaus will, lässt sich anhand des letzten Satzes im Zitat zeigen: Wenn Kelsen schreibt, »sie« werde »angewendet«, wenn sie nicht befolgt werde, worauf bezieht sich das »sie«? Zwei Deutungen drängen sich auf. Erstens: Gibt es *eine* Norm mit zwei Funktionen? Wenn ja, wie sieht die Form einer derart doppelten Norm aus, die sowohl vom Rechtsunterworfenen zu befolgen als auch vom Rechtsanwender anzuwenden sei? Oder gibt es, zweitens, *zwei* voneinander zu unterscheidende Normen in einem Rechtssatz, einerseits den an das Rechtssubjekt gerichteten Imperativ und andererseits die hypothetisch formulierte, an das Rechtsorgan gerichtete Sanktionsnorm?

Wenn Kelsen bereit wäre, der letztgenannten Deutung der zweifachen Norm zu folgen, ergäbe sich ein neues Problem: Das Bestehen des ersten Norm-Typus, des an das Rechtssubjekt gerichteten Imperativs, scheint Kelsens Ziel zu unterminieren, das Recht schon begrifflich, anhand der Form der Rechtsnorm, von der Moral zu unterscheiden. Denn die erste Norm enthält ein an das Rechtssubjekt gerichtetes Gebot. Losgelöst von der zweiten Norm ist dieses Gebot nichts anderes als der rechtliche Imperativ, dessen Gemeinsamkeiten mit dem moralischen Imperativ gerade das Problem aufwerfen, das zu lösen Kelsen sich aufgegeben hat.

Dieses im Blick kommt es nicht von ungefähr, wenn Kelsen den Imperativ, das an das Subjekt gerichtete Gebot, für überflüssig erklärt:

»Neben diesen an die Staatsorgane gerichteten Imperativen stehen nun die an die Untertanen gerichteten, das rechtmäßige Verhalten fordernden. Diese letzteren sind genau genommen vollkommen überflüssig, denn sie sagen dem Untertanen nichts anderes, als die ersteren«.[34]

---

32. Kelsen: *HP*, S. 49–50 (Anführungszeichen und Hervorhebung im Original), in: *HKW 2*, S. 136 f.
33. Paul Bohannan: »The Differing Realms of the Law«, in: *American Anthropologist* 67 (1965), S. 33–42, bes. 34–37.
34. Kelsen: *HP*, S. 234, in: *HKW 2*, S. 350.

Mit diesen Worten lehnt er die zweite Deutungsvariante klar ab. Aber auch die erste Deutung, nach der ein und derselben Norm zwei verschiedene Funktionen zukommen – die sog. Doppelnorm –, lehnt Kelsen mit der zitierten Formulierung ab. Die Ablehnung auch dieser Deutung lässt sich damit erklären, dass Kelsen sich mit seinem Objektivierungsprogramm von jeder Form eines an das Rechtssubjekt gerichteten Gebots distanzieren will – dieses Ziel wird im Laufe seiner Darstellung immer augenfälliger.

Folglich findet weder die Doppelnorm (die erste Deutung) noch die Idee der zwei voneinander zu unterscheidenden Normen (die zweite Deutung) Eingang in Kelsens »ideale Sprachform« der Rechtsnorm. Stattdessen stellt er allein auf die hypothetisch formulierte Sanktionsnorm ab. Die sekundäre Norm – so Kelsens nach 1925 verwendete Bezeichnung für den an das Subjekt adressierten Imperativ – sei nichts anderes als eine Art und Weise, auf den Inhalt der Rechtspflicht hinzuweisen –, der nur dann und deswegen als Inhalt einer Rechtspflicht gilt, wenn das gegensätzliche Verhalten Bedingung einer Sanktion ist:

> »[E]in Verhalten [ist] nur insofern Inhalt einer Rechtspflicht, als sein kontradiktorisches Gegenteil unter Zwangssanktion steht, das heißt: Bedingung eines Zwangsaktes ist.«[35]

In einem Aufsatz aus dem Jahre 1928 geht Kelsen wesentlich weiter:

> »[I]ch *soll*, bin verpflichtet, nicht zu stehlen, oder: ich soll, ich bin verpflichtet, ein empfangenes Darlehen zurückzuerstatten, bedeutet *positiv* rechtlich *nichts anderes* als: wenn ich stehle, soll ich bestraft werden, wenn ich ein empfangenes Darlehen nicht zurückerstatte, soll gegen mich Exekution geführt werden.«[36]

Kelsens Behauptung in dieser Passage ist recht problematisch – zumindest wenn man sie als These hinsichtlich des Sinnes der gegenübergestellten Begriffe versteht. Denn es ist nicht zu verkennen, dass sich die Pflicht des Rechtssubjekts und die damit verknüpfte hypothetisch formulierte Sanktionsnorm sowohl *extensional* als auch *intensional* unterscheiden. Dieser Einwand liegt derart deutlich auf der Hand, dass man Kelsen diese These schwerlich zuschreiben kann. Vor dem Hintergrund des Kelsenschen Programms drängt sich vielmehr die Auslegung dieser Passage als eine Stipulation auf. Hierauf wird in Abschnitt VI noch zurückzukommen sein. Dort soll gezeigt werden, dass Kelsen nach *einer* Lesart seiner Normentheorie bereit ist, den Begriff der Rechtspflicht aufzugeben bzw. diesen Begriff als elliptisch für eine bestimmte Konfiguration von Ermächtigungsnormen zu verwenden. Zuerst ist aber auf Kelsens Durchbruch der Ermächtigung als der Grundform der Rechtsnorm einzugehen.

---

35. Hans Kelsen: *Allgemeine Staatslehre*, Berlin 1925, § 10 (d) (S. 51).
36. Kelsen: »Die Idee des Naturrechtes«, in: *Zeitschrift für öffentliches Recht* 7 (1928), S. 221–250 (226) (Hervorhebung im Original).

Die hypothetisch formulierte Rechtsnorm als Ermächtigung

Was genau versteht Kelsen eigentlich unter einer »Pflicht«, die an das Rechtsorgan gerichtet ist? Seine Antwort auf diese Frage kristallisiert sich erst spät in den dreißiger Jahren langsam heraus, und Kelsen entwickelt seine Antwort in seiner »General Theory of Law and State« (1945) und der zweiten Auflage der »Reinen Rechtslehre« (1960) weiter. Kurz gesagt: Es gibt in der Kelsenschen Rechtslehre der vierziger und fünfziger Jahre keinen Begriff der Pflicht. Die Pflicht ist bei Kelsen ein abgeleiteter Begriff, der in der Kategorie von Ermächtigungsnormen ausgedrückt wird. Diese These der von Ermächtigungsnormen abgeleiteten Pflicht bildet den Kern des radikalen normentheoretischen Ansatzes von Kelsen; ihr soll im Folgenden näher nachgegangen werden.

Kelsen deutet diese These das erste Mal in einer ausführlichen Erwiderung auf die Völkerrechtstheorie von Georges Scelle an. Hier führt er die hypothetisch formulierte Sanktionsnorm als Ermächtigungsnorm ein und unternimmt es, den Begriff der Rechtspflicht mit Hilfe der Ermächtigung zu explizieren:

»Es gäbe allerdings eine Möglichkeit, den Begriff der Rechtspflicht – wenn schon nicht aufzulösen –, so doch auf den der Kompetenz zu basieren, jenen auf diesen zurückzuführen. Wenn man nämlich die Rechtspflicht eines Individuums zu einem bestimmten Verhalten immer nur dann als gegeben anerkennt, wenn im Fall des gegenteiligen Verhaltens ein anderes Individuum von der Rechtsordnung ermächtigt ist, gegen das erste eine Sanktion zu setzen; und wenn man die Ermächtigung zur Setzung der Sanktion als ›Kompetenz‹ gelten lässt; dann beruhte die Rechtspflicht des einen auf der Sanktions-Kompetenz des anderen.«[37]

Das Entstehungsdatum dieses Textes ist nicht genau zu ermitteln, er entstammt aber den dreißiger Jahren. Vor dem Hintergrund der späteren Entwicklungen der Kelsenschen Lehre und der Rolle, die die Ermächtigung in diesen spielen sollte, wird deutlich, dass diese Passage nicht weniger als einen Durchbruch in Kelsens Schaffen darstellt. Es ist seine Antwort auf die programmatische Frage, die er in den »Hauptproblemen« gestellt hatte, was man unter der »*idealen* Sprachform« der Rechtsnorm zu verstehen habe. Die ideale Sprachform der Rechtsnorm besteht, so Kelsen an dieser Stelle, in den Ermächtigungsmodalitäten – der Ermächtigung selbst sowie in den damit verknüpften Hohfeldschen Permutationen der Haftung, des Unvermögens und der Immunität.[38] Kelsen arbeitete diese Idee erst später, zunächst in der »General Theory of Law and State«, dann auch und vor allem in der zweiten Auflage der »Reinen Rechtslehre« weiter aus.

---

37. Kelsen: »Recht und Kompetenz«, a.a.O., S. 75 (Anführungszeichen im Original).
38. Wesley Newcomb Hohfeld: *Fundamental Legal Conceptions as Applied in Judicial Reasoning and Other Legal Essays*, New Haven 1919. Zur Explikation des Hohfeldschen Schemas vgl. Manfred Moritz: *Über Hohfelds System der juridischen Grundbegriffe*, Lund/Kopenhagen 1960, bes. S. 85–110, zur Anwendung des Hohfeldschen Schemas vgl. Robert Alexy: *Theorie der Grundrechte*, Baden-Baden 1985, S. 187–194, 211–219 et passim.

In seiner »General Theory« behauptet Kelsen, die hypothetisch formulierte primäre Norm, die an das Rechtsorgan adressiert ist, sei »die einzige echte Norm«. Auch wenn eine sekundäre Norm, die an das Rechtssubjekt adressiert ist, um der »Darstellung des Rechts« willen eingeführt wird, sei diese Norm »sicher in einer genauen Exposition des Rechts überflüssig«.[39] Allerdings ist diese Behauptung Kelsens nicht neu. Schon in den »Hauptproblemen« erkannte Kelsen die primäre Norm als die einzige echte Norm an, und ebenfalls schon in den »Hauptproblemen« behauptete er, die sekundäre Norm sei im Grunde genommen überflüssig.[40]

Neu in der »General Theory« ist allerdings Kelsens Lesart des »Sollens«, wie dieses in der primären Norm verwendet wird. In der ersten Periode seines Schaffens – die Periode von der Veröffentlichung der »Hauptprobleme der Staatsrechtslehre« im Jahre 1911 bis zu dem spät in den dreißiger Jahren stattfindenden Durchbruch der Ermächtigung – verwendete Kelsen das »Sollen«, um eine Pflicht zum Ausdruck zu bringen. Diese Verwendung bildet eine Widerspiegelung der üblichen Bedeutung des Ausdrucks »Sollen« in der Rechtswissenschaft: Kelsens »Sollen« bezieht sich, wie es in der hypothetisch formulierten, an das Rechtsorgan gerichteten Sanktionsnorm zum Ausdruck kommt, auf eine konditional zu verstehende Pflicht des Rechtsorgans.[41] Doch argumentiert Kelsen zum ersten Mal in der »General Theory«, dass das »Sollen« sich nicht auf eine Pflicht beziehen muss. Vielmehr ist das in der primären Norm vorkommende »Sollen« eine Art Platzhalter. »Sollen« besagt, dass eine Sanktion unter bestimmten Bedingungen verhängt werden kann – das zuständige Rechtsorgan also dazu ermächtigt ist, eine Sanktion zu verhängen. Diese Konstruktion lässt es offen, ob das Rechtsorgan positivrechtlich auch dazu verpflichtet ist, die Sanktion zu verhängen.

Die skizzierte Passage in der »General Theory« zum »Sollen« als Platzhalter lässt freilich Fragen offen. Kelsen schreibt:

> »Ein Individuum ist rechtlich zu dem Verhalten verpflichtet, das das Gegenteil dessen bildet, was als Bedingung der gegen das Individuum verhängten Sanktion ist.«[42]

Demgemäß ist die Bedingung, auf die Kelsen verweist, erfüllt, wenn ein der Verpflichtung gegenteiliges Verhalten festgestellt wird. Führt aber die Erfüllung dieser Bedingung zu einer Pflicht des Rechtsorgans, die Sanktion zu verhängen, oder bloß zu einer Ermächtigung hierzu? Das erste Rechtsorgan sei zur Verhängung der Sanktion verpflichtet, so Kelsen, wenn ein zweites, höherrangiges

---

39. Hans Kelsen: *General Theory of Law and State*, übersetzt von Anders Wedberg, Cambridge, Mass. 1945, S. 67 (der deutschsprachige Originaltext ist leider verschollen).
40. Vgl. Kelsen: *HP*, S. 234, in: *HKW 2*, S. 350.
41. In diesem Sinne etwa Karl Binding: *Die Normen und ihre Übertretung*, 2. Aufl., 4 Bde., Leipzig 1890–1919, an dem Kelsen allerdings scharfe Kritik übte, vgl. Kelsen: *HP*, S. 270–299, in: *HKW 2*, S. 390–420.
42. Kelsen: *General Theory of Law and State*, a.a.O., S. 59.

Rechtsorgan dazu ermächtigt sei, eine Sanktion über das erste Rechtsorgan zu verhängen, falls dieses die Sanktion über das Rechtssubjekt nicht verhängt.

Dieses Schema lässt einen infiniten Regress befürchten. Es bleibt im ersten Absatz des fraglichen Abschnitts der »General Theory« jedenfalls offen, wie weit das Schema trägt. Doch im zweiten Absatz geht Kelsen dieser Frage nach, indem er sich auf den Stufenbau der Rechtsordnung beruft.

> »Das Organ der zweiten Norm mag von einer dritten Norm dazu verpflichtet sein, die von der zweiten Norm angeordnete Sanktion zu verhängen, und so weiter.««[43]

Auch wenn dieses nicht in jeder Hinsicht überzeugend ist, lässt sich doch anhand des Zusammenhanges herausarbeiten, dass Kelsen Folgendes verstanden wissen will: Das auf der dritten Stufe in der hierarchisch strukturierten Rechtsordnung stehende Rechtsorgan ist dazu ermächtigt, eine Sanktion über das auf der zweiten Stufe stehende Rechtsorgan zu verhängen, falls dieses die Sanktion über das Rechtssubjekt nicht verhängt.

Kelsen erkennt dabei klar und deutlich, dass die Kette von gestuften Ermächtigungsnormen nicht ins Unendliche gehen kann, da dies einen *regressus ad infinitum* darstellte:

> »Es muss eine letzte Norm in der Kette geben, so dass die von ihr angeordnete Sanktion keine Rechtspflicht in dem definierten Sinne ist. Wenn die Bedeutung dieser letzten Norm damit ausgedrückt wird, dass unter bestimmten Bedingungen eine Sanktion verhängt werden ›soll‹, dann fällt der Begriff des Sollens mit dem der Rechtspflicht nicht zusammen. Ein Organ, das eine Sanktion verhängen ›soll‹, mag rechtlich dazu verpflichtet sein oder nicht.«[44]

So gelangt Kelsen schließlich zum »Sollen« als Platzhalter. Auf der höchsten Stufe der hierarchisch strukturierten Rechtsordnung ist das »Sollen« nach Kelsens Verständnis notwendig nur als rechtliches »Können« möglich. Also mag das Rechtsorgan *A* auf der vorletzten Stufe dazu verpflichtet sein, eine Sanktion über ein Rechtssubjekt zu verhängen, und *A* wird dazu verpflichtet sein, falls Rechtsorgan *B* auf der höchsten Stufe dazu ermächtigt ist, eine Sanktion über *A* zu verhängen, falls *A* die Sanktion über das Rechtssubjekt nicht verhängt. Doch *B* auf der höchsten Stufe kann nicht auf diese Art und Weise verpflichtet sein, denn es gibt per definitionem eben kein Rechtsorgan auf einer noch höheren Stufe, das dazu ermächtigt sein könnte, eine Sanktion über *B* zu verhängen.

Die Schlussfolgerung dieser Erkenntnis ist weit reichend: Nach Kelsens eigener Konzeption kann man keine von der Ermächtigung unabhängige Lehre von der Rechtspflicht vorweisen. Entweder ist das Rechtsorgan bloß dazu ermächtigt, die Sanktion zu verhängen. Dann erschöpft sich dies allein im rechtlichen »Können«. Oder das Rechtsorgan ist positivrechtlich dazu verpflichtet,

---

43. Ebd.
44. Ebd. S. 59 f. (Anführungszeichen im Original).

die Sanktion zu verhängen. In diesem Falle gibt es zwei Ebenen des rechtlichen »Könnens«, und zwar erstens das »Können« des auf der niedrigeren Stufe befindlichen Rechtsorgans und zweitens das »Können« des auf der höheren Stufe befindlichen Rechtsorgans. Der Begriff der Rechtspflicht hätte sich damit als eine bloße Kurzformel für diese Konstruktion zweier Stufen von Ermächtigungsnormen erwiesen.

Kelsen führt diese Konzeption in seiner »General Theory« leider nicht in der wünschenswerten Klarheit ein. Die sich aus der Übersetzung ergebenden Sprachprobleme – das deutschsprachige Manuskript für die Übersetzung ist verschollen – dürften die ohnehin vorhandenen sachlichen Probleme noch gesteigert haben. So ist wohl zu erklären, dass die Konzeption, die Kelsen in diesem Werk entwickelt, auch von den scharfsinnigsten seiner Leser übersehen worden ist. H.L.A. Hart etwa äußert sich in seiner Untersuchung zu Kelsens hypothetisch formulierter, an das Rechtsorgan gerichteter Sanktionsnorm überhaupt nicht zur Ermächtigung, obschon er an anderer Stelle in »The Concept of Law« genau erkennt, was Kelsen unter Ermächtigung verstanden wissen wollte. Es sei nicht der Fall, so Hart an dieser Stelle, dass der Gesetzgeber in irgendeinem »gewöhnlichen Sinn von ›gehorchen‹« den Regeln gehorcht,[45] wenn er sich bei der Verabschiedung von Gesetzen im Rahmen der durch die Ermächtigungsnormen verliehenen Befugnisse hält. Hart fügt völlig richtig hinzu: Falls die Tätigkeit des Gesetzgebers bei der (versuchten) Verabschiedung eines Gesetzes nicht durch eine Ermächtigungsnorm gedeckt wird, wird damit nicht gesagt, dass der Gesetzgeber die Kompetenzregeln »nicht befolgt« habe – obwohl ja eine Art »Verstoß« vorliegt, da der Versuch der Gesetzgebung letztlich scheitert.[46]

In der zweiten Auflage der »Reinen Rechtslehre« führt Kelsen seine Konzeption dann klarer aus:

»[Wenn] ein von der Rechtsordnung bestimmtes Unrecht begangen wird, [soll] eine von der Rechtsordnung bestimmte Unrechtsfolge eintreten […]; wobei mit diesem ›soll‹ sowohl der Fall, daß [zur] Vollziehung der Unrechtsfolge nur ermächtigt […], als auch der Fall, daß sie geboten ist, gedeckt ist.«[47]

Wann handelt es sich nun um eine bloße Ermächtigung, und wann um eine Rechtspflicht? Kelsen antwortet auf diese Frage *expressis verbis*:

»Die Vollstreckung der Sanktion ist geboten, ist Inhalt einer Rechtspflicht, wenn ihre Unterlassung zur Bedingung einer Sanktion gemacht ist. Ist dies nicht der Fall, kann sie nur als ermächtigt, nicht auch als geboten gelten. Da dies kein endloser Regress sein kann, kann die letzte Sanktion in dieser Reihe nur ermächtigt, nicht geboten sein.«[48]

---

45. H.L.A. Hart: *The Concept of Law*, 2. Aufl., Oxford 1994, S. 113 (Anführungszeichen im Original).
46. Ebd.
47. Hans Kelsen: *Reine Rechtslehre*, 2. Aufl., Wien 1960, § 18 (S. 82 f.) (Anführungszeichen im Original).
48. Ebd., § 5 (a) (S. 26).

Wenn das Rechtsorgan die in Betracht kommende Sanktion nicht verhängt – und diese Unterlassung als Bedingung einer Sanktion verstanden wird –, ist »Bedingung« an dieser Stelle eine Abkürzung für die Erfüllung des Antezedens der komplementären, hypothetisch formulierten Sanktionsnorm, die das höherrangige Rechtsorgan dazu ermächtigt, eine Sanktion zu verhängen.

In der zweiten Auflage der »Reinen Rechtslehre« kommen, neben der Ermächtigung, auch die klassischen, »deontisch« zu verstehenden Modalitäten vor – also an das Rechtssubjekt gerichtete Gebote, Erlaubnisse und Verbote. Solange Kelsen bloß das rohe Material des Rechts individuiert, haben diese deontischen Modalitäten ihren Platz, zumindest als »Funktionen« der normativen Ordnung.[49] Doch im vierten Kapitel über die »Rechtsstatik« sowie im fünften über »Rechtsdynamik« stehen die Ermächtigungsmodalitäten ganz im Vordergrund. Auf eine nähere Auseinandersetzung mit diesen Themen muss hier verzichtet werden.

Schluss

Es ist Kelsen gelungen, sein 1911 in den »Hauptproblemen der Staatsrechtslehre« beschriebenes Vorhaben zu realisieren. Die Ermächtigungsmodalität als Grundform der rekonstruierten Rechtsnorm sieht ein Instrumentarium vor, mit dem eine rein begriffliche Unterscheidung zwischen dem Recht und der Moral ermöglicht ist – gerade darin bestand sein 1911 angekündigtes Ziel.

Um von hier und Kelsen aus auf Kandinsky zurückkommen: Kandinsky ist es nicht minder gelungen, sein Ziel zu erreichen. Seine im vorletzten Kapitel der 1911 veröffentlichten Monographie »Über das Geistige in der Kunst« ausgedrückte Prognose war zwar, im Vergleich zu der Kelsenschen, recht verhalten. Die Emanzipation unserer Malerei »von der direkten Abhängigkeit von der ›Natur‹« sei, so heißt es da, »im allerersten Anfang«.[50]

»Wenn wir schon heute anfangen würden, ganz das Band, das uns mit der Natur verknüpft, zu vernichten, mit Gewalt auf die Befreiung loszusteuern und uns ausschließlich mit der Kombination von reiner Farbe und unabhängiger Form zu begnügen, so würden wir Werke schaffen, die wie eine geometrische Ornamentik aussehen, die, grob gesagt, einer Krawatte, einem Teppich gleichen würden. *Die Schönheit der Farbe und der Form ist [...] kein genügendes Ziel in der Kunst.* Wir sind eben infolge unseres elementaren

---

49. Vgl. ebd. § 4 (d) (S. 15–16). Wenn diese »Funktionen« als Bedingungen der vollständigen Rechtsnorm betrachtet werden, dann sind auch sie Bestandteile der radikal rekonstruierten Rechtsnorm. Denn die Ermächtigung gilt als Verbindung zwischen den Vorder- und Hintergliedern der hypothetisch formulierten vollständigen Rechtsnorm. Vgl. eBd. § 6 (d) (e) (S. 51–59) et passim sowie Adolf Julius Merkl: »Prolegomena einer Theorie des rechtlichen Stufenbaues«, in: Alfred Verdross (Hg.): *Gesellschaft, Staat und Recht. Untersuchungen zur Reinen Rechtslehre*, Wien 1931, S. 252–294, bes. 274. An dieser Stelle führt Merkl eine vollständige Rechtsnorm ein, deren Formulierung dem Modell des Stufenbaus folgt.
50. Kandinsky: *Über das Geistige in der Kunst*, a.a.O., S. 114.

Zustandes in der Malerei sehr wenig fähig, von ganz emanzipierter Farben-, Formenkomposition schon heute ein inneres Erlebnis zu erhalten.«[51]

Betrachtet man, diese mahnenden, eher zögerlichen Worte im Gedächtnis, die Bilder Kandinskys nur ein Jahrzehnt später, also zu Beginn seiner Bauhauszeit, so ist es unverkennbar, dass sein Aufbruch zur Abstraktion schon vollzogen ist. Komposition VIII aus dem Jahre 1923,[52] eines der wichtigsten Bilder Kandinskys während der Nachkriegszeit, ist nichts weniger als der Inbegriff der Abstraktion. Kreise und Geraden dominieren in diesem Bild.[53] Andere lineare Elemente – Winkel, Kurven, Halbkreise – stehen nebeneinander, ohne erkennbar miteinander verbunden zu sein.[54] Kandinskys Vorstellungen von Form, wie er sie 1911 in seiner Monographie noch theoretisch skizzierte, finden sich also nunmehr gründlich und überzeugend realisiert.

---

51. Ebd., S. 115 (Hervorhebung im Original). Zur »Ornamentik« bzw. »der dekorativen Kunst« vgl. Alexandre Kojève: *Die konkrete Malerei Kandinskys* (zuerst veröffentlicht 1936), übersetzt von Hans Jörg Glattfelder, Bern 2005, S. 55–57.
52. *Komposition VIII*, 1923, Öl auf Leinwand, 140 x 201 cm, Solomon R. Guggenheim Museum, New York.
53. Becks-Malorny: *Wassily Kandinsky 1866–1944. Aufbruch zur Abstraktion*, a.a.O., S. 141.
54. Will Grohmann: *Wassily Kandinsky. Leben und Werk*, Köln 1958, S. 188–190.

Daniel Gethmann

Sprechende Pferde
Zur Kommunikationstheorie der Übertragung

»The word communication will be used here in a very broad sense to include all of the procedures by which one mind may affect another. This, of course, involves not only written and oral speech, but also music, the pictorial arts, the theater, the ballet, and in fact all human behaviour. In some connections it may be desirable to use a still broader definition of communication, namely, one which would include the procedures by means of which one mechanism (say automatic equipment to track an airplane and to compute its probable future positions) affects another mechanism (say a guided missile chasing this airplane).«[1]

Warren Weaver beginnt seinen Beitrag zur »Mathematischen Theorie der Kommunikation« mit einer Erweiterung des Kommunikationsbegriffs um Lenkwaffen und andere kybernetische Maschinen, bei denen sich Kommunikationsprobleme auf drei Ebenen fassen lassen: Die Ebene A – das technische Problem der Übertragung der kommunikativen Zeichen – ist von der Ebene B – dem semantischen Problem der Übereinstimmung von verwendetem Symbol und erwünschter Bedeutung – sowie von der Ebene C – dem Effektivitätsproblem der Nachricht zu unterscheiden. Angesichts einer solchen Konstellation könne man nun, so Weaver, »zu der Annahme verleitet werden, die Ebene A stelle ein relativ oberflächliches Problem dar, da es nur die technischen Details eines guten Entwurfs für ein Kommunikationssystem betrifft, während die Ebenen B und C den meisten, wenn nicht den gesamten philosophischen Gehalt der Kommunikationstheorie einschließen. Die mathematische Theorie für die technischen Aspekte der Kommunikation, wie sie hauptsächlich von Claude Shannon bei den Bell Telephone Laboratories entwickelt wurde, […] hat, wie ich glaube, eine tiefe Bedeutung, die eine Unterbewertung der Ebene A nicht gerechtfertigt erscheinen lässt. Ein Teil der Bedeutsamkeit der neuen Theorie kommt daher, dass auf den Ebenen B und C nur von dem Grad der Signalgenauigkeit Gebrauch gemacht werden kann, wie er auf der Ebene A analysiert wurde. So wirkt sich jede Beschränkung, die in der Theorie der Ebene A entdeckt wird, auch auf die Ebenen B und C aus. Die weitaus größere Bedeutsamkeit der Ebene A ergibt sich jedoch dadurch, dass die Analyse ihrer Probleme eine stärkere Überlappung dieser Ebene mit den anderen beiden offenbart als man sich als Laie vorzustellen vermag. Dadurch ist die Theorie der Ebene A zumindest

---

1. Warren Weaver: »Recent Contributions to the Mathematical Theory of Communication«, in: Claude E. Shannon und Warren Weaver: *The Mathematical Theory of Communication*, Urbana 1949, S. 1–28, hier S. 3.

in einem bedeutsamen Grad auch eine Theorie der Ebenen B und C.«[2] Dieser Zusammenhang zwischen den Ebenen der Kommunikation lässt sich auch kurz in einer allgemeinen Regel fassen: Die Theorie der technischen Übertragung der kommunikativen Zeichen bedingt die semantische Ebene und das Effektivitätsproblem der Nachricht.

Indem sich der Kommunikationsbegriff im technischen Zeitalter um das Aufspüren und Verfolgen von Maschinen durch Maschinen erweitert, aktualisiert sich die Frage der technischen Übertragung insbesondere auch durch ihren Fehlschlag bzw. in ihrem Misslingen. Somit erhält die Frage, ob überhaupt eine Übertragung stattgefunden hat oder vielmehr nicht, einen entscheidenden Stellenwert. Es kann somit für die Theorie der technischen Übertragung wegen ihrer determinierenden Funktion für die semantische und pragmatische Ebene auch jenseits der Kybernetik zu einem entscheidenden Problem werden, den Umstand zu belegen, dass eben keine Kommunikation stattgefunden hat, um insbesondere die Eigenständigkeit bestimmter kulturtechnischer Leistungen nachzuweisen. Weaver deutet dieses Problem in seinem Beitrag zur mathematischen Theorie der Kommunikation mit einem Hinweis auf die »Pferde von Elberfeld« an, die einen Beleg für das semantische Problem jeder Kommunikation geliefert haben – also für »die völlige Übereinstimmung oder genügend gute Näherung der Interpretation der Nachricht beim Empfänger«,[3] worüber man sich allerdings nie wirklich sicher sein könne, selbst wenn die Nachricht bestätigt wird. Nachdem nämlich eine wissenschaftliche Untersuchung der in Wuppertal gehaltenen Pferde namens »der kluge Hans«, »Muhamed« und »Zarif«, die sowohl der deutschen Sprache mächtig waren, als auch Bruchrechnen, sowie Spielkarten und Münzen unterscheiden konnten, zu dem Schluss gekommen sei, dass die Tiere »lediglich auf die Kopfbewegungen ihres Dompteurs reagierten, begegnete ihr Eigentümer, Herr Krall, dieser Kritik auf eine sehr direkte Art. Er fragte die Pferde, ob sie solch kleine Bewegungen überhaupt erkennen könnten, worauf sie nachdrücklich mit ›Nein‹ antworteten.«[4]

Damit war eigentlich schon alles gesagt; die Diskussion des semantischen Problems der Kommunikation aus Sicht der Informationstheorie hatte ihr erstes Spielfeld in einem Wuppertaler Pferdestall abgesteckt, auch die Regeln des Spiels zeichneten sich bereits ab: Warren Weavers Beleg artikuliert nämlich ein freies Spiel der Signifikanten, das unter der Vorgabe steht, dass sich ihr Spiel der Differenz durch eine unaufhörliche Verschiebung des jeweiligen Kommunikationssystems entfaltet. Die Diskussion um die »Pferde von Elberfeld« lässt sich in diesem Sinne als ein konstitutives Verweisungsspiel auffassen, dessen Fortgang sich aus Optionen immer neuer Kanäle zur Übertragung kommunikativer Zeichen

---

2. Warren Weaver: »Ein aktueller Beitrag zur mathematischen Theorie der Kommunikation« (1949), in: Claude E. Shannon und Warren Weaver: *Mathematische Grundlagen der Informationstheorie*, München 1976, S. 14f.
3. Ebd., S. 13.
4. Ebd., S. 13; Weaver zitiert diese Anekdote wörtlich aus einem Text von K. S. Lashley: »Persistent Problems in the Evolution of Mind«, in: *The Quarterly Review of Biology*, Bd. 24 (1949), S. 28–42, hier S. 28.

ergibt. Eine prinzipielle Unabgeschlossenheit der Kommunikation aktualisiert sich dabei in der Möglichkeitsform von Übertragungen, deren Nachweis oder Ausschluss die Semantik der kommunikativen Zeichen jeweils neu erschließt. Mit jedem neuen Kommunikationskanal zeigt sich in diesem Spiel der Differenz zudem, dass die Zeichenpraktiken vor semiotischen erst einmal medientheoretische Fragen aufwerfen, da es im Kern um den jeweiligen Kommunikationskanal und damit um Übertragung geht. Erst durch dessen Untersuchung lässt sich herausfinden, in welchem Maße die semantische und pragmatische Ebene durch die technische Übertragung der kommunikativen Zeichen determiniert wird.

Am Ausgangspunkt dieses Spiels der Differenz steht die Frage, ob es sich bei den sprechenden Pferden eher um einen respektablen pädagogischen Erfolg in der Beherrschung elementarer Kulturtechniken handelt, oder ob die Pferde geheime Zeichen erhalten, die ihre Reaktion hervorrufen? Die intensive publizistische Debatte dieser Frage zu Anfang des 20. Jahrhunderts sollte im Jahre 1904 eine wissenschaftliche Kommission klären, der Carl Stumpf als Ordinarius und Leiter des psychologischen Instituts der Berliner Universität vorstand.

Der Kluge Hans

Nachdem der pensionierte Mathematiklehrer Wilhelm von Osten 14 Jahre lang täglich bei jedem Wetter Pferde im Hinterhof seines Berliner Hauses in der Griebenowstraße 10 in der Kenntnis von Bild, Schrift und Zahl unterrichtet hatte, trat er mit seinem im Jahre 1900 erworbenen Hengst namens Hans im Jahre 1904 an die Öffentlichkeit, wo seine Vorführungen für ein breites Presseecho sorgten. Denn »der kluge Hans« konnte nach zwei Jahren Unterricht bereits »zählen, in den Hauptrechnungsarten rechnen, buchstabieren und lesen, er erkannte die Töne, Münzen, Karten, die Zeigerstellung der Uhr und manches andere. [...] Tagtäglich konnten ihn seine Mieter und Nachbarn bei der Arbeit beobachten und gerade diese regelmäßigen Zuschauer mussten erkennen, dass hier eine wirkliche Schulstunde abgehalten wurde«.[5]

Nach vier Jahren der Beschulung erlebte die stetig anwachsende Gruppe von Besuchern und Neugierigen bei den öffentlichen und kostenlosen Vorführungen zur Mittagszeit in etwa folgendes: »Die in deutscher Sprache, ohne besondere Betonung an ihn gerichteten Fragen beantwortete er fast ausnahmslos richtig. Hatte er eine Frage verstanden, so gab er dies sogleich durch Nicken zu erkennen, das Gegenteil durch Kopfschütteln. [...] Reden konnte der kluge Hans freilich nicht. Dafür diente ihm als hauptsächliches Ausdrucksmittel das Aufklopfen mit dem rechten Vorderfuße. Mancherlei ließ sich auch durch Kopfbewegungen ausdrücken.«[6] Hans äußerte sich demnach vornehmlich durch diskrete

---

5. Karl Krall: *Denkende Tiere. Beiträge zur Tierseelenkunde auf Grund eigener Versuche: Der kluge Hans und meine Pferde Muhamed und Zarif*, Leipzig 1912, S. 17.
6. Oskar Pfungst: »Das Pferd des Herrn von Osten (Der kluge Hans)« (1907), als Reprint der Ausgabe von 1907 erschienen in: Helmut E. Lück (Hg.): *Der Kluge Hans. Ein Beitrag zur nicht-verbalen*

Klopfzeichen in seiner »Hufsprache«, die jeder Information »zum Zwecke des Ausdrucks Zahlen unterlegte,«[7] indem Hufschläge auf einem Klopfbrett die Verbindung von Zahlen und Buchstaben artikulierten. »Andererseits war es vergebliches Bemühen, Antworten zu erhalten in Dingen, die er nicht gelernt hatte. So ignorierte er lateinisch und französisch gestellte Fragen oder begann zu faseln, grade durch solche Beschränkungen die Echtheit seiner sonstigen Leistungen bekundend. Was er aber einmal gelernt hatte, das hielt er fest und ließ sich durch nichts aufs Glatteis führen. Kurz, es fehlte dem Hengste, wie sich einer seiner Lobredner ausdrückte, zum Menschen eigentlich nichts als die Sprache, und das kluge Tier wurde selbst von erfahrenen Pädagogen als etwa auf der Stufe eines 13- bis 14-jährigen Kindes stehend bezeichnet.«[8] Wilhelm von Osten hatte ein großes Interesse daran, dass seine pädagogischen Leistungen im Beschulen von Hans öffentlich untersucht wurden, daher führte er auch kostenlose öffentliche Vorführungen im Hinterhof seiner Mietskaserne durch. Im Jahre 1904 trat dann eine Kommission aus dreizehn Fachleuten und Wissenschaftlern zusammen, die am 12. September 1904 zu dem Urteil kam, dass »Tricks nach der Natur der sonst üblichen Dressuren ausgeschlossen waren« und daher »eine ernsthafte und eingehende wissenschaftliche Untersuchung«[9] empfahl.

Unter der Leitung von Carl Stumpf arbeitete sein Assistent Erich Moritz von Hornborstel als Protokollant der Versuche und sein Student Oskar Pfungst als Experimentator über mehrere Wochen mit Hans, von Osten und dem Afrikareisenden Carl Georg Schillings, der zuvor bereits längere Zeit mit dem Pferd Versuche durchgeführt hatte, und es nun auch öffentlich präsentierte. Zur Durchführung ihrer Experimente errichteten sie »ein großes Leinwandzelt«[10] als ambulantes psychophysisches Laboratorium in von Ostens Innenhof und untersuchten die kulturtechnischen Lernerfolge vs. die Kommunikationshypothese. Der methodisch brillante Ansatz der Experimente von Pfungst bestand darin, zu überprüfen, ob der kluge Hans auch dann noch klug blieb, wenn vom Experimentator wissentliche und unwissentliche Fragen gestellt wurden, »d.h. solche, bei denen die Lösung der gestellten Aufgabe dem Fragenden selbst im Momente des Versuchs unbekannt war«.[11] Gab es bei den unwissentlichen Fragen keine Abweichungen in der Zahl zutreffender Antworten, so lag auch keine Kommunikation vor, vielmehr handelte es sich eher um Denkleistungen, welche durch die Beherrschung elementarer Kulturtechniken vom sprechenden, rechnenden und schreibenden Pferd nachgewiesen wurden. Nach Ansicht von Stumpf war die kulturtechnische Beschulung des klugen Hans in dieser Hinsicht »durchaus rationell: denn in der Tat kann nirgends die Brücke von der Anschauung zum

---

Kommunikation, Frankfurt/Main 1977, S. 18f.
7. Ebd., S. 157.
8. Ebd., S. 22f.
9. Gutachten vom 12. September 1904, in: *Der Kluge Hans*, a.a.O., S. 180f.
10. Pfungst: »Das Pferd«, a.a.O., S. 27.
11. Ebd., S. 28.

Begriff so wirksam geschlagen und nirgends der Erfolg durch so sichere Kennzeichen festgestellt werden, wie beim Zählen und Rechnen.«[12]

Bei den Experimenten stellte sich freilich heraus, dass die tägliche Beschulung des klugen Hans im Versuch, »dem Pferd eine elementare Bildung zu geben«,[13] keineswegs zu dessen eigenständigen Denkleistungen geführt hatte; vielmehr wurde »offenbar, dass der Hengst nicht selbständig zu arbeiten imstande sei, sondern von seiner Umgebung gewisse Anregungen erhalten müsse.«[14] Experimente mit Scheuklappen und anderen Sichtblenden hatten ergeben: »Das Pferd ist verloren, sobald es durch die Scheuklappen verhindert ist, den Fragesteller zu sehen.«[15] In seiner inzwischen klassischen Abhandlung »Das Pferd des Herrn von Osten« aus dem Jahre 1907 fasst es Oskar Pfungst so knapp wie deutlich zusammen: »Der Hengst bedarf optischer Zeichen.«[16]

Das Kluge-Hans-Phänomen

Damit wandelte sich die experimentelle Untersuchung des klugen Hans zu einer Beobachtung des ehemaligen Volksschullehrers von Osten und einer Selbstbeobachtung des Versuchsleiters Pfungst; die Theorie einer Übertragung kommunikativer Zeichen hatte deren Kanal bereits identifiziert, die Frage war jedoch, weshalb die Übertragung bislang allen verborgen bleiben konnte. Pfungst gelang es, »die eigentlich wirksamen Zeichen durch Beobachtung des Hrn. v. O. zu finden. Es waren minimale Kopfbewegungen des Experimentators. Hatte dieser dem Pferd eine Aufgabe gestellt, so beugte er Kopf und Oberkörper ein wenig nach vorn. Das Pferd setzte darauf den rechten Fuß vor und begann zu klopfen, ohne ihn jedoch nach jedem Tritte wieder in die Ausgangsstellung zurückzuführen. War die gewünschte Zahl erreicht, so machte der Fragesteller mit dem Kopf einen winzigen Ruck nach aufwärts. Hierauf setzte das Pferd sofort den Fuß in weitem Bogen in die ursprüngliche Stellung zurück.«[17] Um das Vorhandensein dieser »unabsichtlichen Zeichen«[18] zu beweisen, veränderte Stumpf den Aufbau der Experimente: »Der Fragesteller ließ das Pferd in gewohnter Weise Zahlen treten zwischen 5 und 20, selten höher. Er sprach die Zahl jedoch absichtlich nicht aus, sondern teilte sie erst nach Beendigung jedes Versuches mit. Für das Pferd war dies ganz gleichgültig, hatte aber den Vorteil, dass die Messungen in keiner Weise durch das Wissen der Messenden beeinflusst werden konnten. Von zwei Beobachtern richtete nun der eine seine Aufmerksamkeit auf den Fragesteller, der andere auf das Pferd. […] Messungen solcher Art wurden vorgenommen

---

12. Carl Stumpf: »Der Rechenunterricht des Herrn v. Osten«, in: Pfungst: »Das Pferd«, a.a.O., S. 175–180, hier S. 178.
13. Pfungst: »Das Pferd«, a.a.O., S. 151.
14. Ebd., S. 34.
15. Ebd., S. 36.
16. Ebd., S. 36; vgl. auch Carl Stumpf: Gutachten vom 9. 12. 1904, ebd.: S. 185.
17. Ebd., S. 39; vgl. auch Carl Stumpf: »Einleitung«, ebd.: S. 7–15, hier S. 7.
18. Ebd., S. 10.

an Hrn v. O., Hr. Schillings und mir, an den beiden ersten ganz unwissentlich, d.h. sie kannten den Zweck der Versuche nicht, ja sie wussten nicht einmal, dass sie selber Gegenstand der Beobachtung seien.«[19] Sobald der Kommunikationskanal identifiziert war, erschloss sich die semantische Ebene neu und die gesprochenen Fragen wurden unbedeutend für die Reaktion des Pferdes: »In Wahrheit kam es ja niemals auf den Fragenden an, sondern allein auf den, der die Antwort in Empfang nahm, d.h. das Pferd treten ließ, […] nur er gab die Direktiven, und da es sich dabei um rein optische Zeichen handelte, so war das Drama, als dessen Held Hans erschien, nichts als eine Pantomime.«[20] Damit kehrte sich die kommunikative Perspektive um: es war nicht länger Hans, der spricht, sondern von Osten, dessen Körpersprache die entscheidenden Signale gab. Im neu entdeckten Kommunikationskanal hatte der Sprecher in »Hufsprache« die Rolle des Empfängers inne, der »minimale unabsichtliche Bewegungen«[21] wahrnahm. Sprache wurde zu Rauschen, während aus unmerklichen Bewegungen Information entstand. »Begann der Hengst endlich ganz und gar zu ›faseln‹, d.h. trat er bald mit dem rechten, bald mit dem linken Fuß,«[22] so ist dies »eigentlich die Glanzleistung des Pferdes. Sprach sich doch darin seine überaus feine Anpassung an jede Bewegung des Fragestellers am vollkommensten aus.«[23] Denn selbst skeptische Besucher konnten nicht umhin, eine richtige Antwort von Hans zu erwarten und dadurch unabsichtlich bestimmte Zeichen zu geben, die zur Richtigkeit seiner Antwort beitrugen.

Nachdem die kommunikative Perspektive umgekehrt war, wandte sich auch die Untersuchung vom Pferd ab und dem Lehrer zu, um den entdeckten Kommunikationskanal experimentell zu bestätigen. Da von Osten nach Stumpfs Gutachten vom 9. Dezember 1904, das keinerlei kulturtechnische Bildung des Pferdes feststellte, die weitere Zusammenarbeit mit der Kommission abbrach, bestand der nächste Schritt von Pfungst in Laborexperimenten. Er hatte »das Pferd in allen bisherigen Erörterungen als einen unfehlbaren Mechanismus vorausgesetzt und sämtliche Fehler dem Fragesteller zur Last gelegt«,[24] um nun dessen Effekte auf das Pferd im Labor zu erforschen. Bei diesen Experimenten hatte ein Proband seine ursprüngliche Rolle des Fragestellers inne und Pfungst übernahm die des Pferdes. Während der Proband an eine Zahl dachte, beobachtete ihn Pfungst und begann in einem Akt des Tier-Werdens mit der Hand »zu klopfen, bis ich ein Schlusszeichen wahrzunehmen glaubte.«[25] Er nahm bei 23 von 25 Personen ähnliche unwillkürliche Bewegungen wahr, wie er sie bereits bei von Osten festgestellt hatte. Als »unbeabsichtigter Nebeneffekt einer misslungenen Erziehung«[26] trat damit im Labor die Zeichenhaftigkeit unwillkürlicher

---

19. Pfungst: »Das Pferd«, a.a.O., S. 41f.
20. Ebd., S. 101.
21. Stumpf: »Einleitung«, ebd: S. 7–15, hier S. 7.
22. Pfungst: »Das Pferd «, a.a.O., S. 104.
23. Ebd., S. 105.
24. Ebd., S. 108.
25. Ebd., S. 77.
26. Ebd., S. 170.

Bewegungen an die Stelle elementarer kulturtechnischer Kenntnisse, es ging bei den Laborexperimenten fürderhin um »die graphische Registrierung feinster unwillkürlicher Bewegungen beim Denken,«[27] denn erst die Konzentration auf die jeweilige Zahl ließ die Bewegungen erscheinen, »sie konnten von den Personen, die ich aufgeklärt hatte, selbst willkürlich kaum unterdrückt werden.«[28] Die Apparatur zur Registrierung zeichnete die Klopfsignale, Kopfbewegungen in drei Dimensionen und die Atmung der Versuchsperson – des Signalgebers – auf (Abb.1).

Sobald das Kommunikationssystem und damit die technische Übertragung der unwillkürlichen Zeichen identifiziert war, erwies sich experimentell, dass man mit einem »Signaltier«[29] nicht nicht kommunizieren kann. Die Theorie der Übertragung kommunikativer Zeichen war damit um das »Kluge-Hans-Phänomen« reicher – wie der Vorgang, unbeabsichtigt Verhaltenshinweise zu geben, seit einer Konferenz der New Yorker *Academy of Sciences* im Mai 1980 bezeichnet wird.[30] Dort stellte der Schweizer Zoologe Heini Hediger fest: »Communication, as it preoccupies us here in connection with the Clever Hans phenomenon, is not only a series of flow-processes between a chemical substance and a subject; it is a much more complex connection between the experimenter and the animal.«[31] Bereits Pfungst hatte den mehrjährigen Unterricht von Hans als einen Kommunikationsprozess von Aufforderungscharakteristika betrachtet, an dem vor allem die Schärfung der Beobachtung des Pferdes auffiel, das unwillkürliche Kopfbewegungen von nicht mehr als 0,2 mm als Signale wahrzunehmen lernte. Die Ergebnisse der Untersuchung von Pfungst und Stumpf öffneten der Psychologie somit ein neues Forschungsgebiet, bei dem es darum geht, herauszufinden, wie »Versuchsleiter in feiner, unbeabsichtigter Weise ihre Erwartungen ihren Versuchspersonen übermitteln, worauf sich deren Verhalten deutlich ändert.«[32] Insbesondere die Frage nach dem Übertragungskanal stellt sich dabei mit besonderer Aktualität. Der Psychologe Robert Rosenthal, der die englische Übersetzung des Buches von Oskar Pfungst in den USA im Jahre 1965 neu herausgab, erhob diesen Aspekt gar zur zentralen Forschungsfragestellung: »Wenn wir nämlich wüssten, durch welche Kanäle wir unbewusst unsere Erwartungen an unsere menschlichen und tierischen Versuchsobjekte mitteilen, könnten wir wirkungsvollere Kontrollen gegen die Auswirkungen solcher Erwartungshaltungen entwickeln. Noch mehr: wenn wir mehr über diese Kanäle wüssten, durch die wir uns unbeabsichtigt und unterschwellig gegenseitig beeinflussen, hätten

---

27. Stumpf: »Einleitung«, ebd.: S. 14.
28. Pfungst: »Das Pferd«, a.a.O., S. 80.
29. Vgl. Max Ettlinger: »Der Streit um die rechnenden Pferde«, Vortrag gehalten am 27. Februar 1913 in der Psychologischen Gesellschaft in München, München 1913.
30. Vgl. »The Clever Hans Phenomenon: Communication with Horses, Whales, Apes, And People«, in: Thomas A. Sebeok und Robert Rosenthal: *Annals of the New York Academy of Sciences*, Bd. 364, New York 1981.
31. Heini Hediger: »The Clever Hans Phenomenon from an Animal Psychologist's Point of View«, in: *Annals of the New York Academy of Sciences*, Bd. 364 (1981), S. 1–17, hier S. 3
32. Robert Rosenthal: »Der kluge Hans: Eine Fallstudie für Forschungsmethoden«, in: *Das Pferd*, a.a.O., S. 7–34, hier S. 19.

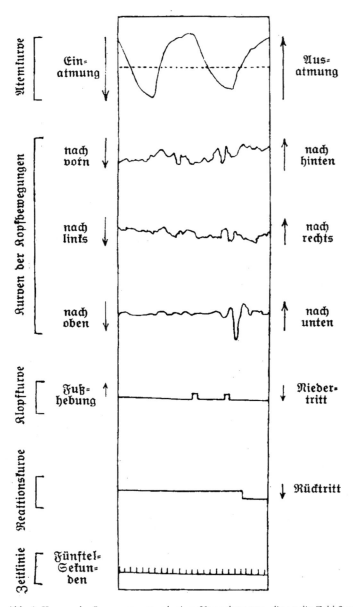

Abb. 1: Kurven des Spannungszustands einer Versuchsperson, die an die Zahl 2 gedacht hat.

wir sehr viel Neues über das menschliche Sozialverhalten gelernt.«[33] Wenn in diesem Sinne die semantische Ebene und die Effektivität der Nachricht als nachrangig gegenüber dem Nachrichtenkanal zu betrachten ist, erscheint das technische Problem der Übertragung der kommunikativen Zeichen als die zentrale Fragestellung kommunikativer Systeme.

Berto

Carl Stumpf hielt in seinem Schlussgutachten zum »klugen Hans« fest, dass er sich an der künftig in der Presse erneut einsetzenden Diskussion nicht beteiligen werde: »Die Vertreter anderer Anschauungen werden aber, wenn sie sich nicht auf bloße Vermutungen beschränken wollen, die Mühe nicht scheuen dürfen, ihre Kritik gleichfalls auf methodische Versuche zu stützen und die jeweiligen Befunde mit allen Einzelheiten an Ort und Stelle zu protokollieren: denn Aussagen aus bloßer Erinnerung ohne nähere Angabe der Beobachtungsumstände können nichts beweisen.«[34] Dieser Aufgabe nahm sich der Wuppertaler Juwelier Karl Krall an, der Wilhelm von Osten im Mai 1905 aufsuchte, als der kluge Hans nach dem Gutachten der Kommission bereits keine große Attraktion mehr war. Nach ersten Experimenten mit Hans führte er nach dem Erscheinen von Pfungsts Bericht im Jahre 1907 neuerlich umfangreiche, protokollierte und bezeugte Experimentalreihen durch, bei denen er Hans auch eine große Scheuklappe überzog, um eine optische Signalgebung auszuschließen (Abb.2).

Krall wiederholte die Experimente der Stumpf-Kommission, denn nach Auffassung von Ostens hätten erst Stumpf und Pfungst »Hans auf Zeichen dressiert und für lange Zeit verdorben.«[35] So gelang es Krall, Hans an Scheuklappen zu gewöhnen, woraufhin dieser auch die gestellten Aufgaben wieder bewältigte. Bei dieser zweiten Experimentalserie mit dem gleichen Pferd ging es erneut um Kommunikationskanäle, diesmal jedoch um den Ausschluss visueller Kommunikation. Dazu wurde neben den kulturtechnischen Fähigkeiten von Hans erneut seine Sinneswahrnehmung überprüft; Krall kam im Gegensatz zur Stumpf-Kommission zu der Auffassung, »dass eine klare Verständigung zwischen Mensch und Tier über dessen Empfindungsleben möglich ist.«[36] Er unterrichtete Hans daraufhin sogar in Geometrie, Physik und Ästhetik, »um sein eigenes ›ästhetisches‹ Urteil bei Bildern und Gegenständen ermitteln zu können.«[37] Nach dem Tod von Ostens im Jahre 1909 erbte Krall das Pferd und überführte es nach Wuppertal, um Hans dort in seine Experimentalreihen mit weiteren Tieren zu integrieren, die als die »Pferde von Elberfeld« eine gewisse Bekanntheit erreichten. Denn Krall hatte bereits im Jahr zuvor mit zwei Pferden namens »Muhamed«

---

33. Ebd., S. 25.
34. Carl Stumpf: »Gutachten vom 9. Dezember 1904«, in: Pfungst: »Das Pferd«, a.a.O., S. 185–187, hier S. 187.
35. Karl Krall: *Denkende Tiere,* a.a.O., S. 7.
36. Ebd., S. 53.
37. Ebd., S. 59.

Abb. 2: Hans mit Scheuklappe.

und »Zarif« eine eigene Unterrichtsreihe begonnen, die er protokollieren ließ, um »eine eingehende Entwicklungsgeschichte des Unterrichts von Anfang an zu geben«[38] und diese der Analyse von Pfungst entgegenzusetzen. Statt des direkten Kontakts mit den Pferden setzte Krall dabei auf Medientechniken, um etwa »das Lichtbild auch im Tierunterricht mit Erfolg anzuwenden.«[39] (Abb.3)

Auch den Kinematographen, das Grammophon sowie das Telephon verwendete Krall zur Beschulung, um jeden direkten Kontakt zwischen Pferd und Experimentator möglichst zu vermeiden und nur den medialen Kanal zur Übertragung von Signalen zu definieren. Nachdem die Pferde bei Experimenten mit Scheuklappen zunächst vollständig versagten, hatten sich Muhamed und Zarif

38. Ebd., S. 90.
39. Ebd., S. 59.

Abb. 3: Hans vor der Lichtbildtafel.

nach einigen Wochen »an die neuen Versuchsbedingungen gewöhnt und vollführten die gleichen Leistungen wie früher nun auch mit Scheuklappen.«[40]

Bei den »klopfsprechenden Übungen« machte Krall die Erfahrung, »dass die Pferde ihnen vorgesprochene Wörter – selbst die orthographisch erlernten – nach der Klangfarbe wiedergaben.«[41] Von Krall wurde dieser Umstand als »ein schlagender Beweis für das selbständige Denken der Schüler aufgefasst, und deshalb unterblieb seitdem jedes ›Einüben‹. Die Pferde buchstabieren seitdem stets in ihrer eigenen ›Rechtschreibung‹.«[42] Auf der Basis einer freien Orthographie artikulierten sie sich auch selbständig mittels beider Vorderhufe und einem Klopfbrett in Klopfzeichen. So antwortete Zarif auf die Frage des Pferdepflegers: »Warum sagst du mir das denn nicht mit dem Mund? Zarif: *weil ig kein stime hbe.*«[43] Auch »Muhamed war immer besonders eifrig, und es geschah häufig, dass er beim Buchstabieren irgend eines Wortes plötzlich aufhörte und den Laut a auszusprechen versuchte. Als er sich darin übte, ohne aufgefordert worden zu sein, unterbrach er seine Sprechversuche und buchstabierte – ganz aus sich selbst – den Satz: *ig hb kein gud sdim.*«[44]

---

40. Ebd., S. 97.
41. Ebd., S. 126.
42. Ebd., S. 127.
43. Ebd., S. 239.
44. Ebd., S. 237f.

Schließlich unterrichtete Krall das blinde und anosmische Pferd Berto, um mit dessen erfolgreicher Beschulung den Kommunikationskanal zur Übertragung optischer Zeichen nach den Experimenten mit Scheuklappen endgültig zu schließen.[45] Damit Berto die Zahlen lernte, fand im Stall keine Tafel mehr Verwendung, vielmehr wurde der Zahlwert dem Pferd durch Klopfen auf seinem Rücken vermittelt. »Nach 14 Tagen beherrschte er die Zahlbegriffe bis 9, sowie die drei Rechenarten (Zuzählen, Abziehen und Malnehmen). Am 13. November konnte Berto mit zweistelligen Zahlen rechnen, wobei der rechte Fuß die Einer, der linke die Zehner angibt. Auch vermochte er die auf sein Fell geschriebenen (ihm nicht genannten) Ziffern an der Form durch den Tastsinn erkennen, sogar zweistellige Zahlen und kleine Rechenaufgaben, wie 3x5 usw. Die erste Unterweisung im Buchstabieren erfolgte am 29. Januar 1913. Schon am 4. Februar gab Berto einige der mit ihm geübten Buchstaben richtig ohne weitere Hilfe durch Treten an. Am 13. Februar buchstabierte er – wie es mit ihm häufiger wiederholt wurde – auf die Frage: ›Wie heißt Du?‹ – fehlerlos seinen Namen: b-e-r-t-o.«[46] Neben den Zeugen dieser Beschulung, den beiden Psychologen Roberto Assagioli und William McKenzie, fungierte der Zoologe Hugo von Buttel-Reepen im Dezember 1912 als Experimentator, der optische Zeichengebung bei seinen Versuchen für ausgeschlossen hielt und auf seine Fragen durchwegs richtige Klopfzeichen von Berto erhielt, auch wenn sich kein Pferdepfleger in der Nähe befand.[47]

Nach seinen mehrjährigen Experimenten boten sich Krall schließlich nur mehr zwei Erklärungen für sprechende Pferde: »entweder ein uns noch gänzlich unbekannter ›Konnex‹, z.B. sog. Gedankenübertragung, oder eine selbständige Denktätigkeit des Pferdes.«[48] Nachdem er sein über 500-seitiges Buch *Denkende Tiere* im Jahr 1912 veröffentlicht hatte, gründete er im gleichen Jahr die »Gesellschaft für Tierpsychologie«, musste jedoch während des Ersten Weltkriegs seine Forschungen abbrechen und seinen Schulungsstall im Jahre 1915 auflösen. Die sprechenden Pferde kamen entgegen einer populären Anekdote wohl nicht im Dienst der deutschen Armee auf den Schlachtfeldern des Ersten Weltkriegs um, sondern wurden von Krall als Gebrauchspferde an befreundete Gutsbesitzer weitergegeben.[49] Doch nachdem seine Pferdeschule geschlossen war, hielt Krall das Kapitel der »denkenden Tiere« ebenfalls für weitgehend abgeschlossen und begann sich stärker für die erste Option seiner Erklärung des Phänomens sprechender Pferde zu interessieren. Anstatt nämlich auf eine neuerliche Wendung des Kommunikationskanals durch seinen Kritiker Stefan von Máday, der im Jahre 1914 in einer ausführlichen »Entgegnung auf Kralls ›Denkende

---

45. Vgl. Karl Krall: »Berto, das blinde rechnende Pferd«, in: *Tierseele. Zeitschrift für vergleichende Seelenkunde*, Bd. 1 (1913), Nr. 1, S. 10–14.
46. Ebd., S. 12.
47. Vgl. Britt von den Berg: *Die »Neue Tierpsychologie« und ihre wissenschaftlichen Vertreter (von 1900 bis 1945),* Bristol/Berlin 2008, zugl. Diss. Tierärztliche Hochschule Hannover 2008, S. 85f.
48. Karl Krall: *Denkende Tiere*, a.a.O., S. 8.
49. Vgl. Britt von den Berg: *Die »Neue Tierpsychologie«*, a.a.O., S. 90.

Tiere« nicht nur die selbständige Artikulation der Pferde bestritten hatte, sondern Krall selbst auch jede wissenschaftliche Kompetenz absprach, wiederum mit einer Replik zu reagieren, widmete sich Krall vielmehr der Suche nach einem neuen Kommunikationskanal und machte sich zu diesem Zweck ein zentrales Argument von Mádays zu eigen: »Krall hat die Pferde nicht nur unbewußt auf bestimmte Zeichen dressiert, die ihm – vermutlich – selber unbekannt geblieben sind; er ist nicht bloß in völliger Unkenntnis dessen geblieben, wie die Pferde dazu kamen, Worte zu verstehen und Wurzeln zu ziehen; er scheint auch davon nichts zu wissen, dass er die Gedanken der Pferde alle vorher selbst gehabt hat.«[50] Krall baute diese Idee, dass eine Übertragung seiner Gedanken an die Pferde stattgefunden haben müsse, nach dem Ersten Weltkrieg zu einem eigenen Forschungsprogramm aus und gründete in den 20er Jahren das »Krallsche Institut für Tierseelenkunde und Parapsychologische Forschungen« mit angeschlossenem Labor im Süden Münchens. Um die Gedankenübertragung zwischen Mensch und Tier nachzuweisen, wie sie sich ihm speziell bei Hunden in deren stillschweigendem Einverständnis mit ihren menschlichen Bezugspersonen zu manifestieren schien, führte er komplizierte Laboruntersuchungen durch, um eventuelle Gedankenwellen zwischen Mensch und Hund aufzufangen (Abb.4) und publizierte erste Ergebnisse seiner Forschungen im Jahre 1927.[51]

Lady

Als in Richmond, Virginia, schließlich ein zweijähriges Pferd namens Lady im Jahre 1927 zählen und buchstabieren gelernt hatte, erhielt die Stute eine eigene Schreibmaschine, an der sie mit ihrer Schnauze die Buchstaben »*talking horse*« (Abb.5) eingab, um die Frage, wer spricht, zunächst schriftlich zu beantworten. Nach der richtigen Vorhersage des Ausgangs eines Boxkampfes von Jack Dempsey wurde Lady über Virginia hinaus berühmt und musste Fragen aller Art beantworten, wahrsagen und persönliche Ratschläge gegen Gebühr geben, was ihrer Besitzerin Claudia Fonda den Lebensunterhalt sicherte. Doch auf die Frage einer Besucherin: »*How do you like what you do?*« gab Lady – als sie noch im hohen Pferdealter von 27 Jahren drei Fragen für einen Dollar zu beantworten hatte – ein klares: »*Don't*«[52] zu Protokoll. Gleichwohl wurde das wahrsagende Pferd ausgedehnten Untersuchungen durch den Biologen Joseph Banks Rhine und seine Frau Louisa Ella Rhine unterzogen, die Lady euphorisch als »the greatest thing since Radio!«[53] bezeichneten. Ihre im Todesjahr von Karl

---

50. Stefan von Máday: *Gibt es denkende Tiere? Eine Entgegnung auf Kralls ›Denkende Tiere‹*, Leipzig–Berlin 1914, S. 450.
51. Vgl. Karl Krall: »Denkübertragung bei Mensch und Tier«, in: *Mitteilungen der Gesellschaft für Tierpsychologie*, Bd. 1 (1927), S. 15–21.
52. Jim Truitt: »Talking Horse Writes Her Own Headline«, in: *Life Magazine* vom 22. Dezember 1952, Bd. 33, Nr. 25, S. 20–21, hier S. 21.
53. Zit. n. Massimo Pigliucci: *Nonsense on Stilts: How to Tell Science from Bunk*, Chicago 2010, S. 81.

Abb. 4: Zarif lernt buchstabieren.

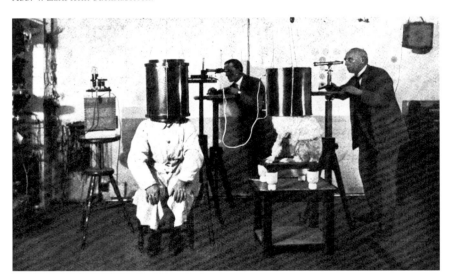

Abb. 5: Experimente zur Messung von Gedankenübertragung zwischen Mensch und Tier.

Krall[54] erschienene Studie nahm direkten Bezug auf dessen Arbeiten,[55] und bildete einen wichtigen Ausgangspunkt für die Experimente mit außersinnlicher Wahrnehmung,[56] die J. B. Rhine ab 1930 als Assistent für Psychologie an der Duke University in Durham unternahm, sowie für sein im Jahre 1935 gegründetes, erstes parapsychologisches Labor am Institut für Psychologie der Duke University. Dass sich in den Akten dieses Instituts auch einige Einträge zu einem Briefwechsel mit Warren Weaver finden,[57] erzeugt eine gewisse Rekursion in dem Spiel der Differenzen von Kanälen technischer Übertragung, dessen weitere Durchläufe aber in einem anderen Bericht zu protokollieren wären.

---

54. Karl Krall verstarb in seiner Heimatstadt Wuppertal am 12. Januar 1929. Nach seinem Tod erhielt die Ludwig-Maximilians-Universitätsbibliothek München seine unveröffentlichten Manuskripte, seine Bibliothek, sowie den präparierten Kopf des klugen Hans, der bis 1943 im Büro des Bibliotheksdirektors hing. Vgl. Johannes Abresch: »Karl Krall und die Elberfelder Pferde«, in: Romerike Berge (Hg.): *Zeitschrift für das Bergische Land*, Bd. 38 (1988), S. 1–7, hier S. 6.
55. Joseph Banks Rhine und Louisa Ella Rhine: »An investigation of a ›mind-reading‹ horse«, in: *Journal of abnormal and social psychology*, Bd. 23, S. 449–466, hier S. 449f.; vgl. dies.: »Second report on Lady, the ›mind-reading‹ horse«, in: *Journal of abnormal and social psychology*, Bd. 24, S. 287–292.
56. Vgl. Joseph Banks Rhine: *Extra Sensory Perception*, Boston, Mass. 1934.
57. Vgl. Duke University Libraries: *Parapsychology Laboratory records*, 1893–1984 (1930–1965).

Ulrike Kadi[*]

Bücherwurmeierspiel
Ein Spiel für mindestens drei SpielerInnen zwischen sieben und neunundneunzig Jahren

Geräusche, die lebensgeschichtlich früh an Ohren dringen, können für diese Ohren noch keine Bedeutungen tragen. Rauschen, Rattern und Röhren fallen ins Knacken, Knattern, Knistern und Krachen einmal mehr oder weniger, manchmal gleichzeitig, manchmal durch Pausen getrennt. Das eine oder andere Zwitschern, das sich vielleicht einmal als ein Klang erweisen wird, lässt aufmerken. Mehr nicht. Auch das Sprechen der Anderen unterscheidet sich kaum von einer Sauce: Es fehlt, macht hungrig, lässt sich trinken, schmeckt süß, sauer, bitter, macht satt. Es fühlt sich warm an, berührt, wärmt, gluckert, beruhigt, läuft über die Haut, wird kalt, juckt, klatscht, ängstigt. Es bläht, verursacht Schmerzen. Es wird ausgeschieden und stinkt.

Material

Lettern jeder Art: vom Bildschirm, von Logos und Leuchtschriften, aus den Gedanken, der Zeitung, dem Roman, dem Artikel, der Rezension oder dem politischen Manifest, für Nudelsuppen, Radiosendungen, Plakatwerbungen oder auch Glühbirnen

Selbst gewählte Aufzeichnungsinstrumente (Buntstifte, Bleistifte, Filzstifte, Kreiden, Scherben, Steine, Nadeln, Blut, Milch, Tränen ...)

Selbst gewählte Aufzeichnungsflächen (Zeitungspapier, Toilettenpapier, Büttenpapier, Notizpapier, Hefte, Schiefertafeln, Holzstücke, Steinplatten, Gläser, Blogs, *iPhone*...)

Vorbereitung

Vor Beginn des Spieles findet eine Zusammenkunft aller SpielerInnen statt, in welcher der Zeitrahmen des Spiels vereinbart wird. Dabei wird festgelegt, wie lange die Phase des Sammelns dauern soll und zu welchem Zeitpunkt die SpielerInnen zum eigentlichen Spiel wieder zusammentreffen wollen.

Es gilt zunächst, im vereinbarten Zeitraum eine selbst bestimmte Anzahl von Silben zu sammeln.

---

[*] Dieser Text ist im Rahmen des vom Wiener Wissenschafts-, Technologie- und Forschungsfonds geförderten Projekts *Übertragungen: Psychoanalyse – Kunst – Gesellschaft* am Institut für Philosophie der Universität Wien entstanden.

Die Silben sind auf den selbst gewählten Aufzeichnungsflächen in geeigneter Weise so anzubringen, dass sie in einer Reihe stehen und zum überwiegenden Teil bekannte Worte bilden. In der nächsten Reihe soll eine Umformung des Letternmaterials erfolgen, die einer der folgenden Bildungsregeln gehorcht:

   a) Hinzufügung, Austausch oder Entfernung eines (bei Zwielauten zweier) Buchstaben,
   b) Ergänzung eines Wortes durch eine Vor- oder eine Nachsilbe,
   c) Weglassen eines Wortteiles am Anfang oder am Ende eines Wortes,
   d) Zusammenhängen von Worten,
   e) Teilung in mehrere Worte,
   f) Ersetzung eines Wortes durch ein homophones,
   g) Ersetzung einer Buchstabenfolge durch ein Anagramm.

Von einer zur nächsten Zeile ist jeweils nur eine Änderung erlaubt. Es wird empfohlen, bei sämtlichen Operationen darauf zu achten, dass die sinnvollen Elemente überwiegen.

Die so gebildeten Wortsäulen bilden das Spielmaterial.

Regel

Beim gemeinsamen Spielen sind die Wortgebilde der anderen aufzunehmen und sinnvoll umzuformen, ohne dass die Grenzen der Verstehbarkeit aufgelöst werden.

Verlauf

Zur vereinbarten Zusammenkunft bringen alle SpielerInnen ihre aufgezeichneten Wortsäulen mit. Der/die erste SpielerIn spielt das Wortmaterial der ersten Zeile einer Wortsäule aus, indem er/sie die Worte oder Silben laut vorliest. Der/die rechts von ihr/m sitzende SpielerIn schließt an, indem er/sie durch eine einzelne Veränderung gemäß den Umformungsregeln eine Sinnverschiebung herbeiführt. Fällt ihr/ihm keine mögliche Veränderung ein, sagt sie/er »Weiter«, womit die/der nächste SpielerIn an der Reihe ist. Das Wortgebilde macht so lange die Runde, als Veränderungen daran erfolgen, die noch nicht vorgekommen sind. Wenn eine Runde lang keine Veränderungen mehr möglich sind, wird von dem/derjenigen SpielerIn, die/der die letzte Veränderung vorgenommen hat, neues Wortmaterial aus dem von ihr/ihm mitgebrachten Material eingebracht. Für jede geglückte Umformung erhält sowohl der/die Spielerin, die sie vorschlägt als auch der/diejenige SpielerIn, aus der/ssen Material die Umformung erfolgt, einen Punkt. Handelt es sich um eine Umformung, die auch als Umformung im mitgebrachten Material vorkommt, erhalten beide jeweils fünf Punkte. Wer eine letzte Veränderung an einer Wortkette vornimmt, erhält dafür zehn Punkte. Sämtliche MitspielerInnen haben während des gesamten Spiels die Möglichkeit, eine Umformung zu bezweifeln mittels der Frage: »Was soll das heißen?« Kann die/der SpielerIn, welcheR die in Frage stehende Umformung vorgeschlagen hat, keinen Zusammenhang angeben, in dem sämtliche Worte einzeln oder alle zusammen verwendet werden können, verliert sie/er zehn Punkte und die von ihr/m vorgeschlagene Veränderung wird nicht aufgenommen. Wer die nicht beantwortete Zweifelsfrage gestellt hat, erhält zehn Punkte. Kann diese Frage beantwortet werden, verliert der Fragende zehn Punkte.

Spielziel

Wenn alles Material verbraucht ist, werden die Punkte zusammengezählt. Als SiegerIn darf sich fühlen, wer die meisten Punkte gesammelt hat.

Die Zeiten, in denen es als avantgardistisch galt, die sprachliche Dimension von philosophischen Fragen in den Vordergrund zu rücken oder die Sprache als Untersuchungsgegenstand der Philosophie gegenüber allen anderen Gegenständen zu bevorzugen, liegen schon einige Jahrzehnte zurück. Die Sachen haben trotz vieler Morde, die durch Worte an ihnen begangen wurden, bis heute überlebt.[1] In der Philosophie gehört der, mit der Hinwendung zur Sprache verbundene *linguistic turn* inzwischen zur Geschichte. In der Psychoanalyse, die in ihrer (post)strukturalistischen Lesart durch Jacques Lacan ebenfalls einem sprachlichen Paradigma folgte, bleiben Fragen der Sprache und des sprachlichen Funktionierens weiter im Zentrum, auch und gerade in Zeiten, in denen ein dominantes neurowissenschaftliches Paradigma sehr viele Wissenschaften und teilweise sogar die Psychoanalyse selbst erfasst hat.[2] Denn das Spezifische an der Psychoanalyse lässt sich nur begreifen, solange sie als eine Sprechkur gedacht wird. Über lange Phasen seiner Lehre rückt der französische Psychoanalytiker Lacan das Symbolische als jenes Register, zu welchem er wichtige Momente des sprachlichen Funktionierens zählt, in den Vordergrund seiner, durch vielfältige Übernahmen aus anderen Wissensbereichen angereicherten Überlegungen. Er nimmt für seine Theorie von Sprache Elemente von Heideggers Sprachdenken ebenso auf,[3] wie er die zeitgenössische Kybernetik einbezieht oder sich an der strukturalistischen Linguistik orientiert. Mit Freud betont er, dass die Rhetorik des Unbewussten sich auf Mittel stützt, die auch die bewusste Rhetorik verwendet. Zwei Tropen hebt Lacan dabei in besonderer Weise hervor, nicht

---

1. »Das Symbol stellt sich so zunächst als Mord an der Sache dar, und dieser Tod konstituiert im Subjekt die Verewigung seines Begehrens.« (Jacques Lacan: »Funktion und Feld des Sprechens und der Sprache in der Psychoanalyse«, in: Ders.: *Schriften I*, Olten 1973, S. 166).
2. Vgl. Alfred Lorenzer: *Die Sprache, der Sinn und das Unbewußte. Psychoanalytisches Grundverständnis und Neurowissenschaften*, Stuttgart 2002, sowie Martha Koukkou, Marianne Leuzinger-Bohleber, Wolfgang Mertens (Hg.): *Erinnerung von Wirklichkeiten. Psychoanalyse und Neurowissenschaften im Dialog*, Bd. 1 und 2, Stuttgart 2007.
3. Norbert Kapferer: »Der Grund-Satz vom Sein als Sprung: Zur Ontologie des Sprachursprungs bei Martin Heidegger«, in: Joachim Gessinger, Wolfert von Rahden (Hg.): *Theorien vom Ursprung der Sprache*, Band I, Berlin, New York 1989, S. 671; vgl. dazu François Balmès: *Ce que Lacan dit de l'être (1953–1960)*, Paris 1999, S. 53–97.

zuletzt weil sie auch von Freud als zentrale Mechanismen der Traumarbeit zur Verbrämung des unbewussten Wunsches beschrieben worden sind: die Metapher, in der Traumdeutung als Verdichtung genutzt, und die Metonymie, die Verschiebung.[4] Der schöpferische Wert der Metapher ist in der zeitgenössischen sprachphilosophischen Diskussion immer wieder unterstrichen worden.[5] Auch Lacan sieht diesen Aspekt der Metapher.[6] Doch der kreativen Funktion des Sprechens hat er im Laufe seiner Lehre noch eine ganz andere Gestalt verliehen: In performativer Weise verwendete er selbst die Form des Neologismus, um dem Neuen, das er suchte, auch einen neuen Namen zu geben.

Kinder sind in jener Phase, in der sie sprechen lernen, in besonderer Weise auf Neologismen angewiesen. In der Sekundärliteratur zu Lacans Theorie wird der Hang zur Bildung von Neologismen in der Regel[7] in Zusammenhang mit der Psychose gebracht.[8] Neologismen gelten nicht nur Lacan,[9] sondern der zeitgenössischen Psychopathologie als Kennzeichen eines psychotischen Sprechens. Vor einigen Jahren ist eine kleine Sammlung erschienen, in welcher Neologismen zusammengestellt sind, derer Lacan selbst sich bedient hat.[10] Darin finden sich 789 Worte, deren Bedeutung vor ihrem erstmaligen Einsatz durch Lacan unbekannt war. Im Folgenden werden diese Formen spielerischer Kreativität dargestellt und zwei Thesen über Lacans Hinwendung zu solchen Bildungen formuliert: Es wird argumentiert, dass Lacans Weise, Neologismen zu bilden und zu verwenden, sowohl dem kindlichen als auch dem psychotischen Sprechen nahe steht, da es Eigenschaften von beiden Gebrauchsweisen aufweist. Und es wird behauptet, dass sein Interesse an Neologismen sich als eine Rück-

---

4. Lacan belässt es nicht bei diesen beiden Tropen. In seiner Romrede nennt er auch Ellipse, Pleonasmus, Hyperbaton, Syllepsis, Rückgriff, Wiederholung, Apposition, Katachrese, Antonomasie, Allegorie und Synekdoche als Mittel der Rhetorik des Traums (vgl. Jacques Lacan, »Funktion und Feld des Sprechens«, in: *Schriften I*, a.a.O., S. 107).
5. Paul Ricoeur: *Die lebendige Metapher*, 3. Auflage, München 2004.
6. Vgl. Jacques Lacan: »Das Drängen des Buchstaben im Unbewussten oder die Vernunft seit Freud«, in: Ders.: *Schriften II*, 3. korr. Aufl., Weinheim, Berlin 1991, S. 32. Für einen Überblick über verschiedene Lesarten von Lacans Gebrauch von Metapher und Metonymie siehe Gilbert D. Chaitin: *Rhetoric and culture in Lacan*, Cambridge 1996, S. 12–56. Zur Metapher bei Lacan vgl. auch Joel Fineman: »Der Pas de Calais«: Freud, die Übertragung und der Sinn für weiblichen Humor«, in: Anselm Haverkamp: *Die paradoxe Metapher*, Frankfurt/M. 1998, S. 456–474; sowie Ulrike Kadi: »Gedankensalat. Implikationen eines Streits um die Metapher zwischen Lacan, Laplanche/Leclaire und Lyotard«, in: Sophia Panteliadou, Elisabeth Schäfer (Hg.): *Gedanken im freien Fall. Vom Wandel der Metapher*, Wien 2011; frz.: »Salade de pensées. Implications d'un débat autour de la métaphore entre Lacan, Laplanche, Leclaire et Lyotard«, in: *Revue française de psychanalyse*, Numero 75, 2011/1, 169–184.
7. So scheint etwa auch Gerald Posselt diese Annahme zunächst zu übernehmen, um dann vom »Namen des Vaters« als einem Neologismus zu sprechen, den er von seiner Form her als Katachrese zu begreifen sucht (Gerald Posselt: *Katachrese. Rhetorik des Performativen*, München 2005, S. 228). Die Tatsache, dass so der Eindruck entsteht, als würde Lacan selbst Formen der psychotischen Rede verwenden, bleibt unkommentiert.
8. Vgl. Bruce Fink: *A clinical introduction to Lacanian psychoanalysis: theory and technique*, Harvard 1997, S. 95.
9. Vgl. Jacques Lacan: *Das Seminar. Buch III (1955–1956). Die Psychosen*. Aus dem Franz. von Michael Turnheim. Weinheim, Berlin 1997, S. 41f.
10. Vgl. Marcel Bénabou, Laurent Cornaz, Dominique de Liège, Yan Pélissier: *789 Néologismes de Jacques Lacan*, Paris 2002.

kehr zu seinen PatientInnen verstehen lässt, im Rahmen derer er der Wirkung der Rede ein besonderes Gewicht zukommen lässt.

Die Thematik der Sprache umfasst in einer Psychoanalyse im- oder explizit auch den entwicklungspsychologischen Kontext des Spracherwerbs, und das heißt jene Zone, in der sich aus partialtrieb- und objekthaften Erfahrungen und deren Wechsel zwischen An- und Abwesenheit bedeutungstragende Laute und Lautketten herauskristallisieren. Der »Lautbrei«, die »Lauthaut«, der »Darmlaut« und der »laute Blick« formen sich zu ersten Silben. »Awa« etwa, lauthals gerufen oder lautlos gewispert, ist in der Lage, gleichermaßen Mamapapa, Auto, Puppe oder Wohlbefinden zu symbolisieren. Obwohl der Ausdruck nicht Teil eines Sprachsystems ist, wird er von frühen Bezugspersonen aufgenommen, manchmal übernommen, dem als *infans* betrachteten zukünftigen Subjekt auch zurückgespielt. Als bedeutungstragendes Element ohne Verankerung im Sprachsystem funktioniert solch ein Ausdruck wie ein Neologismus. Durch seine universelle Bedeutungsmöglichkeit kann er als der stärkste Beweis für Ferdinand de Saussures These der Arbitrarität der Verknüpfung von Signifikant und Signifikat angesehen werden. Ein Ausdruck für alles – ohne Rückgriff auf eine Sprachgemeinschaft wird damit in geradezu despotischer Weise dekretiert, welche Mittel für den frühen sprachlichen Austausch zur Verfügung gestellt werden.

Für den *infans* wird die Auswahl indes bald eingeengt: »Das heißt doch…« wird ihm vonseiten einzelner Agenten einer sich für das Kind noch nicht als heterogen erweisenden Sprachgemeinschaft vermittelt. Die ersten Laute verlieren ihre Bedeutung rasch wieder, wenn sie von den Bezugspersonen nicht mehr aufgenommen werden. Sprechen ist ein Spiel des Austauschs. Beispiele für die zur weiteren Sprachentwicklung gehörenden Wortneubildungen finden sich zahllose in der individuellen Sprechgeschichte. Aufgezeichnet werden sie nur selten. Es sind offensichtlich Neologismen im Spiel, wenn »Melikamente« wie der »blauwarme« Tee ausgespuckt werden oder ein »Keiserschwarm« in Liebe ersehnt, ja »eventunell« gegessen wird. »Metterslinge« werden bewundert. Eine »Empörterung« macht sich über »unanbequeme« Betten in »Rotels« breit. Manchmal droht auch der Abbruch des Austauschs, und dann ist Entschlüsselung gefragt, damit ein »Seematthias« als Sebastian enttarnt werden kann oder damit sich die »Augenfedern« als Wimpern erschließen lassen.

Als HörerInnen werden wir von solchen Schöpfungen in ganz spezieller Weise angerührt. Wir begreifen sie als unfreiwillig komische Mitteilungen,[11] die sich doch vom Witz deutlich unterscheiden. Anders als dieser scheinen sie zumindest nicht auf die Absicht des sprechenden Kindes gestützt zu sein. Donald Davidson hat für Malapropismen dieser Art hervorgehoben, dass wir in der Lage sind, sie zu verstehen, obwohl sie den Regeln unseres Wortgebrauchs wider-

---

11. Der weiteren Lust auf Schmunzeln kann hier empfohlen werden: Axel Hacke: *Der Wortstoffhof*, München 2008, S. 85–87. Hacke setzt in diesem kurzen Text nicht nur den kindlichen Spracherwerb mit manchen seiner nötigen Umwege, sondern auch die damit oftmals verbundene Neologismenbildung komisch in Szene.

sprechen.[12] Für den hier verhandelten Zusammenhang ist dies weniger wichtig, als die Frage, wodurch sich die verschiedenen Neologismen voneinander unterscheiden. Wir reagieren nämlich auch, aber anders, wenn von »Progrommierern« oder »Prolitikern« die Rede ist (und wir gar selbst als solche bezeichnet werden), werden hellhörig bei der »Nächtenliebe« oder einem »Flaschengeistlichen«. Solche »Gewaltversprecher« transportieren einen Doppelsinn, der uns eine Reaktion abnötigt – als machten wir uns Sorgen, dass da ein Sprecher mit seiner witzigen Potenz allzu sehr »rolexen« könnte.

Äußerlich weisen die kindlichen Wortschöpfungen gegenüber den erwachsenen Neubildungen keine Unterschiede auf. Die Regeln, nach denen die Veränderung geschieht, können in beiden Fällen dieselben sein. »Progrommierer«, »Prolitiker« und die »Nächtenliebe« differieren genauso wie »Melikamente« und »blauwarm« jeweils nur hinsichtlich eines einzigen Buchstabens von jenen, zum sprachlichen Gemeingut gehörenden Ausdrücken, auf die sie mit ihrem Lautmaterial Bezug nehmen. Beim »Seematthias« und beim »Rolexen« ist das etwas anders. Da werden ganze Namen aus einem anderen Kontext übertragen, ein Vorgang, der an die Metapher erinnert. Im Rahmen der Übertragung kommt es zu einer Verformung. Beim »Seematthias« ist es die Kombination mit einem anderen Wort, beim »Rolexen« wird ein Substantiv in ein Verb überführt. Die kontaminierende bzw. grammatikalische Verformung tritt wie eine Störung auf. Die Namen Matthias und Rolex eröffnen dagegen einen Verständnishorizont, versetzen uns als HörerInnen in die Lage, dem Gehörten nach einer Verwirrung durch die Störung instantan wieder eine Bedeutung zuzuordnen.

Die verschiedenen Neubildungen lassen sich voneinander hinsichtlich der Möglichkeit unterscheiden, ihnen jeweils eine oder mehrere Bedeutungen zuzuordnen: Beim »Flaschengeistlichen« und beim »Keiserschwarm« supponieren wir instantan eine neue Bedeutung. Eine »unanbequeme Empörterung« lässt uns als HörerInnen im Unklaren, was nun gemeint ist – (un)bequem, (un)angenehm, eine Empörung oder einer Erörterung? Es ist, als würde den HörerInnen die Wahl gelassen, was sie über den Klang aufnehmen möchten. Die dritte Gruppe schließlich funktioniert noch anders: »Eventunell« und »blauwarm« können als Fehler beiseite geschoben werden oder als Neubildungen einer neuen Bedeutungszuweisung gegenüber offen bleiben.[13]

Lacan hat Neologismen seit Ende der Zwanziger Jahre eingesetzt, wobei sich dieser Einsatz bis in die Fünfziger Jahre auf einzelne Bildungen beschränkt und

---

12. Vgl. Donald Davidson (1986): »Eine hübsche Unordnung von Epitaphen«, in: Eva Picardi, Joachim Schulte: *Die Wahrheit der Interpretation. Beiträge zur Philosophie Donald Davidsons*, Frankfurt/M. 1990, S. 203–227.
13. Neologismen kommen nicht nur in explizit psychotischen oder infantilen Zusammenhängen vor, sondern sie sind ein alltägliches Phänomen in lebenden Sprachen. Als Beispiel seien Anglizismen genannt, die aus verschiedenen, in Englisch geführten Einzeldiskursen übernommen werden und sich in der Folge als Teil des Wortschatzes sogar einbürgern (z.B. Börsen*crash*, e-mailen, *burn-out*). Neologismen werden auch gezielt erfunden, was sich beispielsweise in der Werbung abzeichnet (z.B. Iglourmet, sparnünftig oder Duplomatie).

erst in den Sechziger, vor allem aber den Siebziger Jahren zu einer kaskadenartigen Vergrößerung seines Wortschatzes führt.[14] Er hat sie als Überschriften verwendet, in geschriebenen Texten eingestreut, meistens aber in gesprochener Form in Seminaren eingeführt. Bei all dem hat er eine Fülle unterschiedlicher Regeln für die Erzeugung angewendet, was folgenden Beispiele deutlich machen. Dabei lässt sich erahnen, weshalb seine Arbeiten in der Übersetzung an Bedeutungsvielfalt verlieren und oftmals etwas Trockenes, Kompliziertes bekommen.[15]

Lacan hat gerne auf der Ebene von einzelnen Buchstaben mittels Hinzufügung, Wechsel oder Weglassen gearbeitet. Ein Beispiel dafür ist »la hontologie«, wo durch das vorangestellte »h« eine Vermischung von Beschämung, »l'honte«, und Ontologie, »l'ontologie« nahegelegt wird.[16] In »le mihilisme« schlägt sich durch den Wechsel von n auf m im Nihilismus eine Erfahrung des Ichs/*moi* nieder.[17] Eine vergleichbare Bedeutungserweiterung wird auch durch die Einführung von Akzenten erreicht[18] – zum Beispiel im Wort »l'âmusement«, wo durch den Akzent angedeutet ist, dass ein *Amusement* etwas mit der Seele, »l'âme«, zu tun hat. In »la comp(a)tabilité« wird durch das Weglassen des Buchstaben a mit einem Hin und Her zwischen Vergleichbarkeit und Zählbarkeit gespielt.

Eine nächste Möglichkeit, die Bedeutung zu modifizieren, nutzte Lacan, indem er zusätzliche, von der allgemeinen Sprachgewohnheit abweichende Vor- oder Nachsilben angefügt hat. Eine spezielle Funktion hat dabei der Buchstabe a als Vorsilbe. Denn es entsteht eine Unklarheit, ob solch ein eingefügtes »a« einen Bezug zum Objekt a oder – im Sinne eines *Alpha privativum* – eine Trennung bzw. Verneinung anzeigen soll (z.B. *l'asexe*, (a)*regarder*).[19] An Nachsilben finden sich insgesamt 24 verschiedene,[20] die Lacan gebraucht hat, um Worte zu modifizieren, darunter z.B. »-isme« (eine Silbe, die dem deutschen »ismus« entspricht) in Annafreudisme oder Oedipisme oder »-gène« (dem deutschen »gen« entsprechend) in *plaisirogène* oder *symptomagène*.

Statt einzelner Suffixe hat Lacan auch ganze Worte angehängt und damit spezielle Kontaminationen, sogenannte Kofferworte (französisch als »des motsvalises«, bisweilen auch als »portmanteaus« bezeichnet), erzeugt. Die zusammengetragene Liste der Kofferworte, »liste movalise«,[21] reicht vom Adjektiv »miraginaire«, das die Ausdrücke »verwunderlich« und »imaginär« verknüpft, bis zum Adjektiv »écollectif«, mit welchem Lacan auf das kollektive Unbe-

---

14. Vgl. Bénabou u.a., *789 Néologismes de Jacques Lacan*, a.a.O., S. 114–117.
15. Das mag einer breiten Rezeption vor allem seiner späteren Texte im deutschen Sprachraum noch immer entgegenstehen, wobei diese Schwierigkeiten sich nicht auf das Deutsche beschränken: »[W]hy did his teaching seem so abstruse« fragte jüngst Lydia H. Liu in: »The Cybernetic Unconscious: Rethinking Lacan, Poe, and French Theory«, in: *Critical Inquiry*, 36, Winter 2010, S. 288.
16. Vgl. für ähnliche Beispiele Bénabou u.a., *789 Néologismes de Jacques Lacan*, a.a.O., S. 153.
17. Ebd., S. 60.
18. Ebd., S. 149.
19. Vergleiche zur Sonderstellung des A unter den Buchstaben David Lynchs Kurzfilm THE ALPHABET, in dem die cephale, anale und objektale Bedeutung dieses Buchstabens in den Vordergrund gerät. Siehe unter http://www.youtube.com/watch?v=tqNt5PPrpSc (28.2.2011)
20. Vgl. Bénabou u.a., *789 Néologismes de Jacques Lacan*, a.a.O., S. 121.
21. Vgl. ebd., S. 145.

wusste seiner HörerInnen, von dem er meinte, dass es sich auch auf eine Schule (»l'école«) ausrichte, hingewiesen hat. Diese Liste enthält Drohgebärden wie »la phallophagie« (das Fressen eines Phallus), intensive affektive Zustände wie »la jallouissance« (eine Mischung aus Eifersucht und Genießen) oder Begriffe, die Doppelbewegungen implizieren wie das Verb »symptraumatiser«.

Hinsichtlich des verbalen Ausgangsmaterials stechen Eigennamen hervor, die als Verba, Adjektiva oder Substantiva neue Bedeutungen erlangen.[22] Georg Cantor findet sich in der »cantorisation«, Karl Marx in der »Marxlust«. Lacan forderte seine HörerInnen auf: »Hegelez-vous« (wörtl.: »Hegeln Sie sich wieder«). Aus seinem Kollegen Valabrega machte er einen »Valabregag«. Eigennamen dienten Lacan auf verschiedene Weise dazu, Teile seiner Theorien zu illustrieren. So versuchte er das Verschweigen von Namen schöpferisch einzusetzen: In der von ihm gegründeten Zeitschrift *Scilicet* mussten – zur Darstellung der These, dass das Subjekt ein Diskurseffekt sei – sämtliche Autoren anonym publizieren. Eine Ausnahme bildete Lacan selbst, der aufgrund seines Stils »mit oder ohne Unterschrift als Autor identifiziert worden wäre«.[23] Sein eigener Name diente ihm mehrfach als Spielmaterial. Er bildete in einem Wortspiel den Ausdruck »jaclaque«,[24] bezeichnete den Signifikanten als »lacanisation«.[25] Und er spekulierte, ob Latein-Amerikaner »lacanos« sein könnten.[26]

Alkoholisierte Personen nannte Lacan »vodkaïsées« (wörtl.: wodkaisiert). Hierbei wird nicht nur die Verformung eines Eigennamens, sondern eine andere, von ihm immer wieder verwendete Technik angewendet: die Verwandlung eines Substantivs in ein Verb oder umgekehrt eines Verbs in ein Substantiv. So formte Lacan aus dem Hauptwort »Kofferwort« den Ausdruck »kofferworten« (»movaliser«). Die Seele wird von ihm ebenso in ein Zeitwort überführt (âmer, wörtl.: seelen) wie der Syllogismus (»syllogiser« für »einen Syllogismus produzieren«) oder die Therapie (»therapier« – ein übrigens auch im Deutschen inzwischen üblicher Ausdruck, der mit dem umgangssprachlich üblichen »Therapieren« zu übersetzen wäre). Ein Beispiel für eine umgekehrte Bewegung, vom Verb zum Substantiv ist »l'etourdit« (wörtl.: das Vernebelte), wobei hierbei auch auf eine Zerlegung des Ausdrucks in einzelne Silben angespielt wird. Lacan weist nämlich speziell auf die letzte Silbe und ihren Bezug zu »dire«, dem Sprechen, hin.[27]

Eine große Rolle spielt das Klangbild bei der Bildung von Neologismen: Lacan hatte bekanntlich eine Vorliebe für Homophonien. Er setzte deren Mehrdeutigkeit oft auch ein, um mehr als eine Bedeutung gleichzeitig zu transportieren. Solange Worte nur gesprochen sind, bleiben solche mehrfachen Bedeutungen oftmals nebeneinander bestehen. Eine Festlegung erfolgt nur durch das geschrie-

---

22. Ebda., S. 129.
23. Peter Widmer: *Der Eigenname und seine Buchstaben. Psychoanalytische und andere Untersuchungen*, Bielefeld 2010, S. 184.
24. Lacan 2005, S. 89.
25. Bénabou u.a., *789 Néologismes de Jacques Lacan*, a.a.O., S. 52.
26. Vgl. ebd.
27. Ebd., S. 39.

bene Wort.²⁸ Lacan beschränkt sich dabei nicht unbedingt auf einzelne Ausdrücke, sondern verwendet mehrere Worte oder ganze Sätze als Material. Bekannte Beispiele hierfür sind »le Nom-du-Père« (der Name des Vaters), der wie »le Non-du-Père« (das Nein des Vaters) klingt, aber auch als »Les non-dupes errent« (»Die Nicht-Betrogenen irren umher«, der Titel des XXII. Seminars) verstanden werden kann. Besonders in seinen späten Jahren hat Lacan gerne den Doppelsinn von ganzen Sätzen verwendet, dabei teilweise auch homophone Übersetzungen von einer Sprache in eine andere einbezogen. Ein Beispiel dafür ist der Titel des XXIV. Seminars, wo das deutsche Wort »unbewusst« in eine, dem französischen Klangbild geschuldete Doppeldeutigkeit eingebaut wird: »L'insu que sait de l'une-bévue s'aile à mourre« (»Das Ungewusste, das Ein-Versehen weiß, flügelt sich zum Knobeln«) klingt wie »L'insuccès de l'Unbewusst, c'est l'amour« (»Der Misserfolg des Unbewussten, das ist die Liebe«).²⁹

Nicht alles, was wie ein Neologismus aussieht, ist auch einer. Lacan fragt sich, ob »famillionär«, jene Eigenschaft, die Heines Hirsch-Hyacinth für den Baron Rothschild erfindet, ein Neologismus, ein Lapsus oder ein Witz ist.³⁰ Lacans Ansicht, dass es sich »mit Sicherheit«³¹ um einen Witz handle, lässt annehmen, dass er sich nicht an der Anordnung von Buchstaben, sondern an der Wirkung dieses Ausdrucks orientiert.

Oftmals wird Lacans Beitrag zur Sprachtheorie der Psychoanalyse mit einer, über Freud hinaus gehenden Rezeption der strukturalistischen Linguistik in Verbindung gebracht. Dazu ist einerseits zu sagen, dass sich Lacan in seinen späten Arbeiten teilweise explizit gegen die Bedeutung der Linguistik für die Psychoanalyse wendet³² und dass es andererseits in den Fünfziger Jahren nicht allein das Erbe von Saussure oder Jakobson war, mit dem er dem Reden seiner PatientInnen auf der Spur zu bleiben versucht. Zu dieser Zeit war es vielmehr sein Interesse an kybernetischen Fragen,³³ welches dazu beigetragen hat, das seine Übernahmen aus der Linguistik vereinzelt wie Verformungen bekannter

---

28. In einer Seminarsitzung des Seminar XXIV betont Lacan, dass der Neologismus sich oft nur als solcher entpuppt, wenn ein Ausdruck aufgeschrieben wird (Lacan-Archiv (Hg.): *L'insu que sait de l'une-bévue s'aile à mourre. Seminar XXIV von Jacques Lacan*. Übers. von Max Kleiner. Für den vereinsinternen Gebrauch, Bregenz o.J., S. 79). Hierbei spielt er offensichtlich auf homophone Neologismen an, deren Abweichung vom Normalgebrauch in der gesprochenen Sprache nicht auffallen kann, wie das etwa bei »la ditmension« oder »l'âmusement« der Fall ist.
29. Ebd., S. 1.
30. Jacques Lacan: *Das Seminar. Buch V (1957–1958). Die Bildungen des Unbewussten*, aus dem Franz. von Hans-Dieter Gondek, Wien 2006, S. 25.
31. Ebd.
32. Die Linguistik habe für die Psychoanalyse nur insofern Bedeutung, als sie sich mit Fragen der Poetik auseinandersetzt (Lacan-Archiv, *L'insu que sait*, a.a.O., S. 83).
33. Liu hält es für einen Irrtum, Lacans Theorie des Symbolischen in den 50-er Jahren vor allem als eine Umarbeitung linguistischer Theoreme zu sehen, da es kybernetische Modelle waren, mit denen Lacan gearbeitet hat und diese mit den linguistischen Thesen Jakobson zum Teil gar nicht zur Deckung zu bringen waren (vgl. Liu, *The Cybernetic Unconscious*, a.a.O., S. 290). Im deutschen Sprachraum hat Friedrich Kittler eine solche Lesart von Lacan seit vielen Jahren vor- und weitergeführt (vgl. Friedrich Kittler: *Aufschreibesysteme 1800/1900*, München 1985, sowie Ders.: *Grammophon, Film, Typewriter*, Berlin 1986).

Theoreme von Saussure erscheinen.[34] Liu macht etwa darauf aufmerksam, dass Lacans Umkehrung der Anordnung von Signifikat und Signifikant so gelesen werden kann, dass Lacan Sprache 1955 primär gemäß einem Telegraphiemodell der Kybernetik begreift, in welchem zunächst nicht die Bedeutung von sprachlichen Ausdrücken, sondern deren Abfolge im Verlauf einer Kette auf Basis stochastischer Regeln bestimmt werden kann. Denn der Telegraph leistet mittels Morsealphabet nicht eine Übermittlung von Sinn, sondern zunächst nur von einem Material, dessen Bedeutung nicht von Bedeutung ist.[35]

Durch seine Übernahme von Bruchstücken kybernetischer Theorie formt Lacan (s)ein Verständnis des Unbewussten, bei dem vor allem die Unterbrechung, die Störung, das Warten als produktive Momente in den Vordergrund gerückt werden.[36] Ebenso ist auch die zunehmende Verwendung von Neologismen als Teil einer Strategie anzusehen, mithilfe derer Lacan auf die Unmöglichkeit als zu wenig berücksichtigtes Moment der Freudschen Theorie aufmerksam machen wollte.[37] Neologismen eröffnen durch den Effekt einer punktförmigen Skansion im Text einen Raum der Unklarheit und der Verwirrung. Sie stellen das zuhörende Subjekt momentan vor die Unmöglichkeit, etwas zu begreifen. Auf diese Weise ermöglicht der Gebrauch von Neologismen eine Erfahrung, die Lacan während seiner kybernetischen Phase theoretisch darstellt. Mit dieser Erfahrung führt Lacan seine HörerInnen und LeserInnen aus einer Perspektive der theoretischen Untersuchung näher heran an die Situation der Behandlung. Daher lassen sich die Neologismen lesen als Zeichen einer Rückkehr zu den PatientInnen.[38]

Neologismen haben einen zweifachen Ort des Einsatzes: Sie kennzeichnen das psychotische und das infantile Sprechen. Als das Sprechen des kleinen Kindes sind diese Bildungen, isoliert betrachtet, Träger von einer Reihe von Triebregungen, die nachträglich supponiert werden.[39] Essensbrei und Sprachbrei werden sich retrospektiv als vermischt darstellen. Die neologistischen Bildungen werden –

---

34. Philippe Lacoue-Labarthe, Jean-Luc Nancy: *Le titre de la lettre. Une lecture de Lacan*, Paris 1975.
35. Vgl. Liu, *The Cybernetic Unconscious*, a.a.O., S. 315.
36. Vgl. dazu Bruce Fink: *The Lacanian Subject. Between Language and Jouissance*, Princeton 1995, S. 16–23 und S. 153–164. – Lacan steht mit diesen Betonungen in einem historischen Kontext, einer Art theoretischem Klima, das sich auch in der Kunst seiner Zeit manifestiert. Hierzu zählen beispielsweise Strategien, *nichts* zu zeigen, was zuletzt in der Ausstellung *unExhibit* (Generali Foundation Wien, 4.2.2011–17.7.2011) in direkter Bezugnahme auf Richard Hamiltons Ausstellung *an Exhibit* (1957), in welcher weder Objekte noch Gedanken gezeigt werden sollten, dargestellt wurde.
37. Hierzu zähle ich auch seine wiederholten Hinweise auf die Bedeutung des Nicht-Verstehens (vgl. Ulrike Kadi: »Der wahnsinnige König. Zu Wahn und Verstehen bei Jaspers und Lacan«, in: Gerhard Unterthurner und Ulrike Kadi: *Wahn. Philosophische, psychoanalytische und psychiatrische Perspektiven*, Wien 2012). In einem späten Seminar klingt dieses Votum folgendermaßen: »[E]in Diskurs ist immer einschläfernd, außer wenn man ihn nicht versteht, dann weckt er auf« (Lacan-Archiv, *L'insu que sait*, a.a.O., S. 82).
38. Im Vergleich zu anderen psychoanalytischen Schulen fällt bei Lacan der sparsame Gebrauch von Fallmaterial auf. Anders als bei Aimées Geschichte, der sich Lacan Jahrzehnte früher in seiner Dissertation gewidmet hat, wird mit den Neologismen der Unterrichtsraum dem Behandlungsraum ohne fragwürdige Nutzung von vertraulichen Inhalten näher gerückt.
39. Zur Frage der Schwierigkeit, frühe Erfahrungen zu konzeptualisieren, vgl. Lacan, *Die Bildungen des Unbewussten*, a.a.O., S. 333.

wie der Essensbrei am Ende des Darms – auch Teil eines von Macht und Ohnmacht geprägten Zusammenhangs gewesen sein. Sprachmaterial wird nicht nur produziert, sondern gegenüber jemandem anderen eingesetzt. Lacans Neologismen hatten vereinzelt sogar schulenformenden Charakter.[40] Sofern eine solche Schulenbildung seinem Wunsch entsprochen hat, enthielte sein Gebrauch von Neologismen zumindest einen Rest von Glauben an die Zauberkraft der Worte. Ähnlich wie ein Awa-lallender *infans* entwickelt er eine ideolektbildende Macht, die sich als umso größer darstellte, je weiter sich sein Sprachgebrauch verbreitete. Aus den Anderen, an die er sich richtet, macht er ein »ecollectif«.

Lacan kommt mit den Neologismen einer Form der Sprachverwendung nahe, die Freud als ein frühes Merkmal von Sprache hervorhebt: »Worte waren ursprünglich Zauber und das Wort hat noch heute viel von seiner alten Zauberkraft bewahrt«.[41] Freud stand nicht an, die Bedeutung der Magie für die menschliche Entwicklung zu unterstreichen. Bei Kindern, Neurotikern und primitiven Völkern sei sie bis heute anzutreffen in Form eines Glaubens an die Allmacht der Gedanken. Doch alle drei würden in ihrem Glauben die Wirksamkeit ihrer Gedanken auf die Außenwelt überschätzen. So ist es nicht verwunderlich, dass Freud die Magie nur als »die Vorläuferin unserer Technik« ansieht.[42] Freud warnte also indirekt davor, die schöpferische Kraft von Sprache zu überschätzen. Insofern ist Lacans Hinwendung zum Neologismus nicht als Ausdruck seines Bemühens, zu Freud zurückzukehren, zu verstehen.

Die Grenze zwischen kindlichen und psychotischen Sprechformen lässt sich oft weder mit Hilfe des Wortlauts noch des Kontexts eindeutig ziehen. Entscheidend dafür, ob etwas als psychotisch zurückgewiesen oder als kindlich aufgenommen wird, ist die Wirkung, die ein Sprachausdruck hervorruft. Schematisch betrachtet, richten sich infantile Neologismen an den Anderen. Sie fordern diesen Anderen im Sinne eines Anspruchs auf, sich als ein Anderer zu erweisen. Psychotischen Neologismen scheint dieser Zweck mehr oder weniger abzugehen. Ein Neologismus im psychotischen Sprechen ist weniger eine Aufforderung als eine Überforderung: Er kann nicht verdaut und zum Aufbau von Sinn nutzbar gemacht werden. Er hinterlässt bei den ZuhörerInnen den Eindruck: Das lässt sich nicht verstehen. Das Denken und Sprechen des Psychotikers in Neologismen bleibt isoliert und getrennt von den Zuhörenden.

Es ist allerdings nicht eine Trennung, sondern eine fehlende Trennung, die dem Psychotischen zugrunde liegt. Lacan referiert auf den Aspekt dieser fehlenden Trennung im Fall einer Verwendung von Neologismen mit dem neologistischen Ausdruck »lalangue«, zu übersetzen mit »diesprache«. In der Schreibweise wird hier erkennbar, was als Hintergrund von regellosen Wortschöpfungen anzusehen ist: Der nichtkommunikative Aspekt des Sprechens, dargestellt in der

---

40. Einzelne Neologismen wie le *parlêtre*, *l'extime* oder *le sinthome* sind zu Emblemen seiner Theorie geworden.
41. Sigmund Freud (1998): »Vorlesung: Einleitung«, in: ders.: *Gesammelte Werke*, Band XI, Frankfurt/M. 1999, S. 10.
42. Sigmund Freud (1937): »Der Mann Moses und die monotheistische Religion«, in: ders.: *Gesammelte Werke*, Band XVI, Frankfurt/M. 1999, S. 221.

Ungetrenntheit von Artikel und Substantiv, symbolisiert das Fehlen einer Herauslösung aus einer frühen, mütterlichen oft körperlich konnotierten Sphäre, aus jenem Bereich, der von »Lautbrei«[43] erfüllt war.

Indem Lacan sich Neologismen bedient, scheint er sein Sprechen einem psychotischen Sprechen anzunähern. Seine Verwendung von Neologismen hat geradezu eine Hochblüte erfahren, als er sich mit Joyce' Schreiben als dessen Symptom gegen den psychotischen Zusammenbruch beschäftigt hat. Zu diesem Zeitpunkt vertrat Lacan die Ansicht, dass der Wahnsinn ein universelles Phänomen sei.[44] Seine Neigung zum Neologismus kann vor diesem Hintergrund auch als sein Versuch gedeutet werden, seiner eigenen These über den Wahnsinn in seinem Sprechen zu entsprechen, als habe er den Wahnsinn performativ inszenieren wollen. Und doch ist da ein Unterschied. Denn anders als ein Subjekt in einem (in einer solchen Reinform nur selten auftretenden) psychotischen Sprechen war Lacan in seiner Rede durchaus darauf aus, sich verständlich zu machen. So überlegt er während einer Sitzung seines XXIV. Seminars, was geschieht, wenn er als Analytiker einen Neologismus in einer Behandlung »einfließen lässt«.[45] Das ist ein ungewöhnlicher Gedanke, werden doch üblicherweise eher die Neologismen von Analysanten in einer Analyse als jene von Analytikern untersucht. Mit einer solchen Sprachhandlung wird ein Abstand, ein »Unverstehen«, eingeführt zwischen Analytiker und Analysierten. Lacan scheint zu befürchten, dass solch ein Abstand zu groß werden könnte. Denn er warnt davor, dass eine Analyse zu einem »Autismus zu zweit« wird.[46]

Lacans Fokussierung der Neologismen macht damit noch etwas anderes deutlich: Es ist nicht allein die Sprache als System, die den Rahmen möglicher Bedeutung abgibt. Sondern daneben, darin oder darüber hinaus bestimmen individuelle Konstellationen, was jeweils bedeutet werden kann, was wirken kann. Der Rahmen möglicher Verständigung scheint angesichts von Lacans Vielzahl von Neologismen beliebig verschieb-, ja ausdehnbar. Eine solche Erweiterung des Rahmens durch die Individualisierung des Wortgebrauchs korreliert mit Lacans Votum, dass eine Analyse zu individuellen Lösungen im Sinne eines *savoir-faire* mit einem Symptom führen solle. Als wiederhole er mit seiner ste-

---

43. Lacan spricht im Gegensatz dazu von der Kultur als einer »Sprachbrühe« *(»bouillon de langage«)* (Lacan-Archiv, *L'insu que sait,* a.a.O., S. 79).
44. Vgl. Massimo Recalcati: »Madness and Structure in Jacques Lacan«, in: *lacanian ink,* 32, 2008. Liu weist darauf hin, dass sich manche heute durchaus gängigen Worte wie iPhone oder iTunes auf den Joyceschen »iSpace« zurückführen lassen (Lydia H. Liu: »iSpace: Printed English after Joyce, Shannon, and Derrida«, in: *Critical Inquiry 32,* Spring 2006, 516). Ihr Vorschlag, nicht den üblichen Sprachgebrauch, sondern den neologistischen zur Grundlage von literaturwissenschaftlichen Untersuchungen zu machen und nicht nur Joyce im Lichte von Derrida, sondern auch umgekehrt, Derrida im Lichte von Joyce zu lesen, nimmt Lacans These von der Ubiquität des Wahnsinns indirekt auf (ebd., S. 518).
45. Lacan-Archiv, *L'insu que sait,* a.a.O., S. 79.
46. Die von ihm an dieser Stelle eingebrachte Antwort, dass es sein Sprechen vor seinen Zuhörern wäre, das (seine) Analysen vor diesem Schicksal bewahre, bleibt unbefriedigend, weil sie die zahlreichen Detailprobleme eines Autismus zu zweit, die von der Paradoxalität einer solchen Konstellation bis hin zu Fragen der Privatsprache reichen, nicht einmal erwähnt. Vgl. Lacan-Archiv, *L'insu que sait,* a.a.O., S. 80.

tig wachsenden Liebe zu den Neologismen eine Bewegung, die ihn in seiner Theorie von einer vornehmlichen Beschäftigung mit einem Begehren, das sich über ein Verbot konstituiert und das den Zugang zu einem sogenannten höchsten Genießen regelt, zur Auseinandersetzung mit einem Trieb führt, der jenseits vom allgemein gedachten Verbot eine individuelle Form des Gelingens anstrebt.[47] Das, was am Neologismus unverstanden ist, ist in diesem späteren Kontext zwar immer noch Ausdruck von einer nicht gänzlich vollzogenen ersten Trennung. Aber deren Fehlen ist nicht als ein Makel anzusehen, sondern als eine Aufforderung zu anderen Formen der Verständigung.

Wie die oben erwähnten Bildungsregeln für Neologismen für ein Spiel genutzt werden können, das sich anders als die psychoanalytische Behandlung weniger auf die Wirkung des Sprechens als auf den geregelten Austausch beruht, sei hier noch an einem Beispiel dargestellt:

Bircher, Turm, Eiter, Kiel
Pircher, Turm, Eiter, Kiel
Pircher, Sturm, Eiter, Kiel
Pircher, Sturm, Leiter, Kiel
Pircher, Sturm, Leiter, viel
Pilcher, Sturm, Leiter, viel
Pilcher, Surm, Leiter, viel
Pilcher, Surm, Leier, viel
Pilcher, Surm, Leier, Stiel
Pülcher, Surm, Leier, Stiel
Pülcher, Wurm, Leier, Stiel
Pülcher, Wurm, Eier, Stiel
Pülcher, Wurm, Eier, Spiel
Pülcha, Wurm, Eier, Spiel
Pülcha, Wurmeier, Spiel
Pülcha, Wurmeier, spiel'
Pücha, Wurmeier, spiel'
Pücha, Wurmeia, spiel'
Pücha, Wurmeia, spül'
Büchawuam, aja, spü'!
Büchawuamajaspü
Bücherwurmeierspiel

---

47. Vgl. dazu Jacques Lacan: »Über den ›Trieb‹ bei Freud und das Begehren des Psychoanalytikers«, in: Christian Kupke (Hg.): *Lacan. Trieb und Begehren,* Berlin 2007, S. 13–17 und Jacques-Alain Millers Kommentar zu Lacans Text, ebd., S. 19–25.

FORM:
ZU LAND, ZU WASSER UND ZU HAUS

Gustav Deutsch und Hanna Schimek

Pflanzen der Wüste
20m² – Figuig / Marokko

Eine Studie der Vegetation in der saharischen Steinwüste am Fuß des Djebel Grouz bei der Oase Figuig, nach Art, Häufigkeit und Standort. Methodisches Vorgehen zur Annäherung an eine Urlandschaft, mit den Mitteln von wissenschaftlichen Zeichnern und von Kriminalisten. 1m² Wüste ausgewählt aus 9 Millionen km² / Die Sahara im Sandkasten / Naturgewalten mit der Pinzette beggenen / Winziges Leben beschildern und nummerieren/ Tatort der Botanik / Das Pflanzenaquarell als Untersuchungsbehelf / Lebende Subjekte im selektiven Ausschnitt des Stahlrahmens / Unterscheidbar, wieder erkennbar, abzählbar.

Definition eines Untersuchungsgebietes.

Schrittweises Abstecken von Untersuchungsfeldern in diesem Gebiet, mit jeder neu auftretenden Pflanzenart, mittels eines Stahl-Quadratrahmens in der Größe von 1m². Nummerierung der Pflanzen innerhalb des Untersuchungsfeldes mittels Steckschildern. Entnahme von Spezimen der verschiedenen Pflanzenarten. Herstellung von Aquarellmusterkarten zum Vergleich bei der weiteren Suche vor Ort. Fotografische Aufzeichnungen zum Standort und zur Häufigkeit der einzelnen Arten. Herstellung einer Transportkassette.

Holzkassette mit 30 Steckschildern, Stahlblech, geschweißt; 30 Spezimen; 30 Aquarellmusterkarten; 40 Fotografien; Skizzen.

Die Arbeit, die wir hier vorstellen wollen, entstand als Teil einer Serie während mehrmonatiger Aufenthalte in der saharischen Oase Figuig, zwischen 1987 und 1993. Wir nennen diese Arbeiten künstlerische Forschungen und verstehen sie als langsame Annäherung an einen unbekannten Ort, der als Beispiel für WELT gesehen werden kann. Daher ist es nicht notwendigerweise, sondern eher zufällig ein Ort, der, verglichen mit unserer Kultur, Gesellschaft und Landschaft, sehr exotisch erscheint. In der Fremde befindet man sich stets in erhöhter Aufmerksamkeitsbereitschaft, wodurch ein klarer Blick und das Wahrnehmen von Zusammenhängen erleichtert werden. In diesem Sinn kann die Konfrontation mit einem fremden Ort und einer fremden Kultur auch als Übung verstanden werden, sich selbst und die eigene Kultur besser verstehen zu lernen, als unabdingbare Voraussetzung für die Kommunikation, das Verständnis und das Zusammenleben mit fremden Menschen aus anderen Kulturen.

Unsere künstlerischen Forschungsarbeiten in einer saharischen Oase sind daher eher eine Forschung über essentielle Elemente des Lebens, der Kultur und Zivilisation und ein Versuch, mit der ortsansässigen Bevölkerung darüber zu kommunizieren und mit ihr zu kooperieren.

Im Hinblick auf die Bedeutung der Kunst als Mittlerin zwischen den Kulturen verstehen wir die Arbeit von Künstlern und Künstlerinnen, die in fremden

Ländern leben, als eine Möglichkeit, geografische, soziologische und politische Bedingungen des Lebens vor Ort kennenzulernen und diese vor dem eigenen kulturellen Hintergrund persönlich und authentisch zu reflektieren. Aufmerksamkeit und Sensibilität gegenüber einer fremden und unbekannten Kultur sind die Grundvoraussetzungen für die Verständigung, das gegenseitige Verständnis und das Zusammenleben. Die Kunst kann dergestalt als Vermittlerin des Unsagbaren eine wichtige Rolle spielen.

Eine Oase als ein sehr limitierter und geschlossener Lebenszirkel ist ein modellhaftes Beispiel für WELT. Kaum irgendwo sonst auf der Erde sind die Grenzen zwischen Zivilisation und Wildnis, zwischen Leben und Tod klarer sichtbar als in einer Oase. Vielleicht liegt die starke Aussagekraft eines solchen Ortes an der unmittelbaren Ablesbarkeit der Zusammenhänge. Als Fremder für längere Zeit an so einem Ort zu leben, heißt, das Leben – alleine schon durch die bloße Anwesenheit im geschlossenen Kreis – zu verändern. Wenn man sich dessen bewusst ist, wird man sehr vorsichtig im eigenen Verhalten und in der eigenen Arbeit.

Bei unseren Aufenthalten in der Oase war es uns wichtig, vor allem den kulturgeographischen Gegebenheiten Aufmerksamkeit zu schenken, sie in unsere Arbeit zu integrieren und über die Ergebnisse mit der Bevölkerung zu diskutieren und zu kooperieren. Jede andere Arbeitsweise schien uns als nichts mehr als eine Form von kulturellem Imperialismus.

In Gesprächen über unsere Arbeit wurde diese von den Einwohnern meist als »Recherche« bezeichnet. Vielleicht weil wir ähnliche Werkzeuge und Methoden, etwa Messen und Zählen, Sammeln und Klassifizieren, verwendeten, erinnerte sie unsere Vorgangsweise an die Arbeit der Europäer, die seit Jahrzehnten als Wissenschaftler ins Land gekommen waren und sich mit immer gleichem Instrumentarium dem Unbekannten genähert hatten. Tatsächlich verwendeten wir wissenschaftliche Werkzeuge und Methoden als künstlerische Zitate, Formen und Spiele, ohne jedoch wissenschaftliche Ziele zu verfolgen oder Schlussfolgerungen zu ziehen. Wir spielten sowohl die Rolle von Botanikern als auch von Geographen, von Landvermessern wie von Kartographen. Wir verwendeten keine lokalen Führer, wir fragten nicht nach Erklärungen und wir waren erstaunt, wie sehr unsere Aktivitäten akzeptiert wurden und selbstverständlich erschienen.

Neben der hier vorgestellten künstlerischen Forschung über PFLANZEN DER WÜSTE entstanden sechs weitere Arbeiten: WASSER DER WÜSTE I, II und III, WEGE DER WÜSTE I und II und GRENZEN DER WÜSTE.

Präsentationen der Arbeiten: Die Kunst der Reise – Archiv Frankfurt, Frankfurt/Main, 2.10.–25.11.1988. Die Kunst der Reise – Lehrstücke, Alte Volksschule Göttlesbrunn, 6.–15.10.1989. AVE Festival, Arnheim, 16.–24.11.1990. Die Kunst der Reise – Archiv London, London, 9.5.–14.7.1991. Centre Artisanal / Figuig, November 1993. Die Kunst der Reise – Die Athen Konferenz, Palamas Gebäude, Athen, 15.–26.2.1995.

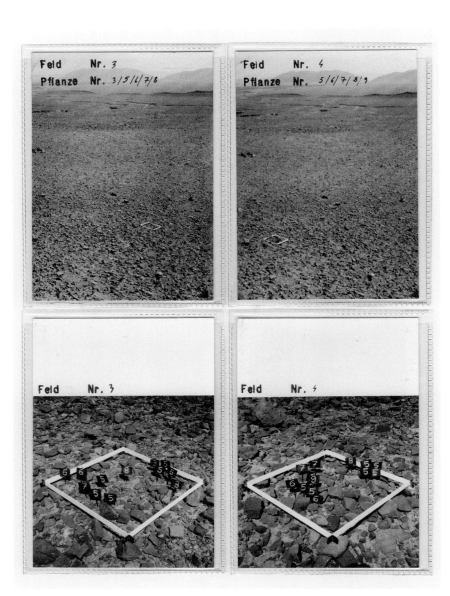

Bernhard Siegert

Schiffe Versenken

Man spielt es zu zweit. Im Krieg gibt es nur den Feind, egal aus wie viel Verbündeten er besteht. Neutrale kommen nicht vor. Jeder Spieler hat sich zwei Pläne anzufertigen. Diese bestehen jeweils aus einem Raster von Quadraten. Über die Größe des Rasters, das die Größe des Kriegstheaters festlegt, kursieren unterschiedliche Angaben: Sie reichen von 10 x 10 bis zu 20 x 20 Quadraten, denkbar wären rein theoretisch aber auch 1.000.000 x 1.000.000 Quadrate. Diese stellen das eigene Meer und das des Gegners dar. Seltsamerweise operiert man auf verschiedenen Meeren. Oder ist es dasselbe Meer? Es gibt viele Meere, schrieb Borges, aber doch immer nur dieses eine Meer. Die einzelnen Quadrate sind ansteuerbar durch Zahlen an der oberen Seite des Plans und durch Buchstaben an den Seiten (A bis J oder A bis T). In das eine Rasterpapier trägt man seine eigenen Schiffe ein, im anderen verzeichnet man seine Treffer und Fehlschüsse. Genau genommen ist der zweite Plan eine abstrakte Darstellung des Meeresgrunds. Das Schiff, das hier auftaucht, ist paradoxerweise versenkt. Über die Anzahl und die Größe der Schiffe (zum Beispiel 4 Torpedoboote, 3 Kreuzer, 2 Zerstörer, 1 Schlachtschiff) einigt man sich vor Beginn der Feindseligkeiten. Beide Gegner sind daher zu Beginn stets gleich stark, was allen historischen Tatsachen widerspricht. Weiterhin sehen die Spielregeln vor, dass die Schiffe nicht aneinanderstoßen dürfen, dass sie nicht über Eck gebaut sein dürfen und dass sie nicht diagonal aufgestellt sein dürfen.

Es wird abwechselnd gefeuert. Das Feuern selbst besteht darin, dass man die Koordinate eines Quadrats nennt. Der Gegner meldet, ob man einen Treffer oder einen Fehlschuss gelandet hat. Treffer wie Fehlschüsse werden auf dem Plan, der das gegnerische Meer darstellt, markiert. Trifft man irgendetwas, darf man solange weiter feuern, bis man wieder daneben geschossen hat. Hat man sämtliche Quadrate, über die sich ein Schiff erstreckt, mit Treffern bedeckt, hat der Gegner darüber Meldung zu machen, dass sein Kreuzer, sein Schlachtschiff oder was auch immer, versenkt sei. Gewonnen hat, wer als erster alle Schiffe des Gegners versenkt hat.

Geschichte des Seekriegs im Lichte von *Schiffeversenken*

Geschütze
Man kann den *state of the art*, der *Schiffeversenken* zufolge das Wesen des Seekriegs bestimmt, historisch ziemlich genau eingrenzen. Drei Anhaltspunkte sind dabei ausschlaggebend: Erstens, die Schlacht wird mit Geschützen ausgetragen; zweitens, die Meeresoberfläche ist gerastert; drittens, der Gegner ist unsichtbar. Natürlich könnte man auch die Existenz von Unterseebooten oder Torpedobooten oder Flugzeugträgern anführen, um die Art Krieg, die *Schiffeversenken*

aufführt, aufs 20. Jahrhundert zu datieren. Aber erstens könnte man das Spiel auch mit den Schiffen spielen, die Nelson und Villeneuve zur Verfügung standen (Men-of-War mit standardmäßigen 74 Geschützen), und zweitens muss man aufzeigen, dass die Situation, in die *Schiffeversenken* den Krieg zur See versetzt und die Strategie, die daraus folgt, wesensmäßig mit dem Torpedoboot und dem Unterseeboot zusammenhängt. Nichtsdestotrotz muss man den Moment, in dem sich der historische Raum des Meeres für die bloße Möglichkeit des Erscheinens eines Spiels wie *Schiffeversenken* öffnet, deutlich früher datieren.

Zum ersten: dass die Schlacht mit Geschützen ausgetragen wird, ist ein ziemlich sicheres Indiz dafür, dass diejenigen, die *Schiffeversenken* spielen, sich nicht mehr im Zeitalter der Galeeren befinden. Nie wird Salamis auf den gerasterten Papierflächen sein. *Schiffeversenken* zwischen 480 v. Chr. und Lepanto hatte den Zorn des Poseidon als Ursache oder einen Rammstoß.[1]

Gerasterte Oberflächen
Zum zweiten: Der Blick, mit dem diejenigen, die *Schiffeversenken* spielen, auf ihre gerasterten Papierflächen schauen, ist ein Kartenblick. Das Meer, das hier erscheint, besitzt keinen Horizont, sondern nur eine willkürliche Eingrenzung, ohne die das Spiel sofort aufhören würde, spielbar zu sein. Ändern wir den Spielplan, ändern wir die Regeln. Ersetzen wir das quadratische Raster zunächst durch einen Globus und projizieren dessen Oberfläche mittels winkeltreuer Zylinderprojektion wieder in die Fläche. Was wir erhalten, ist eine Mercator-Karte. Spielt man *Schiffeversenken* mit Mercator-Karten, platziert man seine Schiffe am besten auf dem 90. Breitengrad bzw. am Nordpol. Dort verschwinden sie nämlich im Unendlichen. Spielt man das Spiel indes mit maßstabsgetreu dimensionierten Schiffen, ist auch das egal. Um die Position eines Objekts von der Größe eines Schiffes auf den Ozeanen dieser Erde zu bestimmen, benötigt man ein dermaßen engmaschiges Raster, dass es die Geduld eines jeden Spielers übersteigen wird, durch blindes Feuern in dieses Apeiron irgendetwas zu treffen.

Der Stand der Dinge, der *Schiffeversenken* zufolge die Lage beherrscht, setzt die Rasterung der Meeresoberfläche voraus, setzt also Ptolemäus, die Erfindung der Breiten- und Längengrade und ihren neuzeitlichen kartographischen Einsatz durch Gerard Mercator voraus. Der Erste indes, der ein Raster auf einen als begrenzt gedachten Seekriegsschauplatz projizierte, war der französische Schiffskaplan und Jesuitenpater Paul Hoste.

Seeschlachten wurden bis ins 16. Jahrhundert nach dem Vorbild des Infanteriekrieges zu Lande geführt. Das hieß im Zeitalter der Galeeren, dass man (wie noch bei Lepanto) in Dwarslinie antrat (was der Schlachtordnung der Hoplitenphalanx entspricht), die feindlichen Schiffe enterte und dann mit gewöhnlichen Landsoldaten ein Landgefecht auf hölzernem Boden aufführte. Seine eigentümliche Ordnung erhielt der Seekrieg erst in den drei englisch-niederländischen

---

1. Zu Salamis und der Triere als »Hochtechnologiewaffe der Antike« vgl. Wolfgang Pircher: »Die Haut des Kriegers«, in: Ursula Renner, Manfred Schneider (Hg.): *Häutung. Kulturwissenschaftliche Lesarten des Marsyas-Mythos*, München 2006, S. 47–71.

Kriegen. 1653 führten die auf See versetzten Armeeoffiziere Cromwells – die »Generäle zur See« Blake, Deane und Monck neue Gefechtsinstruktionen (Battle Orders) ein. Diese enthielten den entscheidenden Artikel 3: »all the ships of every squadron shall endeavour to keep in a line with the chief«.[2] Dieser Artikel führte die Kiellinie als gewöhnliche Schlachtformation ein. Sie markierte den Beginn eines Übergangs von physischen Massen und ihren Kräften zu einer Geometrie des Krieges. Aus dem Element, das allein den Gesetzen der Tyche gehorcht, wird ein geometrischer Raum und aus der Seeschlacht eine Serie mathematischer Operationen. Schiffe fahren und kämpfen in Formation; der Krieg zur See setzt deswegen eine Operationsfläche voraus, die die Verarbeitung von Information zu Formation und von Formation zu Zerstörung zulässt.

Die Kiellinie war die logische Konsequenz aus der Breitseitaufstellung der Geschütze.[3] Artikel 3 der Battle Orders markiert den Bruch mit der alten Galeerentaktik und beendete die Nachahmung von Infanterietaktiken zur See. Galeeren wie Infanteristen feuern in der Richtung ihres Vormarsches. Mit Breitseitbatterien bestückte Schiffe feuern jedoch querab zu ihrer Marschrichtung. Ihre am besten gesicherte Front ist dort, wo marschierende Armeen ihre schwer zu schützende Flanke haben. Dagegen waren die Spitze und das Ende einer Linie so offen wie die Flanken einer Armee.[4] Die Kanone »führte zu einem Verschwinden einer Technik der Massen zugunsten einer Kunst, die Einheiten und [Schiffe] auf langen, geschmeidigen und beweglichen Linien verteilte. [...] Es musste eine Maschinerie erfunden werden, deren Prinzip nicht mehr die bewegliche oder unbewegliche Masse war, sondern eine Geometrie teilbarer Abschnitte.«[5] Der einzelne Schiffskörper konstituiert sich als »Element einer vielgliedrigen Maschine«.[6]

Paul Hostes *L'Art des armées navales ou Traité des évolutions navales* von 1697 brachte die englischen *Battle Orders* in ein axiomatisches System und wurde zum einflussreichsten Werk über die Seekriegskunst bis Ende des 18. Jahrhunderts. Durch Hoste wird die Kiellinie zum Basisaxiom der Kriegskunst zur See. Hoste schlägt aber auch eine neue *kybernetiké techné* vor, die dem neuen auf geometrisierten Evolutionen beruhenden Seekriegstheater entspricht. Auf der Brücke des Schiffes soll zwischen Groß- und Besanmast »ein großes Viereck ABCD ›gemacht‹ werden [das sogenannte ›quarré navale‹], wobei die Linie EF dem Kiel des Schiffes entspricht in der Weise, dass der Punkt E auf der Seite des Bugs liegt und der Punkt F auf der Seite des Hecks. Die Linie FE stellt also immer den Kurs dar, den das Schiff hält, die Linien AB, CD markieren seine Queren;

---

2. »Commonwealth Orders, 1653«, in: *Fighting Instructions, 1530–1816*, hg. v. Julian S. Corbett (Publications of the Navy Records Society, vol. XXIX), London 1905, S. 100.
3. Vgl. Alfred Thayer Mahan: *Der Einfluss der Seemacht auf die Geschichte*, Berlin 2. Aufl. 1898 (Reprint Kassel 1974), Bd. 1, S. 108.
4. Vgl. Elmar Potter, Chester W. Nimitz und Jürgen Rohwer (Hg.): *Seemacht. Eine Seekriegsgeschichte von der Antike bis zur Gegenwart*, Herrsching 1982, S. 40f.
5. Michel Foucault: *Überwachen und Strafen. Die Geburt des Gefängnisses*, übers. v. Walter Seitter. Frankfurt/M., 3. Aufl. 1979, S. 210. Ich habe »Menschen« in Foucaults Text durch »Schiffe« ersetzt.
6. Michael A. Palmer: *Command at Sea. Naval Command and Control since the Sixteenth Century*, Cambridge, Mass.-London 2005, S. 212.

und wenn das Schiff maximal hart am Wind liegt, markieren die Diagonalen CA und DB den einen Kurs, den das Schiff hält, wenn es zu wenden hat und die andere seine Quere.«[7]

In das Deck eines jeden einzelnen Schiffes soll ein Basisdiagramm eingraviert und der mit der Führung des Schiffs beauftragte Offizier in eine Zelle eines gerasterten Operationsschauplatzes im Maßstab 1:1 gestellt werden (Abb. 1). Das *Quarré* ist nichts anderes als ein Koordinatensystem, das der Mathematiker Paul Hoste zweifellos aus Descartes' *Geometrie* kannte. Es projiziert auf die Meeresoberfläche ein Koordinatensystem, in dem jedes Schiff seinen »Ort« einnehmen kann. Die Bühne des Seekriegs fällt zusammen mit der gerasterten Papieroberfläche. Die Operation des Schiffs wird auf diese Weise berechenbar und abzählbar nach den Strichen der Windrose.

Seit Paul Hoste stellt sich das Meer also dar wie auf den gerasterten Spielflächen von *Schiffeversenken*. Indessen ist evident, dass die Anwendung der Kiellinie als Seekriegstaktik unter den Bedingungen von *Schiffeversenken* absolut selbstmörderisch wäre. Um bei *Schiffeversenken* zu gewinnen, zählen nicht mehr weithin sichtbare Operationen auf der Bühne der Meeresoberfläche, sondern zählt eine Ästhetik des Verschwindens. Die Frage ist: wie wird man auf dem Meer unsichtbar, um potentiell überall sein zu können? Den Gedanken, dass diese strategische Frage wichtiger sein könnte als das taktische Axiom der Kiellinie, wagte als erster Admiral Herbert, Lord of Torrington, zu denken.

»A fleet in being«
Zum dritten: Der Stand der Dinge, den *Schiffeversenken* dokumentiert, ist, dass die Gegner unsichtbar sind. Eine große Blindheit hat sich über die Führungsstäbe und Admiräle gesenkt. Eine undurchdringliche Nacht verhüllt den Kriegsschauplatz. Die eigenen und des Gegners Schiffe sind perfekt verborgen; entweder sind sämtliche Ortungsgeräte ausgefallen oder sie sind unwirksam. Kein Radar, kein Infrarot, keine Funkpeilung oder ein sonstiges Ortungssystem kann helfen; keine Signal Intelligence und auch kein Bletchley Park, dessen *wizards* die Funksprüche der Enigma knackten und die Positionen der deutschen U-Boote im Atlantik entschlüsselten, steht zur Verfügung. Die Sicht ist dermaßen *zero*, dass die Möglichkeit, mit dem Fernglas, den Horizont abzusuchen, nicht einmal vorgesehen ist. Alles, was wir haben, ist ein Schirm, der uns über die Lage der eigenen Schiffe informiert und über die Lage der Schüsse, die wir in das Nichts abfeuern, das uns umgibt.

Diese neue Ontologie des Meeres meldete sich am 30. Juni 1690 in einer der kläglichsten Seeschlachten der Engländer: Beachy Head. Paul Hoste hatte an dieser Seeschlacht teilgenommen, er befand sich an Bord des Flaggschiffes des Herzogs von Tourville. Der eigentliche Held dieser Seeschlacht war jedoch nicht Tourville, der Sieger, sondern der Kommandant der englisch-holländischen Flotte, Vizeadmiral Arthur Herbert, Lord of Torrington. Torrington verlor nicht nur

---

7. Paul Hoste: *L'Art des armées navales ou Traité des évolutions navales*, Lyon 1697, S. 409 (meine Übersetzung).

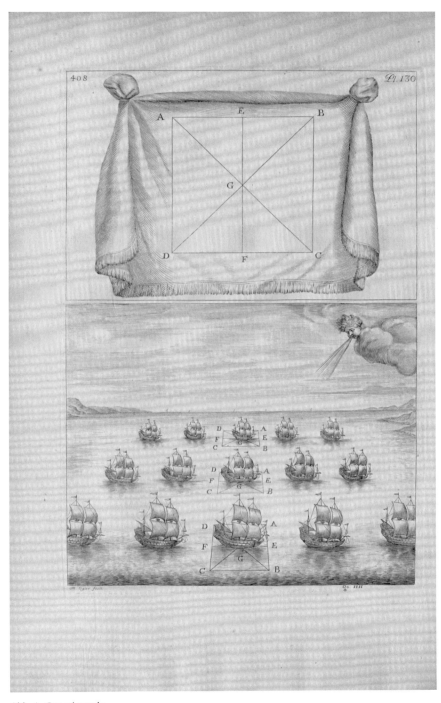

Abb. 1: Quarré navale.

diese Seeschlacht, er verlor sie außerdem noch durch Untätigkeit, die verdammenswerteste Form des Versagens für die englischen Seelords. Torrington zog es vor, nichts zu tun. Aber eben dadurch deutete er eine Logik des Seekriegs an, eine Ordnung des Unsichtbarwerdens, eine Nacht, die das Schiff als Hostescher Signifikant, der seinen Platz in einem Koordinatensystem und auf einer von überall her überschaubaren Bühne hat, schließlich verschlucken wird.

Ludwig XIV. hatte Gefallen an der Idee gefunden, den vertriebenen Stuartkönig James II. wieder auf den englischen Thron zu bringen bzw. die im Haus Oranien verbündeten protestantischen Handels- oder Piratennationen England und Holland wieder zu trennen. Daraus entstand der englische Thronfolgekrieg. Er begann mit einer groß angelegten französischen Land-See-Operation, mit der man James erst einmal ins katholische Irland brachte, um ihn von dort nach London weiter zu expedieren.

Im Juni 1690 segelte der Herzog von Tourville mit 74 französischen Schiffen in den Kanal ein, wo sich die englisch-niederländische Kanalflotte mit 57 Schiffen aufhielt, die von Vizeadmiral Arthur Herbert, Lord Torrington, kommandiert wurde. Einem ersten Versuch, ins Gefecht zu kommen, wich Tourville aus – sehr zur Erleichterung von Torrington. Am 30. Juni hatte der Wind nach NNO gedreht, so dass Torrington direkt luvwärts stand, die Franzosen vollständig in Lee. Es blieb ihm also nichts anderes übrig, als den Befehl zu geben, Schlachtformation zu bilden und anzugreifen. Die Vorhut Torringtons war aus holländischen Schiffen gebildet, die Mitte bildete Torrington selbst und die Nachhut bestand aus französischen und holländischen Schiffen unter Delavall. Nach den Regeln der Formaltaktik geht nun die Vorhut auf Parallelkurs mit der feindlichen Vorhut, die Mitte auf Parallelkurs mit der feindlichen Mitte usw. Nun hatten die Franzosen jedoch eine deutlich längere Linie als die Verbündeten (Abb. 2). Den Holländern gelang es daher nicht, ihr erstes Schiff mit dem ersten Schiff der Franzosen zu »konterminieren«. Und Torrington? Nach den Konventionen der Formaltaktik hätte er Anschluss an seine Vorhut halten und Tourvilles Flaggschiff in der Mitte angreifen müssen, die gigantische Soleil Royal mit ihren 104 Kanonen. Aber Torrington zog es vor, lieber nicht anzugreifen. Stattdessen zählte er Schiffe. Er zählte 40 Schiffe hinter der Soleil Royal und hinter sich selbst nur 23. Daraus schloss er ganz richtig, dass Tourville versuchen würde, ihn von hinten »zu doublieren«, wenn er selbst weiter auf die Mitte zuhalten würde. Also setzte er sich auf große Schussweite ab und hielt die Mitte dicht bei der Nachhut, um keine Lücke zwischen sich und Delavall einreißen zu lassen. Währenddessen fuhren die Holländer weiter auf die französische Vorhut zu, wodurch sich zwischen Mitte und Vorhut eine Lücke auftat. Etwa gegen 9 Uhr morgens eröffnete die holländische Vorhut das Feuer auf die französische Vorhut. Die aber hatte mindestens sechs Schiffe mehr, die jetzt ihre Segel setzten, vorpreschten, über Stag gingen und die Holländer doublierten, das heißt: sie nahmen sie von zwei Seiten unter Feuer.[8] Torrington war immer noch eine

---

8. Vgl. Mahan: *Der Einfluß der Seemacht auf die Geschichte*, a.a.O., S. 177.

Meile weit weg von der französischen Linie und ebensoweit von Ashby, der die Mitte anführte und der jetzt in das Gefecht gegen das französische Flaggschiff geriet, das Torrington eigentlich hätte führen müssen. Um zehn Uhr waren sowohl die Vorhut als auch die Nachhut im Gefecht – nur Torrington stand weiterhin weit ab. Gegen 1 Uhr hatte Ashbys Flaggschiff den Fockmast verloren; zwei weitere seiner Schiffe waren stark beschädigt und fielen aus der Linie. Die Franzosen stießen durch die Lücke (»crossing the T«) und nahmen zusätzlich die Holländer unter Feuer. Jetzt endlich gab Torrington den Befehl, den Holländern zu Hilfe zu kommen, doch ließ just in diesem Moment der Wind nach und legte sich schließlich ganz. Während Tourville versuchte, die Schiffe wieder ins Gefecht schleppen zu lassen, ließ Torrington, der das Einsetzen der Ebbe bemerkt hatte, klug Anker werfen. Die Franzosen wurden außer Gefechtsweite getrieben. Mit dem Tidenwechsel ging Torrington ankerauf und segelte ostwärts den Kanal hinauf, und damit war die unrühmliche Angelegenheit beendet. Nach Mahan war es der vollständigste Seesieg, der bis dahin jemals erfochten wurde.[9] Die Franzosen verloren nach den Angaben von Paul Hoste nicht einmal ein Beiboot, dagegen musste Torrington sechzehn beschädigte Schiffe auf Strand auflaufen und im Angesicht des Feindes verbrennen lassen.

Die Schlacht war nach Padfield »one of the most humiliating defeats ever suffered by an English fleet.«[10] Aber während in Paris etwas voreilig das Ende der englischen Vorherrschaft über die sieben Meere gefeiert wurde, überzeugte Torrington in London die Seekriegs-Taktiker, dass mit Beachy Head der Begriff Seemacht und mithin der Begriff England sich völlig neu definieren werde. Während der in Irland ausharrende James schon einen Tag nach Beachy Head am Fluss Boyne von William III. geschlagen wurde, kam Torrington vors Kriegsgericht und stiftete dem künftigen Seekriegswesen seine Idee. Angeklagt, seiner holländischen Vorhut nicht zu Hilfe gekommen zu sein und die Schlacht abgebrochen zu haben, bemühte Torrington Dantes »gran mar dell' essere«: Seine Worte vor dem Parlament erlangten Unsterblichkeit in der Seekriegsgeschichte: »I said that whilst we had a fleet in being, they would not dare to make an attempt.«[11] Gemeint war die Möglichkeit einer Invasion der Franzosen. Solange es eine englische Flotte gäbe, die das Reich des Möglichen kontrolliert, würden es die Franzosen nicht wagen anzugreifen. Nicht auf die geschlagene Seeschlacht (ob verloren oder gewonnen) kommt es an, sondern auf die schiere Möglichkeit, stets und überallhin eine Seeschlacht projizieren zu können. Bei genauerem Bedenken gab man Torrington recht, dass seine Einmischung in den Kampf den Franzosen die Luvseite überlassen hätte, wodurch das Desaster

---

9. Vgl. ebd., S. 179.
10. Peter Padfield: *Maritime Supremacy and the Opening of the Western Mind*, Woodstock, NY-New York, NY 1999, S. 137.
11. Arthur Herbert, Earl of Torrington: *The Earl of Torrington's Speech to the House of Commons, in November 1690*, London 1716, S. 29.

noch wesentlich schlimmer ausgefallen wäre. Torrington war also der erste, der nicht die eigenen Schiffe, sondern den Wind verteidigt hatte, nicht die Akteure auf der Bühne, sondern den aktionsstiftenden Raum, die Bühne selbst. Den Raum des Meeres hatte er gehalten, das aktionsstiftende Sein selbst. Torrington entbarg die Abwesenheit, den leeren Platz, an dem er fehlte, um das Meer als reinen referenzlosen Operationsraum ins Sein zu rufen. Damit hat Torrington den Seekrieg, der morgen weder bevorsteht noch nicht bevorsteht, erklärt. Erst Torrington wird die Seeschlacht (nicht) schlagen, die Aristoteles' Schein-Beispiel für die Kontingenz im 9. Kapitel von *Peri hermeneias* war.[12] Torringtons Entscheidung, sich nicht zu entscheiden, sondern den Raum zu verteidigen, aus dem heraus jede Entscheidung allererst möglich wird, das ist die Entdeckung von Strategie zur See.

Torrington wurde freigesprochen und sein Wort von der »fleet in being« machte Karriere. Die *fleet in being* ist die Ausübung eines Zwangs zum Nichthandeln auf die Gegenwart der Feinde des Empires durch die Einführung der Kontingenz einer Seeschlacht in den Möglichkeitshorizont eines jeden Punktes auf den Meeren dieser Erde.

> »Seit dem Ende des 17. Jahrhunderts hatte die fleet in being – eine von Admiral Herbert imaginierte Formel – den Übergang vom Sein zum möglichen Sein (»de l'être à l'étant«) markiert bei der Ausübung von Zwang auf den Gegner. Es ist das Ende des ›navalen Apparates‹ und des Nahkrieges, die Anzahl und die Feuerkraft der Linienschiffe wird zweitrangig. Was wesentlich ist, das ist die Art und Weise, in der man ihre An- und Abwesenheit im maritimen Element verwalten kann. Das angestrebte Ziel ist psychologisch: einen Zustand der permanenten Unsicherheit im Gesamten des behandelten Raumes zu schaffen.«[13]

Virilio zufolge hat Torrington nicht allein die »vaisseaux-fantômes«, die fliegenden Holländer, erfunden. Mit der Preisgabe des Prinzips, auf dem 1690 die Marineberater von William und Mary noch beharrten, demzufolge man den Feind angreifen muss, sobald man ihn bemerkt, installiert man eine »heimliche Flotte im Meer der virtuellen Präsenz«.[14] Für Virilio ist daher Torringtons *fleet in being* bereits die Vorwegnahme des strategischen Atomunterseeboots. »Die ›fleet in being‹ ist die Logistik, die die Strategie als Kunst der Bewegung nicht sichtbarer Körper absolut vollendet, sie beinhaltet die permanente Präsenz einer unsichtbaren Flotte auf dem Meer, die den Gegner egal wo und wann

---

12. Vgl. Aristoteles, *Peri hermeneias* (Lehre vom Satz), 18 b: »Man kann aber auch nicht behaupten, dass keins von beidem wahr ist, dass nämlich etwas sein kann, was weder sein noch nicht sein wird … Und … etwas wird, wenn es morgen sein wird, morgen sein. Wenn es aber morgen weder sein noch nicht sein wird, so gäbe es kein Zufälliges, z.B. keine Seeschlacht. Denn es müßte dann morgen eine Seeschlacht weder bevorstehen noch nicht bevorstehen.«
13. Paul Virilio: *L'insécurité du territoire*, Paris 2. Aufl. 1993, S. 28 (meine Übersetzung).
14. Paul Virilio: »Strategien der Enttäuschung«, in: Ars Electronica (Hg.): *Welcome to the wired world. Mythos Information*, Katalog 1995.

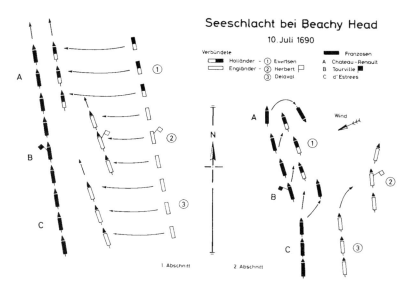

Abb. 2: Beachy Head.

überraschen kann, indem sie seinen Machtwillen durch die Schaffung einer globalen Zone der Unsicherheit zunichte macht.«[15]

Dispers werden, unsichtbar werden
Voilà. Das Meer, wie es von *Schiffeversenken* inszeniert wird, als Zone der Unsicherheit, und die Schiffe, wie sie von *Schiffeversenken* inszeniert werden, als permanente Präsenz einer unsichtbaren Flotte, haben ihren Ursprung in Torringtons neoaristotelischer Ontologie der Seeschlacht. Maximal realisiert wird diese Ontologie allerdings erst mit Einheiten, über deren Wirksamkeit nicht mehr das Gesetz einer repräsentativen Sichtbarkeit auf dem Seekriegsschauplatz und nicht mehr das Gesetz der Kiellinie entscheidet, sondern das Gesetz der Unsichtbarkeit und der Dispersion. Die Einheiten, die diese Ontologie, die die Ontologie des Seekriegs ist, der im *Schiffeversenken*-Spiel die Operationen bestimmt, zuerst realisierten, waren Torpedoboote.

Das erste Torpedoboot wurde schon 1873 konstruiert. Der nach unten gebogenen Bug der frühen Torpedoboote, der die Form der späteren U-Boote vorwegnimmt, deutet es an: das Torpedoboot ist ein Schiff, das sich nicht entscheiden kann, ob es über oder unter der Wasseroberfläche fahren soll. Diese neuen Schiffe sprachen nach Meinung vieler Experten das Todesurteil über die Panzerschiffe.

---

15. Paul Virilio: *Geschwindigkeit und Politik. Ein Essay zur Dromologie,* übers. von Ronald Voullié, Berlin 1980, S. 52.

Insbesondere in Frankreich war nach den schlechten Erfahrungen im Krieg gegen Preußen 1870/71 und angesichts des Vorsprungs der englischen Marine, der die Schwäche der französischen Marine deutlich werden ließ, in den Schriften der Marinetheoretiker eine Tradition wieder aufgelebt, die bis ins 18. Jahrhundert zurückgeht: die Tradition des Kaperkrieges. Die Einzelbeiträge dieser Marinetheoretiker fügten sich mosaikartig zu einem neuen Konzept, das der Geschwaderkommandant Hyacinthe Laurent Théophile Aube, der 1886 französischer Marineminister wurde, systematisch zusammenfasste. So entstand um Aube die sogenannte »Jeune École«. Die Marinetheoretiker, die ihr zugerechnet wurden, vertraten die Auffassung, dass das Schlachtschiff keine Zukunft mehr habe, ebenso wenig wie die Strategie der Seeschlacht und der Blockade. Aus ist's mit der Kiellinie. Aube macht dem Seekrieg à la Hoste ein Ende. Wahrscheinlichkeitslehre verabschiedet im Seekrieg cartesianische Geometrie.

Küstengestützte wie »autonome« hochseegängige Torpedoboote sollten im Meer verteilt werden, »um den immer noch flächenbeherrschenden« Schiffen »in der Tiefe des Raumes zerstreut den Garaus zu machen.«[16] Der taktische Vorteil des Torpedoboots ergibt sich zunächst aus einer Asymmetrie der Sichtbarkeit: Groß und hoch waren die Schlachtschiffe für die niedrigen Torpedoboote schon zu sehen, bevor diese selbst sich am Schlachtschiffhorizont abzeichneten, wenn sie sich überhaupt vor einem Horizont abzeichneten, da, wie Torpedoboot-Taktiker darlegten, Torpedoboote grundsätzlich nachts angreifen.

Die zukünftige Flotte sollte Angriffstorpedoboote, Verteidigungstorpedoboote, Kanonenboote, Proviantschiffe, Kreuzer und Hilfskreuzer umfassen. Mit diesen Einheiten werde der Krieg nach den Gesetzen der »nombre«, der »vitesse«, der »faiblesse des dimensions« und »invisibilité« geführt. Die Vielzahl gäbe den Einheiten die Überlegenheit des »Hornissenschwarms«,[17] der sich auf sein Opfer stürze, die »vitesse« garantiere ihnen die strategisch vorteilhafte Allgegenwart (»ubiquité«), die »faiblesse des dimensions« gewähre ihnen den besten Schutz, zu früh entdeckt oder versenkt zu werden. Die »Unsichtbarkeit« des Torpedobootes bringt das Meer als Bühnenraum für politische Repräsentationen des Militärischen zum verschwinden. An die Stelle der Linie tritt der Schwarm.

Daher schreibt sich also die Nacht, die sich über die Schiffe in *Schiffeversenken* gesenkt hat. Im Grunde sind alle Schiffe, die sich in den gerasterten Oberflächen von *Schiffeversenken* verstecken, Torpedoboote (oder Unterseeboote). Auch ein Flugzeugträger versucht sich unter den herrschenden Bedingungen zu verhalten wie ein Torpedoboot. Die Rationalität der Dislozierung von Schiffseinheiten im Meer, wie sie *Schiffeversenken* diktiert, ist die Rationalität der Torpedoboottaktik, wie ein Seekriegstaktiker 1912 ausführt: »The probabilities that the torpedo-boats will be hit before arriving at launching distance increase with the

---

16. Bojan Budisavljevic: »D'Annunzios Torpedowesen. Instrumente der Vorsehung und Geschicke des Meeres im Seekrieg um Fiume herum«, in: *Der Dichter als Kommandant. D'Annunzio erobert Fiume*, hg. v. H. U. Gumbrecht, F. Kittler, B. Siegert, München 1996, S. 227–259, hier: S. 237.
17. Aube, zit. nach Volkmar Bueb, *Die »Junge Schule« der französischen Marine. Strategie und Politik 1875–1900*, Boppard 1971, S. 21.

compactness of the order of attack; since, when the torpedo-boats are very close together, they constitute a single, extended target, easily visible; and, vice versa, they diminish with the increase in the dispersion of the torpedo-boats in the direction normal to the line of fire.«[18]

Entsprechend tauchen die Fragen, die sich ein jeder stellt, der *Schiffeversenken* spielt, historisch genau in dem Moment auf, in dem es darum geht, dispers in der Tiefe des Raumes verteilte kleine Einheiten zu bekämpfen. »The question is frequently asked, should dispersion [of firing] be increased or decreased to increase the hitting?«[19] Das Ergebnis von sowohl mathematischen Berechnungen als auch von praktischen Erprobungen der US Navy lautete im Jahre 1912: Auf verstreute Ziele muss man auch verstreut schießen. »We should then be confronted with the fact that having eliminated all dispersion the hitting could actually be increased by introducing dispersion.« Rear Admiral Bradley Fiske, US Navy, zog daraus den Schluss, dass sich in diesen Fällen eine zu genaue Feuerleitung und eine zu große Geschicklichkeit beim Zielen negativ auswirken. »If the fire-control and the skill of the gunners are so great that the shots fall very close together, the chance of hitting the target is less than if the shots did not fall close together, if the range at which the guns are fired is incorrect.«[20] Fiske plädierte übrigens auch vehement für den Einsatz von »game-boards« zum Zwecke des Studiums von Taktik und Strategie des Seekriegs. Spätestens ab 1916 spielen also Marineoffiziere *Schiffeversenken* aus professionellen Gründen.

Man könnte so die Seekriegsgeschichte präsentieren als eine große Erzählung, die in den *state of the art* einmündet, der von *Schiffeversenken* repräsentiert wird. Schwimmende politische Topiken, die im mikrokosmischen Format den Makrokosmos der Polis nach- oder vorbilden sollten, werden zu unscharfen Mannigfaltigkeiten, deren Objekthaftigkeit und Sichtbarkeit abhängt vom Dispersionsgrad ihrer Elemente, deren Versenkbarkeit damit eine Funktion statistisch zu kalkulierender Ereigniswahrscheinlichkeiten wird. *Schiffeversenken* macht eine Taktik erforderlich, die man mit einem Begriff des »War against Terror« als »low-density form of warfare« bezeichnen kann. Jede erkennbare Formation ist bei dieser Art von Krieg von Nachteil, das weiß schon jeder Schulbub, der unterm Pult *Schiffeversenken* spielt. Eine Formation der Schiffe im Pulk wie sie die spanische Armada 1588 zeigte ist taktisch ebenso unklug wie die berühmte Formation der Schiffe in einer Kiellinie oder eine andere Art der »compactness of the order of attack«. Der Krieg muss eins werden mit seinem Medium, die Flottille eins werden mit dem Rauschen des Meeres und dem Rauschen der Bildschirme.

---

18. Romeo Bernotti: »The Fundamentals of Naval Tactics. Translated by Lieutenant H. P. McIntosh«, in: *Proceedings of the United States Naval Institute 38*, 1912, No. 142, S. 682.
19. B. A. Long: »Dispersion and Accuracy of Fire«, in: *Proceedings of the United States Naval Institute 38*, 1912, No. 144, S. 1603.
20. Bradley A. Fiske: *The Navy as a Fighting Machine*, New York 1916, Kap. VIII.

Anton Tantner

Das Adressierungsspiel

Im 18. Jahrhundert wird in vielen europäischen Städten die Hausnummerierung eingeführt; nicht, um den in ihnen lebenden Menschen oder Reisenden die Orientierung zu erleichtern, sondern um die in den Häusern verborgenen Ressourcen, seien es Wohnraum, Menschen oder Reichtümer, für staatliche Begehrlichkeiten verfügbar zu machen: Mal soll die Hausnummerierung die Einquartierung der Soldaten, mal die Rekrutierung der Männer, mal die Einhebung von Steuern erleichtern.

In den westlichen Ländern der Habsburgermonarchie war es 1770 soweit: Ein neues Rekrutierungssystem sollte eingeführt werden und zu seiner Vorbereitung wurde eine Volkszählung, die so genannte »Seelenkonskription« vorgenommen; um diese leichter abwickeln zu können, wurden die Häuser nummeriert, und zwar nicht, wie heute üblich, straßenweise, sondern ortschaftsweise, das heißt, es konnte auch recht hohe, in Wien zum Beispiel vierstellige Hausnummern – so genannte »Konskriptionsnummern« – geben. Pro Ort gab es demnach nur ein Haus, das die Nummer 1 trug, und es liegt nahe anzunehmen, dass es nicht gleichgültig war, welches Gebäude damit ausgezeichnet wurde.[1]

Aus diesem Umstand ergibt sich die Regel des Adressierungsspiels: Begib Dich in eine Stadt, suche das Haus Nummer 1 und fotografiere die Nummer.

Vor Spielbeginn sei noch eine Abschweifung zur Frage gestattet, um was für einen Typ Zahl es sich bei der Hausnummer handelt; hier schafft die terminologische Arbeit der Germanistin Heike Wiese Klarheit, die sich mit den verschiedenen Gebrauchsweisen von Zahlen beschäftigte. Wiese unterscheidet drei Arten von Zahlzuweisungen: Erstens die »kardinalen Zahlzuweisungen«, bei denen Zahlen die Kardinalität, das heißt die Anzahl von Elementen innerhalb einer Menge, identifizieren, zum Beispiel eine Menge von Bleistiften – vier Bleistifte – oder eine Menge von Maßeinheiten, wie zum Beispiel: Drei Liter Wein. Zweitens gibt es die »ordinalen Zahlzuweisungen«, bei denen Zahlen den Rang eines Elements innerhalb einer bestimmten Sequenz identifizieren: als Beispiel könnte man hier den dritten Platz eines Marathonläufers bei einem Wettbewerb anführen, wo demnach die Zahl drei angibt, dass er als drittschnellster im Ziel eingelaufen ist. Zuletzt führt Wiese die »nominalen Zahlzuweisungen« an, bei denen Zahlen Objekte innerhalb einer Menge identifizieren. Zahlen werden hier als Eigennamen gebraucht, als Beispiele für solche Verwendungsweisen könnte man Hausnummern, Nummern von Bus- und Straßenbahnlinien

---

1. Vgl. Anton Tantner: *Die Hausnummer. Eine Geschichte von Ordnung und Unordnung*, Marburg 2007; Ders.: *Ordnung der Häuser, Beschreibung der Seelen. Hausnummerierung und Seelenkonskription in der Habsburgermonarchie* (Wiener Schriften zur Geschichte der Neuzeit; 4), Innsbruck, Wien, Bozen 2007. Noch mehr Fotos von historischen Hausnummern zeigt die von mir im Internet eingerichtete »Galerie der Hausnummern«: http://hausnummern.tantner.net.

oder Telefonnummern anführen. Zahlen können Objekten also zu drei Zwecken zugewiesen werden: Erstens zur Bestimmung der Kardinalität von Mengen, zweitens zur Bestimmung des Rangs von Objekten in einer Sequenz und drittens zur Bestimmung der Identität von Objekten in einer Menge; es gibt kardinale, ordinale und nominale Zahlzuweisungen.[2]

Bei der Hausnummer handelt es sich um eine nominale Zahlzuweisung, wobei es allerdings vorkommt, dass sich die verschiedenen von Wiese genannten Gebrauchsweisen vermischen. Dies lässt sich an den 1770 in der Habsburgermonarchie ortschaftsweise eingeführten Hausnummern exemplarisch darstellen: Bei ihnen entsprach – zumindest in der Theorie – die Zahl des letzten Hauses der Anzahl der Häuser der jeweiligen Ortschaft; es war möglich, Listen zu erstellen, in denen neben dem Namen der Ortschaft die Zahl der letzten Hausnummer der Ortschaft geschrieben wurde, und man konnte die Zahl der Häuser oder genauer: der vergebenen Hausnummern innerhalb eines Landes bestimmen; so lässt sich zum Beispiel feststellen, dass in den 1770/72 in der Habsburgermonarchie von der Seelenkonskription erfassten Ländern 1.100.399 Häuser nummeriert wurden. Auch die ordinale Zahlzuweisung kann bei Hausnummern eine Rolle spielen, schließlich ist es, wie bereits angedeutet, keineswegs irrelevant, welches Haus die Nummer 1 bekommt; dies gilt auch im Falle der straßenweisen Nummerierung, bei der die begehrte Nummer öfters als bei der ortschaftsweisen Nummerierung verteilt wird: So berichtet der Chronist des Pariser Stadtlebens, Louis-Sébastien Mercier, dass bei der Vergabe der Hausnummern alle die Nummer 1 ergattern wollen, alle wollen Cäsar gleichen, keiner möchte in Rom der zweite sein; es könnte doch glatt sein, dass eine noble Toreinfahrt nach einer nichtadligen Werkstatt nummeriert würde, was eine Prise Gleichheit mit sich brächte, vor deren Etablierung man sich wohl hüten müsse.[3]

Wo ist die Nummer 1?

In der Tschechischen Republik ist das Adressierungsspiel verhältnismäßig leicht zu spielen, denn die meisten Häuser tragen zwei Hausnummern: Die Fähigkeit der Konskriptionsnummern, unterschiedliche politische Systeme zu überdauern, erwies sich hier stärker als in Österreich. In vielen Städten sind sie zusammen mit der Orientierungsnummer an den Häusern angebracht, wie am *Katastralamt der Stadt Brno* (Abb. 1), dem ehemaligen Dikasterialgebäude. Links oben ist die Orientierungsnummer – tschechisch *číslo orientační* – zu sehen, links unten die *číslo popisné* (Beschreibungsnummer bzw. Konskriptionsnummer). Das Aussehen dieser Tafeln ist normiert und die *číslo popisné* ist heute noch in manchen

---

2. Heike Wiese: »Sprachvermögen und Zahlbegriff. Zur Rolle der Sprache für die Entwicklung numerischer Kognition«, in: Pablo Schneider und Moritz Wedell (Hg.): *Grenzfälle. Transformationen von Bild, Schrift und Zahl* (=visual intelligence. Kulturtechniken der Sichtbarkeit; 6), Weimar 2004, S. 123–145, hier 127f.
3. Louis-Sébastien Mercier: *Tableau de Paris*, 2 Bände, Paris 1994, Bd. 1, Kap. 170, S. 403.

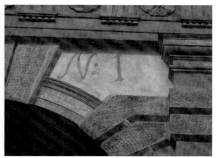

Abb. 1: Katastralamt der Stadt Brno, Morávské námìstí.

Abb. 2: Prag Hradčanské náměstí 1.

Verwaltungsabläufen von Bedeutung; der Identitätsausweis der Bürgerinnen und Bürger der Tschechischen Republik verzeichnet bei der Angabe des Wohnorts beide Nummern.

Allerdings, das hier abgebildete Gebäude trug nicht immer die Nummer 1; bei der Konskription von 1770 wurde die Nummer 1 dem so genannten »KonsummoMauthäusel« verpasst, das außerhalb des Brünner Tors lag; die Konskriptionskommissare gaben die Nummer 1 damit nicht einem repräsentativen Gebäude, sondern dem ersten Haus beim Stadteingang. Erst bei einer 1806 durchgeführten Umnummerierung wurde das hier abgebildete Dikasterialgebäude mit der Nummer 1 ausgezeichnet.[4]

Prag bestand aus mehreren Städten, die jeweils von 1 an durchnummeriert wurden. Im Burgviertel – *Hradčany* – bekam die Burg (Abb. 2) die Nummer 1, die im rechten Bogenwickel des Matthiastors angebracht wurde,[5] während auf der Kleinseite das ehemalige böhmische Gubernium am *Malostranské náměstí* (Abb. 3) die Nummer 1 trägt. Auf der anderen Seite der Moldau, in der Altstadt, war einst das Altstädter Rathaus mit der Nummer 1 ausgezeichnet; nach Umnummerierungen beginnt die Zahlenkette nunmehr am *Male náměstí* (Abb. 4); bei der unteren Nummer (auf rotem Hintergrund) handelt es sich um die *číslo popisné*, darüber ist – (mit blauem Hintergrund) – die straßenweise Orientierungsnummer angebracht.

In Wien war es – wenig verwunderlich – die *Hofburg* (Abb. 5), die die Nummer 1 verpasst bekam. Dies geht nicht nur aus den zeitgenössischen Häuserverzeichnissen hervor,[6] sondern auch aus der Vogelschauansicht Joseph Daniel

---

4. *Verzeichniss der in der königlichen Stadt Brün befindlichen Gässen, numerierten Häuser, Inhaber und ihrer Schilde [...], Brünn 1779* (o. V.), ediert als: »Der Brünner Häuserschematismus vom J. 1779«, in: Wilhelm Schram: *Ein Buch für jeden Brünner*, III. Jg 1903, Brünn 1902, S. 133–150; Anton Kromer: *Vollständiges Verzeichniß aller in der kaiserlichen auch k.k. Haupt-Stadt Brünn und ihrer Vorstädte befindlichen und nun neu nummerirten Häuser, [...]*, Brünn, Olmütz 1806.
5. Dank für den Hinweis an Rainer Valenta.
6. Vgl. u.a. *Conscription der kay: kön: Residenz-Stadt Wien*, ca. 1772, f. 1r, Österreichische Nationalbibliothek, Handschriftensammlung, Cod. 12963.

Abb. 3: Prag Malostranské náměstí 16–17.

Abb. 4: Prag Malé náměstí 1.

Abb. 5: Wien Hofburg: Das Schweizer Tor.

Abb. 6: Wien Grinzing, Himmelstraße 25.

von Hubers, die zeitgleich zur Hausnummerierung angefertigt wurde. Nicht genau bekannt ist allerdings, wo die Nummer angebracht war: Auf Hubers Plan von 1769 bis 1774 ist sie beim Leopoldinischen Trakt eingetragen,[7] sein 1785 angelegter Plan wiederum verortet sie beim Schweizer Tor;[8] auch Rainer Valenta, ein Experte für die Baugeschichte der Hofburg in dieser Zeit, vertritt die Ansicht, dass die Nummer beim Schweizer Tor angebracht war,[9] während der ehemalige Burghauptmann Richard Kastner vermutet, dass diese am ehesten beim Eingang zur Hofburg beim Michaelerplatz aufgemalt war und beim Bau des Michaelertrakts verschwand.[10]

Wie auch immer, dass auf der Hofburg eine Konskriptionsnummer angebracht war, ist belegt: So wurde 1784, als das in den Erblanden bereits eingeführte Konskriptionssystem auch nach Ungarn gebracht wurde, die Hausnummerierung damit beworben, dass auch die Hofburg eine Nummer tragen würde. In einem Handbillet Josephs II. heißt es: »Es versteht sich, dass alle Honoratiores,

---

7. Josef Daniel Huber: *Scenographie oder [...] Abbildung der [...] Stadt Wien, 1769–1774.* Digitalisat: http://teca.bncf.firenze.sbn.it/TecaViewer/index.jsp?RisIdr=BNCF0003495768 (Zugriff 20.10.2010).
8. Joseph Daniel von Huber: *Die Kays. Königl. Haupt und Residenz Stadt Wien,* 1785, Digitalisat auf CD-ROM: Wien: Österreichische Akademie der Wissenschaften: Sammlung Woldan, 2005.
9. Auskunft per E-Mail vom 13.11.2006.
10. Telefonische Auskunft vom 25.4.2007.

Abb. 7: Gmünd in Kärnten: Schloss Lodron.

Abb. 8: Waidhofen an der Thaya: Das Schloss.

Abb. 9: Venedig, San Marco: Der Dogenpalast.

Abb. 10: Venedig, San Marco: Fondaco dei Tedeschi.

Nobiles auch Magnaten, wer es immer ist, keine Scheu tragen müssen, dass sie mit ihrer Familie aufgezeichnet und ihre Schlösser numerotirt werden, da es selbst die Kaiserliche Burg ist.«[11] Auch in der in Preßburg von der königlichen Statthalterei erlassenen Verordnung wird dieses Argument verwendet: Adel und Magnaten könnten nichts gegen die Nummerierung einwenden, »da der kaiserl. königl. Pallast selbst, den Se[ine]. Maj[estät]. bewohnen, auf gleiche Weise numerirt ist.«[12]

Erhalten hat sich demgegenüber die Nummer 1 von *Grinzing*, mit der das *Pfarrhaus* (Abb. 6) ausgezeichnet wurde; in *Gmünd in Kärnten* (Abb. 7) sowie in *Waidhofen an der Thaya* (Abb. 8) ist es wiederum das jeweilige *Schloss*, das die Nummer 1 trägt.

In Venedig wurden die Häuser während der ersten habsburgischen Herrschaft, die von 1797 bis 1805 dauerte, viertel- bzw. »sestiere«-weise nummeriert. Die entsprechende, mit 24. September 1801 datierte Verordnung bestimmte, dass die Nummern mit schwarzer, aus Knochenkohle und Öl hergestellter Farbe

---

11. Gusztáv Thirring: *Magyarország Népessége II. József korában*, [Die Bevölkerung Ungarns zur Zeit Josephs II.], Budapest 1938, S. 145. (ah. Handbillet Brief Josephs II. an Ferenz Esterházy, 1.5.1784).
12. [Christian Wilhelm von Dohm:] »Schreiben aus Ungarn«, in: *Deutsches Museum* 1785, Bd. 1, S. 58–84, hier 74. (Verordnung der k. Statthalterei in Preßburg, 16.8.1784).

auf einem zuvor auf das Haus gemalten weißen Rechteck anzubringen waren. Gleichzeitig wurden die Straßennamen auf die Häuser geschrieben, weiters wurde ein neuer Kataster der venezianischen Stadtviertel angelegt.[13] Mitte des 19. Jahrhunderts wurde noch eine Umnummerierung durchgeführt, seitdem blieben die Nummern gleich; niemals wurde eine straßenweise Hausnummerierung eingeführt, was die Orientierung in dieser Stadt bekanntermaßen schwierig macht.

Im Viertel San Marco war es der *Dogenpalast* (Abb. 9), der mit der nur mehr in Fragmenten vorhandenen Nummer 1 bedacht wurde; die letzte bzw. höchste Nummer dieses Sestiere bekam der *Fondaco dei Tedeschi* (Abb. 10).

---

13. Giulio Zorzanello: »Il centocinquantesimo anniversario della numerazione delle case di Venezia. Note sulla toponomastica veneziana«, in: *Ateneo Veneto*, 29, 1991, S. 307–337, hier 307–310.

ZU HAUS IM RAUSCHEN UND IM SCHNITT

Bernhard J. Dotzler

Treatment der Diven
Über Werner Schroeters ›Abfallprodukte der Liebe‹

Die, die ihr liebt, verlasst nicht!
Und wenn ihr Abschied nehmt,
tut es, als sei's für immer!
Auch wenn ihr nur für einen
Augenblick weggeht.
Alexander Kotchekov

»Der Film heißt Abfallprodukte der Liebe, und es geht darum, warum Sänger Ausdruck finden in der Stimme. Und die Sänger, die ich am meisten bewundert habe in meinem Leben, habe ich zum Glück alle bitten dürfen, und sind alle gekommen. Der erste Teil war in Paris, der zweite Teil hier...«[1] – Ich, das ist Werner Schroeter. Die Sänger, das sind Marie-Stéphane Bernard (Sopran), Anita Cerquetti (Sopran), Katherine Ciesinski (Mezzo-Sopran), Kristine Ciesinski (Sopran), Laurence Dale (Tenor), Jenny Drivala (Sopran), Gail Gilmore (Sopran), Rita Gorr (Mezzo-Sopran), Sergej Larin (Tenor), Martha Mödl (Dramatischer Sopran), und Trudeliese Schmidt (Mezzo-Sopran). Hier, das ist die Abtei von Royaumont aus dem 13. Jahrhundert, wo einst die verstorbenen Kinder der königlichen Dynastie beigesetzt und im 19. Jahrhundert Opernuraufführungen inszeniert wurden, wo 1964 Les Amitiés particulières gedreht wurde, und wo nun Werner Schroeter das Refugium für sein Filmprojekt fand. Statt eines Drehbuchs gab es Auflagen, also Spielregeln:

1. Die Sängerinnen und Sänger haben zwei Tage am Drehort zu verbringen und eine vom Regisseur ausgewählte Arie einzustudieren.

2. Das Orchester wird durch Klavierbegleitung ersetzt; am Piano: Elisabeth Cooper, die zugleich die gesamte Musikregie führt.

3. Zugelassen sind außerdem Plattenaufnahmen der Sängerinnen und Sänger; diese unterscheiden sich von den neu inszenierten Arien durch ihre Orchesterbegleitung.

4. Jede Sängerin und jeder Sänger bringe mit, wer ihr oder ihm am nächsten steht: Freunde, Geliebte, Kinder.

5. Jede Sängerin und jeder Sänger hat sich den Fragen Werner Schroeters zu stellen. Fragen nach Leben, Liebe und Tod: Angenommen, dir bleiben drei Minuten zu leben, würdest du reden oder schweigen? Wovor hast du im Leben

---

1. Poussières d'amour – Abfallprodukte der Liebe, D/F 1996, R: Werner Schroeter. Alle im Folgenden nicht anders nachgewiesenen Zitate stammen aus diesem Film (Tonspur bzw. Untertitelung), wobei auf Timecode-Angaben verzichtet wird. Die nachstehende Erläuterung der Spielregeln erfolgt unter Verwendung von Claire Albys Text im Presseheft des Filmverleihs, wiederabgedruckt als Beilage zur DVD-Ausgabe der Filmgalerie 451, Berlin 2009.

Angst? Haben Sie Angst vor dem Tod? Passiert es dir nie, dass du durcheinander kommst in der Liebe?

6. Anita Cerquetti und Martha Mödl, als die Altmeisterinnen der Opernbühne, erhalten darüber hinaus die Sonderrolle, durch Carole Bouquet und Isabelle Huppert betreut und befragt zu werden: Erteilen Sie auch Gesangsunterricht, Madame Mödl? Warum, Signora Cerquetti, hörten Sie auf dem Höhepunkt Ihrer Karriere zu singen auf?

7. Die individuelle Bedeutung der ausgewählten, geprobten und schließlich aufgeführten Arien wird durch persönliche Requisiten, das zugehörige Kostüm, ein besonderes Make-up, eine bestimmte Ausleuchtung der Szene unterstrichen.

8. Alle Regeln – die Gesangsproben, die inszenatorisch-theatralischen Maßnahmen, die Pflicht- und die Privatgespräche – sind so anzuwenden, dass sich ihre Effekte in der jeweiligen einen Arie konzentrieren: »Ich habe den Sängern ganz kurz erklärt, dass sie für diesen Film keine ganze Oper singen müssen, sondern nur eine Arie, die sie zum Leben erwecken sollen, so als würden sie ihre eigene Lebensgeschichte erzählen.«

Wie bei allen Spielen, Versuchsanordnungen, Settings kommt auch bei diesem am Ende nur heraus, was zuvor in es hineingesteckt wurde. Die Frage, von Roland Barthes übernommen,[2] geht nach dem Ausdruck, den Sänger/innen in der Stimme finden. Aber die Antwort, die der Film umkreist und zeigt und hören macht, »verifiziert« lediglich die Ausgangshypothese, die nach Schroeters Selbstkommentar den Titel und damit den Grund lieferte, das Filmspiel überhaupt zu erfinden, in Szene zu setzen, zu wagen (ein Spielfilm ist es ja nicht, ein Dokumentarfilm auch nicht, sondern eben ein Filmspiel, Filmernst, Filmkunst):

> »Der Titel dieses Films basiert auf der sehr persönlichen Überzeugung, dass alles, was wir mit der Stimme ausdrücken, das Produkt unserer Suche nach einer größeren Annäherung mit dem Anderen, nach der Liebe und sämtlichen denkbaren Liebesfähigkeiten ist. Um diese grundsätzliche These zu verifizieren, habe ich SängerInnen in die Abtei von Royaumont eingeladen und sie, in von mir ausgedachten Situationen, zu Gesprächen mit ihren Ehemännern und -frauen, mit ihren Partnern, Freundinnen oder Kindern aufgefordert. Jedes dieser Liebespaare war ein bis zwei Tage bei mir, und ich habe, den Inspirationen und der Alchemie des Moments folgend, Situationen inszeniert, die sich schließlich in Musik auflösen.«

---

2. Vgl. Roland Barthes: *Was singt mir, der ich höre, in meinem Körper das Lied*, Berlin 1979. Wozu der Genauigkeit halber anzumerken ist, dass Barthes gerade den »Ausdruck«, die »Expressivität der Stimme« gering schätzt, um ihr vielmehr die Kategorie der »Rauheit« entgegenzusetzen (»le grain«, weniger poetisch, aber richtiger könnte man also vielleicht »Granulation« dazu sagen). Gemäß dieser Unterscheidung ist es aber gerade »le grain«, worauf Schroeters Film aus ist.

Verifikationen von Allgemeingültigkeit, wie man weiß, gibt es nicht. Man kann immer nur den Einzelfall, die Einzelfälle bestätigen. Also zählt, wenn es um Wahrheit geht, immer dieser und kein anderer Fall. Wenn nur herauskommen kann, was hineingesteckt wurde – was also wurde hineingesteckt?

Schroeters Film gehorcht einer strengen Regel – das genau definierte Setting –, verbunden mit beständigen Improvisationen, die eben aufgrund der strikten Vorgaben möglich und wirklich sind. Er ist darin selbst eine Oper, und nicht nur ein Opernfilm. Oder genauer: Er ist deren Inszenierung, deren Realisierung, entstanden ohne Libretto und Partitur – kein Drehbuch –, nahezu ausschließlich am *performativen* Augenblick interessiert, einhergehend mit dem Paradox, dass eben dessen transitorisches Geschehen, dessen Variabilität und Flüchtigkeit im Medium der Ton- und Bildspeicherung für ewig (wenn es denn Ewigkeit gäbe) festgehalten wird. Dementsprechend ist der Film, wie er mittlerweile auf DVD zirkuliert, nicht in die sonst üblichen »Kapitel« eingeteilt. Das so genannte Menü bietet lediglich »Filmstart« und »Extras« an. Die Oper, deren Geheimnis der Film nachspürt, ist nicht die Nummernoper, sondern das Musikdrama seit oder nach Mozart. Ist das Drama der Musik, die Musik zum Tode, dem Absoluten, dem Nichts. Die Musik als »geheimnisvolle Kommunikation«, als »sinnliche Genialität«, als »Verschwinden in der Zeit«[3] – aufbewahrt und damit reproduzierbar gemacht. Auch wenn von den einzelnen ausgewählten Beispielen der Gattung Oper immer nur eines ihrer Kernstücke, immer nur eine Arie herausgehoben wird, so ist es doch *die* Oper als solche, ist es *der* Gesang als solcher, denen Schroeter, der nicht nur Theater- und Opernregisseur sowohl als Filmregisseur war, sondern Opern- und Theater- und Filmregisseur in einem, nachgeht. Die Oper, die er als Film realisierte, ist eine Oper über die Oper.

Gleich zu Beginn erklärt er, am Beispiel von *Lulu*, die Bühne zum Reich seiner inszenatorischen Direktiven: »Für Geschwitz ist Lulu der Gipfel der Erlösung. Im Leben gibt es das nicht.« Wenig später im Film verlangt er das genaue Gegenteil: »Dass es nicht so Oper ist, wo immer alle sterben, indem sie hinsinken. – Also, man stirbt ja wirklich.« Einander entgegengesetzt und doch eines Sinnes, nach beiden Regieanweisungen ginge das Verlangen auf mehr als die Oper. In beiden Fällen sollen Leben und Tod – das Wirkliche – die Richtschnur sein. Tatsächlich richtet sich der Film insoweit gegen die Oper, statt Oper der Oper zu sein. Bis einmal die ausgewählte Arie am Stück erklingt, wird der Gesang oft genug nach nur ein paar Takten unterbrochen, abgebrochen. Der größere Teil der Filmspielzeit widmet sich der Einstudierung, den Proben der Arien, statt deren Aufführung selbst. Den Gesprächen über sie wie mit denen und über die, die sie nun erneut erklingen lassen sollen. Es ist kein Spielfilm, kein Melodram, sondern es ist ein dokumentarisches Spiel, das Schroeter filmisch realisiert hat.

Aber der Film als solcher, weiß Schroeter offenbar auch, hat die Oper – als solche – beerbt, und das in jeder seiner Formen: stumm, mit Orchesterbegleitung, oder begleitet vom Nadelton, oder schließlich als Tonbild. (Das vollendete

---

3. Sören Kierkegaard: *Entweder – Oder*, München 1988, Bd. I, S. 57–163.

Musikdrama, Wagner, den sogar die Callas gesungen hat,[4] ist reiner *soundtrack*; alle *soundtracks* der Filmgeschichte bis heute sind direkt oder indirekt der kurzen musikgeschichtlichen Spanne von Wagner bis Mahler verpflichtet.) Darum kann Schroeter mit der Oper verfahren, wie Godard mit dem Film verfuhr. »Wenn der Film bei mir fertig ist, *ist* er auseinandergenommen«,[5] sagte Godard, mit »fertig« gerade das final montierte, also wieder zusammengefügte Leinwanderlebnis meinend, und so zelebriert Schroeters Film die Oper, nur scheinbar gegen sie, indem er sie zerlegt und aus der Zerlegung noch einmal – neu – erstehen lässt. (Schon die Reduktion auf jeweils eine Arie, ein *highlight*, medienzeitgemäß gesprochen, ist eine Zerlegung: *pars pro toto*.) Das bewahrheitet sich am Einzelfall ebenso wie durch das Reglement, das sich der Film auferlegt hat (sich, wie damit seinen Teilnehmern, ob den Akteuren, den Regisseur inbegriffen, oder seinen Requisiteuren, seiner Beleuchterin, seinen Betrachtern und Betrachterinnen, seinen Hörern und Hörerinnen).

Während, zum Beispiel, Trudeliese Schmidt *Nannas Lied* von Kurt Weill und Bertolt Brecht probt *und* ausagiert – »Wo sind die Tränen von gestern abend? Wo ist der Schnee vom vergangenen Jahr?« –, sieht man Anita Cerquetti für ihren Auftritt, ihre Proben sich vorbereiten, und gleich darauf – harter Schnitt, wie er härter und zugleich sinngemäßer nicht sein könnte – studieren die Schmidt und die Cerquetti den Part der Adalgisa[6] ein, und nichts könnte herzzerreißender sein als diese gerade einmal 40 Sekunden währende Anspielung ihres vorgekrächzten (Cerquetti) und ihres mitgehenden (Schmidt) »proteggimi, o Dio!«, die Hände ringend, ohne den Klangteppich eines Orchesters, a cappella zuerst, ja sogar wie eine reine Sprechübung zunächst, der gleichfalls nur andeutungsweisen Intonation der Klavierbegleitung folgend sodann, im Ganzen die beiden Stimmen rein auf sich selbst reduzierend, rein wie niemals sonst sich verausgaben lassend: diese sich versagende Stimme der einen wie die Stimme der anderen, konzentriert auf all ihren Schmelz.

Die Oper, der Gesang, die Musik, heißt das verallgemeinert, bestricken nicht durch ihre Referenz, nicht also durch irgendwelche Aussagen über das Leben, den Tod oder die Liebe, sondern durch das Moment der Verstrickung selbst, die eben die Liebe *ist*, statt sie zu bedeuten, genauso wie der Tod, das Leben, die Alltäglichkeit. Musik ergreift. Und genauer: Sie ergreift als reine »Unmittelbarkeit«,[7] in der es eine Erlösung gibt wie sonst im Leben nicht, und die doch ihrer-

---

4. Als Isolde, Venedig 1947/48; als Walküre, Palermo 1949; und im selben Jahr in Rom als Kundry; konzertante RAI-Einspielung des *Parsifal* (in der *Versione ritmica italiana di Giovanni Pozza*) 1950.
5. Zit. nach: Klaus Theweleit: *one+one*. *Rede für Jean-Luc Godard zum Adornopreis*, Berlin 1995, S. 18.
6. Aus Bellinis *Norma*, versteht sich – obschon das Nebeneinander der beiden Sängerinnen durchaus wie ein Synchronbild der jungen und der alten Operndiva gleichen Namens bei Carlo Emilio Gadda aufgefasst werden kann: *Adalgisa* [1944/1985], Berlin 1989, S. 61: »Was ihr blieb, war ›ihre Kunst‹: das Problem der Stimme. Aber in diesen zwei Monaten kam ihre Kunst, also die Stimme, völlig in die Ordnung. Sie wurde zu einer ganz normalen Stimme, sogar mehr als normal: um Anweisungen zu geben, dem Dienstmädchen, der Köchin, wie eine Dame, wie eine wahre Dame.«
7. Kierkegaard: *Entweder – Oder*, a.a.O., S. 69.

seits flüchtig ist wie sonst nur das Leben selbst, ein »transitorischer Vorgang«,[8] eine Realität, die nur existiert, indem sie vergeht. Dass sich Musik notieren lässt, ändert daran so wenig etwas wie die Möglichkeiten der Tonspeicherung seit Beginn des Zeitalters technischer Medien. Auch die akustische Aufzeichnung verschafft der Musik keine zusätzliche Dauer, sondern nur Wiederholbarkeit (immerhin, im Unterschied zur Notenschrift, identische Wiederholbarkeit). Bilder lassen sich festhalten, Töne nicht. Der angehaltene Ton verstummt sogleich. Kein gespeicherter Ton ist Ton. Die Plattenrille *birgt* Musik, die aber doch Musik erst wieder ist, wenn sie eben aufs Neue erklingt und verklingt.

Es wird noch zu sehen sein, wie dezidiert sich Schroeters Film im Speziellen auf die Oper in der Epoche der Grammophonie konzentriert. Allgemeiner auf die Oper als Kunstform bezogen, analysiert er sie jedenfalls als ein »Zwischen-Phänomen«, wie es (nach Platon) die Liebe ist.[9] Das ist die Funktion – die Zumutung – seines zugleich so umständlichen wie reduktionistischen Reglements. Es stellt einen Zwischenzustand zwischen der Kunst und dem Leben her: hier die *performance* der Sängerinnen und Sänger, da der gemeinsame Aufenthalt mit den Familien und Freunden, die Liebespaar-Konstellationen, das gemeinsame Wohnen, Reden, Lachen, Schweigen, die Gewöhnlichkeit zwischen den *acts*. Diese *acts* erhalten dadurch eine Zwischenstellung zwischen dem großen Starauftritt auf der Opernbühne und der Intimität einer Soirée (wo nicht schlicht eines Hausmusikabends), analog zur Gegensätzlichkeit ihrer Rahmung zwischen einerseits dem Minimalismus der Klause, in die zu begeben die Teilnehmer sich verpflichtet haben, andererseits der Opulenz der dafür gewählten historischen Kulisse und der individuell beigezogenen Requisiten. Nach Barthes verschwindet die Rauheit, Körnigkeit, Granulation der Stimme, wie (erst) der romantische Gesang sie (wieder) kennt, in der Oper hinter der »dramatischen Expressivität« der stimmlichen Rollenverteilung, die mit Bass, Alt, Tenor, Sopran je eigene »Genres« definiert.[10] Schroeters Versuchsanordnung verwandelt nun ausgerechnet die Opernarie in eine Art romantisches Lied. Oder wiederum: Sie erzeugt einen Zwischenraum zwischen Oper und Lied, zwischen dem orchestrierten Gesang (von der Platte) und dem Gesang der Individuation (am Piano, mit Pianobegleitung): »Was singt mir, der ich höre, in meinem Körper das Lied? Alles, was in mir widerhallt, mir Angst macht oder mein Begehren weckt. Ganz gleich woher diese Verwundung oder diese Lust kommt: für den Verliebten wie für das Kind singt der romantische Gesang immer die Erschütterung des verlorenen, verlassenen Subjekts.«[11]

Es ist der in dieser Weise ergreifende Gesang, den Schroeters Spielregel zum Einsatz macht. Nicht zufällig ist da inmitten all der Opernmusik auch Schubert: »Heilige Nacht, du sinkest nieder […]/ Holde Träume, kehret wieder!«, gesungen von Laurence Dale, nachdem er Massenets *Werther* vor- und aufgeführt hat.

---

8. Wolfgang Hildesheimer: *Mozart*, Frankfurt/M. 1980, S. 43.
9. Hier nach Barthes: *Was singt mir…*, a.a.O., S. 17.
10. Ebd., S. 23.
11. Ebd., S. 11f.

Nicht von ungefähr ist da *Nannas Lied*: »Gott sei Dank geht alles schnell vorüber/ Auch die Liebe und der Kummer sogar./ Wo sind die Tränen von gestern abend?/ Wo ist der Schnee vom vergangenen Jahr?« – nicht umsonst Mozart als das andere Ende der Zeitskala, der im Rahmen der von Schroeter ausgewählten Exempla erste aller Liederkomponisten, an dem sich Isabelle Huppert versucht, die keine hauptberufliche Sängerin ist, aber mit Anita Cerquetti und Martha Mödl sich austauscht, diese befragt, bei ihnen Gesangsunterricht nimmt. Anita Cerquetti hat ihre Gesangskarriere früh beendet. Martha Mödl dagegen wird ihr Leben lang gesungen haben, und sie erinnert sich an Furtwängler, der auch Fehler habe durchgehen lassen, während inzwischen »alles, alles im Leben« dem Imperativ unterstehe, »technischer und perfekter« zu sein. So befragt das Spiel dieses Films nicht zuletzt die Zäsuren, durch die seine Regeln – nur scheinbar für ihn selbst erdacht – ehemals eingesetzt und eines Tages auch wieder außer Kraft gesetzt wurden.

Ihre Einsetzung ist mit dem Namen Mozarts verbunden: Mozart, erstens, als das Rätsel der Gabe der Musik schlechthin – gleich der Frage Isabelle Hupperts an Martha Mödl: »Was Sie glauben, was Sie in sich haben«; Antwort: »Ich weiß einfach nicht« (und wiederum könnte nichts mitreißender sein als der gleich darauf von beiden geteilte Moment des Glücks, während sie gemeinsam einer Plattenaufnahme von Beethovens *Fidelio* mit Mödl in der Titelrolle lauschen). Mozart, zweitens, in seiner eigentümlichen Doppelgestalt von Konvention und Innovation. Und Mozart, drittens, als Seismograph einer anbrechenden neuen Epoche der Liebe – eben der romantischen Liebe, nicht anders als mit ihm der romantische Gesang, beinahe oder gerade schon, begann.

Zumindest der Legende nach war Mozart ein alberner Tropf, ein obszönes Kind, der Koprolalie ergeben, im Erwachsenenalter einer der *party people* seiner Zeit. Ausgerechnet die wüstesten seiner Briefe – »und auf das heisel nun begieb ich mich, und einen dreck vielleicht scheisse ich« – unterzeichnete er mit seinem zweiten Vornamen »Amadeus«,[12] als der von Gott Geliebte mithin, der er doch anerkanntermaßen nur in musikalischer Hinsicht war. Durch Mozart sprach »eine Stimme Gottes«; in Mozart sprach zugleich »die Stimme eines obszönen Kindes«:[13] So hat Milos Formans Kinohit AMADEUS (1984) nach Peter Shaffers gleichnamigem Erfolgsstück den Mythos noch einmal ausgestaltet, Antonio Salieri in den Mund legend, wie man zum Beispiel das Wunder der Serenade für 13 Bläser (KV 361), wenn überhaupt, vielleicht in Worte fassen könnte: »Und dann erklang plötzlich hoch darüber ein einzelner Oboenton. Er blieb unerschütterlich stehen – drang in mich ein – bis ihn der Atem nicht mehr halten konnte und eine Klarinette ihn sachte aus mir zurückzog und ihn in einer Phrase von solchem Entzücken besänftigte, dass ich erbebte.«[14] Oder die Zartheit des »Soave sia il vento...«: »And I heard [...] the spirit singing through it,

---

12. Vgl. Hildesheimer: *Mozart*, a.a.O., S. 122f.
13. Peter Shaffer: *Amadeus. A Play,* [1980], Stuttgart 1987, S. 50; dt. Übersetzung: Frankfurt/M. 1982, S. 33.
14. Ebd., 48f.; dt. 32.

unstoppable in my ears! I heard his comedy about the seduction of two sisters, *Così Fan Tutte* [...] Thus do all women, thus do all men. We are all deceivers and deceived«[15] – die Musik gewordene Abgründigkeit einer *inneren* Dramatik also, wie sie noch *La Clemenza di Tito* zu einer Oper von Mozart und keinem früheren macht. Ausgerechnet aus dieser parallel zur *Zauberflöte* entstandenen letzten Oper Mozarts muss Isabelle Huppert eine Probe geben, um sich von Madame Mödl ein wenig zurechtweisen zu lassen, sie solle nicht so »geradeheraus« singen, sondern es »zart und leger« versuchen.

La Clemenza di Tito gilt vielen als Rückfall Mozarts in die von ihm schon überwundene *opera seria*, mit nur vereinzelten Anklängen an sein wahres Genie. Aber damit bestätigt diese Oper nur die Rolle ihres Schöpfers als Grenzgänger, als Erneuerer im Widerstreit mit der Konvention. Bezeichnend ist der berühmte Sehnsuchtsbrief an Constanze: »Du kannst nicht glauben wie mir die ganze Zeit her die Zeit lang um Dich war! – ich kann Dir meine Empfindung nicht erklären, es ist eine gewisse Leere – die mir halt wehe tut, – ein gewisses Sehnen, welches nie befriediget wird, folglich nie aufhört – immer fortdauert, ja von Tag zu Tag wächst...«[16] Wenn Laurence Dale bei Schroeter von der Un-Fähigkeit spricht, das Lieben und Geliebtwerden zu verbalisieren, klingt das nicht wesentlich anders. Deshalb kann man in Mozarts Zeilen einen so unvermuteten wie unvermutet modernen Einblick in sein Gefühlsleben sehen (wollen), man kann aber ebenso die Gegenvermutung anstellen, ob nicht das »Sehnen, welches nie befriediget wird« bloß als Definition aus einem verschollenen Lehrbuch vom Typ der Kantschen *Anthropologie* durchschaut werden müsste, genauso wie der Topos der Unsagbarkeit eben ein Topos ist, nachgerade ein Musterbeispiel des Konventionellen.

Unstrittig bleibt, dass Mozart an die Regeln rührte, unter denen er angetreten war, sein Leben und seine Musik zu verwirklichen. Er war, sagen die Schulbücher, die »entscheidende Kraft im Wendepunkt zweier musikalischer Epochen«.[17] Kompositorisch revolutionierte er die polyphon-kontrapunktische durch die homophone Satzweise, das Gegeneinander oder *punctus contra punctum* mehrerer selbständiger Stimmen durch eine tragende Stimme und Melodie – die Oboe und die Klarinette in jenem Adagio der Serenade für 13 Bläser, das bei Shaffer wie Forman die Süße und den Schmerz des Verlangens in Salieris Busen brennt; oder jenes »Soave sia il vento...« wie das Quintett davor, Fiordiligis »Si costante a me sol!« und Dorabellas »Serbati fido!« Damit einhergehend stellen *die Opern Mozarts* – die drei da Ponte-Opern *Die Hochzeit des Figaro*, *Don Giovanni* und *Così fan tutte* – Versuchsanordnungen dar (und machen sie hörbar),[18] die die überkommenen Spiele des höfisch-galanten Triumphs der Verführung mit

---

15. Ebd., 135f. (in der dt. Übersetzung nicht enthalten).
16. Brief vom 7.7.1791, zit. n. Hildesheimer: *Mozart*, a.a.O., S. 349.
17. Hans Renner: *Grundlagen der Musik: Musiklehre*, Stuttgart 1986, S. 112.
18. Wie zur selben Zeit der Wandel der *Medea*-Opern – in Schroeters Film repräsentiert durch, wie auch anders, die *Medea* Cherubinis, gesungen von Kristine Ciesinski. Vgl. dazu Bernhard J. Dotzler: »Medeamaschinen oder Der Schematismus der reinen Mythologie«, in: *Paragrana. Internationale Zeitschrift für Historische Anthropologie*, Bd. 14, 2005, H. 2: Körpermaschinen – Maschinenkörper, S. 119–144.

den Abgründen der romantischen Liebe konfrontieren. An dieser neuen Liebe scheitert der Despot der *Hochzeit*. Diese Liebe durchkreuzt die Liste des Don Juan (von seinen Listen gar nicht zu reden), welche Liste, statt lediglich Erfordernis aufgrund der Vielzahl eroberter Frauen zu sein, umgekehrt, indem sie nach ihrer Weiterführung verlangt, diese Vielzahl erfordert. »Ah, morgen früh musst du meine Liste bestimmt um zehn Einträge erweitern« – so verführt dieser Verführer weniger seiner sexuellen Befriedigung wegen, als vielmehr umwillen der nachträglichen Lust, seine Liste zu führen.[19] Nur gehören die *mille e tre* Eroberungen (allein in Spanien) schon der Vergangenheit an. Der Don Juan der Oper Mozarts (wie der meisten der ihm gewidmeten Stücke) ist glücklos: Die strafende Gerechtigkeit holt ihn ein, dieses alte Muster einerseits, wie andererseits die neue Macht der Liebe, beides verkörpert, verstimmlicht in Donna Anna, die sowohl »unablässig ihren eiskalten Bräutigam zur Rache auf[fordert]« und sogar »selbst den Verräter [verfolgt]« als auch in ihrem »Crudele!« eine auf ihren Verführer bezogene, »alles irdische Glück verzehrende Stimmung der Seele« zum Ausdruck bringt.[20] Allein die Zahl 1003, so Kierkegaard, beweise, dass es dem Verführer bloß um »die Weiblichkeit« als solche, die »mehr sinnliche Differenz« gehe, nie um die *eine* Frau, also die Liebe. Im Prinzip müsste die Oper daher immer schon Don Juans Verbündete sein, bedeutet ihr Erklingen, also ihr Sein doch dasselbe wie die sinnliche Liebe: ein bloßes »Verschwinden in der Zeit«.[21] Ausgerechnet im *Don Giovanni* aber (»in der Musik, ohne alle Rücksicht auf den Text«)[22] fand die Romantik die unvergängliche, himmlische Liebe zugleich: Donna Anna wird Don Ottavio um ein Jahr vertröstet haben – ihrem Herzen zuliebe –, nur um ihn dann doch nicht zu heiraten, sondern ihrem wahren Geliebten nachgestorben zu sein.

Und *Così fan tutte* antwortet auf *Don Giovanni*, indem nun gleichsam die Gegenprobe erfolgt: Nicht die Tiefe des Herzens kommt dem Virtuosen der Verführung in die Quere, sondern dieses Virtuosentum (»Oh, cambio felice…«) jenem romantischen Traum (»Per pietà, ben mio…«). Es ist die Verwundbarkeit der Liebe, wovon die Oper handelt; es ist die Verwundbarkeit durch Liebe; es ist das »Durcheinanderkommen in der Liebe«, nach dem auch Schroeter in seinem Film fragt.

Lange nach Mozart, aber ebenso lange vor unserer Zeit, ist mit *Nannas Lied* – »Meine Herren, mit siebzehn Jahren/ Kam ich auf den Liebesmarkt« – die romantische Liebe auch wieder entschwunden, sentimentalische Wiederanrufungen aller Art nicht aus-, sondern eingeschlossen. Auch dieses Ende besingend, unterhält Schroeters Filmspiel unterirdisch-geheime Beziehungen nicht nur zu AMADEUS, sondern ebenso zu einem später folgenden Film, der gleichfalls auf einem Theatererfolgsstück basiert: CLOSER, geschrieben von Patrick Marber,

---

19. Vgl. Michel Serres: *Hermes I: Kommunikation*, Berlin 1991, sowie Manfred Schneider: »Leporellos Amt. Das Sekretariat der Sekrete«, in: Bernhard Siegert und Joseph Vogl (Hg.): *Europa. Kultur der Sekretäre*, Zürich – Berlin 2003, S. 147–162.
20. E.T.A. Hoffmann: *Don Juan,* [1813], in: Ders., *Sämtliche Werke*, Bd. 2/1, Frankfurt/M. 1993, S. 95f.
21. Kierkegaard: *Entweder – Oder*, a.a.O., S. 111–143.
22. Hoffmann: *Don Juan*, a.a.O., S. 95.

gedreht von Mike Nichols (berühmt geworden mit THE GRADUATE, als Schroeter sich gerade an 8mm-Kurzfilmen über Maria Callas versuchte). Das Stück wie der Film handeln vom Nachleben der romantischen Liebe, deren Verfall längst vorausgesetzt ist, auf dem Markt der Körper – »Pornographie ist im Kurs gestiegen«[23] – nicht anders als auf dem Markt der Gefühle –: »Did you *ever* love me?«[24] Eine Doppelpaarkonstellation auch hier, wiederum also ein »Durcheinanderkommen«, aber nun in der Welt des Literatur- und des Kunstmarkts, der Nachtclubs und des Internet. Während der Dramentext auf historische Referenzen verzichtet, von entsprechenden Reverenzen gar nicht zu reden, verbeugt sich der Film überdeutlich vor *Così fan tutte*: Die Szene im Fotostudio, mit der das Durcheinander beginnt (im Stück die zweite Szene, »Annas Studio«), wird ebenso von den Klängen der Oper untermalt, wie deren Wiederholung zu den *credits* im Abspann sie gleichsam zur Leitmusik der Filmadaption erklärt (dem Vorspann und dem Trailer und *The Blower's Daughter* von Damien Rice mit all ihren YouTube-Multiplikationen zum Trotz; das »Soave sia il vento…« schneidet auf YouTube immerhin nicht schlechter ab). Nur dass die von der Oper düpierte Illusion hier von vornherein negiert ist: »PARADISE SHOULD BE SHOCKING« – woraufhin das Séparée im Lap dance Club, in dem eine der sexuell und emotional entscheidenden folgenden Szenen spielt, selbstredend »Paradise Suite« heißen muss.[25] Dieser Club einerseits wie das Internet[26] andererseits, solche Szenerien schaffen nicht nur das modernisierte Ambiente für eine ansonsten immer gleiche Geschichte, sondern erzählen die völlig neue Geschichte multipler Identitäten und Liebesverhältnisse im Zeitalter ihrer technischen Reproduzierbarkeit und elektronischen Generierbarkeit.

Dabei versetzen sowohl AMADEUS als auch CLOSER ihren jeweiligen Schauplatz vom künstlichen, geschlossenen Raum[27] der Bühne in den offenen Raum des wirklichen Lebens als, versteht sich, der ebenso oft hinterfragten wie doch immer neu ins Recht gesetzten, typischen[28] Filmillusion. Wo nach Peter Shaffers Bühnenbildbeschreibung eine »Light Box« als Bühne auf der Bühne für die Projektionen der historisierenden »Rococo peep show«[29] innerhalb des in seiner Gesamtanlage epischen Theaters errichtet ist, hebt der Kinofilm diese Trennung der Ebenen kurzerhand auf. Shaffers Bühne ist eine medialisierte Bühne (episches Theater und Illusionsbühne zugleich). Milos Formans leinwandfüllendes Bewegtbild dagegen liefert die dramatische Handlung selber als Projektion wie

---

23. Patrick Marber: *Closer*, New York 2000 (Dramatists Play Service Inc.), S. 49; dt. Übersetzung: *Hautnah*, Köln 1998, S. 59.
24. Ebd., S. 45; dt. S. 56.
25. Ebd., S. 24 u. 48; dt. S. 30 u. 59.
26. »Internet« lautet die Ortsangabe zur dritten Szene im Original ausdrücklich (ebd., S. 22), wo die dt. Übersetzung (S. 27) nicht falsch, aber doch entstellend bloß die damit implizierte räumliche Situation benennt: »Getrennte Zimmer«.
27. »Was künstlich ist, verlangt geschlossnen Raum« (Goethe: *Faust. Der Tragödie Zweiter Teil*, »Laboratorium«, V. 6884).
28. »Das Leben, auf frischer Tat ertappt«, glauben bekanntlich die ersten Kommentatoren erster, also Lumièrescher Filme zu sehen.
29. Shaffer: *Amadeus*, a.a.O., S. 9; dt. S. 9.

die Projektion als dramatische Handlung. In vergleichbarer Weise gibt Patrick Marber zwar das London der 1990er als den Ort des Geschehens an, verlangt aber zugleich minimalistische Bühnenbilder: »All settings should be minimal.«[30] Erst der Film nach seinem Stück versetzt die Handlung in die Realität der Großstadt. Programmatisch beginnt der Vorspann mit dem Gedränge eines *overcrowded* Straßenbilds; die erste Szene dann *zeigt* den Verkehrsunfall, von dem im Stück nur retrospektiv (also in der Art der Teichoskopie) die Rede ist. Im Unterschied dazu verfolgt Werner Schroeters Filmspielregel das genau umgekehrte Ziel: die Bühne im Film (der doch kein Bühnenstück ist), den Rückzug aus der geschäftigen Welt in einen purifizierten Raum der Kunst, um eben hier und hierdurch der Kunst im Leben und dem Leben in der Kunst nachzuforschen, dem Einklang von Musik und Liebe, der beiden je veränderte Regeln und damit eine je spezifische Epoche bescherte.

Ein dritter Kinoerfolg, zu dem Schroeters Film den Vergleich so wenig sucht, wie er doch in untergründiger Beziehung zu ihm steht – während der traditionelle ›Opernfilm‹ von den CARMEN-Adaptionen Cecille B. DeMilles (mit Geraldine Farrar), Ernst Lubitschs (mit Pola Negri) und Francesco Rosis (mit Julia Migenes und Plácido Domingo) über Franco Zefirellis LA TRAVIATA (mit Plácido Domingo und Teresa Stratas) bis zu Robert Dornhelms LA BOHÈME (mit Anna Netrebko) und zuletzt Jens Neuberts HUNTER'S BRIDE (DER FREISCHÜTZ) hier nicht in Betracht kommt –, ist DIVA von Jean-Jacques Beineix (mit Wilhelmenia Wiggins Fernandez) nach Daniel Odiers alias Delacortas gleichnamigem Groschenroman. Der Opernstar, so will es der eine seiner beiden Handlungsstränge (der andere handelt von der Jagd nach einer Audiokassette, deren Inhalt die Drahtzieher eines Drogenkartells überführt), weigert sich, einen Plattenvertrag einzugehen. Der »Augenblick der Verzauberung« im und durch den Gesang – die Stimme – soll nicht durch seine »zehntausendfach[e]« Wiederholbarkeit entzaubert werden.[31] Aber der Glenn Gouldsche Schritt vom Konzertsaal ins Tonstudio[32] ist längst irreversibel, indem erstens ein illegaler Mitschnitt eines Konzerts der Diva existiert, und zweitens – zum Ende vom Lied – ebendiese Diva selbst davon überwältigt wird, dieser ihrer konservierten Stimme zu lauschen.

Auf dieselbe Weise, bei gänzlich anderer ›Handlung‹, konfrontiert Schroeters Film mit dem Medium – der Schallplatte. In bestimmter Hinsicht ließe er sich vielleicht auch als Reflexion auf die Anfänge des Tonfilms betrachten: Oskar

---

30. Marber: *Closer*, a.a.O., S. 8; dt. S. 7.
31. Delacorta: *Diva*, München 1980, S. 56. Im Roman, nebenbei, tritt die Diva mit einem »Lied von Schubert« auf, und: »Die Stimme drang in Jules' Körper ein« (ebd., S. 12). Im Film ist es dagegen das »Ebben? Ne andrò lontana« aus Alfredo Catalanis *La Wally*, in einer Szene, deren Opernhausruinenästhetik ebenso viel von Schroeters Royaumont-Setting vorwegnimmt, wie ihr sofortiger Kultstatus dann noch in der Persiflage der »Diva Dance«-Szene in Luc Bessons FIFTH ELEMENT mehr als nur nachzittert.
32. Ausdrücklich beschworen, ebd.: »Glenn Gould macht Plattenaufnahmen, aber er gibt keine Konzerte. Und ich, ich mache das Gegenteil. Okay?«

Messters Biophon-Versuche mit ihrem Repertoire aus Oper und (Operetten-) Revue; Sergej Eisensteins Votum für den »tönenden Film«, aber gegen den »Dialogfilm«,[33] das genau die Bipolarität vorgab, die im Singen und Reden bei Schroeter – auch – Sache ist. Doch steht das nicht im Vordergrund. Signifikant sind vielmehr und im Besonderen Szenen wie die schon erwähnte, wenn Martha Mödl sich selber auf Platte singen hört; signifikant ist allgemeiner der Bezug auf die Oper in der Epoche weniger des Films als vielmehr der Grammophonie. Der herrschende Perfektionismus, den die Mödl beklagt, liegt in der Logik eben dieser Medientechnik. »Es ist einfach so«, sagt Mödl: »Jeder muss Obacht geben, dass kein Fehler gemacht wird. Dabei geht so manches Gefühl baden. Denn in der Schallplatte darf kein Fehler sein.«

So klar wie direkt ist damit gesagt, was auch Roland Barthes, unterscheidend zwischen Geno- und Phäno-Gesang, anmerkte: dass sich unter den Bedingungen seiner technischen Reproduzierbarkeit dieser über jenen erhebt; dass sich »unter dem Druck der Massenschallplatte« eine paradoxe »Verflachung der Technik« ereignet, der Gesangstechnik, die nämlich »*in der Perfektion*« alle Wollust vergisst, um eben lieber auf ihre melodisch-modulatorisch-interpretatorische Vollkommenheit zu achten.[34] Und dies genau versucht die Spielregel zu umgehen, der Schroeters Film anstelle eines Drehbuchs folgt: sein *Treatment* in jener Bedeutung des Worts, der ihm in experimentalpsychologischen und nicht in filmischen Kontexten eignet. Wie kein anderes Kino- und Fernsehwerk Schroeters erprobt POUSSIÈRES D'AMOUR – ABFALLPRODUKTE DER LIEBE die Erfahrung der Theaterarbeit im Medium ihrer filmischen Dokumentation. Wäre es um einen ›Opernfilm‹ gegangen, hätte lediglich aus einer Serie wiederholter *takes* der jeweils optimale ausgewählt werden müssen: »[W]enn ich beim Filmen eine Szene gedreht habe, dann ist sie im Kasten«. Es gäbe, im fertigen Film, dann nur die fertig einstudierten Auftritte und ihre gelungenste Darbietung. Dem gegenüber zeigt Schroeter vorab die Einstudierungen selbst, zu deren Eigentümlichkeit er erklärte: »Wir haben ja die Schwierigkeiten nicht, um sie abzuschaffen und es uns dann gut gehen zu lassen, sondern um sie einzubeziehen in unsere Arbeit, sie müssen sichtbar werden, auch wenn wir uns irren, es muss beweglich bleiben.«[35] Also der Weg ist das Ziel, oder weniger abgedroschen: Das Ziel, das Verlangen ist nicht in erster Linie die Perfektion, sondern »das Nichtfesthaltbare« im Bemühen um sie – ABFALLPRODUKTE der Gabe, sich einer Kunst hinzugeben.

Aber die filmische Aufzeichnung hält eben dieses doch fest, und das Filmspiel, das Schroeter hierfür ersann, dreht sich doch ausgerechnet um das typische Repertoire der Oper auf Platte. Nicht weniger als die Symphonie von Lieben und Leben und Musik ist Schroeters Plattenliebe das *sujet* seines Films. Wie über

---

33. Vgl. Marianne Kubaczek und Wolfgang Pircher: »Fading. Über das Verschwinden der Musik im Tonfilm«, in: Stefan Andriopoulos und Bernhard J. Dotzler (Hg.), *1929. Beiträge zur Archäologie der Medien*, Frankfurt/M. 2002, S. 350–369.
34. Barthes: *Was singt mir…*, a.a.O., S. 36.
35. Zit. n. Sabina Dhein: *Werner Schroeter*, Frankfurt/M. 1991, S. 106.

Don Juan herrscht über die Subjektivität – die Passion – dieses Films der Wiederholungszwang der Medialität. Darum ist Mozart historisch und systematisch so zentral für ihn wie in ihm, was die ausgewählten Musikbeispiele angeht, randständig. Denn keine andere Rolle spielte (und spielt) Mozart im Plattengeschäft der Opernstars (bis hin zu Anna Netrebko, die zwar als Königin der Nacht entdeckt und in der Rolle der Donna Anna berühmt wurde, in der Folge aber den Handel mit CDs und DVDs eiligst als Star der Opernschlager á la *La Traviata* und *La Bohème* belieferte). Frühe Plattenerfolge wie derjenige Frieda Hempels mit Adolphe Adams Bravour-Variationen über ein Thema von Mozart sind eher die Ausnahme, Modellcharakter haben statt dessen die ersten ›Alben‹ Enrico Carusos, der Arien aus *Rigoletto* in den Trichter sang, aus *Germania*, dem *Liebestrank*, *Manon* und *Tosca*.[36] In der Regel, heißt das, folgten die Medienindustrie und ihre Stars dem Ruhm einer Maria Malibran, die ihr Debüt an der Scala mit dem legendären Satz bedachte: »Ich werde leben oder sterben als Norma!«[37] – ganz, wie dann die Rolle der Norma zur Apotheose *der* Callas geriet.

Ihr, Maria Callas, ist Schroeters Film im Abspann gewidmet: »Für Maria Callas und all die anderen«, gerade so, wie es die ersten Experimente waren, die Schroeters Filmografie verzeichnet: 8mm-Filme von 3 bis 35 Minuten Länge, darunter MONA LISA, die längste der insgesamt fünf Callas-Huldigungen, die aber, zur Musik Cherubinis (*Medea*), Verdis (*Un ballo in maschera*, *La forza del destino*) und Donizettis (*Lucia di Lammermoor*) – dazu ein Schlager Caterina Valentes –, mit nur drei Bildern auskommt: Leonardos Gemälde, die Callas *en face* (»die Tigerin«) und die Callas *en profil*, wie die Electrola sie in Werbeanzeigen und auf Plattenhüllen portraitierte.[38] Die Plattenliebe ist also hier schon in derselben Weise offenkundig, in der sie auch das Cover der (französischen) POUSSIÈRES D'AMOUR-DVD vor sich her trägt. Nur dass darauf, wie im Film selbst, Anita Cerquetti die Diva ist, der *zum Ersatz* (»...und all die anderen«) gehuldigt wird.

Auch sie, versteht sich, ein Plattenstar. Dreißig Jahre, erzählt Schroeter, habe er nach ihr gesucht, nachdem er als Jugendlicher (»als Kind«, sagt er) eine ihrer Aufnahmen hörte. Ihre Rolle in seinem Film ist dabei strukturell dieselbe wie in der wirklichen Welt der Oper, in der sie berühmt wurde, als sie in Rom, 1958, die erkrankte Callas in der Rolle der Norma ersetzte. Aber der Ruhm währte nur kurz, indem sie, auf seinem Höhepunkt, von einem Tag auf den anderen ihre Karriere beendete. Gerüchte wollen von Stimmversagen wissen, sie selber erklärt sich vor Schroeters laufender Kamera dahingehend, sie habe dem Leben – ihrer Liebe und ihrer Familie – den Vorzug vor der Kunst gegeben.

In ihren länger werdenden Auftritten in der zweiten Hälfte des Films, in ihrem langen Auftritt schließlich zum Ende des Films kulminiert damit die Spielausfüh-

---

36. Vgl. Walter Haas und Ulrich Klever: *Die Stimme seines Herrn. Eine Geschichte der Schallplatte*, Originalausgabe, Frankfurt/M. 1959, S. 101 u. 115.
37. Zit. n. Wayne Koestenbaum: *Königin der Nacht. Oper, Homosexualität und Begehren*, Stuttgart 1996, S. 124.
38. Vgl. Sebastian Feldmann et al.: *Werner Schroeter*, München 1980, S. 89 u. 195.

rung in mindestens zweifacher Hinsicht. Auf die Spitze getrieben erscheint erstens die verlangte doppelte Exhibition der eigenen Kunst *und* der eigenen Existenz: das Leben und die Liebe, die Angst und der Tod als der Einsatz der Kunst im Allgemeinen wie dieses Films im Besonderen. Und weil Anita Cerquetti inzwischen nun wirklich keine Stimme mehr hat, ist ein Extremfall zweitens, wenn sie zum einen, der Regie gehorchend, dennoch singt, oder zumindest zu singen versucht, und wenn sie zum anderen ihr früheres Singen hört, ihr »Casta diva« von einst, ihre *eigene* Stimme, die *ihre* Stimme schon längst nicht mehr ist, sondern ihre Verewigung, auf Platte gebannt.

Mit dieser Szene schließt der Film – wie die Schönheit ihres früheren Selbst noch einmal in diese Sängerin fährt (»Casta diva… a noi volgi, il bel sembiante«); wie sie im Playback noch einmal ihre Arie singt, ohne zu singen (»Anita, fang an…«, kommandiert Schroeter); wie diese immer schon letzte und doch nie letztmalige *performance* sie zerreißt und besänftigt (»Tempra, o diva…«) zugleich. Es ist eine Szene, die sich hier wiederholt, so unvordenklich wie die des Odysseus, der aus dem Mund eines anderen seine Abenteuer vernimmt, »die bereits tausendjährige Stimme seiner eigenen Geschichte«, bei der ihm ist, »als vernähme er seinen eigenen Tod: er verbirgt sein Gesicht, und er weint mit der Gebärde, die Frauen eigen ist, wenn man ihnen nach der Schlacht den Leichnam des erschlagenen Helden bringt«.[39] Bis sein letzter Ton verklungen ist, schon über dem Schwarzband, auf dem dann die Widmung erscheint, *beweist* der Film damit nichts, um lieber etwas zu *erkennen* zu geben: »Für Maria Callas und all die anderen« – diese anderen alle, das sind die Sängerinnen und Sänger hier, *in effigie*, es sind aber auch alle die, die das Glück und den Schmerz begreifen, dass schon allein, solche Musik *gehört* und einen solchen Film *gesehen* zu haben, eine Daseinsrechtfertigung ist.

---

39. Michel Foucault: »Das unendliche Sprechen«, in: ders., *Schriften zur Literatur*, Frankfurt/M., – Berlin – Wien 1979, S. 90 (über Homer, *Odyssee*, VIII, 521ff.).

Marianne Kubaczek

Martingale von Cage bis Mozart

»Die Spiele, bei denen jeder Wurf ohne Berücksichtigung der vorhergehenden ausgespielt wird, sind, mathematisch ausgedrückt, Martingale.«[1] *Music of Changes* von John Cage ist ein solches Spiel. Es spielt mit nummerierten Musikbausteinen. Seine Zuordnungstafeln rastern die Musik in Serien von Daten. Diese Datenserien bieten ihrer Reproduktion und Wahrnehmbarkeit großen Widerstand, der die Wahrnehmung herausfordert. John Cage führt sie vor, er tritt als Zeremonienmeister auf und spielt mit den Gestaltungselementen der Musik, spielt auch mit dem Abschied von der Autorenschaft und ist einer der Autoren dieses Abschieds. Er erfindet für die Musik des zwanzigsten Jahrhunderts neue Reglementierungen und eröffnete damit neue Freiheiten: das nicht mehr ausgeschlossene Geräusch und die Suche nach genialen Möglichkeiten, der Genialität ein Schnippchen zu schlagen. Auch die beliebten *musikalischen Würfelspiele* des 18. Jahrhunderts spielten mit nummerierten Musikbausteinen. Die dafür verwendeten Zuordnungstafeln rastern die Musik in Standardfloskeln, die ohne Berücksichtigung der vorhergehenden ausgespielt werden können. Ein solcher *Würfelwalzer* bietet die Möglichkeit, um einen möglichen Walzer zu würfeln, den man W.A. Mozart zuschreiben kann (KV 294d/516f), den man aber selbst geworfen hat.

Spieler und Mitspieler

Am 16. Mai 1969 war John Cage in seinem Element. 7.000 Leute waren in die Assembly Hall der University of Illinois gekommen, man hatte ihnen fluoreszierende Plastikoveralls gegeben, und nun spazierten sie fünf Stunden lang mitten in einem Großaufgebot medialer Techniken herum: 7 Vorverstärker, 51 Bandmaschinen, 64 Diaprojektoren, 8 Filmprojektoren, eine 340 Fuß lange Kreisprojektionsfläche, einige 11x40 Fuß große Projektionsflächen und 7 Cembali.[2] Das Material dafür war vorbereitet auf 208 Tonbändern, 6.400 Dias, 40 Filmen und in den 7 Partituren für David Tudor, Antoinette Vischer, William Brooks, Ronald Peters, Yuji Takahashi, Neely Bruce und Philip Corner. Die CembalistInnen hatten je sieben- bis zwanzigminütige Stücke. Sie konnten wiederholen, pausieren oder tauschen. Darin verarbeitet waren Stücke von Mozart (vor allem das ihm zugeschriebene *Musikalische Würfelspiel*), Beethoven, Chopin, Schumann, Gottschalk, Busoni und Cage. Gleichzeitig beschallten 50 Lautsprecher

---

1. » Les jeux où chaque coup se joue sans que doivent importer les précédents sont, en termes mathématiques, des martingales.« Éric Brian: *Comment tremble la main invisible. Incertitude et marchés,* Paris 2009, S. 57.
2. Das Happening ging auf einen Kompositionsauftrag für John Cage von Antoinette Vischer zurück.

das Gelände, wobei jeder einzelne eine computergestützte Komposition präsentierte, und zwar mit je eigener Oktavteilung (ihre Reihen enthielten 5 bis 56 Teiltöne, nicht aber die 12 klassischen). Insgesamt ergab sich daraus eine mögliche Spieldauer von 41 Stunden.[3]

Vierzehn Tage später war im *Time Magazine* zu lesen: »›The theme is diversity, abundance and Mozart, as opposed to unity, fixity and Bach,‹ Cage explained obscurely. ›The idea is to fill the hall with sound. [...] When I produce a happening,‹ he says, ›I try my best to remove intention in order that what is done will not oblige the listener in any one way. I don't think we're really interested in the validity of compositions any more. We're interested in the experiences of things.‹ Then how does art differ from chaos? To that, Cage smiles and says: ›It's a beautiful question.‹«[4]

Wenn Cage hier von »happening«[5] spricht, so ist das durchaus wörtlich zu verstehen, im Sinn von »They happened to meet these sounds and sights«. Aber *happening* übersetzt sich nicht, es bevorzugt jenes »it happened«, das dem Schicksal entgeht, Geschehnis oder gar Ereignis zu werden. Es wurde zum Happening, in dem es einfach dazu führte, die Leute so mit Klängen und Bildern in Bewegung zu bringen, dass es ihnen zufällt. Es ist schön, dass im Deutschen ein solcher Satz auch heute noch in der Luft hängt, als wollte er etwas andeuten. Im Englischen des John Cage heißt es »what is done will not oblige the listener in any one way«. Er will die Tat, aber keinen Täter, er appelliert an uns wie an sich: »We're interested in the experiences of things.« Wir, das sind männliche, weibliche und kindliche Komponisten, Musiker, Mitmusiker, Mitarbeiter, Besucher und Hörer. Cage als Komponist will Gastgeber, und – als Besucher ein Gast unter Gästen – zugleich bei uns sein. »A composer knows his work as a woodsman knows a path he has traced and retraced, while a listener is confronted by the same work as one is in the woods by a plant he has never seen before.«[6] Cage will Komponist sein, aber zugleich möchte er Musik hören, die er noch nie gehört hat, und so sucht er Mittel und Wege, um seinen Wissensvorsprung zu vergessen, er sucht einen gemeinsamen Erlebnisraum für Gastgeber und Besucher. Er tut dies zu einer Zeit, in der klare Grenzen für die KUNST sehr beliebt waren, zu einer Zeit, wo die strenge Hierarchie der Genialität als eine Bedingung der Möglichkeit für die KUNST galt.

---

3. Bei *Nonesuch LP* wurde eine 21-Minutenfassung auf Langspielplatte gepresst – im wahrsten Sinn des Wortes.
4. »Composers: Of Dice and Din«, in: *Time Magazine*, 30. Mai 1969.
5. Cage verwahrt sich entschieden gegen »random«. Sein Zufall ist weder Gewalt noch Geschwindigkeit, weder wahllos noch planlos, ziellos, unmethodisch oder zwecklos.
6. John Cage: *Experimental Music*, Statement at the Music Teachers National Association, Chicago 1957.

Spieler mit Band

Sieben Jahre nach seinem Debüt als Pianist, am 16. Oktober 1954, findet in Toronto im Royal Conservatory of Music[7] die erste Konzertaufführung der *Goldberg Variationen* mit Glenn Gould statt. Nicht ganz ein Jahr später, vom 6.-16. Juni 1955, wird im Columbia's 30th Street Studio in New York, die erste Studioaufnahme der *Goldberg Variationen* produziert, und im Januar 1956 mit einem Begleittext von Glenn Gould veröffentlicht.[8]

Damit begann eine Beziehung, die eine neue Grenze des konzertanten Musizierens markiert. Denn Glenn Gould war ein Virtuose, der auf eine neue Art der Präzision traf und der damit zu spielen begann. Als Pianist übernahm er die Komposition, die Johann Sebastian Bach für ein Cembalo mit zwei Manualen[9] gedacht hatte, und realisierte sie auf dem Konzertflügel des neunzehnten Jahrhunderts.[10] Eine Übersetzungsleistung, die zwei Kulturen und zwei Instrumente verband, wie sie einander fremder nicht sein können, und die auch spieltechnisch von extremer Schwierigkeit war. Als Virtuose trat er nun aber nicht nur im Konzertsaal damit auf, sondern auch im Studio. Und er begriff, dass seine Flügel damit eine neue Extension bekommen hatten.

Neu war das Bewusstsein alte Musik »neu« zu interpretieren,[11] und neu war die Möglichkeit, diese Interpretation im vollen Bewusstsein zu kontrollieren. Als Pianist hatte Gould sich bereits ganz präzise für einen bestimmten Klavierklang entschieden, und nun wählte er im Studio – *punctus contra punctum* – jeweils ein von ihm bestimmtes Take und fügte die so gewonnenen Momente zu einer optimalen Aufnahme ineinander.

Der Zwang, die Musik in jedem Moment so anzunehmen, wie sie im Spiel kommt, gehörte damit der Vergangenheit an. War die Beherrschung des Klanges als Kontrolle über die Musik bisher immer über die Verinnerlichung ihrer Produktionsmittel gegangen, so bot sich jetzt ein äußeres Mittel an. Selbst zum Instrument zu werden, war bisher für die Musiker die notwendige Voraussetzung, um das Instrument zu beherrschen. Eine Notwendigkeit, die nun nicht

---

7. Gould hatte hier bereits 1951 das *Recital of Contemporary Music* organisiert und mit Robert Fulford die *New Music Associates* gegründet, die sich den Werken von Schönberg, Berg und Webern widmeten und die auch das Bach Recital veranstalteten.
8. Das Cover des bei *Columbia Masterworks* erschienenen Albums zeigte 30 Fotos von Gould im Studio, analog zu den 30 *Goldberg Variationen*.
9. Die beiden Tastaturen des Cembalos erlauben die freie Stimmkreuzung, bei der ein und derselbe Ton in zwei unterschiedlichen Weisen eingesetzt werden kann. Glenn Gould ist es meisterhaft gelungen, diese Stimmführung mit einer einzigen Klaviatur nachzuahmen.
10. 1954 ist auch das Jahr, in dem Gould sein Traumklavier fand, ein *1895 Chickering baby-grand piano*, das er zunächst mieten und 1957 schließlich kaufen konnte.
11. So versteht Glenn Gould seine Interpretation als »Antwort des Klaviers auf das Handhaben des Lautenzugs oder der Manualkoppel beim Cembalo [...] Idealerweise freilich sollten dergleichen Probleme als Katalysator dienen für jenen fruchtbaren und umfassenden Versuch der Nachschöpfung, der die höchste Freude ist, der alle analytischen Erwägungen und Schlussfolgerungen untergeordnet werden müssen.« (Glenn Gould: »Kunst der Fuge«, in: ders.: *Von Bach bis Boulez. Schriften zur Musik I*. Herausgegeben und eingeleitet von Tim Page, aus dem Englischen von Hans-Joachim Metzger, München 1986, S. 35–44, hier S. 43f.)

mehr in dieser Ausschließlichkeit besteht; nicht für die Studioaufnahme, wohl aber für die Aufführung.

Von daher lässt sich wohl etwas besser verstehen, warum Glenn Gould am 10. April 1964 im Wilshire Ebell Theater in Los Angeles sein letztes Konzert gibt und drei Jahre später, am 28. Dezember 1967, mit seiner ersten Radiodokumentation *The Idea of North* zu hören ist. Hier lässt er fünf monologisierende Sprecher in einer ein- bis dreistimmigen Montage Nordkanada schildern und nennt diese Kompositionsmethode *kontrapunktisches Radio*. Wie Cage kann er vielleicht nun auch sich selbst – allerdings ohne Klavier – unter die unbefangenen Hörer des von ihm Gefügten zählen.

Die *Goldberg Variationen* werden Gould bis zu seinem Ende treu bleiben. Von April bis Mai 1981 findet die Verfilmung statt, am 22. August 1982 schließt er mit Tim Page die Niederschrift des Werbetextes für seine Neuaufnahme der *Goldberg Variationen* ab und erleidet, am 27. September 1982, wenige Tage nach Veröffentlichung der Neuaufnahme, einen Schlaganfall. Er stirbt am 4. Oktober 1982.

Schnitt

Der musikalische Schnitt hatte also eine Dimension gewonnen, die gänzlich neu zu sein schien. Mit dem Tonband wurde Zeit plötzlich papieren. Was bis dahin nur in der Partitur möglich war, ließ sich nun mit jedem aufgezeichneten Klang durchführen. Neben die klassische Trennung des Klanges in einzelne Notenzeichen (aus denen er dann wieder zusammenzufügen war) trat nun der Tonbandschnitt (mit seiner gänzlich anderen Fügung). Hatte die Musik ursprünglich ihre Trennungen in schweren Zeiten von Sprache und Tanz gelernt und ihre Tonschritte vom Instrumentarium, so kam sie nun in den Genuss eines militärischen Geräts,[12] das schlicht den Gegebenheiten von Magnetisierung und Bandgeschwindigkeit folgte. Der neue Schnitt regiert nun nicht mehr durch Sänger und Spieler, Sängerinnen und Spielerinnen, denn er reagiert nicht mehr auf musikalische Aktion. Weder Sprache noch Instrument, weder Cantata noch Sonata sind sein Wirkungsfeld – der Bandschnitt trifft die Musik von außen. Er trennt, ohne ein Davor oder Danach zu kennen.[13] Er fügt nicht, er lässt kleben. Tonbandmusik ist die erste Musik, in der lebendige Klänge ohne Rücksicht auf ihre Abfolge gespielt werden können.[14] So kann man sagen, ihr Schnitt bildet das

---

12. Zur Militärgeschichte des Magnetophons s. Friedrich Kittler: *Grammophon, Film, Typewriter*, Berlin 1986, S. 162f. Ich danke Wolfgang Pircher für diesen Hinweis.
13. Zwar hatte bereits das Metronom die Möglichkeit eines quasi leeren Zeitverlaufs demonstriert, also eine musikalische Zeit, die auch ohne ein zu Messendes misst, aber es wirkte nur auf Spieler, nicht auf Klänge, und Spieler hören nur musikalisch Sinnvolles, Zusammenhängendes.
14. Den ersten glatten Schnitt ermöglichte der Lichtton, der sich in der Praxis aber nicht durchsetzte. S. dazu: Marianne Kubaczek und Wolfgang Pircher: »Fading. Über das Verschwinden der Musik im Tonfilm«, in: Stefan Andriopoulos und Bernhard J. Dotzler (Hg.): *1929. Beiträge zur Archäologie der Medien*, Frankfurt 2002, S. 350–369.

musikalische Äquivalent zum mathematischen Martingal. Das Tonband spielt ohne Kenntnis.

Pierre Boulez, in seinen Anfängen ein guter Freund von John Cage, kommt dieser neuen Technik als Komponist entgegen. Bei seinen Versuchen einer lebendigen Erneuerung der seriellen Musik setzt er auf neue Maßstäbe: »An den Frequenzraum kann man zweierlei Schnitte anlegen: der eine, der durch einen Maßstab bestimmt wird, erneuert sich regelmäßig; der andere – er ist nicht präzisiert, genauer gesagt, nicht festgelegt – tritt frei und unregelmäßig ein.«[15] Dieses freie und unregelmäßige Eintreten versagt dem Ohr alle Mittel zum Auffinden von Orientierungspunkten. Es ist das Hören des Tonbands, nicht der Partitur. Konnte man eine Partitur lesen, so nur deshalb, weil die in ihr aufgezeichneten Proportionen sprachlich, stimmlich, tänzerisch und instrumental bekannt waren. Boulez erkennt diese alten Bekanntschaften als gewohnheitsmäßige Einkerbungen des Klangraums, als kulturelle und mediale Anhaltspunkte der Wahrnehmung, die er nicht mehr stillschweigend übernehmen will. Er möchte glatte Tonräume realisieren, Räume, in denen er neue, eigene Markierungen frei setzen kann.[16] Und so entstand, wie über den Ruinen der zerbombten Städte die neue Architektur, eine neue Musik, und sie wandte sich gegen ihre gerade überwundenen Hierarchien.

Mit dem Tonband wird ein zugrunde liegendes Prinzip hörbar, das über das Band selbst hinausweist. Denn es wird anders eingesetzt als die mechanischen Musikautomaten bisher.[17] Der Zeitverlauf des laufenden Bandes ist so homogen wie seine Frequenzbänder, und in dem Moment, in dem diese Homogenität benutzt wird, gerät man zugleich an das Ende des Bandes. »Die Pulsierung ist das für die eingekerbte Zeit, was die Temperierung für den eingekerbten Tonraum bedeutet. […] Wenn die Proportionswechsel komplex, präzis und plötzlich, das heißt diskontinuierlich sind – oder wenn rigorose Veränderungen des Pulsschlages vorliegen, dann können nur elektroakustische Mittel die Realisierung mit der nötigen Exaktheit ausführen.«[18] Unsere Prägungen, die das Lesen einer Partitur ermöglichen, können dies nur, wenn sie uns zur zweiten Natur geworden sind. Sie sind zutiefst menschlich. Der glatte Schnitt der Martingale dagegen ist – in diesem Sinne – nicht menschlich, er ist natürlich, natürlich elektroakustisch.

»Der Schemel stand zwar da, um darauf zu sitzen, aber er ist nicht, um darauf zu sitzen, umgefallen!«[19]

---

15. Pierre Boulez: *Musikdenken heute 1*. Aus dem Französischen übertragen von Josef Häusler und Pierre Stoll. Mainz 1963, S. 73f.
16. Zur medienanalytischen Weiterentwicklung dieses Boulez'schen Gedankens vom Glatten und Gekerbten s. Gilles Deleuze und Félix Guattari: *Tausend Plateaus Kapitalismus und Schizophrenie*, übersetzt von Gabriele Ricke und Ronald Voullié, Berlin 1992 (1980), S. 662.
17. Erst mit Conlon Nancarrow werden die kontinuierlichen Möglichkeiten des mechanischen Klaviers eingesetzt.
18. Boulez, *Musikdenken heute 1*, a.a.O., S. 79.
19. Aristoteles: *Physik*, II, 6, 197b.

Die neue Natürlichkeit stellt sich gegen unsere zweite Natur, sie misstraut unserer Gewohnheit und dem Stillschweigen ihrer Autoritäten. Somit bleibt ihr nur die erste Natur, um davon auszugehen. Und folgerichtig geht es in der neuen Musik immer auch darum, der Natur zu folgen – dem Wesen der Musik, dem Wesen des Klanges.

Das führt uns zum vierten im Bunde von Cage, Boulez und Gould: Arnold Schönberg. Sein Weg in die Natur bietet für alle drei einen Aufbruch ins Neue. Mit seinem klaren Schnitt der Zwölftönigkeit vernichtet er die alte Figur der Kadenz. Ihr Tonfall, der anscheinend so natürlich fällt wie der Apfel vom Stamm, ist ihm nicht mehr geheuer. »Dunkel fühlt jeder den Widerspruch zwischen dieser Ordnung, die natürlich sein will, und doch vom guten Gehör des Natürlichen, des Unkultivierten desavouiert wird: Weil sie nicht natürlich ist, sondern künstlich; weil sie Kultur ist.«[20] Was Schönberg hier versucht, ist nicht mehr und nicht weniger, als einen Boden zu erreichen, den er unter dem fallenden Schemel der alten Kadenzen vermutet. Die Zufälligkeit, die im historisch Gewachsenen liegt, will mit ihm nicht mehr als Schicksal hingenommen werden. Schönberg lehrt Komposition, indem er ihre Geschichte lehrt. Doch er kennt auch schon die Furcht davor, nur ihre Asche weiter zu tragen, und schickt alle seine Schüler (wie auch sich selbst) aus, um neues Material zu finden. Brennmaterial, auf das man real zu treffen hofft. Real, weil es jenseits dessen ist, was gesucht werden kann, jenseits dessen, dass die notierte Musik etwas festhält, real im Festhalten.[21] So wird in seiner Nachfolge, und mit Hilfe des glatten Schnittes der analogen Tonträger, das gute Gehör der Unkultivierten zu einem neuen Maßstab der Musik.

Die Klänge, die man auf diesem Weg findet, sind nicht schön, das heißt, man findet sie nicht schön. Die Schönheit hat sich, um es auf wienerisch zu sagen, an ihre Ränder verzupft. Das heißt, diese finden sich hier nicht mehr, so werden sie wohl anderswo sein. Für Lacan (des Wienerischen kaum mächtig) könnte man übersetzen: die Schönheit beginnt sich aufzuzählen. Sie ist nicht mehr die Bekanntschaft der Bildungsbürger, sie ist jene Unbekannte, die es zu agnoszieren[22] gilt. Und diese Agnoszierung fordert Bescheidenheit, denn was man aufzählen kann, das sind nur die Nebensächlichkeiten, die Begleitumstände des Auffindens der unbekannten Leiche.

Aber es gibt einen großen Genuss dabei: Man benutzt keine Schemel mehr, man wird Schemel, und das ist nun nicht mehr so wie ehemals, als man Instrument oder Stimme geworden war. Denn die Zufälligkeit des fallenden Schemels ist nicht zweite Natur. Ganz im Gegenteil, solcherart Schemel zu werden, heißt als Schemel Natur zu werden. Ihm und sich selbst den Boden unter den Füßen

---

20. Arnold Schönberg: *Harmonielehre* (erstmals erschienen 1911), Wien 1922/1949, S. 108.
21. »Zu revidieren ist also das Verhältnis, das Aristoteles ansetzt zwischen dem *Automaton* – wir wissen, an dem Punkt, an den uns die moderne Mathematik geführt hat, dass es sich dabei um nichts anderes als das Signifikantennetz handelt – und dem, was er mit *Tyche* bezeichnet – was für uns die Begegnung mit dem Realen ist.« Jacques Lacan: *Die vier Grundbegriffe der Psychoanalyse. Seminar Buch XI 1964*, Olten 1978, S. 58. Ich danke Peter Berz für den Hinweis.
22. Lacan traf bei Sigmund Freud auf diesen Terminus der alten Wiener Polizei.

wegzuziehen, um sich einen Moment am toten Punkt zu halten, und so dem Ding (mit dem zusammen man dann fällt) Zeichnungsfreiheit zu schenken. Wie groß ist aber diese Möglichkeit? Schönberg fährt in seiner oben zitierten Aussage fort: »Die Natur ist allerdings so vieldeutig, dass wir selbst unser Künstliches in sie hineinlegen können.«[23] Unser Künstliches können wir hineinlegen. Wir, die wir fallen gelernt haben. Oder wir, die diese Idee hatten: Schemel werden. An diesem Punkt trennten sich die Wege der drei Erben Schönbergs. Gould und Boulez vertreten ihre Ideen, das tut auch Cage, letzterer aber setzt zugleich seinen freien Willen aus und wirft sich auf eine andere Übersetzung des Fallens, nicht mehr die der Kadenz, sondern die der *chance*.

Mozart begegnen

Spielt man die Musik anderer Menschen nach, so kommt es vor, dass sich ein Gefühl ihrer Nähe einstellt. Wenn zum Beispiel Bach, freundlich gestimmt, den etwas zu früh genommenen modulierenden Leitton sofort nachliefert, als hörte er im Hintergrund zu. Oder wenn, während es darum geht, das von ihm gewünschte Verklingen[24] abzuwarten, Joseph Haydn wie ein leises helles Echo im Hintergrund spürbar wird. Mozart allerdings bin ich auch noch bei einer anderen Gelegenheit begegnet, und das kam so:

Irgendwann zwischen Mai und Dezember 1787 kam in das beinahe ländliche Wiener Domizil, das die werdende Familie Mozart damals in der Landstraße 224 bewohnte, ein Beauftragter des Steueramtes mit seinen Helfern. Sie besichtigten die Räumlichkeiten und hielten fest, wie groß die Zimmer waren, wie gelegen, wie ausgestattet, welche Nebenräume dazu gehörten, wie viel Miete gezahlt wurde und zu guter Letzt – und hier kommt Mozart ins Spiel – unterschrieben die Mieter diese Feststellung.[25] Es handelte sich dabei um die so genannte *Josephinische Steuerfassion*, die jedes einzelne Zimmer der Stadt Wien und ihrer Vorstädte erfasste und damit erstmals eine statistische Grundlage für die Hauszinssteuer schuf. Die Wiener Zimmer konnten sich in dieser Liste wieder finden, jedes für sich allein und alle für die Steuer.

292 Jahre später, in meinem Zimmer im Wiener Sigmund-Freud-Hof, war ich damit beschäftigt, diesen frühen Prototyp staatlicher Kontrolle in eine modernere Liste[26] zu übertragen, als ich auf die Seite mit Mozart stieß. Oder genauer, auf die seiner Zimmer und die seiner Handschrift. Bei jedem Umblättern rieselte körniger Sand aus den Seiten der alten Folianten und gab mir den Eindruck

---

23. Schönberg, *Harmonielehre*, a.a.O.
24. In seiner Fantasia in C-Dur schreibt Joseph Haydn zweimal vor: »tenuto intanto, finche non si sente più il suono«.
25. S. dazu: Michael Lorenz: »Mozart's Apartment on the Alsergrund«, in: *Newsletter of the Mozart Society of America*, Vol. XIV, No. 2, (27 August 2010).
26. Im Rahmen der stadtgeschichtlichen Untersuchung von Wolfgang Pircher »Zur Wohnsituation der Massen im Wien des Vormärz« (gemeinsam mit Renate Banik-Schweitzer), in: *Wien im Vormärz*, Wien 1980, S. 133–174.

einer glücklichen – wenn auch flüchtigen – Begegnung: derselbe Sand, dasselbe Papier, erst in seinen und jetzt – in meinen Händen.

Dass sich diese Begegnung einer Liste verdankt, scheint auf den ersten Blick paradox. Gilt doch eine statistische Erhebung als denkbar unpersönlich. Abgetrennt vom Leben, treten hier die Daten an die Stelle der Person. Eine Vertretung, die die Person zwar am Leben lässt, aber nur außerhalb ihrer Liste. Denn mit der bestätigten Erfassung ist die Sache aus dem Bereich des Handelns ausgetreten. Eine Grenze ist gezogen, ein glatter Schnitt gesetzt.

Auf den zweiten Blick aber wird deutlich, dass genau dieser glatte Schnitt, der Mozart von seinen Wohnungsnachbarn getrennt hatte, meine Begegnung mit ihm erst ermöglicht hat. Das mag nun Mozart wenig berührt haben, und doch: Wenn Mozart den stolzen Produzenten einer ähnlichen Liste[27] im *Don Giovanni* auftreten lässt, wird genau diese Geschichte erzählt. Leporello kennt sie alle, die blonden, die braunen, jungen, die alten, Frauen jeden Standes – er kennt sie in seiner Liste. Steht der Name Don Giovanni für den Genuss von Frauen, so genießt Leporello dagegen sein Werk »un catalogo egli è che ho fatt'io!« und er kennt diese Frauen auch.

Kehren wir, um diese Erfahrung reicher, zu Aristoteles und der Frage nach den Möglichkeiten der Sistierung unseres Willens zurück. »[...] Also muss *Fügung* sich notwendig beziehen auf mögliche Handlungen – ein Beleg dafür ist, dass ›Glückhaben‹ dasselbe zu sein scheint wie ›Glücklichsein‹, oder doch in der Bedeutung nahe bei liegt, Glücklichsein aber ist eine Art Handlung, denn es bedeutet, dass einem das Handeln gut ausgeht –, so dass gilt: Alles, was nicht handeln kann, kann auch nicht etwas aus Fügung tun. Deswegen tut nichts Unbelebtes, kein Tier und auch kein kleines Kind etwas aus Fügung, weil sie alle freien Willen zur Entscheidung nämlich nicht haben; [...] Der *Zufall* hingegen trifft auch auf Tiere und einen großen Teil des Unbelebten zu [...].«[28] Auf Tiere und einen großen Teil des Unbelebten, also vielleicht auch auf Listen und darin Erfasstes.

Jene musikalischen Listen, als deren Produzent Mozart angegeben ist, enthalten etwas, das man am besten »unbelebte Musik« nennt. Sie selbst nennen sich: »Anleitung so viel Walzer und Schleifer mit zwei Würfeln zu componiren so viel man will ohne musikalisch zu seyn noch was von der Composition zu verstehen«[29] und erfassen eine Serie von Takten standardisierter Tanzmusik, und zwar schriftlich, d.h. nicht als Glockenspiel oder Spieldose, sondern in ihre schriftlich notierbaren Einzelteile zerlegt. Zerlegt, abgeschnitten, jeder Takt für sich, sinnlos aufgezählt, und darüber dieser Titel des: so viel ... so viel man will! Das »Mozart'sche« Würfelspiel bildet seine Serien also nicht aus Einzeltönen, sondern stellt mehrere Reihen von Takten zur Verfügung. Takte, die man zerbröselte Kadenzen nennen kann. Nun ist fallende Musik zwar der Normal-

---

27. Zur Technik der Listen und Tabellen s. Bernhard Siegert: *Passage des Digitalen. Zeichenpraktiken der neuzeitlichen Wissenschaften 1500–1900*, Berlin 2003.
28. Aristoteles: *Physik*, II, 6, 197b.
29. Johann Julius Hummel, Berlin 1793.

fall[30] tonaler Musik, aber sie sollte nie ins Leere fallen. In die Grundspannung zurückzufallen, aus der man sich kunstfertig entfernt hat, das meint Kadenz, und sie kann mit vielen Zwischenhochs die elegantesten Bögen durchlaufen oder auch Knall auf Fall vonstatten gehen. Die Musterreihe des Würfelspiels aber geht nun gewissermaßen schulmäßig vor, indem sie einfach eine Reihe von Beispielen auflistet. Und so wird es nicht Mozart gewesen sein, den ich hier treffen könnte, sondern Johann Julius Hummel oder Nicolaus Simrock. Nicht Don Giovanni hat sich mir angeboten, sondern Leporello, dessen Liebe den Listen gilt und der die Musik auch kennt.

Cage treffen

Papierene Musik die dritte: nicht klassische Partitur, nicht analoger Magnetton, sondern irgendwo dazwischen. Für seine *Music for piano* markierte John Cage die Unregelmäßigkeiten eines Blatts Papier mit Tinte und legte ein mit Notenlinien markiertes Transparentpapier darüber. Die solcherart kartographisierten Markierungen fielen entweder auf eine der Linien, oder dazwischen. Oder sie machten eine jener unsichtbaren Linien sichtbar, die als Hilfslinien nur im Gebrauch auftauchen.[31] Diese Art, das Papier spielbar zu machen, verdankt sich einer großen Liebe. Sie wird nicht benannt, sondern gemacht. Durch sie wird John Cage der Musiker der Listen, aber in seinen Listen wird Musik nicht verwaltet, sondern prozessiert.

Seit ihren frühesten Erinnerungen ordnet die Musik ihr Material. Sie filtert aus den natürlichen Klangverläufen heraus, was sich zu Figuren fügen lässt, und findet ihr Vergnügen ebenso in all diesen Fügungen, wie in den damit verbundenen Zerlegungen, Ordnungen und Berechnungen. Ihre Möglichkeiten sind zum einen von der Machbarkeit dieser Operationen begrenzt, zum andern von der Hörbarkeit dessen, was berechenbar ist. Hörbar ist alles, was innerhalb des Hörfeldes bleibt, hörbar im musikalischen Sinn ist aber nur – wie der Ausdruck schon sagt –, was musikalischen Sinn macht. Zwar gibt es viele musikalische Sinnlosigkeiten zu hören, denn das Hörfeld ist ein weites und dient vielen Zwecken, aber diese Sinnlosigkeiten in Musik zu verwandeln, bedarf einer ganzen

---

30. Eine gelungene Kadenz, ins Außermusikalische übersetzt, entspricht einer gelungenen Geste. Wenn Jean Paul Belmondo das Erbe von Humphrey Bogart genießt, indem er seinen Daumen in AUSSER ATEM genüsslich über die Kontur seiner Oberlippe gleiten lässt, so ist das eine eindrucksvolle Geste. Ahmt man sie aber nach, so steigt unweigerlich die Frage auf: was zum Teufel macht er mit seinem Daumen am Ende der Lippe? Wie kommt er da wieder weg? Entdeckt man dann die Zigarette zwischen den anderen Fingern, so erschließt sich der Zusammenhang. Es ist jene kurze Verzögerung zum Vorgenuss auf den nächsten Zug, dem sich diese Geste verdankt. Der Schwung der Oberlippe, so halb ins Innere nachvollzogen, als Weg zum Genuss und zugleich als dessen Aufspannen in der Zeit. Für Nichtraucher eine vielleicht unerschließbare Geste, handelt es sich doch um den Vorgenuss des Rauches, den man ein-, aus-, durch-sich-ziehen lässt. Eine Bewegung, die durch und durch geglückt ist. Der Erinnerungsschnitt aber, der das Bild der Zigarette ausblendet, lässt die Geste misslingen. Sie wird zu einer Kadenz ins Leere.
31. Die gesamte Tastatur des Klaviers wird mit nur 11 Linien dargestellt: 5 obere – 1 mittlere unsichtbare – und 5 untere. Diese Aufteilung ermöglicht die visuelle Erfassung auf einen Blick.

Reihe von Aktionen. Denn das Feld des Musikalischen mag zwar jede Vorstellung übersteigen, doch es existiert nur, indem es sich abgrenzt. Begrenztes Hörfeld, begrenzter Sinn, beide ermöglichen etwas, indem sie ausschließen.[32]

In einem seiner Vorträge amüsierte Cage sich über jenes gehobene Vergnügen, das sich im klassischen Konzert die Zeit damit vertreibt, um die Wette die Instrumente zu erraten. Der Stolz, hier das Beste zu leisten, hat seiner Ansicht nach keinen musikalischen Charakter. Denn er weist ja, meint Cage, eher auf die Fähigkeit, von der Musik abzusehen, von ihr wegzuhören, um dann ihre Quelle feststellen zu können. Er selbst möchte aber genau das Gegenteil davon erreichen. Er will von der Sinnlosigkeit der an ihre Gegenstände gebundenen Klänge absehen und so ihre Musik entdecken.

Seinen Weg zu diesen Entdeckungen beschrieb Cage gerne mittels kleiner Geschichten. Eine davon erzählt von der Stille, deren Klang er kennenlernte, als er in einem schalltoten Raum die hohen Frequenzen seines Nervensystems und die tiefen seines Blutkreislaufes bewusst zu hören bekam. Eine andere betrifft die Leerstellen in der Musik. »When I was studying with Schoenberg one day as he was writing some counterpoint to show the way to do it, he used an eraser. And then, while he was doing this he said, ›This end of the pencil is just as important as the other end.‹«[33] Musik funktioniert nicht wie Raum. Ihr sind die Leerstellen nicht gegeben, sie müssen erzeugt werden. Eine dritte Geschichte beschreibt das Grundproblem, das Cage in seinen Kompositionen zu lösen hatte und das er für sich zu einem Grund und Ausgangspunkt machte. Nachdem er von seinem ersten Aufenthalt in Europa nach Amerika zurückgekommen war, studierte er zwei Jahre bei Arnold Schönberg und berichtete diesem, dass er sich nicht für Harmonien, sondern für die Musik jenseits davon interessiere. Schönberg aber – so die Erzählung – zeigte ihm die Harmonie als jene Wand, auf die man beim kompositorischen Bau immer trifft. Worauf Cage sich entschloss, von nun an seinen Kopf zu nutzen, um gegen diese Wand zu rennen.

Eine Wand also, die er selbst erst bauen musste, um sie treffen zu können. Dabei half ihm zunächst der Tanz. Seit 1936 hatte er Tänzer am Klavier begleitet. Und es war eine Tänzerin, die um Percussion bat, wo nur ein Klavier zur Verfügung stand, die ihn auf die Idee brachte, dem Klavier perkussive Klänge abzugewinnen. Eine andere Hilfe fand sich am Cornish College, das 1939 über wenig musikalisches Instrumentarium verfügte, aber mit Plattenspielern und Verstärkern ausgestattet war und auch die Möglichkeit bot, Tonaufnahmen von einem Gebäude zum anderen zu senden. Cage war dem Radio familiär verbunden und hatte bereits als Zwölfjähriger[34] ein *Boy Scout Radio Program* für den Sender KNX Hollywood entwickelt. Er war daher mit dem analogen Verarbeiten von Tonmaterial bereits vertraut und lernte, durch seine Arbeiten dieser

---

32. Zur Funktion des Ausschlusses s. in diesem Band: Gustav Deutsch und Hanna Schimek: »20m². Pflanzen der Wüste – Figuig/Marokko«.
33. John Cage: »Composition as process« (1958 Darmstadt lecture), in: ders., *Silence: Lectures and Writings*, Middletown, Connecticut 1961, S. 18–34, hier S. 34.
34. In den Jahren 1924/25.

Jahre, die beiden Aufschreibesysteme der gekerbten und der glatten Schnitte zusammenzufügen.

Im Dezember 1950 schreibt Cage an Boulez: »Auch meine Musik verändert sich. [...] Für das Concerto wie für das Ballett benutze ich Tabellen, die in der Form des Schachbretts vororchestrierte Klangkombinationen bieten. Selbstverständlich können ›Züge‹ auf diesem ›Brett‹ gemacht werden, gefolgt von anderen, diesen entsprechenden oder nicht entsprechenden Zügen. Im Konzert gibt es zwei solcher Tabellen (eine für das Orchester und eine für das Klavier), die die Möglichkeit ›gegebener‹ Besetzungen hervorbringen. In der Ballettmusik wird die Idee der schrittweisen Umwandlung einer Tabelle in eine neue Tabelle angewendet. Im Augenblick habe ich noch zwei andere Ideen: dass jedes Feld der Tabelle als das (in einem Moment) sichtbare Mitglied einer großen Familie von Klängen genommen werden kann; und die andere Idee ist, dass vier Tabellen – eine für jeden Parameter eines Klangs – anstelle einer einzigen verwendet werden können. All dies bringt mich dem Zufall, oder wenn du so willst, einem nicht-ästhetischen Entscheiden näher. Die Mittel der rhythmischen Struktur behalte ich natürlich bei, in dem Empfinden, dass dies der Klang-Raum ist, in dem diese Klänge existieren und sich verwandeln können. Das Komponieren wird zu einem ›Werfen von Klang in die Stille‹, und der Rhythmus, der in meinen Sonatas dem Atmen entsprach, wird jetzt zu einem Fluss aus Klang und Stille.«[35]

Anfang des Jahres 1951 schenkte Christian Wolff ihm ein Exemplar des von seinem Vater neu ins Englische übertragenen *Book of Changes* und Cage greift sofort zu. Er nutzt das *I Ching* nicht als Orakelbuch, sondern als Übersetzungsmaschine von Schnitt zu Listenplatz. Das Buch formalisiert lebensweltliche Veränderungen in 64 Bildern, die aus je sechs durchgehenden oder unterbrochenen Linien bestehen. Im heutigen Sprachgebrauch wäre es als diagrammatisches Kunstwerk zu bezeichnen. Das Buch blickt auf eine etwa 2000jährige Geschichte zurück, in der eine ganze Reihe von Zahl-Wort-Schema-Übertragungen dargestellt und dinglich erprobt wurde. Für Cage boten diese Übertragungen die Gelegenheit, seine Tabellen und seine Münzwurfmodalitäten zu komplizieren. Zwischen Wurfzahl und Ordnungszahl der glatten musikalischen Schnitte setzt er die gekerbten Figuren des *I Ching*. Ende des Jahres ist die Arbeit an seiner *Music of Changes* abgeschlossen. Sie setzt zum ersten Mal wieder das unpräparierte Klavier ein. Dessen Klang nun keine Verkleidung mehr braucht, er ist fremd geworden. So fremd, dass die Hauptarbeit des Werkes dem Pianisten David Tudor zufiel, der dafür zu sorgen hatte, an die Stelle der Geste den Wurf zu setzen.

---

35. Über das *Concerto for prepared piano and Chamber orchestra* und die *Sixteen Dances* für Merce Cunningham. In: Pierre Boulez und John Cage: *Der Briefwechsel*, hg. von Jean-Jacques Nattiez, übersetzt von Bettina Schäfer und Katharina Matthewes, Hamburg 1997, S. 86.

Coda

Spiele finden statt. Die Idee, Musik zu notieren und sie lesend zu spielen, stellt einen großen Umweg der Musik dar und ist darin dem Einsatz der Instrumente vergleichbar. Denn die Notation, insofern sie ihre Rolle spielt, ist eine Art von Musikinstrument. Mit Schreibzeug und Papier Musik zu machen, war lange Zeit ein ganz übliches Verfahren und wird auch heute noch gerne benutzt. Mit der Notation trägt die Übung der musikalischen Vorstellung neue Früchte. Wieder entstehen neue Umgebungen, vom neuen Medium ins Spiel gebracht. Die Musik schafft sich ihre Sphäre von Partitur und Aufführung. Hier nun geht es um einen weiteren Umweg. Zwischen Spieler und Schreiber fallen die Würfel, zwischen Vorstellung und Stift rollen die Münzen. Geht man ihn unter Mozarts Namen, so wird es ein Ringelspiel zum Finis, geht man ihn mit John Cage, so wird es eine pitzelige Prozedur der Befreiung. Setzt man mit Mozart gegen Hummel und Simrock, so setzt man den Genuss der Musik gegen den Genuss ihrer Verwaltung und Verteilung. Was Cage versucht, ist, diese Verteilung und Verwaltung als Teil der Welt genießbar zu machen. In der Sprache des Don Giovanni hieße das, an die Stelle der genitalen Erotik nicht die polizeyliche des Leporello zu setzen, sondern ein polymorph perverses Genießen, das – nun nicht mehr prä-, sondern postgenital – Männer wie Frauen zu genießen versteht, als Teil der Welt. Das Programm von Cage heißt Befreiung von der adulten Beschränktheit einer alten Kultur und kreiert Spiele, bei denen jeder Ton so gespielt wird, als hätte er keinen Vorgänger.

> »Jene, die da annehmen, dass alle Dinge vom Zufall gelenkt werden, hätten sich nicht geirrt, hätten sie nicht darauf bestanden.«[36]
> (Sir Thomas Browne, *Religio Medici,* London 1643)

---

36. Dieses Motto verwendet Joseph Conrad für sein Buch *Spiel des Zufalls.*

**SCHNITT FÜR SCHNITT VON FLEISCH
UND BLUT ZUR DNA – BERECHENBAR**

Elfriede Jelinek

Aber sicher! 2. Akt
Was bleiben kann, wenn man es weglässt:

Der Gang der Frau ist nur auffällig, wenn sie müde ist, dann haben die Beine geschmerzt, nein, sie haben immer geschmerzt, aber deswegen hat sie nicht gehinkt, sie hat schon deswegen gehinkt, aber nur, wenn sie müde war. Diese Leiche ist nicht die, für die sie von einem Pathologen, der es hätte besser wissen können, nein, müssen, ausgegeben wurde. Das ist nicht Rosa Luxemburgs Leiche, als die Michael Tsokos, der Leiter der Berliner Rechtsmedizin, sie 2009 der Öffentlichkeit vorgelegt hat. Die Leiche, die ihm vorgelegt wurde, mit dem Vorlegbesteck der Geschichte, ist nicht die, für die er sie ausgegeben hat. Die Leiche, welche Rosa Luxemburg sein sollte, aber definitiv nicht war, ist die einer Frau, die niemand kennt. Das Grab Rosa Luxemburgs ist aber sowieso leer, es gibt keinen Vergleich, es ist auch kein Vergleich nötig, der einen sicher machen würde, denn diese Frau, dieser Klumpen Leichenwachs aus dem Keller der Charité, kann nicht Rosa Luxemburg sein, nein, es kann nicht sein. Sie kann es nicht sein, weil sie es nicht war. Sogar Jesus ist aus seinem Grab auferstanden, er war vorher sicher drin, nachher nicht mehr, das Grab war leer, in Rosa Luxemburgs Grab war sie, ganz sicher, da war keine andre, mit der man sie verwechseln, gegen die man sie hätte austauschen können, jetzt ist dort aber niemand mehr zu Hause, die Nazis haben das Grab 1935 ausgeraubt und zerstört. Keine Spur, keine Schleifspur, kein Rest. Und dieser Wachsklumpen in der Gerichtsmedizin kann sie nicht sein, kann Rosa Luxemburg, deren Spurtreue immer bewiesen war, nicht sein, kann nicht ihre Spur sein, aus vielen Gründen. Dieser Tausch der Leichen hat nicht funktioniert, das Geborgenwerden der damals geborgenen, der unter Menschen niemals geborgenen Rosa Luxemburg ist zu gut dokumentiert. Sie war die eine, sie war nicht die andere, von der wir glauben sollten, sie wäre es. Es hat kein Austausch stattgefunden, höchstens ein symbolischer Tausch, ein Gerichtsmediziner hat für kurze Zeit behauptet, die richtige ermordete Person gefunden zu haben, aber niemand hat getauscht, er hat nur die Namen getauscht, Rosa gegen eine bis heute Unbekannte. Der Pathologe hat von einem Namen gesprochen, der nicht zu einem Klumpen Leiche aus Fettwachs gehört hat, der Name hat einer anderen gehört, die diese nicht ist, die er symbolisch gegen jene getauscht hat, Namen gegen Namen, doch der Name war derselbe, nur hat er einer anderen gehört. Aber Leichen kann man nicht tauschen, das hätte der Gerichtsmediziner nicht fertiggebracht, man kann ja auch Menschen nicht tauschen. Selbst wenn es dem Austausch unter ihnen nützen würde, man kann diejenigen, die tauschen wollen, nicht austauschen. Man kann sie verwechseln, man kann ihnen falsche Namen geben (das können sie auch selber tun), aber der eine ist der eine, der andre ist der andre Mensch. Ein Tausch Mensch gegen Mensch jenseits der symbolischen Ebene ist nicht möglich. Namen kann man vertauschen, gegen andre austauschen, Personen nicht. Es ist dokumentiert, wie Rosas Leiche gefunden worden ist, am Ufer des Landwehrkanals. Es besteht kein Zweifel, dass die Leiche, die am Morgen des 31. Mai 1919 von einem Legationsrat der litauischen Botschaft gefunden wurde (der aus einiger Entfernung unter der Stadtbahnbrücke zwei Mädchen stehen gesehen hatte, welche den aufgequollenen Gegenstand ebenfalls ins Auge gefasst hatten, und vom Legationsrat nun gefragt wurden, ob auch sie diesen Gegenstand für eine Leiche hielten, was sie bejahten, und sie wiesen auch ausdrücklich auf die Handschuhe hin, welche die Hände der Leiche bedeckten, und die Handschuhe wurden später von Rosas Sekretärin identifiziert, die sie selbst gekauft hatte, Umtausch ausgeschlossen, kein Austausch möglich, kein Tausch wahrscheinlich, beim Körper vielleicht, doch die Handschuhe aus braunem Glacéleder waren neu, wenn auch bereits getragen, der dazugehörige Körper, an dem die Hände so gehangen waren!, daher auch, nicht mehr neu, aber zu den Handschuhen gehörig, ein Irrtum war ausgeschlossen, die Aussage konnte beschworen werden, unberufen, Berufung gibts keine, für oder gegen nichts, ich will hier nicht mehr heraufbeschwören, die Flüche der Vergangenheit haben uns nicht getroffen und werden uns auch nicht mehr treffen, und wir sind es nicht, die verflucht sind, denn auch wir sind ausgetauscht, nur die Flüche sind immer dieselben, aber sie treffen uns nicht, denn wir sind ja nicht mehr dieselben, auch wenn wir die Alten bleiben, wir bleiben einander gewogen, aber als zu leicht, wir bleiben die Alten, und bald werden wir auch weg sein), nicht ausgetauscht worden ist. Und es ist die Richtige mit ihrem richtigen Namen begraben worden, was sie jetzt nicht mehr ist: begraben. Und diejenige, die 2009 als die Person ausgegeben wurde, die sie nicht war, Kleingeld gegen Keingeld, Vergangenheit gegen nichts, eine Bekannte gegen eine Unbekannte in einer Gleichung, die längst aufgegangen ist: wen interessierts, wen interessiert sie?, wer will das Resultat wissen? Keiner! Nicht, weil es nicht interessant wäre, sondern weil die Gleichung längst vergessen ist und längst vergessen ist, wer gleicher als ein anderer ist. Und auch alle Beteiligten, alle Partner an der Tauschbörse, die leer ist, sind schon lang gegangen, alles ist weg, ja, das Geld auch, das Geld ist auch weg, alles verschwunden, die Menschen fürchten sich, dass noch mehr von dem, was sie haben, verschwindet, aber eins steht fest: Diese Frau ist eine andere. Seltsamerweise ist das Unsichere das Sichere geworden. Diese Frau ist nicht die andere. Man hat versucht, die andre als die eine einzuspeisen in einen Reichtum an Menschen, aber dieser Reichtum ist keiner, es sind zu viele, die Beutezüge der Geschichte haben die eine erbeutet, Rosa, von der keine Spur mehr da ist, und die andre Frau, die als die eine ausgegeben worden ist, die hat es gegeben, kein Zweifel, aber sie ist nichts, man weiß nichts von ihr, sie ist da, aber sie ist weg, man kann sie nicht benennen, sie kann an keiner Gleichung mehr teilnehmen, denn das Ergebnis steht schon fest: Sie ist nicht die, die sie sein könnte, die sie nicht sein könnte, denn es steht fest, dass sie es nicht ist, dass sie nicht die andere ist. Man weiß mehr von Waren, die man tauscht, als von manchen Menschen, man weiß, ob der Tausch gerecht ist oder nicht, ob er freiwillig ist oder nicht, ob er gewaltsam und unrechtlich ist, oder ob er normal ist, der Tausch, Handel und Wandel, nicht wahr, kommerziell bedacht und nach gewissen Regeln ablaufend, oder ob nicht doch der Natur etwas entrissen wurde, was dort bleiben und was die Natur auch nicht hergeben wollte. Aber die Natur wird nicht gefragt, sie muss alles, was lebt, hergeben, die Namen jedoch kann man ruhig tauschen. Doch manchmal kommt man dahinter, und was man dahinter sieht, ist entsetzlich. Das, was lebt, kann man nicht tauschen, jeder Käfer ist unverwechselbar, aber die Namen können, umhüllt von einem System aus Recht, getauscht werden, dann wird es aber Unrecht. Das, wie das meiste Unrecht, aber keinen stört. Wir verzichten also auf diesen Tausch Rosa Luxemburg gegen eine Unbekannte, weil wir es können, weil es nicht recht wäre, der Unbekannten den bekannten Namen nachträglich zu verleihen, der ihr nicht gehört. Das ist Namensdiebstahl. Aus diesem Namenstausch wird Diebstahl. Denn dieser Fettwachsklumpen hat Rosa nicht sein können, das ist verbürgt. Es gibt Zeugen. Aus Tod durch Gewalt wurde Namensraub ohne Gewalt. Ist schon erledigt. Dieser Tausch kann nicht stattfinden. Wir wissen zuviel, daher ist dieser Tausch hinfällig, dieser Name gehört nicht zu dieser Frau, zu der gehört ein andrer Name, den wir nicht kennen. Es kann nicht nachträglich einer Ermordeten etwas, das sie nicht war, zurückgegeben werden, nein, umgekehrt, es kann einer anderen nicht ein Name, der ihr nicht zusteht, gegeben werden. Es kann dieser Unbekannten nicht MEHR zurückgegeben werden, als ihr zusteht: nicht ein Name, der ihr nicht gehört. Der Körper, der sie ist, kann keinen Namen bekommen, der einer anderen gehört. Dieser Tausch ist ein Wucher mit Namen, der aber verfällt, denn der Name stimmt nicht, daher kann man auch mit diesen paar Pfund Fett nicht wuchern. Ein Körper stimmt, doch der Name ist falsch, der Name wurde vorübergehend mit einer anderen getauscht, die es gab, von der es aber keine Spur mehr gibt. Das, was da angeblich aufgedeckt worden sein soll, ist keine Wahrheit, die Wahrheit würde einem niemand tauschen, für nichts, gegen nichts, denn sie ist nichts wert. Hier hat sie aber den Wert, einen Tausch zu verhindern, einen Tausch von Namen. Was solls, es sind alle längst eingegangen, wie wir eingehen werden, in ein Sein, das keine Wahrheit kennt, das ist die eigentliche Wahrheit, dass ein Tausch ins Nichts fällt, denn Namen für Menschen wurden getauscht, nicht die Menschen selbst, was ja eben gar nicht möglich gewesen wäre. Es gibt so viele Wesensmöglichkeiten, aber dieses Wesen aus dem Wasser hat keinen Namen, und der, den es vorübergehend erhalten hat, ist unrechtmäßig, erfolgte zu Unrecht, wenn das kein Erfolg ist!, nein, es ist kein Erfolg. Unrecht gegen Unrecht, Name gegen Mord, Mord gegen nichts, nichts gegen Namen, Namen Schall und Rauch, und wenn man sie behauptet, auch.

2. Akt, kann man auch weglassen, wie alles, damit nichts bleibt. (für Rosa Luxemburg)

Eine typische Fettwachsleiche. Unter hoher Feuchtigkeit, verbunden mit tiefen Temperaturen und mangelndem Sauerstoff, kann sie entstehen. Verwandelt sich Körpergewebe nicht in Humus, sondern in eine grauweiße Paste, eine massenweise, eine pastenweise Masse, keine poröse weiße Masse, na, eine pastenweiche

Masse halt. Je länger die Masse liegt, desto mehr gerinnt die Substanz und härtet aus. Da liegt der Klumpen, das Klumpert, das Stück Leichenwachs, das zu lange im Wasser war, fast hundert Jahre?, nein, so lang natürlich nicht im Kanal, nicht so lang, nicht ununterbrochen, den Kanal haben wir schon lange voll, auch ohne dass man uns auch noch jemanden reinschmeißt, nein, so lang ist es her, da war der Menschenklops mal im Kanal, mit dem das Land sich gewehrt, sich verwahrt hat gegen die Frau, einmal war er drin, dann wieder nicht. Dann kams irgendwie raus, und da liegt es nun, nein, im Landwehrkanal ist es nicht mehr, schon längst nicht mehr, das dumme Stück Fettwachs, ja, im Keller von dem Spital, wo sonst?, dort gehört das Zeugs auch hin! Dort ist es vor Feuchtigkeit geschützt. Feuchtigkeit hat es lang genug gehabt im Kanal. Wer war die Tote, die da liegt im Keller? Es ist nicht die Tote, die sie angeblich gewesen sein soll. Die nicht. Wer war die Tote? Wo kam sie her? Keine Ahnung. Sie ist jetzt halt da. Es ist egal. Diejenige, von der wir dachten, sie sei tot, die ist es nicht. Doch, doch, sie ist schon tot! Dies hier ist eine andere, die aber auch tot ist, das wissen wir jetzt. Wir wissen, dass das eine andere Tote ist. Wir haben zwar DNA-Material, aber wir wissen nicht, welche Frau das hier ist, von der wir es haben. Und wir haben niemanden, der lebt und mit dessen Material wir es vergleichen könnten. Wir fischen im Trüben. Da vergammelt ihr Körper, der Körper der Toten, eine allmählich zerbröselnde Leiche, pfui Teufel, irgendwie ekelhaft, sterbliche Überreste stellen wir uns anders vor, aber immer eklig, sehen wollen wir sie nicht. Keinesfalls. Sie in dieser Form zu sehen ist, als wäre die Frau in ein Gefäß eingegossen, denn diese Form kommt nicht von der Natur. Nicht von Natur aus. Von Natur aus sehen Menschen nicht so aus. Diese Form kann Natur nicht geschaffen haben: die Beine unterschiedlich lang. Die Frau muss schwer gehinkt haben. Nun, genau das ist einer der Gründe, weshalb sie jene Frau nicht sein kann, von der wir angenommen haben, sie wäre es. Diese Form, diese seltsame Form einer Frau, sie stört uns aber auch nicht weiter. Diese Frau stört uns nicht. Sie kann nicht die gewesen sein, für die wir sie gehalten haben. Nur kurz hielten wir sie für eine, von der wir glaubten, wir würden sie kennen. Doch die andere, die war sie nicht. Sie ist nicht die andere, sondern die eine, die wir nie kennen werden. Sie ist es nicht. Sie ist nicht die Gemeinte, sie ist nicht gemeint, wenn wir den Namen sagen. Diejenige, für die wir sie kurze Zeit hielten, die ist sie nicht. Denn die hätte nicht gehinkt, nicht so stark, die Wirbelsäulenverkrümmung bei der, für die wir sie hielten, nur mäßig, nicht stark ausgeprägt, nach außen ausgeschweifte linke Hüfte. Hinken nur bei großer Müdigkeit. Als eine Art hohles Gefäß nimmt uns diese Tote nichts, und sie gibt auch nichts her. Sie ist es gar nicht. Sie ist es nicht. Sie ist eine andere. Sie ist nichts. Sie gibt uns nichts. Verblüffend sind die Übereinstimmungen dieser Toten im Keller mit der einst lebenden und realen Person, aber trotzdem: Sie ist es nicht. Wir kennen diese Leiche, von der wir glaubten, sie zu kennen, nicht. Der Körper dieser Frau, die nicht diejenige ist, von der wir dachten, sie wäre es, misst etwa 1,50 Meter, so klein, so klein, etwas so Kleines hat einmal ganz von selber gelebt!, und trägt an beiden Armen die charakteristischen Einschnürungsmale der damals von der noch lebenden Person bevorzugten Kleider. Schauen Sie, das ist wie beim Ehering von meiner Mama, der war auch so eingewachsen, diese Rille bleibt ihr bis in die Ewigkeit, die sie nicht mehr erleben wird, auch die Spuren der Büstenhalter-Träger, die haben sich tief eingegraben ins weiche Bachbett der Schultern, und das ist, was dem Menschen bleibt, das ist es, was bleibt. Es bleibt ihm ja nichts andres übrig. Eine Untersuchung dieser Wachsleiche im Computertomographen liefert weitere Details: Die Frau litt, die Frau litt, die Frau litt an irgendwas, Arthrose? Sie kann nicht diejenige gewesen sein, für die wir sie hielten, denn die, Vorbild für eine Form, wenn auch nicht für diese, aber immerhin auch menschliche Form, hat nicht gehinkt, nur wenn sie es wollte, wenn sie es nicht vermeiden konnte, dann hat sie gehinkt. Es gibt ja so viele menschliche Formen, man würde sie gar nicht mehr für Menschen halten, so viele gibt es, und so unterschiedlich fallen sie aus, denn diese also, für die wir sie hielten, hat nicht so gelitten, hat eher weniger gelitten, kann nicht so viel gelitten haben, denn die Lahmheit, der watschelnde Gang sind übertrieben, so lahm war sie gar nicht, der Gang nur auffällig, wenn müde. Sie ist es nicht, das steht fest, das steht schon lange fest, nur wussten wir es nicht. Die einen wussten es, andere wieder nicht. Diese Frau, die also eine andre ist, eine andre sein muss, da sie ja nicht die ist, für die wir sie hielten, litt an einer degenerativen Erkrankung. Jedenfalls litt sie. Sie muss gelitten haben, wie alle Menschen. Zu Lebzeiten wahrscheinlich Arthrose. Unangenehm genug für sie schon im Leben und nach dem Tod noch nachweisbar. Überdies die Beine unterschiedlich lang, genau wie bei der Lebenden damals. Nein, bei der Lebenden war es anders, was aber kein Wunder ist, denn diese Frau ist nicht die einst Lebende. Doch, doch, sie hat einst gelebt, was reden Sie denn da? Na schön, aber diese Frau ist tot, auch wenn sie vielleicht einmal gelebt haben mag, das geht uns nichts an, sie war jedoch nie diese Lebende, die wir meinten, die jetzt aber auch tot ist. Genauso tot. Eine wie die andere. Tot. Diese Frau war gewiss einmal eine Lebende, allerdings nicht diese. Wir haben sie für eine andere gehalten. Nach Schätzungen von Radiologen war die Frau zwischen 40 und 50 Jahre alt, als sie geschlagen wurde und ins Wasser geworfen. Nein, nicht geschlagen. Doch, doch geschlagen, aber ohne sichtbare Spuren am Schädel. Dazwischen erschossen? Zuvor erschossen, nein, danach, das Erschießen war das Letzte, ich meine, das war das letzte, was passiert ist, was dieser Frau passiert ist, nein, nicht dieser, die wurde nicht erschossen, und wenn, dann wüsste man es nicht, der Kopf ist ja weg, nicht wahr, also nicht diese wurde erschossen, die ist eine andere. Sie sehen doch, dass die erschossen worden ist, oder? Nein. Wie denn? Der Kopf fehlt doch! Nur am Kopf hätten wir es beweisen können. Denn die andere, welche diese nicht ist, wurde erschossen. Tod infolge eines Schusses, der vor dem linken Ohr eingetreten und am rechten Unterkiefer wieder ausgetreten ist, den Schädel also ziemlich quer und etwas nach unten durchsetzt hat. Eine Wasserleiche, aber keine normale. Eine Wasserleiche, aber keine einfache. Einfach eine andere Wasserleiche, aber nicht diese. Gewiss nicht diese. Diese Gewissheit haben wir. Die Leiche gehört jemand anderem, sie gehört einer anderen, sie ist eine andere, sie war eine andere. Ich persönlich: Keine Ahnung, wer das ist und war. Ich kann diese Aussage endlich beschwören, dass diese Leiche nicht der Frau gehört, die wir uns, nach langem

Auswählen, für sie vorgestellt hatten. Aber der Körper passt doch nicht! Der Körper passt vielleicht dieser Frau, aber nicht derjenigen, für die wir sie hielten. Diese Leiche hat einer anderen Frau gehört, die wir nicht kennen. Die andere Leiche gehört einer anderen Frau. Die andere Leiche haben wir nie gesehen. Diese hier gehört einer Frau, die nicht diejenige ist, die wir zu kennen glaubten. Die wir aber nicht kennen können. Sie ist nicht diejenige, für die wir sie hielten. Die, für die wir sie hielten, hatte ihre leichte Gehbehinderung vollkommen unter Kontrolle. Diese Leiche hier hat nichts mehr unter Kontrolle. Ich weiß nicht, wer sie ist. Sie hat jedenfalls einen Hüftschaden. Die, für die wir sie hielten, hatte eine Wirbelsäulenverkrümmung, aber keinerlei Hüftschaden. Hier steht es doch ausdrücklich!, hier steht der Holzsarg, darin diese weibliche Leiche, jedoch ohne Kopf. Füße hat sie auch keine, Hände auch nicht. Das verweinte Kindergesicht, das einmal war, lang schon verschwunden, wie jene, die es einst gesehn. Es war eine andere, die es gesehen hat, das weinende Tiergesicht, es war nicht diese. Diese ist auch gegangen, sie ist ohne Füße gegangen. Wer kennt sie noch? Keiner. Wäre ohnehin unkenntlich nach all der Zeit, mit oder ohne Kopf, keiner währt am längsten. Manche gehen schon früher, vor dem Schluss. Die Frau, die sie war und deren Wachsleiche sie nun ist: verschwunden. Leiche noch da. Die Frau ist verschwunden. Die Frau, für die wir sie hielten: ebenfalls verschwunden. Ihr Grab ausgeleert. Nicht einmal etwas in ihrem Grab. Geplündert das Grab. Dieses Stück Fettwachs alles, was wir haben. Und das ist sie auch nicht. Das ist nicht die Frau, von der wir dachten, sie wäre es. Sie ist verschwunden. Das verweinte Kindergesicht auch des Büffels: genauso verschwunden. Nichts mehr übrig. Kein einziges Lächeln, das allein in der Luft hängt, im Himmel, unter den Wolken, unter denen beinahe täglich Fröhliche gehen. Fleckig und schmutzig grau der Körper der Frau und fest wie poröses Holz. Klopft man dagegen, tönt der Leib hohl. Der Kopf ist weg. Kein Wunder, dass sie es nicht ist, der Kopf ist ja verschwunden. Wie sollen wir dann wissen, wer das ist? Keine Ahnung, wo der Kopf hingekommen ist. Mit Kopf hätten wir uns leichter getan, sie nicht für diejenige zu halten, die sie ohnedies nicht war. Das muss aber nicht sein. Es muss nicht sein, dass wir nicht wissen, wer das ist. Hände und Füße hat sie auch nicht mehr, die sind auch weg. Keine Ahnung, wo. Keine Ahnung. Aber die Frau, für die wir sie hielten, kann nicht Hände, Füße und Kopf verloren haben. Diejenigen, die sie so zugerichtet haben, also die haben es natürlich gewusst, die haben gewusst, wer sie war, und die hätten keine Zeit mehr gehabt, sie zu fesseln. Sie waren in Eile. Alle Mörder immer in Eile. Das gehört sich so für sie. Woher hätten sie Drahtschlingen zum Fesseln und Steine zum Beschweren gehabt? Wer hätte sich denn beschwert? Keiner hat sich beschwert, das ist eine Tatsache, eine der wenigen Tatsachen. Diese Tat. Ich weiß es nicht. Die Tote, die vermeintlich jene war, die sie aber nicht war, also die andere Tote wurde in aller Eile über ein Gebüsch in den Landwehrkanal geschmissen. Die haben sich beeilt. Wie alle Mörder. Wieso hätten sie sie denn fesseln sollen? Kostet nur unnötig Zeit. Diese Frau kann es nicht gewesen sein. Wer immer sie war, sie kann nicht die gewesen sein, für die wir sie hielten. Schauen Sie, wieso hätte die noch ihren Kopf oder ihre Hände oder die Füße gebraucht, ich meine, sie hätte schon gewusst, wofür sie sie zu gebrauchen hatte, aber wozu braucht sie die denn jetzt noch?, es ist doch kein Problem, dass sie sie nicht mehr hat, Hände, Füße, Kopf, sie ist ohnedies nicht diejenige, sie ist nicht dies und das, wofür wir sie hielten, wofür braucht sie da noch Hände, Füße?, wozu, wofür? Nicht einmal die Frau, für die wir sie hielten, würde noch Hände und Füße brauchen, obwohl sie diese noch hatte, sogar die Handschuhe, gekauft und identifiziert von der Sekretärin. Sie war es nicht. Die Sekretärin war es schon, nur die Frau war es nicht. Sie wurde untersucht, und sie war es auch. Die andere ist eine andre. Sie muss ganz einfach eine andre sein. Sie war die andere, die keiner kennt. Die eine: zweifelsfrei identifiziert. Die andre nicht. Diese ist es nicht. Wer ist wer? Wer ist sie? Egal. Niemand weiß, wer sie ist. Die, für die wir sie hielten, ist nie gefesselt worden. Zeugenaussagen? Namen? Tsunami? Was sagen Sie?

Nach dem Tsunami, nein, nicht dem global financial Tsunami, den ich hier nicht meine, den aber auch niemand vorhersehen und niemand verhindern hat können, diese Katastrophe, aber nein, den meine ich jetzt nicht, ich meine den echten, den richtigen, den Original-Tsunami, nach der großen Flut, der Sintflut mit den Tausenden Toten, nach der Todesflut, dem großen, dem massenhaften Ertrinken, riefen sie auch die österreichischen Gerichtsmediziner. Sie haben dort die Pathologen aus dem Ösenland herbeigerufen, die Öse dazu da, dass man ein Seil durchziehen und das Land wegziehen kann, wegschleppen von sich selbst, endlich!, nur macht das keiner, das Land abschleppen, das macht keiner, weil es nämlich so schön ist und genau dort so gut hinpasst, wo es sich bereits befindet, das passt uns genauso, das passt auch uns gerade gut genug, dass es dort ist, genau dort, außerdem wissen wir dann immer, wo wir hin müssen, um wieder zurückzukehren. Andere werden fortgerufen, diese Totenärzte aber wurden aus dem Ösiland herbeigerufen. Nein, ihr Land konnten sie nicht mitnehmen, obwohl diese Ösen darin, viele Ösen darin, nein, ich meine: daran angebracht, aber das Land ist zu schwer, also mir ist es jedenfalls zu schwer, die Leichenschauer gehen nieder, prasseln herunter, die Leichenschauerleute konnten das Land, ein Land, welches fix an seinem Standort angebracht ist, aus diesem Grund leider nicht ins Ausland mitnehmen, wohin man sie rief, es wäre ihnen zu schwer gewesen. Vielleicht wollten sie es auch nicht mitnehmen, keine Ahnung. Ihre Arbeit: auch schwer. Ärzte wurden also gerufen, und Menschen sind gekommen, so, und als sie dann dorthin kamen, wo die Flut schon da gewesen war und wieder weg war, wo die Toten schon waren, aufgeschichtet wie Brennholz, angespült, aufgedunsen in ihren Badehosen und Bikinis, als sie dann angekommen waren, die Ärzte aus Osirien, dem Land, wo über das Jenseits noch zu herrschen sein wird, wo jeder ein kleiner Gott ist, so wohl fühlt er sich, jetzt aber weg mit dem Jenseits, dem blöden!, Ende der Ausschweifung!, wir wollen Sonne, frische Luft und die Fenster aufmachen!; so, als sie endlich zur Unendlichkeit kamen, die Ärzte des Osirireichs, um die Toten zu wiegen, nein, zu wägen, abzuwägen, die Guten ins Töpfchen, die Schlechten ins Kröpfchen, sortiert danach, ob man sie noch erkennen konnte oder nicht, als sie dann kamen, um die Toten zu vermessen, die da unter dem vermessenen Wetter lagen, das sich wohl ein wenig übernommen hatte, das keine Rücksicht nahm, was glaubt das Wetter eigentlich, wer es ist?, da haben die Totenvermesser aus dem Ösenreich, da haben diese Totenbeschäler des Osiris den Leichen nachträglich doch glatt die Kiefer rausgebrochen, nun, vielleicht ging das nicht immer glatt, aber es ging, soweit, so gut, soweit die ärztliche Schweigepflicht und die zahnärztliche Schweigepflicht. Denn auch Zahnärzte eilten mit Röntgenbildern herbei. Oje, die Hände abgeschnitten, Handärzte eilten mit Messgeräten für Fingerabdrücke herbei, den Rest weggehaut, was sollte man an dem Rest denn erkennen? Der Rest völlig unnötig, zuviel des Restes, schnell, schnell!, man muss die Leichen ja identifizieren, solang sie noch nicht ganz angesoffen, solang sie noch nüchtern sind und am Geruch nicht allzusehr erkennbar!, Sie wollen schließlich Namen wissen, die zu Haaren in Haarbürsten und Zahnfleischresten in Zahnbürsten gehören, die zum Hautabrieb in dem alten Hemd passen, das selber nie richtig gepasst hat, und schnell soll das auch noch gehen, was glauben Sie, wie rasch die sich auflösen, die Leichen, bei dem Klima? Da können Sie zuschauen, wie schnell das geht! Im Handumdrehn, die Hand zum Glück rechtzeitig abgeschnitten, bevor sie einem im Mund noch umgedreht werden kann. So. Die Deutschen haben es genauso gemacht, aber bei denen sagt keiner was. So. Das ergibt einen Abdruck, einen Fingerabdruck, was führt in diesen Mann hinein, in diese Frau?, wir brauchen sie nicht mehr, wir brauchen nur ihre Hände und Kiefer. Die Deutschen haben es genauso gemacht. Hier sehen Sie den Stempel vom Bundeskriminalamt, dass auch die Deutschen das genauso gemacht haben wie wir Öserer. Warum wir nicht, die Deutschen aber schon? Die Deutschen haben genauso Kiefer herausgebrochen und Hände abgehackt! Nur wir dürfen das nicht? Die Deutschen haben genauso Kiefer herausgemeißelt, wie wir es gemacht haben. Mund auf, Kiefer raus und aus. Der Rest völlig unnötig, zuviel des Restes, schnell, schnell!, man muss die Leichen ja identifizieren, solang sie halbwegs frisch sind, solang sie noch nüchtern sind und am Geruch erkennbar! Wir wollen schließlich Namen wissen! Jede Sekunde eine neue Verwesung, eine neue Verweichlichung des Körpers. Das muss so gemacht werden, das Kieferausbrechen, das Händeabschneiden, das Händeabschütteln, wie sollte man sonst wissen, wer das war? So ging es bedeutend schneller. Wenn man den Menschen in kleine Portionen teilt, geht es schneller. Dann geht alles schneller. Uns ängstigt das Dunkel nicht. So, Kiefer raus, Hände runter. So macht man das. So macht man das. Die Deutschen sollen das dürfen und wir nicht? Die dürfen das, wir dürfen nicht, sie dürfen, die Deutschen, wir tapferen Öserianer nicht? Die Deutschen wissen genau wie wir: So ist es am besten. So geht das. Die sind doch längst tot. Die spüren das nicht mehr. Die spüren jetzt nur noch das Nichts. Die Deutschen dürfen, wir nicht. Wer will zu einem Grab gehen? Mit unserer Hilfe werden Sie das können, werter Angehöriger, mit unserer Hilfe werden Sie wissen, wer da begraben sein wird, also meistens werden Sie es dann wissen. Wer will noch mal? Also freiwillig nicht, aber das haben wir immer schon so gemacht. Wir sind zu Gräbern gegangen und haben Blumen hingelegt und einiges in Laternen hingeklotzt, hingekerzt. Wer braucht den Menschen im ganzen? Wenn er tot ist, braucht ihn keiner mehr. Jedes Teil von ihm verloren, außer Händen und Gebiss. Daran hängen Menschen, daran hängen Namen, die wir brauchen, daran hängen Erinnerungen, jetzt unnötig wie ein Kropf, daran hängt irgendwer, was weiß ich! Einer wird an denen schon hängen! Aber doch nicht so! Wenn Sie an diesem Menschen gehangen sind, dann werden Sie auch an seinen Händen und Zähnen, an seinen Zähnen und Klauen hängen, dann werden Sie das Ihre verteidigen, mit diesen Klauen und Zähnen.

Was regen Sie sich denn auf? Diese Leiche ist unvollständig, und Sie wollten alles in den Sarg legen, alles zusammen? Sie ist ja nicht die, von der Sie geglaubt haben, sie wäre es! Wozu begraben? Doch, doch. Begraben muss schon sein. Sie ist es nicht, die Frau. Sterben muss sein, begraben kann sein. Also Hände, die wir nicht haben, und Zähne, die wir ebenfalls nicht haben, müssen genügen, sie müssen in diesem Fall genügen. In diesem Fall schon, in dem anderen nicht. In dem anderen Fall hatte man: ein Medaillon am Samtband, zweifelsfrei identifiziert, Handschuhe, zweifelsfrei identifiziert. Wieso also noch suchen? Wir hatten die Frau ja schon, von der wir dachten, sie wäre diese Fettwanstleiche, nein, die schaut nur so fett aus, weil sie Fett ist, zu Fett geworden ist, diese Fettwachsleiche. Wir hatten sie schon! Jetzt ist sie wieder weg. Die, von der wir dachten, diese hier wäre es, ist weg. Sie ist fort. Das Grab ist leer. Geplündert. Nicht mehr da. Diejenige, für die wir diese hier hielten, ist nicht mehr da. Kein Vergleich macht Sie sicher. Kein Vergleichen möglich. Diejenige, von der wir wissen, wer sie war, und die nicht diejenige ist, von der wir das nur gedacht, nur angenommen haben, diejenige also, die sie wirklich war, wurde im Wasser treibend entdeckt, zweifelsfrei entdeckt, und sie war damals auch die, von der wir dachten, sie wäre es. Wir dachten das nicht, wir hätten es gar nicht denken können, aber sie war es. Diese ist es nicht. Diejenige von damals: Die war es wirklich. Sie sah wie ein aufgeblasener Taucheranzug aus, aber sie war es, innen drinnen war sie es. Sie war diejenige, von der wir dachten, dass die andere es wäre, doch die war es nicht. Die Leiche war die mir vorgezeigte, und es ist nicht die, von der wir dachten, sie wäre es, sie war schon damals die, für die wir sie damals auch gehalten haben. Sie war es. Wir erkennen sie mit Bestimmtheit wieder, ein Irrtum ist ausgeschlossen. Wir werden uns erst viel später irren, wenn wir eine Fremde, eine Namenlose für diejenige halten werden, die sie aber nicht ist und nie war. Und überhaupt: Wieso ist jemand tot? Wer braucht schon Tote? Wer braucht die Toten? Glauben Sie, die Erde braucht die? Glauben Sie, jemand will diesen Friedhof kaufen, damit wir ihn zurücklassen, damit wir zurücklassen die, die wir zurückließen? So ein Blödsinn. Wir wollen kummerfreie Herrscher sein, das wird aus dem Gesagten doch vollkommen klar. Wer hat noch Zweifel? Keiner! Keiner hat noch Zweifel, dass diese Frau diejenige ist, die zu sein sie vorgab, nein, sie nicht, jemand hat das vorgegeben, und alle sind ihm prompt nachgerannt. Aber sie war es nicht, und sie ist es daher auch nicht. Aber tot ist sie schon. Die Brust wollen wir von weicher Luft umspielt haben, alle Menschen, wirklich alle wollen, dass ihre Hände von Freunden umschlungen werden, ihre Hände von, sagen wir mal: meinen Händen, alle wollen diese wahnsinnig schöne Frau aus dem Modelwettbewerb im Fernsehen anschauen, aus der Welt von Beauty,

Mode und Genuss, und, noch lieber, anfassen, wenns geht, alle wollen Schönes anschauen und womöglich auch anfassen, Augen wollen andren Augen schmeicheln, das ist nun mal so, Hände wollen Händen schmeicheln, solang noch alles dran ist, alle wollen, dass sie alles süß und weich umgibt, klar wollen das alle, keiner will in fahlen Halbträumen nach etwas greifen, das er nicht kennt, mit Händen, die er nicht hat, nach einem Lächeln oder einem verweinten Gesicht, je nachdem. Was wünschen Sie bitte? Alle wollen etwas Schönes sein, etwas Schönes anfassen, das sie sehen, etwas Schönes besitzen, das man ihnen gezeigt hat, das wäre ja noch schöner!, etwas Schönes sofort mit irgendwas besetzen, wenns einem noch nicht gehört. Alle wollen alles. Das ist menschlich. Das ist doch klar. Also ich kenne alle Herzen in der Nähe und weiß, dass alle das wollen. Keiner will seine Freunde von sich stoßen, im Gegenteil, jeder will sie behalten, sein Freundeskreis ist immer ausbaufähig, und er will sie alle behalten, jeder will alles behalten, keiner will sein eigenes Sein im Überdruss und jähen Zorn von sich stoßen, keiner will das, warum sollte einer sowas wollen? Keiner könnte das wollen. Und richtig, keiner bekommt es auch.

Rudolf Heinz

In der Regel in der Regel
Über den Missbrauch von überzeichneter Psychoanalyse zur sexuellen (Rück)verschmutzung der erhaben reinen Spielregel

Spielregel – *Spiel*regel? = weißmagisches Antidot wider die Anarchie, oft schon bevor diese eintrat. Weshalb aber diese sich jener überhaupt beugt? Dauerpassager aus negentropischen Gründen. Ob dies nun mit auch für mein Ansinnen gilt, nämlich *das Spielregelwesen einer (meta)spielregulierten (hyper)psychoanalytischen Kritik zu unterziehen*? Ja – wenngleich das Kritiksujet mitnichten sich selbst, als Chaos, kontradiziert, vielmehr, im Vorhinein schon, durch und durch geregelt ist; und, zudem, alles Kritikunterfangen, wenn es taugen soll, *a fortiori* von derselben Regelhaftigkeit in sich selbst überholt erscheint, die sie ja zu kritisieren – aufzuklären, genealogisch zu öffnen – vor hat. Also leistet die Regeldeterminiertheit meiner Kritik keinerlei Domestikation eines Derangements, und setzt sich nimmer auch, echt metapositionell (so es das gäbe), über dies Ganze an rationalisierender – um nicht sogleich zu sagen: anankastischer – Arbeit, nein – Regel nimmt sich Regel an, und dies, unabdingbar, regel-recht?

So aber steht doch die Bedingung der Möglichkeit meines großen Plans auf dem Spiel – ja, Spiel –, nämlich Kritik – Aufklärung, Genealogie –, weil in sich selbst zirkulär gefangen, keine sein zu können, jedoch dergestalt gerettet sein würde, dass Subjekt – Psychoanalyse – und Objekt – Spielregelwesen –, vor/nachläufig schon/erst, ineinsgebildet wären, und sich, weiterhin fest kohärierend, in Selbsttransparenz, mehr denn »wissend«, »erkennend« dann, trennten; und dies just im Selben der also quasi ideierten Regularität, der freilich, grenzwertig, allzeit die Regel(wieder)gebärerin Selbstliquidation mehr als nur droht.

»Gute Spielregeln sind sparsam, kurz im Vergleich zur Länge der daraus folgenden Spiele oder möglichen strategischen Verknüpfungen. In ihrer Armut sind sie streng und erheben keinen Besitzanspruch. Aber sie können sich ändern, mit Gefahr für den Spielablauf selbst.« (Festschrift-Exposee zweiter Abschnitt)

»*Spiel*regel« – immer vom Todernst des Kinderspiels, zumal auf meiner A-metaebene der Einsicht. Und alles Imaginäre drängt dazu hin, sich realiter – katastrophisch dann – selbstzuüberholen. *Was aber ist (meta)spielregelregulierte (hyper)psychoanalytische Kritik des Spielregelwesens*? Wenn immer Psychoanalyse krisengenerisch zum Einsatz kommt, wird man eher von der systematischen Observanz desselben sprechen – Spielregeln = explanative Systemprinzipien –, weil jene ein Zuviel an kalkulierter Regie von sich selbst her geltend machen. Weitherzig jedoch sei der Terminus »Spielregel« auch hier – man denke etwa an die eben apostrophierte Spielausterität – konzediert. – (Hyper)psychoanalyse? Die nicht eben willkommene Zumutung, in der Letztgrundsuche bis auf den Grotzen vorzudringen; nein, mehr noch: eben auch diesen, ja zumal aufzufressen, um des Todescountdowns dann dieser – der metaphysischen – Dynamik des Zu(m)grundegehens, mitsamt den Defensivmaßnahmen, diesen (Un)gründungsvorgang, sich davon ernährend, epikalyptisch zu disponieren, restlos innezuwerden. Nein, auch das genügt noch nicht zur Hyperpsychoanalyse hin: meine Themenstellung zweckt ja nicht auf isolierte (Inter)subjektivität, vielmehr auf mediale Dinglichkeit, hier das Spielregelwesen selbst als solches, ab; und nimmt so sich den »Kategorienfehler« heraus, radikalisierte und, folgend, in ihrer ätiologischen Radikalität ad absurdum geführte »Psychoanalyse« in eine solche – primordiale! – »der Sachen« (Sartre) auszuweiten.

So demnach lautete die reguläre Beschreibung der »Spielregel«, *inbegrifflich, meines Instruktionsunterfangens:* Aufschluss des Spielregelbegriffs mittels des psychogenetisch exhaurierten, dagegen auf die Seite ebenso kultureffektiver wie höchstphantasmatischer Todesparierung geschlagenen, narzissmus- und todestriebpointierten »Ödipuskomplexes«; sogleich in seiner genuin objizierten Version, und bedacht mit besonderer Achtsamkeit auf – weil vordringlich ja in Objektivität angesetzt – abgelöst symptomatischen Abwehrmodi des Ausbruchs dieses ganzen Undergrounds sehr wohl »von dieser Welt« – anankastische Abhaltung, Spielregelparierung der besagten, wenigstens in dieser Signifikation wohlgeregelten Anarchie. »Sie (sc. die Spielregeln) sind ... eine Urszene kultur- und medienwissenschaftlich erweiterten philosophischen Denkens.« (Sartre)

Würde nun »*Spiel*regel« einzig derjenigen Art von Regelsetzung in subjektiver Spontaneität vorbehalten – »Ihr stellt sie selbst, und folgt ihr dann.« (Hans Sachs, Meistersinger, dritter Aufzug) –, so beträfe diese Einschränkung den Musterfall letzter, wenngleich produktiv fertilster Verkennung der todesmotivierten Notgeburtlichkeit solcher Autonomieüberhebung.

Im Überschlag: Spielregel = im gesellschaftlichen (institutionellen und technologischen) Objektiven die überwertig zwanghafte Abwehr der Totalität ödipal-inzestuöser/narzisstischer/todestrieblicher Anarchie; Spielregel demnach = anmaßende Inzesttabuisierung. Die – in der Spielregel hypertroph abwehrgebändigte – Triebchaotik = selbst schon Todesprohibition, die, wie ihre eigene Abwehr wiederum, sich aus der Kraft des Abgewehrten, des – vorgestellten – Todes nährt.

Fürwahr, der Festschrifttitel, auf Wolfgang Pircher maßgeschneidert, erweist sich als unverdientes Himmelsgeschenk für unsereinen, denn wer von uns gerät nicht auf der Stelle in einschlägige Assoziationsfährten, freilich in die der »Regelblutung«? Sei's drum – auch wenn das »Spiel« in »Spielregel« dann sich pflichtschuldig verziehen müsse. Hinkünftig jedenfalls werden wir genötigt sein, alle skandalös also verschmierte Spielregel umso blitzsauberer zu purgieren.

Es ist die dem Tode seiner-selbst-bewusstes-Leben abringende absolute Verfügungspassion, die, Regeln, überbietend Spielregeln, gebiert: Todesentleih Sachzwang, gar in Regie genommen, im perennen Vorübergang wider den obsiegenden Tod. Wie aber kommt – welche Willkür! – die anscheinend doch gänzlich heterogene Menstruation dabei mit ins Spiel? Ganz einfach und unarbiträr: innerhalb der Generationssexualität figuriert sie, geschlechtsdifferentiell, als empirisches Hauptvikariat des Todes. Denn sie terrorisiert, der Gewalt der Verdeckung allzeit würdig, als maternale Mordpotenz; Mutter, die acherontische Herrin über Leben und Tod, ostentativ konkretistisch, wenn sie, wie zu aller Wahrung Hohn, gar periodisch, deplaziert blutet.

»Täglich verliert hinter dünnen Schutzmauern auf der ganzen Welt ein Teil der Menschheit Blut aus einer obskuren Wunde. Der Mond ist der Mörder.«[1]

Trauma der Sterblichkeit, das sich auf des Fleisches Seite zu den Weibs»tagen« (im Lacanschen Sinne) metaphorisiert. Und zur martialischen Mannsmimesis nichts als zwingt – »Bluten die Frauen, so ziehen die Männer in die Schlacht (kreißen sie, so bricht der Krieg aus, und die Männer schlachten sich gegenseitig ab).« (HH). Was schon überbietet den Regularismus des Kriegs, als Spielregelwerk, ausgedacht am nichtgrünen Tisch: klassische Kontamination des schaffenden und des tötenden Todes zu dessen Vorzug: dinglich suizidale Hightech, mitreißend die Opferleiber in der »Vernichtung Lauf«?

Kein Wunder dann, dass die Eucharistie des Menstruationsexkrets weiblicherseits als hocheffektives Aphrodisiakum seine intrikate Verwendung fand. Klassisch so in Wagners *Tristan und Isolde*; auch entsinne ich mich jugendlicher Schauder im restaurativen Nachkriegshumanismus bei der Lektüre irgendeines Romans von Werner Bergengruen, in dem die Protagonistin, um ihren spröden Auserwählten zur Liebe zu bewegen, ihr Menstruationsblut in einen für ihn eigens hergestellten Kuchen einbäckt. Das heiße ich mir Todeshomöopathie: Tod, intoxikativ auf die Spitze getrieben, auf dass er in – wiederum tödliches – Liebesrasen umschlage – nimmer ja lässt sich der Tod, mehr denn nur zum manischen Scheine, erotisch düpieren. Und im christkatholischen Abendmahl scheint es vollbracht, dass die ausblutende Frau durch des Gottessohnes prärogatives Blut erlösend sich reparieren ließe. In der Tat: es ist – wie Solanas ehedem deklarierte – der Urwunsch des von Natur aus missratenen Mannes, zur Frau zu werden, vornehmlich aufgrund des Fundamentaltraumas der Todesverkündigung Menstruation.

Wenngleich im großen Skandalon der Regelblutung alle abgeleitet abgelösten Regeln, bis hin zu Spielregeln, ihren post festum-Ursprung haben, so liegt es nicht zuletzt doch an, eben diesen nachträglichen Ausgang selbst in anankastische Regie zu nehmen, just zu regulieren. Was ja alleine schon in der medizinisch gültigen Bezeichnung »Regelblutung« anfänglich geschehen soll: immerhin – so das kulturale Alldispositionspräjudiz –, der den Erdkreis erfüllende menstruelle Bluterror – wie die Travestie des sich totblutenden Soldaten – hat seine statistische Gesetzeshaftigkeit, so etwas wie – durch Schwangerschaft unterbrechbarer – Wiederholungszwang, der seine Todesmonierung in der Verfügungsform der Repetition moderiert. Was indessen zur Vertilgung diese spätzeitlichen Vorzeitsdebakel, des ♀-vorbehaltenen Blutaustritts ohne Verletzung, anmutend wie eine innere, autonome, symbolchargierte Läsion, nicht genügt (und eh ja schon, deren Folie, im ganzen zurückgreift auf die eucharistischen Transsubstantiations-

---

1. Guido Ceronetti: *Das Schweigen des Körpers. Materialien und Gedanken zu einem Studium der Medizin,* Frankfurt/M. 1990, S 181.

produkte, primär die Nutrimente). Wenn schon dissoziierender Horror, so muss er strikte einen Halt, seine Ordnung haben, in der, der Iteration, er sich doch abschleift, nein, umgekehrt, zur Ewigkeitsfolter expandiert!?

Wie dieser Krake beikommen? Hormonell ist, notorisch, manches an Kontinenz, passend für alle weibliche Erwerbsarbeit (inklusive Sport), gewährleistet und genutzt. Und also muss die blutende Frau nicht mehr aufs Tagedachexil emigrieren, unblutig sitzt sie, fast wie ein Mann, den dezent derart geschonten Männern – welche Rücksicht! – bei. Weniger denaturiert (o Natur!), muss mindest aber die Saugfähigkeit der Tampons perfekt sein, und aller Geruchsexitus nebenher gründlichst sprayverscheucht. »Ich wittre süßen Weiberduft« – nein, längst nicht mehr, nur noch abstoßendes Kunstodeur, und Don Juan enträt der Wahl einschlägiger Dünste, in denen er, olfaktorisch imaginär – zu mehr reicht's ja nicht bei ihm –, umso besetzter, hypostatischer, seinen ausgesetzten Lusttod erreicht; und irrt, folglich, ziellos, an allen impermeablen Weibern vorbei, in der erhitzten Landschaft daher. Was aber ist kränker, die Parfümtünche oder die ruchlose (!) »Natur«? Allemal straft *eo ipso* ♂-homosexuelle Kultur, zumal an Frau vollbracht, alles perverse Fleisch, wenngleich im selben homo…, beinahe unbemerkt, ab. (Habt Mitleid mit dem Wüstling …)

»Der Krieg ist der Vater aller Dinge«, also auch der Menstruation? Ja, denn allererst auf der Folie objektiver Martialität, des sich potenzierenden Kriegswesens, tritt sie, als Homöusie derselben, in den traumatisierten Blick. Was aber, patrifiliarchalisch, mit dieser anscheinend doch heterogenen Entsprechung – einem Analogiefusch? – beginnen? Sie dient sogleich der Totalität der Zerstörung, deren weiblichen Naturalismus zur Satisfaktion, der großen Entschuldung ihres kulturalen Kriegsgipfels – wenn denn nun Frau, Naturguerillera, die Männermilitanz regelblutend realreflektiert, wie sollte denn diese, der Krieg, jemals illegitim sein? Frau aber bleibe bei ihren kongenitalen Physisleisten, denn sobald sie den blutigen Lappen, das Siegespanier, klitoridal emanzisch publik schwenkt, so kann zwar die Exkulpation des Soldatenmanns durch die Soldatin nicht mehr überboten werden, doch dem kommt, entsolidarisierend, die Geschwisterkonkurrenz in die Quere? KulturNatureins idealiter weiblich – kein Gebäreidprovokans zwar, doch, anders, konsanguinisch, kriegstreibend aus Jalousie auf diese töchterliche Totale, ja, womöglich Totaletotale – Soldatinnen werden ja auch schwanger; henkaipan der besagten »Tage«, des Kriegsdiensts und des Kinderkriegens (Männer, nehmt die Beine auf den Buckel!).

Hier liegt die Versuchung immernahe, den menstruell leib-haftigen Widerschein der Kriegshygiene, umgekehrt, zum knallmetaphysischen naturalen Ursprung, die Regelblutung zum Vor-ding, Paradigma unserer Destruktionskünste, zu überheben. Und weshalb dieses – zutiefst auch in die Psychoanalyse eingedrungene – naturalistische *quid pro quo*? Immerdar umwillen des Phantasmas sühnender Heimkehr eo ipso kriegerischer Kultur in deren – beherrschtes! – Original Natur, eine Art ♀-Filiarchalismus (mit maternaler Drohkulisse), widersprüchlicherweise, umso explosiver dann, mannsassimiliert. – Um die metaphysischen Verwerfungen des Zu(m)grundegehens dagegen eben noch zurechtzubiegen: Krieg und Menses generieren sich aneinander, treten – akausal wechselwirklich – in ein pathogenes Anmaßungsverhältnis mit-/gegeneinander zwar, verbleibt jedoch darin die Dinglichkeitsprärogative ante/inter/post, ganz einfachkompliziert, weil alle apriorische Selbstverdinglichung Todesdisposition verheißt, gipfelnd in der Reifikation martialischem Suizid. Worum ich mich, derart metaphysik(-und wissenschafts)kritisch, bringe? Um das gewöhnliche Heil eifernder Kriegsdienstbarkeit, wofür ich mir ein mystisches Exil, immer in *mente*, die Intellektualität letzter allwissend kollabierender Todesanmaßung, einhandle.

Schwanger oder – durch die Bank menstruationsindiziert – nicht, schlechterdings nicht; Naturvorgabe der »strengen Disjunktion« entweder-oder, exklusives *»tertium non datur«*. Also diejenige-welche Re-präsentation der »absoluten Differenz«, beider, der Lebens-Todes, Kontiguität in unendlicher Distanz. (Dagegen leisten die Ovulationshemmer nur den Realschein beider Indifferenz). Wie auch sollte man diesem Binärcodegebilde im physiologischen Kontrarium seiner medialprothetischen Hochrüstung ausgesetzt sein wollen? Alle Welt ward, postmodern, mit 0–1, der Spielregel schlechthin, verseucht, damit die – eh ja unter szientifischer Kuratel stehende – anarchoanankastische Regelblutung unter der digitalen Hülle endgültig versiege. Allein, *»naturam expellas furca, unquam redierit«*. Und umso mehr laden sich die epikalyptischen Mittel waffenmäßig mit dem auf, was sie abzudecken trachten. Und der Unterschied direkte (Menstruation) versus indirekte (Schwangerschaft) Todesverkündigung schwindet, vergleichgültigt, dahin.

Kann es denn sein, dass Frau – Tochter – vor ihrem ureigenen Weiblichkeitskriterium Menstruation, der »Männerphantasie« ihrer Tötungspotenz, aus Schuldgefühl dann, tödlich erschrickt? *De facto* zwar kann solche Perhoreszenz, mitspielend, nicht ausgeschlossen werden – Mann, allerdings bar des Fluchtwegs Phantasie, sieht, blickgefesselt, ja in des Weibsfleisch Opferhäme sein eigenes unabwendbares Los: den sexuellen Urverzicht (Lacan: Kastration), umwillen dessen kultural dinglich sublimierter Kompensation; welche Schleife er benötigt, um überhaupt, nachträglich, Geschlechtswesen sein zu können, dass Frau indessen, unvermittelt, ebenso nicht zu sein vermag, nur dass sie dessen Moderation an den Mann *a priori* abtrat (Genealogieaufriss dessen – immerwährende »Vorzeit in der Endzeit« – als Menstruationsostentativ) – hinter der pflichtschuldig reparativen Solidarität mit menstruell hilflos gemachtem Mann verbiestert sich die andere-Angst, nämlich die der Tochter vor der Mutter, die zumal Sinn macht, als der filialmaternale Identitätsjubel – das typisch weibliche *»de trop«*, einerseits – paroxysmal in den schlingenden Abgrund des konträren *»trop peu«* der Differenzprivation auf der anderen Seite, erfüllt im exklusiven Generationenunterschied, zu stürzen droht. Nun ist die Tochter endlich zur mutteraptiven Frau geworden, und schon muss sie, ob der Resorptions-, der inversen Abortgefahr, gleich der am anderen selben Ende Verfrachtung ins inzestuös katastrophische Vater-land, um ihre sexuelle Existenz, zuwenigzuviel, bangen – Tochterfrau = entweder Nichts oder Mann; und das Nichts larviert sich zur allerschwächsten Seinsversion des *»tertium bene datur«*, sprich: der Mütterlichkeit, die, in sich kontrareisiert dann, supervalide gleichwohl, ihr Menetekel zumal über ihre eigene rationale

Disponiertheit, wie überhaupt über alle Kulturverfügung, in alle Ewigkeit verhängt.

Und die Menstruation aktuell, auf »postmodern«? Zum Pokerregelspiel haben wir es, allzeit im floriden Bannkreis der »Abendländischen Metaphysik«, so herrlich weit gebracht – endlich, allerdings wissenschaftsfundiert, bis hin zur – ihren Wesenskollaps verleugnenden – Souveränität des Spiels, passend in den allumfassenden Kontext der Vermeintlichkeit unseres epochalen Exkulpationsgeschäfts, der Imaginaritätsprothetik, des Simulations-*quid pro quo*. Notorisch nothaft elternmimetische Geschwisterinzestuösität, geht hier das Pseudos des »*tertium datur*«, die hormonelle Kontrakonzeption – zwar etwas schwanger, doch ohne schwanger zu sein – konkretistisch in Stellung: Tochter = halbe MutternichtMutter, und Brudermann ergießt sich, kulturemphatisch, in diese (schein) hybride, medialiter dingüberbordende Leere. Wie lange noch? dieses – scheinbar nachgeschichtliche – Monstrum an buchstäblich abstrakter, verlogen schuldentledigter Simulakrenregie, in sich, folgerichtig, unisexistisch bisexuell, also homo… beiderseits: die notwendige Revenation von »Sodom und Gomorrha«, manisch *contigue* transversal im CSD?

Nun, alle Regeln, zumal ja die Spielregeln, bluten dauermenstruell, jedoch, indem sie den Blutmüll in sich, anankastische Folie – für unsereinen außerdem edelvoyeuristisch intellektuell transparent –, involvieren – bis zum nächsten Eklat. Worin aber dieser unser gnostischer Vorteil besteht? Zuversichtlich gesprochen, mit wohl auch darin, dass die – schwerlich arrogant kompensierbare – Atopie des Wissens vom Spielregel-(Re)kreationsbad im Monatsblutsee zur Entropiedämpfung dieses tartarosverbrannten Verhältnisses beitragen könnte. Jedenfalls vermöchten wir dessen sich verselbstzwecklichende Sage.

»Regel (sc. Monatsblutung) nimmt sich Regel (sc. des Spielregelbegriffs) an, und dies, unabdingbar, regel-recht (sc. wenn unreguliert, dann nicht zum Erkennenseinstand zu bringen)«. Also holt sich die Menstruation von dem, dem Spielregelanankasmus, *a fortiori* gar, ein, das sie, genealogisch, mindest doch aufzuweichen vorhatte. Allein, diese (Selbst)ereilung macht selbst schon das Wesen der Menstruation – Regelblutung eben – aus.

Thesen mit Kommentierungen

– Alle Spielregeln, zumal martialische, sind mannsanankastische Kulminate des »Todestriebs«, also ununendlich differierende Todesparierungen. Und dabei repräsentiert konkretistisch sich (also verfehlt) der Tod auf die fleischliche Art der weiblichen Tötungspotenz Menstruation – die ewige Bluthochzeit des Inquisitors mit der Hexe.

»Anarchos sei Euer Gott«, in infinitem Strammstehen (A. Bronnen: »Exzesse«). – Martialität re-flektierende Todesepiphanie der »Regelblutung«: wenngleich »dialektisch«, passiert so der Übergriff des Zwangs auf Hysterie – generationssexuell todesmagische Totalisierung. – Und der Tod verabschiedet sich, noch nicht einmal bösartig grinsend (»Wenn wir uns mitten im Leben meinen, wagt er zu weinen mitten in uns.« [Rilke]), in die tiefste schlechterdings verschlossene Tiefe, er hat seine unablässige Usurpation satt (so aber redet abermals bloß die existentialontologisch maskierte Metaphysik an ihrem Ende!). Was aber stellen wir, Menschen, mit diesem Entzug, der wiederum nur fälschlich phänomenal, und damit aussagbar sein kann, an? Metaphysik-*da capo*.

– Todeshomöopathie – das blutige Abortdejekt ist die nachträgliche Urform des rational purgierten regulären Nutriments; trotz allen passager rettenden Diminuendos allzeit Himmelfahrtsgenerator mit eingebautem Absturz, letales Liebesrasen, die höchste Erosklimax = der Doppellustmord Sadomaso oral.

Stellenwert der weiteren Exkrete – anal, urethral – hierbei? Anscheinend hebt sich der genealogische Vorrang der Menstruation, mehr noch: des Aborts, darin auf, dass deren Fraß ja metabolisiert und residual – immer differenzanmahnend – ausgeschieden wird; so dass Urin und Fäzes – dejektive Endprodukte des Übergangs in die dingliche Transfiguration – kulturteleologisch prävalieren; und wenn unveräußert, korporell – bis …? – perpetuierend, die pathologiegenerische Totale bewerkstelligen.

| Fleisch | Abort | Fäzes | Brot |
| Blut | Menstruation | Urin | Wein |

Die mich absolutmachende Selbstnutrition mit mir, als bluttriefenden Abgetriebenen, wäre, gipfelnd eigenviolent, letzterfüllt, wenn die schlechthinnige Abhängigkeit von der Mutter hier, gänzlich entabsolutierend, nicht aufliefe: so bin und bleibe ich – im Mutterrahmen und dessen Anderenfüllung – initial bereits heteronomisiert, mehr noch: wenn ich, Sohn vor der Mutter überhaupt Bestand haben könnte – ich bin ja schon tot! –, so wäre ich, höchstens, ein Hadesschatten, den es nicht gibt (oder, augenblicklich, doch?). Dieser Status aber reserviert sich eben für den Himmlichen Vatergott, das vollendete transsexuelle Mutterassimilat, sodann der effektive Schein meiner filialen Seinsgarantie.

Und die Tochter? Ewiges »*de-trop/trop peu*« – sie bedarf all dessen schier nicht, und, in einem, missrätlich, zumal.

Weshalb indessen muss es weitergehen? Weil Sohn, im Unterschied zum fernsten absoluten Vaternichts, es nicht wahrhaben wollen kann, dass seine Selbstgründungspilgerroute mit seiner unmöglichen Selbstabortmahlzeit zuende sei; und also, bis zum glücklich elendiglichen Ende, betreibt er die verspeisende Nichtung des die tötende, vaterabrogierende, Mutter traversierenden, gleichwie geschlechtlichen Anderen – Urinopotie, Koprophagie –, bis zu dessen dejektivem Versiegen, der Absolutheitskomik des Verhungerns. Woraus sich, differierend lebensrettend, der Zwang zur Selbstverdinglichung, der mächtige Kulturoktroi ergibt – Wunder des Kulturinsgesamt, das, als permanent zu generierendes zugleich vorgegeben – eucharistisch hier die dingparadigmatische Lebensmittelindustrie – nicht wiederum unberührt bleibt – »Wir haben den Kanal noch immer nicht voll« – von der vorapokalyptischen Absolutheitsperfektion im martialischen Dingzerbersten, usurpiert(usurpiert) im pathogenen Dingefraßinzest, endlich-endlos die universelle Endlösung, das (Ur)Ziel der Gattungsgeschichte apokalyptisch dann. Und in dieser grauenvollen Immanenz wird freilich weiterhin üppig stupide gestorben, so als habe der einzelne Tod keinerlei monierende Beweisvalenz für die Korruptibilität des kulturalen Ganzen.

– Fälligkeit der zirkulären – immer auch anderswohin geöffneten – Rückübertragung des abwehrabgelösten Regelreflexes der Menstruation auf diese selbst: als »Regelblutung« untersteht sie, zeitlich formal, der Ritualität der Repetition, dem ausgezeichneten Modus zwanghaft symptomatischer – versandender, wenn nicht, so höllisch torturierender – rationaler (nicht)Verfügung. Versteht sich, dass, ob des dubiosesten Wiederholungswesens, der harte wissenschaftliche vor-nach-Zugriff kompensatorisch verfängt – Mann, filial, endlich der hormonelle Herr des fötiden Weibshorrorinbegriffs. Weg damit!, am besten *a priori*; und alle menstruellen Schuldausdünstungen seien im olfaktorischen Moloch unserer Hyperhygieneartikel endgültig getilgt.

Schock des schwangerschaftlichen Lebenseinbruchs in die menstruelle Todesserialität – Skandalisierung, die das Habit an den (nicht)erscheinenden Monatsregeltod vitalitätstriumphal zwar unterbricht, doch schließlich umso schreckender die Todgeweihtheit des also floridesten Lebens einklagt.

Klimakterium: das Weder-noch von Menstruation und Schwangerschaft, Intermissionsbleibe in den neuen Zustand prokreativ jenseitiger Leere hinein.

Klassik der »Naturbeherrschung am Menschen«, kurzum: des »Todestriebs«, in der Menstruationshygiene: Naturverstopfung, -abdichtung, -verhüllung, ja -abolition; Branche der Himmelsbräutemacher am kriterialen Körperort, die in ihrer Regelrechtigkeit allen Abwehrzauber von Anankasmus spielwidrig in Paranoia zu steigern nicht umhinkommt: reinste Gegenverfolgung der in der Tochter wiederum kryptisch ansehlich und ruchbar gewordenen Unterweltmutter. Und unsereiner (nicht)selbstverurteilt sich dazu, eben nicht deren sanguinolente Penetranz, vielmehr deren Eskamotierung, zumal wenn auf dem Bildschirm, der, *a fortiori*, imaginär transsubstantiationistisch, an Profusion leidet, auf der Stelle zu fliehen. So die andere verrückte Magie der rationalen Unbelehrbarkeit in Gläsern impermeabler patho-gnostischer Apparenz.

– Wie beansprucht Heraklits Allvater Krieg die sich in ihn am anderen Ufer reflektiv wiederfindende Regelblutung? Gemäß der hauptsächlichen Korefunktion als dessen Entschuldung, kulminierend in der – allerdings filial konkurrenzvirtuellen – postmodernen, womöglich gar gebärenden, Soldatin, nur dass sich in dieser exkulpativen Endepikalyptik die martialische Schändungsschuld an Materialität, »Natur« nur intensiviert.

Nicht gilt die Menstruation als naturaler fleischesnichtend verfügter Ursprung des in sie entsühnt retournierenden Kriegs, nein, beide sind in einem Verhältnis nicht-kausaler Wechselwirkichkeit miteinander begriffen, in dem sich das eine, weil dingliche, Relat zur einzigen Vormacht aufwirft – Dinge sind ja, wähnt man, suizidal sich erfüllende Todespräsenzen.

Nochmals:

Was traumatisiert was? Der Krieg, menstruationsgenerisch, den weiblichen Sexualkörper, sowie, umgekehrt, dieser, kriegsprovokant, die soziotechnologischen Befindlichkeiten? So die besagte Wechselwirklichkeit zwischen Krieg und Menses, ein mutuell mimetisches Kommodations- und Exkulpationsverhältnis, Doppelmagie je des einen durch das andere; nur dass, der phantasmatischen *grosso modo*-Todesaneignung der in Waffen kulminierenden Dinglichkeit wegen, beider Kongenialität aus dem Blick geraten muss. Und so wird die Geschlechterbeziehung bleibend hierarchisiert, immer zugunsten der ♂-homosexuellen eigenkreierten martialischen Kulturregie. Und Gerechtigkeit in dieser Rücksicht definiert sich als annihilierend apotheotische Partizipation von Frau an dieser ihrer Mordsüberbietung: Bluttumult Menstruation, Brückenschlag zu »Tod und Verklärung« – endlich das edle Flintenweib, Hochgenuss blutprofuser Kastration.

– Die in logischem Sinne »strenge Disjunktion« ist ebensowenig der abstrakte Abzug der entweder-oder-Nezessität in Menstruation versus Schwangerschaft, wie, umgekehrt, diese kein beliebiger Anwendungsfall der idealen Allgemeinheit jener. Wohingegen – *da capo* – synchron sich, sich widerspiegelnd, beide aneinander generieren, indessen von Anfang an in innerer Repugnanz, ausgerichtet auf die gewaltsteigernde: die Waffenindustrie fütternde, letztlich immer frustrale epochal binär-digitale Wegschaffung des »Natur«(wider)parts.

– Katastrophisches Tochterlos (und das des Sohnes?) in diesen reinen Gewaltverhältnissen: zwischen den auseinandergerissenen generationssexuellen Mühlsteinen der paranoischen Mutter- wie – avokaten – Vaterpersekution wird sie nur dann nicht zermalmt, wenn sie sich – *Salto mortale* – nun was denn? – entweiblicht (und zum Lohn der bösen Tat danach durchaus auch noch mehrfach-Mutter werden kann).

– Die epochal proliferierende geschwisterinzestuöse Flucht ins Pseudos manischer Neutralisierung des besagten Unelternpaar-Paranoids – Inzeststigma unserer höchst medienlastigen Postmoderne – dissimuliert bloß – wohl das phantasmatisch autoreferentiell größte Exkulpationsgeschäft aller Zeiten – deren im-explosive Großcharge. Unfall – das einzige Realitäts(-und Todes)monitum inmitten des Scheins exklusiv prothetisch-medialer Realitätsdemiurgie.

Was willst Du eigentlich mit dieser Deiner, des Mannes unwürdigen, pseudoeschatologischen Hysterie, ja Nobelparanoia wider die angebliche Ubiquität der gesellschaftlichen objektiven, vornehmlich soziotechnologischen, selbigen? Der Tag wird kommen, an dem es Deine eklige Melange der – abgeschafften – weiblichen Periode und des – ebenso abgeschafften – Krieges nur noch als – wie kommunistisch spielregelgetragene – Reminiszenzimaginarität auf dem Weltbildschirm (Schillers »Spieltrieb«frohlocken – im Grabe) geben wird. Allwo sie schließlich verdämmert, und die Tore zum »Neuen Himmel« und zur »Neuen Erde«, der vollen (Re)inkarnation der »künstlichen Paradiese« von vormals (der »Auferstehung des Fleisches«), weit öffnen wird.

Und, gutwillig, blickte ich vorwärts-retour in die letzte Düsternis, die endgültige Herrschaft des Todes auf Erden, (un)tröstlich nur noch des ~~Nichts~~.

Erich Hörl

Die technische Verwandlung
Zur Kritik der kybernetischen Einstellung bei Günther Anders

Die Einsicht, dass unter hochtechnologischen Bedingungen die Struktur und der Sinn von Koexistenzialität sich radikal verwandelt haben, durchzieht das gesamte Werk von Günther Anders nach dem Zweiten Weltkrieg. Sie bildet den Kern seiner anti-technischen Erregung. Wenn einst das Sein mit anderen oder das Zu-mehreren-sein, also das, was seit Heidegger Mit-Sein heißt, die erste und primordiale ontologische Relationalität gewesen sein mag, auf die alle Sinnbildungsprozesse zurückgehen – dies vergessen oder mindestens unterschätzt zu haben, wird Anders nicht aufhören, Heidegger vorzuwerfen –, so scheint jedenfalls in technokratischen Zeiten das Sein des Menschen mit Maschinen in den Vordergrund getreten und zur entscheidenden Beziehung avanciert zu sein. Diese Transformation hat jedenfalls das, was Mit-Sein heißt, nach Anders bis zur Unkenntlichkeit deformiert: »Mit-Tun«, »Mit-Laufen«, »Mit-Machen«, »Mit-Funktionieren« erscheinen nunmehr als entstellte Figuren, als defiziente Modi des Mit-Seins und als Ausdruck der neuen Situation, in der der Mensch mit Maschinen und nach deren Maßgabe existiert.

In der metatechnischen Epoche, wie man sie in Anlehnung an Max Bense bezeichnen könnte[1], da die technischen Phänomene infolge der objektgeschichtlichen Evolution nicht mehr nur eine Oberflächenerscheinung darstellen, sondern in die Tiefenschichten der menschlichen Seinsverhältnisse eingedrungen und wir in die technologische Lebensform übergegangen sind, scheint sich die Koexistenzialfrage sogar zuallererst, das ist nach Anders der Skandal, auf die Seinsweise von Maschinen zu beziehen. Denn eine Maschine, so betont Anders, ist niemals allein, sie arbeitet immer schon zusammen mit anderen Maschinen, ist eingelassen in einen »Maschinenpark«[2], der – und dies eben sei die Signatur des technokratischen Dispositivs – alle möglichen Seinsbeziehungen prägt, also auch die zwischen Menschen und Maschinen und von Menschen untereinander. Noch die Geschichtlichkeit des technokratischen Zeitalters, in dem die Welt eine wesentlich technische Welt geworden ist, zeigt sich in dieser Diagnostik durch eine ganz bestimmte Form des »Mit-Seins« von Mensch und Maschine dominiert, die sich nun unhintergehbar über alle Beziehungen legt. Die Technik, so heißt es bei Anders, ist »nun zum Subjekt der Geschichte geworden […], mit der wir nur noch ›mitgeschichtlich‹ sind.«[3]

---

1. Max Bense: »Kybernetik oder Die Metatechnik einer Maschine« (1951), in: Ders.: *Ausgewählte Schriften*, Bd. 2, Stuttgart, Weimar 1998, S. 429–446.
2. Günther Anders: *Die Antiquiertheit des Menschen. Zweiter Band: Über die Zerstörung des Lebens im Zeitalter der dritten industriellen Revolution*, München 1980, S. 119.
3. Ebd., S. 9; vgl. auch S. 277ff.

Wie nun aber diese fundamentale Mitgeschichtlichkeit genau zu denken ist, die zu guter Letzt genau jene neue Einstellung hervorgebracht haben wird, in der wir noch gegenwärtig leben, jene Umstellung der »Normalform« und des »normalen Stils menschlichen Daseins«,[4] um mit Husserl zu sprechen, jenen neuen »Normalstil« überhaupt, der seither unsere epistemologischen und ontologischen Parameter prägt: eben die kybernetische Einstellung, das ist bis heute – und heute wohl mehr denn je – unsere Frage, die wir auch und gerade gegen jeden antitechnischen Affekt durchzuarbeiten haben.

Kritik des »Adaptive Behaviour«

Es gibt ein Schlüsselwort, das in vielen Varianten durch den Text von Anders zirkuliert und seine gesamte Lektüre, was Mit-Sein in technischer Welt bedeutet, überhaupt organisiert. Als Chiffre des Zeitalters der Maschinen versammelt es alle technokratischen Figuren des Mit-Seins unter sich. Es lautet: *Adaptation*. Dieses Wort und das lexikalische Feld, in dem es steht, betrifft alle ontischen Formen anpassenden Verhaltens, von politischem Mitläufertum und totalitären Gleichschaltungsphänomenen bis hin zur Mimesis des Menschen an die und seine Gleichschaltung mit der Maschine in der Automation, die nach Anders signifikant sind für das Existieren in technologischen Verhältnissen. Und es tritt zugleich als neuer ontologischer Grundbegriff in Erscheinung, der technisiertes Sein als solches charakterisiert. Mit diesem Begriff hat Anders die für ihn entscheidende Kategorie geschmiedet, mit der er das Sein in der Welt der Maschine auf breitester Basis, d.h. in seinen ontologischen und epistemologischen Konsequenzen analysiert.

Das Wort und der Begriff der Adaptation wurde Anders von seiner Zeit selbst zugetragen. Er war Mitte des 20. Jahrhunderts nicht nur eine technowissenschaftliche Grundlagenvokabel, sondern verdichtet die Losung technoiden Seinsverständnisses jener Tage. Denn »adaptation« bzw. »adaptive behaviour« war seit den frühen vierziger Jahren eine der zentralen Formeln jener neuen Denkweise, die unter dem Titel *cybernetics* nach dem Krieg ausgehend von den USA eine gewaltige Karriere machte und eine epistemologische wie ontologische Grundlagenrevision auf den Weg brachte. Kybernetik ist dabei nicht nur als eine ephemere Metadisziplin zu begreifen, sondern ist der Name einer ganzen Formation, die neben einer grundsätzlichen Rekonfigurierung epistemologischer Positionen auch noch bis auf eine umfassende Transformation der Seinsweise als solcher durchschlägt, der Name eines weitreichenden technologischen Umwendungsprozesses, der noch uns erreicht und fortbesteht.[5] Einer

---

4. Vgl. Edmund Husserl: »Die Krisis des Europäischen Menschentums und die Philosophie« (1935), in: Ders.: *Die Krisis der Europäischen Wissenschaften und die transzendentale Phänomenologie*, hg. v. Walter Biemel, Den Haag 1962, S. 314–348, hier S. 326.
5. Zur frühen kybernetischen Umwendung vgl. Michael Hagner und Erich Hörl (Hg.): *Die Transformation des Humanen. Beiträge zur Kulturgeschichte der Kybernetik*, Frankfurt/M. 2007. Zum Prozess der Kybernetisierung vgl. Erich Hörl: »Die technologische Bedingung«, in: Ders. (Hg.): *Die technologische*

der kybernetischen Gründertexte, der von dem Mathematiker Norbert Wiener zusammen mit dem Kardiologen Arturo Rosenblueth und dem Ingenieur Julian Bigelow verfasst wurde – *Behaviour, Purpose and Teleology* von 1943 – zeigte bereits den Fluchtpunkt des Unternehmens, nämlich die ontologische und für die Moderne konstitutive Differenz von Menschen, Tieren und Maschinen zu schleifen und sie allesamt als Systeme adaptiven Verhaltens zu begreifen. »The broad classes of behaviour«, das war die Pointe des berühmten Aufsatzes, »are the same in machines and in living organisms.«[6] Die Kybernetik fokussierte insbesondere das aktive, absichtliche und rückgekoppelte Verhalten, d.h. – mit einem der Ingenieurswelt entliehenem Wort – das Anpassungsverhalten servomechanischer Systeme, egal ob es sich dabei um Torpedos handelte oder um lebende Organismen.[7]

Insbesondere durch Grey Walter und Ross Ashby wurden dann Ende der vierziger, Anfang der fünfziger Jahre biologische und technische Systeme vollkommen miteinander überblendet und das menschliche Gehirn zum Prototyp eines intelligenten Anpassungsmechanismus hypostasiert. Ashbys 1952 erschienenes Buch *Design for a brain* trug den programmatischen Untertitel *The Origin of Adaptive Behaviour* und stellte das Gehirn als bislang von künstlichen Maschinen uneingeholten Steuerungsmechanismus zur Herstellung von Umweltanpassung eines Systems dar, als Urmodell aller Kontrollsysteme schlechthin. Das Modell aber dieser Sichtweise auf das Gehirn war selbst wiederum eine Maschine: der berühmte Homöostat.[8] Dieses in den späten vierziger Jahren von Ashby gebaute simple elektrische Gerät, das aus vier sich gegenseitig steuernden Servomechanismen bestand, stellte ein Beispiel dar für ein ultrastabiles System, das keinen anderen Zweck hatte, als sich endlos zu rekonfigurieren. Es tat im Grunde nichts anderes, als den homöostatischen Prozess[9] eines organischen Systems zu simulieren. Ashbys Homöostat wurde – neben Grey Walters elektronischen Schildkröten und den ersten Großrechnern – zu einem Emblem der Kybernetisierungswelle, die die Natur- und Geisteswissenschaften erfassen und eine ganze »cybernetic culture« als »new environment«[10] des Menschen hervorbringen sollte.

Bedingung. Beiträge zur Beschreibung der technischen Welt, Frankfurt/Main 2011. Vgl. auch Tiqqun: *Kybernetik und Revolte*, Zürich, Berlin 2007.
6. Norbert Wiener, Arturo Rosenblueth und Julian Bigelow: »Behaviour, Purpose and Teleology«, in: *Philosophy of Science*, 10 (1943), S. 22.
7. Zur protokybernetischen Geschichte von Servomechanismen vgl. David A. Mindell: *Between human and machine. Feedback, control, and computing before cybernetics*, Baltimore 2002.
8. Vgl. dazu Andrew Pickering: »Kybernetik und die Mangel: Ashby, Beer und Pask«, in: Ders.: *Kybernetik und neue Ontologien*, Berlin 2007, S. 87–126, hier S. 92ff.
9. Zur Geschichte der biologischen Regulation und des Begriffs der Homöostase, die in die Kybernetik münden, vgl. Georges Canguilhem: »Die Herausbildung des Konzeptes der biologischen Regulation im 18. und 19. Jahrhundert«, in: Ders.: *Wissenschaftsgeschichte und Epistemologie. Gesammelte Aufsätze*, hg. v. Wolf Lepenies, Frankfurt/Main 1979, S. 89–109; zu Walter B. Cannons homöostatischer Physiologie des Sozialen, die die Soziokybernetik der Adaptation unmittelbar vorbereitete, vgl. Jakob Tanner: »›Weisheit des Körpers‹ und soziale Homöostase. Physiologie und das Konzept der Selbstregulation«, in: Philipp Sarasin und Jakob Tanner (Hg.): *Physiologie und industrielle Gesellschaft. Studien zur Verwissenschaftlichung des Körpers im 19. und 20. Jahrhundert*, Frankfurt/M. 1998, S. 129–169.
10. Marshall McLuhan: »Cybernetics and human culture« (1964), in: Ders.: *Understanding me. Lectures and Interviews*, hg. von S. McLuhan und D. Staines, Cambridge/MA 2003, S. 44–55.

Das Verhalten dieses einfachen Systems schien Aufschlüsse über das Verhalten komplexer Systeme wie Unternehmen zu liefern – Stafford Beer etwa ersann das »homöostatische Unternehmen« als Inbegriff der kybernetischen Automation –, ja schließlich für hyperkomplexe Systeme wie das Gehirn, die Wirtschaft oder die Gesellschaft. Ashbys Modell der Anpassungsmaschine, das aus vier schwarzen Kästen bestand, war gleichsam die Verkörperung der *black box*, in der das überlieferte Bild des Menschen verschwand.

Das Wort »»adaptiv«« war, so lässt sich mit dem Wissenschaftshistoriker Andrew Pickering resümieren, »ein Schlüsselbegriff im Kybernetiklexikon der fünfziger Jahre«.[11] Es stellte ein Grundwort für die Probleme von Steuerung und Kommunikation sowohl technischer als auch nicht-technischer, sprich biologischer, physiologischer und auch sozialer Systeme dar, aber auch für die hybride Kopplung von Mensch und Maschine, wie sie die automatisierte Fabrik ins Werk setzte. Parallel zur Arbeit an einem Nervenkalkül, der nicht nur die schaltungslogische Begründung der wechselseitigen Modellierbarkeit von Rechenmaschine und Gehirn brachte, sondern auch eine neue Mythologie von *thinking machines* und *electric* bzw. *electronic brains*,[12] stellte die Untersuchung des »adaptive behaviour« den Hauptschauplatz für die Kybernetisierung des Wissens und die kybernetische Arbeit am Ende des Menschen dar.[13]

---

11. Andrew Pickering: »Mit der Schildkröte gegen die Moderne. Gehirn, Technologie und Unterhaltung bei Grey Walter«, in: Henning Schmidgen, Peter Geimer und Sven Dierig (Hg.): *Kultur im Experiment*, Berlin 2004, S. 115f.
12. Zur Geschichte der Kalkülisierung der Nerven mit Fokus auf die Pionierarbeit von Warren McCulloch und Walter Pitts vgl. Lily Kay: »Von logischen Neuronen zu poetischen Verkörperungen des Geistes«, in: Claus Pias (Hg.): *Cybernetics – Kybernetik. The Macy-Conferences 1946–1963, Band II: Essays & Dokumente*, Berlin, Zürich 2004, S. 169–190; vgl. auch Erich Hörl: »Parmenideische Variationen. McCulloch, Heidegger und das kybernetische Ende der Philosophie«, in: Pias, *Cybernetics – Kybernetik II*, S. 209–226.
13. Die Kybernetik zweiter Ordnung, die seit den späten sechziger Jahren durch Heinz von Foerster, Francisco Varela, Humberto Maturana u.a. das kybernetische Programm nachhaltig reformiert wurde, wird sich genau durch die Abkehr von der in der Dominanz des Adaptationsbegriffs sich anzeigenden behaviouristischen Erbschaft der Kybernetik erster Ordnung von dieser unterscheiden. Das »*adaptive behaviour*« stellte das Leitwort – und das Anpassungsproblem das Leitproblem – lediglich der Kybernetik erster Ordnung dar. Vor allem Heinz von Foerster wird die Kybernetik zweiter Ordnung explizit und ganz entschieden gegen diese Dominanz des Adaptationsproblems formulieren: Das Verhalten von Organismen wird dabei nicht mehr als adaptives, sondern als manipulatives Verhalten und als Lernproblem reformuliert werden; in den Vordergrund rückt dann das Problem, dass Organismen als selbstreferentielle Organismen sich nicht an die Umwelt adaptieren, sondern ihrerseits lernen, die Umwelt zu manipulieren, sie von einer nicht-trivialen in eine triviale Maschine zu überführen. Ein entscheidender Aufsatz, der diese Absetzung von der Adaptationsfixierung der Kybernetik erster Ordnung durchbuchstabiert, ist Heinz von Foerster: »Molekular-Ethologie: ein unbescheidener Versuch semantischer Klärung«, in: Ders.: *Wissen und Gewissen. Versuch einer Brücke*, hg. v. Siegfried J. Schmidt, Frankfurt/Main 1993, S. 149–193. Andrew Pickering hebt in den erwähnten Arbeiten, vor allem aber auch in seiner großen Monographie *The Cybernetic Brain. Sketches of another future* (Chicago, London 2010) ausschließlich auf die Adaptation als entscheidenden Zug der Kybernetik ab, freilich ohne auch nur einen Moment lang zu erwägen, dass dies am Kern der Kybernetik zweiter Ordnung vollkommen vorbeigeht und für die Beschreibung der Kybernetisierung als solcher nicht hinreicht. Pickerings Arbeiten sind als ein Beitrag zur Faszinationsgeschichte der Adaptation zu lesen, der sie freilich ihrerseits noch voll unterstehen. Ich danke Bruce Clarke für die ausführliche Diskussion dieser Problematik.

Die Phänomenologie oder genauer: die psychohistorische Untersuchung adaptiven Verhaltens, die Anders unternahm, zeigt sich vor diesem Hintergrund als groß angelegte Auseinandersetzung mit der kybernetischen Frage, die seine Gegenwart in Atem hielt. Bei seiner Kritik des adaptiven Verhaltens handelt es sich genau genommen um eine Arbeit an der Umwertung eines technowissenschaftlichen Kernbegriffs der Epoche. Die beiden Bände über die *Antiquiertheit des Menschen* erweisen sich streckenweise sogar als Genealogie der die transzendentale Einstellung ablösenden kybernetischen Einstellung, die auf macht-wissensgeschichtlich signifikante Einpassungs- und Adjustierungsszenen des Menschen in die Maschinenwelt und die Geburt eines neuen Existenz- und Denkstils fokussiert.

Dabei stellte das »›*Human Engineering*‹, also (die) ›Ingenieursarbeit am Menschen‹« und der damit eingeleitete Übergang »ins Reich des Hybriden und Artifiziellen« für Anders das zeitgenössische Hauptsymptom der Kybernetisierungsanstrengung und einen Schlüsselort des Durchbruchs der kybernetischen Einstellung dar. Der Einsatz dieser ingenieurwissenschaftlichen Transformation des Humanen schien darin zu bestehen, die Modellierbarkeit des Menschen an ihre Grenzen zu treiben und seinen Leib »den Ansprüchen der Geräte zu adaptieren«. Die physiotechnischen Experimente in physischen Grenzbereichen, so Anders, »*sind* wirklich *die Initiationsriten des Roboterzeitalters*« und »die Klimax möglicher Dehumanisierung«. Die neue Frömmigkeitsformel, die hinter der experimentellen Herstellung des Maschinenmenschen stand und die ihrerseits die Maschineneschatologie auf den Punkt brachte, lautete: »imitatio instrumentorum«. Es handelte sich, so Anders nüchtern, um Realisierungsversuche des kybernetischen Traums, zur Maschine zu werden, ja »Gerät zu sein«.[14]

Die »Obsoletheit des bisherigen Menschenmodells« sollte dabei ihren Triumph im vollendeten Geschöpf des *Human Engineering*, dem Weltraumfahrer finden: »Der in die abgeschlossene Kapsel einmontierte Monteur, der [...] in den Apparat als Teilstück eingefügt ist«, musste jahrelang durch die physiotechnischen Selbstmodifikationsprogramme gegangen sein, um vollkommen »gleichgeschaltet mit diesem Apparat funktionieren zu können«.[15] Das »klassische Verhältnis von Mensch und Instrument« hatte sich damit nach Anders »total invertiert«: »Während bis vor kurzem das Instrument als die ›Verlängerung‹ des Menschen gegolten hatte, und diese Betrachtung rechtmäßig gewesen war, ist nunmehr der Mensch zum Stück bzw. zur Verlängerung des Instruments geworden.«[16]

Der prothetische Mensch, der sich nach Anders' Ansatz bislang seiner ihn aus sich heraussetzenden, herausstellenden, entäußernden, dabei letztlich aber wesentlich akzidentellen und nachträglichen Prothesen nur bedient haben sollte und dabei in seinem Kern offenbar doch nicht-prothetisch verfasst zu

---

14. Alle Zitate: Günther Anders: *Die Antiquiertheit des Menschen. Erster Band: Über die Seele im Zeitalter der zweiten industriellen Revolution* (1956), München 1984, S. 36–43.
15. Günther Anders: *Der Blick vom Mond. Reflexionen über Weltraumflüge* (1970), München 1994, S. 12.
16. Ebd., S. 13.

sein schien, verwandelte sich nun selbst Stück für Stück in eine Prothese, in eine Prothese seiner Prothesen, in ein total exteriorisiertes Wesen, das gerade darin sich selbst verlor. Diese Inversion, die Anders vom, wie er nachdrücklich betont, klassischen Verhältnis von Mensch und Instrument aus registriert, markiert exakt den qua Maschinenevolution stattfindenden und von den neuen kybernetischen Maschinen implementierten Umbruch von der klassischen in die transklassische Situation. Während in der klassisch-mechanischen Situation Werkzeuge, Instrumente und Maschinen Welt manipulieren und die ontologische Relation von gegenständlichem Sein und (ver)arbeitendem und erkennendem Subjekt dominiert, also die hylemorphistische Kondition, prozessieren transklassische Maschinen nur noch Information. Ontologisch gesehen ist die transklassische Situation eine nach Maßgabe klassischer Kategorien und Unterscheidungen völlig unverständliche Prozesswelt. Der Sinn des Technischen hat sich in diesem Übergang ins Nachmechanische und Nichtinstrumentelle selbst grundlegend transformiert.[17] Wer diesen Veränderungsprozess, wie Anders es tat, selbst noch mit klassischen Distinktionen zu denken versucht und aus einer klassischen Grundstimmung heraus, wie er freimütig bekannte, der konnte gar nicht anders, als sich in einem Schwindel der Inversion zu verlieren.[18] Ich werde auf eine Reihe von Voraussetzungen, die Anders' klassisches Denken des Technischen impliziert und letztlich seine Auslegung der kybernetischen Epoche scheitern lässt und destruiert, im zweiten Teil zurückkommen.

Die Szene, die Anders zuletzt beschrieb, hat tatsächlich den *Cyborg* hervorgebracht und ist, mediengeschichtlich gesehen, einer der Hauptschauplätze für die Genese der zeitgenössischen Mensch-Maschinen-Hybridität.[19] Lange bevor der *Cyborg* durch die *Science Fiction* popularisiert wurde, bezeichnete der Ausdruck »self-regulating man-machine systems«, wie sie in den Laboren der Weltraumforschung entworfen wurden. Manfred E. Clynes und Nathan S. Kline schrieben 1960 in der Zeitschrift *Astronautics* unter dem Titel *Cyborgs and Space* zum Problem der nötigen biochemischen, physiologischen und elektronischen »modification of man's existing modus vivendi«, wie es sich für Weltraumreisende stellte: »The task of adapting man's body to any environment he may choose will be made easier by increased knowledge of homeostatic functioning, the cybernetic aspects of which are just beginning to be understood and

---

17. Den hier lediglich angezeigten tiefgreifenden Veränderungsprozess des Sinns der Technik durch den Übergang von der Technik zur Technologie, der letztlich noch den Sinn des Sinns selbst transformiert, untersuche ich in meinem Aufsatz »Die technologische Sinnverschiebung«, in: Lorenz Engell, Jiri Bystricky und Katerina Krtilova (Hg.): *Medien denken. Von der Bewegung des Begriffs zu den bewegten Bildern*, Bielefeld 2010, S. 17–36.

18. Die Differenz von klassischen und transklassischen Maschinen, die hier die technologische Sinnverschiebung schematisiert, wurde von Gotthard Günther geprägt. Gilbert Simondon hat zur selben Zeit diese technologische Sinnverschiebung als Übergang vom minoritären zum majoritären Status des technischen Objekts und als Geburt des »offenen Objekts« sowie der »offenen Maschine« reflektiert.

19. Andrew Pickering hat den wissens- und mediengeschichtlichen, genauer: den kybernetischen Kontext beschrieben, der hinter dem Hervortreten des Hybriditätsgedankens steht, welcher später von Bruno Latour und anderen zu einem methodischen Prinzip erhoben wurde und zum Kern einer neuen symmetrischen Anthropologie von Menschen und Dingen. Vgl. Andrew Pickering: »Cyborg History and the World War II Regime«, in: *Perspectives on Science*, 3 (1995), S. 1–48.

investigated.« Prothetische Anpassung an »space conditions« wurde da angestrebt, wo es schlichtweg unmöglich war, »to carry the whole environment along with him«. »Artificial-organism systems«, so hieß es, »which would extend man's unconscious, self-regulatory controls are one possibility.« Die Astronauten waren in einen Maschinenverbund einzupassen, hatten zusammen mit den Maschinen ein System zu bilden: »For the exogenously extended organizational complex functioning as an integrated homeostatic system unconsciously, we propose the term ›Cyborg‹. The Cyborg deliberately incorporates exogenous components extending the self-regulatory control function of the organism in order to adapt it to new environments.«[20]

Anders fand spät einen exakten genealogischen Titel für das von ihm unablässig beschriebene Konversionsgeschehen, das aus freien Wesen Konformisten der technischen Welt machen sollte und aus weltsetzenden Subjekten Adepten einer Anverwandlung an die Maschine, auf die alle Setzungsmacht fortan überzugehen schien: Er nannte es die »Tayloristische Drehung«. »Die Drehung«, so heißt es jedenfalls 1980, » – man könnte sie, analog zur ›kopernikanischen‹, die ›Tayloristische‹ nennen – ist [...] vollkommen. Jeder, der einmal an einer Maschine gearbeitet hat, wird die Beobachtung gemacht haben, dass er diese erst dann als ›seine‹ betrachtet, wenn seine von ihrem Gange erforderten Handgriffe eingegleist waren und automatisch vor sich gingen – wenn er also ihrer war. Erst dadurch, dass wir uns an die Geräte adaptieren (nein, selbst diese Formulierung unterstellt noch zuviel Spontaneität), erst dadurch, dass die Geräte uns an sich adaptieren, kommt diejenige ›adaequatio‹, nämlich ›producti et homines‹ zustande, die es uns dann nachträglich erlaubt zu glauben, dass unsere Welt ›unsere‹, dass sie Ausdruck von uns heutigen Menschen sei.«[21]

Die *adaequatio producti et homines* stellte für Anders die neue »Adäquationsformel« dar des im tayloristischen Maschinenpark geprägten Adaptationswesens, die nicht mehr, »wie die frühere ›adaequatio rei et intellectus‹, die Wahrheit definiert, sondern unser unwahres Verhältnis zur Welt, bzw. unser opportunes Verhältnis zur bestehenden unwahren Welt«.[22] Geburt und Durchsetzung der kybernetischen Einstellung und mit ihr die kybernetische Revolution erschienen so als Nachvollzug und Verschärfung der ursprünglich in der Taylorisierung der Arbeit ins Werk gesetzten Anpassung an die Maschinen, als ein umfassender, theoretischer und praktischer Taylorismus, der die Seinsverhältnisse und das ihnen entsprechende epistemologische Modell umgrub.

Die tayloristische, ontisch von asymmetrischen Mensch-Maschine-Kopplungen geprägte Welt erzeugte so gesehen sogar ihre eigene Ontologie und Epistemologie. Als Seiendes konnte unter tayloristischen Bedingungen nur gelten, was als »prospektiver Apparateteil« erschien. Das war nach Anders der Hauptsatz der

---

20. Alle Zitate: Manfred E. Clynes und Nathan S. Kline: »Cyborgs and Space«, in: *Astronautics*, Sept. 1960, reprinted in: *The Cyborg Handbook*, hg. v. Chris H. Gray, New York, London 1995, S. 29–33.
21. Anders: *Die Antiquiertheit des Menschen II*, a.a.O., S. 424.
22. Ebd.

neuen »›Ontologie der Apparate‹«.[23] Er hat überdies die Erschütterung »unsere[r] (angeblich apriorischen) Kategorien«[24] und reinen Anschauungsformen registriert und »Kategorienverluste, die wir als Kreaturen der Technokratie«[25] durchmachen, aus Sicht der tayloristischen Drehung darzustellen versucht. Das ist in gewissem Sinne sogar der Hauptinhalt seiner Notate, wenn man sie als Zeugnisse der »verschwundenen Unterschiede«[26] liest, an denen bislang der noch nicht an die Maschinen adaptierte Mensch seine Welt- und Erfahrungsorientierung gewann. »Gewisse kategoriale Gegensatzpaare«, so heißt es, »deren generelle philosophisch-anthropologische Gültigkeit wir zuvor nicht angezweifelt hatten, [sind] im Dasein des konformistischen Menschen nicht mehr zu entdecken«.[27] Allen voran der Unterschied von Aktivität und Passivität oder, in transzendentalphilosophischer Sprache, von Spontaneität und Rezeptivität, hatte ausgedient. Zumindest als Fluchtpunkt dieser Analyse verwies Anders »auf die noch ungeschriebene ›Erkenntnistheorie des Industriezeitalters‹«, die durch einen »Umschlag in Passivität« gekennzeichnet ist, in der »nicht wir«, d.h. souveräne Erkenntnissubjekte, »die Welt anblicken«, sondern von der Welt »angeblickt werden«.[28] Das »noli me tangere‹«[29] der transzendentalen Einstellung, das seine reinste Ausprägung kurz vor ihrem Ende bei dem gegen die Technisierung anschreibenden Husserl fand, wurde unter kybernetischen Verhältnissen ihrerseits als Illusion vorgeführt.

Als Subtext der ontologisch-epistemologischen Auslegungen der kybernetischen Einstellung verfolgte Anders freilich noch eine ganz andere gegenwartshermeneutische Spur. Die Kritik des Anpassungsverhaltens als Imperativ technischer Systeme zielte auch auf eine Entzifferung der technischen Ursprünge totalitärer Herrschaft überhaupt. In einer signifikanten Fußnote legt er diesen Grundzug seiner Analyse – wohlgemerkt auch als Botschaft an Hannah Arendt – offen:

Zumeist »gilt der Totalitarismus als eine primär politische Tendenz bzw. als ein primär politisches System. Und das halte ich für unwahr. Im Unterschied dazu wird hier die These vertreten, dass die Tendenz zum Totalitären zum Wesen der Maschine gehöre und ursprünglich dem Bereiche der Technik entstamme; dass die jeder Maschine als solcher innewohnende Tendenz, die Welt zu überwältigen, die nicht überwältigten Stücke parasitär auszunutzen, mit anderen Maschinen zusammenzuwachsen und mit diesen zusammen als Teile innerhalb einer einzigen Totalmaschine zu funktionieren – dass diese Tendenz die Grundtatsache darstelle; und dass der politische Totalitarismus, wie entsetzlich immer, nur Auswirkung und Variante dieser technologischen Grundtatsache darstelle. Wenn Sprecher von technisch höchst entwickelten Weltmächten

---

23. Ebd., S. 111.
24. Ebd., S. 9; S. 425f.; zur Erschütterung der reinen Anschauungsformen s. S. 335ff.
25. Ebd., S. 31.
26. Ebd., S. 184.
27. Ebd.
28. Ebd., S. 311.
29. Günther Anders: *Über Heidegger*, hg. v. Gerhard Oberschlick, München 2001, S. 179.

seit Jahrzehnten behaupten, dem Prinzip des Totalitären (im Interesse der ›freien Welt‹) Widerstand zu leisten, so läuft, da das Prinzip des Totalitären ein technisches Prinzip ist und als solches von den ›Anti-Totalitären‹ natürlich nicht bekämpft wird und nicht bekämpft werden kann, diese Behauptung auf Irreführung hinaus, im besten Falle auf Einsichtslosigkeit«.[30]

Angepasstheit, Konformismus, Opportunismus, Mitläufertum und die Sehnsucht, nichts als ein Rädchen zu sein, die unter totalitären Bedingungen – wie Anders aus eigener Erfahrung wusste – ihre niederträchtigste und entsetzlichste Ausprägung finden, erschienen vor diesem Hintergrund ihrerseits als letztlich wenn nicht technisch induzierte, so doch zumindest technisch vorbereitete und eingeübte Phänomene. Die pervertierten Figuren des Mit-Seins in totalen politischen Systemen ließen sich mithin als Effekte der Mensch-Maschinenkopplungen in totalen technischen Systemen lesen. Das war der technopolitische Kern von Anders' Kritik des »adaptive behaviour«.

Epimetheische Scham

Wie überhaupt noch gegenkybernetisch sprechen, so wäre zu fragen, wenn wir doch längst kybernetisch in der Welt sind, technototalitäre Geschöpfe darstellen und nur noch Adepten der Universalmaschine? Wo findet, so ist zu fragen, diese Kritik des »adaptive behaviour« selbst ihren Stand- und Beobachtungspunkt, von woher wird die große Erzählung über die kybernetische Dehumanisierung und die Technopolitiken der Adaptation formulierbar und wo findet die moralische Entrüstung, die sie durchzieht, ihren Halt und Grund?

Es ist der »unadaptable fellow«, der hier spricht, jene seltsame Begriffsperson gleichen Namens, die Anders (gleichsam als Gegen-Bloom) aus dem Hut zieht und die die »Linientreue« des Zeitalters unterwandern und Widerstand leisten soll gegen die große »Gerätekonversion«. Ihre Physiognomie, wenn man so sagen kann, das von ihr verkörperte Nichtanpassungsfähige, das Loch der kybernetischen Repräsentation, das dieses seltsame Geschöpf ist, wird uns am Ende den blinden Fleck der ganzen Analyse anzeigen, nämlich den diese tragenden antitechnischen Affekt, der Anders' Denkanstrengung ihrerseits einschreibt in jenes Vergessen unserer technologischen Bedingung, wie es für einen großen, ja, wenn man Bernard Stiegler Glauben schenkt, sogar für den Hauptstrang unserer philosophischen Überlieferung konstitutiv ist.

Anders musste sich statt in Maschinenhallen erst einmal in die Ritualhöhlen von Harlem begeben und dem »industriellen Dionysos-Kult« des Jazz beiwohnen, um den *unadaptable fellow* als antikybernetischen und antitayloristischen Hoffnungsträger zu erfinden. Die Tatsache, dass der Mensch überhaupt »ein eigenes und ausdrückliches Identifizierungs-Ritual« mit der »Geräte- und Maschinenwelt« begehen muss, wie es für ihn der Jazz darstellen sollte, wurde

---

30. Anders: *Die Antiquiertheit des Menschen II*, a.a.O., S. 439.

von Anders als »Symptom« der Tatsache ausgelegt, »dass gewöhnlich die Identifizierung nicht gelingt«. Im Jazz erzeugte der Mensch sich eine maschinische »Wahnsituation«, will sagen einen »Spezialapparat«, um »seine eigene Maschinisierung« ins Werk zu setzen, die ihm mit Hilfe reeller Maschinen nicht gelang. Er brauchte offenbar einen »*motorischen Mitvollzug*« der großen industriekulturellen Metamorphose durch den Tanz zur »›Maschinenmusik‹«, den Zwang synkopischer Maschinentaktung, »eine Abdankungs- und Gleichschaltungsfeier« und »enthusiastische Pantomime der eigenen Niederlage«, den rituellen Ausdruck der vom *Human-Engineering* nüchtern gepredigten »Industrie-Religion«, gerade weil etwas sich dem Mitfunktionieren und der großen Verwandlung entzog und unablässig dagegen opponierte.

An der Echtheit der Ekstase und des Außer-Sich-Seins der »Opfertänze, die dem Baal der Maschine zu ehren zelebriert«[31] wurden, war jedenfalls für Anders nicht zu zweifeln. Dafür gab es starke musikontologische Gründe, die er selbst mehr als zwei Jahrzehnte früher formulierte. In den unpublizierten *Philosophischen Untersuchungen über musikalische Situationen*, die um 1930 entstanden, wurde der »Mitvollzug« des Bewegungssinns der Musik, das »Mitgehen« und »Mitgerissenwerden«, als originäre Möglichkeit von »Umstimmung und Verwandlung« herausgehoben, die der menschlichen Existenz aufgrund der »*Unfestigkeit* und *Unendgültigkeit*« ihres So-Seins grundsätzlich und das heißt auch in anderen Modi zukommen. Anders sprach hier auf negativ-anthropologischer Basis vom »Verwandlungssinn der musikalischen Situation«. Was die musikalische Verwandlung von anderen Verwandlungspraktiken wie etwa der Schauspielerei oder diversen magischen Metamorphosezaubern (etwa dem Jagdzauber) abhob, war ihre Freiheit von Verstellung und Täuschung, ihre Echtheit (»echte Verwandlung«) und tiefe anthropologische Dimension. »Musik«, so hieß es, »ist Musik des Menschen: in ihr verwandelt der Mensch sich selbst; die Möglichkeit der Bezauberung und der Situation, in die er sich in der Musik hineinzaubert, liegt in ihm selbst.« Die musikalische Situation war »Verwandlung des Menschen in eine seiner Dimensionen«.[32] Und die Musik hatte als Medium der »Gelöstheit« auch durchaus eine soteriologische Dimension.[33] Dass sie in ihrem Kern eine durch und durch technikfreie Zone darstellen sollte, zeigt sich daran, dass gemäß Anders' Untersuchung echte musikalische Verwandlung und Umstimmung ihre »eigentliche Verwirklichung«[34] allein in der Gelöstheit der Stimme fanden.

Der Einbruch des Maschinismus in die musikalische Selbstverwandlungsdomäne des Menschen, als den er den Jazz wahrnahm, musste Anders als ein äußerst ambivalentes Symptom gelten: Einerseits zeigte er ihm die ganze Dramatik der geschichtlichen Situation, andererseits aber etwas Rettendes an, war er doch

---

31. Alle Zitate: Anders: *Die Antiquiertheit des Menschen I*, a.a.O., S. 83–94.
32. Alle Zitate: Ders.: *Philosophische Untersuchungen über musikalische Situationen* (um 1930), unveröffentlichtes Manuskript, S. 82–102.
33. Zur musikalischen Soteriologie von Anders vgl. Thomas Macho: »Die Kunst der Verwandlung. Notizen zur frühen Musikphilosophie von Günther Anders«, in: Konrad Paul Liessmann (Hg.): *Günther Anders kontrovers*, München 1992, S. 89–102, insb. 98ff.
34. Ebd., S. 102.

auch ein Anzeichen dafür, dass offenbar außerhalb der musikalischen »Enklave« die »Ko-substanzialität«[35] mit der Maschine immer nur unvollständig, nie restlos gelang und allein deshalb der Rekurs auf die musikalische Verwandlungskunst zur Beförderung der allgemeinen Transformation der Einstellung notwendig zu sein schien.

Schon hier zeigen sich allerdings die Tücken der anthropologischen Technikauslegung, wie sie Anders' Denken grundierte. Denn streng genommen ist schon »Maschinenmusik«, jedenfalls auf Grundlage seiner eigenen Musikontologie, ein ganz und gar unmöglicher Begriff und die Maschinisierung der musikalischen Situation undenkbar: Im Augenblick ihrer Dehumanisierung wäre die musikalische Situation je schon zerstört, in dem Moment, wo sie den Menschen in etwas Nicht-Menschliches verwandeln, die menschliche Dimension überschreiten und die Szene seines Maschinewerdens abgeben sollte, hätte sie immer schon gerade ihren streng auf den Menschen bezogenen Verwandlungssinn eingebüßt. Es sei denn, und darauf kommt es freilich an, die Verwandlung ins Nicht-Menschliche gelte umgekehrt selbst als originär menschliche Dimension, als die konstitutive andere Dimension des Menschen, die diesem ursprünglich zugehört, ihm mit-ursprünglich ist. Damit aber zerfiele wiederum die zentrale Unterscheidung in echte und unechte Verwandlungsmöglichkeiten des Menschen, die diese negative Anthropologie der Musik von Anfang an organisiert; ihre operative Grenze, die die Technik wohl immer schon auf die Seite des Unechten stellte, zeigte sich so als vollkommen unbestimmbar an. Wir werden noch sehen, dass genau diese Selbstzersetzung und Autodekonstruktion unablässig am Werk ist in dieser wie in jeder negativen Anthropologie, die das Technische als Möglichkeit des Menschen denken und es zugleich doch als sein Anderes beschränken will, die also nicht weit genug geht in ihrer Ansetzung von Unbestimmtheit, Nichtfestgelegtheit und originärer Negativität, nicht weit genug im Denken von Exteriorisierung und Exteriorität, eines ursprünglichen Draußen-Seins, einer konstitutiven Entäußerung des Menschen, negative Anthropologie, die also den letzten Schritt in die Selbstannullierung ihres mehr oder weniger latenten Anthropozentrismus nicht vollzieht.[36]

Was hintertreibt aber nun nach Anders die vollkommene Identifizierung mit der Maschine und was soll ausgetrieben werden in den modernen Dionysien? Gegen das in seiner Mächtigkeit selbst noch die Macht des Triebs übertrumpfende »Apparate-Es« sträubte sich ein »ich-hafter Rest«. Es war das »alte Ich« aus mindestens vorkybernetischen und vortayloristischen Tagen, das da unzeitgemäß

---

35. Anders, *Die Antiquiertheit des Menschen II*, a.a.O., S. 89.
36. Das Denken der wesentlichen Exteriorität des Menschen, der jede negative Anthropologie kennzeichnet, ist konstitutiver Bestandteil einer lang dauernden Mangelfaszination des Okzidents, die es heute grundsätzlich zu überdenken gilt. Die Frage ist, ob unter technologischen Bedingungen Technizität überhaupt noch als eine Sache der Exteriorisierung bzw. Exteriorität zu denken ist. Die konvergierenden Technologien zeigen umgekehrt gerade eine fundamentale Interiorisierungsbewegung an, die möglicherweise zuerst immanenzphilosophisch zu begreifen ist. Vgl. dazu Erich Hörl: »Wunsch und Technik. Stieglers Genealogie des Begehrens«, in: Bernard Stiegler: *Hypermaterialität und Psychomacht*, hg. v. Erich Hörl, aus dem Französischen von Ksymena Wojtyczka, Zürich, Berlin 2010, S. 7–33.

insistierte, ja »das altmodische Wesen, das zwar, *vor* der Geburt der Maschine, seine raison d'être gehabt haben mochte; nun aber, da seine Anverwandlung an das Apparat-Es obligat geworden ist, sein Daseinsrecht verspielt hat«. Anders' Kritik der kybernetischen Einstellung wird immer schon genau auf dieses Ich »vor« der Maschine, auf das *survival* der einer ursprünglich vormaschinischen Situation entstammenden Subjektivität gesetzt haben, das eine Störung der Identifizierung des Menschen mit der Maschine induzierte und eine unhintergehbare »Identitätsstörung« produzierte. Der Träger und die Verkörperung dieses geschichtlichen »Rückstandes« und als solcher »nichts als ein skandalöses Nicht-Gerät« – das war auch schon das Schreckgespenst des *Scientific Management*, der »unadaptable fellow««. Der Abweichler hieß auch der »auffällige Niemand«[37] der Maschinenkultur. Genau dieser Niemand soll die Entzifferung des technologischen Dispositivs leisten, die ganze Last der Kritik tragen, ihr wesentlicher Zeuge sein und ihr Urteil gegen die Technik beglaubigen.

Der Rekurs auf das Vormaschinische und Vortechnische ist eine, ja vielleicht die zentrale Geste aus dem Archiv der philosophischen Operationen: Anders wiederholt sie in aller Entschiedenheit und Konsequenz angesichts der im starken Sinne technologischen Bedingung, der wir als Folge der industriellen Revolutionen und noch mehr der Kybernetisierung unterstehen und die uns heute die Frage nach der Technik von neuem und dringlicher denn je aufzwingt. Infolge dieser Wiederholung wird sein ganzes kritisches Projekt, obwohl es unablässig von der Technik spricht, gerade zu einem einzigen Monument von Technikvergessenheit geraten. Bernard Stiegler hat durch seine präzise Bestimmung unserer technologischen Bedingung die vortechnische Illusion der Philosophie, die hier bei Anders noch einmal so mächtig zu Buche schlägt und in seiner Begriffsperson des *unadaptable fellow* Gestalt annimmt, entblößt: Stiegler denkt sie als »techno-logische Bedingung«, als »zugleich technische und logische Bedingung«, die »von Anfang an dem Gefüge eingeschrieben [ist], das Sprache und Werkzeug zusammen bilden und das dem Menschen seine *Exteriorisierung* ermöglicht«.[38] Die Philosophie – und das ist ihre Einschreibung in die technologische Bedingung, gleichsam ihre technologische Signatur – muss sich, so Stiegler, gerade »dieser technologischen Bedingung von Anfang an stellen« und sie bezeugen, sie tut dies *»jedoch[,] indem sie sie verdrängt und verneint«*; die Philosophie beginnt demnach *»mit der Verdrängung ihrer eigenen Frage«.*[39] Der Verdrängungs- und Verneinungszusammenhang, in dem die Philosophie sich mindestens aufhält, wenn sie ihn nicht sogar darstellt, wurde von Stiegler dabei als »Vergessen des Epimetheus«, als »Vergessen des Vergesslichen«[40] dechiffriert. Seit Platon im Protagoras (321c ff.) berichtete, dass Epimetheus bei seiner Verteilung der Kräfte an die sterblichen Geschlechter den Menschen vergaß, ihn völlig

---

37. Alle Zitate: Anders, *Die Antiquiertheit des Menschen II*, a.a.O., S. 89–95.
38. Bernard Stiegler: *Denken bis an die Grenzen der Maschine*, hg. v. Erich Hörl, aus dem Französischen von Ksymena Wojtyczka, Zürich, Berlin 2009, S. 27.
39. Ebd., S. 28.
40. Ders.: *Technik und Zeit. Der Fehler des Epimetheus*, aus dem Französischen von Gabriele Ricke und Ronald Voullié, Zürich, Berlin 2009, S. 243; vgl. zum Folgenden S. 243–266.

nackt beließ und Prometheus schließlich außer dem Feuer auch die »kunstreiche Weisheit« (*entechnon sophia*) für den Unbedachten stahl – Gabe, vergessen wir das nicht, aus der gemäß dieser Erzählung schlussendlich auch der *logos* kam –, sind Techniken und Künste und mit ihnen die ursprüngliche Unvollständigkeit des technischen Wesens selbst eigentümlicherweise mit dem Vergessen konnotiert und aus der Erinnerungsarbeit der Philosophie verbannt, die den reinen, nicht-technischen *logos* ins Werk setzten und am Werk sehen will.[41]

Anders hat selbst den Schlüssel zur Archäologie seines ganzen Unbehagens an der Technik und seiner unablässig gegen die Technik ansprechenden Technikvergessenheit geliefert: Er hat das zentrale Gefühl des Menschen im Angesicht der Maschine ausgerechnet die »prometheische Scham« genannt, ließ dabei aber deren Vorbedingung, das Vergessen des Epimetheus, höchst symptomatisch gerade unerwähnt. Dass das selbst schon prometheisch zu nennende Gleichgewicht von Herstellen und Vorstellen verloren und das Herstellen schließlich ins Unvorstellbare überging, dieses prometheische Gefälle, das den Erben des Prometheus nach Anders berühmter Analyse die Schamröte ins Gesicht treiben sollte angesichts der Perfektion der von ihnen hervorgebrachten Geräte, wurde seinerseits, das hat Anders' Verschweigen von Prometheus' Bruder unterschlagen, nur auf Basis des epimetheischen Vergessens möglich. Keine prometheische, wohl aber eine epimetheische Scham sollte uns, vor allem uns Philosophen, überkommen, und dies weniger angesichts des Vergessens des Epimetheus, das den Mensch nackt beließ, als vielmehr angesichts unserer eigenen Technikvergessenheit, wo wir doch zuerst epimetheische Geschöpfe sind.

Für einen kurzen Augenblick hat Anders selbst eine konstitutive Artifizialität des Menschen und statt einer traditionellen prometheischen eine ungewöhnliche epimetheische Lektüre des Menschen erwogen. Auf der ersten Seite seines 1930 vor der Kant-Gesellschaft in Frankfurt am Main vorgetragenen Textes *Pathologie de la liberté* ist im Bezug auf die *condition humaine* zu lesen: »Aucun monde de même ne lui est effectivement imposé (comme par exemple à tout animal un milieu spécifique), mais il transforme plutôt le monde et édifie par dessus celui-ci, selon mille variantes historiques et en quelque sorte en tant que superstructure, tantôt tel autre. Car, pour en donner une expression paradoxale, l'artificialité est la nature de l'homme et son essence est l'instabilité.«[42]

---

41. Hans Blumenberg, um einen anderen nichtdogmatischen Zeugen für das Vergessen der instrumentellen Kondition aufzurufen, kam anlässlich der Lektüre der sophistischen Szene und ihrer Folgen zu einem ähnlichen Befund. Anfänglich schon, sodass durchaus von einer Anfangsbedingung der Philosophie gesprochen werden kann, wurden Technik und Theorie, so Blumenberg, scharf voneinander getrennt. Es sei »zum Schicksal der Philosophie geworden, die Selbstbehauptung ihrer Substanz nur *gegen* die ›Technik‹ im weitesten Sinne leisten zu können«. Die wichtigste, weil lang dauernde Figur dieser Selbstbehauptung sei die in höchster Konsequenz schließlich von Lukrez explizierte »Vorstellung von einem vortechnischen Daseinsstatus des Menschen« gewesen, die Vorstellung vom Menschen als einem »seiner ursprünglichen und verbindlichen Natur nach [...] atechnischem Wesen«, auf die noch alles neuzeitliche Unbehagen an der Technik und der moderne kulturkritische Affekt zurückgehen. Vgl. Hans Blumenberg: »Lebenswelt und Technisierung unter Aspekten der Phänomenologie« (1963), in: Ders.: *Wirklichkeiten in denen wir leben*, Stuttgart 1996, S. 14f.
42. Günther Stern: »Pathologie de la liberté. Essai sur la non-identification«, in: *Recherches philosophiques*, 1936, S. 22.

Die signifikante Instabilität des Menschen, von der die Rede war, hätte auf direktem Wege zu einer Lektüre der späteren kybernetischen Sehnsüchte führen können: das kybernetische Adaptationsdenken zeigte sich nämlich vor diesem Hintergrund als Ausdruck eines hypertechnischen Stabilitätsbegehrens des *per se* instabilen Wesens an – entsprechende Symptombildungen des technopolitischen Epochenimaginären eingeschlossen.

Anders aber entschied sich angesichts der technischen Verschärfung gerade für die Verwerfung seiner frühen radikalen Prothesentheorie und seiner so weit reichenden epimetheischen Intuition. Philosophische Anthropologie, auch und vor allem seine eigene negativ-anthropologische Unfestgelegtheitslehre, erschien ihm ein Vierteljahrhundert später sogar als Effekt und Symptombildung der Technisierung selber. »Wenn Verf. 1930«, so wird er 1956 nach dem Technologieschub des Weltkriegs und dem Eintritt in die neue Welt der Informationsmaschinen schreiben, »in seiner ›Weltfremdheit des Menschen‹ [...] den Menschen als ›unfestgelegt‹, ›indéfini‹, ›nicht zu Ende geschaffen‹ – kurz: als ›freies und undefinierbares Wesen‹ definierte; als Wesen, das sich nur durch das, was es jeweils aus sich mache, definiere und definieren könne [...], so handelte es sich um einen verspäteten Versuch, die (natürlich auch damals schon bestehende) Tatsache des ›Austauschs der Subjekte der Freiheit und Unfreiheit‹ durch die Überbetonung einer philosophisch-anthropologischen Freiheit in den Hintergrund zu schieben.«[43]

Anders problematisierte, dass »das Tier«, »Gefangener seines Spezies-Schicksals«, als »Folie« der Anthropologien der Unfestgelegtheit fungiert hatte und nicht »die effektive Folie des menschlichen Daseins«, wie etwa »Glühbirnenfabriken und Rundfunkapparate«, sprich »die vom Menschen gemachte Welt der Produkte«,[44] sie darstellten.

Gerade die Technisierung musste als geschichtliches Argument für das Manöver herhalten, das Denken des Technischen, das im radikal prothetischen Denken sich ankündigt, als Unfreiheitsdenken zu verwerfen und das Technische selbst erneut als wesentliches Vergessen des Menschen zu werten. Es ist unbenommen, dass Prothesentheorien seit Ernst Kapp immer auch eine Reaktion auf die Technisierung darstellen – allerdings nicht als bloße Ideologiebildungen des technischen Zeitalters, sondern als mögliche Bearbeitungen und als Ausdruck der Aufgabe, die uns von der zunehmenden Unabweisbarkeit der technischen Frage selbst gestellt ist, nämlich den Ort der technischen Frage als solcher zu klären. Die Zeit des philosophischen Vergessens und des kritisch-anthropologischen Schlafs, da Techniken noch als das Andere des Menschen abzuwehren und nicht als dessen Bedingung zu begreifen waren, ist unwiderruflich vorbei. Das war schon zu Anders' Zeiten so.

Dass gerade die Frage von Anpassung und Unangepasstheit sich jenseits philosophischer Redogmatisierungsversuche auch zu einem Denken der originären Mitgeschichtlichkeit von Mensch und Technik wenden lässt und das

---

43. Anders: *Die Antiquiertheit des Menschen I*, a.a.O., S. 327.
44. Ebd.

Technische selbst keine Sache des Vergessens des Menschen, sondern gerade das Konstituens und der Inbegriff seines sozialen Gedächtnisses als dem seiner Operationsprogramme ist, hat zur selben Zeit etwa wie Anders und ganz explizit vor kybernetischem Hintergrund André Leroi-Gourhan vorgeführt. In den beiden Bänden von *La geste et la parole* wird das Werden des Menschen gerade als Werden des Technischen entworfen und umgekehrt, erscheint der Mensch als prinzipiell physisch wie mental inadaptives, qua Veräußerlichung in einer technischen »*superstructure*« sich fortwährend hervorbringendes und herausbildendes Wesen, ohne dass sich deshalb sagen ließe, dass es jemals zuvor so etwas wie ein nicht-technisches, aninstrumentelles Inneres des Menschen gab. Der Mensch wird in aller Radikalität als ursprüngliches Außen und als ursprünglich im Außen befindlich begriffen, er bewegt sich immer schon in einem Exteriorisierungsprozess, er *ist* dieser Prozess und vor bzw. ohne ihn wird er auch nicht gewesen sein.[45]

Was es aber nun genau heißen könnte, nicht nur zu mehreren, sondern auch noch mit Maschinen und mit Dingen, mit technischen Objekten gemeinsam zu sein, ja, wie wir heute sogar noch jenseits aller überkommenen Objektfixierung sagen müssen: sich in technoökologischen Verhältnissen allgegenwärtiger »atmosphärischer Medien« (Mark B. N. Hansen) und umgebender Techniken und in diesem Sinne radikal *environmental* verfasst zu befinden und unsere gegenwärtige technologische Bedingung in ihrer ganzen spezifischen Geschichtlichkeit zu erkunden, das ist die ontotechnologische Grundlagenfrage unserer Tage, die als solche erst noch zu verstehen ist. Es fehlt uns immer noch, was Anders prinzipiell als Problem erkannt, allerdings nicht geleistet hat und nicht leisten konnte, nämlich eine Beschreibung und neue Kritik der kybernetischen Einstellung, die erst heute voll entfaltet und zu unserem Normalstil geworden ist.

---

45. Es ist hier nicht möglich, der Brisanz von Leroi-Gourhans Arbeit auch nur annähernd gerecht zu werden. Eine pointierte Darstellung zur ersten Orientierung gibt Bernard Stiegler: »Leroi-Gourhan: *l'inorganique organisé*«, in: *Cahiers de Médiologie*, 6 (1998), S. 187–194.

Peter Berz

Binary Random Nets II
Amerikanische Kombinationen

Kauffmans Spiel. Aufstellung

Das Spiel des Zufalls mit den Netzen in der Aufstellung Crayton C. Walkers und des Kybernetikers Ross Ashby am Biological Computer Laboratory in Illinois 1966[1] bleibt nicht ungespielt. Im Sommer 1967 wird ein 28-jähriger Student von der University of California Medical School namens Stuart Kauffman das Spiel aufnehmen.[2] Er verändert die Aufstellung geringfügig, das ist: er erweitert es, gut amerikanisch, um einige Größenordnungen. Kauffmans Netze bestehen *erstens* aus variabel *sehr* vielen Elementen: $N = 15, 50, 64, 100, 191, 400, 1024, 4096$ oder 8191. Ein oft gewähltes Standardnetz hat *400* Elemente. *Zweitens* haben seine Elemente nicht, wie bei Walker/Ashby, drei Inputs, inklusive also ihres eigenen Zustands, sondern nur die *zwei* zufällig verschalteten Inputs, schreib: $K = 2$. Aber jedem Element wird zu Beginn eines Durchlaufs zufällig eine *andere* der mit zwei Inputs möglichen 16 booleschen Funktionen zugewiesen. Die geringe Zahl von 16 Transformationsfunktionen macht das feine Instrumentarium charakteristischer Strukturen hinfällig, deren Analyse im Sinne Walker/Ashbys erst bei 256 Funktionen sinnvoll wird.[3] Auf der anderen Seite erhöht die zufällige Wahl der Transformationsfunktion für jedes einzelne Element sprunghaft die Anzahl der möglichen Varianten von Netzen.[4]

Das ist schon der ganze Unterschied der Spielaufstellung in Urbana und in San Francisco. Der spielerischen Erweiterung aber liegt eine neue technisch-institutionelle und eine neue wissenschaftshistorische Anordnung zugrunde. Allein darum lässt sich auf Netzen anderer Größenordnung auch ein wenig herumspielen, *un peu tirer dessus*.[5]

---

1. Vgl. oben *Random Nets I. Ein Tiroler Gerücht*.
2. Vgl. Stuart Kauffman: »Metabolic Stability and Epigenesis in randomly constructed genetic nets (received 19. März 1968, revised 8. Juli 1968)«, in: *Journal of Theoretical Biology*, 1969, 22, S. 437–467.
3. Kauffman lässt die »Tautologie« und die »Negation«, *contradiction*, für die meisten Durchläufe weg, mit erstaunlich schnell spürbaren Effekten.
4. Bei 400 Elementen, $N = 400$, und zwei Inputs pro Element, $K = 2$, und damit 16 verschiedenen Transformationsfunktionen, $2^{2^K} = 16$, ergibt das: *erstens* – ganz herzlichen Dank an Reinhold Nedwed, Wien! – 79401400 mögliche Verschaltungsarten, nach der Formel $\{\ [(N-1)\cdot(N-2)] / 2\ \}^N$, wenn Input und Output getrennt werden, also jedes Element der Input beliebig vieler anderer Elemente sein kann, aber eben selbst nur zwei Inputs erhält; *zweitens* 16400 mögliche Verteilungen der 16 Funktionen auf die 400 Elemente; *drittens* 2400 verschiedene Ausgangszustände für einen Durchlauf. Zu den, mit Heidegger gesprochen, »riesenhaften« Dimensionen, die damit ins Spiel kommen, vgl. weiter unten.
5. Jacques Lacan: *Le Moi dans la Théorie de Freud et dans la technique de la Psychanalyse, 1954–1955, Le Seminaire, Livre II*, Paris 1978, S. 211.

Kauffmans Maschine. Mythos

Kauffman verbringt nach Lektüre von Walker/Ashbys Spielaufstellung drei Monate, von Mitte September bis Mitte Dezember 1967, am *Research Laboratory of Electronics* des MIT. Das sind drei Monate im Herzen eines amerikanischen Mythos.[6] Er handelt von einer neuen Praxis, mit Maschinen Maschinen zu denken.

Der junge *visiting scientist* ist Gast in Marvin Minskys *Artificial Intelligence Laboratorium*.[7] Dort schreibt er seine Programme nicht wie Walker/Ashby auf IBM 7090, sondern auf dem legendären PDP-6, dem *Programmed Data Processor* der Firma DEC, und unter einem Betriebssystem namens ITS.[8] Der eine: *at heart a hacker's machine*, das andere: *the strongest expression yet of the Hacker Ethic*.[9] Kauffman programmiert also im Herbst 1967 seine Netzspiele an einem Ort, an dem eine neue Figur der Technikgeschichte entsteht. Sie agiert jenseits der historischen Differenz von Ingenieur und Mathematiker, von *engineering* und *theoretical point of view*.[10] Minsky, selbst Mathematiker und seit 1958 Professor für Electrical Engineering am MIT, setzt beim Aufbau seines Labors nicht nur auf akademische Kräfte. Er integriert in sein Labor eine Gruppe junger, zum Teil erst fünfzehn Jahre alter Bastler, die sich »Hacker« nennen. Seit Ende der 50er haben sie die Steuerungssysteme ihrer Modelleisenbahnen verlassen, um den Computer-

---

6. Entworfen wird der Mythos 1984/2010 von Steven Levy, wissenschaftlich untermauert und fortgeführt von Stefanie Chiou e.a. Schön lässt sich an Levys Buch die Konstruktion amerikanischer Mythen überhaupt studieren: vom reinen Ursprung in der unvordenklichen Gemeinschaft bis zum Verrat (vgl. Steven Levy: *Hackers. Heroes of the Computer Revolution (Erstauflage 1984)*, Sebastopol (O'Reilly) 2010; und Stefanie Chiou, Craig Music, Kara Sprague, Rebekha Wahba, AI Lab MIT (Structure of Engineering Revolutions, Prof. David Mindell): *A Marriage of Convenience. The Founding of the MIT Artificial Intelligence Laboratory*, Dec 2001, auf: http://web.mit.edu/6.933/www/Fall2001/AILab.pdf (aufgerufen: 31.01.2012)). Für Kauffman sind die drei Monate am MIT immerhin so wichtig, dass er sich institutionell am Anfang seines Artikels sowohl am *Department of Anatomy* in San Francisco als auch am *RLE* des *MIT* verortet (vgl. Kauffman: »Metabolic Stability and Epigenesis«, a.a.O., S. 437).
7. Kauffmans Artikel endet, siehe oben, mit der Danksagung: »The author wishes to thank [...] Creyton (!) Walker, and Warren McCulloch for their encouragement and criticism; and Marvin Minsky for making available the use of project MAC computer time while at M.I.T.« (ebd.: 466).
8. M. Mitchell Waldrop (*Complexity. The emerging science at the edge of order and chaos*, New York 1992) und ihm folgend Andrew Pickering (*The cybernetic brain. Sketches of another future*, Chicago 2010) erwähnen nicht, was Programmieren im Umkreis von Marvin Minsky hieß. Das führt dazu, den – in Waldrops Worten – »DNA computer« Kauffmans als »IBM mainframe« anzusprechen, »which executes a program written in FORTRAN« (Waldrop 1992, S. 106). Im Übrigen legen beide das ganze Gewicht auf Kauffmans Verbindung zu Warren McCulloch, »who became a mentor, guide, and friend to Kauffman«. Kauffman habe als junger Student in Boston auch bei McCulloch gewohnt. Zu Minsky heißt es bei Waldrop nur: »McCulloch introduced him to Minsky and his colleague Seymour Papert, who in turn arranged for Kauffman to do his simulations on the powerhouse computers of what was then known as Project MAC: Machine-Aided Cognition. McCulloch likewise arranged for Kauffman to get programming help from an undergraduate who knew a lot more about computer code than he did; they ended up running simulations with thousands of genes.« (ebd., S. 115f). Waldrops und Pickerings Betrachtung von Kauffmans Gesamtwerk konnte für den vorliegenden Artikel nicht berücksichtigt werden (vgl. aber demnächst Jan Müggenburg: *Lebhafte Artefakte. Die Maschinen des Biological Computer Laboratory*, Phil. Diss., Wien/Lüneburg (in Vorbereitung).).
9. Levy: *Hackers*, a.a. O., S. 71 und 121.
10. Ebd., S. 107.

raum des AI Lab zu belagern, zu unterwandern, nächtlich heimzusuchen.[11] Dort stehen keine Signalanlagen und nicht, wie im allgemeinen Rechenzentrum des MIT, die riesigen Schränke von IBM, sondern erste Transistorcomputer mit Terminal: TX-0 und PDP-1.[12] Beide Maschinen bieten Möglichkeiten, *live*, über Leuchtdioden, Schalter, Bildschirm den Ablauf eines Programms zu verfolgen, ja in Grenzen zu manipulieren. Schon diese schüchternen Ansätze von interaktivem Debuggen in Echtzeit machen die herkömmliche Praxis obsolet: der Programmierer gibt am Abend Blätter und Lochkarten mit seinen Programmen im Computerzentrum ab und holt sich am Morgen die Ergebnisse. Für diesen sogenannten *batch*-Betrieb steht in Hackerkreisen das Logo IBM. Auf den Maschinen der Firma DEC dagegen, der *Digital Equipment Corporation*, tut sich eine andere Welt auf. Zunächst ist das Erstaunliche, dass auf diesen Maschinen überhaupt etwas läuft und nicht vielmehr nichts. Es ist also weniger wichtig, *was* programmiert wird – römische in arabische Ziffern verwandeln, binäre in dezimale oder Musikprogramme mit in der 1750ten Zeile *RIPJSB* – Hauptsache, es läuft und läuft mit dem kürzesten machbaren Code.[13] Bald geht man an Schachprogramme, schickt eine Maus durchs Labyrinth, entwickelt ein Science-Fiction-Spiel für zwei Spieler (*Spacewar*) und Minsky selbst baut, durch einen Fehler entstanden, eine sich selbst generierende Rose, das *Minskytron*. Das eigentliche Spiel aber, Kern aller »*Hacker Ethic*«, ist das System selbst: man schreibt Debugger, portiert die Programmiersprache FORTRAN und schreibt, in einer Aktion wie aus Leskows Linkshänder, an einem Wochenende Tag und Nacht in 250 Mannstunden einen Assembler für PDP-1.

Die Maschinen selbst des AI Lab generieren ein spielerisches Verhältnis zu ihnen. Minsky ortet darin das Potential zur Erforschung programmierbarer Maschinen. Er öffnet den Hackern sämtliche Computerressourcen: »an open environment in which anybody could walk in the lab and play with the computer«.[14] Eine Legende will, dass einer der Jungen, Gerald Sussman, eines Tages dabei ist, ein Programm zu schreiben. Minsky kommt an den Terminal und fragt, was er grade mache. »I am training a randomly neural net to play Tic-tac-toe.«[15] Doch Minsky möchte wissen, warum der Zufall ... »Damit es keine Vorurteile und Missverständnisse gibt.«

Als jedoch am MIT im großen Stil Computergeschichte *gemacht* werden soll, seit 1963 mit Geld vom ARPA des Verteidigungsministeriums, kommt es zum Konflikt zweier Visionen. Das sogenannte »Project MAC« – MAC wie *Multiple access computer* oder *Machine aided cognition* oder *Man and Computer*[16] – und sein

---

11. Sie gehören in der Frühzeit alle einer *Tech Model Railroad Club* genannten Vereinigung an.
12. PDP-1, the »*One*«, ist ein Geschenk der DEC: drei Kühlschränke groß, leicht zu starten, 120 000 Dollar teuer (ebd., S. 41).
13. *Bumming* heißt der Sport, immer noch eine Programmzeile kürzer zu schreiben.
14. Chiou e.a.: *A Marriage of Convenience*, a.a.O., S. 20.
15. Ebd., S. 20; Levy: *Hackers*, a.a.O., S. 110f. Minsky selbst brachte eine Menge *toys* mit, »especially toys which were very complicated and full of controllable parts« (Chiou e.a., *A Marriage of Convenience*, a.a.O., S. 8).
16. Das mit Apples Mac-intosh nichts zu tun hat.

Leiter Fernando Corbató verfolgen das strategische Ziel, aus Großrechenanlagen mit beschränktem Zugang eine Sache zu machen, so öffentlich zugänglich wie Elektrizität. Die Vision: mehrere, viele, ja Hunderte verschiedener User, die sich nicht kennen, sitzen an einem Terminal, der mit einem einzigen Computer verbunden ist wie das Stromnetz mit der Zentrale. Die Technik heißt *Time sharing*, läuft auf IBM 7090 und verteilt die Rechenzeiten, in denen Programme von Usern Zugriff auf den zentralen Prozessor haben, nach einem ausgeklügelten System von Unterbrechungen, Zugangsrechten und Sicherheitsmaßnahmen.[17] Das sogenannte *Compatible Time Sharing System CTSS* (später *Multics*) ist Flaggschiff oder *signature* des Project MAC. Im September 1966 widmet die Zeitschrift *Science* eine ganze Nummer dem öffentlichen Auftritt dieser neuen Techniken und ihrer Protagonisten.

Den Hackern von Minskys *AI Lab* aber ist *Time Sharing* das reinste *anathema*: es verlangsamt alle Prozesse und verhindert den Zugang zur *ganzen* Maschine. Man liebt *fast, responsive, interactive systems*[18] und vor allem: *singular ownership* an der Maschine.[19] Minsky kann nur unter der Bedingung, nachts in den *single user mode* zu schalten, seine Bande schließlich überzeugen, ein eigenes *Time Sharing System* zu entwickeln. Denn auch im *AI Lab* werden die Wartezeiten lang und das Versprechen, als einziger *user* gleichzeitig mehrere Programme laufen zu lassen, ist nicht zu verachten. Was daraus seit Anfang 1967 entsteht, das *Incompatible Time Sharing System ITS*, unterscheidet sich grundsätzlich von Carbatós Vision. Es ist auf die kleine Gruppe eines Labors hin konstruiert, in dem jeder jeden kennt. Passwords und andere Sicherheitsmaßnahmen fallen weg, die *files* aller *user* sind allen anderen zugänglich und eine kollektive *Program Library* ermöglicht, dass jeder von den Programmen der anderen lernt. Sogar während des Programmierens kann man auf den Bildschirm eines anderen wechseln. ITS ist in Assembler geschrieben[20] auf einem PDP-6, dessen *instruction set* selbst auf Anregungen aus der Hackerszene zurückgeht.[21]

Seit Frühjahr 1967 also programmiert, *debugged*, optimiert man am *AI Lab* Tag und Nacht an dem neuen Betriebssystem, jener Maxime der Hacker Ethik folgend, dass *system hacks* das Eigentliche sind. ITS ist ein System für Systemprogrammierer: »it was the perfect system for building ... systems.«[22] Dieser rekursiven Logik folgend soll ITS auch, sehr anders als in der Vision Corbatós, keine Dienstleistung für die Computerindustrie sein, sondern einzig und allein den Computer selbst und die *in* und *mit* ihm agierende *Artificial Intelligence* erforschen helfen. »ITS received lesser public interest because it was designed more

---

17. Dabei kommt alles darauf an, Programme zur rechten Zeit zu unterbrechen, *to interrupt*, und wieder einzufädeln. IBM 7094 etwa hat eine besondere Interrupt-Behandlung und ist darum auf Time Sharing hin konstruiert.
18. Ebd., S. 22.
19. Ebd., S. 7.
20. Multics ist in der IBM-Sprache PL/I programmiert (Levy: *Hackers*, a.a.O., S. 114).
21. Einer aus der Szene, Alan Kotok, ist seit Mitte der 60er Angestellter der DEC. *Designer, implementer, user* in einer Person verhindere, so Leyy, »unrealistic software« (ebd., S. 121).
22. Ebd., S. 120. Die drei Punkte bei Levy.

as a vehicle for studying the computer.«[23] In dieser Anordnung also: ein wissenschaftliches Laboratorium und seine Hacker, deren liebstes Spiel die Optimierung des Systems selbst ist, auf dem sie spielen, um Maschinen-Programme zur Erforschung von Maschinen zu schreiben, entwickelt der junge Visiting Scientist Stuart Kauffman aus Kalifornien seine spielbaren *Random Nets*.[24] Sie implementieren und erforschen ebenfalls ein Stück Maschinenlogik. Als der Hacker-Guru Bill Gosper Ende 1970 Gardner/Conways *Game of Life* entdeckt und auf dem neuen 340 Display von DEC eine wahre Manie entfesselt, die immer neuen *patterns* des Spiels entstehen zu sehen, da dürfte er sich in seinen metaphysischen Träumen vielleicht an Kauffmans Programme erinnert haben.[25]

Kauffmans Modell. Jacob & Monod

Erstaunliche 16 Register à 36 Bit des PDP-6 mit genau 16 Befehlen allein für *Boolean Functions* plus 6 shift-Befehle:[26] weil es Hardware in ihrer Geschichtlichkeit gibt und weil Hardware es gibt, darum sind Kauffmans *binary random nets* auf erweitertem Niveau auch spielbar. Als *Modelle* aber folgen sie nicht nur einer Technik-, sondern auch einer Wissenschaftsgeschichte.

Walker/Ashbys Elemente waren als Neuronen gedacht: biologisch hieß *neuronal*. Kauffmans Programme als Modelle zwei Jahre später schalten ganz andere Materialitäten. Die Elemente seiner Netze sind, auf dem Stand der Dinge, Gene: biologisch heißt *molekular*. Wo also mit Transistoren binäre Logik in Halbleiterkristalle wandert; wo Experimentaltechniken den Zustand eines einzigen Neurons elektrotechnisch abzugreifen, schaltende Neuronen hervorbringen[27] – da schalten in der modernen Biologie seit den Arbeiten der beiden französischen

---

23. Chiou e.a.: *A Marriage of Convenience*, a.a.O., S. 40. Man entscheidet sich denn 1968 für das Standard Time Sharing System des PDP-10 gegen ITS und nimmt ein anderes (Levy: *Hackers*, a.a.O., S. 122).
24. Wenig später wird für Gäste eine eigene »MIT AI Lab Tourist Policy« verfasst, in der Sicherheitsvorkehrungen, die nicht programmiert sind, in schriftliche Vorschriften wandern (siehe http://www.art.net/Studios/Hackers/Hopkins/Don/text/tourist-policy.html (aufgerufen: 31.01.2012))
25. Die Geschichte der LIFE-Obsession im AI Lab bei Levy: *Hackers*, a.a.O., S. 140–144. Stephen Wolframs Einleitung zu einem Workshop in Los Alamos im März 1983 über »Cellular Automata« nennt unter den *seminal papers* über Zellulare Automaten auch Kauffmans Arbeit von 1969, mit dem kurzen Kommentar: »Study of general properties of random Boolean networks, which may be considered as generalizations of cellular automata, applied to a theory of biological cell types.« (*Cellular Automata*, ed. D. Farmer, T. Toffoli, S. Wolfram, Amsterdam – Oxford – New York – Tokyo 1984, S. xii).
26. »For logical operations the PDP-10 [dessen Befehlssatz dem PDP-6 fast identisch ist, P.B.] has instructions for shifting and rotating as well as for performing the complete set of sixteen Boolean functions of two variables (including those in which the result depends on only one or neither variable).« (*DECsystem-10, DECsystem-20: Processor Reference Manual*, Digital Equipment Corporation, June 1982, S. 2–32).
27. Vgl. etwa H. K. Hartlines klassischen Aufsatz von 1938: »The response of single optic nerve fibers of the vertebrate eye to illumination of the retina«. Zum breiteren Kontext vgl. Jacques Monod: *Zufall und Notwendigkeit. Philosophische Fragen der modernen Biologie*, übers. von Friedrich Griese, München 1971 (frz.: *Le Hasard et la Nécessité. Essai sur la philosophie naturelle de la biologie moderne*, Paris 1970), S. 179–187.

Nobelpreisträger François Jacob und Jacques Monod auch Makromoleküle. »Such model circuits are, of course, entirely imaginary, but the actual elements of these circuits, namely, regulator genes, repressors, operators, are not imaginary; they are the elements which operate in bacteria.«[28] Am Anfang von Kauffmans *randomly constructed genetic nets* stehen explizit die schaltenden Moleküle Jacobs und Monods.[29]

Die beiden Nobelpreisträger schreiben seit 1961 ihre Modell-Schaltkreise in einer Diagrammatik an, deren Herkunft aus der Elektrotechnik nicht zu übersehen ist (Abb.1).[30] Doch das Reale, das in Bakterien schaltet, ist nicht Elektrizität, sondern Biochemie. Hier schalten Proteine, genauer: »allosterische Enzyme«. Sie sind »precisely the type of ›universal‹ interconnecting element required for the construction of physiological circuits«.[31]

Die diskursive Wirkung von Jacob/Monods neuen Enzymen ist durchschlagend, skandalös, ja »almost shocking at the first sight«.[32] Denn sie führen die Logik binärer Signale in ein Wissen ein, das seit alters in Verwandtschaften, Affinitäten, Bindungen und Strukturhomogeneitäten denkt: in die Chemie alias Biochemie.[33] Schon vor Jacob/Monod ist bekannt, dass die Aktivität mancher Enzyme ab einem bestimmten Punkt in einer »feedback inhibition« von den durch sie synthetisierten Produkten gehemmt wird. Das »Substrat« des Enzyms,[34] aus dem das Enzym dieses Produkt herstellt, muss dabei in »struktureller Beziehung« zu dem synthetisierten, inhibierenden Produkt, dem »Inhibitor«, stehen. Er ist ein »isosteric […] *analog* of the substrate«.[35] Nun gibt es aber – und das ist die Entdeckung – Enzyme, deren Inhibitoren chemisch weit von ihrem Substrat entfernt sind, ihm »chemisch fremd« und *nicht* analog, *nicht* iso-sterisch, sondern »allo-sterisch«.[36] Jacob/Monod kombinieren, dem kybernetischen Zug der Zeit folgend: der Inhibitor wirkt wie ein *Signal* und das Enzym *überträgt* dieses Signal. Meist nimmt das Enzym auch gar nicht teil an der chemischen Reaktion, die es in Gang setzt oder hemmt. Seine einzige Funktion scheint zu sein, Synthesen

---

28. François Jacob, Jacques Monod: »Genetic Repression, Allosteric Inhibition and Cellular Differentiation«, in: *Cytodifferentiation and macromolecular synthesis* (21st Symposium, The Society for the Study of Development and Growth, June 1962), hg. v. Michael Locke, New York u. London 1963, S. 30–64, hier 54.
29. Vgl. die Referenzen auf Jacob/Monod: »Genetic Repression«, a.a.O., in Kauffman: »Metabolic Stability and Epigenesis«, a.a.O., S. 437–440.
30. Diagramme, angesprochen als »Model I – V«, in Jacques Monod, François Jacob: »General Conclusions: Teleonomic Mechanisms in Cellular Metabolism, Growth, and Differentiation«, in: *Cellular Regulatory Mechanisms*, Cold Spring Harbor Symposia on Quantitative Biology, vol. XXVI, New York 1961, S. 389–401; oder Jacob/Monod: »Genetic Repression«, a.a.O..
31. Jacob/Monod: »Genetic Repression«, a.a.O., S. 51
32. Jacques Monod, Pierre Changeux, François Jacob: »Allosteric Proteins and Cellular Control Systems«, in: *Journal of Molecular Biology*, 6, 1963, S. 306–329, hier 324.
33. Vgl. demnächst Peter Berz: *Fremde Wahrheit. Jacques Monods Naturphilosophie der modernen Biologie* (Berlin 2012).
34. Jedes Enzym katalysiert hochspezifisch (im Unterschied zu technischen Katalysatoren) eine ganz bestimmte chemische Zusammensetzung, sein »Substrat«.
35. Jacob/Monod: »Genetic Repression«, a.a.O., S. 32. »Isosterie« heißt: Enzym und Substrat haben die gleiche Elektronenkonfiguration.
36. Monod/Changeux/Jacob: »Allosteric Proteins«, a.a.O., S. 325 o.

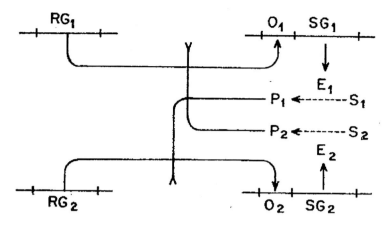

Abb. 1: Gen-Regulation als Schaltkreis in Jacob/Monods Operon-Modell.

und Reaktionen zu *steuern*. »... der Effektor [alias Inhibitor, P.B.] re-agiert oder inter-agiert, *reacts or interacts*, nicht direkt mit den Substraten oder Produkten der Reaktion, sondern nur mit dem Protein«.[37] Die Verbindung von Inhibitor und Substrat ist, wie Monod/Jacob sagen, »mediated«. Aus chemischer Reaktion wird Interaktion.

Die Interaktivität der »regulatory enzyms« hat eine materielle Basis: Sie haben nicht nur wie jedes Protein eine ganz bestimmte Raumstruktur, die sie von allen anderen Proteinen unterscheidet (eine bestimmte *Konformation*). Sie können *zwei* eindeutig unterschiedliche Raumstrukturen annehmen: in der einen hemmen sie, in der anderen nicht. Sie wirken als Kippschalter und ihre zwei Zustände sind »discrete, reversible, conformational [...], triggered by the [inhibitor]«.[38]

Die steuernden Enzyme greifen nicht nur in die *pathways* des Stoffwechsels der Zelle ein, sondern wirken auch auf bestimmte Abschnitte jenes Makromoleküls, dessen Erscheinung die 60er Jahre durchgeistert: die *Desoxyribonucleinsäure*, englisch DNA, deutsch DNS, französisch ADN: »Et puis le corps s'adonne à l'ADN, à l'Adonis.«[39] Das allosterische Enzym verhindert im einen Zustand, getriggert von der *An*-wesenheit eines bestimmten Nährstoffs im Medium, das Ablesen des genetischen Codes in diesem Abschnitt; im anderen Zustand, getriggert von der *Ab*-wesenheit eines bestimmten Nährstoffs im Medium, lässt es dieses Ablesen zu.[40] Es schaltet ein bestimmtes Gen EIN und AUS, nach dem von Jacob/Monod eingeführten, bis heute gebräuchlichen Ausdruck. Da nun aber

37. Ebd., S. 324.
38. Im Text steht hier »activator«. Aber *activator, inhibitor, effector* meinen in diesem Zusammenhang das Gleiche (vgl. ebd., S. 307).
39. Jacques Lacan: *Encore, 1972–73. Le Séminaire, Livre XX*, Paris 1975, S. 140.
40. »Ablesen« heißt hier: Synthese der Messenger-RNA dieser Stelle der DNA.

der genetische Code des steuernden Enzyms ebenfalls auf der DNA liegt, lässt sich sagen: bestimmte Gene steuern andere Gene, weil sie über ein allosterisches Enzym miteinander verschaltet sind.[41]

Bestimmte Reaktionen oder Synthesen der Bakterienzelle finden also unter Kontrolle von Verbindungen statt, die sich »chemically foreign or indifferent« sind.[42] Ihre Struktur ist, »chemically speaking, arbitrariness«;[43] thermodynamisch und ökonomisch gesprochen: *gratuité*.[44] Nur weil es Enzyme gibt, die – linguistisch gesprochen – die Struktur arbiträrer Zeichen haben, können sich jene »außergewöhnlich komplexen Netzwerke regulierender und signalverarbeitender Schaltkreise« der Zelle herausbilden: networks of regulatory and signaling circuits.[45]

All das hat grundstürzende Effekte, die unmittelbar auf das zurückschlagen, was Dobzhanski die Sinninstanz schlechthin aller biologischen Tatsachen nannte und Jacob die einzige »Theorie« der an Verallgemeinerungen so reichen Geschichte des biologischen Wissens:[46] die Theorie der Evolution. Arbiträre Signale auf makromolekularer Ebene setzen evolutionäre Potentiale ungeheuren Ausmaßes frei. Ja, sie befreien allererst das Spiel der Evolution. »Kein Selektionsdruck der Welt, wie stark er auch sei, könnte ein Enzym bauen, das fähig ist, eine chemisch unmögliche Reaktion in Gang zu setzen. Mit der Konstruktion eines allosterischen Enzyms ist diese Begrenzung beseitigt [...]. Durch den Gebrauch bestimmter Proteine nicht nur als Katalysatoren oder Tansportmedium, catalysts or transporters, sondern als Empfänger und Wandler chemischer Signale, receivers and transducers, ist eine Freiheit von sonst unüberwindlichen chemischen Zwängen gewonnen, die der Selektion erlaubt, die ungeheuer komplexen Schaltungen, *the circuitry*, lebender Organismen zu entwickeln.«[47] In seiner legendären Antrittsvorlesung vor dem Collège de France im November 1967 – während also der junge kalifornische Student an seiner Arbeit schwitzt – wird Jacques Monod davon sprechen, dass »dank der ›Erfindung‹ der allosterischen Proteine, die molekulare Evolution die lebenden Systeme allmählich von chemischen Zwängen befreien konnte (strukturalen und thermodynamischen), die ohne diese Proteine die Emergenz des wundersamen funktionalen Baus verhindert hätten, den die Zelle darstellt, wie wir sie heute kennen.«[48]

---

41. Schöne Ableitung in Stuart Kauffman: *Reinventing the Sacred. A New View of Science, Reason and Religion*, New York 2008, S. 104f.
42. Monod/Changeux/Jacob: »Allosteric Proteins«, a.a.O., S. 325.
43. Ebd., S. 324.
44. Vgl. etwa Jacques Monod: *Leçon inaugurale, faite le Vendredi 3 Novembre 1967*, Collège de France 1967, S. 19 (vgl. demnächst: Jacques Monod: *Die Antrittsvorlesung*, Berlin 2012); und Ders.: *Zufall und Notwendigkeit. Philosophische Fragen der modernen Biologie,* übers. von Friedrich Griese, München 1971 (frz.: *Le Hasard et la Nécessité. Essai sur la philosophie naturelle de la biologie moderne*, Paris 1970), S. 97f.
45. Jacob/Monod: »Genetic Repression«, a.a.O., S. 50.
46. François Jacob: *Die Logik des Lebenden. Von der Urzeugung zum genetischen Code,* übers. von Jutta und Klaus Scherrer, Frankfurt a. M. 1971 (frz.: *La Logique du vivant. Une histoire de l'hérédité*, Paris 1970), S. 21.
47. Monod/Changeux/Jacob: »Allosteric Proteins«, a.a.O., S. 324 und 325 (Übersetzung P.B.).
48. Monod, *Leçon inaugurale*, a.a.O., S. 20. In Monods *Zufall und Notwendigkeit* heißt es schließlich: »Weil sie der molekularen Evolution ein praktisch unbegrenztes Forschungs- und Experimentierfeld

Die 60er Jahre des vorigen Jahrhunderts, das heißt in Natur-, Ingenieurs- *und* Geisteswissenschaften: Hinwendung zu Signalen und Zeichen, im Zeichen der Befreiung vom Signifikat. Diese Befreiung kommt bei dem 29-jährigen Stuart Kauffman, dem man noch 1971 am Comersee mit Ringel-T-Shirt und breiten Koteletten den kalifornischen Studenten abnimmt, als programmierbare Spiele mit 0 und 1 an.[49]

Kauffmans Wissenschaft. Erspielt

Weil Kauffmans binäre Netze ihr *element* anders einführen als Walker/Ashby: nicht als »simple electrical device«, sondern als »the activity of a formal gene, for brevity, gene«;[50] und weil Kauffmans Programme auf einer Hardware laufen, die Büromaschinen durch *hacker's machines* und deren andere Technikgeschichte ersetzt – darum sind seine Netze erweiterbar. Darum entbergen sich in ihnen, *disclosure,* neue Strukturen.

Die ersten Durchläufe für 400er Netze zeigen eine Tendenz zu sehr kurzen *cycles* und kurzen *run ins*.[51] Auch weisen beim Übergang von einem Zustand in den anderen viele Elemente schnell gar keine Änderung oder Aktivität mehr auf. In größeren Netzen ist vor allem die *Anzahl* der verschiedenen *cycles* interessant. Viele Netze, die mit jeweils 50 verschiedenen Ausgangszuständen durchgespielt werden, produzieren bis zu 10 verschiedene *cycles*. Kauffman misst die Abstände zwischen den *cycles*. Wenn der Zustand 00000 eines 5 *gene nets* vom Zustand 00111 den Abstand 3 hätte (weil er sich in 3 Elementen unterscheidet), dann ließen sich auch die Anfangszustände der beginnenden *cycles* nach ihren Abständen durchmessen. In einem 100er Netz ist ein durchschnittlicher Abstand von 10 zu verzeichnen.[52] Zwischen den cycles, das wissen schon Walker/Ashby, gibt es keinen Übergang, also: kein Anfangszustand eines *cycle* kann zu zwei verschiedenen *cycles* führen.[53]

An diesem Punkt bringt Kauffman eine grundsätzlich neue Dimension ins Spiel: einen *vierten* Zufall, neben dem Zufall der Verschaltung, der Wahl der Spielregel und des Anfangszustands. Im MIT, dessen Gänge der verspielte Claude Shannon mit elliptischen Einrädern zu befahren beliebte,[54] wird Zufall

---

eröffnet hat, ist es schließlich gerade die *Zwangsfreiheit* (gratuité) dieser Systeme, durch die es möglich wurde, dass die Evolution der Moleküle das ungeheure Netz von Steuerungskontakten, *l'immense réseau d'interconnections cybernétiques,* aufbauen konnte, die den Organismus zu einer autonomen Funktionseinheit machen, dessen Leistungen die Gesetze der Chemie zu übertreten, wenn nicht gar ihnen sich zu entziehen scheinen.« (Monod, *Zufall und Notwendigkeit,* a.a.O., S. 104).
49. Vgl. das Familienphoto in *Towards a theoretical Biology IV* von 1972. 1971 ist Kauffman allerdings bereits an der University of Chicago.
50. Kauffman: »Metabolic Stability and Epigenesis«, a.a.O., S. 440. *Formal gene* meint, unter Abstraktion von aller Biochemie, »modeling the gene as a binary device« (ebd.: 439).
51. Mit einer unerklärlichen Bevorzugung *geradzahliger* Längen.
52. Ebd., S. 449.
53. Heißt: der Minimalabstand eines *cycles* von einem anderen ist 1 und kann nicht 0 werden.
54. Zu den übrigen Spielen vgl. Axel Roch: *Claude E. Shannon: Spielzeug, Leben und die geheime Geschichte seiner Theorie der Information,* Berlin 2009.

nachrichtentheoretisch gedacht, als Rauschen oder *noise*: wenn also erst der Wahrscheinlichkeitszustand der Quelle plus der Wahrscheinlichkeitszustand des verrauschten Kanals den Wahrscheinlichkeitszustand der empfangenen Botschaft ergibt. Kauffman operiert programmierbar und elementar mit *one unit of noise*: der Wert eines einzigen, zufällig gewählten Elements wird zu einer bestimmten Zeit von außerhalb des Systems verändert. »After perturbation, the system may return to the cycle perturbed, or run into a different cycle.«[55]

Spiel

»The program first built a net.«[56] Also ein Netz aus 400 Elementen mit 2 Inputs pro Element. Dann wähle zufällig 50 Anfangszustände und speichere die beim Durchlauf entdeckten *cycles*. Dann spiele jeden einzelnen Zustand des ersten *cycle* in allen 400 möglichen Zuständen durch, die um ein *gene*, eine *unit*, von ihm differieren.[57] Ergebnis: Die 50 Ausgangszustände dieses Netzes produzieren insgesamt 30 verschiedene *cycles*. Bei einer durchschnittlich anzunehmenden Länge von 4 Zuständen macht das 30 mal 4 mal 400 gleich 48000 Durchläufe.[58] Für jeden Durchlauf wird gespeichert, ob der *cycle* bei sich selbst landet oder in einem anderen *cycle* und in welchem.

Das alles ergibt eine Menge von Zahlen, mit denen sich arbeiten lässt. Man schreibt sie etwa in eine *matrix (*Abb.2 a): in der Senkrechten und Waagrechten die Nummern der 30 cycles und in jeder *cell* der Matrix die Zahl, wie oft bei der Störung um ein einziges *gene* der *cycle* in einen anderen springt. Also etwa: *cycle* 11 springt 9 mal zu *cycle* zehn, 18 mal zu 9, 27 mal zu *cycle* 3, usw. 949 mal aber kehrt er zu sich selbst zurück. Die Division der Zahl in der Zelle mit der Summe der ganzen Reihe ergibt den Wahrscheinlichkeitswert, mit dem bei *noise 1* ein bestimmter *cycle* in einen anderen übergeht. »Such a matrix is a Markov chain.«[59]

Der russische Mathematiker Andrej Andrejevič Markov hatte 1913 an den Übergangswahrscheinlichkeiten von Buchstabe zu Buchstabe der ersten 20000 Buchstaben von Puschkins *Jewgeni Onegin* einen neuen Typ von Wahrscheinlichkeitstheorie begründet.[60] Der Bell Lab Ingenieur und Mathematiker Claude Elwood Shannon gründete darauf seine mathematische Theorie der Kommunikation.[61] Markovketten lassen sich auch graphisch schreiben: als *Graph*. In ihm ist nicht wie im *kimatograph* der prinzipiell oder grammatikalisch mögliche

---

55. Kauffman: »Metabolic Stability and Epigenesis«, a.a.O., S. 443.
56. Ebd., S. 449.
57. Es gibt bei einer Netzgröße N genau N Zustände, die sich von einem gegebenen Zustand um ein Gen unterscheiden (ebd., S. 443).
58. Kauffman gibt diese Zahlen nicht an!
59. Ebd., S. 443.
60. Vgl. Philipp von Hilgers und Vladimir Velminski: *Andreij A. Markov. Berechenbare Künste*, Zürich/Berlin 2007.
61. Vgl. Claude Elwood Shannon: »Eine Mathematische Theorie der Kommunikation (Bell Systems Technical Journal 27, Okt. 1948)«, in: Ders., *Ein Aus, Ausgewählte Schriften zur Kommunikations- und*

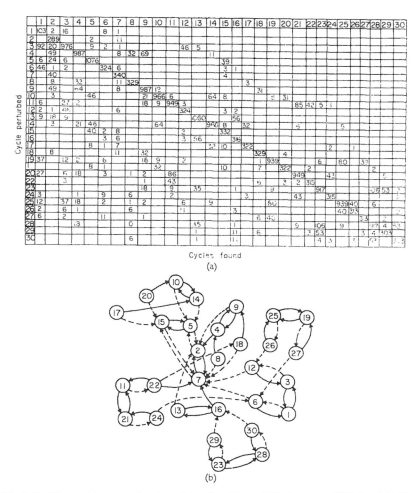

Abb. 2: Dreißig verschiedene cycles ein und desselben Netzes (400 Elemente, 48000 Durchläufe). Die Zahlen geben die Häufigkeit an, mit der bei einer Störung von der Einheit eins ein cycle in einen anderen springt.

Übergang von einem Zustand in den anderen dargestellt, sondern die Übergangs-*Wahrscheinlichkeit* von einem *cycle* in einen anderen (vgl. Abb. 2 b): ein starker Pfeil der wahrscheinlichste (außer sich selbst), ein gestrichelter der zweit wahrscheinlichste. Kauffman spielt das für Netze von 15 bis zu 2000 Elementen durch. Ein grobes Ergebnis ist, dass in etwa 85 bis 95 % der Fälle ein *cycle* nach der Störung wieder zu sich selbst zurückkehrt. »Behaviour in randomly connected binary nets is highly stable to infrequent noise.«[62] Was jedoch zu denken

---

Nachrichtentheorie (hg. F.A. Kittler, P. Berz, D. Hauptmann, A. Roch), Berlin 2000, S. 9–100, hier 15 und 22.
62. Kauffman: »Metabolic Stability and Epigenesis«, a.a.O., S. 452.

gibt, ist, dass oft alle *cycles* in einer ganz bestimmten Folge von Übergängen landen, aus der kein Weg herausführt. Im vorliegenden Fall: *2 – 5 – 7 – 15* (vgl. Abb. 2 b). »They form an ergodic set into which the remaining cycles flow«.[63] Ein solches Set ist selbst ein *cycle* aus *cycles*.

Aufs Ganze ergibt sich damit in Kauffmans *Binary Random Nets* eine systemische Stufenfolge:
1. Elemente alias *formal genes*;
2. Zustände des ganzen Netzes alias *states*;
3. geschlossene Folgen von Zuständen alias *cycles*;
4. Übergänge zwischen *cycles*; und schließlich
5. *ergodic sets* von *cycles*.

Die letzte Stufe, die von Shannons Nachrichtentheorie induzierten markovschen Ketten, sind der Punkt, an dem Kauffmans Modell ins Modellierte abspringt. Ohne Umschweife führt der Student das Computermodell auf eine der »rätselhaftesten Fragen der Biologie« zu, eine Frage, der Jacob/Monods ganzes, nobelpreiswürdiges Operonmodell gewidmet ist: die Differenzierung von Zellen zu verschiedenen Zelltypen im Lauf der Ontogenese.[64] Machen Kauffmans Netze »the spontaneous generation of heterogeneity«[65] denkbar, also: «The spontaneous generation of a multiplicity of cell types from a single cell type?«[66] Das ist es, was sich eines Tages von seiner biologischen Erbschaft, der alten *generatio spontanea*, lösen und »Selbstdifferenzierung«, »Selbstorganisation«, »Autopoiesis« heißen wird.[67]

Kauffmans Coup ist schlicht: Gene sind *formal genes*, Zellen sind *state cycles*.[68] Das ist schon numerisch begründbar. Die Zahl der Zelltypen in ihrer Abhängigkeit von der Zahl der Gene scheint bei Bakterien, Hefen, Algen, bei Schwämmen, Hydras, Quallen, bei Ringelwürmern und beim Menschen zumindest in der gleichen Ordnung zu liegen wie die Zahl der Gene eines Modellnetzes und

---

63. Ebd.: Bildunterschrift Fig. 10.
64. Vgl. vor allem die Kauffman inspirierende Arbeit Jacob/Monods: »Genetic Repression«, a.a.O. Der Zelldifferenzierung war auch schon eine frühere Arbeit Kauffmans von Anfang 1967 gewidmet, noch ohne Referenz auf Jacob/Monod: »Sequential DNA Replication and the Control of Differences in Gene Activity between Sister Chromatids – A Possible Factor in Cell Differentiation«.
65. Kauffman: »Metabolic Stability and Epigenesis«, a.a.O., S. 464.
66. Ebd., S. 463.
67. Wie Walker/Ashbys und Kauffmans Netze im Horizont einer allgemeinen Geschichte von *self-organizing systems* und des Denkens von *self-organization* im BCL im Speziellen stehen, kann hier nicht entwickelt werden. Zu Foerster, Babcock und Maturanas Ursprüngen in von Foersters BCL siehe Jan Müggenburg: »Biological Computer Laboratory. Zu Organisation und Selbstorganisation eines Labors«, in: Florian Hoof, Eva-Maria Jung (Hg.), *Jenseits des Labors*, Bielefeld 2011, S. 23–44, und Ders.: *Lebhafte Artefakte. Die Maschinen des Biological Computer Laboratory*, Phil. Diss., Wien/Lüneburg (in Vorbereitung). – Der Artikel »Autopoiese: die Organisation lebender Systeme, ihre nähere Bestimmung und ein Modell« von Maturana, Varela, Uribe von 1974 arbeitet mit ähnlichen programmierbaren Spielen wie Walker/Ashby und Kauffman (vgl. Humberto Maturana, F. J. Varela, R. Uribe: »Autopoiese: die Organisation lebender Systeme, ihre nähere Bestimmung und ein Modell (1974)«, in: Humberto R. Maturana: *Erkennen: Die Organisation und Verkörperung von Wirklichkeit. Ausgewählte Arbeiten zur biologischen Epistemologie* (hg. Wolfgang K. Köck), Braunschweig/Wiesbaden 1982, S. 157–169: *Abschnitt 6. Modell eines Minimalfalls*).
68. Kauffman: »Metabolic Stability and Epigenesis«, a.a.O., S. 460.

die Zahl seiner *cycles*.⁶⁹ Kann aber bloßes Rauschen die Differenzierung des Systems aus homogenen Elementen in Gang setzen?⁷⁰ Wo technisch der Zufall von Urnen, Tafeln, Generatoren ein Problem ist,⁷¹ da ist biologisch an reinem Rauschen kein Mangel: »biochemical noise is ubiquitous, unavoidable, and therefore reliable.«⁷² Im Modell mit *noise 1* führt von einem *cycle* nur zu wenigen anderen ein Weg. Das heißt: eine Zelle differenziert sich nur in einige wenige Zelltypen. Von einem *ergodic set* dagegen führt überhaupt kein Weg zu einem anderen *ergodic set*. Angenommen, ein Netz »driven by external noise« hätte nur ein einziges ergodisches Set, so wird es innerhalb dieses Sets sehr oft *spontaneously* von *cycle* zu *cycle* übergehen. Wäre das Netz Modell einer in Teilung befindlichen Zelle, so wäre die Teilung selbst die erste externe Rauschquelle, die alle in diesem einen Set erreichbaren *cycles* alias Zelltypen hervorbringt, sie *ausprobiert* und *bevölkert*.⁷³ Hat ein Netz dagegen mehrere verschiedene ergodische Sets, müssen bestimmte Wege, *run ins* oder *transients*, zu diesen Sets führen und sich irgendwo verzweigen.⁷⁴ Sobald das System aber in die Region eines ergodischen Sets gerät, *the system becomes trapped:*⁷⁵ es ist kein Übergang *zum cycle* eines anderen Sets mehr möglich.

Kauffmans direkte Übertragungen vom technischen Modell in die Zelle produziert Überschüsse, die nachgerade mythische Dimensionen annehmen. Da innerhalb eines ergodischen Sets jeder *cycle* von jedem *cycle* aus, jeder Zelltyp von jedem Zelltyp erreichbar ist, können durchaus ganze Gruppen von Zelltypen auch ausfallen. »Vom Rauschen angestachelt«, *goaded by noise*, also von der Teilung der Zelle, werden alle ausgefallenen *cycles* alias Zelltypen neu bevölkert werden: *regeneration should occur*. Fällt aber ein ganzes Set aus, ist Regeneration nicht zu erwarten. »Because all cells are trapped in seperate ergodic regions, overall regeneration is not possible. Within each region, restricted regeneration remains possible. Wounds heal.«⁷⁶ Kauffmans Netzmodelle beantworten die alte

---

69. 16000 Gene, wie beim Schwamm, ergeben im Modellnetz 120 Zelltypen, in der biologischen Wirklichkeit 14; 2 Millionen Gene wie beim Menschen ergeben im Modellnetz 700 Zelltypen, in der biologischen Wirklichkeit 100. Was, so Kauffman, bei den vielen Unbekannten – sehr große Netze, wenig wahrscheinliche, bloß binäre Elemente – ein nur grob schätzbares Zahlenverhältnis von Genen und Zelltypen – eine recht gute Annäherung sei (vgl. ebd., S. 461).
70. Zu Heinz von Foersters Formel *»order from noise«* und ihren Modellen vgl. Jan Müggenburg: »Modeling Self-Organization. How Scientists at the Biological Computer Laboratory Came to Grips with an Elusive Concept«, in: H. Hunger, F. Seebacher (Hg.): *Styles of Thinking in Science and Technology*, Proceedings of the 3rd International conference of the European Society for the History of Science, Wien 2008, S. 499–509.
71. Vgl. etwa Walker/Ashby, die auf Kendal & Smiths Zufallstafeln zurückgreifen (vgl. Crayton C. Walker und Walter Ross Ashby: »On temporal characteristics of behaviour in certain complex systems (received 17. Januar 1966)«, in: *Kybernetik*, Bd. III, 1966/67, S. 100–108, hier 103).
72. Kauffman: »Metabolic Stability and Epigenesis«, a.a.O., S. 463.
73. »If the net is a replicating cell, the clone will explore the permitted transition pathways between cycles and populate the ergodic set according to the asymptotic transition pathways between the cycles.« (Ebd., S. 463).
74. »Call this transient cycle the zygote. Let it replicate. Then, the zygote is totipotent with respect to all its ergodic regions. We may explain the initiation of differentation; the zygote is on a Markovian transient cycle in a noisy environment and must eventually leave.« (Ebd., S. 464).
75. Ebd.
76. Ebd.

biologische Frage nach der Regeneration, die in der Biologie des 20. Jahrhunderts Modelle wie das »morphogenetische Feld« oder das »Gradientenfeld«[77] hervorgebracht hat. Nur steht jetzt anstelle physikalischer, zellbiologischer, physiologischer Modelle die Interaktion molekularer Netze. Interaktionen aber sind, im Unterschied zur Physik, spielbar. Als, so Kauffman, Erwin Schrödinger 1944 die *spezifische* Wirkung molekularer Strukturen denkt, greift er noch auf stabile und instabile Zustände der Quanten zurück. Seit Jacob/Monod treten an die Stelle von Atommodellen Modelle der Kommunikation.[78]

Spiel mit Grenzen

Spielsüchtige Programmierer haben vor einem Programm sofort nur die eine Idee: Wie lässt sich das Programm ausreizen? Dem kalifornischen Studenten liegt schon darum jene grundlegende Tatsache aller Spiele nicht fern, dass sie Grenzen haben und nur von ihren Grenzen her denkbar werden.

Technisch gesprochen: an Parametern lässt sich herumschrauben, bis zum Anschlag. Etwa am Grad der Verschaltung des Netzes, seiner *connectivity*. Der erste Grenzfall: jedes Element ist mit jedem verschaltet, schreib: $K = N$. (Das ergäbe etwa im eingangs entworfenen Fall eines Pentagramms ein Fünfeck, samt aller Diagonalen).[79] Der Zufall des Verschaltens wäre damit ausgeschaltet. Nur die zufällige Wahl der Anfangszustände und booleschen Funktionen bliebe. Schon vor ihm, so Kauffman, habe man bewiesen, dass ein solches System *cycles* hervorbringt, die genau so lang sind wie die Quadratwurzel aller überhaupt möglichen Zustände des Systems. Das ergibt bei einem Netz von 200 binären Elementen mit 2^{200} oder 10^{60} Zuständen eine *cycle* Länge von bescheidenen 10^{30} Zuständen. Sie sind schwer zu beobachten und nicht nur das. Wenn jeder Übergang von einem Zustand in den anderen eine Mikrosekunde bräuchte, dann überschritte die Zeit zum Durchlaufen eines solchen *cycle* 10 Millionen Mal die Zeit, die Edwin Hubbel als Alter des ganzen Universums errechnete.[80] »Totally connected random nets are biologically impossible.«[81] Hat dagegen jedes Element nur *einen* Input, zerfällt das Netz in eine Vielzahl einzelner *loops*, deren Länge schon bei 200 Elementen mehrere Millionen Zustände umfasst.[82] Erst ab $K = 2$ zeigt sich das Erstaunliche, dessen Gerücht im Sommer 1968 seinen

---

77. Das Konzept der morphogenetischen Felder stammt von dem russischen Biologen Aleksandr Gavrilovič Gurvič, die Gradientenfelder tauchen bei dem Alpbach-Teilnehmer Paul Weiss zum ersten Mal auf. Er forscht seit den 1920er Jahren im Wiener Vivarium an der Regeneration von Amphibiengliedern.
78. Vgl. Kauffman: »Metabolic Stability and Epigenesis«, a.a.O., S. 454.
79. Vgl. etwa im – fürs Vorliegende sonst *nicht* weiter zu Rate gezogenen – *Summum Opus* Kauffmans: Stuart Kauffman: *The Origins of Order. Self-organization and selection in evolution*, New York – Oxford 1993, S. 473.
80. Kauffman: »Metabolic Stability and Epigenesis«, a.a.O., S. 443 und 454.
81. Ebd., S. 443.
82. Ebd., Kauffman bezieht sich auf die PhD Thesis des Shannon-Herausgebers N.J.A. Sloanes von 1967.

Weg nach Tirol findet: »It is surprising that randomly constructed nets, in which each element is directly affected by two others, embody short, stable behaviour cycles.«[83] In einem Netz von 1000 Elementen mit möglichen 10^{300} Zuständen, ergeben sich mit K = N *cycle*-Längen von 10^{150}, mit K = 2 aber Längen von maximal einigen hundert Zuständen. Kauffmans *erste* Quintessenz: »A molecular reaction net of high specifity *is* a net of low connectivity.«[84]

Die Spezifität und Stabilität von Zufallsnetzen mit geringer Verschaltung kann sich auch biologisch sehen lassen. Wäre der gesamte Schaltplan von *inducer-repressor-operator* einer Zelle nach Jacob/Monod bekannt, das ist: »the ›wiring diagram‹ of the specific repression and derepression connections between genes«, also die Basis aller Steuerungen, Regulationen, Kommunikationen in der Zelle und zwischen Zellen, dann wäre, so Kauffmans *zweite* Quintessenz, dieser Schaltplan »topologisch ununterscheidbar« von einem Schaltplan, der nur durch Zufall entstand.[85] Denn dass ein Gen nicht mit allen oder sehr vielen Genen verschaltet ist, sondern mit nur wenigen, ist ein Ausgangspunkt von Jacob/Monods Operon-Modell.

Damit wären nicht nur Mutationen alias *noise* und Jacob/Monods Lehre von den arbiträren, allosterischen Molekülen in spielbaren Netzen aufgehoben.[86] Auch die *Chreoden,* Täler und Berge von Waddingtons epigenetischen Landschaften erscheinen plötzlich im Licht eines neuen Wissens. Waddington begrüßt es in Alpbach jubilatorisch.

Worüber Waddington allerdings nicht mehr spricht: programmierte Zufallsnetze und ihre markovschen *cycle*-Übergänge unter Einfluss von externem Rauschen sind ein ganz anderer Typ von Modelle als etwa Bilder von Kugeln und Flüssen, die längs eines Tales abwärts rollen und fließen, dessen Verlauf von Erdrutschen verändert wird.[87] Ashby/Kauffmans Modelle sind keine Metaphern und keine Begriffe und basieren nicht auf Kunst, sondern auf Ingenieurstechnik.[88] Netzmodelle sind programmiert und spielbar, nicht gezeichnet und sichtbar. Als Ingenieurstechnik fallen Kauffmans Netze mit dem Dispositiv der Maschinen in Minskys AI Laboratorium des MIT zusammen. Es besteht aus *Modellmaschinen*. Das heißt: nicht Maschinenmodellen, wie sie seit Hachettes

---

83. Ebd., S. 452.
84. Ebd., S. 454.
85. Ebd.
86. Vgl. ebd., S. 465.
87. Vgl. Conrad Hal Waddington: »Der gegenwärtige Stand der Evolutionstheorie«, in: *Das Neue Menschenbild. Die Revolutionierung der Wissenschaften vom Leben. Ein internationales Symposion*, hg. Arthur Koestler und J.R. Smythies, übers. von Franz Vesely, Symposion 5.–9. Juni 1968 in Alpbach, Wien – München – Zürich 1970 (Englisches Orginal: *Beyond Reductionism*), S. 349, und die entsprechenden Hinweise bei Ohad Parnes: »Die Topographie der Vererbung. Epigenetische Landschaften bei Waddington und Piper«, in: *Trajekte. Zeitschrift des Zentrums für Literatur- und Kulturforschung Berlin*, Nr. 14, April 2007, S. 26–31.
88. Zu allgemeineren Theorien von Modell und Simulation vgl. etwa Mary S. Morgan, Margret Morrison: *Models as Mediators. Perspectives on Natural and Social Science*, Cambridge 1999; Jay Odenbaugh: »Models«, in: *A Companion to the Philosophy of Biology* (ed. Sahotra Sarkar, Anya Plutynski), Blackwell Publishing 2008, S. 506–524; Müggenburg: »Modeling Self-Organization«, a.a.O.; und im vorliegenden Band der Beitrag von Claus Pias: »Zur Epistemologie der Computersimulation«.

Tableaux und Reuleaux' kinematischen Modellen die Maschinenwissenschaften durchziehen. Sondern Modelle *als* Maschinen, das ist: als Hard- und Software universaler, digitaler Maschinen. *PDP-6* und sein *Incompatible Time Sharing System* wurden »entworfen als Vehikel zur Erforschung des Computers«. Dieses Vehikel hat einen besonderen institutionellen Status, mit *hackerism* als Maschinen-Umgebung. Es ist technisch selbst ein Netz einiger, nicht vieler, programmierender und debuggender *user*. Und dieses Netzwerk *läuft* – oder läuft nicht. Denn das Modell als Maschine hat Input und Output. Am einen Ende wird manipuliert (Hardware, Bitbreite, *instruction set*, Code der Maschine) oder eingespeist (Verschaltung, Ausgangszustand, Transformationsregel, Rauschen). Am anderen Ende entsteht, was nicht vorhersagbar, nur durchspielbar ist. Der digitale Zustand der Kauffmanschen Netze *ist* die 0/1-Logik der digitalen Maschine selbst. Binäre Netze sind, im Jargon, *finite state machines*. Sie existieren nur in der endlichen technischen Realität einer *finite state machine* namens *PDP-6* und seinem Betriebssystem *ITS*. Weil sie aber endlich ist, darum ist sie auch *historisch* und nicht nur logisch.

Dass aber Kauffman schließlich auch Waddingtons theoretische Kardinalfrage stellt, dürfte ein erster Rückkopplungseffekt sein. Haben, so fragt Kauffman, »two billion years of survival pressure succeeded in selecting from a myriad of unorderly reaction nets those few improbable, that is non-random and ordered«, also jene, die Spezifität, Teleonomie, Stabilität aufweisen, wie Waddingtons Chreoden? Oder sind »living things akin to randomly constructed automata whose characteristic behaviour reflects their unorderly construction no matter how evolution selected the surviving forms?«[89] Nur dass in Alpbach Waddingtons Sorge vor allem der Gefahr gilt, dass Walker/Ashbys und Kauffmans spontan entstehende Ordnungen so schöne Models sind, dass plötzlich alles stehen bleibt: »das System in ein Gleichgewicht kommt«.[90] Einfach weil *cycles* und ergodische Sets *zu* stabil sind.

Aber der Theoretiker des Phänotyps und des epigenetischen Raums zwischen Gen und Phän, setzt nicht auf *biochemical noise*, Mutationen und die Replikation der Zelle. In einer »unaufhörlich wachsenden Zahl von ›Lebenssituationen‹«,[91] das ist: Konstellationen von Fressen und Gefressen werden, Parasitismus und Symbiose,[92] Verführen und Verführt werden, ändert jedes Lebewesen, das sich ändert, auch die Umwelt aller andern.[93] –

---

89. Kauffman: »Metabolic Stability and Epigenesis«, a.a.O., S. 465.
90. Waddington: »Der gegenwärtige Stand der Evolutionstheorie«, a.a.O., S. 351.
91. Ebd.
92. Bei Waddington in der Fassung *Parasitismus* und *Kommensalismus*.
93. »Würde daher in einer ursprünglich statischen Welt ohne Evolution eine einzelne Species einen Evolutionsprozess beginnen, so würde dies zur Ausbildung unendlich vieler neuer Umgebungen führen, da jeder der übrigen Organismen auf die Änderung des einen reagieren müsste.« (ebd., S. 351).

»Tout au long de la vie, le hasard joue avec le discontinu«:[94] Nicht das Leben spielt mit dem Diskontinuierlichen und dem Zufall, sondern der Zufall spielt mit dem Diskontinuierlichen, das ganze Leben lang. Aber *spielt* der Zufall? Nein, die Spiele spielen: die Geschichte in Technik, Mathematik, Musik spielt mit sich selbst.

Und die Natur? Spielt sie auf Leben und Tod nach Thomas Robert Malthus, dem protestantischen Pfaffen, wie, so Marx, »die meisten Populationslehrer?«[95] Oder spielt sie nach Pythagoras und Leibniz' Binärzahlen, nach Buchstaben und *elementa* von Lukrez bis Ashby, nach Systemen aus Elementen von Aristoteles' Silben bis Waddington und Kauffman?

Oder spielt im Phänotyp und seinen Erscheinungen der Zufall ohnehin ganz anders als im Genotyp und seinen Netzen? Denn die unordentlichen Tiere, deren Wesen Hegel in ihre »zufällige *Selbstbewegung*« legte, kümmern sich vielleicht wenig um den Zufall in genetischen Netzen. Sie flattern durch die Luft, jeder nach seiner speziellen Bahn, pfeilgerade zum Blütenziel schießend (wie die *Sphingidae*, die Schwärmer); als weißes Blatt vom Baume taumelnd (wie die *Pieridae*, die Weißlinge); von Klang getragen, kurz schwebend, dreimal flatternd, schwebend (wie *Melanargia galathea*, das Damenbrett).

---

94. Michel Foucault: »Croître et multiplier« (Le Monde 15–16 novembre 1970), in: Ders., *Dits et écrits*, Paris 1994, Band II, S. 99–104, hier 100.
95. Karl Marx: *Das Kapital. Kritik der politischen Ökonomie (1867)*, Dietz-Verlag Berlin, 1982, S. 644f, Anmerkung 75.

Abbildungsnachweise

Peter Berz: Binary Random Nets I
Abb.1: © Berz/Unterholzner
Abb.2: Crayton C. Walker und Walter Ross Ashby: »On temporal characteristics of behaviour in certain complex systems (received 17. Januar 1966)«, in: *Kybernetik*, Bd. III 1966/67, S. 100–108, 102: *Fig. 1*.
Abb.3: Stuart Kauffman: »Metabolic Stability and Epigenesis in randomly constructed genetic nets (received 19. März 1968, revised 8. Juli 1968)«, in: *Journal of Theoretical Biology*, 22, 1969, S. 437–467, 442: *Fig. 2 (c)*.
Abb.4: Crayton C. Walker und Walter Ross Ashby: »On temporal characteristics of behaviour in certain complex systems (received 17. Januar 1966)«, in: *Kybernetik,* Bd. III 1966/67, S. 100–108, 102: Table 1.

Éric Brian: Das Zittern der unsichtbaren Hand
Paris © Gert Hasenhütl

Eva Laquièze-Waniek: Fort und Da. Zur Ankunft des Subjekts.
Abb.1: Lacan, Jacques (1954–1955): *Das Seminar II. Das Ich in der Theorie Freuds und in der Technik der Psychoanalyse,* Weinheim, Berlin 1991, S. 245.
Abb.2: Lacan, Jacques (1954–1955): *Das Seminar II. Das Ich in der Theorie Freuds und in der Technik der Psychoanalyse,* Weinheim, Berlin 1991, S. 246.

Daniel Gethmann: Sprechende Pferde
Abb.1: Oskar Pfungst: Kurven des Spannungszustands einer Versuchsperson, die an die Zahl 2 gedacht hat. Aus: Oskar Pfungst: *Der Kluge Hans. Ein Beitrag zur nicht-verbalen Kommunikation,* hrsg. von Helmut E. Lück. Frankfurt/Main 1977.
Abb.2: Karl Krall: Hans mit Scheuklappe. Aus: Karl Krall: *Denkende Tiere. Beiträge zur Tierseelenkunde auf Grund eigener Versuche: Der kluge Hans und meine Pferde Muhamed und Zarif.* Leipzig 1912.
Abb.3: Karl Krall: Hans vor der Lichtbildtafel. Aus: Karl Krall: *Denkende Tiere. Beiträge zur Tierseelenkunde auf Grund eigener Versuche: Der kluge Hans und meine Pferde Muhamed und Zarif.* Leipzig 1912.
Abb.4: Karl Krall: Zarif lernt buchstabieren. Aus: Karl Krall: *Denkende Tiere. Beiträge zur Tierseelenkunde auf Grund eigener Versuche: Der kluge Hans und meine Pferde Muhamed und Zarif.* Leipzig 1912.
Abb.5: Karl Krall: Experimente zur Messung von Gedankenübertragung zwischen Mensch und Tier im Krallschen Institut für Tierseelenkunde und Parapsychologische Forschungen, 1926. Aus: *Karl Krall: Denkende Tiere, Denkübertragung zwischen Mensch und Tiere. Zwei Vorträge, gehalten auf dem III. Congrès International de Recherches Psychiques in Paris 1927.* Stuttgart 1927.

Gustav Deutsch/Hanna Schimek: Pflanzen der Wüste
© Gustav Deutsch/Hanna Schimek

Bernhard Siegert: Schiffe versenken
Abb.1: Quarré navale. Paul Hoste: *L'Art des armées navales ou Traité des évolutions navales*. Lyon 1697, S 408.
Abb.2: Beachy head. In: Alfred T. Mahan: *Einfluß der Seemacht auf die Geschichte*. Berlin 1898/99.

Anton Tantner: Das Adressierungsspiel
Abb. 1: Katastralamt der Stadt Brno, Morávské náměstí © Tantner
Abb. 2: Prag Hradčanské náměstí 1 © Tantner
Abb. 3: Prag Malostranské náměstí 16–17 © Tantner
Abb. 4: Prag Malé náměstí 1 © Tantner
Abb. 5: Wien Hofburg: Das Schweizer Tor © Tantner
Abb. 6: Wien Grinzing, Himmelstraße 25 © Tantner
Abb. 7: Gmünd in Kärnten: Schloss Lodron © Tantner
Abb. 8: Waidhofen an der Thaya: Das Schloss © Tantner
Abb. 9: Venedig, San Marco: Der Dogenpalast © Tantner
Abb. 10: Venedig, San Marco: Fondaco dei Tedeschi © Tantner

Peter Berz: Binary Random Nets II
Abb.1: François Jacob, Jacques Monod: »Genetic Repression, Allosteric Inhibition and Cellular Differentiation«, in: *Cytodifferentiation and macromolecular synthesis* (21st Symposium, The Society for the Study of Development and Growth, June 1962), hg. v. Michael Locke, New York u. London 1963, S. 30–64, 55: *Fig. 8. Model III.*
Abb.2: Stuart Kauffman: »Metabolic Stability and Epigenesis in randomly constructed genetic nets (received 19. März 1968, revised 8. Juli 1968)«, in: *Journal of Theoretical Biology*, 22, 1969, S. 437–467, nach S. 451: *Fig. 10 (a) und (b).*

Die Autorinnen und Autoren

Markus Arnold ist außerordentlicher Professor für Philosophie und Wissenschaftsforschung am Institut für Wissenschaftskommunikation und Hochschulforschung der Universität Klagenfurt. Seine Forschungsschwerpunkte liegen im Bereich der Wissenschaftstheorie, der politischen Philosophie, der Semiotik und Diskurstheorie. Neuere Publikationen: *Die Erfahrung der Philosophen,* Wien, Berlin 2010; *Öffentliches Wissen. Nachhaltigkeit in den Medien,* München 2012; (zusammen mit Martina Erlemann): *Erzählungen im Öffentlichen. Über die Wirkung narrativer Diskurse,* Wiesbaden 2012.

Peter Berz ist Kultur- und Medienwissenschaftler. Er forscht am Zentrum für Literatur- und Kulturforschung Berlin über die Biologie und die Naturphilosophie Jacques Monods. Er lehrte mehrfach als Gastprofessor am Institut für Philosophie der Universität Wien und unterrichtet gegenwärtig an der Humboldt-Universität zu Berlin. Seine Forschungsschwerpunkte sind der Lamarckismus in Geschichte und Gegenwart, biologische Topologien und Morphogenesen, Theorien der Technik. Neuere Publikationen: »Die Einzeller und die Lust. Boelsche Freud Ferenczi«, in: Gerhard Scharbert und Christine Kirchhoff (Hg.): *Freuds Referenzen,* Berlin 2012; »Die Lebewesen und ihre Medien«, in: Karin Harasser und Thomas Brandstetter (Hg.): *Ambiente. Das Leben und seine Räume* (= Paraflows 08), Wien 2009; *08/15. Ein Standard des 20. Jahrhunderts,* München 2001.

Éric Brian ist Wissenschaftshistoriker und Soziologe und lehrt als Professor an der École des Hautes Études en Sciences Sociales in Paris. Seit 1995 ist er Herausgeber der Revue de synthèse, die im Springer Verlag, Paris, erscheint. Neuere Publikationen: *Comment tremble la main invisible. Incertitude et marchés,* Paris 2009; (zusammen mit Marie Jaisson und S. Romi Mukherjee): »Social Memory and Hyper Modernity«, in: *International Social Science Journal,* Heft 62, März–Juni 2011.

Thomas Brandstetter studierte Philosophie in Wien und promovierte in Kultur- und Medienwissenschaften an der Bauhaus-Universität Weimar. Neuere Publikationen: (hg. zusammen mit Claus Pias und Sebastian Vehlken): *Think Tanks. Die Beratung der Gesellschaft,* Zürich, Berlin 2010; »Vom Nachleben in der Wissenschaftsgeschichte«, in: *Zeitschrift für Medienwissenschaft,* 1/2009; *Kräfte messen. Die Maschine von Marly und die Kultur der Technik 1680–1840,* Berlin 2008.

Gustav Deutsch ist Künstler und Filmschaffender. Den Schwerpunkt seiner künstlerischen Arbeit bilden Filmarbeiten, die sich mit der Phänomenologie des Films als Medium auseinandersetzen. Darüber hinaus konzipiert und realisiert er interdisziplinäre Kunstprojekte, die er als Versuche zur Wiedererlangung der gesellschaftlichen Wirksamkeit von Kunst versteht. Außerdem führte er Forschungsprojekte an der Schnittstelle zwischen Kunst und Wissenschaft einerseits, zwischen Kunst und Umwelt andererseits durch. Seit 1985 arbeitet er gemeinsam mit Hanna Schimek.

Bernhard J. Dotzler ist Professor für Medienwissenschaft am Institut für Information und Medien, Sprache und Kultur der Universität Regensburg. Neuere Buchpublikationen: *Diskurs und Medium*, Bd. I.–III., München 2006–2011; *L'Inconnue de l'art. Über Medien-Kunst*, Berlin 2003; *Papiermaschinen. Versuch über Communication & Control in Literatur und Technik*, Berlin 1995.

Daniel Gethmann lehrt als Universitätsassistent Medien- und Kulturwissenschaft am Institut für Architekturtheorie, Kunst- und Kulturwissenschaften der Technischen Universität Graz. Zuvor war er Vertretungsprofessor der Juniorprofessur für Medientechnik und Medienphilosophie am Institut für Medienwissenschaft der Ruhr-Universität Bochum. Er ist Verfasser zahlreicher Arbeiten zur Mediengeschichte und Medientheorie der auditiven Kultur. Neuere Buchpublikationen: *Klangmaschinen zwischen Experiment und Medientechnik* (Hg.), Bielefeld 2010; *Die Übertragung der Stimme. Vor- und Frühgeschichte des Sprechens im Radio*, Berlin, Zürich 2006; *Das Narvik-Projekt. Film und Krieg*, Bonn 1998.

Klaus Hamberger studierte Philosophie an der Universität Wien und lehrt als maître de conférences Sozialanthropologie an der École des Hautes Études en Sciences Sociales in Paris. Seine Forschungsschwerpunkte umfassen die Anthropologie des sozialen Raums, Verwandtschaftstheorie und Netzwerkanalyse. Seine letzte Buchveröffentlichung ist: *La parenté vodou. Organisation sociale et logique symbolique en pays ouatchi (Togo)*, Paris 2011.

Richard Heinrich ist Professor am Institut für Philosophie der Universität Wien. Sein Arbeitsschwerpunkt liegt im Bereich der klassischen modernen Philosophie, der analytischen Philosophie sowie der Literaturästhetik. Neuere Buchveröffentlichungen: *Wahrheit*, Wien 2009; *Verzauberung, Methode und Gewohnheit. Skizzen zur philosophischen Intelligenz*, Maria Enzersdorf 2003; *Wittgensteins Grenze. Essay*, Wien 1993.

Rudolf Heinz ist Universitätsprofessor i. R. für Philosophie an der Heinrich-Heine-Universität Düsseldorf. Derzeit ist er freier externer Mitarbeiter in den klinischen Einrichtungen für Psychosomatische Medizin und Psychotherapie der Heinrich-Heine-Universität Düsseldorf/LVR-Klinikum. In seinen Publikationen spezialisierte er sich auf das Wechselverhältnis zwischen Philosophie und Psychopathologie bzw. Psychoanalyse. Buchveröffentlichungen: *Pathognostische Studien*, Bd. I–XI, Essen 1986–2011; *Logik und Inzest*, Bd. I–III, Wien 1997; *Retro*, Bd. I–III (Aufsätze und Rezensionen 1965–2005), Essen 2005 und 2006.

Erich Hörl ist Professor für Medientechnik und Medienphilosophie an der Ruhr-Universität Bochum, wo er auch das Bochumer Kolloquium für Medienwissenschaft leitet. Er hat Philosophie in Wien und Paris studiert und wurde an der Humboldt-Universität zu Berlin in Kulturwissenschaften promoviert. Von 2010–2011 war er Senior Fellow am Internationalen Kolleg für Kulturtechnikforschung und Medienphilosophie in Weimar. Neuere Publikationen: *Die technologische Bedingung. Beiträge zur Beschreibung der technischen Welt* (Hg.), Frankfurt/M. 2011; (hg. zusammen mit Michael Hagner): *Die Transformation des Humanen. Beiträge zur Kulturgeschichte der Kybernetik*, Frankfurt/M. 2008; *Die heiligen Kanäle. Über die archaische Illusion der Kommunikation*, Zürich, Berlin 2005.

Die Autorinnen und Autoren

Herbert Hrachovec ist Professor am Institut für Philosophie der Universität Wien; er studierte Germanistik, Geschichte, Philosophie und Theologie in Wien und Tübingen; im Rahmen von Lehr- und Forschungsaufenthalten arbeitete er in Oxford, Münster, Cambridge, Massachusetts, Berlin und Essen; als Gastprofessor war er in Weimar und Klagenfurt tätig. Seine Arbeitsschwerpunkte liegen im Bereich der analytischen Philosophie, Ästhetik, Metaphysik und der neuen Medien. Neuere Publikationen: *Platons ungleiche Erben: Bildung und Datenbanken*, Wien 2010; (hg. zusammen mit Alois Pichler): *Philosophy of the Information Society: Proceedings of the 30th International Ludwig Wittgenstein-Symposium, Kirchberg am Wechsel*, Frankfurt 2007; (hg. zusammen mit Wolfgang Müller-Funk und Birgit Wagner): *Kleine Erzählungen und ihre Medien*, Wien 2004.

Elfriede Jelinek ist Schriftstellerin, lebt und arbeitet in Wien und München und erhielt 2004 den Literaturnobelpreis. Neuere Arbeiten für das Theater: *Die Kontrakte des Kaufmanns. Eine Wirtschaftskomödie*, (Uraufführung 2009); *Das Werk/Im Bus/Ein Sturz* (Uraufführung 2010); *Winterreise* (Uraufführung 2011). Seit 1996 arbeitet sie mit Internetpräsentationen und realisiert seit *Neid* (Privatroman 2007) auch reine Internetpublikationen; ein kommentiertes Gesamtwerkverzeichnis ihrer Arbeiten bietet: Pia Janke, u.a.: *Werkverzeichnis Elfriede Jelinek*, Wien 2004.

Ulrike Kadi ist Universitätsassistentin an der Klinik für Psychoanalyse und Psychotherapie der Medizinischen Universität Wien und lehrt Philosophie an den Universitäten Wien und Klagenfurt. Sie studierte Medizin und Philosophie in Wien, arbeitet als Fachärztin für Psychiatrie sowie als Psychoanalytikerin. Neueste Publikationen von ihr sind: (hg. zusammen mit Gerhard Unterthurner): *Wahn. Philosophische, psychoanalytische und kulturwissenschaftliche Perspektiven*, Wien 2012; »Salade de pensées. Implications d'un débat autour de la métaphore entre Lacan, Laplanche, Leclaire et Lyotard«, in: *Revue française de psychanalyse*, Nr. 75, 1/2011; »Sexuierung nach Lacan. Eine Fragwürdigung«, in: Christine Diercks und Sabine Schlüter (Hg.): *Psycho-Sexualität. Sigmund-Freud-Vorlesungen 2010*, Wien 2011.

Harald Katzmair studierte Soziologie und Philosophie an der Universität Wien und war langjähriger Schüler und Kollege von Wolfgang Pircher. Er ist heute Direktor von FAS.research, einem international tätigen Analyse- und Beratungsunternehmen im Bereich sozialer Netzwerke und komplexer Systeme. Er arbeitet zu Zeit u.a. gemeinsam mit Wolfgang Neurath an Fragen der Ökologie und Philosophie von Beziehungen in Systemen unter Stress.

Marianne Kubaczek ist Musikpädagogin und Philosophin. Neuere Publikationen: (zusammen mit Wolfgang Pircher): »Dynamische Spuren. Zeichnen und Aufzeichnen von Bewegung«, in: Friedrich Teja Bach und Wolfram Pichler (Hg.): *Öffnungen: Zur Theorie und Geschichte der Zeichnung*, München 2009; »Die Reihe und ihre Instrumente. Helmholtz, Mach, Schönberg«, in: Sabine Flach und Margarete Vöhringer (Hg.): *Ultravision: zum Wissenschaftsverständnis der Avantgarde*, München 2010; »Parallelaktionen: auf | Etwas | zu«, in: G.A.S. (Hg.): *Das Ding. Objekt und/oder Individuum. 65 Positionen aus Wissenschaft, Kunst und Literatur* (Ausstellungs-Katalog), Berlin 2010.

Eva Laquièze-Waniek studierte Philosophie, Psychologie und deutsche Philologie in Wien, Graz und Berkeley. Sie lehrt Philosophie und Geschlechterforschung mit dem Schwerpunkt Subjektkonstitution an den Universitäten Wien und Klagenfurt. 2000 gründete sie gemeinsam mit Wolfgang Pircher und anderen *0/1, Forschungsgruppe Sozial- und Kulturwissenschaften* am Institut für Wissenschaft und Kunst in Wien. Von 2005–2007 nahm sie an den Ausbildungsseminaren des Institut du Champ Freudien in Straßburg teil und führte von 2009–2011 das WWTF-Forschungsprojekt »Übertragungen: Psychoanalyse – Kunst – Gesellschaft« durch. Neuere Publikationen: »Krypta – Von Höfen und Höhlungen der Einverleibung und Identifikation«, erscheint in: Insa Härtel, Olaf Knellessen und Helge Mooshammer (Hg.): *Architektur und Psychoanalyse: Bauarten von Sexualität, Körper, Phantasmen*, Zürich 2012; »Urhorden, Anrufungen und rätselhafte Botschaften – Oder: Was die Ankunft des Menschen bestimmen mag«, in: *texte. psychoanalyse. ästhetik. kulturkritik*, 1/2012; »›Stile des Fleisches‹: Gewinn und Grenzen der diskursiven Theorie Judith Butlers zur Annahme des geschlechtlichen Körpers«, in: Maria Katharina Wiedlack und Kathrin Lasthofer (Hg.): *Körperregime und Geschlecht* (= Gendered Subjects, Bd. 6, des Referats Genderforschung der Universität Wien), Innsbruck, Wien, Bozen 2011.

Wolfgang Neurath studierte Geschichte und Philosophie an der Universität Wien und arbeitet in der Wissenschaftsverwaltung. Er ist Schüler und Kollege von Wolfgang Pircher und beschäftigt sich derzeit mit Fragen der Subjektivierung und der Autonomie im Semiokapitalismus.

Stanley L. Paulson ist William Gardiner Hammond Professor of Law und Professor für Philosophie an der Washington University in St. Louis sowie derzeit Mercator-Professor an der Christian-Albrechts-Universität zu Kiel. Buchpublikationen: (hg. zusammen mit Ralf Dreier): *Gustav Radbruch. Rechtsphilosophie*, 2. Auflage der Studienausgabe, Heidelberg 2011; (hg. zusammen mit Michael Stolleis): *Hans Kelsen. Staatsrechtslehrer und Rechtstheoretiker des 20. Jahrhundert*, Tübingen 2005; (hg. zusammen mit Bonnie Litschewski Paulson): *Normativity and Norms. Critical Perspectives on Kelsenian Themes*, Oxford 1998.

Robert Pfaller ist Professor für Philosophie an der Universität für angewandte Kunst in Wien; zuvor lehrte er Philosophie und Kulturwissenschaft an der Universität für künstlerische und industrielle Gestaltung in Linz sowie an der Technischen Universität Wien; als Gastprofessor war er tätig an der Rietveld Academie Amsterdam, der Kunsthochschule Berlin-Weißensee, der University of Illinois at Chicago, der Statens Kunstakademi Oslo, der Ecole Superieure des Arts Decoratifs de Strasbourg, der Technischen Universität Wien sowie an der Hochschule für Gestaltung und Kunst Zürich. 2007 war er der Gewinner des »The Missing Link«-Preises für transdisziplinäres Arbeiten im Verbinden psychoanalytischer Theorie mit anderen Disziplinen, vergeben durch das Psychoanalytische Seminar Zürich. Von 2009–2011 führte er das WWTF-Forschungsprojekt »Übertragungen: Psychoanalyse – Kunst – Gesellschaft« durch. Buchpublikationen: *Wofür es sich zu leben lohnt. Elemente materialistischer Philosophie*, Frankfurt/M. 2011; *Das schmutzige Heilige und die reine Vernunft: Symptome der Gegenwartskultur*, Frankfurt/M. 2008; *Die Illusionen der anderen. Über das Lustprinzip in der Kultur*, Frankfurt/M. 2002.

Die Autorinnen und Autoren

Claus Pias ist Professor für Medientheorie und Mediengeschichte am Institut für Kultur und Ästhetik digitaler Medien der Leuphana Universität Lüneburg. Er studierte Elektrotechnik, Kunstgeschichte, Germanistik und Philosophie in Aachen, Bonn und Bochum. Ab 1993 lehrte er an der Bauhaus-Universität Weimar und wurde 2002 Juniorprofessor für Medientechnik und Medienphilosophie an der Ruhr-Universität Bochum; von 2006 bis 2010 war er Professor für Erkenntnistheorie und Philosophie der Digitalen Medien an der Universität Wien. Neuere Publikationen: (hg. zusammen mit Thomas Brandstetter und Sebastian Vehlken): *Think Tanks. Die Beratung der Gesellschaft*, Zürich, Berlin 2010; (Hg.): *Was waren Medien?*, Zürich, Berlin 2010; *Computer Spiel Welten*, 2. Auflage, Zürich, Berlin 2010.

Hermann Rauchenschwandtner ist hauptberuflicher Mitarbeiter an der Fachhochschule Salzburg und Dozent an der Wissenschaftlichen Hochschule Lahr/Schwarzwald, wo er praktische und theoretische Philosophie lehrt. Er studierte Philosophie, Germanistik sowie Volkswirtschaft in Wien und war Universitätsassistent am Institut für Volkswirtschaftstheorie und -politik an der Wirtschaftsuniversität Wien sowie am Institut für Philosophie der Universität Wien. Publikationen: (hg. zusammen mit Cornelius Zehetner und Birgit Zehetmayer): *Transformationen der kritischen Anthropologie,* Wien 2010; (zusammen mit Reinhard Pirker): »Kritik und Krisis der orthodoxen Ökonomie und die epistemologische Konstitution der heterodoxen Ökonomie«, in: *Heterodoxe Ökonomie*, Marburg 2009; *Politische Subjekte der Ökonomie: Nomos, Volk, Nation,* Wien und Berlin 2007.

Elisabeth von Samsonow ist Philosophin und Künstlerin. Seit 1996 lehrt sie als Professorin für philosophische und historische Anthropologie der Kunst an der Akademie der bildenden Künste Wien. Ihre frühen Forschungen lagen im Bereich der Philosophie der Renaissance, ihr aktueller Arbeitsschwerpunkt umfasst die Themen: Gedächtnis des Raumes, Automatismus, Medialität, schwache Subjektivität, Kunst- und Wunschobjekte, Mädchentheorie sowie das Verhältnis »Ritual – Performance – Habitus«. Ihre künstlerische Arbeit begreift sie als eine Erforschung der Plastizität des Realen. Neuere Monographien: *Egon Schiele – Ich bin die Vielen. Mit einem Nachwort von Peter Sloterdijk,* Wien 2010; *Anti-Elektra. Totemismus und Schizogamie,* Zürich, Berlin 2007; *Flusser Lectures. Was ist anorganischer Sex wirklich? Theorie und kurze Geschichte der hypnogenen Subjekte und Objekte,* Köln 2005.

Hanna Schimek ist Künstlerin und lebt in Wien. Ihre Arbeitsschwerpunkte liegen auf der Konzeption und Realisation interdisziplinärer Kunstprojekte, Recherchen für Film und visuelle Medien, Filmkuratorenschaft, Kunst im soziokulturellen Kontext, Photographie, Künstlerbücher, Baukunst und Environment-Projekte. Sie ist Mitglied der Künstlergruppe »Der Blaue Kompressor – Floating & Stomping Company«. Gemeinsam mit Gustav Deutsch, mit dem sie seit 1985 zusammenarbeitet, ist sie Gründerin und künstlerische Leiterin von »LIGHT | IMAGE – The Aegina Academy«, einem Forum für Kunst und Wissenschaft auf der griechischen Insel Aegina.

Bernhard Siegert ist Professor für Geschichte und Theorie der Kulturtechniken an der Bauhaus-Universität Weimar und seit 2008 einer der beiden Direktoren des Internationalen Kollegs für Kulturtechnikforschung und Medienphilosophie in Weimar. Er ist gemeinsam mit Lorenz Engell Herausgeber der *Zeitschrift für Medien- und Kulturforschung.* Neuere Buchpublikationen: *Passagiere und Papiere. Schreibakte auf der Schwelle zwischen Spanien und Amerika,* Paderborn, München 2006; *Passage des Digitalen. Zeichenpraktiken der neuzeitlichen Wissenschaften 1500–1900,* Berlin 2003; *Relais. Geschicke der Literatur als Epoche der Post 1751–1913,* Berlin 1993 (Übersetzung ins Englische: *Relays,* Stanford 1999).

Anton Tantner ist Historiker und lehrt an der Universität Wien. Seit 2008 ist er Redaktionsmitglied der Zeitschrift *Frühneuzeit-Info.* Neuere Buchpublikationen: *Die Hausnummer. Eine Geschichte von Ordnung und Unordnung,* Marburg 2007; *"Schlurfs". Annäherungen an einen subkulturellen Stil Wiener Arbeiterjugendlicher,* Morrisville 2007.

David Unterholzner studierte Philosophie an der Universität Wien, wo er seit 2007 Fellow am Initiativkolleg *Sinne – Technik – Inszenierung: Medien und Wahrnehmung* ist. Davor war er Studienassistent und forschte von 2001–2002 an der Faculté de Droit, d'Économie et des Sciences sociales der Université d'Angers. Seine Diplomarbeit, *Prozessphilosophie und Kybernetik. Das Geist-Körper-Verhältnis und das Freiheitsproblem bei Norbert Wiener und Henri Bergson,* schloss er 2007 ab. Neuere Publikationen: »Oszillograph der Identitäten. Über Verschluss-Mechanismen einer Minderheit: Das Leben des N.C. Kaser und wie Literatur (politische) Identitäten erzeugt«, in: *Stimme, Zeitschrift für Minderheiten,* Nr. 55, Sommer 2005; »Europa, Geschichte, Bewusstsein«, in: *Skolast – Zeitschrift der Südtiroler HochschülerInnenschaft,* Bozen, Wien, 2/2003.

Joseph Vogl ist Professor für Neuere deutsche Literatur an der Humboldt-Universität Berlin mit dem Schwerpunkt Literatur- und Kulturwissenschaft/Medien. Er war Gastprofessor an der University of California, Berkeley sowie an der Princeton University, wo er seit 2007 Permanent Visiting Professor ist. Er ist gemeinsam mit Claus Pias Herausgeber der Reihe *Sequenzia* im Verlag diaphanes Zürich, Berlin. Neuere Monographien: *Das Gespenst des Kapitals,* Zürich 2010; *Über das Zaudern,* Zürich, Berlin 2007; *Kalkül und Leidenschaft. Poetik des ökonomischen Menschen,* Zürich, Berlin 2002.

Katherina Zakravsky ist Philosophin, Performancekünstlerin und Autorin. Sie lehrt philosophische Anthropologie, Medientheorie, Technikphilosophie und Biopolitik an den Universitäten Wien und Linz. Der Schwerpunkt ihrer Arbeit liegt auf den Werken von Benjamin, Kant, Agamben und Foucault. Seit 1994 arbeitet sie im Theaterbereich (u.a. mit dem Stadttheater Wien), seit 1998 auch im Bereich von Tanz und Performance (z.B. in Zusammenarbeit mit Chris Haring, mit Liquid Loft und Radek Hewelt und mit dem Tanzquartier Wien). Gemeinsam mit Irina Sandomirskaya, Daniel Aschwanden u.a. arbeitete sie von 2005–2008 an künstlerisch-theoretischen Forschungsprojekten, die sich mit Giorgio Agamben und dem Lager, mit »Camp« und Pathos auseinandersetzten. Neuere Publikationen: *Omega Surfing. Posthumane Perspektiven in Biopolitik, Science Fiction und Pornographie,* Wien 2012; »Über Leben. Einige Szenarien zu einer Ethik des Überlebens«, in: Falko Schmieder (Hg.): *Überleben. Historische und aktuelle Konstellationen,* München 2011; »Der letzte Mensch. Allegorien« in: Cornelius Zehetner, Hermann Rauschenschwandter und Birgit Zehetmayer (Hg.): *Transformationen der kritischen Anthropologie. Festschrift für Michael Benedikt,* Wien 2010.